16세기 한국 성리학파의

철학사상과 역사의식

이동준

1937년 서울 출생
서울고등학교 졸업
충남대학교 철학과 졸업
성균관대학교 대학원 동양철학과 석・박사

국제대학, 동덕여자대학교를 거쳐
성균관대학교 유학대학 유학과, 한국철학과 교수
성균관대학교 유학대학원장 겸 유학대학장
한림대학교 태동고전연구소 소장・율곡학연구소장
현재 성균관대학교 명예교수
한국철학연구소 대표

논저 : 「孔子의 仁과 소크라테스의 소피아에 관한 연구」 (석사)
「十六世紀 韓國性理學派의 歷史意識에 관한 研究」 (박사)
『유교의 인도주의와 한국사상』, (1997) 기타

16세기 한국 성리학파의
철학사상과 역사의식

초판 1쇄 발행 2007년 11월 10일

지은이 | 이동준
펴낸이 | 최원필
펴낸곳 | 심산출판사
주 소 | 서울시 은평구 갈현동 463-3 동원빌딩 4층
전 화 | 0502-324-6280 02-357-0633
팩시밀리 | 02-357-0631
E-mail | simsan@korea.com
등 록 | 제1-2114호(1996년 11월 28일)

ISBN 978-89-89721-71-0 93150

※ 책값은 뒤표지에 표시되어 있습니다.

杏郵論文 3

16세기 한국 성리학파의
철학사상과 역사의식

이동준

심산

책 머리에

나이 일흔이 넘어 30여 년 전, 1세대가 지난 묵은 원고, 대학원에 제출한 박사논문(원제:「16세기 한국성리학파의 역사의식에 관한 연구 · 1975」)을 이제 출판한다는 것은 정말 새꼼맞은 일이다. 당시는 박사 교수가 드물었다. 마침 교수경력으로 박사학위논문을 제출하는 제도가 마감되고, 한국인으로서 한국에서 대학원 과정을 거친 것으로 철학분야로는 초기에 해당하는 경우였다. 박사학위를 받으면 도하(都下) 신문 소식란에 보도되었으며, 소속대학과 동문회 등에서 공개적으로 축하회도 열었던 시기이니 옛날이야기가 아닐 수 없다. 두어 출판사에서 책으로 내겠다고 말씀하기도 하였다. 필자는 사양하였다.

이 논문이 본디 출판을 목적으로 한 것도 아니며, 대학원에 의무적으로 내었던 일종의 자격시험 성격이었다. 저술하여 후세에 전하고자[筆之於書, 傳之後世]함이 아니었다. 논문 자체의 주제와 목적이 없는 것은 아니었지만, 자료 모음의 성격이 짙고, 그렇게 체계를 갖추지도 못하고, 방법론이 세련되지 못한 채 선생님들의 재촉에 가까운 권면으로 제출한 것인데, 시간을 가지고 대폭 손보아 재구성해야 할 성싶은 것을 성급히 출간하는 것은 마음에 걸리는 일이었다. 살다 보니 '고희' 도 지나고 출판은 염두에서 떠난 지 오래되었던 것이다.

그런데 새삼스럽게 성대 한국철학과에서 수학한 젊은 벗들이 이번에 이 사람의 일흔 돌이 되는 해에 출판에 부치기로 결정하였다 한다. 묵은 책을 다시 타자하여 들여다보라고 보내왔다. 적지 않은 분량인데 옛 말투를 고치기도 하고 문장을 더러 첨삭하기도 하였다. 공부하고 가르치기에 너무 바쁜 분들이 이렇게 애써주니 어쩔 수 없는 일이며, 고맙다는 말 이외에 무슨 말을 할 수 있으랴.

끝으로, 이제껏 친자(親炙)하는 지도교수 도원(道原) 류승국(柳承國) 선생과 이제는 고인이 되신, 은사이며 논문을 심사해 주셨던 동교(東喬) 민태식(閔泰植), 상은(象隱) 조용욱(趙容郁), 경로(卿輅) 이상은(李相殷) 그리고 청송(聽松) 고형곤(高亨坤) 선생께 머리 숙여 감사하며 삼가 추모의 뜻을 표한다.

한 가지 덧붙인다면, 이번에 박사논문 뿐 아니라, 굳이 학부졸업논문과 석사논문까지도 부록으로 싣는다 한다. 미숙하기 짝이 없는 것을 드러내어 부끄럽기도 하지만, 어느 인생의 젊은 날을 돌이켜 보도록 해주는 점에서 거듭 고마운 마음을 전하고 싶다. 부족한 불초에게 서재를 개방해 주셨던 이경(怡耕) 조요한(趙要翰) 선생을 길이 잊지 못할 것이다.

이 책을 삼년 전 한 달 터울로 세상을 떠나신 부모님 영전(靈前)에 바친다.

2007년 丁亥 10월

과천에서

이동준 삼가 씀

차 례

緖論

本論

이끄는 글

유학사상(儒學思想)은 삼국시대 이전부터 한국에 전래하여 역대로 영향을 주고 응용되어온 것으로서, 오늘날에 이르기까지 오랜 세월을 한국사 형성에 깊은 관련을 가져왔다.

대체로 삼국시대 이래 고려 말에 이르기까지는 경사(經史)와 사장(詞章)을 위주로 하여 특히 정치 · 교육 · 문학 방면에 응용되었다고 하겠다. 그러나 송대 성리학(性理學)이 수용(受容)된 고려 말기에는 신진사류(新進士類)들이 이념성이 강화된 주자학(朱子學)에 의거하여 사상적으로 유불(儒佛)을 교체(交替)시켰을 뿐 아니라, 국내외적으로 어지러운 난국을 타개하고 새로운 질서를 수립하는 데 결정적 역할을 하였다.

조선조의 성립과 함께 유학은 국시(國是)로서 확립되고, 그 후 세종조(世宗朝)의 학술문화, 그리고 도학(道學) 및 성리사상(性理思想)으로 전개되었으며, 임진왜란 이후로는 자강(自强)을 도모하였던 실학사상과 외세의 침략에 대항한 의리사상(義理思想)으로 전개되어 끊임없는 전통을 이루어왔다.

그러나 20세기에 들어오면서부터 한국은 국권의 상실과 회복이라는 국내외적인 진통 속에서 새로운 사조(思潮)를 받아들이며 근대화하여 감에 따라 전통 사회의 이념적 기초를 이루었던 유학을 배척함과 동시에, 특히 성리학에 대하여는 그것이 비생산적인 관념이요 공리공론(空理空論)이라 하여 지탄해온 것이 사실이다. 뿐만 아니라 주자학이란 특권층의 지배체제를 옹호하기 위한 이론이라 하여, 그것을 기본이념으로 하여 성립되었던 조선사회를 부정 비판하는 경우가 허다하였다.

그러나 민족의 역사를 왜곡되지 않고 온당하게 인식하기 위해서는 무엇보다 진지하고 신밀(愼密)하게 알아보려는 태도가 중요한 것이며, 충분한 지식과 이해가 있어야 할 것이다. 과연 16세기는 성리학 전성기요 한국유학의 황금기로 일컬어지거니와 고도한 철학사상이 산출(産出)되었다. 그러나 이른바 성리사상이 과연 지배층의 이익을 옹호하는 이론이며 또한 형이상학적 관상철학(觀想哲學)으로서 공리공론을 일삼은 것이었다고 단정하는 것이 합당한 것일까.

16세기는 조선왕조가 성립하여 1백여 년이 지나, 율곡(栗谷) 이이(李珥)가 일컬은 바와 같이 이미 '중쇠기(中衰期)'에 접어들었다. 건국 초기로부터 제정되어온 제도는 폐단을 드러내어 새로운 경장(更張)을 필요로 하였다. 또한, 국내적으로 연산군 이래로 정치의 문란과 거듭된 사화(士禍)로 경제적·사회적 혼란을 일으켜 지도적 이념과 방향을 상실하였거니와, 16세기 후반에 이르면 사대부의 분열로 말미암아 무위(無爲)한 정쟁에 휘말렸다. 더구나 북방의 만주족과 남방의 왜국(倭國)은 강력한 통일국가로 형성해가고 있었던바 바야흐로 조선은 직접적인 외침의 위협 속에 놓이게 되었다.

이처럼 16세기는 조선에서 국가의 위망(危亡)과 관련한 매우 중대한 시기였다.

이러한 시대적 상황에서 성리학파는 민족이 타개하여야할 역사적 과제와 사회적 현실을 떠나서 한가하게 관상철학을 일삼았던 것도 아니요, 또한 집권세력과 부동(附同)하여 일신의 영화만을 추구하는 양반 귀족으로서 머물렀던 것도 아니다. 오히려 예로부터 적체된 폐단을 시정하여 새로운 경장을 도모하였으며, 민족의 장래를 우려하여 '국맥(國脈)'을 확고한 지반 위에 놓기 위하여 생사를 초월하여 과감하게 행동하였다.

이러한 성리학파의 노력은 훈구(勳舊) 특권층의 거리끼는 대상이 되어 사화가 자주 일어났던 것이며, 수많은 사림(士林)이 이로 말미암아 희생되었다. 성리학파는 시대적 상황의 추이에 따라 국내외의 도전에 능동적으로 대처하였으며, 추상적 이론으로 전개되는 그들의 성리사상 역시 현실과 무관한 것이 아니라, 시대상황과 깊은 관련 속에서 형성되었던 것이다. 오늘날 한국사 및 한국사상사적 관점에서 사회·경제적인 하부구조와 종교·철학적인 상부구조의 괴리로부터 양자를 불가분의 관계로 파악하려는 이론적 방향은 매우 바람직한 것이라 할 수 있다.

본고에서 특히 유의하고자 하는 것은 16세기 성리학파가 한갓 주관적 관념론에 흘렀는가 아니면 그들이 역사의식을 구비하였으며 그들의 사상이 역사적 현실과 깊은 관련을 갖는 것이었는가 하는 점과, 그들이 현실에 대한 깊은 통찰력을 구비하고 구체적으로 사회적 기능을 발휘할 수 있었는가 하는 점을 고찰하고자 하는 것이다. 그러므로 본고에서 사용하는 '역사의식'이라는 용어는 개인에 있어서 역사적·사회적 상황을 통찰 판단하고 주체적으로 대응하는 태도를 의미하는 것이지만, 다른 한 편으로는 이념적 측면으로서의 그들의 철학사상과 구체적 현실에 나타난 시책(施策)으로서의 사회적 기능을 포괄하는 넓은 의미로 사용하는 것이다.

16세기는 한국 성리학 전성기라 할 수 있는 만큼 학문적으로 수준 높은 학자들이 나왔다. 그러나 본고에서는 본제(本題)와 가장 관련이 깊으며, 또한 그 주축을 형성한다고 할 수 있는 정암(靜庵) 조광조(趙光祖 : 1482-1519), 퇴계(退溪) 이황(李滉 : 1501-1570), 율곡(栗谷) 이이(李珥 : 1536-1584), 그리고 중봉(重峯) 조헌(趙憲 : 1544-1592)을 중심으로 고찰하였다.

이들은 포은(圃隱) 정몽주(鄭夢周) 이래 의리학파의 계통으로서 도학사상의 주류를 형성하였던 것이다.

그러나 일반학계에서도 이들 각 개인에 대한 연구와 논의가 아직 완결되어 있지 못한 관계로 이 책에서는 원전들로부터 자료를 추출하여 그들 각 개인의 근본 입장을 확립하는 작업이 불가피하였으며, 따라서 주제와 관련하여 원천적으로 필요로 하는 논구(論究)도 부분적으로 포함하게 되었다.

끝으로 본제(本題)로 들어가기에 앞서 근본유학사상의 역사철학적 의의와 송대 성리학파의 역사의식 그리고 한국성리학파 형성의 역사적 배경을 살펴보고자 처음 성리학이 전래하였던 고려 말에 있어서 성리학파의 사회적 기능에 대하여 고찰하였음을 밝혀둔다.

緖論

Ⅰ. 儒學의 歷史哲學的 性格과 性理學派의 歷史認識

Ⅱ. 韓國 性理學派 形成의 역사적 배경과 사회적 기능

Ⅰ. 儒學의 歷史哲學的 性格과 性理學派의 歷史認識

1. 歷史創造의 主體로서의 인간

고구려 장수왕 2년(414)에 건립된 광개토호태왕(廣開土好太王)의 비(碑)에 의하면 "세자 유류왕에게 '도로써 나라를 다스리라' 는 유언을 남겼다(顧命世子儒留王以道輿治)" 란 구절이 나온다.[1] 이것은 고구려의 시조인 주몽(朱蒙)이 세자 유류왕에게 위정(爲政)의 이념으로 남긴 말로서, 이에 대주류왕(大朱留王)이 그 기업(基業)을 이어받았다는 것이다.

또한 신라 진흥왕(재위 540 ~ 576)이 세운 순수비(巡狩碑)를 보면 "임금이 나라를 세움에 자신을 닦아 백성을 편안케 하지 않음이 없었다." 란 구절이 나온다.[2] 이것은 원래 『논어』에 '자신을 닦아 백성을 편안케 한다[修己以安百姓]' 란 말에서 인용하여 사용한 것이다. 공자의 제자 자로(子路)가 '군자(君子)' 에 대하여 물었을 때 공자는 경(敬)으로 자기 자신을 수련할 것을 말

---

1) 崔南善(편), 『삼국유사』에 실린 것은 '以道輿治' 라 하였다.

2) 진흥왕순수비문 참조; "帝王建號, 莫不修己以安百姓."

하면서 '자신을 닦아 백성을 편안케 하는 것' 은 요순(堯舜)과 같은 성왕(聖王)도 어려운 일로 알았던 것이라고 하였다.[3]

고대로부터 한국은 고유사상으로서 '고신도(古神道)' 가 있었으며, 외래사상으로서 유교 및 도가사상이 들어와 있어서 그것이 사회적으로 영향을 주고 응용된 바라 하겠다. 그중에서도 특히 정치이념으로서는 유학의 오경사상(五經思想)이 제왕학(帝王學)으로서 응용되어 한국화하였다 할 것이다. 위의 두 예에서 볼 수 있듯이 '이도여치(以道輿治)' 라 하거나 '수기이안백성' 이라 하거나, 이는 모두 유학의 근본사상을 나타내 보이는 것으로서, 이미 삼국시대 초기로부터 유학은 국가이념으로 실제로 활용되었음을 실증하는 바라 하겠다. 이처럼 유학사상은 예로부터 한국 민족사의 형성에 크게 영향 주어 온 것이다.

흔히 중국철학은 세간적(世間的)이라 일컬어지거니와,[4] 그중에서도 유학은 더욱 인간의 사회 현실과 깊은 관련을 갖는다 할 것이다. 그것은 유학은 한갓 형이상학적 사변(思辨)이나 내적인 자기초월(自己超越)을 일삼기보다는 '제가(齊家)', '치국(治國)', '평천하(平天下)' 라든가 '방가(邦家)', '사민(斯民)' 이라는 용어가 의미하는 바와 같이, 사회성을 갖는 것이며, 구체적인 생활 자체를 떠나서는 운위(云謂)될 수 없는 것이기 때문이다. 실제로 『삼국유사』에 의하면 신라 진흥왕 때 화랑도의 초창기에 "무리를 모으고 선비[士]를 뽑아 효제충신으로 가르쳤으니, 또한 나라 다스림의 대요였다"[5]라 하여, 효제충신(孝悌忠信)이 치국에 가장 요긴한 것임을 분명히 확인하고 있음을 볼 수 있다.

---

3) 『論語』「憲問」: "子路問君子. 子曰修己以敬. 曰如斯而已乎? 曰修己以安人. 曰如斯而已乎? 曰修己以安百姓. 修己以安百姓, 堯舜其猶病諸!"

4) 馮友蘭, 『新原道』序.

5) 『三國遺事』塔像第四, 「彌勒仙花 未尸郎 眞慈師」: "聚徒選士, 教之以孝悌忠信, 亦理國之大要也."

유학에서 일컫는 도는 일용인륜(日用人倫)을 떠난 가공적인 것이 아니다. 『중용』에서는 "도는 잠시도 떠날 수 없는 것이니, 떠날 수 있다면 도가 아니다"[6]라고 하였으며, 주자(朱子)는 도를 "일상에서 마땅히 행하여야 할 리(理)"[7]라고 풀이하여 생활을 떠나서 존재하는 것이 아니라고 보았다. 이러한 관점은 퇴계나 율곡의 경우에서도 마찬가지였다.

퇴계는 리(理)란 것을 지극히 존귀하고 근원적인 존재로 보았다. 그러나 이 리는 "일용(日用)에 가득 찬 것으로 움직이고 멈추거나 말하고 침묵하는 사이[作止語默之間]와 이륜으로 응접하는 즈음[彝倫應接之際]에 평이하고 분명하며 미세하고 곡진하지만 어느 때 어느 곳이든지 그렇지 않음이 없다"[8]고 하였다. 진리는 일용평상(日用平常)한 현실에 언제나 가득 차 있다는 것이다. 또한 율곡은 "도(道)란 고원(高遠)한 것이 아니요, 다만 일용(日用)에 있을 따름"[9]이라고 하였다. 공자는 일찍이 '아래에서 배우고 위로 통달한다.'[10]라 하여 인간은 비근(卑近)한 현실로부터 심화되고 향상하여 높은 경지에 도달하는 것이라고 말한 바 있다.

유학은 이처럼 인간과 사회와 현실을 중시하고 있다. 그러나 유학에서는 사회현실을 단지 고정된 현상으로서 공간적으로 관찰함에 그치지 않는다. 구체적인 상황과 여건은 시간의 흐름과 더불어 변역(變易)하는 것이므로, 인간은 시(時)·위(位)의 변동에 따라 적의(適宜)하게 대응하고 합리적으로 처리하여야 한다. 공자는 이것을 '손익(損益)'이라는 말로 표현하였다. 공자에 의하면, 하·은·주 삼대(三代)의 제도가 모두 특색이 있었으니, 은례

6) 『中庸』 제1장: "道也者, 不可須臾離也. 可離非道也."

7) 『中庸』 제1장 朱子註.

8) 『退溪全書』 自省錄 권1, 「答南時甫」: "此理, 洋洋於日用者, 只在作止語嘿之間, 彝倫應接之際, 平實明白, 細微曲折, 無時無處無不然."

9) 『栗谷全書』 권6, 「應旨論事疏」: "道非高遠, 只在日用."

10) 『論語』 「憲問」: "下學而上達."

(殷禮)는 하례(夏禮)를 인하여 필요에 따라 손익(損益)한 것이며, 주례(周禮)는 은례(殷禮)를 인하여 이루어진 것으로서 또한 은례(殷禮)를 손익 하여 이루어진 것이라 하였다. 그리하여 손익의 원리를 안다면 비록 백세 후의 것이라도 알 수 있는 것이라고 하였다.[11] 이는 '인(因)' 한다는 것이 한갓 허공에서 출발하는 것이 아니라, 전통을 토대로 하여 새롭게 발전한다는 뜻을 가지는 것이라 하겠다. 여기서 전통과 창조의 긴밀한 관계가 분명해지는 것이며, 이는 인간 주체가 사회변동에 따라 새롭게 대응하여야 함을 말한다 할 것이다.

율곡은 그의 「만언봉사(萬言封事)」에서, 누구보다도 시의(時宜)와 실공(實功)을 강조하였다. 그는 "정사는 때를 아는 것이 귀하고 사업은 실제를 힘쓰는 것이 요긴하다. 정사를 행하면서도 시의(時宜)를 알지 못하고 일을 당하여서도 실공(實功)을 힘쓰지 않는다면 비록 성현이 서로 만나더라도 치국(治國)의 결실을 이루지 못한다."[12]라 하여 시의(時宜)를 모르고 실공(實功)을 행하지 않는다면 실효(實效)를 거둘 수 없다고 하였다. 그리고 이것을 보다 자세히 논하여 "시의란 시간적인 상황에 따라 변통하여 법을 만들어서 백성을 구하는 것을 말함이요.", "실공이란 일을 행함에 진실[誠]로써 하여 공언(空言)에 힘쓰지 않음을 말함이니", "진실로 실공이 있으면 어찌 실효가 없으리오."[13]라 하였다. 율곡이 '때를 아는 것을 귀하게 여김' 은 상황성을, 그리고 실공과 실효를 강조함은 실증성을 중시한 것이라 할 수 있는데, 여기에서 현실적 상황성과 실증성을 중시하는 유학적 역사의식의

---

11) 『論語』, 「爲政」: "子張問十世可知也? 子曰殷因於夏禮, 所損益, 可知也; 周因於殷禮, 所損益, 可知也. 其或繼周者, 雖百世可知也."

12) 『栗谷全書』 권5, 「萬言封事」: "政貴知時, 事要務實, 爲政而不知時宜, 當事而不務實功, 雖成賢相遇, 治效不成矣."

13) 위와 같음: "夫所謂時宜者, 隨時變通, 設法救民之謂也. …所謂實功者, 作事有誠, 不務空言之謂也. …苟有實功, 豈無實效哉?"

실례를 뚜렷이 볼 수 있다.

이처럼 유학에서는 역사현실과 사회변동을 중시하며 이를 잘 알아야 한다고 본다. 그러나 역사란 있는 그대로의 상태이거나 자연의 변화를 일컫는 것이 아니다. 역사란 인간의 발걸음[歷]이며, 정의의 정신을 발휘하여 알맞게 처리함[史]이다. 반드시 인간에 의하여 도가 매개 되어야 한다. 주어진 상황을 통찰함은 인간 주체이며, 가치판단의 주체인 인간의 참여가 없이는 역사라 할 수 없다. 그것은 객관적 사실에 그치지 않고 인간의 주체성이 관계함으로써 이루어지는 것이다. 사물 자체에 있는 것은 그대로 물리(物理)가 되지만[在物爲理], 인간이 참여하여 처리한 현실은 의리(義理)가 된다[處物爲義]고 본 것이다. 인간이 사물을 처리하는 곳에서 인간의 주체와 객관적 상황이 만난다.

공자는 "인간이 도(道)를 넓히는 것이요, 도가 인간을 넓히는 것이 아니다."[14]라고 하였는데, 이는 인간이 능동적으로 도를 행하는 주체임을 분명히 밝힌 바라 할 것이다. 다시 말하여 진리의 담당자이며 역사창조의 주체로서의 인간의 의미를 확고히 한 것이라 하겠다.

그러나 인간은 객관적 상황을 통찰하는 지성과 현실의 변화를 주도해 나가는 덕성이 없이는 역사에 참여할 수 없다. 그러므로 『대학』에서는 격물치지(格物致知 : 知性)와 성의정심(誠意正心 : 德性)을 아울러 말하는 것이며,[15] 또한 주자는 '격물치지'를 '사물에 즉하여 이치를 궁구함[卽物窮理]'으로 해석하고 있다. 즉 단순한 지성이 아니라 현실의 상황을 통찰하는 지성이 요구된다 할 것이다. 또한 『중용』에서는 "자기를 이룸은 인(仁)이요,

14) 『論語』「衛靈公」: "人能弘道, 非道弘人."

15) 『大學』 經文: "欲修其身者, 先正其心; 欲正其心者, 先誠其意; 欲誠其意者, 先致其知; 致知在格物."

16) 『中庸』 제25장: "誠者, 非自成己而已也, 所以成物也. 成己, 仁也; 成物, 知也; 性之德也. 合內外之道也, 故時措之宜也."

타인을 이룸은 지(知)이니 성(性)의 덕이며, 내외(內外)를 합하는 도이다. 그러므로 때에 맞게 조치하는 것이다."[16]라 하였다. 대자적(對自的)인 인(仁 : 誠實性)과 대물적(對物的)인 지(知: 明晳性)가 하나로 살려질 때에 시중지도(時中之道)로서의 역사창조가 가능하다고 본 것이다. 맹자도 역시 "대물관계에 밝고 인륜을 살펴 안다."[17]라 하여 주체성과 객관적 상황을 아울러 보았다. 그리고 『주역』에서는 "이치를 탐구하고 성품을 다하여 명(命)에 이른다."[18]고 한다. 사물의 세계를 아는 것과 주체적 진리를 다하는 두 가지의 일이 충족될 때만, 인간은 관념적인 허구 아닌 창조의 주체로서 역사에 참여하게 되는 것이라 하겠다.

정암은 다음과 같이 논한 바 있다.

> "학문이 고명(高明)함에 이르면 권(權)을 또한 쓰지 않을 수 없으니, 권이 중(中)에서 나와서 권을 써도 중을 얻는다면, 천하의 일을 처리하는데 무슨 어려움이 있으리오?"[19]

여기서 '권(權)' 이란 저울을 사용할 때 중량에 따라서 추를 움직이는 것과 같다. 즉 역사적 상황을 정확히 판단하여 가장 알맞게 처리함을 의미하는데, 이는 지극히 어려운 일로서 명철한 판단력을 전제로 하는 것이다. 또한, 율곡은 그의 「시무칠조책(時務七條策)」에서,

> "권(權)이란 상황에 따라 꼭 맞게 하는 것을 말하고, 의(義)란 일을 처리함에 마땅함에 합치함을 뜻하니, 권(權)으로 변화에 대응하고 의(義)로써 일을 마름

---

17) 『孟子』「離婁下」: "舜, 明於庶物, 察於人倫, 由仁義行, 非行仁義."

18) 『周易』「說卦傳」 제1장: "窮理盡性, 以至於命."

19) 『靜庵集』 권3, 「參贊官時啓(五)」: "學至高明, 則權亦不可不用. 權出於中, 權而得中, 則於天下之事, 何難處之有?"

질한다면, 나라 다스림에 무슨 어려움이 있겠는가?"[20]

라 하였다. 여기서 득중(得中)과 합의(合宜)는 바로 살아 움직이는 역사세계에서 창조성을 발휘함이라 할 것이다.

이처럼 인간은 주체적인 각성과 더불어 객관적 상황을 통찰 판단하고 이에 대응함으로써 역사창조의 사명을 다하게 되는 것이라 하겠다.

2. 時中之道와 現實參與의 論理

위에서 고찰한 바와 같이 유학은 인간과 사회 현실을 중시한다. 그리고 주어진 상황을 통찰하고 판단하며 대응하고 처리함으로써 인간이 역사창조에 참여케 된다는 점을 분명히 밝히는데, 이는 주체성과 상황성의 발전적 결합이라 할 수 있다. 그리고 이와 같은 결합의 결과는 이념적으로는 '성현지도(聖賢之道)' 와 '제왕지법(帝王之法)' 으로 나타나게 되며,[21] 구체적 현실에는 정치와 교화로써 실행되는 바라 하겠다.

그러나 제왕지법의 모체가 되는 것은 성현지도이며, 왕권(王權)보다는 교권(敎權)이 우위에 있어야 한다. 그리하여 행도(行道)의 주체로서의 인간은 현실에 참여하는 방법에 있어서 고정된 형식이 있는 것이 아니요, 경우에 따라 진퇴(進退)와 굴신(屈伸)이 있다.

현실적 상황은 일선이거나 후면이거나를 막론하고 자기가 서 있는 위치는 똑같이 절실한 것이므로 나아가고 물러가는 것 자체가 문제 되지 않는

---

20) 『栗谷全書』 拾遺 권5, 「時務七條策」: "愚聞隨時得中之謂權, 處事合宜之謂義. 權以應變, 義以制事, 則於爲國乎何有?"

21) 우암 송시열은 「深谷書院講堂記」에서 조광조에 대하여 "聖賢之道에 粹然하고 帝王之法에 純全하였다" 고 일컬었다.

다. 누구든지 자기가 설 땅에 서며, 자기가 할 일을 마땅히 행하여야 한다. 인간의 가치는 스스로 제값을 지니는 것이요, 영달(榮達)과 궁핍이 좌우할 수 없다는 것이다. "부귀도 유혹에 빠지게 하지 못하고, 빈천도 뜻을 바꾸게 하지 못하며, 위무(威武)도 굽히게 하지 못하는 것, 대장부란 이것을 말하는 것"[22]이라 하여 지극히 강건한 정신력을 말하고 있다.

율곡은 진유(眞儒)란 어떤 것인가에 대하여 다음과 같이 기술하였다.

> "이른바 진유란 일시(一時)에 도를 행하여 이 백성[斯民]으로 하여금 태평의 즐거움이 있게 하며, 물러가서는 만세에 가르침을 드리워 배우는 이[學者]로 하여금 큰 잠에서 깨어나게 하는 것이니, 나아가서 도를 행하지 못하고 물러서서 가르침을 드리우지 못하면, 비록 진유라 일컫더라도 나는 믿지 않는다."[23]

사명은 항시 주어지는 것이요, 그러므로 수교(垂敎)를 하거나 행도(行道)를 하거나 일이 없는 때는 없다.

그러나 공자가 말하였듯이 사람은 "새와 짐승과는 떼 지어 살 수 없는 것"[24]이므로 사회현실을 외면하고 개인적인 안전만을 구하는 것이 꼭 옳다고 할 수 없다. 되도록이면 이념과 포부를 펴고자 하는 노력이 필요하다. 정암은 임금[中宗]에게 드리는 글에서, "선비가 세상에 태어나서 학문을 하는 것은 그 회포(懷抱)를 펼치어 생민(生民)에 도움이 되고자 할 따름입니다.

---

22) 『孟子』「文公下」: "富貴不能淫, 貧賤不能移, 威武不能屈, 此之謂大丈夫."

23) 『栗谷全書』 권15, 「東湖問答」, 〈論東方道學不行〉: "夫所謂眞儒者, 進則行道於一時, 使斯民有熙皞之樂; 退則垂教於萬世, 使學者得大寐之醒. 進而無道可行, 退而無教可垂, 則雖謂之眞儒, 吾不信也."

24) 『論語』「微子」: "夫子憮然曰, 鳥獸不可與同群, 吾非斯人之徒與而誰與? 天下有道, 丘不與易也."

25) 『靜庵集』 권2, 「因不從改正功臣事辭職啓(三)」: "士生於世, 業爲學問者, 冀得展其懷抱, 有補於生民耳. 孟子以亞聖, 歷聘齊梁, 豈有他意乎? 但欲行其道而已."

맹자가 아성(亞聖)으로서 제(齊)와 양(梁)을 두루 방문한 것은 어찌 다른 뜻이 있었겠습니까? 다만, 도를 행하고자 할 따름입니다."[25]라 하였다. 그리고 퇴계는 「정암조선생행장(靜庵趙先生行狀)」에서 정암이 임금에게 충성하고 백성에게 은택을 베푸는 사업에 치력(致力)하였음[26]을 칭송하였거니와 또한 「회재이선생행장(晦齊李先生行狀)」에서는 회재가 "우리의 백성을 요순의 백성으로 만드는 책임으로 자임하였다."[27]하여 그 우국애민(憂國愛民)하는 간절한 뜻을 밝혀 놓았다. 이는 곧 퇴계의 근본정신이었다고도 할 수 있다. 퇴계 자신은 행도(行道)보다 수교적(垂教的) 입장을 취하였으나 그의 「무진육조소(戊辰六條疏)」에서 볼 수 있음과 같이 학문과 도덕을 닦는 까닭은 '성현의 중화의 세계[聖賢中和之域]' 에 들어가기 위함이요, 마침내는 진실로 평화로운 세상을 이루어 백성을 인수(仁壽)의 경지에까지 이르게 하려는 것임을 분명히 말한 바 있다.[28] 이는 수준 높은 도덕국가와 복지사회를 지향한 것으로서 현실에 대한 깊은 관심과 우려를 표명한 바라 할 수 있다.

조선조 말기의 이제마(李濟馬 :1837~?)는 유가사상의 남다른 점을 논하여 다음과 같이 기술하였다.

"성인의 (마음에) 욕심이 없다는 것은 청정적멸(淸淨寂滅)한 노불(老佛)의

---

26) 『退溪全書』 권48, 「靜庵趙先生行狀」: "…主上雅尙儒術, 銳意文治, 庶幾復見唐虞三代之盛, 而尤倚重先生, 先生於是, 感不世之遇, 以致君澤民·興起斯文爲己任, 以爲君心出治之本也, 其本不正, 則政體無依而立, 教化無由而行矣. 每入對必齊心肅慮, 如對神明, 知無不言, 言無不讜."

27) 『退溪全書』 권49, 「晦齋李先生行狀」: "其心懇懇焉, 常以堯舜君民之責自任, 故其在謫遷, 猶不勝其拳拳之忠, 嘗取易經進德修業之義, 衍而爲八規, 志欲獻忠, 雖以時義之不可而莫之進, 其素所蓄積, 益可見矣."

28) 『退溪全書』 권6, 「戊辰六條疏」, 〈其三敦聖學以立治本〉: "…如是積眞之多, 歷時之久, 自然義精仁熟, 欲罷不能, 而忽不自知其入於聖賢中和之域矣. 其實踐之效至此, 則道成德立, 而爲治之本於是乎在. 取人之則, 果不外身, 自見群賢彙征, 績用咸熙, 措世於隆平, 納民於仁壽, 有不難矣."

욕심 없음과 같은 것이 아니다. 성인의 마음은 천하가 다스려지지 않음을 깊이 우려한다. 그러므로 비단 욕심이 없을 뿐만 아니라, 또한 개인의 사욕에 미칠 겨를이 없는 것이다.

천하가 다스려지지 않음을 깊이 우려하여 개인의 사욕에 미칠 겨를이 없는 자는 반드시 '배우기를 실증 내지 않고 가르치기를 게을리하지 않을 것이니', '배우기를 싫증 내지 않고 가르치기를 게을리하지 않는 것'이 바로 성인의 욕심 없음이다.

조그만큼이라도 개인의 사욕이 있다면 요순의 마음이 아니며, 잠시라도 천하를 근심하지 않는다면 공맹의 심법(心法)이 아니다."[29)]

그러나 사회현실에 참여하는 방법과 자세는 단순한 것이 아니다. 그것은 인물의 성격과 시대적 상황에 따라 달라질 수 있는데, 그중에 가장 합리적이고 완전한 것은 공자의 시중의 도[時中之道]라 할 것이다.

맹자는 일찍이 네 명의 인물을 들어서 설명하였다. 그것은 백이(伯夷)와 이윤(伊尹)과 유하혜(柳下惠) 그리고 공자의 경우를 비교한 것이다.

첫째, 백이는 나쁜 빛을 보지 않고 나쁜 소리를 듣지 않으며, 마땅히 섬길 만한 임금이 아니면 섬기지 않고 마땅히 부릴 백성이 아니면 부리지 않으며, 다스려지면 나아가 벼슬하고 혼란하면 물러선다. 못된 정치와 포악한 사람들이 있는 곳에 결코 거주하지 않는다. 도리를 모르는 자와 함께 있는 것을, 예복을 입고 도탄(塗炭: 진흙과 잿더미)에 빠진 것 같이 생각하였다. 주(紂 : 殷의 末王)의 때를 당하여, 북해(北海)의 가에 살면서 천하가 맑아

29) 李濟馬, 『東醫壽世保元』 권1, 「四端論」: "聖人之無慾云者, 非清淨寂滅如老佛之無慾也. 聖人之心, 深憂天下之不治, 故非但無慾也, 亦未暇及於一己之慾也. 深憂天下之不治, 而未暇及於一己之慾者, 必學不厭而教不倦也. 學不厭而教不倦者, 卽聖人之無慾也. 毫有一己之慾, 則非堯舜之心也; 暫無天下之憂, 則非孔孟之心也."

지기를 기다렸다. 그러므로 백이의 기풍을 듣는 사람은 견식이 없는 고지식한 사람도 염치를 알게 되고, 지기(志氣)가 없는 나약한 사람도 뜻을 세우게 된다.[30)]

둘째, 이윤은 말하기를 섬기지 못할 임금이 어디 있으며, 부리지 못할 백성이 어디 있으리오. 다스려도 나아가고 혼란해도 나아갈 것이라 하여, "하늘이 이 백성[斯民]을 내심에 먼저 안 사람으로 하여금 뒤늦게 아는 사람을 깨우쳐주고, 먼저 깨달은 사람으로 하여금 뒤늦게 깨닫는 사람을 깨우치게 하는 것이니, 나는 하늘의 백성 중에 먼저 깨달은 자이다. 내가 장차 이 도로써 이 백성을 깨우치겠다."라 하여 평범한 남편과 아내[匹夫匹婦]라도 요순의 혜택을 입지 못한 자가 있으면 마치 자기가 개천 가운데 빠지게 한 것 같이 생각하였으니, 천하를 구하려는 무거운 책임으로 자임한 것이다.[31)]

셋째, 유하혜는 더러운 임금 섬기는 것을 수치스럽게 여기지 않고, 낮은 관직이라도 사양치 않으며, 한 번 벼슬하였으면 자기의 지혜를 숨기지 않고 반드시 정도로써 하여, 버림을 받아도 원망치 않고, 불운과 곤궁을 당해도 걱정하지 않으며, 어떤 예법을 모르는 사람과 함께 있어도 아무 일 없는 듯이 결코 떠나가려 하지 않아서, "너는 너고 나는 나다. 비록 내 곁에서 옷을 걷고 벌거벗는다 한들 네가 어찌 나를 더럽힐 수 있겠는가"라고 한다. 그러므로 유하혜의 풍도를 듣는 사람은 비록 기량이 좁은 비부(鄙夫)라도 너그러워지고, 경박한 자라도 두터워지는 것이다.[32)]

넷째, 공자가 제(齊)나라를 떠날 때는 밥을 짓다 말고 쌀을 건져서 급히

---

30) 『孟子』「萬章下」: "孟子曰, 伯夷, 目不視惡色, 耳不聽惡聲, 非其君不事, 非其民不使, 治則進, 亂則退. 橫政之所出, 橫民之所止, 不忍居也; 思與鄕人處, 如以朝衣朝冠坐於塗炭也. 當紂之時, 居北海之濱, 以待天下之淸也. 故聞伯夷之風者, 頑夫廉, 懦夫有立志."

31) 위와 같음: "伊尹曰, '何事非君? 何使非民?' 治亦進, 亂亦進, 曰, '天之生斯民也, 使先知覺後知, 使先覺覺後覺. 予, 天民之先覺者也. 予將以此道覺此民也.' 思天下之民, 匹夫匹婦, 有不與被堯舜之澤者, 若己推而內之溝中, 其自任以天下之重也."

떠났다. 노나라를 떠날 때는 "우리가 조금 천천히 가도 좋다"라 하였으니 부모의 나라를 떠나는 도리이다. 속히 할 때에는 속히 하고 오래할 때에는 오래하며, 벼슬하지 않을 때에는 벼슬하지 않고, 벼슬할 때에는 벼슬하는 것은 공자이다.[33)]

맹자는 다시 각기의 특성을 지적하여 백이는 성인 가운데 맑은 분[淸者]이요, 이윤은 성인 가운데 책임을 크게 진 분[任者]이요, 유하혜는 성인 가운데 온화한 분[和者]이요, 공자는 성인 가운데 때에 맞게 하신 분[時者]이라고 하였다.[34)]

이처럼 현실에 있어서 취할 수 있는 태도는 다양하고 미묘한 것이니만큼 일언으로 단언하기 어렵다 할 것이다.

그러면 이들이 이 같이 서로 다르지마는 공통된 점은 무엇이겠는가? 청(淸)·임(任)·화(和)·시(時)는 그렇다고 하려니와 어찌하여 이들을 성자(聖者)라고 말할 수 있는가? 그것은 자기의 사심을 철저하게 내버렸기 때문이다. 그들이 같은 점은 무엇인가? 그것은 "한 가지의 불의를 행하고, 한 사람의 무고한 생명을 죽여서 천하를 얻는다 하더라도 모두 하지 않는다."[35)]는 것이다.

그러나 이 가운데 가장 원만한 것은 공자의 시중지도(時中之道)라고 본

---

32) 위와 같음: "柳下惠, 不羞汙君, 不辭小官, 進不隱賢, 必以其道. 遺佚而不怨, 阨窮而不憫. 與鄉人處, 由由然不忍去也, '爾爲爾, 我爲我, 雖袒裼裸裎於我側, 爾焉能浼我哉?' 故聞柳下惠之風者, 鄙夫寬, 薄夫敦."

33) 위와 같음: "孔子之去齊, 接淅而行; 去魯曰, '遲遲吾行也,' 去父母國之道也. 可以速則速, 可以久則久, 可以處則處, 可以仕則仕, 孔子也."

34) 위와 같음: "伯夷, 聖之淸者也. 伊尹, 聖之任者也. 柳下惠, 聖之和者也. 孔子, 聖之時者也."

35) 『孟子』 「公孫丑上」: "然則有同與? 曰有. 得百里之地而君之, 皆能以朝諸侯, 有天下, 行一不義, 殺一不辜, 而得天下, 皆不爲也, 是則同."

다. 공자는 모두의 경우를 다 알아서 대성한 것이라 한다.[36] 성격과 방법이 일편으로 치우쳐 있는 것이 아니고 고정된 것도 아니다. 더 높은 차원에서 보면 백이는 편협하고 유하혜는 공손치 못하다고 할 수 있다고 한다.[37] 공자의 경우는 미리 정해놓는 것이 아니다. 왜냐하면, 상황의 변동에 따라 방법이 바뀔 수 있기 때문이다. 공자도 여러 경우를 이미 말한 바 있다.

"곧도다! 사어(史魚)여. 나라에 도가 있을 때에도 화살같이 곧았으며, 나라에 도가 없어도 화살같이 곧았도다."[38]

군자로다! 거백옥(蘧伯玉)이여. 나라에 도가 있으면 벼슬하고, 도가 없으면 거두어[卷] 속에 품는도다.[39]

"천하에 도가 있으면 몸을 드러내고 도가 없으면 숨는다. 나라에 도가 있을 때 가난하고 천한 것이 부끄러우며, 나라에 도가 없을 때 부귀를 누리는 것이 부끄러운 일이다."[40]

"믿음을 두터이 하고, 배우기를 힘쓰며, 죽음을 당해도 도를 지킨다.",[41] "뜻있는 선비와 어진 사람은 살기 위하여 인(仁)을 해치지 않고, 몸을 죽여 인을 이룬다."[42]는 것이 공자의 한 면이라면, 또한 값진 물건을 가진 사람이

---

36) 『孟子』「萬章下」: "孔子之謂集大成. 集大成也者, 金聲而玉振之也. 金聲也者, 始條理也. 玉振之也者, 終條理也. 始條理者, 智之事也, 終條理者, 聖之事也. 智譬則巧也, 聖譬則力也. 由射於百步之外也, 其至爾力也, 其中非爾力也."

37) 『孟子』「公孫丑上」: "孟子曰, 伯夷隘, 柳下惠不恭. 隘與不恭, 君子不由也."

38) 『論語』「衛靈公」: "子曰, 直哉, 史魚! 邦有道如矢, 邦無道如矢!"

39) 『論語』「衛靈公」: "君子哉, 蘧伯玉! 邦有道則仕, 邦無道則可卷而懷之."

40) 『論語』「泰伯」: "子曰, …天下有道則見, 無道則隱. 邦有道, 貧且賤焉, 恥也; 邦無道, 富且貴焉, 恥也."

41) 『論語』「泰伯」: "篤信好學, 守死善道."

그것을 팔기를 원하지마는 제대로 된 장사를 기다린다는 것[43] 또한 공자의 한 면이었다.

이처럼 천하에 도가 있을 때와 천하에 도가 없을 때에 따라서, 그리고 각 개인의 입장에 따라서 현실에 참여하는 방법은 각각 다르다. 그러므로 도를 가지고 있는가 아닌가가 문제인 것이요, 나아감과 물러남, 그리고 행도(行道)와 수교(垂教)로서의 방법은 상황에 따라 가장 합당하게 결정되어야 한다.

그러므로 공자는 "군자는 천하 일에 대하여 미리 한다고 하거나[適], 하지 않는다고[莫] 하지 않으며 오직 옳은 것을 따른다."[44]고 하였다. 여기서 '적(適)' 이란 긍정하여 주장함이요, '막(莫)' 이란 부정하여 거부하는 것이라고 풀이되고 있다.[45] 상황이 주어지기 이전에 미리 긍정 또는 부정을 정하는 것이 아니며, 오직 현실의 상황에 따라, 주객관계(主客關係)에 있어서 가장 알맞은 상태, 즉 의(義 : 宜)에 좇아서 처리할 뿐이라는 것이다. 이것은 한갓 객관적 조건에 구애됨도 아니요, 또한 오로지 개인의 자의대로 하는 것도 아니다.[46] 그러므로 '시중(時中)' 이라 함에서, '시(時)' 라는 객관적 상황을 인간 주체가 가장 합당하게 처리함[中]이니, 『중용』에서 시중이란 무엇보다도 가장 어려운 일이라 하였다.[47]

그리하여 개인의 주관이나 상대주의적 일면성에 치우치지 않고 실제로 시중이 가능하기 위하여는 다음의 두 가지 측면이 고려되어야 할 것이다.

---

42) 『論語』「衛靈公」: "子曰, 志士仁人, 無求生以害人, 有殺身以成仁."

43) 『論語』「子罕」: "子貢曰, 有美玉於斯, 韞匵而藏諸? 求善賈而沽諸? 子曰, 沽之哉, 沽之哉, 我待賈者也."

44) 『論語』「里仁」: "君子之於天下也, 無適也, 無莫也, 義之與比."

45) 위의 朱子集註: "適, 專主也… ; 莫, 不肯也; 比, 從也."

46) 위의 朱子集註: "謝氏曰, 適, 可也; 莫, 不可也. 無可, 無不可, 苟無道以主之, 不幾於猖狂自恣乎? 此佛老之學, 所以自謂心無所住而能應變, 而卒得罪於聖人也. 聖人之學, 不然, 於無可無不可之間, 有義存焉. 然則君子之心, 果有所倚乎?"

47) 『中庸』 제9장: "子曰, 天下國家, 可均也; 爵祿, 可辭也; 白刃, 可蹈也; 中庸, 不可能也."

첫째로는 개인의 편견으로서가 아니라 사실을 사실 그 자체로서 볼 수 있는 보편적 입장의 문제와, 다른 하나는 실질적으로 현실세계에 참여하는 문제에서 그 기준과 방법이 무엇인가를 확인하는 일이라 하겠다.

『논어』에 의하면 공자는 다음 네 가지 점에서 개인의 주관적 입장에서 벗어났다고 한다. 그것은 "무의(毋意), 무필(毋必), 무고(毋固), 무아(毋我)"[48]를 일컫는 것으로서 주자(朱子)는 이것을 풀이하여, 개인의 일방적 의사와, 무엇을 기필(期必)하려는 생각과, 집착하여 막혀있음과 그리고 사심을 완전히 끊어버리는 것이라 하였다. 그것은 개인의 사심으로 판단함이 아니라, 사물을 있는 그대로 볼 수 있는 본디 순수성을 지칭한다고 할 수 있다.[49] 그러므로 안연(顔淵)이 인(仁)을 묻자 공자가 "극기복례(克己復禮)"[50]라 답한 것은 매우 중요한 뜻을 지닌다 할 것이다.

이와 관련하여 북송 소강절(邵康節)의 논의를 살펴볼 필요가 있다. 그는 '이물관물(以物觀物)'과 '이아관물(以我觀物)'을 나누어서 자기의 사적인 입장과 사실 그 자체의 입장을 구별하였다. 즉 "물(物)의 입장에서 물을 보는 것은 성(性)이요, 나[我]의 입장에서 물을 보는 것은 정(情)이다. 성(性)은 공(公)하고 명(明)하며, 정(情)은 편(偏)하고 암(暗)하다."[51]라 하였다. 또한, 소강절은 "무릇 물(物)을 본다는 것은 눈으로 보는 것이 아니다. 눈으로 보는 것이 아니요, 마음으로 보는 것이다. 마음으로 보는 것이 아니라, 이치로

---

48) 『論語』「子罕」.

49) 위의 朱子集註: "意, 私意也; 必, 期必也; 固, 執滯也; 我, 私己也. 四者, 相爲終始, 起於意, 遂於必, 留於固, 而成於我也. 蓋意必常在事前, 固我常在事後, 至於我又生意, 則物欲牽引, 循環不窮矣."
위의 大全 "雲峯胡氏曰, 心兮 本虛, 聖人絶此四者, 亦不失其本虛之心而已. …大虛中, 本無一物, 聖人此心, 渾是天理, 亦無一物也."

50) 『論語』「顔淵」: "顔淵問仁. 子曰克己復禮爲仁, 一日克己復禮, 天下歸仁焉. 爲仁由己, 而由人乎哉?"

51) 邵雍, 『觀物外篇』下: "以物觀物, 性也; 以我觀物, 情也. 性, 公而明; 情, 偏而暗."

써 보는 것이다."라 하였다. 이처럼 개인의 주관적인 감정이나 자의(恣意)로서가 아니라, 오직 이법(理法)에 의하여 사물을 관찰하고 파악하는 것이다. 그리하여 소강절은 다시 『주역』에 이른바 '이치를 궁구하고 본성을 다함으로써 명에 이른다[窮理盡性, 以至於命]'는 구절을 '사물의 이치를 궁구하고 자기 성품을 다함으로써 자기의 사명을 각성하게 된다.'로 풀어 설명하였다. 그리고 성인이라 하더라도 여기서 지나는 것이 아니라고 하였다. 이러한 경지에서 나와 남이 하나가 되는 보편성이 열리는 것으로 소강절은 다음과 같이 기술하였다.

> "능히 천하의 눈으로써 자기의 눈을 삼기에 그 눈이 보지 못하는 것이 없으며, 천하의 귀로써 자기의 귀를 삼기에 그 귀가 듣지 못하는 것이 없으며, 천하의 입으로써 자기의 입을 삼기에 그 입이 말하지 못하는 바가 없으며, 천하의 마음으로 자기의 마음을 삼기에 그 마음이 도모하지 못할 것이 없다."[52)]

이처럼 사사로운 자기를 극복하고 공평무사한 본디 순수성을 회복한다는 것은 바로 현실을 통관(通觀)하여 대처할 수 있는 예지(叡智)와 권능(權能)이 나오는 바탕이 된다고 본다.

위에서 살핀 바와 같이 유학은 공평무사하고 보편적인 진리의 입장에 근거하고 있다는 점에서 제왕(帝王)이나 귀족과 같은 특수층을 위한 것도 아니며, 농공(農工)에 종사하는 생산자만을 위한 것도 아니다. 그것은 다름 아닌 '억조창생(億兆蒼生)' 즉 만백성으로서의 민중—생민(生民)—을 중심으로 한다.[53)] 그리고 민중을 근본으로 하고 중심으로 하는 이것이 다름 아닌 인정(仁政)이요 행도(行道)가 된다. 그리하여 『서경』에서는,

---

52) 邵雍, 『皇極經世書』 권11下, 觀物篇: "能用天下之目爲己之目, 其目無所不觀矣; 用天下之耳爲己之耳, 其耳無所不聽矣; 用天下之口爲己之口, 其口無所不言矣; 用天下之心爲己之心, 其心無所不謀矣."

"하늘이 밝게 듣고[聽] 밝게 보심[明]은 우리 백성을 말미암아 총명(聽明)하신 것이며, 하늘이 (선한 자를) 드러내고[明] (악한 자를) 두렵게[畏] 하심은 우리 백성을 말미암아 명위(明威)하신 것이다."[54]

라 하고, 다시

"하늘의 보심은 우리 백성으로부터 보시는 것이며, 하늘의 들으심은 우리 백성으로부터 들으시는 것이다."[55]

라 하였다. 결국 '하늘의 들음[天聰]과 하늘의 봄[天視]' 은 다름 아닌 '백성의 들음[民聰]과 백성의 봄[民視]' 을 의미할 뿐이며, '하늘이 드러내고 두렵게 함[天明畏]' 은 '백성의 드러냄과 두렵게 함[民明威]' 을 뜻할 뿐이다. 따라서 백성[民]은 어떠한 특수계층을 위한 수단이 될 수 없다.

그리하여 구체적인 설시(設施)와 방법에 있어서도 오직 민중을 근본으로 한다. 정자(程子)는 정사에 있어서 이른바 '근본으로부터 말할 것[從本而言]' 과 '사실로부터 말한 것[從事而言]' 을 구별한다. 이는 구체적 상황 속에서 평상시에는 원칙에 좇아 인간의 문제로부터 사실의 문제로의 방향을 취하거니와, 비상시에는 실제적으로 크고 급한 현실의 문제로부터 해결해 가는 것으로 볼 수 있다.[56] 그리고 여기에서 상황을 판단하는 기준은 민중의 삶이 된다고 할 것이다.

53) 『孟子』「梁惠王下」: "齊宣王見孟子於雪宮. 王曰賢者亦有此樂乎? 孟子對曰有, 人有不得則非其上矣. 不得而非其上者, 非也; 爲民上, 而不與民同樂者, 亦非也. 樂民之樂者, 民亦樂其樂, 憂民之憂者, 民亦憂其憂. 樂以天下, 憂以天下, 然而不王者, 未之有也."

54) 『書經』「皐陶謨」: "天聰明, 自我民聰明; 天明畏, 自我民明威."

55) 『書經』「泰誓(中)」: "天視, 自我民視; 天聽, 自我民聽."

유학에 있어서 현실적인 정사의 방법을 살펴보면, 첫째는 정치적으로 민생을 도모키 위한 것으로서 적극적으로는 생업을 안정시키고 생산에 종사할 수 있는 여건을 조성하여 민중이 안녕을 누리도록 하는 것이며, 소극적으로는 세금과 부역을 적게 하여 민중의 어려움을 덜어주는 것과 근검절약하여 애민(愛民)의 도를 다함으로써 백성을 위하는 의식(爲民意識)을 고양하는 것이다. 둘째는 사회적으로 의창(義倉)이나 사창(社倉)을 두어 민중의 어려움을 융통케 하고 난민을 구호(救護)하며, 향약을 실시하여 예속(禮俗)을 바르게 하고 상호부조(相互扶助)의 협동정신을 배양하는 일이다. 그리고 셋째는 학교를 세워 교육함으로써 개인이나 사회에 있어서 올바른 윤리의식을 심어주며 가치관의 전도(顚倒)를 방지하는 등 교화의 기능을 다 하도록 하는 것으로, 이상은 유학(儒學)에 있어서 행도(行道)의 실질적 내용이라 하겠다.

그러나 이와 같은 기능을 보다 효율적으로 수행하려면 언로를 개방하고 여론을 종합하여 중지(衆智)를 모아야 한다고 본다.

이렇듯 유학에서 현실에 참여하는 논리는 다양하고 분명하며 그 내용이 세밀하다. 유학은 자체의 논리에 따라 현실에 대하여 혹은 거부하고 비판할 수 있다. 그것은 단순히 현실에 대한 경시나 도피가 아니다. 혹은 긍정하고 참여할 수 있다. 이것은 맹목적인 찬성도 주체성의 상실도 아니다. 나아가거나〔進〕 물러서거나〔退〕 어느 것이든 현실에 대하여 책임을 지며, 그것이 바로 참여의 방법이다. 그러므로 초역사적 보편적 진리에 머무르면서 동시에 역사적 상황에 깊은 관련을 가지며, 때에 따라 지선(至善)하게 나타나야 하는 만큼, 공자의 시중지도(時中之道)의 참뜻이 여기에 있다 할 것이다. 그러므로 인간이 순수(順受)하여야 할 천명이 있는 것이요, 오직 진퇴존망(進

56) 『栗谷全書』 권25, 「聖學輯要(七)」, 〈言更張之道〉條 所引: "程子曰, 治道亦有從本而言, 亦有從事而言. 從本而言, 惟從格君心之非, 正心以正朝廷, 正朝廷以正百官; 若從事而言, 不救則已, 若須救之則須變, 大變則大益, 小變則小益."

退存亡)에 있어서 정당함을 잊어버리지 않음이 현실 참여의 논리라 할 것이다.[57] 이러한 정신은 도학사상(道學思想)과 관련하여 성리학파의 역사인식으로 전개된 바라 하겠다.

3. 歷史의 向方과 春秋精神

유학에는 인류의 장원(長遠)한 역사를 통하여 궁극적으로 실현코자 하는 이상이 있는가? 그리고 그러한 이상상(理想像)이 뚜렷이 부각되어 왔는가? 유학이란 특정한 정치 목적을 수행하거나 정치권력을 옹호하는 데 필요한 논리를 제공하는 데 불과한 것이 아닌가? 유학은 인류가 추구하여야 할 역사적 방향을 제시하며, 그것을 추진해갈 힘이 있는가?

유학의 역사관을 논함에는 각양의 문제들이 뒤따를 수 있을 것이다. 이러한 문제들과 관련하여 유학의 근본입장은 어떠한 것인가에 대한 충분한 성찰과 올바른 평가가 기대되는 바라 하겠다.

실로 유학에서는 이념상으로나 실제적으로 정치와 깊은 관련을 가져온 것이 사실이요, 또한 유학의 이념실현을 위하여 정치의 기능은 매우 중요한 것이라 할 것이다.

그러나 유학에서는 정치를 결코 가장 높은 것으로 보는 것은 아니다. 그러므로 다른 종파의 사상은 철학적이고 종교적인 데 비하여, 유학은 정치철학이라고 하는 것도 올바른 견해는 아니다. 유학에는 정치철학이 있다. 그러나 정치철학이 곧 유학이라 할 수는 없을 것이다. 유학에서는 보다 숭고하고 존엄한 세계를 근본으로 한다. 오히려 정치는 그것을 보호하고 성취시키는데 공헌함으로써만 존재의의가 있다고 본다.

---

57) 『周易』 乾卦 文言: "知進退存亡, 而不失其正者, 其唯聖人乎."

맹자는 다음과 같이 말하였다.

"땅을 넓히고 백성이 많아지는 것을 군자가 바라는 것이지만 즐거워하는 것은 아니다. 천하의 가운데에 서서, 사해(四海)의 백성을 평정(平定)하는 것을 군자가 즐거워하지만 본성으로 삼는 것은 아니다. 군자의 본성은 비록 크게 행하여도 늘어나지 않으며, 궁핍하게 살아도 줄어들지 않는 것이니, 받은 바가 정해져있기 때문이다. 군자의 본성은 인의예지(仁義禮智)가 마음에 뿌리박혀 있어서 그 빛이 맑게 얼굴에 나타나고 등에까지 넘치며, 몸에 베풀어져서, 사체(四體)가 저절로 들어맞게 되는 것이다."[58]

인간에게는 독자적으로, 아무도 어쩔 수 없는, 고귀한 세계가 있다. 그 자체로서 귀한 영원한 가치를 지니고 있다 함이다. 산 속에 피고 지는 꽃은 누가 보거나 안 보거나 향기를 발한다. 인간은 인간으로서의 품성을 다하는 것, 오직 그것이 인간의 목적이요 최고의 가치라 할 수 있다.

이와 같이 볼 때 유학은 특정한 정치권력을 옹호하는 이론이라거나 또는 특정한 정치목적을 수행하기 위한 수단이라고 속단하는 것은 옳지 않다. 오히려 유학에서는 올바른 정치의 주체가 되고 잘못된 것에 대하여는 저항하는 것이 그 본래적 의의를 다하는 바라 할 것이다.

『대학(大學)』에서는 '밝은 덕을 천하에 밝힌다[明明德於天下].' 라고 하였으며, 주자(朱子)는 이것을 풀이하여 "밝은 덕을 천하에 밝힌다 함은, 천하 사람들로 하여금 다 자기의 명덕(明德)을 밝히게 하는 것"[59]이라고 하였다. 또한 『중용』에서는 "군자는 사람의 도리로써 사람을 다스리다가 잘못을 고치면 그친다."[60]라 하였다. 주자는 이것을 풀이하여 "사람됨의 도리가 각자

---

58) 『孟子』「盡心上」: "孟子曰, 廣土衆民, 君子欲之, 所樂不存焉. 中天下而立, 定四海之民, 君子樂之, 所性不存焉.君子所性, 雖大行, 不加焉, 雖窮居不損焉, 分定故也. 君子所性, 仁義禮智, 根於心, 其生色也, ?然見於面, ?於背, 施於四體, 四體不言而喩."

에게 있어서 처음부터 피차의 구별이 없는 까닭에, 군자가 사람을 다스림에 있어서는 바로 그 사람의 도를 가지고 도리어 그 사람을 다스리나니, 그 사람이 능히 고치면 즉시 그쳐서 더 이상 다스리지 않는다."[61]라 하였다. 이와 같은 사례는 단순히 정치적인 차원으로서가 아니라, 종교적, 철학적으로 더욱 깊어진 세계라 하겠거니와, 이것은 개개인의 의식 속에 있는 덕성(德性)을 성수(成遂)코자 함이며, 그리하여 모든 개인의 자주와 독립을 지향하는 바라 할 수 있다. 외적인 규범이나, 권력자의 의지를 가지고 강압함이 아니라, 개개인 속에 들어 있고 만인에게 공통한 원리와 가치를 확인하며, 인간의 본래적 생명을 실현코자 함인 것이다. 이렇듯 인간의 자주성과 존엄성을 강조하는 사상은 맹자에게서 보다 뚜렷이 드러나 있음을 볼 수 있다.

맹자는 인품을 다음과 같이 넷으로 나누어 보았다.

첫째, 임금을 섬기는 자가 있으니, 그 임금을 섬긴다 함은 임금에게 용납되고 임금을 기쁘게 하는 자이다.

둘째, 오직 사직(국가)을 안정시키고자 하는 대신이 있으니, 국가를 안정시킴으로써 기뻐하는 자이다.

셋째, 천민(天民)이란 것이 있으니, 세상에 도를 펼 수 있은 다음에 행하는 자이다. 즉 반드시 공(功)이 백성에게 미칠 수 있어야만 움직이는 사람들이다.[62]

끝으로 대인(大人)이란 것이 있으니, 자기를 바르게 함에 남[物]이 감화하여 저절로 바르게 되는 자이다.

---

59) 『大學』 經文, 朱子註: "明明德於天下者, 使天下之人, 皆有以明其明德也."

60) 『中庸』 제13장: "詩云, '伐柯伐柯, 其則不遠' 執柯以伐柯, 睨而視之, 猶以爲遠. 故君子, 以人治人, 改而止"

61) 위의 朱子註: "若以人治人, 則所以爲人之道, 各在當人之身, 初無彼此之別. 故君子之治人也, 卽以其人之道, 還治其人之身, 其人能改, 卽止不治."

62) 『孟子』 「盡心上」: "有事君人者, 事是君則爲容悅者也. 有安社稷臣者, 以安社稷爲悅者也. 有天民者, 達可行於天下而後行之者也. 有大人者, 正己而物正者也."

이에 대하여 주자는 논하기를, 첫째는 아첨하고 마음에 맞게 하는 무리로 더러운 사내의 일이요 첩부(妾婦)의 도이니 말할 나위가 없고, 둘째 것은 충(忠)을 다하는 것이지만 역시 일국의 신하요, 천민은 일국의 신하는 아니지만 역시 자기 의사를 가진 자이며, 대인이야말로 고집 없이 오직 진리를 좇아서 하는 성자(聖者)라고 보았다.[63]

위의 주자의 논의는 군주에게 봉사하는 '사군인자(事君人者)' 나 국가에 대한 충신인 '사직지신(社稷之臣)' 을 넘어, 세계를 상대로 하는 '천민(天民)' 이나 또는 그 이상으로 진리의 입장에 선 '대인(大人)' 으로 나아갈 것을 강조한 것이라고 할 것이다. 즉 성현지도(聖賢之道)라고 하는 뚜렷한 방향이 제시되는 것이라 하겠다.

유학은 정치적 사회적 현실에 대한 깊은 관련을 갖는다. 그러나 유학의 본령은 인류에게 보편적으로 타당한 성자의 진리를 펴고자 하는 것이며, 역사를 통하여 비본래적인 현실[覇道]을 본래적인 방향[王道]으로 전환해, 마침내는 유학의 이상인 대동사회(大同社會)를 구현코자 하는 것이다.

『예기(禮記)』「예운(禮運)」편에는 이른바 '대동(大同)' 과 '소강(小康)' 에 대한 공자의 설명이 나와 있는데, 대동이란 요순사회(堯舜社會)를 가리키고, 소강이란 하 · 은 · 주(夏殷周) 삼대를 일컬어서 한 말이다. 여기에서 공자는 '대동' 이라는 이상세계를 다음과 같이 묘사하고 있다.

> "대도(大道)가 행하여질 때에는 천하를 공공의 것으로 하여 현명한 자와 능력 있는 자를 선출하며, 신의와 화목을 도모한다. 그러므로 사람들이 제 부모만

---

63) 위의 朱子註 : "阿徇以爲容, 逢迎以爲悅, 此鄙夫之事, 妾婦之道也. 大臣之計安社稷, 如小人之務悅其君, 眷眷於此而不忘也. 以其全盡天理乃天之民, 故謂之天民, 必其道可行於天下然後行之, 不然則寧沒世不見知而不悔, 不肯小用其道以徇於人也. 大人德盛而上下化之, 所謂見龍在田天下文明者. ○人品不同, 略有四等, 容悅佞臣, 不足言; 安社稷則忠矣, 然猶一國之士也; 天民則非一國之士矣, 然猶有意也; 無意無必, 唯其所在, 而物無不化, 惟聖者能之"

을 섬기지 않고, 제 자식만을 돌보지 않으며, 노인으로 하여금 여생을 마칠 수 있게 하고, 젊은이로 하여금 쓰임이 있게 하며, 어린이들이 자랄 수 있게 하고, 홀아비와 과부와 자식 없는 사람과 병신과 병든 자가 다 보살핌을 받게 하며, 남자는 직업이 있고 여자는 시집갈 수 있게 한다.

재화가 땅에 버려짐을 미워하지만 반드시 자기가 갖고자 해서가 아니며, 힘이 사람의 몸에서 나오지 않음을 나무라지만 반드시 자기를 위하여 그런 것은 아니다.

그러므로 권모가 일어나지 않으며, 강도와 절도, 세상을 어지럽히는 도적이 생기지 않는다. 그러므로 문을 열어둔 채 닫지 않으니, 이런 것을 대동이라고 한다."[64]

여기서 사람마다[人人個個]가 모두 자기의 삶을 향유하고 실현하는 대동사회의 이상적이며 현실적인 모습을 분명히 살펴볼 수 있다. 물론 요순 사회가 참으로 그러하였는가, 그것이 곧 유학의 이념과 완전히 합치하는가는 문제라 하더라도, 공자나 맹자의 사상에서 대동사회의 이념은 충분히 발견될 수 있다. 그리고 이러한 이념은 현대적 관점에서도 정치 · 경제 · 사회 등 여러 부문에서 매우 암시적이고 진보적인 사상임을 보여주고 있다.

원래 유학에서는 요순사회를 현상으로 하여 그 실현을 목표로 하고 있으며, 특히 묵은 것을 개혁하고 새로운 경장(更張)을 시도할 때는 항시 '요순지도(堯舜之道)' 와 '요순지세(堯舜之世)' 를 일컫는다. 이것은 한갓 복고주의를 뜻하는 것이 아니라, 성취하여야 할 이상이요 표준을 뜻한다. 실제로 율곡은 그의 『성학집요』에서 상기 대동사회의 내용을 인용 기술 하였을 뿐

64) 『禮記』 「禮運」: "孔子曰, "大道之行也, 與三代之英丘未之逮也, 而有志焉. 大道之行也, 天下爲公, 選賢與能, 講信, 修睦. 故人不獨親其親, 不獨子其子, 使老有所終, 壯有所用, 幼有所長, 矜寡孤獨廢疾者皆有所養. 男有分, 女有歸. 貨惡其?於地也不必藏於己, 力惡其不出於身也, 不必爲己. 是故謀閉而不興, 盜竊亂賊而不作, 故外戶而不閉, 是謂大同."

아니라,[65] 유학의 궁극적 목표란 대동사회를 성취하는데 있음을 명확히 밝혀놓은 바 있다.[66] 이것은 곧 인의사상(仁義思想)으로서 인도적 정신이 실현되는 세계를 일컬음이라 하겠다. 유학은 이렇듯 지극히 높은 이상을 지향하고 있다.

그러나 실제적인 역사현실은 "치란(治亂)과 안위(安危) 그리고, 흥폐(興廢)와 존망(存亡)" 속에서 전변(轉變)하고 있으며, 역사의 과정은 대립과 갈등 속에서 성장해 간다. 이러한 역사의 과정에서 왕도와 패도를 아울러 볼 수 있는데, 유학에서는 이 양자를 엄격하게 구별하고 있다. 그리하여 인도와 신뢰를 기본으로 하는 왕도를 옹호하며, 물질적 공리주의에 경도된 패도에 대해서는 비판 거부하는 입장을 취한다. 왕패(王覇)의 차이점에 대한 논의는 대략 다음과 같이 볼 수 있다.

왕도란 전제(專制)나 폭정(暴政)과는 전혀 다르다. 그것은 '식시지무(識時知務)' 하여 현실적 상황을 잘 알아야 하지만 성자(聖者)의 심법(心法)을 기본으로 한다. 즉 왕도는 덕(德)으로 하는 것, 인(仁)으로 하는 것, 예(禮)로 하는 것이다. 악을 물리칠 힘을 가지는 것이지만 인간의 본심에 호소하는 것이다. 공자는 법령과 형벌로써 하면 사람들이 어떻게든지 면하려고만 하며 부끄러워하지 않지만, 덕과 예로 하면 잘못에 대하여 부끄럽게 여길 뿐 아니라 바르게 되는 것이라 하였다.[67]

그런데 패도는 그렇지 않다. 패도는 제 나라의 부국강병만을 꾀한다. 이것은 남을 이용하기만 하는 몰염치한 공리주의이다. '패(覇)' 는 힘을 가지

---

65) 『栗谷全書』, 권25, 「聖學輯要(七)」 爲政功效章第十 참조.

66) 同上, 「聖學輯要(八)」, 〈聖賢道統 第五〉: "慮時世不同, 制度有宜, 賢愚不一, 矯治有方. 故節人情, 度時務, 制爲損益之規. 於是, 文質政令, 爵賞刑罰, 各得其當, 抑其過引其不及. 善者興起, 惡者懲治, 終歸於大同."

67) 『論語』 「爲政」: "子曰, 道之以政, 齊之以刑, 民免而無恥. 道之以德, 齊之以禮, 有恥且格."

고 하지만 '인(仁)'을 가장하는 것이다. 그것은 반드시 큰 나라를 가지고 있어야만 한다. 그렇지만 마음으로 복종하는 것이 아니요, 힘이 넉넉하지 못해서 복종하는 것일 뿐이다. 왕도는 어떠한가? 큰 것을 원하지 않는다. 그러나 속마음으로 기뻐하여 진실로 복종하게 되는 것이다.[68] 맹자는 말하기를 "패자(霸者)의 백성은 기쁘고 즐거운 듯이 하고, 왕자(王者)의 백성은 너그럽고 넉넉한 모습을 한다."[69] 고 하였다.

이에 대하여 정자(程子)는, 전자는 "조작하여 그런 것이니 어찌 오래도록 할 수 있겠는가" 라 하고, 후자에 대하여는 "밭 갈고 우물 파서 내가 살고 있는데 임금의 힘이 나와 무슨 상관이 있을까?" 라 하듯이 하늘의 자연한 것이 곧 왕자(王者)의 정치라고 하였다.[70]

나아가서 맹자는 말하기를, 인자(仁者)는 능히 큰 것으로써 작은 것을 섬길 수 있고, 지자(智者)는 작은 것으로써 큰 것을 섬길 수 있다. 인자는 하늘을 즐거워하고 지자는 하늘을 두려워하며, 인자는 천하를 보전할 수 있고 지자는 그 나라를 보존할 수 있다고 하였다.[71] 오직 인자만이 실제로 세계성, 영속성, 보편성을 갖는다는 것이다.

그러므로 인간의 내면적 성실성과 신뢰의 기반 없이, 그리고 사회적으로 인권과 질서를 몰각(沒却)한 채 오직 부국강병, 즉 경제력과 군사력에 의한 팽창주의를 유학은 거부한다. 한갓 정치기술로서의 기능주의가 아니라, 현실적 상황을 처리할 수 있는 능력과 지위를 보유하면서 동시에 인간의 내면적 덕성에 밝은 성자 또는 군자만을 가장 바람직한 지도자상으로 보는 것이

---

68) 『孟子』「公孫丑上」: "以力假仁者霸, 霸必有大國, 以德行仁者王, 王不待大. …以力服人者, 非心服也, 力不贍也, 以德服人者, 中心悅而誠服也."

69) 『孟子』「盡心上」: "孟子曰, 霸者之民, 驩虞如也; 王者之民, 皞皞如也."

70) 위의 朱子集註: "程子曰, 驩虞有所造爲而然, 豈能久也. 耕田鑿井, 帝力何有於我? 如天之自然, 乃王者之政."

71) 『孟子』「梁惠王下」: "孟子對曰, 惟仁者, 爲能以大事小. …惟智者, 爲能以小事大, …以大事小者, 樂天者也; 以小事大者, 畏天者也."

다.[72)]

『중용』에서는 "비록 그(천자) 지위를 갖고 있더라도, 진실로 그 덕(德)이 없으면 감히 예악을 지을 수 없는 것이요, 또한 비록 그 덕이 있더라도 그 지위가 없으면 감히 예악을 지을 수 없는 것"[73)]이라 하였다. 예악으로 대표되는 문물제도는 어느 개인의 사사로운 산물이 아니다. 그것은 내외(內外)가 합치하고 명실(名實)이 상부한 진리의 근원처에서 나와야 하는 것이다. 그러므로 공자는 천하에 도가 있을 때에는 예악과 정벌(악을 퇴치하는 것)이 천자(聖王)로부터 나오는 것이라고 다음과 같이 말하였다.

> "천하에 도가 있으면 예악과 정벌이 천자에게서 나오며, 천하에 도가 없으면 예악과 정벌이 제후로부터 나온다. 제후로부터 나오면 열 세대(十世)를 못 미쳐 망할 것이요, 대부에게서 나오면 다섯 세대(五世)를 넘기 어려울 것이며, 가신이 국권을 잡으면 삼대(三代)가 되어 잃어버리지 않을 이 드물다. 천하에 도가 있으면 정사가 대부에게 있지 않고, 천하에 도가 있으면 백성들이 시비를 논하지 않을 것이다."[74)]

이것은 춘추시대에 오패(五霸)가 나오고 권신(權臣)들이 발호하여, 예법과 질서를 무너뜨리고 불의한 전쟁을 일으켜 사리사욕을 취함에 대하여 공자가 비판한 것이다. 공자는 제나라 경공(景公)이 정사를 물었을 때 "임금은 임금다워야 하고 신하는 신하다워야 하며, 아비는 아비다워야 하며 자식

72) 『周易』「繫辭下」: "天地之大德曰生, 聖人之大寶曰位. 何以守位曰仁. 何以聚人曰財. 理財, 正辭, 禁民爲非."

73) 『中庸』 제28장: "雖有其位, 苟無其德, 不敢作禮樂焉. 雖有其德, 苟無其位, 亦不敢作禮樂焉."

74) 『論語』「季氏」: "孔子曰, 天下有道, 則禮樂征伐, 自天子出. 天下無道, 則禮樂征伐, 自諸侯出. 自諸侯出, 蓋十世希不失矣, 自大夫出, 五世希不失矣, 陪臣執國命, 三世希不失矣. 天下有道, 則政不在大夫, 天下有道, 則庶人不議."

은 자식다워야 한다."[75]라 하여 그의 정명사상(正名思想)을 강조하였거니와, 실로 공자의 『춘추』는 당시에 이르기까지 노나라 242년간[76]의 정(正)·부정(不正)을 심판해 놓은 의리서(義理書)라고 보는 것이다.

공자는 나라마다 문명의 차이가 있는 것이지마는, 어느 나라이든 각국의 문화적 도덕적 수준을 단계에 따라 발전적으로 향상하여 차원을 높여감으로써 완전한 경지에 도달하여야 한다고 하였다. 그러므로 공자는,

"제나라가 한 번 변하면 노나라에 이르고, 노나라가 한 번 변하면 도에 이른다."[77]

라고 하였다. 제나라는 제후들을 제패하여 천하를 호령하던 환공(桓公)이 있었고 강국으로서의 패자적 기상이 있었으며, 노나라는 주공(周公)의 고지(故地)로서 비교적 왕자의 풍에 가까웠다. 그러므로 제가 한 번 변혁하면 노와 같이 될 수 있으며, 노가 한 번 변화하면 도에 도달할 수 있다고 하였던 것이다.[78]

공자 당시에도 제는 강하고 노는 약하였다. 그러나 공자는 문화적인 면에서는 노가 제보다 우월한 것으로 보았던 것이다. 여기서 인도(人道)를 높이고 불의를 배격하는 존왕양이(尊王攘夷)의 춘추정신을 볼 수 있는데 맹자는 이와 같은 공자의 춘추정신에 대하여 다음과 같이 논하였다.

"춘추는 천자의 일이다. 옛날에 우(禹)가 홍수를 막아서 천하가 평안케 되었

---

75) 『論語』「顔淵」: "君君臣臣父父子子."

76) 魯隱公元年(周平王 49년)으로부터 魯哀公 14년(周敬王 39년)까지 12공에 걸친 242년간을 말함.

77) 『論語』「雍也」: "齊一變, 至於魯 ; 魯一變, 至於道也."

78) 『論語』「雍也」〈齊一變〉條 朱子集註: "程子曰, 夫子之時, 齊强魯弱, 孰不以爲齊勝魯也? 然魯猶存周公之法制; 齊由桓公之霸, 爲從簡尙功之治, 太公之遺法, 變易盡矣. 故一變乃能至魯, 魯則修擧廢墜而已, 一變則至於先王之道也."

고, 주공이 사나운 오랑캐를 응징하고 맹수를 내몰음으로써 백성들이 평안하게 되었거니와 공자가 『춘추』를 완성함으로써 나라를 어지럽히는 신하와 어버이를 해하는 자식들이 두려워하였다." [79)]

"왕자(王者)의 자취가 끊어진 다음에 『시(詩)』가 없어졌으며, 『시』가 없어진 다음에 『춘추』가 지어졌다. ……그 일은 제나라 환공(桓公), 진나라 문공(文公)의 것이요, 그 문장은 사관의 일이요, 그 의리는 공자가 취한 것이다." [80)]

"춘추시대에는 의로운 전쟁이 없었다. ……정벌이란 윗사람이 아랫사람을 정벌하는 것이니, 대등한 나라끼리는 서로 정벌하지 못한다." [81)]

이처럼 맹자는 공자의 춘추가 원래 성왕(聖王)이나 할 수 있는 것으로 우(禹)와 주공(周公)의 성업에 비길 만큼 중대한 의의(意義)를 지니는 것이라 하였다. 또한 『춘추』란 왕자의 기풍이 없어지고 인간 정서의 순박성을 상실한 다음 패도가 등장함으로써 정·부정(正不正)에 대한 분별과 비판을 통하여 다시금 원래적 순수성을 회복하기 위해 지었다는 취지로 풀이되고 있다. 또한, 윤리적 질서와 정치적 기구의 정상으로서 천자만이 악을 퇴치하기 위하여 정벌할 수 있는 것이요, 무력이 강하다고 하여 명분 없는 전쟁을 일으킬 수 없다는 것이다.

이처럼 공자의 춘추사상은 공자 이래의 동방사회에 있어서 역사의식의

---

79) 『孟子』「滕文公下」: "昔者, 禹抑洪水, 而天下平, 周公兼夷狄驅猛獸, 而百姓寧, 孔子成春秋, 而亂臣賊子懼."

80) 『孟子』「離婁下」: "孟子曰, 王者之迹熄而詩亡, 詩亡然後, 春秋作. …其事則齊桓晉文, 其文則史. 孔子曰其義則丘竊取之矣."

81) 『孟子』「盡心下」: "孟子曰, 春秋無義戰, 彼善於此則有之矣. 征者, 上伐下也, 敵國不相征也."

형성에 기본이 되어온 것이라 할 수 있다.

송대의 소강절은 『춘추(春秋)』란 '공자의 형서(刑書)'라 하고 '오패(五霸)는 공적도 으뜸이면서 죄악도 으뜸이다.'라 하여 먼저 오패의 공과를 정한 다음에 춘추를 배운다면 대의(大意)가 서게 될 것이라고 하였다. 즉 패도의 죄만을 말하고 공을 인정하지 않는 것이 아니다. 부국강병을 추구하여 국력을 신장하는 점에서는 공이라고 할 수 있다. 그러나 그것은 공리(功利)만을 알고 인도(人道)를 기본으로 하지 않았기 때문에 신뢰와 질서의 바탕을 상실케 되며 결국 이기주의에 흐르고 마는 것이라 하겠다.[82] 그러므로 유학에서는 높은 이상을 가지지만 그것을 실현하는 과정과 방법에서 인도(人道)와 의리(義理)의 정신을 살리고자 하며, 목적을 수행하기 위하여 수단은 악해도 좋다고 하는 입장에 반대한다. 그러므로 실행과정 자체를 보다 뜻있고 소중하게 본다.

정자는 "『오경(五經)』은 도(道)를 실은 글이요, 『춘추』는 성인의 용(用)이다. 『오경』은 약의 처방과 같고, 『춘추』는 약을 써서 병을 치료함과 같으니 성인의 용이 모두 이 책에 있는 것"[83]이라고 하였다. 여기서 『춘추』는 단순한 이론이 아니라 실제로 그 속에 의리가 들어 있는 행동철학으로서의 적극성이 있음을 알 수 있다. 그리고 후세에 성리학파의 의리사상과 비판정신 그리고 사생(死生)을 초월한 용기 있는 행동은 모두 춘추정신에 기인하는 바라 하겠다.

82) 『春秋』, 綱領: "宋西都, 邵雍曰春秋, 孔子之刑書也, 功過不相掩. 五霸者, 功之首, 罪之魁也. 先定五霸之功過, 而學春秋, 則大意立矣. 春秋之間有功者, 未有大於四國者也; 有過者, 亦未有大於四國者也. 不先治四國之功過, 則事無統理, 不得聖人之心矣."

83) 위와 같음: "河南程?曰五經, 載道之文; 春秋, 聖人之用. 五經之有春秋, 有法律之有斷例也. 又曰五經如藥方, 春秋猶用藥治病. 聖人之用, 全在此書."

4. 性理學派의 歷史認識

(一)

유학은 중국 역사상 가장 큰 영향을 끼치고 지주가 되어온 학술사상이다. 그러나 유학의 정통성을 확립하고 이론적 체계를 수립하여 그 절대적 지위를 정립한 것은 송대 성리학파에 이르러서이다.

북송시대의 학술사상을 집대성하여 이른바 '주자학'을 성립시킨 주희(朱熹: 1130~1200)는 맹자 이후 송대의 정호(程顥)·정이(程頤) 형제에 이르기까지 1천여 년 동안 '도통(道統)'이 끊어졌다고 하였다.[84] 물론 한대에는 동중서(董仲舒)와 같은 유학자도 나왔고, 오경박사를 두었으며 역대로 유학은 관학의 위치를 점해온 것이 사실이다. 그리고 정치 교육에 응용되고 사장학(詞章學)으로 발달해 왔다. 그러나 그와 같은 재래의 학풍에 대하여 성리학파는 그것이 요·순·공·맹(堯舜孔孟)의 근본정신을 밝히지 못한 것으로 보아 비판하였다. 뿐만 아니라 한대(漢代)에는 노장(老莊)의 자연주의 사상이 유행하였고 당대(唐代) 이후로는 불교의 심성철학(心性哲學)이 풍미(風靡)하여 지도층이나 일반 민중을 막론하고 많은 사람이 그것에 심취하고 영향을 받았다. 주자는 그의 「대학장구서(大學章句序)」에서 맹자 이후 한·당대(漢唐代)의 시대와 학풍에 대하여 다음과 같이 논평하였다.

첫째, 속유(俗儒)들이 시문(詩文)에 힘을 썼으나 그 효용이 없었고,

둘째, 이단의 허무(虛無)와 적멸(寂滅)의 가르침이 높았으나 그 실제가 없었으며,

셋째, 권모와 술수로 공명(功名)을 이루려는 학설과 백가(百家)의 다양한

84) 「中庸章句序」: "自是而又再傳以得孟氏, 爲能推明是書以承先聖之統, 及其沒而遂失其傳焉. …故程夫子兄弟者出, 得有所考, 以續夫千載不傳之緖."

술수의 부류들이 세상과 백성을 속여 인의를 막아버리는 현상이 나타났다. 그리하여 지도층으로 하여금 대도의 요체를 얻지 못하고 백성으로 하여금 다스림의 혜택을 얻지 못하게 하였으며, 오대(五代: 後梁·後唐·後晋·後漢·後周)에 이르러 그 혼란함이 가장 심해졌다.[85)]

이렇듯 한당(漢唐)의 노불시대(老佛時代)를 거쳐 새로운 학풍으로 일어난 성리학파는 과거의 역사를 전반적으로 재평가하였으며 공맹의 근본유학사상을 회복시켜, 성리학적 방법론에 의한 새로운 이론체계를 구축하였다.

성리학은 먼저 유가의 도통(道統)을 확립하고 그 근본정신을 천명코자 하였다. 유학의 근본정신은 물론 공맹에 있다. 그러나 공자는 스스로 "저술하고 창작하지 않는다"[86)]라 하고 "옛것을 좋아하여 민첩하게 탐구한다"[87)]라 하였으며, 맹자는 "바라는 바는 공자를 배우는 것이다"[88)]라 하였다. 그리고 공맹은 다 같이 요순 이래의 성현에 대하여 언급하였다. 주자는 그의 『중용장구서(中庸章句序)』에서 도통연원에 대하여 대략 다음과 같이 기술하였다.

"상고로부터 성신(聖神)이 하늘의 뜻을 이어 인극(人極)을 세움으로부터 도통(道統)의 전함이 유래가 있게 되었다. 요순으로부터 성인과 성인이 서로 계승하여 성탕(成湯)이나 문·무(文·武)와 같은 임금과 고요(皐陶)·이부(伊傅)·주소(周召)와 같은 신하들이 도통을 이었다.

공자는 비록 지위를 얻어 행도하지는 못하였으나 과거의 성인[往聖]을 계승하여 장래의 학자[來學]들에게 열어준 공은 오히려 요순보다 높다. 그 정신이 증

---

85) 「大學章句序」 參照.
86) 『論語』 「述而」: "述而不作"
87) 『論語』 「述而」: "好古敏以求之者"
88) 『孟子』 「公孫丑上」: "乃所願則學孔子也."

자(曾子)와 자사(子思)를 거쳐 맹자에 이르러 끊어졌다가 정자(程子) 형제에게서 다시 밝혀졌다."[89)]

이처럼 요·순·공·맹(堯舜孔孟)의 도통을 엄격하게 밝히는 것은 유학의 근본정신을 기타의 이설(理說)과 구별하고 진리의 순정성(醇正性)을 확보하기 위함이었다. 그것은 다름이 아닌 인의(仁義)와 중용(中庸)의 정신에 입각한 것이었다.

(二)

공자와 맹자의 시대는 주(周)의 봉건제도가 무너지는 춘추 전국시대로서 '천하에 도가 없는' 혼돈기였다. 이처럼 패술(覇術)이 성행하고 불법이 자행되는 시대에 그들은 "난세를 다스려 올바른 데로 돌아감[撥亂世 反之正]"을 목표로 인의를 실현하고자 하였다. 공자는 천하(天下)를 두루 돌아다녔으며 맹자는 제·량(齊梁)의 사이를 두루 방문하였다. 그들은 당시의 도가류와는 달리, 현실로부터 도피하지 않고 인간사회에 대한 끊임없는 관심과 연대의식을 가지고 있었다. 그러나 공맹은 단순히 정치활동에 종사함이 아니었다. 그들이 근본원리로 삼은 것은 요순 이래의 성현지도(聖賢之道)였다.

공자는 순(舜)이 대지(大知)인 까닭을 말하는 가운데 "순임금은 …그 두 끝을 잡아서 백성에게 알맞은 것을 사용하였다."[90)]라 하였다. 이는 곧 요가 순에게 남긴 말이라고 전하는 '윤집궐중(允執厥中)'과 상응하는 바라 하겠다. 이것은 『서경』과 『논어』에 기록되어 있을 뿐 아니라 주자의 「중용장구서」에 유가의 도통을 성립시키는 명제로서 재확인되었다.[91)]

---

89) 「大學章句序」 참조.

맹자 역시 인성의 선함을 증거함에 있어서 항상 '요순'을 일컬었다. 그리고 평상시 양극단으로 치우쳤다고 판단되었던 양·묵(楊墨)을 배척하였다. 도가류의 양주는 사회성이 박약하고 지나치게 개인주의적이었으며, 묵적(墨翟)은 인정을 몰각하고 지나치게 공리주의에 기울어졌던 것이다. 그 이후 주(周)의 멸망이 가까울수록 사람들은 형명(刑名)과 법술(法術)에 종사하여 인도주의 정신은 더욱 아쉽게 되었다.

순(舜)이 부연하여 우(禹)에게 주었다고 전하는 "인심은 오직 위태하고 도심은 오직 희미하니 오직 정밀하고 오직 전일하여야 진실로 그 중(中)을 잡을 것이다(人心惟危, 道心惟微, 惟精惟一, 允執厥中)"라는 말은 성리학에서 매우 중시되는 명제이다. 이는 내적으로 한결같이 함[專一]과 외적으로 정밀히 살핌[精察]을 하나의 인격 속에서 아울러 보는 것이요, 행우의 주체로서의 인간의 각성을 뜻하는 것이다. 이는 중용을 다하기 위한 전제조건이 된다.

성리학에서는 인심도심설(人心道心說)과 관련하여 천리와 인욕의 문제를 깊이 다룬다. 천리(天理)와 인욕(人欲)은 결단코 혼용될 수 없다. 주자에 의하면,

"일용의 사이에 천리와 인욕 두 가지가 함께 유행하면서 번갈아 승부가 바뀌니, 일신의 시비(是非)·득실(得失)과 천하의 치란(治亂)·안위(安危)가 모두 이에 관계되지 않음이 없다. 그러므로 택하기를 정밀하게 하여 인심(人心)이 도심(道心)에 섞이지 않게 하고, 지키기를 전일(專一)하게 하여 천리로 하여금 인

90) 『中庸』 제6장: "舜……執其兩端, 用其中於民."

91) 『書經』, 「虞書」〈大禹謨〉 및 『論語』, 「堯曰」 참조. 朱子의 「中庸章句序」에는 다음과 같이 기록되어 있다. '蓋自上古, 聖神繼天立極, 而道統之傳有自來矣. 其見於經, 則允執厥中者, 堯之所以授舜也; 人心惟危, 道心惟微, 惟精惟一, 允執厥中者, 舜之所以授禹也. 堯之一言至矣盡矣, 而舜復益之以三言者, 則所以明夫堯之一言, 必如是而後可庶幾也."

욕에 흐르지 않도록 한다면, 무릇 그 행하는 일이 한 가지라도 중(中)을 얻지 못함이 없을 것이며, 천하와 국가에 있어서 처리하는 것마다 마땅하지 않음이 없을 것이다."[92]

인심과 도심, 천리와 인욕의 문제는 한 사람의 심리적 사실에 그치지 않고, 이른바 '집중(執中)' 할 수 있는 근거가 되며, 개인적으로나 사회적으로 성패를 좌우하는 것이라고 보았다.

천리의 질서는 요순공맹의 도(道)요, 왕도(王道)이다. 인욕의 질서는 패술(覇術)이다. 내면적 성찰이 없이 부정한 방법으로 일시의 공리를 거두었다고 하더라도 그것은 사람들을 진심으로 복종케 할 수 없다.[93]

정명도 역시 일찍이 신종(神宗)에게 「논왕패지변(論王覇之辨)」이란 논설로 상소하여 왕도와 패도의 차이와 한당시대(漢唐時代)의 상황에 대하여 논술하였다.

"천리의 올바름을 얻고 인륜의 지극함을 다함은 요순의 도이며, 그 사사로운 마음을 쓰고 인의의 편벽됨에 의거하는 것은 패자의 일입니다. 왕도는 순탄하니 그 근본은 인정에 있고 예와 의에서부터 나오는 바입니다. 한당(漢唐)의 임금 중에서 비록 일컬을 만한 이가 있으나, 그 사람됨을 논하면 선왕의 학문을 한 이가 아니며, 그 시국을 상고하면 모두 잡박한 정사를 행함이라. 얕은 소견

92) 『朱書百選』 권3, 「答陳同甫」: "日用之間, 二者竝行, 迭爲勝負, 而一身之是非得失, 天下之治亂安危, 莫不係焉. 是以欲其擇之精而不使人心得以雜乎道心, 欲其守之一而不使天理得以流於人欲, 則凡其所行無一事之不得其中, 而於天下國家無所處而不當."

93) 위와 같음: "一時英雄豪傑之士, 或以資質之美計慮之精, 一言一行, 偶合於道者, 蓋亦有之, 而其所以爲之田地根本者, 則固未免乎利欲之私也. … 欺人者, 人亦欺之, 罔人者, 人亦罔之. 此漢唐之治, 所以雖極其盛而人不心服, 終不能無愧於三代之盛時也. … 漢唐之君, 雖或不能無暗合之時, 而其全體, 却只在利欲上. 此其所以堯舜三代, 自堯舜三代; 漢祖唐宗, 自漢祖唐宗, 終不能合而爲一也."

으로써 요행이 작은 평안(小康)을 얻었더라도, 그 법도를 세우고 전통을 드리움은 후세에 계승할 만한 것이 아니오니, 모두 족히 행할 바가 못 됩니다."[94)]

또 정이천(程伊川)도 「상인종황제서(上仁宗皇帝書)」에서 '천하대중지도(天下大中之道)'를 논하고 아울러 진한(秦漢) 이래의 역사를 왜곡된 것으로 판단하였다.

"신이 배운 바는 천하에 크게 적중하는 도(道)입니다. 성인은 본성대로 하므로 성인이요, 현자는 그것을 말미암아 행하므로 현자입니다. 요순은 그것을 써서 요순이요, 공자는 그것을 전술하였으므로 공자입니다. 그 도는 지극히 크고 그 행함은 지극히 평이하니, 삼대(三代) 이전에는 말미암지 않은 바가 없었습니다.

진(秦)나라 이래로는 쇠퇴하여 떨치지 못했고 위진(魏晋)의 시기에 와서는 더욱 심하게 멀어졌습니다. 한당(漢唐) 때에는 조금 안정되어 행해졌지만 순정(醇正)치 못하였으니, 이는 자고로 배우는 사람은 많지만 그 얻은 바가 심히 드물기 때문입니다."[95)]

이상에서 논한 바와 같이 송대 성리학파는 유가의 도통을 확립하였으며 그 기본정신을 인의와 중용으로 파악하였다. 또한, 천리와 인욕의 구별은 곧 왕패지변(王覇之辨)으로 연결되었으며 주체적 각성을 통한 천리의 질서를 세울 것을 주장하였다. 그들은 진·한(秦漢) 이후의 역사를 '인욕(人欲)'의 역사로 비판하였는데, 이는 천리(天理)에 근본한 새 역사의 창조를 자신

94) 『二程全書』 권39, 『論王覇箚子』(景文社 영인본, 285쪽).

95) 『二程全書』 권44, 『上仁宗皇帝書』: "臣所學者, 天下大中之道也. 聖人性之爲聖人, 賢者由之爲賢者. 堯舜用之爲堯舜, 仲尼述之爲仲尼. 其爲道也至大, 其行之也至易, 三代以上莫不由之. 自秦而下衰而不振, 魏晉之屬去之遠甚, 漢唐小康行之不醇, 自古學之者衆矣, 而考其得者蓋寡焉."

의 사명으로 의식하였음을 보여주는 것이다.

(三)

성리학이란 원래 자기성찰로부터 출발한다. 남을 위한 '위인지학(爲人之學)' 이 아니라 자신을 위한 '위기지학(爲己之學)' 이다. 그것은 참된 자기에 대한 확인이요, 주체적 각성이라 할 수 있다.

정자는 『논어』에 이른바 '위기(爲己)' 와 '위인(爲人)' 이라 한 구절[96]을 논하여 "옛날의 학자는 자기를 위하였으나 마침내는 사물을 성취함에 이르렀고, 오늘날의 학자는 남을 위한다고 하지만은 결국에는 자기를 잃어버리게 된다."[97]라고 하였다. '자기를 위하는 것' 이란 결국 자기의 문제에 그치지 않고 '성물(成物)' 을 초래하여 자기와 타인이 함께 성립하는 결과를 낳는다. 그러나 '남을 위하는 것' 은 남에게 보이기 위한 것으로 형식에 그치게 된다. 그러므로 결국 자기 자신까지도 상실하게 된다는 것이다. 한마디로 자기를 위한다는 것은 자기만을 아는 이기주의가 아니라, 참다운 주체의 확인이며 '남' 과 '나' 가 함께 성립할 수 있는 뜻에서 자주성의 확립이라 할 수 있다. 그러한 뜻에서 '자기' 의 문제를 성찰하고 깊이 물어 들어간 것이 성리학의 본령이라 할 것이다. 그것은 자기의 내면에 근거하면서 또한 만인에게 공통한 인간 본성에 근본한 것이므로 '남과 나' 가 소통할 수 있는 지평이 열리게 된다.

공자는 "사람이 태어남에 곧으니 곧지 않고도 살아가는 것은 요행히 (죽음을) 면한 것이다."[98]라 하고, "하늘이 내게 '덕' 을 주셨으니 환퇴가 내게

96) 『論語』「憲問」: "子曰, 古之學者爲己; 今之學者爲人."
97) 同上, 朱子集註: "程子曰, 古之學者爲己, 其終至於成物; 今之學者爲人, 其從至於喪己."
98) 『論語』「雍也」: "人之生也直, 罔之生也, 幸而免."

어떻게 하랴"[99]고 하였으며, 맹자는 공자의 말을 이끌어 "스스로 돌이켜보아 곧으면 비록 천만의 사람이라도 내가 가서 대적할 수 있다[自反而縮, 雖千萬人, 吾往矣]."[100]라 하고, 다시 스스로 "자기 자신에게 돌이켜 보아 참되면 즐거움이 더 이상 클 수 없다."[101]고 하였다. 이처럼 각성한 자아는 만인 공통의 근원 존재로서 '하천 가운데의 지주[中流底柱]'[102]와 같은 의지처가 된다고 할 것이다. 이것이 다름 아닌 '천명(天命)의 성(性)'[103]이요, '무극이 태극(無極而太極)'[104]이며, '인극(人極)'[105]이요, '황극(皇極)'[106]이라 할 것이다. 또한 이것이 '천지(天地)의 성'[107]이요, '성리(性理)'[108]이며, '천리(天理)'[109]이다. 이것은 시간적 공간적 제약이 없다. 그 진리성은 "순임금은 동이(東夷) 사람이요, 문왕은 서이(西夷) 사람이다."[110]라 함과 같이 지역과 민족과 혈연을 넘어서는 것이며, 동시에 그것은 어느 국가, 어느 민족에게도 타당성을 갖는다 할 수 있다. 『대학』에서는 '명덕(明德)을 천하에 밝힌다.' 라고 하였다. 그러므로 인간이 자신에게 깊어짐으로써 오히려 세계성, 보편성이 열린다. 이는 곧 '자기를 바르게 하여 사물이 바르게 됨[正己而物

---

99) 『論語』「述而」: "天生德於予, 桓魋其如予何?"

100) 『孟子』「公孫丑上」, 공자의 말로서 증자가 옮긴 것을 맹자가 다시 인용함: "自反而縮, 雖千萬人, 吾往矣."

101) 『孟子』「盡心上」: "萬物皆備於我矣, 反身而誠, 樂莫大焉."

102) 『朱書百選』, 권1「與陳侍郞」에 보이는 "…若中流之底柱有所恃"라 한 구절에서 그 氣槪를 보아 그 所自出을 聯想하여 인용함.

103) 『中庸』 首章 참조.

104) 周濂溪, 「太極圖說」.

105) 위와 같음: "聖人定之以中正仁義而主靜, 立人極焉."

106) 邵康節, 『皇極經世書』 참조.

107) 張載, 『正蒙』, 「誠明」: "形以後有氣質之性, 善反之, 則天地之性存焉."

108) 『二程遺書』, 권18: "性卽理. 理則自堯舜至於塗人一也."

109) 『二程遺書』, 권2上: "天理云者, 這一箇道理, 更有甚窮已. 不爲堯存, 不爲桀亡. 人得之者, 故大行不加, 窮居不損. 這上頭來更佗生說得存亡加減. 是佗元無少欠, 百理具備"

110) 『孟子』「離婁下」: "舜……東夷之人也, 文王……西夷之人也"

正]'이며, '자기를 이루고 사물을 이루게 하여[成己成物] 궁극에는 내외를 합하게 하는 도[合內外之道]'이며, '때에 따라 마땅하게 시행함[時措之宜]'이라 할 수 있다.

이처럼, 각성한 자아는 어느 누구의 자주성도 침해하지 않을 뿐 아니라, 또한 어느 누구에 의해서도 자기의 자주성을 침해당하지 않고자 한다. 그러므로 불의(不義)와 무도(無道)에 대하여는 분노하며 항쟁하게 된다. 이런 뜻에서 성리학은 자주의식을 고취하는 주체의 철학이라 할 수 있다.

실로 한국에 있어서나 중국에 있어서 성리학파는 의리사상을 발휘하여 국내적으로도 사회의 정의를 주창(主唱)하였을 뿐 아니라, 외침이 있을 때마다 분연히 일어나서 거족적인 항쟁을 전개하였다. 성리학적 자주의식이 충렬정신(忠烈精神)으로 전개되어 역사에 빛난다.

주자는 송나라가 금의 공략을 받아 중원을 상실한 지 3년 뒤에 태어난 남송시대의 인물이었다. 그는 「여진시랑서(與陳侍郎書)」에서 당시의 지도층이 조상의 옛 땅을 잃어버리고 자기의 주권을 침탈당함이 얼마나 치욕스럽고 원통한 사실인가를 절감하여 이를 회복하는 일에 전심해야 할 것임에도 불구하고, 한갓 굴욕적이고 고식적(姑息的)인 미봉책만을 일삼고 있음을 통탄하였다. 그는 당시의 강화설에 대하여 그것이 국가를 위하여 결단코 유익하지 못한 것이라고 다음과 같이 기록하였다.

> "무릇 국가의 형세를 회복하려는 큰 뜻을 가로막는 것도 강화(講和)의 설이고, 변경에서 오랑캐를 방어하는 올바른 기강을 파괴하는 것도 강화의 설이다. 안으로는 우리 백성의 충의(忠義)의 마음을 어그러뜨리고 밖으로는 옛 땅을 회복할 것이라는 희망을 끊어 버리는 것도 강화의 설이고, 구차히 목전의 다급한 근심을 피하려 다른 날 연안(宴安)의 독을 양성하는 것도 강화의 설이다."[111]

주자는 또한 실로 침탈해온 원수를 갚아서 치욕을 씻는 일은 잠시도 잊을 수 없는 것임을 강조한다. 그리고 만일 힘이 부족하다면 우선 자수(自守)할 계책을 세우되 복수심을 기르며 때를 기다리는 것이 차라리 옳은 일이라고 한다.[112] 그런데 나아가서 공격하지도 못하고 물러서 수비하지도 못하면서 자신을 비굴하게 낮추고 후한 예물로 원수에게 가엾게 여겨주기를 애걸하고 있으며, 행여 애걸함이 성사하면 군신(君臣)이 서로 기뻐하여 마음을 놓고 다시 조그마한 원한도 품지 아니하니, 이는 임시방편의 언행으로 천하를 지키려 하는 것이라고 개탄한다.[113]

이와 같이 주자에 있어서는 민족적 자주의식이 강렬함을 볼 수 있다. 그러나 이것은 오로지 자국의 이익을 추구하며 타국을 침해해도 좋다고 보는 패도적 민족주의와 다르다. 주자학을 단순히 배타적 민족주의로 규정함은 옳다고 할 수 없다. 그렇다고 하여 민족주의가 아니라고 단정할 수도 없을 것이다. 주자학은 국수주의나 제국주의라고 할 수 없다. 자타가 동시에 성립될 수 있는 인류 공동의 기반으로서의 보편성을 지향하면서 자국의 생존권과 특수성을 살리고자 하기 때문이다.[114]

그러나 역사를 통해 보면 원칙에서 벗어나는 때가 더 많으며, 이에 대하여 비판이 없을 수 없다. 그러므로 율곡은 『동호문답』에서 "고요히 수천 년

111) 『朱書百選』 권1, 「與陳侍郎」: "夫沮國家恢復之大計者, 講和之說也. 壞邊陲備禦之常規者, 講和之說也. 內咈吾民忠義之心, 而外絶故國來蘇之望者, 講和之說也. 苟逭目前宵旰之憂, 而養成異日宴安之毒者, 亦講和之說也."

112) 위와 같음: "蓋以祖宗之讎, 萬世臣子之所必報而不忘者. 苟曰力未足以報, 則姑爲自守之計, 而蓄憾積怨以有待焉, 猶之可也."

113) 위와 같음: "今也 進不能攻, 退不能守, 顧爲卑辭厚禮, 以乞憐於仇讎之戎狄, 幸而得之, 則又君臣相慶而肆然, 以令於天下曰, 凡前日之薄物細, 故吾旣捐之矣, 欣欣焉無復分毫忍痛含寃, 迫不得已之言, 以存天下之防者. 嗚呼! 孰有大於祖宗陵廟之讐者, 而忍以薄物細故捐之哉?

114) 위와 같음: "明公不在朝廷則已, 一日立乎其位, 則天下之責, 四面而至, 與其顚沛於末流而未知所濟, 孰若汲汲焉, 以勉於大人之事, 而成己成物之功一擧而兩得之也?"

동안 오랜 밤이었을 뿐"[115]이라 하였고, 또한 『성학집요』에서는 "지금까지 수천 년간이 긴 밤처럼 적막하였다."[116]라 하여 도가 제대로 행하여짐이 지극히 어려운 일임을 강조하였다. 일찍이 이천은 말하기를 "삼대(三代)의 다스림은 이치에 순응하는 것이었는데, 양한(兩漢) 이후에는 모두 천하를 움켜잡고 있는 것이었다."[117]라고 하였다. 그러므로 "중국(中國)이라 하더라도 이적(夷狄)의 예를 쓰면 바로 이적으로 취급한다 하였으니, 한유(韓愈)가 『춘추』의 근엄함을 말한 것은 그 의취(意趣)를 깊이 안 것"[118]이라고 하였다. 어느 민족국가를 막론하고 인도정신에 입각하여 정사를 편다면 그것이 다름 아닌 요순공맹의 도로서 찬양될 것이다. 그러나 반(反)인도적 · 반(反)진리적인 행위와 설시(設施)는 어느 민족국가를 막론하고 비판의 대상이 되게 마련이다. 주자가 『통감강목(通鑑綱目)』을 지음은 이와 같은 역사비판의 뜻을 지닌 것으로서 춘추정신을 반영한 것이라 하거니와[119] 이것은 후세에 성리학파의 역사의식 형성에 지대한 영향을 준 바라 하겠다.

(四)

성리학파는 인간의 행위와 본성의 문제를 내면적 성찰에 의하여 깊이 물었다. 그러나 성리에 의하여 확인된 자아는 강한 자주의식을 지니는 한편 사회 현실에 대한 깊은 관심을 둔다. 그 결과 잘못된 현실을 비판하고 사회

---

115) 『栗谷全書』 권15, 「東湖問答」: "寥寥數千載, 只是長夜而已."

116) 『栗谷全書』 권25, 「聖學輯要(七)」, 「爲政 제4下」: "上下數千年間, 長夜寥寥."

117) 拙譯, 『程子語錄』, 제2부, 11참조, 『世界의 大思想』 30, 146쪽.

118) 同上, 51쪽 참조.

119) 주자가 司馬光의 『자치통감』 294권으로부터 뽑아서 강목을 만듦. 周烈王 23년(B.C 403)으로부터 後周 世宗 顯德 6년(959)까지 1362년간의 正統과 비정통을 구별함. 사실의 기술에 그치지 않고 의리를 중히 여김. 綱은 朱子가 쓰고 目은 그의 門人 趙師淵이 완성함.

를 개조하려는 운동으로 나타난다.

성리학은 이론적인 학문이다. 그러나 성리학파는, 흔히 인식하고 있는 것과 같이 역사적 사회적 현실에 대하여 소원한 것이 아니라, 본래 예민한 시대감각을 지니고 현실의 문제를 합리적으로 처리하려는 대응의식을 갖는다. 성리(性理)와 실사(實事)는 원래 무관한 것이 아니었다.

정이천은, 율곡이 『만언봉사』와 『성학집요』에서 인용하고 있듯이, "시대상황과 형세를 아는 것은 역(易)을 배우는 큰 방법이다."라 하고 또 "역은 변역이니, 때에 따라 변역하여 도를 따른다."[120]라 하여, 현실의 구체적 상황을 잘 알아서 처리할 수 있는 능력이 있어야 함을 강조하였다. 그의 「상인종황제서(上仁宗皇帝書)」에서 볼 수 있는 것처럼, 이천은 당시의 중국의 현실적 상황을 상세하게 알고 있었으며, 스스로 정사에 참여하여 경륜을 펴고자 하는 뜻을 표했다. 그는 역사를 읽을 때에는 치란(治亂)·안위(安危)·흥폐(興廢)·존망(存亡)의 기미를 보고 그에 대응할 수 있는 원리를 알아야 한다고 하였다.[121] 정이천이 세상을 떠난 후 20년도 못되어 북송은 금의 공략을 받아 멸망하였다(1127). 그는 일찍부터 민생의 피폐와 국가의 위난을 극론하여 시급히 조처하여야만 한다고 주장하였다. 「상인종황제서」의 몇 대목을 인용하면 다음과 같다.[122]

"신이 두려워하는 바는 비록 심복(心腹)을 헤치고 간담(肝膽)을 떨어뜨렸다 할지라도 폐하께서 살피지 않으시어 다만 헛된 일이 되고 말까하는 것입니다."

---

120) 程頤: "知時識勢, 學易之大方也." / 「易傳序」: "易變易也, 隨時變易, 以從道."

121) 『栗谷全書』 권20, 「聖學輯要」2, 論讀史之法: "讀史須見治亂之機, 賢人君子出處進退, 便是格物也."(程氏遺事, 伊川語), "程子曰, 凡讀史, 不徒要記事跡, 須要識其治亂安危興廢存亡之理."

122) 『二程全書』 권44, 「上仁宗皇帝書」를 精讀할 필요가 있음.

"바야흐로 오늘날의 형세는 불을 안아다 나뭇더미 밑에 두고, 쌓아놓은 나무 위에 드러누워 있으면서 불길이 아직 올라오지 않았다 하여 편안하다고 말하는 것과 무엇이 다르다 하겠습니까? 『서경』에 말하기를 '백성은 나라의 근본이니 근본이 굳건해야 나라가 편안하다[民惟邦本, 本固邦寧]' 고 하였습니다. 가만히 생각하면 근본을 튼튼하게 하는 도(道)는 백성을 편안하게 하는데 있고, 백성을 편안하게 하는 도는 의식(衣食)을 족하게 하는 데 있습니다."

"백성은 쌓아둔 비축이 없고 관청의 창고도 또한 비었습니다. …… 앉아서 먹는 병졸은 수가 백만이 넘어 이미 공궤(供饋)할 비용이 없으니 장차 백성에게 무겁게 부담시킬 것인데 백성은 이미 흩어져 버렸습니다. 강한 적은 밖에서 틈을 타고, 간웅이 안에서 딴 마음을 먹고 있은즉, 이는 땅이 꺼지고 기와가 무너지는 형세로서 심히 우려되는 것입니다."

"폐하께서 크게 쓰시어 행하였음에도 효과가 없다면 마땅히 임금을 속인 벌을 받겠으며, 또한 폐하의 작록을 헛되이 받지 않겠습니다."

이상의 인용을 통하여 이천이 역사적 상황에 대해 깊이 통찰하고 있으며 문제를 근본적으로 해결하려 시도하고 있음을 알 수 있다.

정명도는 일찍이 신종황제에게 「논십사차자(論十事箚子)」를 올렸다. 여기서 그는 사부(師傅) · 육관(六官) · 경계(經界) · 향당(鄕黨) · 공사(貢士) · 병역(兵役) · 민식(民食) · 사민(四民) · 분수(分數) · 예제(禮制)와 같은 실질적인 사례를 들어서 그 폐습을 논하고 새로운 경장을 시도할 것을 주장하였다. 그리고 이것은 삼대의 법을 시행할 수 있는 징험(徵驗)이 되는 것이라 하였다. 명도의 「논십사차자」는 정치 · 교육 · 사회 · 경제 · 군사 · 제도 등 광범위한 영역에 걸쳐 논한 것으로 후세 성리학파의 정치사상 형성에 크게 영향을 주었다.

주자 역시, "만약 사업에 시행한 것이라면 주현(州縣)에서 설시(設施)한 것이지만, 입조하여서의 언론(言論)·경륜(經綸)·규획(規劃)은 정대하고 광대하였음을 또한 볼 수 있다"[123]는 「행장」의 말에 나타나듯이 폭넓은 경륜을 전개하였다고 할 것이다.

그러나 주렴계로부터 주자에 이르기까지 경륜을 베풀 수 있는 인물이 속출하였음에도, 이들은 한갓 낮은 직위에 머물렀을 뿐 크게 쓰이지 못하였다. 그러므로 주자가 평생토록 정력을 다하여 경전을 거의 남김없이 주석하고 편찬한 까닭은 그 근본 뜻을 밝혀 후세의 학자에게 전해주기 위한 중대한 의의를 갖는 것이며, 한갓 지엽적인 사업이라고 할 수는 없을 것이다.[124]

위에서 고찰한 바와 같이, 성리학파는 인간의 내면적 덕성으로서의 성리와 역사적 상황 및 사회적 현실로서의 실사(實事)를 아울러 문제 삼고 있다. 하나는 내실(內實)이요, 다른 하나는 외실(外實)이라 하겠거니와 양면이 관계지어질 때에만, 진정한 의미에서 참된 성리학이 되고, 참된 실학이 되는 것이라 할 것이다. 인간존재의 성리와 객관적 상황과의 관계에서 참된 역사의식이 성립되는 것이라 할 수 있다.

여기서 다음과 같은 『주역』의 일절을 상기할 수 있겠다.

> "자벌레가 굽힘은 펴나가기 위함이요, 용사(龍蛇)가 숨어 들어감[蟄居]은 몸을 보존하기 위함이다. 의리를 정밀히 하여 신묘함에 들어감은 쓰임을 이루기 위함이요, 이롭게 써서 몸을 편안히 함은 덕(德)을 숭상함이로다."[125]

---

123) 黃勉齋, 『朱子行狀』: "若其措諸事業, 則州縣之施設, 立朝之言論經綸規畫, 正大宏偉, 亦可槪見."

124) 위와 같음. 율곡은 「聖學輯要」에서 "孔子集羣聖之大成, 朱子集諸賢之大成. 聖人, 生知安行, 渾然無迹, 難可猝學; 惟朱子積累功夫, 可取以爲模範. 先學朱子, 然後可學孔子."라 하였다. (聖賢道統 第5)

125) 『周易』「繫辭(下)」: "尺求之屈, 以求信也, 龍蛇之蟄, 以存身也. 精義入神, 以致用也, 利用安身, 以崇德也."

Ⅱ. 韓國 性理學派 形成의 역사적 배경과 사회적 기능

1. 朱子學 受容 이전의 儒學

유학사상이 한국에 전래하기 시작한 것은 멀리 삼국시대 이전으로 볼 수 있거니와 도가 및 불교사상과 함께 민족사를 통하여 깊이 영향 주고 응용되어 온 바라 하겠다. 그러나 사상이란 역사 속에서 형성되는 것이요, 시대적 요청에 따라 항시 새로이 창조되고 변천하는 것이니만큼 역대로 그 시대에서 볼 수 있는 사상적 특징이 있다 할 것이다. 일반적으로 주자학이라고 일컫는 송학(宋學)은 종래의 유학과는 전연 새로운 이론체계로서 사상사적으로 신기원을 이루는 것이었다.

주자학이 한국에 수용된 것은 고려 말기의 충렬왕대(재위 1274 ~ 1308)부터이다. 주자학 수용은 불교와 유교의 사상 전환이라는 근본적인 변혁을 초래함과 동시에 민족사의 방향에 중대한 변동을 가져오게 되었다. 주자학을 떠나서 한국근세사는 생각할 수 없을 것이다.

유 · 불 · 도 3교는 고대로부터 한국민족사 형성에 지대한 영향을 끼쳤고 응용됐다. 그러나 지도적 사상과 이념이 본래적인 구실을 다하지 못하고 세기말적인 현상을 일으킬 때에는 스스로 구각(舊殼)을 탈피하고 이를 타개할 수 있는 빛과 힘을 발휘할 수 있어야 한다. 여말(麗末)에 내우외환의 민족적 수난이 거듭하였음에도 유 · 불 · 도는 모두 침체 · 타락하여 이를 극복 할 수 있는 역량이 없었다. 이러한 상황에서 새로 대두한 '신학(新學)' 인 송대 성리학은 당시의 지성에 크게 환영을 받게 되었다.

그러면 주자학의 성격은 무엇이며, 그것이 여말의 사상 전환과 새로운 질서의 창조에 어떻게 작용하였는가를 고찰하기에 앞서 주자학 수용 이전의 유학은 어떠한 것이었으며 어떤 구실을 하였는가에 대하여 살펴보기로 하겠다.

주자학 수용 이전인 나려시대(羅麗時代)유학은 한당(漢唐)유학의 영향을 받아 이루어진 것으로 경학(經學)과 사학(史學) 그리고 사장(詞章)을 중심으로 한 것이었다.[126] 정치와 교육 그리고 현실생활에서 경사와 사장은 실제로 필요불가결한 요소였다. 더구나 한국은 지정학적 조건으로 보나, 민족의 생활이념으로 보나, 유학의 충효사상은 내 집과 내 나라를 수호한다고 하는 대전제와 관련하여 역대로 가장 중핵이 되는 이념으로서 내려왔던 것이다.

고려는 건국과 동시에 학교를 세워 인재양성에 노력하였으며, 성종 대에는 국자감(國子監)을 세워 인재양성과 학술문화의 근원지로 삼았다. 이것은 위로는 신라의 국학을 계승하고, 아래로는 조선시대의 성균관으로 이어져 내려온 민족의 대학으로서 유구한 역사를 갖는 것이었다. 또한, 지방에는 향교를 세워 유교이념에 따라 교육을 실시하였다.

인종(仁宗) 때의 학식(學式)에 따르면 국자감에서 수학한 내용은 『주역』 · 『상서(尙書)』 · 『모시(毛詩)』 · 『주례』 · 『예기』 · 『춘추좌씨전』 · 『춘추공양전』 · 『춘추곡량전』과 같은 유교경전이었으며, 신라의 국학처럼 『논

126) 玄相允, 『朝鮮儒學史』, 14쪽.

어』와 『효경』을 필수과목으로 하였다.[127] 인종은 스스로 국학의 성묘(聖廟)에 나아가 석전(釋奠)을 행하고 경학을 강론토록 하였으며, 『논어』와 『효경』을 민간의 아동들에게 나눠 주어 읽히도록 하였다.[128]

또한 과거의 명경과(明經科)는 물론, 제술(製述)에서도 삼장제(三場制)가 실시되면서부터는 경의과목(經義科目)에 합격하여야만 사·부(詞賦) 및 시무책에 응할 자격을 얻게 되었다. 따라서 오경을 중심으로 한 유교경전의 이해는 당시의 지성에 필수적이었다.

실제로 유학의 이념은 고려 태조에 의하여 활용되었음을 볼 수 있다. 태조 왕건은 후삼국을 평정하고 새 나라를 창건함에 있어서 당시 각 계층 사람들의 의식 속에 들어 있는 제반 신앙형태를 다원적으로 긍정하여 민심을 안정시키고, 국권을 공고히 하고자 노력하였다.[129] 그러나 실제적인 통치의 이념과 방법은 유학사상에서 찾았다. 태조의 「십훈요(太祖十訓要)」 제7조에 의하면,

> "임금으로서 인심을 얻는다는 것은 가장 어려운 일이다. 그 마음을 얻고자 할진대 그 요체는 간언(諫言)을 좇고 참언(讒言)을 멀리하는 데 있다. 간언을 좇으면 성(聖)이 되며, 참언이 꿀과 같을지라도 믿지 않으면 저절로 그칠 것이다. 백성을 부리되, 시기를 보아서 하고, 요역과 세금을 가볍게 하며, 농사지음의 어려움을 안다면, 자연히 민심을 얻고 국부민안(國富民安)할 수 있을 것이다."[130]

---

127) 『高麗史』 권74, 「選擧志(二)」, 〈學校〉條 참조.

128) 『高麗史』 권16, 仁宗 12年條 참조.

129) 『高麗史』 권2, 태조 26년 4월조.

130) 위와 같음: "其七日, 人君得臣民之心, 爲甚難. 欲得其心, 要在從諫遠讒而已. 從諫則聖, 讒言如蜜, 不信則讒自止. 又使民以時, 輕?薄賦, 知稼穡之艱難; 則自得民心, 國富民安."

라 하였다. 이것은 민생에 토대를 두고 인정(仁政)을 베푼다고 하는 유학사상에 입각한 것이다. 특히 제10조에서는 『서경』의 주공(周公) 「무일편(無逸篇)」을 들어서 위정(爲政)의 정신으로 삼았다.

> "나라를 둔 자는 일이 없을 때[無事時]를 경계하여야 한다. 널리 경전과 사적을 보아, 옛것을 거울삼아 오늘날을 경계하라. 주공과 같은 대성(大聖)도 「무일(無逸)」 한 편을 지어 성왕에게 진계(進戒)하였으니, 마땅히 그것을 써 붙이고 출입할 때마다 보면서 성찰토록 하라."[131]

여기서 '무일'이란 나라에 일이 없을 때 풀어져 방심하여 주의하는 마음이 없어서는 안 된다는 뜻이다. 이것은 태조가 나라를 세워 민심을 수습하고 위정의 근본을 다지면서 앞으로 닥칠지도 모를 민족의 수난을 미래의 안목에서 바라본 것이요, 환난을 예비할 수 있는 강령으로서 제시한 것이었다. 태조의 십훈요는 고려시대에 이른바 '조종(祖宗)의 헌장(憲章)'이 된다는 점에서 특히 세심한 고찰이 필요하다 하겠다.

유학사상을 근본으로 한 정치이념은 태조 후 30여 년 성종 대에서 다시 볼 수 있다. 성종 초년에 원로대신인 최승로(崔承老)는 그의 「시무 28조」에서 유교 정신에 입각한 적극적인 헌책(獻策)을 개진하였다. 원래 불교는 신라·고려시대를 통하여 국가적으로나 사회적으로 옹호를 받아 매우 성행하였으며, 최승로도 유불도(儒佛道) 3교는 각기 소업(所業)이 있으므로 그것을 혼동하여 다른 것을 없애고 하나로 만들어서는 안 될 것이라고 하였다. 즉 "불교는 수신하는 근본이며, 유교는 나라를 다스리는 근본이다. 수신은 내세를 위한 바탕이 되며 나라를 다스림은 금일의 임무"라 하여 유불(儒

---

131) 위와 같음: "其十巨, 有國有家, 儆戒無虞, 博觀經史, 鑑古戒今. 周公大聖, 無逸一篇, 進戒成王, 宜當圖揭, 出入觀省."

佛)이 각기 그 소임과 기능이 있는 것이라고 하였다. 그리고 "금일은 지극히 가깝고 내생(來生)은 지극히 멀으니, 가까운 것을 버리고 먼 것을 구함은 그릇된 일이 아닌가?"[132]라 하여 개인의 수양도 중요 하지만 현실의 문제가 절실함을 논하였다. 그 후 오래지 않아서 거란의 침입이 있었거니와, 당시의 국제적인 정황으로 보나, 건국 후의 국기를 다짐에 고려는 국력을 신장하고 자강하여야 할 단계에 있었던 것이다.[133]

이처럼 태조의 십훈요와 최승로(崔承老)의 「시무 28조」에서 유교의 경학사상이 그대로 응용되고 있음을 보겠거니와, 또한 주자학 수용 이전의 유학사상의 특징으로서 유·불·도가 상호 교섭하고 이해하여 모순관계에 놓이지 않았음을 알 수 있다. 그러므로 유학자라 하더라도 도불(道佛)에 대한 인식과 일가견을 가지고 있었던 것이다.

구재(九齋)를 열어 인재를 양성하였고 해동공자(海東孔子)의 칭호를 듣던 최충(崔冲)도 실은 불교에 대한 깊은 소양을 가졌으며,[134] 『삼국사기』의 찬자인 김부식(金富軾)도 그의 「대각국사비(大覺國師碑)」에서 볼 수 있듯이 불교의 진수를 잘 터득하고 있었다. 고려시대 대부분의 학자가 유·불·도를 겸하여 알고 있었다.

충렬왕대의 유학자인 추적(秋適)은 오늘날까지 전하여 애독하는 『명심보감(明心寶鑑)』의 편자이다. 이 책을 보면 당시에 어떠한 것이 읽혔는가를 알 수 있다. 그 가운데는 공자의 말이 가장 많이 나오지만 그 밖에 『장자』·『열자』 등 도가류의 명언도 다수 나온다. 서적 인용으로도 『논어』·『주역』·『시경』 등의 유가 경전과 함께 「동악성제훈(東岳聖帝訓)」, 「현제중훈(玄帝重訓)」, 「손진인양생명(孫眞人養生銘)」, 「자허원군계유문(紫虛元君誡

132) 『高麗史節要』 권2, 成宗 元年 崔承老의 上疏 참조.

133) 위와 같음.

134) 이병도, 『韓國史(中世篇)』, 진단학회, 271쪽 이하 참조.

論文)」 등과 같은 도가서의 내용이 들어 있다. 이것은, 율곡의 평과 같이, '제유(諸儒)'의 설을 인용하여 유가의 『중용』·『대학』과 다르게 보이지마는 모두가 하늘이 부여한 이치와 백성의 일상생활에 관계된 것으로서 구구절절이 악을 버리고 선을 향하며, 의(義)를 따르고 이(利)를 잊도록 하며, 과거의 허물을 벗고 앞으로의 잘못을 방지시키려는[135] 당대 최고의 교양서요 수양서로서 널리 읽혀졌다고 할 것이다. 이처럼 주자학이 확립되기 이전에는 유·불·도가 서로 교섭하고 상보적인 관계였음을 볼 수 있다.

또한, 주자학 수용 이전의 유학으로서 전술한 바와 같이 사장(詞章)의 발달을 들 수 있다. 과거(科擧)에서 명경과(明經科)는 『주역』·『서경』·『시경』·『예기』·『춘추』와 같은 유교경전을 시험하였으나, 실제로 등용되는 것은 시·부[頌, 策, 論]를 내용으로 하는 제술과(製述科)였던 까닭도 있으며 또한 당나라 기풍의 영향이 컸다고 하겠다.

유교에서는 원래 공문사과(孔門四科)라 하여 덕행(德行)·언어(言語)·정사(政事)·문학(文學)을 일컫는 것이며, 자유(子游)와 자하(子夏)가 문학에 능하였다고 본다.[136] 문학은 유학에서 중요시하는 바요, 유학자는 동시에 문인이요 문장가이기도 하였다. 여말에 정도전은 송유의 경우와 마찬가지로 '문장은 도(道)를 싣는 것'이라고 하면서, 역대의 문장가로서 을지문덕·최치원·김부식·이규보·이제현·이곡·이색을 들고 있다.[137]

김부식은 유학자이면서 불교의 소양을 갖춘 문호이자 정치가였다. 그는 『삼국사기』「열전」에서 볼 수 있는 것처럼 설화문학을 통하여 유학사상을 훌륭히 묘사하였다. 문선규(文璇奎)는 다음과 같이 기술하였다.

---

135) 『明心寶鑑』(김종국譯, 대동문화연구원), 栗谷의 序文 및 跋文 참조.

136) 『論語』「先進」: "德行, 顔淵·閔子騫·冉伯牛·仲弓; 言語, 宰我·子貢; 政事, 冉有·季路; 文學, 子游·子夏."

137) 『三峯集』 권3, 「陶隱文集序」 참조.

"의리를 높이고 나라를 위하는 것을 근본정신으로 삼고, 국가 유사시에 당하여 천병만마(千兵萬馬)가 교전(交戰)하는 전진(戰塵) 속에서 죽음을 두려워하지 않고 힘써 싸우는 삼국 무사의 미덕을 기술하여 민족의 무용심을 자아내게 하는 여러 무인전(諸武人傳), 또는 항간 무명의 소부(少婦)가 군주의 유혹을 물리치고 일생을 남편인 도미(都彌)와 해로(偕老)한 내용, 민족 부녀의 정결관(貞潔觀)을 크게 노래한 「도미전」, 일국의 공주가 금지옥엽의 몸으로 부귀영화를 다 버리고 걸인 온달과 가연을 맺었음을 말하여 남녀의 순결한 연애를 찬양한 「온달전」, 영세의 교훈적 설화 「화왕계(花王戒)」를 담은 「설총전」을 비롯한 열전의 글들은 우리 설화문학의 군원이 되며 최고의 일대 서사문학이라고 할 수 있는 것이다."[138]

그러나 문장은 자칫하면 허식에 빠지기 쉬운 것이다. 과거시험의 제술에 있어서 먼저 경의(經義)를 거치도록 한 것은[139] 사장이 근본을 망각하고 수식적 꾸밈에만 치중할까 우려하여 마련한 조치라 할 수 있다. 그러나 이와 같은 노력에도, 실제로는 경학보다는 사장에 종사하는 경향이 나타났다. 더욱이 당나라 말기에 유행하던 사륙체(四六體)와 같은 형식에 얽매였으며 자유로운 문학 정신보다는 문장의 기교에 흘러 비판의 대상이 되었다. 인종(仁宗) 때 송나라 사신으로 온 서긍(徐兢)은 『고려도경(高麗圖經)』 유학조(儒學條)에서 당시의 문풍에 대하여 다음과 같이 기술하였다.

"대저 성률(聲律)을 숭상하고, 경학에는 깊은 공부가 없었다. 문장을 보면 당의 여폐와 비슷하였다."[140]

---

138) 文璇奎, 『韓國漢文學史』, 151쪽.

139) 穆宗 7年(1004)

140) 徐兢, 『高麗圖經』 권40, 〈儒學〉: "大抵以聲律爲尙，而於經學未甚工. 視其文章, 彷彿唐之餘弊."

고려의 문학은 송대의 문풍이 들어오고, 특히 동파문학(東坡文學)의 영향을 받으면서 신선미를 갖게 되었으며, 실제로 김부식 · 김부철(金富轍) 형제는 소동파(蘇東坡) 형제의 이름을 본떠서 지을 정도였다. 그리고 임춘(林椿) · 최자(崔滋) 같은 이는 사륙체의 폐단을 버리고 경사문체(經史文體)나 한 대(漢代) 고문체(古文體)로 돌아갈 것을 주장하였다.

이렇듯 고려시대의 유학은 특히 정치와 교육과 문학을 통하여 응용되었으나 학술적 발달은 미약한 편이었다. 심오한 철리(哲理)나 형이상학적 문제는 불교사상에서 구하였으며, 신앙적으로도 불교에 귀의하였다. 그러나 여말에 이르면, 유교 · 불교 · 도교를 막론하고 모두 침체 타락하게 된다. 무신들의 집권과 몽고의 침략으로 문운(文運)은 후퇴할 수밖에 없었고, 문화적으로 암흑시대를 초래하였다. 불교는 세속화되고 기복신앙과 미신이 성행하였다. 유림(儒林)은 수기치인(修己治人)이라는 본래의 소임을 망각하고 산 속에 들어서 세상을 잊어버리거나 문장의 조탁에 얽매일 뿐이었다.

충렬왕대 안향(安珦)은 국학에 들어가 다음과 같은 시를 읊어 당시의 퇴락상을 탄식하였다.

향등 밝힌 곳마다 부처에 기도함이요,
피리 불고 북 치는 집집에는 신을 제사함이로다.
오직 몇 간뿐인 공부자(孔夫子)의 묘(廟)에는
가을 풀만 마당에 가득 찼을 뿐 고요히 아무도 없네.[141]

이것은 당시의 유학이 얼마나 침체한 상태였는가를 단적으로 보여주는 바라 하겠다. 공민왕에게 드리는 상소에서 이색은 당시의 학문하는 사람들

141) 『謏聞瑣錄』에서 인용: “香燈處處皆祈佛, 簫鼓家家亦賽神, 獨有數間夫子廟, 滿庭秋草寂無人.”

이 뜻이 비루하고 세속적인 욕망이나 추구하여 나라의 기둥과 초석이 될 사람이 없음을 탄식하였다.

"옛날의 학자는 성인이 되고자 하더니 오늘의 학자는 녹(祿)을 구하려고 합니다. 시(詩)를 외우고 글을 읽지만 도를 즐김이 깊지 못하고, 화려함을 다툼이 이미 심해졌습니다. 장구(章句)를 다듬는 데에 마음을 씀이 너무 지나치니, 성의(誠意)와 정심(正心)의 공부가 어디에 있겠습니까? 혹은 변심하여 다른 데로 가면서 그 붓 내던짐을 자랑으로 하며, 혹은 늙도록 이루는 것이 없으면서 그 몸 그르친 것을 탄식하나니, 그 가운데 재능이 걸출(傑出)하여 유교의 종장(宗匠)이 되고 주석(柱石)이 될 사람 몇이나 있겠습니까?"[142]

이색 자신은 문장에 뛰어났거니와, 사람들이 그저 문장을 꾸미는 노력만 기울이고 명성을 구하여 유학의 본뜻을 상실함을 개탄했다.

타락한 세속적 불교에 의해서도, 그리고 무기력한 관인이나 퇴폐적인 문인으로도 현실을 경신(更新)하고 개척할 수 있는 기풍을 구하기 어려웠으며, 여기서 불교로부터 유학으로, 사장의 말폐로부터 경학의 근본정신으로 돌아가고자 하는 유학의 중흥운동이 일어나게 되었다. 주자학 수용은 이러한 시대 배경에서 이루어지는 것이라 하겠다.

2. 朱子學의 受容과 排佛思想

유학의 침체와 불교의 타락 그리고 도교적인 기복 행사의 퇴락상을 보인

142) 『高麗史』 권115, 「李穡傳」: "古之學者, 將以作聖, 今之學者, 將以干祿, 誦詩讀書, 嗜道未深, 繁華之戰已勝, 彫章琢句, 用心大過, 而誠正之功安在, 或變而之他, 誇其投筆, 或老而無成, 嘆其誤身, 其中英邁傑出, 爲儒之宗長, 爲國之柱石者, 幾何人哉?"

여말(麗末)의 사상계는 개인적으로나 사회적으로 본래의 구실을 다하지 못하는 상태여서 새로운 빛과 힘을 요구하게 되었다. 4백 년간 내려오면서 누적된 타성을 척결할 수 있는 청신한 기풍이 일어나야 했던 것이다. 이러한 즈음에 중국으로부터 들어오는 '신학(新學)' 즉 송대 성리학은 크게 환영을 받게 되었다.

주자학이란 원래 북송의 주렴계(周濂溪)로부터 시작되어 장횡거(張橫渠) · 소강절(邵康節)과 정명도(程明道) · 정이천(程伊川)을 거쳐 남송의 주회암(朱晦庵)에게서 집대성되는 송대 유학을 지칭한다. 송학이 맹자 이래 일천여 년간 끊어졌던 유가의 도통을 새로이 밝혀냈다고 하는 것으로, 이른바 한당시대의 유학과는 근본적으로 성격을 달리하는 것이었다. 즉 한당(漢唐)의 노불시대(老佛時代)를 거쳐서, 이것을 이론적으로 극복하고 유학의 근본사상을 부흥시켜 재편성한 이론체계이며 혁신사상이었다.

종래에는 유학을 흔히 윤리나 정치원리로서, 이른바 수신(修身) · 제가(齊家) · 치국(治國) · 평천하(平天下)의 세간적인 도(道)라고 이해하였다. 그러므로 인생에 있어서 형이상학적인 요구는 노장의 자연주의와 불교의 심성철학에서 구하였고 신앙적으로도 불교에 귀의할 수밖에 없었다.

그러나 성리학에서는 근본유학사상 속에 들어 있는 형이상학적 요소를 철학적으로 전개하여 새로운 이론체계를 수립함으로써 사람들의 형이상학적 요구를 충족시켜주었다. 그리고 동시에 리기심성론(理氣心性論)을 통하여 현실과 진리를 매개시키는 이론을 정치(精緻)하게 전개하여 현실에 타락하거나, 현실의 책임을 외면하는 것으로 판단되었던 도교와 불교를 비판하였다. 나아가 민생을 근본으로 한다는 유학의 이념을 구현시키고 신질서를 세운다는 현실개조의 이데올로기로 나아가게 된 것이다.

실제로 고려 말에 주자학이 처음으로 수용된 것은 충렬왕대의 안향(安珦)과 백이정(白頤正)에 의한 것으로 전한다. 여말에 많은 유학자가 나라의 일이나 학업을 위하여 연경(燕京)에 다녀올 기회를 얻었거니와, 그곳에서 신학에 접하여 흥미를 느끼게 되었음은 당연한 일이라 하겠다.

안향은 연경에서 주자의 신서(新書)를 처음으로 얻어 보고 마음을 쏟아 실천해 보았으며, 그것이 공맹의 정맥이 됨을 알아서 손으로 그 책을 베끼고 주자의 진상(眞像)을 본떠 그려서 돌아왔다고 한다.[143] 그는 『유국자제생문(諭國子諸生文)』에서 "내가 일찍이 중국에서 주회암(朱晦庵)의 저술을 얻어 보니, 성인의 도를 발명(發明)하고 선불(禪佛)의 학문을 물리치고 배척한 공적이 족히 공자와 같다. 공자의 도를 배우고자 한다면, 먼저 주회암을 배우는 것이 가장 좋다. 제생(諸生)은 신서를 읽어서 힘써 배워 소홀히 하지 마라"고 하였다.

백이정의 경우는 다음과 같이 기록되어 있다.

> "그때 정주학이 중국에 처음으로 행하고 동방(東方)에는 미치지 못하였더니, 백이정이 원(元)에서 얻어서 배웠으며 동국으로 돌아옴에 이제현(李齊賢)과 박충좌(朴忠佐)가 먼저 스승으로 삼아 배웠다."[144]

안향은 일찍이 사람을 중국에 보내어 공자와 칠십 제자의 상(像)과 더불어 제기 악기 및 육경 등을 구해 와서 대성전(大成殿)의 면모를 갖추었으며, 섬학전(贍學錢)을 마련하여 국학의 재단을 튼튼히 하였다. 그리고 이에 의하여 점차로 성균관을 중심으로 유학의 중흥운동이 일어났다. 안향의 문인으로는 백이정 외에 이천의 『역전(易傳)』을 연구, 교수한 우탁(禹倬), 주자의 집주를 간행하여 주자학을 보급한 권보(權溥) 등을 들 수 있다.[145]

다음 공민왕 6년에 이르러서는 성균관을 중수하여, 이색은 대사성이 되

---

143) 『晦軒實記』 권3, 「연보」 48세(庚寅)조.

144) 『高麗史』 권106, 「白文節頤正傳」: "時程朱之學, 始行中國, 未及東方, 頤正在元, 得而學之, 東還, 李齊賢 · 朴忠佐, 首先師受."

145) 玄相允, 『조선유학사』, 19쪽.

고 정몽주 · 박상충(朴尙衷) · 박의중(朴宜中) · 이숭인(李崇仁)이 교관이 되어 수업하고 토론함으로써 정주성리학(程朱性理學)이 크게 일어나게 되었다. 이처럼 당시의 지성은 성균관을 중심으로 하여 유학의 중흥운동을 일으켰고 현실을 극복하려는 노력과 함께 불교의 비판 배척으로 나아갔다.

여말의 배불론은 논자의 입장에 따라 그 양상이 반드시 일치하는 것은 아니나, 대체로 두 측면에서 고찰할 수 있다. 첫째는 불교 교단에 대한 것이고 다른 하나는 불교 교리에 대한 것으로서, 이는 직접적으로 불교의 현실적 측면과 본질적 측면을 의미한다.

고려는 초기로부터 불교를 숭상하고 옹호하였다. 따라서 불교는 매우 성행하여 사원의 건설과 수많은 행사는 끊임없이 계속되었다. 천태종의 의천(義天) 및 조계종의 지눌(知訥)과 같은 고승이 나와 교(敎)와 선(禪)의 높은 경지를 열어 놓았으며, 사람들에게 안심과 평화를 심어 주었다. 외적의 침입이 있을 때에는 호국불교로서의 역할을 담당하였으며, 일상에서 백성의 정신적인 지주의 구실을 하였다.

그러나 고려 불교는 점차로 불사(佛事)를 위주로 하는 기복불교(祈福佛敎)의 경향을 띠게 되었으며, 아미타불의 본원력에 의지하여 성불한다는 타력본원(他力本願)의 성격이 강해져 갔다. 즉 인간이 스스로 하여야 할 것을 타력에 의존코자 하는 경향을 띠게 되었다. 특히 여말에 비대하여진 사원경제와 불사에 투입되는 과다한 비용으로 말미암아 국가는 재정적 파탄에 직면케 되었고, 불승들에게 부여되었던 특권은 오용되어 불사(佛寺)는 노동과 병역을 기피하는 근거지가 되었다. 인력과 재력의 결핍은 국가적으로 중대한 문제일 뿐 아니라, 책임을 저버리고 안일에 흐르는 풍습은 정신적으로 일대 폐풍이 아닐 수 없었다.

이색은 공민왕에게 올린 상소에서 다음과 같이 기록하였다.

"중기 이후로는 불교도의 과다한 번성으로 오교(五敎)와 양종(兩宗)은 이해

득실의 소굴이 되었고, 산수 좋은 곳은 곳곳마다 절 아닌 곳이 없게 되었습니다. 그리하여 불교도들이 비루해졌을 뿐 아니라, 또한 국가의 인민이 유식(遊食)하는 자가 많으므로 견식이 있는 사람들이 매우 가슴 아프게 여기는 바입니다."[146]

본시 불교교단에 대하여는 여초(麗初)로부터 그것이 타락할까 주의하였던 것이다. 태조는 십훈요에서 신라 말에 부도(浮屠)를 다투어 지음으로써 나라를 망하게 했다는 선례를 지적하고 동시에 정권과 사원의 결탁을 경고하였다. 뒷날 국왕(國王), 공후(公侯), 후비(后妃), 조신(朝臣)들에 의하여 행해질지도 모르는 과다한 불사에 대하여 크게 경계시킨 것이라 할 것이다. 일찍이 성종 때의 최승로는 지나친 불사나 도교적 음사(淫祀)에 드는 비용과 그 불합리성, 그리고 불도의 횡포를 지적하고 이를 시정할 것을 건의한 바 있다. 여말에 김전(金典)은 불교를 옹호하는 입장이었음에도 그 폐해를 지적하였다. 그의 상소에 의하면 "태조의 창업 시에는 불교를 삼한기업(三韓基業)의 근본으로 삼았던 것이나, 그 후에 무식한 승려의 무리들이 창업의 뜻을 돌아보지 않고 재산을 거두어서 스스로 사업을 경영하며, 위로는 불공을 하지 않고 아래로는 승려를 양성하지 않으니, 그 무리가 그 법을 멸함이 매우 심합니다."[147]라 하였다. 한편 정도전(鄭道傳)·김초(金貂) 등과 함께 불교비판의 선봉에 섰던 박초(朴礎)는, 오히려 태조는 원래 불교를 억제코자 하였으나 창업 초기의 어려운 사정으로 이행치 못했던 것이라 하여

146) 『高麗史』 권115, 「李穡傳」 "中世以降, 其徒益繁, 五教兩宗, 爲利之窟, 川傍山曲, 無處非寺, 不惟浮屠之徒, 浸以卑陋, 亦是國家之民, 多於遊食, 識者每痛心焉."

147) 『高麗史』 권46, 공양왕 3년 6월조: "前典醫副正 金典上書曰, 太祖創業, 觀山水之逆順, 察地脈之續斷, 創寺造佛, 給民與田, 祈福禳災, 此三韓基業之根本也, 比來無識僧徒, 不顧創業之義, 收民土之産, 自營其業, 而上不供佛, 下佛養僧, 嗚呼, 其徒自滅其法也, 甚矣."

다음과 같이 논하였다.

"우리 태조께서 삼한(三韓)을 통일하던 초기에, 깊이 병폐가 쌓일 것을 경계하여 후대의 군왕이 사사로이 원찰(願刹)을 세움을 금하였습니다. 이에 태사(太師) 최응(崔凝)이 불법을 제거할 것을 청하였으나, 태조는 신라시대에 불씨의 설이 사람의 골수에 들어가서 사람마다 사생(死生)·화복(禍福)이 다 부처의 소위(所爲)로 알고 있으므로, 이에 삼한을 통일하여 인심이 안정치 못함에 만약 갑자기 불교를 혁파하면 반드시 의아스러운 마음을 일으키리라 여기시고, 이에 훈을 지어 이르시되 '마땅히 신라를 보라. 불사를 많이 행함으로써 망하기에 이르렀도다.' 라 하였으니, 그런즉 태조가 후세에 내리신 가르침이 매우 절실합니다. 역대의 군신이 성조(聖祖)의 유의(遺意)를 체득지 못하고 구차하게 옛 습관대로 암자를 짓고 탑을 세우는 것이 대대로 없는 때가 없었습니다. 오늘날에 이르러 그 폐해가 더욱 극심하니, 인심(人心)과 세도(世道)를 위하여 헤아리는 자가 마음이 아프지 않을 수 있겠습니까?"[148]

또한 조인옥(趙仁沃)의 상소에도 여말 불교가 타락하여 속화되는 모습을 보여주고 있다.

"근세 이래로 승려의 무리가 그 스승의 과욕(寡慾)하라는 가르침을 돌아보지 않고, 토전(土田)의 조세와 노비의 용역으로 불승을 공양하지는 않고 자신만을 부자로 만들며, 과부의 집에 출입하여 풍속을 오염시키고, 권세 있는 집에 뇌물

148) 『高麗史』 권120, 「金子粹傳」: "成均生員朴礎等 亦上疏曰 …惟我太祖, 統三之初, 深懲積弊, 禁後代君臣私立願刹, 於是大師崔凝請除佛法, 太祖以爲新羅之季佛氏之說入人骨髓, 人人以爲死生禍福悉佛所爲, 今三韓甫一人心未定, 若遽革佛氏, 必生駭心, 乃作訓曰, 宜鑑新羅, 多作佛事, 以至於亡. 然則太祖之垂訓於後世者, 至深切矣. 歷代君臣, 不能體聖祖之遺意, 因循苟且, 營菴立塔, 無代無之, 式至于今, 其弊滋甚, 爲人心世道計者, 可不痛心哉."

을 넣어 큰 사찰이나 지으려 하니, 그 맑게 욕심을 끊는다는 가르침은 어찌 된 일입니까?"[149]

위에서 볼 수 있듯이, 불교를 옹호하거나 배척하는 자를 막론하고 누구나 당시 불교의 근본정신을 저버린 행위, 즉 불도의 타락에 대하여 비판하였다. 그리고 해석의 차이가 있기는 하지만 그 비판 정신은 고려의 건국이념이라 할 태조의 십훈요에 근거하였다. 즉 불교의 세속적 타락은 그 현실적인 폐단은 말할 것도 없거니와, 창업 이래 고려의 전통정신이라 할 조종의 헌장에 대한 위배이며 파괴를 뜻하는 것으로서 당연히 지탄의 대상이 되었다 할 것이다.

다음으로, 불교에 대한 교리상의 비판이다. 이것은 윤리적인 면과 철학적인 면을 들어서 볼 수 있다. 앞서 논한 바와 같이 고려시대까지는 유·불·도가 상호 이해하고 각기의 특징에 따라 보조적인 관계에 있었다. 특히 불교의 영향은 매우 깊은 것이어서 여말의 유학자라 하더라도 불도의 폐단만을 지적할 뿐, 불교의 진수에 대하여는 많은 사람이 좋아하고 숭상하였다. 그러나 주자학이 들어오면서부터 점차 불교를 교단적인 부패에 대해 비판할 뿐만 아니라 교리적인 면에서도 근본적으로 부정하는 경향이 나타났으며, 마침내는 불교 전반에 대한 극렬한 배척운동이 전개되었다 할 것이다.

첫째로, 불교는 가정적으로나 국가적으로 또는 사회적으로 인륜성을 저버린 것으로 간주하여 이적(夷狄)의 가르침, 즉 이단(異端)으로 배척받게 되었다.

충렬왕대로부터 안향은 『유국자제생문』에서 인간의 윤리를 중심으로 하

149) 『高麗史』 권111, 「趙暾仁沃傳」: "仁沃與同列上疏 …近世以來, 僧徒不顧其師 寡欲之敎, 土田之租, 奴婢之傭, 不以供佛僧, 而自富其身, 出入寡婦之家, 汚染風俗; 賄賂權勢之門, 希求巨刹, 其於淸淨絶俗之敎何?"

는 유가의 특징을 논하였다. 즉 성인의 도란 일상적 윤리의 밖에 있는 것이 아니므로, 자식으로서는 효(孝), 신하로서는 충(忠), 가정에서는 예(禮), 벗을 사귐에는 신(信)으로 해야 함과, 또한 경(敬)으로 몸을 닦아 사업을 반드시 성취할 것을 주장하여 자신의 수양과 인간관계를 근본으로 한 인륜도덕을 강조하였다. 그리고 불교는 이러한 일상의 윤리를 저버린 것으로서 '이적의 가르침' 이라고 하였다.

정몽주는 여말에 그 인품이나 학문으로 가장 중망(衆望)이 있는 유자(儒者)로 평가되었다. 그러므로 '동방리학(東方理學)의 조(祖)' 라고 불렀는데, 그는 또한 불교에 대해서도 상당한 이해가 있었다. 그러나 공양왕이 승려 찬영(粲英)을 왕사로 삼고자 함에 이를 반대하면서 불교의 비인륜성을 지적하여 다음과 같이 아뢰었다.

"유자(儒者)의 도는 다 날마다 쓰는 일상의 것입니다. 음식과 남녀는 사람이 다 마찬가지이지만 (여기에는) 지극한 이치가 있습니다. 요순의 도(道)도 또한 여기서 벗어나지 않습니다. 움직이고 고요하며 말하고 침묵하는 것이 정상적으로 진행된다면 곧 요순의 도입니다. 애초에 지극히 높아서 행하기 어려운 것이 아닙니다.

저 불씨의 가르침은 그렇지 않아서 친척을 떠나고 남녀를 끊으며, 암혈에 홀로 앉아 초목으로 의식을 해결하고 공(空)을 관조하여 적멸(寂滅)에 들어감으로 종지를 삼으니 어찌 일상의 도라 하겠습니까?"[150]

진리는 음식이나 남녀와 같은 인간 현실을 떠나서가 아니라, 바로 살아있

---

150) 『高麗史』 권117, 「鄭夢周傳」: "儒者之道, 皆日用平常之事, 飮食男女, 人所同也, 至理存焉, 堯舜之道, 亦不外此, 動靜語默之得其正, 卽是堯舜之道, 初非甚高難行. 彼佛氏之敎, 則不然, 辭戚絶男女, 獨坐巖穴, 草衣木食, 觀空寂滅爲宗, 豈是平常之道?"

는 현재에 움직임과 고요함, 말함과 침묵함을 바르게 함이 문제라는 것이다. 그는 불교에 대하여 보다 본질적으로 논급하였다. 고명한 진리의 세계가 있다 하더라도 그것이 관념상의 본체에 그칠 것이 아니라, 구체적 현실로 살아 나와야 한다는 것이다. 그의 「원조권자(圓照卷子)」는 그러한 입장을 잘 보여준다.

> " '하늘의 둥글음 같이 광대무변(廣大無邊)하며, 거울의 비춤과 같이 미묘함을 요해 통달하였네'
>
> — 이것은 불교에서 도(道)와 심(心)을 말한 것이니, 우리 유가에서도 또한 이치에 가까운 것으로 인정한다. 그러나 그 둥글음이 만사에 감응할 수 있으며, 그 비침이 정밀한 의리를 궁구할 수 있겠는가? 내가 그때에 영산(靈山)의 집회에서 만나서 황면노자(黃面老子)에게 한 말씀 묻지 못함을 한스러워 하노라." [151]

여기서 포은은 불교에 광대무변한 보편적 진리와 미묘를 통달하는 마음의 경지가 있음을 인정한다. 그러나 그 원만한 진리가 구체적 사실 하나하나에 상응한 것이며, 또한 그 마음의 경지가 변화하는 현실에 작용하여 구석구석 의리를 다할 수 있는 것인가에 대하여는 의문스러운 바라고 하였다.

또한, 포은은 유교 경전인 『주역』의 간괘(艮卦)를 읽는 것이 불교의 『화엄경』을 읽는 것보다 낫다고 말하기도 하였으며,[152] 정도전은 그의 「상달가서(上達可書)」에서 포은이 『능엄경(楞嚴經)』을 읽었다는 사실을 분명하게 밝혔다.[153] 즉 포은은 불교에 대한 상당한 지식과 이해가 있었으며, 이 때문에

151) 『포은문집』 권3, 「圓照卷子」: "如天之圓, 廣大無邊, 如鏡之照, 了達微妙. 此浮屠之所以喩道與心, 而吾家亦許之以近理. 然其圓也, 可以應萬事乎, 其照也, 可以窮精義乎. 吾恨不得時遭乎靈山之會, 詰一言於黃面老子."

불교와 유교의 이론적 대비가 가능하였다 할 것이다. 그리고 유 · 불이 높은 경지에서 상통할 수 있음을 말할 수는 있지만, 구체적 현실을 논함에 불교는 미흡함이 있다는 것이 그의 결론이라 할 것이다. 다시 말하여 개인적으로 내적 세계로 깊어지는 면에 대하여는 이해하는 바이지만, 현실적으로 적극적인 건설과 창조의 논리가 나오기는 어려운 것으로 보았다 할 것이다.

그러나 불교비판의 선봉에 서서 현실적인 면과 본질적인 면을 아울러 적극적으로 변척(辯斥)한 것은 삼봉 정도전이었다. 그는 성리학적 논리에 근거하여 불교를 비판하였으며, 새로운 이념에 따라 구질서를 무너뜨리고 혁명에까지 이끌어 가는데 주도적인 역할을 하였다. 불교비판의 이론은 그의 저술인 『심기리편(心氣理篇)』, 『불씨잡변(佛氏雜辨)』 등에 자세히 나와 있다.

『심기리편』은 유 · 불 · 도의 기본 입장을 각각 리(理) · 심(心) · 기(氣)로 대비시키고, '심' (佛)으로 '기' (道)를 비판한 다음, 다시 '기' (道)로 '심' (佛)를 비판하고, 마지막으로 '리' (儒)로 심과 기를 깨우쳐 주는 방식으로 전개된다. 삼봉에 의하면 리는 심과 기의 근원자로서 심은 리가 아니면 육체에 불과하다. 그는 불가에서는 인정(人情)이 생겨남을 두려워하지만, 측은지심(惻隱之心)은 두려워할 것이 아니고, 의리는 사생(死生)보다 중요하므로 죽음은 두려워할 것이 없다고 한다. 그리고 이와 같은 점에서 유가의 리는 불가의 심이나 도가의 기보다 우월하며 근본적임을 강조한다.[154]

또한 『불씨잡변』에서는 윤회(輪廻) · 인과(因果) · 심성 · 인륜의 훼기(毁棄) · 자비(慈悲) · 진가(眞假) 등과 같이 불교와 관련된 약 20개조의 조목을

152) 『포은문집』 권2, 「讀易寄子安大臨兩先生有感世道故云 其二」: "固識此心虛且靈, 洗來更覺己全醒. 細看艮卦六畫耳, 勝讀華嚴一部經."

153) 『三峯集』, 권3, 「上達可書」: "近聞往來之言, 達可看楞嚴, 似?佛者也, 予曰不看楞嚴, 曷知其說之邪…"

154) 『三峯集』 권10, 「心氣理篇」 참조.

일일이 이론적으로 비판하였는데,[155] 그의 비판은 대체로 송유(宋儒)의 벽이단론(闢異端論)에 근거하여 전개되었다. 따라서 불교의 비현실성, 비인륜성, 그리고 비합리성을 비판하는 내용이 주를 이루게 된다.

삼봉의 불교에 대한 비판은 조금의 용납도 없이 철저하고 무자비하게 진행된다. 즉 삼봉은 불교를 완전히 이단으로 배척하는 입장을 취한다. 이는 불교를 이치에 가깝지만 정도는 아니고, 고원함은 있지만 현실의 문제에는 미흡한 교설로 간주하고, 이해가 부족한 산승(山僧)이라 하더라도 함께 불교를 논하였던 포은의 입장과[156] 대비된다 할 것이다. 즉 포은이 어느 정도의 여유를 두고 불교를 배척하였다면, 삼봉의 불교 비판은 일 푼의 용납도 없었다고 할 것이다.

그는 「상달가서」에서 "이단은 날로 홍성하고 오도(吾道)는 날로 쇠퇴하여 백성을 금수의 지역으로 몰아넣고 도탄의 가운데 빠뜨렸지만 세상의 흘러감이 종극이 없습니다."라고 현실의 암담함을 탄식하고 다음과 같이 논한다. 중국에서도 공맹 이래로 현자와 진유가 없어서 세상의 가르침이 허물어지고 사설(邪說)의 근본을 영원히 끊어 버릴 수는 없었지만, 선비들이 모두 유도(儒道)를 높이고 이단을 물리침을 임무로 하기 때문에 비록 그 폐단을 갑자기 단절시키지는 못한다 하더라도 사도(斯道)가 다시 떨쳐 일어나는 것을 바랄 수는 있다고 한다. 이어서 그는 당시 고려의 실정이 그렇지 못함을 개탄하며 동방에는 그 폐가 더욱 심하여 사람들이 이단을 매우 좋아하여 받든다고 한다. 그리고 대유(大儒)라 하는 사람들이 도리어 불교를 찬양하여 아는 것 없는 아랫사람이 모두 좇게 되었다고 한다. 그리고 이러한 풍토에서 불교는 심성에 젖어들고 높이 받들어져서 결국에는 윤리와 풍

155) 『三峯集』 권9, 「佛氏雜辨」 참조.

156) 『포은문집』 권2, 詩, 「贈僧」: "松風江月接冲虛, 正是山僧入定初, 可笑紛紛學道者, 色聲之外覓眞如."

속이 무너지고 집안이 파산하여 부자(父子)가 흩어지는 상태에 도달하였다고 한다.[157]

이상의 논의는 본래 포은에게 그의 학덕을 말하여 '이단을 물리치고 사도(斯道)를 붙들을 책임' 이 있음을 강조하고자 기술한 것이다. 그러나 여기서 삼봉은 학덕뿐만 아니라 지위가 있어야만 사업(事業)을 다할 수 있음을 분명히 밝힌다. 즉 그는 학덕뿐만이 아니라 지위가 높아서 국가권력을 동원할 필요가 있다고 생각하였는데, 이와 같은 생각은 혁명에의 의지를 더욱 굳게 한 것이라 하겠다. 물론 그의 배불운동은 국왕과 함께 불교적 기반 위에서 성장하였던 세력들에 의하여 부단한 저항을 받았으므로 결코 용이한 일은 아니었으며, 그도 일시적으로 이단을 배척해 보려 하였던 것은 아니다. 삼봉은 실제로 『불씨잡변』을 써서 양촌에게 주며 말하기를 "이제 임금이 나의 마음을 알아 말에 귀 기울이고 계책을 따르기도 한다. 뜻을 가히 얻었다 할 수 있지만 여전히 불교를 물리치는 일을 이룰 수 없다. 그칠 수 없어서 이 책을 지었으니 후인이 모두 깨달아서 이단을 완전히 단절하기를 바란다."[158]고 하였다. 이어서 이제 죽어도 한이 없겠다고 하였을 만큼 그의 벽불사상(闢佛思想)은 철저한 것이었다. 그는 이 땅에서 이른바 '이단' 을 완전히 없애고자 하였던 것 같다. 그리고 유학자들의 배불론은 다양한 것이었으나 이와 같은 삼봉의 노력은 여말에 불교에서 유교로의 사상전환과 고려조에서 조선조로의 왕조교체를 가져오는데 중요한 구실을 하였다 할 것이다.

---

157) 『三峯集』 권3, 「上達可書」 참조.

158) 『三峯集』 권9, 「佛氏雜辨序-權近」: "著是書示予曰, … 今蒙聖知, 言聽計從, 志可謂得矣, 而尙不能闢之, 則是終不得闢之矣, 憤不自已, 作爲是書, 以望後人於無窮, 欲人之皆可曉也. … 縱不得行於時, 猶可以傳於後, 吾死且安矣."

3. 麗末 성리학파의 역사의식과 사회개혁사상

(一)

충렬왕대부터 수입되기 시작한 주자학은 공민왕대를 거쳐 성균관을 중심으로 신진사류(新進士類)에 의하여 계속 연구되었다. 이 과정에 주자학으로 무장한 신진사류는 그 세력이 점차 확대되어 갔으며, 여말에 와서는 가장 주도적인 세력을 형성하게 되었다. 주자학 전래로부터 고려의 멸망에 이르기까지는 약 1백 년이라는 세월의 간격이 있다. 그 기간은 고려에 국내외적으로 우환이 거듭하는 시기였으며, 시련을 극복하기 위하여 비상한 노력과 투쟁을 필요로 하는 시기였다. 고려는 공민왕대에 이르러 원(元)의 세력이 쇠망하기까지 1백 년간 몽골족의 지배하에 있었었고, 신흥왕조인 명(明)에 대처하여야 했으며, 홍건적의 난과 왜구의 창궐이라는 고난이 계속되었다. 국내적으로는 전제(田制)의 문란으로 인한 경제적 사회적 혼란과 유교의 침체와 불교의 타락으로 인하여 발생한 지도역량의 결핍 등으로 혼미함이 거듭하고 있었다.

새로운 유학인 주자학을 이념으로 하는 신진사류들은, 이러한 상황에서 주자학을 단지 학술적 이론적 측면에서만 연구할 수는 없었다. 그들은 현실문제를 타개하고자 신학을 사회의 여러 분야에서 적극적으로 활용하였으며, 이 결과 신진사류들은 사회를 고치는데 선봉이 되었다. 그리고 주자학은 이념, 풍습, 제도 등 생활 체제 전반과 국제적 외교문제에 이르기까지 활용되었으며, 전제개혁(田制改革)과 같은 현실적인 개혁운동의 이념적 기반이 되었다. 이제 주자학이 실제로 어떻게 자리잡혀 갔으며, 이에 따른 사회개혁의 양상은 어떠하였는가를 논하여 보기로 한다.

첫째로, 주자학을 기본으로 한 신진사류들은 먼저 학교를 중앙과 지방에 세우고 확장 강화함으로써 유학사상에 투철한 새로운 인재를 양성코자 하였다.

처음 주자학 수입 당시의 안향이 국학을 재건하기 위하여 섬학전(贍學錢)을 두었다 함은 전술한 바이거니와, 공민왕 때에는 성균관을 중수하고 이색을 중심으로 하여 활발한 연구 활동이 일어났음을 볼 수 있었다. 일찍이 이제현은 충선왕과의 대화에서 고려 태조가 건국하여 학교를 일으켰던 일을 비롯하여, 역대로 학교가 세워지고 변천된 사실을 다음과 같이 아뢰었다.

"옛날에 태조께서 초창기에 경륜하실 때 먼저 학교를 일으켜 인재를 양성하였고, 한번 서도(西都)에 행차하시자, 곧 정악(廷鶚)을 박사로 삼아 6부(六部)의 생도를 가르치게 하였으며, 비단을 하사하여 학문을 권하고 곡록(穀祿)을 지급하여 인재를 길렀으니 마음 씀이 간절함을 볼 수 있습니다.

광종 다음에는 더욱 문교(文教)를 닦아 안으로는 국학을 높이고 밖으로는 향교를 베풀어서 학교마다 현을 타며 낭송하는 소리가 서로 들렸으니, 이른바 문물이 중화(中華)와 같다 하여도 과언이 아니었습니다. 그런데, 불행히 의종 말년에 무인의 변이 일어나 옥석이 함께 타버리자 위기를 겨우 벗어난 자는 궁벽한 곳으로 도망하여, 관대(冠帶)를 벗고 가사(伽梨)를 입은 채 여생을 마치었으니, 신준(神駿)·오생(悟生)과 같은 이가 이들입니다. ……이제 전하께서 학교를 넓히고, 6예(六藝)를 높이고, 5교(五教)를 밝혀서 선왕의 도를 천명하시면 누가 진유(眞儒)를 배반하고 불자[釋子]를 추종하겠습니까?"[159)]

이상은 충선왕이 당시 학자들이 불교를 좇고 문장 익히기에 힘쓰는 까닭을 물었을 때 이제현이 건의한 내용으로, 이와 같은 폐단은 무신란 이래 피폐한 학교를 재건하고 6예와 5교를 교육할 때에 극복될 수 있다는 것이 요점이라 할 것이다.

실제로 정몽주는 "안으로는 5부학당(五部學堂)을 세우고, 밖으로는 향교

---

159) 『高麗史』 권110, 「李齊賢傳」 참조.

를 세워서 유술(儒術)을 일으켰다"[160]고 일컫는 것으로 새로운 중흥의 틀을 교육에 두고 있음을 보겠다. 조준(趙浚)도 공양왕에게 드리는 상소에서 "학교는 풍화(風化)의 근원으로서 국가의 치란과 정치의 득실이 이것으로부터 말미암는다."고 하여 학교의 중요성을 강조하고, 병란(兵亂)으로 인하여 폐지된 학교 교육을 바로 잡아 한갓 형식적으로 당송인(唐宋人)의 절구나 읽는 것을 금지하고 사서오경을 읽게 할 것을 다음과 같이 주장하였다.

> "이제부터는 근면하고 박식한 사람으로 교수관(教授官)을 삼아 오도(五道)에 각각 한 사람씩 나누어 파견하여 군현을 두루 순회하게 하되 그 필요한 물품은 모두 향교에 맡겨 주관케 하며, 주현에 한거하면서 유학을 업으로 하는 자를 본관의 교도(教導)로 삼아 자제로 하여금 항상 사서오경을 읽고 사장(詞章) 읽는 것을 허락치 말며, 교수관을 한 도에 순시케 하여 과정을 엄하게 세우고 몸소 논란하고 그 통과함과 통과치 못함을 상고하여 이름을 서적에 올리고, 유도하고 권장하여 실용의 인재를 이루며, 그 인재가 많아서 성과를 이룬 자가 있으면 차례를 넘어 등용할 것이며, 만약 교회(教誨)치 못하여 효과를 이루지 못하는 자는 또한 죄를 물어야 할 것입니다."[161]

이러한 전국적인 학교재건운동은 학술적 이념적 의미에서 지도적 인원을 배출하고 확인함이며, 동시에 유학사상을 보편화하는 길이기도 하였다.

둘째로, 사류들은 일체 명령의 정점인 군왕으로 하여금 경학 이념에 투철하고 그에 근거하여 정사를 펴나가도록 하였다. 유학에서는 임금의 마음을 바르게 하고 백성에게 은택을 베푼다는 '격군택민(格君澤民)'을 정치적 이상으로 본다. 그리고 역대로 고려의 임금들은 대체로 불교를 좋아하였지만, 이와 같은 유교적 정치 이념을 거부감 없이 받아들이고 있었다. 특히 여말

---

160) 『高麗史』 권117, 「鄭夢周傳」 참조.
161) 『高麗史』 권118, 「趙浚傳」 참조.

에 이르면 사류들은 주자학 이념을 가지고 임금에게 논하였고 임금도 새로운 관심을 두고 받아들이게 되었다.

조준(趙浚)은 정사의 요체를 이른바 내성외왕(內聖外王)의 도학사상에 두었다. 그러므로 성인 됨을 의미하는 작성(作聖)과 다스림을 다한다는 의미의 치치(致治)를 특히 중시하였으며, '경(敬)' 과 '공(公)' 은 '작성' 과 '치치' 의 요체가 되는 것이라 한다. 그는 공양왕에게 드리는 상소에서, " '경' 한 글자는 제왕이 성인이 되는 기초요, '공' 한 글자는 제왕이 나라 다스림을 이루는 근본입니다."[162]라 하였다. 주체적 내면적 수기(修己)에 있어서는 '경' 이 핵심이 되고, 사회화하여 정사로 전개할 때에는 매사를 공정하게 하여야 한다는 원칙을 제시하였던 것이다. 그는 계속해서 다음과 같이 말하였다.

"위로는 하늘이 굽어보심을 두려워하고, 아래로는 억조창생이 우러러봄을 두렵게 알아야 합니다. 한 사람에게 상을 줄 때에는 상제가 선(善)함에 복(福)을 주시는 마음에 부합할까 두려워하고, 한 사람에게 벌을 줄 때에는 상제가 악[淫惡]함에 화(禍)를 주시는 것에 맞지 않을까 두려워해야 합니다. 뭇사람이 기뻐한 다음에 상을 주며, 뭇사람이 버린 다음에 형벌을 주십시오. ……궁궐에 계시면 우리 백성은 비바람도 가리지 못함을 생각하시고, 여덟 가지 반찬을 대하면 우리 백성은 거친 음식도 부족함을 생각하시며, 가볍고 따스한 옷을 입으면 누에치는 여인이 맨몸으로 서 있음을 생각하여 대우(大禹)의 하찮은 옷 입음을 본받으시고, 잔치에 임하여서는 농부가 굶어 죽음을 생각하여 수(隋)의 문제(文帝)가 고기조각 아낌을 깨달으십시오. 검소함을 숭상하고 사치함을 경계하며, 아껴 쓰고 애민(愛民)하며, 직언을 즐겨하고 면종(面從)함을 미워하며, 군자를 친애하고 소인을 멀리하십시오. 무릇 말을 다하여 숨기지 않고 면전에서 정쟁

162) 위와 같음: "敬之一字, 帝王所以作聖之基, 公之一字, 帝王所以致治之本."

(廷爭)하여 조금도 회피하지 않으며, 사직 있음만 알고 그 집이 있음을 알지 못하는 자는 군자이니, 전하께서 친애하고 믿으시면 요순의 다스림을 가히 앉아서 이루고 태조의 업을 계승하여 홍성할 수 있을 것입니다."[163]

결국, 조준은 보편적 이상으로서의 요순의 다스림과 민족적 특수성으로서의 태조 창업정신을 계승하여 동시에 조화 발전시키고자 한 뜻있는 주장을 내세웠던 것이다.

또한, 사류들은 임금이 제왕의 자질을 갖추게 하려고 노력하였다. 경연(經筵)과 서연(書筵)을 통하여 임금이 학문에 종사하고 스스로 수양할 것을 건의하였다.

"이제(二帝)와 삼왕(三王)은 학(學)을 말미암지 않음이 없으니, 정밀히 하고 한결같이 하여 중(中)을 잡음[精一執中]은 요순의 학이요, 중을 세우고 극(極)을 세움[建中建極]은 탕무(湯武)의 학입니다. 원컨대 전하께서는 홍유(鴻儒)로서 경사(經史)에 능통하고 심술(心術)에 바른 자를 택하여서 날을 교대하여 입직케 하여, 경사를 토론하고 치도를 논정함으로써 밝은 광명의 학을 이루게 하십시오. 또 사관으로 하여금 서로 번갈아 곁에서 모시게 하여 좌사(左史)는 언(言)을 쓰고 우사(右史)는 행(行)을 써서 모두 기록하지 않음이 없게 함으로써 만세에 고하십시오. 또 세자를 위하여 서연(書筵)을 열어 당세의 대유로 사부를 삼고, 경(經)에 밝고 행(行)을 닦은 선비로 요좌(僚佐)를 삼아, 조석으로 함께 있어 경적(經籍)을 강명하여, 근본을 바르게 하고 근원을 맑게 하는 학을 밝히십시오."[164]

---

163) 위와 같음.

164) 위와 같음.

이른바 '정일집중(精一執中)' 이라든가 '건중건극(建中建極)' 이라 함은 요 · 순 · 우 삼대에 전수된 심법(心法)으로 주자학에서 특히 강조하는 것이다. 그러므로 성리학에서는 이에 대한 매우 정밀한 논의를 전개하였으며, 임금에게 이를 체득시키려 끊임없는 노력을 기울인다. 전라도 관찰사 하륜(河崙)은 주자의 「인설(仁說)」을 병풍으로 만들어 공양왕에게 바쳤다. 전부터 이미 족자로 만들어 가지고 있었던 왕은 이를 크게 환영하여 받아들이고, "항상 좌우에 둘러치고 관람하여 충심(衷心)으로 닦고 살피어 허물을 바르게 하고 잘못을 고칠 것이며 …… 밖으로는 풍속의 성쇠를 보고 안으로는 군심(君心)의 선악을 생각하리라"[165] 하였다. 뒤에 논할 전제개혁에 있어서도 주자의 「인설(仁說)」이 이론의 근거로 제시되거니와, 여기서는 제왕이 심성을 도야하고 정사를 바르게 하는 귀감으로 삼았던 것이니, 「태조십훈요(太祖十訓要)」에서 주공(周公)의 「무일편(無逸篇)」을 써 붙이고 출입할 때에 살펴보게 한 조서를 연상케 한다.

실제로 공양왕은 문묘에 알현하고 대사성 송문중(宋文中)에게 영을 내려 『시경』 「빈풍칠월편(豳風七月篇)」을 강(講)하게 하였는데,[166] 이는 유학이 고려 말에 확고하게 기반을 다지고 있다는 증거가 될 것이다.

셋째로, 당시 국제적인 관계에서 사류(士類)들이 취한 외교적 입장의 특징은 어떠하였으며, 여기서 주자학적 이념은 어떻게 적용되고 자리 잡아갔는가를 고찰해 보자.

당시 중국은 원나라와 명나라가 교체하는 중대한 시기에 처하였다. 고려에서는 그동안 고려를 압제해온 원의 세력을 제거하고자 하는 개혁운동이 일어났고, 신흥하는 명에 대하여 정통성을 인정하려는 움직임을 보였다. 공민왕 17년에 명나라 태조는 고려에 먼저 사신을 보내어 국호를 '명(明)' 이

165) 『高麗史』 권46, 공양왕 4년조.
166) 『高麗史』 권45, 공양왕 2년 8월 己巳條 참조.

라 하고 자신이 제위에 오른 사실과 고려를 우호적으로 승인하는 뜻을 전해 왔다.[167] 원은 이미 쫓기어 연경(燕京)에서 철수하여 북방의 개평(開平)으로 도읍을 옮겼다. 이에 고려에서는 명에 대하여 '사대(事大)의 예'를 갖춰 예부상서 홍상재(洪尙載) 등을 보내어 하례하였다. 그리하여 고려와 명나라 사이에는 조서(詔書)와 사표(謝表)가 빈번히 왕래하여 양국의 관계가 긴밀하여 갔다.[168] 그러나 원의 세력은 갑자기 없어질 수 없어서 친원파와 친명파가 대립 갈등하였으며, 이와 같은 대립과 갈등은 위화도회군 이후 친명정권이 확립되어 친원 세력이 꺾일 때까지 오랫동안 지속하였다.

사류들이 친명 노선을 취한 이유는 원나라의 압제로부터 벗어나서 자주성을 확보함과 동시에 국제사회에 있어서 인도주의를 기본으로 한 문화적 우수성을 확보하며, 중화민족과의 문화적 수준의 동질성을 회복하고자 함이었다고 하겠다. 이것은 부마국(駙馬國)으로 원나라의 그늘에 들어 몽골의 습속을 따랐던 고려로서는 지극히 중대한 문제였다. 고려로서는 생존과 멸망, 문명과 야만의 갈림길에 든 중대한 시기로 인식하였던 것이다.

일찍이 고려 태조는 십훈요에서, 예로부터 동방이 당나라 풍물을 사모하여 예악문물에 있어서 그 제도를 따랐음을 말하였다. 그러나 또한 지역과 인성이 다르므로 구차스럽게 같게 할 것은 없다 하였다. 즉 고도한 문명을 받아드리되 민족의 특질에 맞도록 할 것을 강조하였다고 할 것이다. 한편, 거란은 금수의 나라로 풍속과 언어도 다르니 의관 제도를 본받지 말라고 당부하였다. 그는 폭력으로 침략을 일삼는 거란에 대하여는 폐백을 거절하고 사신을 잡아 가두는 등 강경한 태도를 보였으며 역대로 그 침략을 단호히 물리쳤다. 사실상 고려에서는 그러한 창업정신을 지켜왔으나, 원에 대하여는 30여 년의 오랜 항쟁 끝에 물리적으로 굴복할 수밖에 없었으며 그 후 실

167) 『高麗史』 권41, 공민왕 18년 4월 壬辰條 참조.
168) 『高麗史』, 공민왕 17년 以後 數年間 참조.

질적인 속국이 되었던 것이다.

명 태조는 고려와의 외교관계를 수립한 다음 혹은 고려의 요청에 의하거나, 혹은 자의에 의하여 기회 있을 때마다 관복 · 악기 · 역서[曆書:大統曆]와 함께 『사서』 · 『통감』 · 『한서』와 같은 서적을 보냈다. 그리고 빈번한 조서 가운데 제왕으로서의 정사를 펼치는데 요체라고 할 수 있는 선왕지도(先王之道)에 대하여 권고했다. 그 가운데 한두 가지 예를 보면 다음과 같다.

"역대의 군왕이 화이(華夷)를 불문하고, 오직 인의예악을 행함으로써 백성을 교화하고 풍속을 이루었소. 이제 왕은 그것을 버려 힘쓰지 않고 날로 제계(齊戒)에 몰두함으로 일을 삼아 허물과 원한 벗어나기를 바라고 재생(再生)의 복을 구한다 하니, 불경의 설이 비록 그러함이 있다 하더라도 왕도를 높이지 않고 불도를 높임은 그 요체를 잃는 것이라 할 것이오."

"홍무(洪武) 3년 8월로부터 과거를 특설(特設)하고 재주를 가지고 도(道)를 품은 선비를 일으키되, 경전을 밝히고 행실을 닦아 고금에 널리 통달하며 형식과 내용이 중(中)을 얻고 이름과 실질이 서로 부합하게 힘을 써야 할 것이오. 그 가운데 뽑힌 자는 짐이 친히 전정(殿庭)에서 책문(策問)하여 그 학식을 보아 고하를 품제하고 관에 임용할 것이며, 과연 재학(才學)이 출중한 자는 현탁(顯擢)으로 대할 것이다. 안팎[中外]의 신하를 모두 과거에 의하여 뽑을 것이요, 과거한 자가 아니면 벼슬에 참여치 못하게 할 것이오."[169)]

169) 『高麗史』 권42, 공민왕 19년 5월 甲寅條: "帝賜璽書曰, … 歷代之君, 不問華夷, 惟行仁義禮樂, 可以化民成俗. 今王舍而不務, 日以持齊守戒爲事, 望脫愆寃以求再生之福, 佛經之說, 雖有然, 不崇王道而崇佛道, 失其要矣."
同上 공민왕 19년 6월 辛巳條: "詔曰, … 自洪武三年八月, 爲始特設科擧, 以足懷材抱道之士, 務在明經行修, 博古通今, 文質得中, 名實相稱, 其中選者, 朕將親策乎庭, 觀其學識, 品其高下, 而任之以官, 果有材學出衆者, 待以顯擢, 使中外之臣, 皆由科擧而選, 非科擧者, 毋得與官."

위에서 보는 바와 같이 신흥하는 명나라의 건국이념이 유학사상을 기본으로 하고 있으며, 명 태조의 조서 내용은 실제로 고려의 신진사류들의 노선과 상응하는 것이었다.

박상충(朴尙衷)은 김의(金義)의 명사(明使) 살해사건과 관련하여 "이치로 말하자면 따라감이 길하고 거스름이 흉하며, 형세로 말하자면 남쪽[명나라]은 강하고 북쪽[원나라]은 약하니 이것은 사람이 다 아는 바입니다. 무릇 신의를 버리고 거스름은 천하의 불의요, 강한 곳을 등지고 약한 곳으로 향함은 지금 필요한 계책이 아닙니다."[170)]라고 하였다. 그리고 이어서 특히 김의(金義)사건을 잘못 처리하면 나라와 백성이 위태하다고 경계시키고, 국가와 민족을 재앙으로부터 구해야 한다고 역설하였다. 박상충의 주장은 헤아릴 수 없는 죽음을 각오하고 분개함이 지극하여 간하는 것이라 하였거니와, 그는 이와 같은 주장을 계속하다가 잔존한 친원 세력에 의하여 귀양 가는 도중에 죽게 된다.

정몽주는 명나라가 일어남에 조정에 힘껏 청하여 맨 먼저 명나라 편에 서게 하였다고 기록되어 있다. 그는 국내적으로는 주자학을 국가의 이념으로 확립시키고 국제적으로는 중국과 일본 등에 왕래하면서 외교관계를 수립하여 국가의 안전을 도모하는데 중대한 역할을 수행하였다.

포은의 경우에 있어서도 박상충과 같은 배원친명(排元親明)의 입장을 선명하게 볼 수 있다. 권신 이인임(李仁任)과 지대윤(池大奫)이 다시 북원(北元)을 섬기고자 할 때에, 그는 문신 수십 명과 함께 대략 다음과 같은 요지로 상소하였다.

"천하를 다스리는 이는 반드시 먼저 대계(大計)를 정하여야 한다. 대계를 정

170) 『高麗史』 권112, 「朴尙衷傳」 "以理而言, 則惠迪吉, 從逆凶; 以勢而言, 則南强北弱, 人之所共知者也. 夫棄信而從逆, 天下之不義也; 背强而向弱, 今日之非計也."

하지 못하면 사람의 마음에 의심이 일어나게 되는데, 사람의 마음에 의심이 일어남은 백가지 일의 화근이 된다.

우리 태조께서 당나라 말기에 일어나 중국을 예(禮)로 섬긴 것은 천하의 의로운 주인을 본받을 뿐이었다.

명사(明使)를 죽이고 원과 결탁하려 한 사건을 처벌하지 않을 뿐 아니라, 원사(元使)를 예접(禮接)함은 옳지 못하니 이것은 잘못된 일이다. 원씨(元氏)가 나라를 잃고 멀리 와서 먹을 것을 구하는 것은 잠깐이라도 생명을 연장함이니, 명분은 임금을 들여보낸다. 하지만 실상은 자기의 이익을 위함이다. 거절하면 우리의 강함을 보여주게 되고, 섬기면 도리어 그 뜻을 교만하게 만들 것이니 그 군사를 늦추려 하는 것이 실상은 불러들이는 결과를 가져올 것이다.

만약 명나라가 죄를 묻는 군사를 일으켜 수륙으로 아울러 침범한다면, 국가에서 장차 무슨 말로써 대답하겠는가. 작은 적의 군사를 늦추려 하다가 실상은 천하의 군사를 움직이게 할 것이다."[171]

이처럼 명의 신흥세력의 강대함도 문제이려니와, 이른바 천자란 천하의 의로운 주인인 한에서 그 종주(宗主)의 자격이 인정될 수 있는 것으로, 이와 같은 도리는 일찍이 정자가 논한 바 있었던 것이다. 포은에게도 우리의 생령에게 화를 입힐 수 없다는 것이었다. 주자의 『통감강목(通鑑綱目)『은 이미 사류들에 의하여 읽혔거니와, 무력으로 고려를 복속하였던 원을 배격하고 인의예악의 인도를 표방한 명과 연합하는 것을 태조 이래의 전통정신에 합치하는 현명한 처사로 보았던 것이다. 포은 역시 지대윤과 이인임에 의하여 경상도 언양(彦陽)에 유배되었으나, 그의 주장은 곧 실제 문제로 받아들여졌으며, 우왕은 정몽주를 명에 보내어 국교를 회복할 수 있었다.

이상에서 논급된 바와 같이 고려 말의 성리학파는 여말의 변동하는 국제

171) 『高麗史』 권117, 「鄭夢周傳」 참조.

정세와 관련하여 이른바 천하의 의리[天下之義]로서의 인도적 측면과 당시에 필요한 계책[今日之計]으로서의 현실적 측면을 동시에 고려하여 주장된 성리학파의 논의는 고려정신의 계승과 춘추의리 및 화이론의 새로운 적용으로 고려 말기에 이르러 확고하게 자리 잡은 바라 하겠다.

(二)

주자학은 수용된 이래 점차 이해의 정도가 깊어졌으며, 사회적인 기반을 가지면서 응용되어 갔다. 그리고 이와 같은 흐름에 힘입어 재래에 불교식 및 몽골풍과 혼합되었던 예속과 복식 및 법제의 면에서 새로운 변혁을 가져오게 되었다.

종래의 불교적 방식으로 시행되던 상례나 제례에 대하여 사류들은 『주자가례(朱子家禮)』에 의하여 변경 실시토록 하였다. 즉,

> "시속(時俗)에서는 상례와 제례에서 오로지 불법을 숭상하였는데, 정몽주가 비로소 사서(士庶)로 하여금 『주자가례』를 모방하여 가묘(家廟)를 세워 선조를 받들도록 하였다."[172]

라 함과 같이 정몽주는 『주자가례』를 실시토록 장려하였거니와 국가에서도 이를 시행토록 하였다. 조준도 일찍이 창왕에게 상소하여 동방에 가묘의 근원이 오래도록 폐지되었으나, 당시까지도 국도(國都)나 군현에 집이 있는 이는 반드시 신사(神祠)를 세워 '위호(衛護)' 라 하는데, 이것이 가묘의 유법이라 하면서 새로이 『주자가례』에 의하여 시행토록 할 것을 건의하였다.

---

172) 위와 같음: "時俗喪祭, 專尙桑門法, 夢周始令士庶, 倣朱子家禮, 立家廟, 奉先祀."

"바라건대 이제부터 한결같이 『주자가례』를 써서, 대부 이상은 3세를 제사하고, 6품 이상은 2세를 제사하며, 7품 이하 서인에 이르기까지는 그 부모만 제사하되, 정실(淨室) 한 칸을 택하여 각기 감실(龕室)을 삼아 그 신주를 도시고, 서쪽을 상(上)으로 삼고 삭망(朔望)에 반드시 잔 드리고, 출입할 때에는 반드시 고하며, 햇곡식을 먹을 때에는 반드시 제수를 올리며, 기일(忌日)에는 반드시 제사하되, 기일을 당하면 반드시 기마로 출행함을 허락지 말며, 빈객을 대하면 상례로 거(居)하는 것 같이 하고, 매년 삼령절(三令節)과 한식에 분묘에 가는 예는 속례로 허락하여 조상을 추념하는 풍속을 두터이 하시고, 어기는 이는 불효로서 논하소서."[173]

나라에서 가묘를 세우도록 영을 내렸으나 그것이 즉시 시행되지는 못하였다. 그러나 영이 너리기 이전에도 이미 묘(廟)를 세워 제사지내고 조상을 모시는 이도 있었다. 전라도 관찰사 노숭(盧嵩)은 그러한 인물로서 윤구생(尹龜生)을 들고 문서를 돌려 표창하였다.[174] 정습인(鄭習仁)은 일찍이 공민왕 때로부터 관직을 받아 이르는 곳마다 음사(淫祀)를 금하고 강호(强豪)를 눌렀으며, 부모의 상을 당하여 모두 여묘(廬墓)하여 삼 년을 마치고 상사를 행함에 한결같이 주자가례를 사용하였다.[175] 박상충은 모친상 중에 전교령(典校令)에 제수되어 상을 다 마치지는 못하였으나 3년 동안 고기를 먹지 않았다.[176] 이와 같은 구체적인 사례에서 알 수 있듯이, 『주자가례』는 사류를 중심으로 하여 점차 보편적으로 실시되었는데, 이는 종적으로는 자기 선조에 대한 존경과 전통의 계승을 의미하고, 사회적으로는 돈후한 풍속을 이루고 관습의 경신(更新)을 통하여 일체감을 형성하는 계기가 되었다.

---

173) 『高麗史』 권118, 「趙浚傳」 참조.
174) 『高麗史』 권121, 「尹龜生傳」 참조.
175) 『高麗史』 권112, 「鄭習仁傳」: "習仁居父母憂, 皆廬墓終制, 治喪一用朱子家禮."
176) 同上, 朴尙衷 참조.

주자학 예법은 민간뿐 아니라 종친(宗親)에 있어서도 적용되었다. 공양왕 2년에 예조에서는, 이른바 신우(辛禑)와 신창(辛昌)의 재위기간에 끊겼다고 여겨진 고려의 대통을 이어받은 공양왕이 선조를 봉사(奉祀)하는 방식을 논할 때 먼저 종묘에 대한 주자의 논설에 따랐다. "주문공이 천자의 종묘를 논한 것을 상고컨대 제후의 제도를 가차하여 밝히고 있으니, 천자와 제후의 세(勢)는 다르다고 하더라도 이치는 한가지입니다."[177]라 하여 천자와 제후의 종묘례가 본질적으로 차이가 없으므로 그대로 시행토록 하여야 한다고 하였다.

정몽주는 몽골의 복식을 버리고 관복을 중국식으로 고치게 하는 등 제도의 개혁에 주도적 역할을 하였으며, 공양왕 4년 시중(侍中)으로 있을 때 「신정률(新定律)」을 찬하여 올렸으며, 왕은 이첨(李詹)으로 하여금 6일간이나 진강(進講)하게 하고 극찬하면서 연구 검토한 다음 시행토록 하라고 하였다. 오늘날 전하지는 않지만 「신정률」이 「대명률」과 내용상으로 관계 있음을 짐작할 수 있는 일이다.

다음으로, 특기할 사항은 여말의 전제개혁에 대한 논의이다. 여말에 있어서 전제의 개혁은 고려의 귀족과 불교사원을 막론하고 구세력의 경제적 기반을 무너뜨린 혁명적 사실이요, 고질적인 폐단의 지양(止揚)과 새 질서를 수립하는데 계기가 되었음은 널리 알려진 사실이다. 실로 여말에 전제의 문란은 극도에 달하여 근본적인 혁신이 요구되었다. 고려는 국초로부터 전시과(田柴科)를 실시하여[178] 합리적으로 전제를 운영하였으나, 후기에 와서 과점(寡占)과 겸병(兼倂)으로 그 폐단이 매우 컸다. 이것은 일찍부터 지적되어온 바로서 충숙왕 5년에 왕은 "공신의 사전(賜田)이 산천(山川)으로 표

177) 『高麗史』 권61, 志15, 禮3 諸陵: "恭讓王二年正月 禮曹上議曰, 按朱文公論天子宗廟, 假諸侯之制明之, 天子諸侯, 勢殊而理同,"

178) 『高麗史』 권78, 「食貨志(1)」, 〈田制〉 참조.

지를 삼는다. 받는 것은 날로 넓어지면서 납세를 하지 않으니, 공물과 납세 받을 토지는 날로 줄어들고 있다. 그 수밖에 근거 없이 점유한 토지들이 있는지 철저히 조사하여 다시 돌려놓도록 하여라."[179]라고 하교하기도 하였고, 우왕도 전제가 잘못 시행됨을 지적하고 시정하는 조치를 취한 바 있다. 이색은 일찍이 공민왕 원년에 다음과 같이 상소하였다.

"신은 듣건대 경계(經界)를 바르게 하고 정지(井地)를 고르게 함은 치인(治人)의 선무라 합니다. 널리 생각건대 우리 조종이 처음 시행하신 제도와 잡아 지키신 규모가 이르지 않은 곳이 없으나, 사백 년간 말류의 폐단이 어찌 전혀 없겠습니까마는 전제는 더욱더 심합니다. 경계가 바르지 못하면 세력 있는 사람이 겸병하니 까치가 지은 집에 비둘기가 사는 것이 모두 이것입니다. … 어떤 이는 말하기를, '부자들의 토지는 갑자기 뺏을 수 없고, 수년 동안 쌓인 폐단은 문득 고치기 어렵다.' 고 하지만은 이것은 용렬한 임금이 할 바요, 전하에게 바랄 바는 아닙니다."[180]

『맹자』「등문공」편에 의하면, "무릇 인정(仁政)이란 반드시 경계(經界)로부터 시작하는 것이다. 경계가 부정하면 정전(井田)이 균등하지 않고, 곡록(穀祿)이 공평하지 못하게 된다. 그러므로 폭군(暴君)과 오리(汚吏)는 반드시 그 경계를 다스리는 일을 태만히 한다. 경계가 바르게 되면 토지를 나누고 곡록을 제정하는 일은 앉아서 정할 수 있다."[181]고 한다. 농지를 옳게 경

---

179) 위와 같음: "忠肅王 五年 正月下敎, 功臣賜田, 山川爲標, 所受日廣, 而不納稅, 貢賦之田, 日益減縮, 其數外剩占者, 窮推還本."

180) 『高麗史』 권115, 「李穡傳」: "臣聞經界之正井地之均, 治人之先務也, 洪惟我祖宗創垂之制, 持守之規, 無所不至, 四百餘年末流之弊, 豈盡無有, 而田制尤甚. 經界不正, 豪强兼幷, 鵲之巢而鳩之居者, 皆是也…. 或曰富人之田, 難以亟奪, 積年之弊, 難以遽革, 此則庸君所行, 非所望於殿下也."

영함은 고래로부터 유가의 근본 문제였다. 그것은 백성의 사활이 달린 문제요 인정과 폭정이 그것으로 구별되었다. 사리(私利)를 취함이 아니라, 인도적으로 공공의 입장에서 만인에게 유익해져야 한다. 주자는 다음과 같이 논했다.

"이 법이 닦여지지 않으면, 토지는 일정하게 나눔이 없게 되어 세력이 강한 자가 겸병하게 되므로 정전이 균등하지 않게 되며, 세금은 정해진 법이 없어서 탐욕스럽고 포악한 자가 많이 취하게 되므로 곡록이 공평하지 못하게 된다. 이것이 인정을 행하고자 하는 자는 반드시 이것에서 시작하고, 폭군과 오리가 반드시 함부로 폐하고자 하는 까닭이다. 그것을 바르게 할 수 있다면, 토지를 나누고 곡록을 제정하는 것은 힘들이지 않고 정할 수 있다." [182)]

이처럼 인정(仁政)이란 경제의 문제와 직결된 것으로, 궁극에는 질서 있는 사회를 만들고 백성의 생활을 안정시키는 결과를 이끌어 낸다. 여말선초 성리학에 상당한 조예를 가졌던 권근(權近)은 우왕 9년에 다음과 같이 상소하였다.

"백성은 나라의 근본이요, 재물은 백성의 근본[心]입니다. 그러므로 마음을 잃으면 백성이 흩어지고, 근본을 잃으면 나라가 위태합니다. 근년에 전쟁이 그치지 않고, 물난리와 가뭄이 번갈아 들어 백성의 얼굴에는 굶주린 기색이 있고 들에는 굶어 죽은 시체가 나뒹굴고 있습니다. 더욱이 하나의 토지에 주인이 두

---

181) 『맹자』 「滕文公上」: "夫仁政, 必自經界始. 經界不正, 井地不均, 穀祿不平. 是故, 暴君汚吏, 必慢其經界. 經界既正, 分田制祿, 可坐而定也."

182) 同上, 朱子註: "此法不修, 則田無定分, 而豪强得以兼并, 故井地有不均, 賦無定法, 而貪暴得以多取, 故穀祿有不平. 此欲行仁政者之所以必從此始, 而暴君汙吏, 則必欲慢而廢之也, 有以正之, 則分田制祿, 可不勞而定矣."

세 명씩 되어 제 각기 조세를 징수하여 백성의 재물(民心)을 쪼개어 가고 있는데, 해당 지방관청이나 안렴사(按廉使)·찰방(察訪) 등이 금지시키지 못하고 있습니다. 슬프도다! 이 불쌍하고 외로운 백성이 누구에게 의지하며 누구에게 구원을 받아야 할 것입니까? 나라 근본의 위태로움이 이보다 더 심함이 없으니, 신 등은 매양 생각이 이에 이르면 깊이 통탄하는 바입니다."[183)]

백성은 "먹는 것을 하늘로 여긴다[以食爲天]"라고 하였다. 그러므로 일정한 생계[恒産]가 없으면 일정한 마음[恒心]을 유지할 수 없는 일반 백성은 항상 재물이 있는 곳으로 마음이 향할 수밖에 없다. 경제제도가 잘못되고 혼란을 가져온다면 백성이 흩어져서 국가가 성립될 수 없다.

실제로 사전(私田)의 혁파와 전제의 개혁에 주요한 역할을 담당하였던 조준은 예로부터 그 국가가 흥하고 망하는 것은 전제의 균부(均否)에 있음을 살피고 전제의 붕괴로 인한 당시의 참상을 극론하였다. 그리고 고려 태조가 신라 말의 어지러웠던 전제를 바로 잡아 십일제(什一制)를 채택하고 삼 년간 조세를 면제토록 한 사실을 상기시키면서, 이것이 다름 아닌 "천지가 만물을 생하는 마음[天地生物之心]이요, 요순(堯舜)과 문무(文武)의 인정(仁政)"[184)]이라고 칭송하였던 것이다.

이른바 '천지생물지심'이란 주자의 「인설(仁說)」의 벽두에 나오는 구절로 성리학의 형이상학적 이론이다.

---

183) 『高麗史』 권78, 「食貨志(一)」, 〈田制〉: "九年二月左司議權近等上書曰, 傳曰民者邦之本也, 財者民之心也. 故失其心則民散, 失其本則邦危. 比年以來, 征戰不息, 水旱相仍, 民有饑色, 野有餓殍, 加之一田三兩其主, 各徵其租, 以割民心, 所在官司按廉察訪, 不能呵禁. 哀此煢獨, 誰因誰極, 邦本之危, 莫此爲甚. 臣等每念至此, 深爲痛心."

184) 위와 같음: "(辛禑) 七月大司憲趙浚等上書曰, …當是時, 三國鼎峙, 群雄角逐, 財用方急, 而我太祖, 後戰功, 先恤民, 卽天地生物之心, 而堯舜文武之仁政也."

"인(仁)이란 천지가 만물을 생하는 마음으로 사람이 얻어서 마음으로 된 것이다. 발동하기 전에는 사덕이 갖추어 있지만 오직 인만이 사덕을 포함한다. 때문에 함양하여 온전히 한다면 통솔치 아니하는 것이 없으니, 이른바 생하는 성(性)이요 사랑하는 이치이니, 인(仁)의 본체이다. 이미 발동하였을 때에는 사단으로 나타나지만 오직 측은만이 사단을 관통한다. 때문에 두루 꿰뚫어서 관통치 아니하는 것이 없으니, 이른바 성(性)의 정(情)이요 사랑의 발현이니, 인(仁)의 작용이다."[185)]

이것은 「인설」의 첫 부분이다. 여기서 천지생물지심(天地生物之心)으로서의 인(仁)은 성리의 본체로서 애정으로 펼쳐지는 '살리고 사랑하는 마음'의 근거가 된다. 그리고 이와 같은 마음을 실제적인 사회 현실에서 구현시키는 것이 성리학의 목적이라고 할 것이다.

조준은 전제가 무너지기 전에 고려의 사회는, 군인과 관리와 백성이 모두 각각의 토지가 있어서 생업이 안정되었고 나라가 부강하여 요(遼)·금(金)과 나라를 맞대고 있어도 감히 삼키지 못하였다고 한다. 그리고 이것은 태조가 삼한의 땅을 신민(臣民)에게 나누어 주어 함께 그 녹을 누리고 그 생을 두터이 하고 그 마음을 결속시켜 국가 천만세의 원기가 되었기 때문이라고 하였다.[186)] 조준을 중심으로 한 사류들의 꾸준하고 줄기찬 노력은, 위화도 회군 이후에 다져진 신흥정치세력의 지원을 얻어, 드디어 공양왕 2년 9월에 공사전적(公私田籍)을 불사르는 쾌거를 이루게 된다.[187)]

---

185) 『退溪全書』 권7, 「聖學十圖」, 〈第七仁說圖〉: "朱子曰, 仁者天地生物之心, 而人之所得以爲心. 未發之前, 四德具焉, 而惟仁則包乎四者, 是以涵育渾全, 無所不統, 所謂生之性愛之理, 仁之體也. 已發之際, 四端著焉, 而惟惻隱則貫乎四端, 是以周流貫徹, 無所不通, 所謂性之情愛之發, 仁之用也."

186) 『高麗史』 권78, 「食貨志(一)」, 〈田制〉: "趙浚等上書曰, …府衛之兵, 州郡津驛之吏, 各食其田, 土著安業, 國以富强, 雖以遼金虎視天下, 而與我接壤, 不敢吞噬者, 由我太祖, 分三韓之地, 而與臣民共享其祿, 厚其生, 結其心, 爲國家千萬世之元氣故也."

그러나 이러한 전제의 개혁은 구질서의 기반을 완전히 붕괴하는 것이었을 뿐 아니라 일대 혁명인 사건이었다. 종래의 세가 호족(世家豪族)은 반대는 물론이요, 당시의 사류에서도 개량수정주의자와 완전개혁의 급진주의적 입장 사이에 방법론적인 차이가 있었다. 그러므로 그 시행은 결코 용이한 일일 수 없었다. 이성계, 조준, 정도전은 적극적으로 주장하였고, 이색은 구법을 가벼이 고칠 수 없다 하여 반대하였다. 이림(李琳), 우현보(禹玄寶), 변안렬(邊安烈), 권근, 유백유(柳伯濡) 등은 이색의 편이었고, 윤소종(尹紹宗) 등은 조준의 의견에 찬성하였다. 정몽주는 중도적 입장에서 중용을 취하고자 하였다. 급기야 양측은 정치적 충돌로 나타났고 보수파에 대한 숙청과 급진파의 성공으로 끝을 맺었다.

그러나 당시 유림의 종장으로서 고려 말의 사상계나 정치현실에서 중심적인 역할을 하던 정몽주의 순절로 말미암아 그를 중심으로 한 주자학 정통파는 일선에서 물러서게 되었다. 그리고 성리학적 이념에 입각한 현실 개혁은 급진적 개혁주의자의 손에 맡기게 되었다.

4. 16세기 한국의 역사적 상황과 시대성격

고려를 계승한 조선왕조는 1392년으로부터 1910년 일본에 합병될 때까지 5백여 년을 독립국으로 존속해왔다. 그러나 5백여 년의 긴 세월이 흘러오는 동안 때로는 승평(升平)의 시대도 있었고, 위난과 전쟁의 시대도 있었거니와 한말에는 외래의 제국주의 세력에 의하여 국권을 완전히 상실하는 비운을 겪기도 하였다.

187) 위와 같음: "恭讓王二年九月, 焚公私田籍于市街, 火數日不滅, 王嘆息流涕曰, 祖宗私田之法, 至于寡人之身而遽革, 惜哉."

그러나 민족사를 통해서 볼 때 세종조와 같이 선정이 베풀어진 시대가 있었다 하더라도 대체로 수난의 역사였던 것이며, 난제는 항시 넘쳐 있어서 일시에 해결될 수 있는 것도 아니었다. 문제 해결의 노력은 일대에 그칠 것이 아니라 항상 추진되어야 할 것인바, 그것은 그 시대와 인물에 달린 까닭에 때에 따라 차이가 있을 수밖에 없는 일이다.

16세기는 조선왕조가 성립하여 1세기가 지나고 다음 1백 년 동안의 시기이다. 16세기는 과연 민족의 홍망을 좌우할 중요한 시기였다.

역사가에 따라서 근세조선을 보는 관점이 다르기는 하나, 대체로 조선조의 성립으로부터 세종조를 거쳐 성종 말년까지 1세기간을 창업(創業)·수성(守成)의 성시(盛時)라 한다면, 연산군으로부터 임진왜란까지의 1세기간은 정치가 문란해지고 4대 사화(士禍)가 일어나며 임진왜란으로 말미암아 국토가 무너지는 화란을 겪는 위난의 시기였다.[188] 바꿔 말하면 전기의 1백 년간을 『경국대전(經國大典)』이 완성되는 등 양반정치 체제 또는 집권적 관료국가 체제가 완성되는 시기로 본다면, 후기의 1백 년은 사화의 빈발과 당쟁으로 사대부 간에 분열이 일어나서 전기의 정치체제가 차츰 무너지는 시기로 보고 있다.[189]

어떻든 16세기 조선사회는 정치적으로나 경제적으로 불안과 피폐가 가중되어갔다. 그리하여 침체한 상태를 쇄신하여 민생을 도모하고 경장을 시도하여 국가체제를 정비함으로써만 국내외적인 위난을 극복하고 새로운 상황에 대처할 수 있었던 것이다.

16세기에는 국제적인 주변정세도 상당히 변화하고 있었다.

조선왕조(1392)보다 다소 먼저 건국한 명나라(1368 ~ 1644)는 태조의 초창기(1368 ~ 1392)와 영락제의 팽창기(1403~ 1424)를 거치고, 15세기 중엽

188) 李相佰, 『韓國史』(근세 전기편), 진단학회, 19-21쪽 참조.
189) 李光麟, 『한국사 연구의 회고와 전망 —근세조선』, 『역사학보』 제20집, 123-124쪽 참조.

에서 16세기 중엽에 이르는 일세기 동안 동아권(東亞圈)을 지배하여 왔으나, 이제는 그 세력이 기울기 시작하였으며 16세기 후반에는 개혁기에 접어들고 있었다.[190]

남으로 일본의 사정을 보면, 응인(應仁)의 난(1467 ~ 1477)을 계기로 하여 아시카가 막부[足利家]는 통치력을 완전히 상실한 채 명목상으로만 남아 있었으며, 1백 년 동안의 전국시대에 들어가 있었다.[191] 그러나 16세기 말에 이르러 직전신장(織田信長)과 풍신수길(豐信秀吉)는 무력으로써 전 일본을 통일하게 된다.[192]

풍신수길은 전국을 장악한 다음 전국 다이묘(戰國大名)들에게 토지와 식읍(食邑)을 주어 평시에는 성을 쌓는 등의 일을 하게 하였으며, 전시에는 가신(家臣)을 거느리고 군역에 임하도록 하였다. 일개 병졸로부터 발신한 그는 태양의 아들로 자처, 국내적으로는 봉건적 집권체제를 굳히는 한편, 세계정복의 꿈을 안고 있었다.[193]

일본의 재통일은 내부적 진화 과정에서 이루어진 것이라 하겠으나 16세기에 유럽의 상인과 선교사의 출현도 한 원인이 되었다. 군사적인 기술과 해군력 그리고 선교사들의 행위는 일본에 위협을 주었고 이에 대항하고자 하는 통일의 반응을 일으켰다. 유럽인에게서 수입한 무기 및 기술의 진보는 당시 필요로 했던 권력을 집중케 했으며, 일본 내에서도 신무기를 장만하고 새로운 축성을 만든 부유한 다이묘(大名)가 나머지를 압도하였던 것이다.[194]

한편, 북의 만주족의 경우를 보면, 여진족은 일찍이 금 왕조(1122 ~ 1234)

---

190) J.K. Fairbank 外 : *EAST ASIA, THE GREAT TRADITION*, 高柄翊 外譯, 『東洋文化史』, 395쪽 참조.

191) 全海宗 外, 『日本史』, 157쪽 참조.

192) 위의 책, 395쪽 참조.

193) 위의 책, 167, 173쪽 참조.

194) 高柄翊外譯, 『동양문화사』, 747-753쪽 참조.

를 성립시킨 일이 있었으며, 16세기 말과 17세기 초에는 누루하치를 수령으로 하여 급속한 성장을 하였다. 그들은 명나라의 통치가 쇠락하던 시기에 오히려 명나라의 통치력을 배워서 흥기하였다. 명나라는 여진 및 몽골족을 통치하는 방법으로서 수많은 '위(衛)'를 두었던 것이나,[195] 누루하치는 '기(旗)' 조직과 같은 새로운 행정제도를 창설하고, 정치적 경제적 활동을 통하여 강대한 세력을 형성하였다.[196]

이와 같이 국제적으로 세력의 판도가 변동하는 시기에 유독 조선은 오랜 세월동안 안일 속에서 내적으로 취약해 가고 있었다. 16세기에 경제적 사회적 문제는 더욱 심대하여 갔다.

여말의 토지개혁은 정치적 · 사회적으로 중대한 변화를 일으키고 고려 귀족들의 경제적 지반을 붕괴시킴으로써 조선왕조 건국의 결정적 계기가 되었다. 그러나 조선왕조에 들어오면서 토지제도는 또다시 여조(麗朝)와 같은 토지문란이 재현될 수 있는 문제를 안고 있었다. 즉 국초로부터 시행되어온 토지제도의 문제점과 특권층의 불법적 사유지 확대로 말미암아 농민은 점차 소작농이나 농노로서 전락하고 공전은 날이 갈수록 줄어서 국가적으로도 중대사로 발전하였다.

조선조에 토지는 원칙적으로 국유였다. 그러나 실제로는 공전(公田)과 사전(私田)으로 나뉘었다. 공전은 국가에서 소유한 토지로 농민에게 경작게 하여 일정한 조세를 받는 것이고, 사전이란 과전(科田), 공신전 등을 말하는 것으로 분급된 토지의 수세권을 임대하는 것이었다. 그러나 집권체제가 강화되어 감에 따라 관원과 공신이 증가하였고, 따라서 경기도에 국한되었던 사전은 충청 · 전라 · 경상도에서도 지급도록 하였다. 이는 공전의 침식을 뜻하는 것이기도 하였다.[197] 더구나 왕실 및 국가의 각 기관에 대해서

---

195) 永樂帝 때에는 178개에 달하였다. 위의 책, 440-442쪽 참조.

196) 위의 책, 445-446쪽 참조.

도 토지를 지급하였으며 그 조세로써 비용을 충당하였으니, 왕실의 내장전(內莊田)과 궁방(宮房)의 전장(田莊)은 전국에 널리 퍼져 팽창되어 갔다.[198]

그리고 사전(私田)은 세습되었으며, 사전에 대해서도 조세가 부과되었으므로 이는 토지의 소유권을 인정하는 결과가 되었다. 그리하여 귀족은 수조권자로서가 아니라 지주가 되었고, 농민은 조세 납부자가 아니라 소작농으로 전락하게 되었던 것이다. 즉 사전의 확대는 귀족의 사적소유를 발생시키면서 전개되었으며 농민은 귀족의 토지소유에 대한 조세로서가 아니라 봉건적 지대인 소작료를 지불케 되었던 것이다.[199] 더구나 15세기 이래 주인이 없는 땅(無主地)과 미개간지(未開墾地)의 진고(陳告)를 허락한 이후 지방 호족의 토지사유는 더욱 확대되었다. 그리고 그 수탈은 극심하여지고 농민의 토지상실과 소작인의 전락이 급속하게 진행되었다.[200]

조선시대의 재정수입은 상공업세가 부과되기는 하였으나, 대부분 농민에게 부담되었다. 귀족에게도 전세를 부과하였으나, 원천적으로는 농민의 부담에 불과하였다. 그러나 사전의 확대와 더불어 많은 농민이 노비로 되었으며, 노비에게는 재정 부담이 면제되었으므로 이것은 동시에 국가재정을 축소하는 결과가 되었다. 농민이 토지를 상실하거나 이탈 유리하면 잔류농민에게 연대책임을 씌워 그 부담을 전가했으므로 농민들의 고통은 더욱 심해졌다.[201] 세율책정의 공정을 기하기 위하여 태종대에 실시한 답험법(踏驗法)과 공법(貢法), 또는 세종대에 이루어진 전분년분법(田分年分法)은 대단히 낮은 비율이었으나, 그 시행 과정에서 관리의 농간에 의하여 그대로 실시되기 어려웠으며, 소작지에서는 통용될 수 없었다. 국가 공전에서도 각종

197) 趙璣濬, 『韓國經濟史』, 日新社, 184-187쪽 ; 崔虎鎭, 『韓國經濟史』, 博英社, 139쪽 참조.
198) 조기준, 『한국경제사』, 188쪽 참조.
199) 조기준, 『한국경제사』, 191쪽; 최호진, 『한국경제사』 142-143쪽 참조.
200) 조기준, 『한국경제사』 191-192쪽 참조.
201) 조기준, 『한국경제사』, 196-197쪽 참조.

의 부과세에 의하여 조세의 실질적 징수액이 높아졌다. 즉 사전농민과 다를 바 없었던 것이다.[202)]

이 밖에도 농민에게는 관부(官賦)와 군역(軍役) 및 요역(徭役)의 부담이 있었다.

공부(貢賦)란 농민 일반에게 부과되는 상공(常貢)과 지방의 특산물을 징수하는 별공(別貢)을 말하는 것으로서 국초에는 횡간(橫看)과 공안(貢案)에 의하여 규모 있게 수납하였다. 그러나 이것은 점차 특품의 검사과정에서 관리의 농간으로 농민에게 큰 피해를 줬다. 결국 방납(防納)이라는 형태의 공물청부제가 발생하여 공물을 전납하고 그 대가를 추후에 징수하도록 하였는데, 이 과정에 농민에 대한 극심한 수탈행위가 자행되었다. 후세의 대동법은 이러한 폐단을 방지하기 위한 것이었다.[203)]

그 밖에 농민은 산성의 수책(修策), 궁궐의 조영, 산릉(山陵)의 축조, 하천의 수리, 제방의 건설, 농지의 개간 등 연년으로 막대한 인원이 동원되었다. 16세부터 60세까지는 군역에 종사할 의무를 가졌으며, 두 사람의 군보(軍保)가 그 집을 돌보도록 하였다. 이렇듯 과중한 조세와 가혹한 부역은 생산력을 저하하고 농민의 영락(零落)을 가져왔던 것이다.

위에서 논술한 바와 같이 16세기 조선은 국가적으로 '중쇠기(中衰期)' 에 들어서 건국 이래로 제정되어온 제도는 폐단을 낳아 새로운 경장을 도모하여야 할 시기였다. 그러나 연산조 이래 거듭된 사화로 인한 정치적 사회적 불안, '백성을 학대하는[虐民] 법' 으로 인한 민생의 피폐, 그리고 일신의 영화만을 추구하는 특권층의 비리 등 국내적으로 커다란 난제를 안고 있었다. 국제적으로도 16세기 말에 이르면 남으로 일본이 전국시대로부터 벗어나 전국을 통일한 세력으로 성장하여 조선은 새로운 침략의 위협에 직면하였

202) 조기준, 『한국경제사』, 202쪽 참조.
203) 조기준, 『한국경제사』, 204쪽 참조.

고, 북으로는 만주족 또한 점차 강력한 통일국가를 형성해 가는 등 커다란 변동이 있었다.

이러한 시기에 조선은 급속히 정치적 사회적 안정을 되찾아 국내외적인 도전에 대비했어야만 하였다. 그러나 훈구 관료 등 집권층은 역사적 상황에 어두웠으며 이를 타개할만한 의욕과 능력을 구비치 못하고 있었다.

이러한 시기에 있어서 사상적, 정치적으로 새로운 학풍과 영향력을 가지고 등장한 것이 정포은의 순절 이래 사회의 후면에 물러서 있던 성리학파였다. 주자학이 수용된 이래 여말에 유·불의 사상전환과 함께 정치적 사회적으로 제도를 개혁하고 습속을 변화시켜온 성리학파가 새로운 정치세력으로 등장하였음은 앞서 고찰한 바와 같다. 그러나 말기에 성리학파는 두 갈래로 갈렸다. 주자학적 이념으로 고려의 중흥을 꾀했던 포은 계통은 정치적으로 몰락하여 후면으로 물러서는 한편, 정도전, 조준 등은 조선조의 창건에 참여하여 중요한 역할을 수행하였다. 유학은 조선 초기로부터 활용되어 문물제도를 마련하는데 영향을 주었으며, 또한 세종조의 학술문화를 이룩하는데 근본 원리가 되었다. 그리고 세조~성종 연간에는 앞서 살핀 대로 『경국대전』을 편찬하는 등 법전의 완성과 더불어 각종제도를 완비하여 국가의 체제와 규모를 확립하였다.

그러나 이미 세조의 찬탈을 계기로 이에 대항하는 사육신·생육신 등의 절의파를 낳는 한편, 훈구파는 집권세력으로서의 정치적 지반을 굳히게 되는데, 이는 앞으로의 갈등의 요소를 남긴 것이었다. 그 이후로 훈구 관료들은 창조적 정신으로 국사를 도모하기보다는 사리를 꾀하고 안일과 타성 속에 젖어드는 경향이 있었다. 앞으로 본론에서 다시 논할 바이지만, 조정암은 "세조·성종조에는 훈구관료들이 굳게 자리를 잡고서 폐습을 만들어 내고 있었다."(「參贊官時啓」)고 하였으며, 또한 "성종시에는…… 습속이 다만 문사(文辭)를 숭상할 뿐 멀리 내다보지 못하였다."(「大司憲時啓」)고 중종에게 논계한 일이 있다. 이처럼 타성 속에서 지도력을 상실하던 훈구층은 새로이 등장하는 성리학파의 비판대상이 되었다.

포은 계통의 성리학파는 원래 의리사상을 특징으로 하였다. 그러나 그들은 국가현실을 도외시하지도 않았으며, 맹목적으로 현실 참여를 거부하지도 않았다. 그들은 세종대로부터 정계에 다시 진출하게 된다. 그러나 불의에 대하여는 부단히 항거하는 저항정신의 전통을 남겼다. 길재의 학통을 이어받은 김숙자(金叔滋 : 1389 ~ 1456)는 세종 때에 입사하여 성균관 사예(司藝)에 이르기도 하였으나 세조가 등극하자 물러났으며, 그의 아들인 김종직(金宗直 : 1431 ~ 1492)도 성종조에 형조판서에 이르렀으나 훗날 무오사화(戊午士禍)로 부관참시(剖棺斬屍)의 화를 입었다. 김종직의 제자인 김굉필(金宏弼 : 1454 ~ 1504) 역시 갑자사화에 희생되었다.

이처럼 15세기 말에 이르면 훈구와 사림의 대립이 격화되고 집권 훈구세력에 의하여 사림에 대한 사화가 계속하여 일어났다. 그리고 후에 기묘·을사사화에서는 그 참혹이 극에 달하게 된다. 학술적으로 말하면, 16세기는 한국 성리학 전성기였다. 퇴계와 율곡은 한국 성리학의 쌍벽으로 일컬어지는데, 퇴계는 1501년으로부터 1570년까지, 그리고 율곡은 1536년부터 1584년까지 살았다. 그리고 퇴율(退栗)이 모두 숭앙하는 바요 한국유학의 기본정신을 확립하였다고 할 수 있는 조광조는 1515년으로부터 1519년까지 4년간 벼슬길에 들어서 경륜을 베풀었다. 후율(後栗) 또는 도원(陶原)이라 호하여 퇴율의 정신을 계승하였던 중봉(重峯)은 율곡보다 8년 후배로서 1544년으로부터 1592년 임란에 순절하기까지 49년간 생애를 살았다. 그 밖에도 16세기는 성리학 시대로서 회재(晦齋), 하서(河西), 일재(一齋), 고봉(高峯), 구봉(龜峯), 우계(牛溪) 등 많은 성리학자를 배출하였다.

이 책에서는 이 가운데 정암(靜庵)·퇴계(退溪)·율곡(栗谷)·중봉(重峯)의 경우를 그 대표적 사례로 보아, 그들의 사상과 경륜을 시대적 추이와 관련하여 고찰함으로써 16세기 성리학파들이 가졌던 역사의식을 구명해 보고자 한다.

그들의 사상과 설시(設施)는 당시뿐만 아니라 후기의 조선사회를 지탱하는 전통정신을 이루었으며, 이는 현대에도 성찰하여야 할 바 중요한 의의와 가치를 지닌다 하겠다.

本論

Ⅰ. 趙靜庵의 道學思想과 至治主義運動

Ⅱ. 李退溪의 人道主義 思想과 社會的 影響

Ⅲ. 李栗谷의 經世論과 歷史哲學

Ⅳ. 趙重峯의 歷史意識과 國難對策

Ⅰ. 趙靜庵의 道學思想과 至治主義運動

1. 中宗反正과 正統儒學의 사회적 복귀

여말에 포은이 순절하고 조선왕조가 성립한 이래 정치의 일선에서 후퇴하여 학통을 지켜온 포은 계통의 성리학파는 성종의 숭유정책에 따라 김종직(金宗直)을 위시하여 다시 조정에 서게 되었다. 김종직의 부친인 김숙자(金叔滋)는 길재(吉再)의 문인이었거니와,[1] 의리정신의 전통을 지닌 이들 사림은 사회정의에 예민하였으며, 세조의 왕위찬탈과 관련한 사육신 · 생육신의 절의사상(節義思想)과도 일맥상통하는 바 있었다.[2]

그러나 여러 차례의 정변을 겪으면서도 계속하여 권력층을 형성하고 있

---

1) 『靜庵集』 권3, 「參贊官時啓(十五)」: "宗直之父, 學於吉再, 一時之士, 稍有可稱者, 皆受業於宗直之門, 同心協志, 以類相從."

2) 『靜庵集』 권5, 「筵中記事-丁丑」: "崔淑生曰 … 成三問, 朴彭年, 雖一時得罪先王, 其赤心只爲魯山也. 其節義與夢周無異, 宜加褒贈. … 光祖曰, 當此之時, 已許身於魯山, 故不失臣子之操如此. 若委質於世祖, 則亦爲世祖之忠臣也. 忠臣義士, 已定君臣之分. 則更不他適故耳. 斯人忠義, 萬古不泯, 而臣等之欲褒揚於當代者, 勵人臣之志操也. 臺諫侍從, 以廟見事反覆論啓, 光弼以爲不可, 上亦以爲然."

던 훈구귀족들과 의리학파의 계통인 신진사류와의 충돌은 불가피하였다. 그리하여 연산군 4년(1498)에 김종직의 「조의제문(弔義帝文)」 사초(史草)의 편입을 단서로 하여 무오사화를 발생시켰으며, 그 후 연산군 10년(1504)에는 갑자사화를 일으켜 김굉필(金宏弼) 등 아직 남아 있던 사류들을 거의 완전히 몰락시키고 말았다. 이로써 성종 대에 배양되었던 '사기(士氣)'는 멸절 상태에 이르렀고 그 여맥을 보존키 어려운 지경에 빠졌다.

정암은 이와 같은 사건에 대하여 다음과 같이 진계하였다.

> "폐조시(廢朝時)에는 환관이 난을 선동한 것이 아니요, 대신들이 바르지 못하여 폐주로 하여금 거의 나라를 망하게 하였습니다. 대저 성종 초년에 사림을 배양하여 현자를 좋아하고 간언을 받아들임에, 일시에 선사(善士)가 요순의 다스림을 회복할 수 있을 것으로 생각하여 이에 말을 거리낌 없이 다하였습니다. 대신 중에서 시기하는 자가 많이 있어서 하나라도 문제 삼으면 거리끼고 싫어하여 그 분함과 노여움을 쌓아 두었습니다. 그러다가 폐조에 이르러 임금의 뜻을 엿보아 그 사사로운 분노가 풀리도록 (사림을) 일망타진하여 남은 사람이 없게 되었습니다."[3)]

다시 정암은 나라가 창업한 이후 오직 세종과 성종대에 사기(士氣)를 배양하였다고 하고, 다시 세종 시에는 일개 만호(萬戶)라 하더라도 모두 청렴결백하였으나, 그 후 "사습(士習)이 퇴폐하여 세조 성종 대에는 훈구지신(勳舊之臣)이 늘어서서 폐습을 쌓았으며, 폐조에 이르러 그 폐단이 더욱 고

---

3) 『靜庵集』 권3, 「參贊官時啓(二)」: "廢朝時, 則非宦寺煽亂也. 大臣險詖, 使廢主幾於亡國, 蓋成宗初年, 培養士林, 好賢納諫, 一時善士, 以爲堯舜之治可復也. 於是盡言不諱, 大臣多有猜險者, 一觸忌諱, 積憤蓄怒, 乃至廢朝, 窺伺上意, 逞其私忿, 一網打盡, 無有餘者矣."

질이 되고 괴이해졌다."[4])고 한다. 그리고 성종은 선비들을 아끼기는 하였으나 문사(文辭)들을 좋아할 뿐 훗날을 생각하지 못하였기 때문에 연산군 때에 결국 참혹한 사화가 일어나게 되었다고 한다.[5])

문장이란 사회와 국가에 매우 필요한 것이다. 그러나 사장지학(詞章之學)이란 단순히 문학에 종사함을 의미할 뿐이 아니라, 과거를 통하여 출신영달하는 수단이 되었다. 이에 비하여 성리지학(性理之學)이란 의리학으로서 항시 불의와의 타협을 거부하고 부조리에 저항하는 힘이 강했다. 성리학파에 대하여 정암은 다음과 같이 논계하였다.

> "김종직은 또한 유자입니다. 그때에 김굉필과 같은 무리들이 비록 일시에 크게 기용되지 못하였지만, 그러나 근래에 그 풍모를 듣고 추모하는 사람들이 선을 행함에 힘쓰게 된 것은 이 사람의 공이오니, 어진 사람은 국가의 원기(元氣)가 됨을 알 수 있습니다."[6])

연산군의 폭정은 이루 말할 수 없었다. 급기야 동 12년(1506)에는 성희안(成希顔), 박원종(朴元宗), 유순정(柳順汀) 등의 거사로 연산을 폐위시키고, 성종의 둘째 아들인 진성대군을 추대하는 이른바 중종반정이 일어났다. 중종은 연산에 의하여 화를 입은 이들의 원한을 풀어주었으며, 다시 유교를 진작하고 사류를 등용하게 된다. 그리고 이에 의하여 사림은 다시 소생케 되었다.

---

4) 『靜庵集』 권3, 「參贊官時啓(十一)」 참조.

5) 『靜庵集』 권4, 「復拜大司憲時啓(五)」: "往在成宗朝, 上下際會, 一時相得之樂, 豈可量也? 然其習俗, 只以文辭爲尙, 不懷長遠之慮, 卒遇廢朝慘酷之禍, 士林板蕩." 또한 同上, 「復拜大司憲時啓(二)」에는 "成宗朝, 培養士氣, 可謂至矣, 而至於廢朝, 朝臣苟容, 氣節掃地, 特立不撓之士, 世不易得也."라 하였다.

6) 『靜庵集』 권3, 「參贊官時啓(十五)」: "金宗直亦儒者也, 其時如金宏弼輩, 雖不得大施於一時, 然近來聞其風而追慕者, 興起於爲善, 則此人之功也, 可見善人爲國家元氣也."

정암의 진출은 역사적으로 중요한 의미가 있다. 이것은 단순히 한 사람의 유학자가 벼슬길에 들어서 벼슬함과는 다른 중대한 의의를 지닌다고 할 수 있다.[7)]

정암은 중종 10년 6월에 성균관 유생 2백 명의 연서로 천거되고, 예조판서 안당(安瑭)의 추천으로 6품직에 탁용(擢用)되었다.[8)] 그러나 정암은 그보다 먼저 중종 5년에는 성균관 유생으로서 사성(司成) 김안국(金安國) 등과 함께 『중용』을 강한 일이 있었는데, 실록에서는 당시의 정암은 나이 30세 이전이었음에도 사림들이 영수로 삼았다고 기록하고 있다.[9)] 그리고 동 6년에는 성균관의 추천에 의하여 그의 입사 여부가 여러 차례 어전(御前)에서 논의되었으나, 다만 중도에 학문을 그만두고 벼슬하는 것은 정암 자신이 원하는 바 아닐 것이며, 또한 정암이 학업에 크게 뜻을 두고 있으니만큼 일생의 입지를 펴서 이름을 이룬 뒤에 크게 거용함이 옳다고 하는 논의를 볼 수 있다.[10)] 이러한 점에 비추어 정암이 일찍부터 그의 탁행(卓行)과 아울러, 김굉필의 문하로서 성리학을 연구하고 '사문(斯文)'을 떨쳐 일으킬 것을 임무로 삼고 있었음을 알 수 있다.

정암 스스로 일컫는 바와 같이 그의 학통은 포은 계통으로서 김종직, 김굉필에서 연원한다. 그러나 율곡은, 정암의 학문이 김굉필로부터 발단하였지만 진정한 의미에서 동방에 도학(道學)은 조광조로부터 비롯된다고 보았다.[11)] 율곡은 후일 정암과 퇴계를 문묘에 종사할 것을 청하는 글에서 설총, 최치원, 안향 등 신라와 고려인으로서 문묘에 오른 분들에 대하여 논급한

---

7) 退溪는 「靜庵先生行狀」에서 이렇게 기술하였다. "世之爲士者, 猶知尊王道賤霸術, 尙正學排異敎, 治道必本於修身, 洒掃應對, 可至於窮理盡性, 而稍稍能興起奮發而有爲焉. 此伊誰之功, 而孰使之然哉? 則上天之意, 於是乎可見, 而聖朝之化, 於是乎爲無窮矣."

8) 『조선왕조실록』 中宗, 권22, 6년 壬戌條 참조.

9) 『중종실록』 권12, 5년 庚午 11월조 참조.

10) 『중종실록』 권13, 6년 辛未 4월조 참조.

다음, 당시에 일컫던 이른바 '오현(五賢)' 에 대하여도 우열이 없을 수 없다고 하고, 그중에서 정암과 퇴계를 특별히 들어서 말하였다. 율곡은 김굉필과 정여창(鄭汝昌)에 대하여는 "언론과 풍지(風旨)가 미약하여 분명히 드러나지 않았다" 라고 하고, 이언적(李彦迪)에 대하여는 "출처에 자못 혐의(嫌疑)가 있다" 라고 한다. 그리고 정암에 대해서는 "강렬하게 도학을 밝혀 후인을 깨우쳤다" 라고 하고, 퇴계에 대해서는 "의리에 깊이 몰두하여 일시의 모범이 되었다" 라고 한다. 그리고 이어서 정암과 퇴계 두 사람을 표출하여 제사지내는 것을 누가 불가하다고 하겠느냐고 반문한다.[12] 특히 율곡이 정암을 일러 '도학을 밝혔다' 고 한 것은 유자(儒者)에 대한 지극히 높은 칭송이라 할 것이다. 다음에서 다시 논할 바이지만, 우암 송시열은 정암이 이 나라에 태어남은 진실로 주렴계(周濂溪)가 송조(宋朝)에 태어남과 같은 것이라고 하고, 이어서 어찌 반드시 주고받는 차례가 있은 다음에야 도학을 전한다고 하겠느냐고 하였다.[13] 또한 일찍이 백인걸(白仁傑)은 정암에 대하여 "그 끊어진 학문을 크게 천명한 공적은 정몽주나 김굉필보다 훨씬 크다."[14] 고 하였다.

이처럼 정암의 출현은, 한편으로는 여말에 숨어들어 갔던 성리학파가 다시 유도(儒道)의 정대으로 이 땅에 복귀한 것이며, 요 · 순 · 공 · 맹 · 정 · 주의 도(道)가 정암이라는 인간을 통하여 비치고 드러난 것이라 할 수 있다.[15]

---

11) 『栗谷全書』 권31, 「語錄(上)」: "問我朝學問, 亦始於何代? 曰自前朝末始矣. 然權近入學圖, 似齟齬, 鄭圃隱號爲理學之祖, 而以余觀之, 乃安社稷之臣, 非儒者也. 然則道學自趙靜菴始起, 至退陶先生, 儒者模樣已成矣."

12) 『靜庵集』 부록 권3, 「請二賢從祀啓 · 又啓(李珥)」: "金文敬 · 鄭文獻, 則言論風旨, 微而不顯, 李文元, 則出處頗有可疑者, 惟趙文正, 倡明道學, 啓牖後人, 李文純, 沈潛義理, 模範一時, 斯二人者, 表出從祀, 則夫誰曰不可哉."

13) 『靜庵集』 부록 권4, 「栗谷書院講堂記(宋時烈)」: "余以爲先生之生於我東者, 實如濂溪之於宋朝也. 豈必授受次第如貫珠, 然後乃爲道學之傳哉?"

14) 『靜庵集』 부록 권3, 「請從祀疏略(白仁傑)」: "其丕闡絶學之功, 優於鄭夢周 · 金宏弼遠矣."

그리하여 율곡은 『경연일기』에서 "정암이 경연석상에서 정학(正學)을 높이고 인심을 바르게 하며 성현을 본받고 지치(至治)를 일으키는 설로 반복해서 아뢰었으며…… 임금에 충성을 다하고 백성을 구제하는 것으로 뜻을 삼아 아는 것을 말하지 않음이 없고, 깨끗한 선비(淸流)들을 다수 이끌어 조정에 포열시켜 그동안의 안주하려는 습관을 개혁하여서 옛 선왕[古先哲王]의 법도를 준행하고자 하였다."고 기술하였다. 또한, 정암 자신도 "지금 국가에서 수거(修擧)하는 일들은 모두 이전 조정에서 미처 처리하지 못한 것들이다."라 하였다.[16] 그리고 이와 같은 정암의 노력으로 조정에 들어간 지 4년 사이에 사습(士習)과 민풍(民風)이 크게 변하여 바야흐로 지치(至治)의 중흥이 이루어지고 있었다.

그는 민중의 편에 서서 훈구 특권층의 불법을 과감하게 시정하였다. 그러므로 정암을 비롯한 성리학파의 설시(設施)에 대하여 그것이 지나치게 급진적이요 과격한 것이라는 지적도 나온다.[17] 이른바 무오사화에 대하여도 사류들 중에는 불필요하게 풍자하는 습관이 있어서 큰일을 도발하였던 것이라고도 한다. 그러한 주장이 전혀 무의미한 것은 아니다. 그러나 그와 같은 비평에 그치는 것보다, 시비를 분변하여 옳게 주장할 수 있는 기본 입장이 중요하다. 구습을 개혁하지 못하고 현재의 편안함만을 추구하는 것이 과연 누구를 위한 것이며 무엇을 가져올 것인가를 물어야 할 것이다.

사림파와 훈구파의 대립은 단순한 권력투쟁이라기보다는 '군자유(君子儒)'와 '소인유(小人儒)'의 대립이라고 보는 것이 타당할 것이다. 성리학파

15) 『靜庵集』 부록 권3, 「請加褒贈從祀文廟箚(白仁傑)」: "吾東方道學, 自鄭夢周 · 金宏弼以來, 始有淵源,. 逮至趙光祖, 以傑出之才, 闡明程朱之學, 循蹈規矩, 非禮不動, 大礪名節, 興起斯文, 得君致理, 修行德政, 庶幾復見二帝三王之盛." 또한 우암의 「靜庵先生文集序」에는 "抑嘗思之, 朱夫子於二程夫子, 直以繼夫堯舜孔孟之統, 而至其論卞義理處, 則亦未嘗一毫有所回互."라 함을 볼 수 있다.

16) 『靜庵集』 권4, 「復拜大司憲時啓(二)」: "今國家修擧之事, 皆先朝所未遑之事也."

17) 현상윤, 『조선유학사』, 53쪽 참조.

는 과거지학(科擧之學)이나 사장지학(詞章之學)을 추구하지 않으며, 심미적(審美的) 세계에 젖어들어 그것으로 만족하려 하지도 않는다.[18] 그보다는 '생민(生民)' 이라는 입장에서 책임의식을 절실히 느끼고 이와 같은 책임의식에 근거하여 현실을 개혁하려는 입장을 취한다.

그러므로 권력의 편에서 그것을 옹호하고 영화를 구하지도 않으며, 그렇다고 현실을 떠나서 청담(淸談)에 흐르는 방관자적 자세를 취하지도 않는다. 다만, 나아감과 물러남을 분명히 밝혀〔進退之義〕 때에 맞추어 도를 행하거나 가르침을 내리거나 하는 것〔行道垂敎〕이 그들의 기본 입장이라고 할 수 있다.

성리학은 높은 경지의 철학이다. 그러나 그것의 본질은 하나의 관념으로서 이론적 유희나 관상철학(觀想哲學)에 그치는 데 있지 않다. 성리학은 현실에 뿌리박은 이념으로 현실을 이론화・체계화・무장화한 것에 불과하다. 다만, 현실은 단순히 즉자적(卽自的)인 것이 아니다. 더구나 기성 체제를 강화 옹호하여 사람들을 신분적 질서 속에 묶어두려는 것일 수 없다. 아니 오히려 현실적 상황에 따라 진리의 편에서 삶의 향상과 자유를 부여하려는 노력이었다고 할 수 있다.

중종 14년 정암을 영수로 하는 성리학파[君子儒]의 노력은 훈구 특권세력[小人儒]의 반격을 받아 무참하게 쓰러지고 말았으나[己卯士禍], 이는 곧 한국사 형성에서 사림정신이라는 새로운 전통을 심어주었던 것이다.[19]

---

18) 重峯은 "猶不學桃李兮馥郁, 又不效佳菊之媚秋"라고 읊었다.

19) 『栗谷全書』 권28, 「經筵日記(一)」: "趙文正以賢哲之質, 經濟之才, 學未大成, 遽升當路, 上不能格君心之非, 下不能止巨室之謗, 忠懇方輸, 讒口已開, 身死國亂, 反使後人懲此不敢有爲, 豈天未欲斯道之行歟? 何其生此人, 而不使之成就歟? 文正雖於進退之幾, 有所未瑩, 學者抵此知理學之可宗, 王可貴而霸可賤, 其有功于斯道, 不可泯也, 宜乎後人仰之若泰山北斗, 而寵命之錫, 久而愈隆也."

2. 靜庵의 道學思想과 歷史觀

1) 道學의 基本理念

(1) 道學의 概念

율곡은 도학 개념에 대하여 이렇게 기술하였다.

> "무릇 도학이란 격치(格致)하여 선(善)을 밝히고 성정(誠正)하여 몸을 닦는 것이니, 몸에 쌓이면 천덕(天德)이 되고 정사에 베풀면 왕도(王道)가 된다."[20]

여기에서 '격치 · 성정' 이란 『대학』에 나오는 격물치지(格物致知)와 성의정심(誠意正心)을 일컫는 것으로서, 객관적으로 진리를 밝히며 자기 자신에 있어서 성실하게 수행하는 것을 말한다. 이와 같은 격물치지와 성의정심의 공부가 내면적으로 자신에게 깊어질 때에 이는 '천덕' 이 되고, 외면적으로 사회 속에서 시행될 때에 이는 '왕도' 가 된다.

율곡은 도학 하는 선비를 '진유(眞儒)' 라고 일컫는다 하여 다음과 같이 설명하고 있다.

> "이른바 진유(眞儒)란 나아가서는 일시에 도를 행하여 이 백성으로 하여금 태평한 생활의 즐거움을 누리게 하고, 물러서서는 만세에 가르침을 드리워 학자로 하여금 큰 잠에서 깨어나게 하는 것이니, 나아가서 도를 행하지 못하고 물러서서 가르침을 드리우지 못하면, 비록 진유라 일컫더라도 나는 믿지 않는다."[21]

---

20) 『栗谷全書』 권15, 「東湖問答」: "夫道學者, 格致以明乎善, 誠正以修其身, 蘊諸躬則爲天德, 施之政則爲王道."

말하자면 도학이란 유학의 기본정신으로서, 개인적으로는 성현의 인격을 갖추고 정치적으로는 왕도의 정사를 시행한다는 내성외왕(內聖外王)의 도를 말하는 것이다. 그러나 율곡에 의하면 '도학' 이란 용어는 오래된 것이 아니라, 송대에 시작되었다고 한다.

> "도학이란 이름은 오래되지 않았다. 옛날의 선비 된 자는 들어가서는 효도하고 나가서는 공경하며, 벼슬하면 도로써 임금을 섬기고 맞지 않으면 자신을 돌려 물러났다. 이처럼 하는 것을 '선(善)' 이라 하고, 아니면 '악(惡)' 이라 하였을 뿐 따로 '도학' 이라고 이름하지 않았다. 그러나 세상이 말세가 되고 도가 쇠퇴함에 미쳐서 성현의 전통이 이어지지 못하였다. (그러므로) 악한 자는 것은 말할 것도 없거니와, 비록 선한 자라 하더라도 한갓 효우충신(孝友忠信)만 알고 진퇴(進退)하는 의리와 성정의 속내[蘊奧]를 알지 못하여, 종종 행하더라도 (그 소당연을) 밝히지 못하고 익히더라도 (그 소이연을) 알지 못하였다. 이에 이치를 궁구하고 마음을 바르게 하여 도로써 출처하는 것을 가려내 도학이라 하였으니, 도학이라는 명목을 세운 것은 말세의 부득이한 일이다. 그러나 이 명목이 세워짐에 혹은 간인(姦人)이 지목 배척하여 도리어 세상에서 용납되지 않게 하였으니 슬프도다."[22]

이처럼 볼 때 도학이란 유학의 근본정신을 이어받은 것이지만, 말세에 성현의 도가 행해지지 않을 즈음에 일컬어지게 되었다고 할 것이다. 또한 도

21) 위와 같음: "夫所謂眞儒者, 進則行道於一時, 使斯民有熙皡之樂, 退則垂教於萬世, 使學者得大寐之醒, 進而無道可行, 退而無教可垂, 則雖謂之眞儒, 吾不信也."

22) 『栗谷全書』 권28, 「經筵日記(一)」: "道學之名, 非古也. 古之爲士者, 入則孝. 出則弟, 仕則以道事君, 不合則奉身而退, 如此者謂之善, 不如此者謂之惡, 不以道學別立名目. 及其世降道衰, 聖賢之統不傳, 惡者固不足道矣, 雖所謂善者, 亦徒知孝友忠信, 而不知進退之義, 性情之蘊, 往往行不著習不察, 於是擇其窮理正心, 以道出處者, 目之以道學, 道學之立名, 衰世之所不得已也. 此名旣立, 姦人或指而斥之, 反使不容於世, 吁可悲矣."

학은 효제충신과 같은 단순한 윤리적 행위를 실천하는 것에 그치지 않는다. 이는 진퇴의 의리와 심성의 속내를 분명히 알고 진리와 대의를 실천하여 구현하는 것이다. 그러므로 여기에는 투철한 진리관과 사명의식이 내재하는 것이라 하겠다.

그리하여 율곡은 정암에 대하여,

> "우리 정암 선생이 한훤당(寒暄堂) 문경공(文敬公)에서 발단하였지만 돈독히 행함에 더욱 힘을 쓰고 스스로 얻기를 더욱 깊이 하여, 몸을 다스림에는 반드시 성인이 되고자 하고 조정에 들어서는 반드시 도를 행하고자 하였다. 그러므로 그 정성을 다한 바는 임금의 마음을 바르게 하고 왕도의 정치를 베풀며, 올바른 언로를 열고, 사리의 근원을 막는 것을 선무(先務)로 하였다."[23]

라고 하여, 도학자로서의 정암의 학과 경륜을 명확하게 지적하였다.

우암도 정암에 대하여,

> "선생은 송대 성리학[濂洛關閩]에 연유하여 위로 『대학』·『논어』·『맹자』·『중용』의 종지를 구하였다. 규모가 정대(正大)하고 공부가 엄밀하여, 성현지도(聖賢之道)에 순수하고 제왕의 법에 순전(純全)하였다."[24]

라 하여 정암의 학이 도학의 정맥을 관철하고 성왕의 법도에 순연하였음을 강조하였다.

---

23) 『栗谷全書』 권13, 「道峯書院記」: "惟我靜菴先生, 發端于寒暄文敬公, 而篤行益力, 自得益深, 持身必欲作聖, 立朝必欲行道, 其所惓惓者, 以格君心·陳王政·闢義路·塞利源, 爲先務."

24) 『靜庵集』 부록 권4, 「栗谷書院講堂記」(宋時烈): "由濂洛關閩之學, 上求乎大學語孟中庸之旨, 規摸正大, 工夫嚴密, 粹然聖賢之道, 而純乎帝王之法矣."

이와 같이 도학은 성현지도와 제왕지법을 그 내용으로 하는 까닭에 대아(大我)의 입장에 서지 않으면 안 된다. 그러므로 도학은 인간으로서 성취할 수 있는 가장 높은 차원이라고 할 수 있다. 비록 특수한 재능이나 이지적인 탐색 또는 개인적인 취미를 가지는 것은 인간에게 좋은 일이지만, 이는 도학이라 할 수 없다. 전술한 바와 같이 항시 도에 마음을 집중하고 힘을 다하여 잠시라도 대의를 잃어버림이 없어야 도학이라 할 수 있다. 정암은 '사람의 마음이 하나라도 가는 데가 있으면 도에서 떠난다.' 라는 말이 매우 정미하다고 한다. 그리고 문장이란 나쁜 일은 아니지만 여기에 집착하던 본심을 잃어버리기 쉽다고 하고, 이어서 더구나 마음과 덕을 좀 먹는 주색은 더 말할 것이 없다고 한다.[25] 즉 문장을 예로 들어 하나에만 치우치는 것은 문제가 발생할 수 있음을 지적한 것이다. 나아가 정암은 비록 학문과 치도(治道)에 마음을 두었다 하더라도 한 가지라도 기호하는 것이 있으면, 하고자 하는 일에 전일(專一)할 수가 없음을 강조하고, 이어서 다음과 같이 말한다.

"대저 마음은 둘로 쓸 수 없으니 선을 향하면 악을 등지게 됩니다. 무릇 문장과 글씨가 가히 하나의 일이라고 하지만, 문장을 익히는 자가 글씨 익힐 겨를이 없는 것은 이치가 참으로 그러합니다. 만약 뜻을 성실히 하고 마음을 바르게 하는 공부가 극진함에 도달하였으면 분명히 염려할 것이 없겠지만, 그렇지 못하면 기호(嗜好)의 해를 염려하지 않을 수 없습니다."[26]

정암은, 또한 동물이나 식물 등을 사랑하는 기호에 마음을 지나치게 기울

25) 『靜庵集』 권4, 「復拜副提學時啓(十四)」: "人心一有所之, 則離道矣, 此言甚爲精微, 文章未是惡事而偏着足以喪心, 況酒色蠱心敗德之大者乎."

26) 위와 같음: "雖曰存心於學問治道, 而一有所嗜好, 則所向不能專一矣. 大抵心無二用, 向善則背惡矣, 夫文與書, 可謂一事, 而習文者, 不暇於習書, 理固然也, 若意誠心正之功, 到十分盡處, 則可保無虞矣, 不然則嗜好之害, 不可不慮也."

이면 도에 들어가지 못하다는 점을 분명히 밝힌다.

"세상에는 말을 사랑하는 사람도 있고, 화초를 사랑하는 사람도 있고, 거위와 오리 기르기를 좋아하는 사람이 있습니다. (그러나) 만약 외물에 마음을 쏟게 되면 반드시 그것에 집착하여 마침내 도에 들어가지 못할 것이오니, 이것이 이른바 사물에 빠져서 뜻을 상실한다[玩物喪志]는 것입니다."[27]

또한, 정암은 독서에 있어서 문자를 섭렵하는 것은 누구도 할 수 있는 일로서 대단치 않은 것으로 간주한다. 그리고 "만약 깊이 음미하여 체인(體認)함이 아니라면 그 뜻이 어디로 돌아가는지 알 수 없다."라고 한다.[28] 율곡도 또한 "독서란 격물치지의 가운데 한 가지 일일 뿐이니, 독서하고 실천이 없다면 앵무새가 말할 수 있는 것과 무엇이 다르겠는가."[29]라고 하였다. 즉 언어와 문자에 의하여 정밀한 논의를 전개한다고 하여도 이는 도학이 될 수 없으며, 실제로 깊이 체인하여 실천으로 나올 수 있어야 참다운 도학이 된다고 할 것이다. 고서를 많이 읽었다든가, 저술을 잘 하였다든가 하는 것은 가치 있는 일이지만, 또한 도학이라 할 수 없다. 더구나 그러한 능력과 특징이 있다 하더라도, 거가(居家)하여 부정한 빛을 멀리하지 못하거나 입조하여 행도(行道)하는 책임을 다하지 못하며, 불법을 보고서도 직언하여 절의를 지키지 못하고 거짓 공훈으로 녹봉을 누린다면, 죄가 될지언정 도학과는 무관한 것으로 본다.[30]

---

27) 『靜庵集』 권3, 「侍讀官時啓九」: "外間有愛馬者, 有愛花草者, 有愛養鵝鴨者. 若馳心於外物, 則必至着泥, 而終無以入道, 是所謂玩物喪志也."

28) 『靜庵集』 권4, 「復拜副提學時啓九」: "凡讀書, 若欲涉獵文字, 則雖如小臣者, 猶或能之, 若非深味體認, 則無由識其旨歸也."

29) 『栗谷全書』 권15, 「東湖問答」: "彼讀書者, 格致中一事耳. 讀書而無實踐有, 何異於鸚鵡之能言耶."

(2) 道學의 淵源

앞서 도학 내용을 행도(行道)와 수교(垂敎)로 보았다. 정암은 34세 때 「알성대책(謁聖對策)」에서 매우 중요한 논설을 폈다. 공자가 도를 행함에 기월(朞月)이라도 가능하고 삼 년이면 유성(有成)하리라고 함에 대하여, 그는 도학사상에 비추어 다음과 같이 기술하였다.

"부자(夫子)의 도(道)는 천지의 도이며, 부자의 마음은 천지의 마음입니다. 천지의 도는 많은 만물이 이 도를 좇아 이루어지지 않음이 없고, 천지의 마음은 음양의 감응이 이 마음을 말미암아 조화되지 않음이 없습니다. 음양이 조화되고 만물이 이루어지고 나서, 한 물건도 그 사이에서 성취되지 않음이 없어서 정연(井然)하여 질서가 있거늘, 하물며 부자(夫子)가 본유(本有)한 도로써 인도하여 쉽게 성과를 얻으며, 본유한 마음으로 감화하여 쉽게 효험을 얻음이겠는가."[31]

이상은 공자의 행도를 천지의 도와 마음에 따라 만물이 이루어지고 음양이 조화되는 것에 비유하였다고 할 수 있다. 공자의 행도는 이처럼 본래적인 도와 마음을 통하여 진행되므로 쉽게 성과를 볼 수 있다는 점을 강조하였다고 할 것이다. 정암은 다시 공자의 위업을 다음과 같이 기술한다.

"『주역』을 찬술하고 『춘추』를 편찬한 몇 가지 일은 실로 만세토록 천지에 가

---

30) 『栗谷全書』 권28, 「經筵日記(一)」: "若李文元, 則只是忠孝之人, 多讀古書, 善於著述耳. 觀其居家, 不能遠不正之色, 立朝不能任行道之責, 乙巳之難, 不能直言抗節. 乃至累作推官, 參錄僞勳, 雖竟得罪, 顙亦泚矣. 烏可以道學推之耶?"

31) 『靜庵集』 권2, 「對策一・謁聖試策」: "夫子之道, 天地之道也; 夫子之心, 天地之心也. 天地之道, 萬物之多, 莫不從此道而遂; 天地之心, 陰陽之感, 亦莫不由此心而和. 陰陽和, 萬物遂, 而後無一物不成就於其間, 而井井焉有別, 況夫子導之以本有之道, 而易得其效; 感之以本有之心, 而易得其驗歟."

득 찰 큰 강령이며 가르침〔大法大敎〕이니 바꿀 수 없는 도입니다. 부자(夫子)께서 비록 당시에 지위를 얻지 못하였으나, 만세토록 의거할 표준으로 다스리게 되는 것은 실로 요순의 공적과 같은 것입니다. 후세에 참으로 부자가 가르침을 천하에 세우지 않았더라면 요순의 도(道)는 후세에 길이 전해지지 못했을 것이며, 요순의 다스림도 말미암아 회복할 수 없을 것입니다. 그러므로 일을 잘 살피는 자는 나타난 자취를 볼 것이 아니라, 자취가 없는 자취를 보아야 할 것입니다."[32)]

비록 공자가 친히 정사를 행하지는 못하였으나, 요순의 도는 공자를 말미암아 후세에 드러나게 되었음을 분명히 밝힌 것이다.

율곡은 「동호문답(東湖問答)」에서 "도학지사(道學之士)를 진유라 이르는데, 맹자 뒤에는 진유가 나오지 않았다. 천 년 뒤에 비로소 주렴계(周濂溪)가 있어서 깊은 뜻을 크게 드러내고, 정자와 주자가 계승한 뒤에 사도(斯道)가 세상에 크게 밝아서 해가 중천에 뜬 것 같았다."[33)]고 하여 송대에 와서 도학이 크게 밝히어졌음을 논하였다. 그리고 "우리 동방은 본시 문헌지방(文獻之邦)이라 일컫지마는, 왕씨(고려) 이전에는 이른바 학문하는 사람들이 시문을 매끄럽게 다듬고 교묘함과 화려함을 다투었을 따름이요, 성리에 관한 논의는 듣지 못하였습니다." 고 하였고,[34)] 또 다음과 같이 기술하였다.

"전조(前朝)의 정몽주가 비로소 그 단서를 들어냈으나 규구(規矩)가 정밀하

---

32) 위와 같음: "其贊周易, 修春秋之數事, 實萬世窮天地之大法大敎, 而不易之道也. 夫子雖不得其位於當世, 而萬世之所依式而爲治者, 實同堯舜之功也. 後世而苟無夫子之敎, 立於天下, 則堯舜之道, 不得傳永於後世, 而堯舜之治, 無由而復矣. 故善觀事者, 不觀於顯然之跡, 而觀於不跡之跡."

33) 『栗谷全書』 권15, 「東湖問答」: "道學之士, 謂之眞儒, 孟子之後, 眞儒不作, 千載之下, 始有濂溪周子, 闡微發奧, 繼之以程朱, 然後斯道大明於世, 如日中天."

지 못하였고, 아조(我朝)의 김굉필이 그 실마리에 접하였으나 여전히 크게 드러나지 못하였다. (그러다가) 조광조가 도를 창명함에 이르러 모두 함께 추존하니, 오늘의 성리의 학이 있음을 아는 것은 광조의 힘이다."[35]

결국, 율곡은 우리나라의 도학은 정암으로부터 비로소 일어나기 시작한다고 본 것이다. 우암도 또한 "은태사(殷太師) 이후로 상하 수천 년간 도학이 인멸(湮滅)하였고, 사이에 정포은과 김한훤 등의 제현이 전후 창명하였다. 그러나 정주(程朱: 洛建)의 연원을 계승하고 당우(唐虞)의 태평함에 뜻을 두어 우뚝하게 명덕(明德)과 신민(新民)으로 이 학문의 표준을 삼은 것은 선생으로부터 시작되니 속일 수 없는 사실이다."[36]라 하여, 도학이 정암으로부터 시작됨을 강조하였다. 그리고 「심곡서원강당기(深谷書院講堂記)」에서는,

"나는 선생이 우리 조선에 태어나심을 실로 염계가 송(宋)에 태어남과 같다고 생각한다. 어찌 반드시 전하고 받는 차례가 구슬을 꿰놓은 것과 같은 연후에야 도학 전수가 된다고 하겠는가. 이 강당에 오르는 후학들은 선생의 용모와 음성을 상상할 것이 아니라, 반드시 선생이 공부한 바를 강론하여 구하여야 하니, 가깝게는 정주의 정맥을 종주로 하고 위로는 공맹의 본지에서 구할 뿐이니라."[37]

라고 한다. 즉 조선에서 정암이 탄생한 것은 중국에 있어서 맹자가 몰한 천

34) 『栗谷全書』 권13, 「道峯書院記」: "我東素稱文獻之邦, 而由王氏以前, 所謂學問者, 不過雕琢繡繪, 以爭工鬪麗而已, 性理之談, 蔑蔑無聞."

35) 『栗谷全書』 권28, 「經筵日記(一)」: "前朝鄭夢周始發其端, 而規矩不精, 我朝金宏弼接其緖, 而猶未大著. 及光祖倡道, 學者翕然推尊之, 今之知有性理之學者, 光祖之力也."

36) 『靜庵集』 부록 권4, 「綾州謫廬遺墟追慕碑記(宋時烈)」: "蓋我箕邦, 自殷師以後, 上下數千年間, 道學堙晦, 間有鄭圃隱, 金寒暄諸賢, 前後倡明之. 然其承洛建之淵源, 志唐虞之熙雍, 卓然以明德新民, 爲此學之標準者, 則肇自先生, 不可誣也."

년 뒤에 주렴계가 나와서 사전(師傳)을 말미암지 않고 홀로 도묘(道妙)에 계합한 것에 비견된다고 본 것이다.

2) 靜庵의 道學思想과 改革精神

앞서 언급한 대로 '도학'은 내성외왕(內聖外王)의 측면에서도 이해할 수 있는데, 이것은 다름 아닌 유학의 근본정신이라 할 것이다. 즉 『논어』의 '자신을 닦아서 백성을 편안케 함[修己以安百姓]'이나 『대학』의 '자신의 덕을 밝혀 백성을 새롭게 함[明明德 · 親民]'이나 『중용』의 '자신을 완성하고 남을 성취함[成己成物]'이나 『맹자』의 '자신을 바르게 함에 남이 바르게 됨[正己而物正]'을 뜻한다 하겠다. 이것이 곧 수기치인에 의해 내외를 합치하는 도(道)라 할 수 있는데, 이 도를 수행하는 것은 사람의 일이다.

정암은 특히 '마음은 살아 있는 것[心是活物]'이라 하여 정신이 밝게 깨어있는 사람을 말한다. 무력하고 혼타(昏惰)한 마음이 아니라 강개하여 살아있어야 한다. 그러므로 먼저 뜻이 확실하게 서 있어야 한다.

"『중용』에서 '아무도 보지 못하는 곳에서 삼가고[戒愼] 아무도 듣지 못하는 곳에서도 두려워 한다[恐懼]'고 하였으니, 이것은 아직 사물과 접촉하기 전의 공부입니다. 저와 같은 사람이 어찌 옛 사람의 공부함과 같겠습니까마는, 하루 동안에 이 마음이 깨어 있으면 바로 요순(堯舜)이고 어지러울 때는 걸주(桀紂)인 것이니, 모름지기 그 깨어 있는 곳을 좇아서 노력을 기울여야 합니다. 또한, 학자들 가운데 뜻이 큰 사람은 비록 경륜의 사업을 기필하지는 못하더라도, 큰

37) 『靜庵集』 부록 권4 「深谷書院講堂記(宋時烈)」: "余以爲先生之生於我東者, 實如濂溪之於宋朝也, 豈必授受次第如貫珠, 然後乃爲道學之傳哉. 凡後人之登斯堂者, 不徒想像乎先生容色聲音, 而必須講求乎先生之所學, 不過近宗乎程朱之正脈, 而上求乎洙泗之妙旨而已."

고비[大節]를 당하여 그 지키는 바를 잃지 않습니다. 그러므로 성인이 달하기를 '반드시 진취적인 광자(狂者)나 하지 않음이 있는 견자(狷者)와 할 것이다.' 라 하였습니다. 비유하자면 산을 오르는데 산꼭대기에 이르기를 목표로 하는 이는 비록 꼭대기에 이르지는 못하더라도 산허리에는 이를 것입니다."[38]

정암은 다시 "옛사람이 말하기를 안자(顔子)가 되기를 바라면 또한 안자가 될 것이라 하였으니, 그 핵심은 마음을 굳게 하는 것이며, 마음을 굳게 먹으면 선(善)을 행하기란 어렵지 않은 것" 이라고 하였다.[39] 결국 굳건히 선을 행하려는 마음을 확립함이 논의의 요점이라고 할 수 있다. 그러므로 정암은 심지가 흐려지지 않도록 수행할 것을 강조하며, 정제엄숙(整齊嚴肅)을 이에 이르는 확실한 공부 방법으로 중시한다.

"가지런히 하고 엄숙하게 하면 자연히 하나에 집중하여 흩어지지 않아서[主一無適] 사물에 감응함이 아주 마땅하고 언동이 예에 맞는 것입니다. …… 이것은 성학의 시종(始終)이며, 극히 형용하기 어려운 것이니, 반드시 심지가 깨어 있어서 혼잡하고 풀어짐[昏雜懈弛]이 없을 때에 가히 볼 수 있습니다. 그러므로 옛 선비는 '하나에 집중하여 흩어지지 않음[主一無適]' 이라고 하였습니다. 무릇 가지런히 하고 엄숙하게 하여 의관을 바로 하고 바라봄을 존엄하게 하는 것이 (마음이) 어두워지고 게을러지지 않는 공부입니다."[40]

---

38) 『靜庵集』 권5, 「筵中記事(一)」: "光祖曰, 中庸曰, 戒愼乎其所不覩, 恐懼乎其所不聞, 此未接物前工夫也. 如小臣者, 豈能如古人之用功哉? 然一日之內, 此心惺惺, 則是堯舜也. 紛亂時, 是桀紂也, 須從其惺惺處用功也. 且學者之中, 必取其氣像過越, 立志高遠者, 可也. 蓋志大之人, 雖未必做經綸之業, 當大節, 能不失其所守. 故聖人云, 必也狂狷乎. 譬之登山, 期至山頂者, 雖不至頂, 可至山腰矣."

39) 『靜庵集』 권4, 「復拜副提學時啓(十三)」: "古人云希顔亦顔, 要在用心剛, 用心苟剛, 爲善不難矣."

그런데 여기서 마음이 깨어있다 함은 단순히 명상적인 것 일 수 없다. 살아있는 마음은 내심을 곧게 할 뿐 아니라 반드시 사실에 나타남이 있어야 한다.

"임금의 학문은 자신의 마음을 밝히는데 그치는 것이 아니고, 마땅히 베풂으로 드러나야 합니다.[41] 또한 단지 두 손을 마주 잡고 덕을 지킬 뿐만 아니라, 반드시 예악형정(禮樂刑政)으로써 이끌어 깨우치고 펼쳐서 실시하여야 하니, 할만한 일이 있으면 반드시 떨쳐서 힘써 행하여야 할 것입니다."[42]

그러나 정암은, 만약 사업에 행하는 것을 먼저 하고 자수(自修)를 힘쓰지 않는다면 이는 불가하다고 한다. 그리고 반드시 경(敬)으로써 내심을 곧게 하고, 의(義)로써 외물을 방정하게 하여 내외를 서로서로 길러 주는 방법을 강조한다.[43] 정암은 또한 이렇게 말한다.

"학자가 성현으로 기약하여도 반드시 성현의 경지에 이르는 것은 아니고, 임금이 당우삼대(唐虞三代)의 정치로써 기약하여도 반드시 당우삼대의 다스림을 이룩하는 것은 아니지만, 이처럼 뜻을 세우고 격물치지와 성의정심에 노력을 기울인다면, 점차 성현의 경지와 요순의 정치에 이르게 될 것입니다. 다만 고원

---

40) 「정암집」 권4, 「復拜副提學時啓(七)」: "整齊嚴肅, 則自然主一無適, 而應物精當, 言動中禮矣. 常人之不能若此者, 不能齊肅故也, 此是聖學之始終, 而形容之極難, 必於心地惺惺, 無昏雜懈弛之時, 可見矣. 故先儒以主一無適爲言, 夫整齊嚴肅, 正衣冠, 尊瞻視者, 乃不昏惰之工夫也."

41) 『靜庵集』 권4, 「復拜副提學時啓(十)」: "人主學問, 非止澄明一心而已, 當見諸施爲之際."

42) 『靜庵集』 권3, 「參贊官時啓(一)」: "又非但拱手以守其德而已, 必以禮樂刑政, 提撕警覺, 布置施設, 如有可爲之事, 當振奮而力行也."

43) 『靜庵集』 권4, 「復拜副提學時啓(十)」: "若以措諸事業爲先, 而不務自修亦不可, 須敬以直內, 義以方外, 內外交相養也."

(高遠)함에만 힘쓰고, 실공(實功)을 하지 않으면 날로 헛된 곳으로 나아갈 것입니다."[44)]

이는 격물치지와 성의정심을 근거로 실제의 노력을 기울인다면 이에 의하여 성현의 경지에 이르고 요순의 다스림이 이루어짐을 강조한 것이다. 여기에서 성현의 경지와 요순의 정치는 이상적 목표가 되고, 격물치지와 성의정심의 노력은 현실적 공부가 된다. 또한, 위에서 말한 대로 경(敬)은 내심을 곧게 하는 것이고 의(義)는 외물을 바르게 하는 것이다. 즉 이상과 현실, 내심과 외물이 하나로 합치될 때에 이른바 '실공(實功)'을 이룬다는 교설(敎說)이 된다. 그러므로 외물을 바르게 하는 치국(治國)의 도는 타율적인 것이 아니요, 이른바 '솔성(率性)'으로서 나의 본성을 좇아서 나타나는 도리이다. 이것에 어긋나는 제도나 규범은 용납되지 않는다. 정암은 이렇게 말한다.

"치국하는 근거는 도(道)일 따름이며, 이른바 도는 '솔성[率性:본성을 따름]'을 의미한다. 성(性)이 있지 않은 곳이 없으므로 도는 어디에나 존재합니다. 크게는 예악(禮樂)이나 형정(刑政)으로부터 작게는 문물이나 제도에 이르기까지 모두 인위적인 힘을 빌지 않더라도 각기 당연한 이치가 있습니다. 이것이 곧 고금의 제왕이 함께 의거하여 (천하를) 다스린 바로서 천지에 가득 차고 고금을 관철하지만, 참으로 일찍이 내 마음에서 벗어나지 않았습니다. 이를 따르면 나라가 다스려지고, 이를 잃으면 나라가 어지러워지니 잠시라도 떠날 수 없는 것입니다."[45)]

---

44) 『靜庵集』 권3, 「侍讀官時啓(六)」: "學者以聖賢爲期, 未必卽至聖賢之域, 人主以唐虞三代爲期, 未必卽致唐虞三代之治. 然立志如此, 而用功於格致誠正, 則漸至於聖賢之域, 堯舜之治矣. 若徒騖高遠, 而不下實功, 則日趨浮虛之地而已."

또한, 정암에 의하면 도는 심(心)이 아니면 존립할 수 없는 것이며, 심은 성(誠)이 아니면 활동할 수 없다. 정암은 말한다.

"비록 그러하나 도는 심(心)이 아니면 의거하여 존립할 바가 없고, 심은 성(誠)이 아니면 의지하여 활동할 수가 없게 된다. 임금 된 사람이 진실로 천리(天理)를 알아서 그 도를 처리하고, 그 성(誠)을 말미암아 그 일을 행한다면 다스림이 무엇이 어렵겠습니까."[46]

이상에서 고찰한 바와 같이, 정암은 조선조에 있어서 도학사상의 태두로서 그 이념적 방향을 확립하였다. 그것은 이념과 실제, 도덕과 정치에서 조화를 추구함이라고 할 것이다. 다시 말하여 종교적이고 철학적인 원리의 세계와 정치적이고 사회적인 현실의 세계를 하나의 조화로운 세계로 고양하는 것이 정암의 궁극적 목표였다고 할 것이다. 그러므로 한갓 '고원(高遠)' 함이나 '부허(浮虛)' 함에 흐르지 않고 반드시 '실공(實功)' 에 힘써야 함을 강조하며, 단순히 '한마음을 밝히는데[澄明]' 에 그치는 것이 아니라 반드시 '베풀어 행함[施爲]' 을 강조하였던 것이다. 그러나 이러한 일은 모두 '도의 용(用)' 인 것이요, 나의 한마음에서 벗어난 것이 아니니만큼, 주체적 각성을 통하여 행동하고 실천함으로써만 이루어지는 것으로 보았던 것이다. 그리고 이와 같은 관점은 인습을 타파하고 새로운 질서를 수립하려는 개혁운동이 시작될 수 있는 철학적 근거가 되었다고 할 것이다.

---

45) 『靜庵集』 권2, 「對策 - 謁聖試策」: "所以治國者, 道而已. 所謂道者, 率性之謂也. 蓋性無不有, 故道無不在. 大而禮樂刑政, 小而制度文爲, 不假人力之爲, 而莫不各有當然之理, 是乃古今帝王所共由爲治; 而充塞天地, 貫徹古今, 而實未嘗外乎吾心之內; 循之則國治, 失之則國亂, 不可須臾之可離也."

46) 위와 같음: "雖然, 道非心無所依而立, 心非誠亦無所賴而行, 爲人主者, 苟以觀天理而處其道, 由其誠而行其事, 於爲國乎何難."

실제로 정암은 34세에 조정에 들어가 기묘사화로 희생되기까지 4년간 중종의 깊은 이해 속에 차례를 넘어 승진하여 대사헌에까지 이르렀다. 그리고 재임 기간이 4년에 불과했지만 전대에 없었던 개혁정치를 실시하였다. 그는 종래 출세의 길이었던 사장학이 아니라, 성리학적 이념에 따라 참된 인격의 성취를 목표로 하는 사림(士林)들을 조정에 포열코자 하였다. 그리고 이들을 중심으로 하는 정치의 지도세력을 구축하였는데, 이와 같은 일은 전대에는 발견하기 어려운 것으로 민족사에서 중대한 의의를 지니는 일이라고 할 것이다.

전술한 바와 같이 정암은 사림의 영수로서 당시를 천재일우의 기회로 생각하였다. 즉 성리학적 이상을 당시의 현실에 구현하여 이 나라에 이른바 '만세토록 뽑히지 않는 터전(萬世不拔之基)' 을 다져놓고자 하였다. 정암은 부제학으로 있을 당시 중종에게 다음과 같이 말하였다.

> "예로부터 뜻있는 선비가 임금을 잘 만나서 도를 행한 이가 매우 적습니다. 무릇 때[時]란 놓치기 쉬운 것이며, 기회[機]란 얻기 어려운 것입니다."[47] "이제 성학(聖學)이 이미 고명하심에 이르렀으니 만약 이 시기를 잃어버린다면 후에는 다시 도모할 수 없을 것입니다."[48]

정암은 역대로 세종의 시대를 가장 이상적으로 생각하였다. 그러므로 "세종 때에는 예악과 문물, 제도와 시위(施爲)가 주(周)나라 때와 방불하였다."라고 한다. 그러나 연산군 때에 이르러서 임금이 "제 한 몸을 바로하지 못한 까닭에 사대부가 다 항심(恒心)을 잃어버리어 마침내 혼란에 이르러

---

47) 『靜庵集』 권4, 「復拜副提學時啓(八)」: "自古有志之士, 得君行道者甚少, 蓋時易失而機難得也."

48) 『靜庵集』 권4, 「復拜副提學時啓(十)」: "今者, 聖學已至高明, 若失此機, 後不可圖."

도 구하지 못했던 것" 이라고 하였다. 그러나 중종이 즉위한 뒤 새로운 기회를 얻은 당시는 민족사에 있어서 지극히 중대한 시기로 판단하였던 것이다.[49]

훗날 율곡은 조선조가 건국하여 창업 수성기를 지나 경장기(更張期)에 도달하였다 하여 구법을 개혁하고 국세를 만회코자 하였던 것이며, 정암에 있어서 이미 이러한 개혁의 움직임이 강하게 대두하였던 것이다. 정암은 조정에 들어간 초기로부터 개혁의 필요성을 강력하게 주장하였다.

검토관(檢討官)을 지낼 당시에 정암은,

> "조종의 옛 법도는 비록 갑자기 고칠 수는 없다 하더라도, 만약 오늘날 합당하지 않은 것이 있으면 변통할 수 있는 것입니다. ……대신과 시종을 불러서 가부를 의논하여 시행할 만한 일은 단연코 행하는 것이 옳습니다."[50]

라고 중종에게 진계하였다. 전통적으로 내려온 국법이라 하더라도 시대가 변천하고 민생에 맞지 않으면 개혁할 수 있는 것이며, 직책을 맡은 자와 의논하여, 마땅히 고쳐야 할 것은 지체 없이 결행하여야 한다는 것이다. 국법의 제정은 누구를 위한 것이며, 개혁은 또한 무슨 까닭에 요구되는 것인가?

처음부터 정암의 입장은 '민사(民事)' 와 '민공(民功)' 을 도모함에 있었다. 군왕이나 귀족 또는 특정한 양반계층을 위함이 아니라 온 백성, 즉 민중

49) 『靜庵集』 권3, 「參贊官時啓(一)」: "我國世宗朝, 禮樂文物, 制度施爲, 『乎周時, 而至於廢朝初年, 成宗梓宮, 在殯未久, 而宮中所爲, 已可寒心, 惟其一身, 不能善飭, 故士大夫皆失恒心, 終至迷亂而莫救. 賴祖宗德澤深厚, 浹于民心, 故聖上卽位之後, 人心庶幾向善, 而然其舊染汚俗, 難可猝新也. 當此機會, 不正士習, 不厚民生, 不立萬世不拔之基, 則聖子神孫, 將何所取法乎?"

50) 『靜庵集』 권3, 「檢討官時啓(四)」: "祖宗舊章, 雖不可猝改, 若有不合於今者, 則亦可變而通之. 當於燕閒之中, 不拘常例, 召對大臣或侍從, 論議其可否, 可爲之事, 則斷而行之, 可也."

을 근본으로 하였던 것이다. 정암은 말하기를 '무릇 군신이란 백성을 위하여 베풀어 놓은 것'[51]이라고 단언하였다. 민중의 문제가 아니면 '군신(君臣)' 이라는 것도 성립할 근거를 상실하는 것이며 존재 의의가 없는 것이다. 군왕이나 대신이나 정부의 관료가 모두 직책일 뿐 그 자체로서 권위를 가질 수 없으며, 그러므로 민중을 근본으로 하지 않는 일체의 정치권력은 배격되어야 한다는 것이다.

그러나 정암은 종래에는 이러한 정신을 저버리고 양반 관료 및 특권층이 자기의 권익만을 추구하고 있음을 지적하였다. 정암은 말하기를 "옛날에 군신이 서로 계칙(戒勅)한 바는 민사가 아님이 없었는데, 후세에는 그저 작록(爵祿)만을 사모하여 민공(民功)은 생각하지 않고 있습니다."[52]라 하였다. 그러므로 정암은 통속적인 견해와 같이 위에 군왕이 있고 다음에 대신과 관료가 있으며, 최저층에 민중이 있다고 생각하지 않는다. 그와는 반대로 철저히 민중이 기본이 된다. 그러므로 오직 민중을 위하여 제도와 법규가 만들어져야 하는데, 이것이 바로 군왕과 대신 및 일반관료의 존재 의의가 된다는 논리이다. 이처럼 정암은 위민사상을 근본으로 종래의 타성과 특권의식을 불식하고자 하였으며 새로운 기풍으로 혁신운동을 일으켰다. 나라의 법제는 특권층이 자의로 좌우할 수 없는 것이요, 민중에게 부적합한 것일 경우 그것을 개혁하는 것은 당연한 일이다.

정암에 있어서 개혁을 통한 새로운 질서의 수립이라는 지치주의 운동은 비단 일시적인 문제의 해결이 아니라, 이 나라를 '성현지역(聖賢之域)' 으로 만들고 '요순지치(堯舜之治)' 를 실현코자 하는 높은 이상을 갖는 것이었다. 다시 말하여 학계 일부에서 일컫듯이 한갓 급진주의자들의 무모한 행동은 아니었다. 정암 당시에도 시무(時務)를 모르고 구질서에 안주하는 부유

51) 『靜庵集』 권3, 「檢討官時啓(六)」: "夫君臣者, 爲民而設也."

52) 『靜庵集』 권3, 「參贊官時啓(六)」: "古之君臣, 相戒勅者, 無非民事, 後世則徒慕爵祿, 而不念民功也."

(腐儒)들은 '한갓 옛 제도를 어지럽게 할 따름' 이라 하여 반대하였던 것이다. 그러나 정암에 있어서 그의 설시는, 비록 과감하였으나, 매우 신중을 기하고 합리성을 갖는 것이었다. 정암은 말하기를,

> "나라의 법제는 비록 가볍게 개혁할 수는 없으나, 학문이 고명하고 사리를 분명히 비추어 볼 수 있으면, 대신과 더불어 동심협력하여 뺄 것은 빼고 보탤 것은 보태어 지극한 태평[隆平]을 기약하되 조종의 성헌(成憲)을 준수함이 가합니다. 만약 소성(小成)에 안주하여 구차하게 인순(因循)한다면 제왕의 법을 어떻게 이루겠습니까? 선비의 습관과 백성의 풍습이 순정(醇正)함에 돌아가고 고도(古道)를 회복고자 한다면 반드시 분발하여 실행하고 모두가 함께 더불어 유신(維新)한 다음에야 부추기고 진작(振作)시켜 태평을 이룰 수 있을 것입니다."[53]

라 하였다. 즉 정암은 개혁을 결코 경솔하게 생각한 것도 아니려니와 그것이 용이한 일이라고 본 것도 아니었다. 우암 송시열은, 정암에 대하여 "본체와 작용이 한결같고 이치와 사실이 서로 맞물려 도덕으로 하여금 천하로부터 분열되지 않도록 하였다."[54]고 기록하였다. 정암 스스로도 학식이 높아서 이론과 원리에 밝고, 실질적으로 사리에 밝아서 '이치[理]' 와 '실무[事]'를 아울러 알 수 있어야만 개혁할 수 있다고 하였다. 그리고 동시에 국법 개혁은 어느 개인이 할 수 있는 것이 아니요, 삼공(三公)과 육경(六卿)과 같은 대신의 직분이 있어야 함을 강조하였는데,[55] 이는 논의와 협력 없이는 개혁

---

53) 위와 같음, 「參贊官時啓(五)」: "國之法制, 雖不可輕改, 然學問高明, 洞照事理, 則與大臣同心協力, 可損者損之, 可益者益之, 期致隆平, 而遵守祖宗之成憲, 可也. 若安於小成, 苟且因循, 則帝王之治, 何可致也? 如欲使士習民風, 歸於淳正, 而復古之治, 則必奮發有爲, 咸與維新, 然後鼓舞振作, 而皞皞矣."

54) 『靜庵集』 卷首, 「靜庵先生文集序(宋時烈)」: "其體用一源, 理事相須, 使道德不爲天下裂."

할 수 없다고 본 것이다. 그리하여 종래의 것을 그대로 묵수(墨守)함도 아니고 오로지 새로이 제정하는 것도 아닌, 이른바 덜어낼 것(損)은 덜어내고 더할 것(益)은 더하는 방식에 의하여 전체적인 균형을 이루면서 수준의 상승을 이룩하려 하는데, 이것이 곧 정암이 말하는 '형평(衡平) 정신의 구현'이라 할 수 있다. 한마디로 '융평(隆平)'인 것이다. 그리고 '융평'이라는 목표는 사회의 모든 계층이 공동적으로 참여하여 서로서로 부추기고 진작시킬 때에만 가능하다고 할 것이다. 따라서 정암의 개혁론은 당시의 온갖 특권을 독점하고 있었던 기성 특권층을 제외한 양심적 지성인과 일반 백성에게 전폭적인 호응을 받게 되었던 것이다.

정암의 지치주의 이념은 매우 고매한 것이었으나, 그 실행은 당시의 사회에 있어서 백성에게 가장 크고 절실한 문제점을 제거하는 것으로부터 출발하였다. 그 구체적 사례로서, 정암은 민중을 가장 고통스럽게 하였던 세금과 군역의 모순을 시정하고자 하였다. 그는 "민생을 두터이 하고자 하면 모름지기 공부(貢賦)와 군액(軍額) 두 가지를 알맞게 하여야 하니, 이렇게 된 뒤에야 다스려 교화시키는 일이 진행될 수 있을 것"[56]이라고 하고, 이를 구체적으로 다음과 같이 논하였다.

"우리나라의 전세(田稅)는 삼십의 일인데 공물이 과다하여 이로써 민생이 날로 곤궁합니다. 경비의 쓰임(經費之用)을 알맞게 헤아려 절감하여야 민생을 안정시킬 수 있습니다."[57]

---

55) 『靜庵集』 권4, 「大司憲時啓(二)」: "法之變改, 三公六卿之所爲也. 若法司則只爲糾察而已, 吏曹行吏曹之法, 刑曹行刑曹之法, 可也."

56) 『靜庵集』 권4, 「元子輔養官時啓(三)」: "帝王之御世, 欲厚民生, 則須使貢賦軍額二事得宜, 而後治化可出也."

57) 『靜庵集』 권3, 「參贊官時啓(五)」: "我國田稅, 三十之一, 而貢物則過多, 以此民生日困, 經費之用, 量宜裁減, 然後庶可安民矣."

> "지금은 각 읍의 공물을 보니 (지역마다) 토산물이 고르지 못하고, 또한 모두가 한 되[一升]의 방납으로 한 말을 징수하고, 한 필[一匹]의 방납으로 세 필을 징수합니다. 그 폐단이 쌓여서 이렇게 심해졌으니, 조정이 어찌 백성을 위한 계책을 세우지 않겠습니까?"[58]

정암으로서는 민생을 고통으로부터 벗어나게 하는 것이 우선 절실한 문제였다. 그러므로 이처럼 그 구체적인 실정을 들어서 시정을 촉구하였다 할 것이다. 그러나 전체적인 체제가 그렇게 되어 있으면 아무리 혜택을 베풀고자 하는 마음이 있더라도 어찌할 수 없는 일이었다. 그러므로 그는 시급히 그 규모를 고쳐야 한다고 주장하였다.[59]

앞에서 본 바와 같이, 정암은 당시에 긴절하였던 경제적 사회적 문제를 타개하고자 하였다. 그러나 이는 민생의 시급한 문제를 해결하기 위한 일차적인 과정이다. 그러므로 정암은 이에서 더 나아가 보다 적극적으로 '선비의 습관(士習)' 과 '백성의 풍속(民風)' 을 쇄신하여 국맥(國脈)을 무궁하게 하고 자손만대에 이어질 사업의 기초를 닦아야 함을 강조한다. 그러므로 정암은,

> "민생과 의식(衣食)이 충족되어 모든 일이 이루어진 다음에 고례(古禮)를 행하고자 한다면 늦을 것입니다. 고도(古道)를 힘써 행하되 보민(保民)을 근본으로 해야 할 것입니다.[60]

라 하였다.

---

58) 『靜庵集』 권3, 「參贊官時啓(六)」: "今觀各邑之貢, 土産不均, 又皆防納, 一升之納, 徵以一斗, 一匹之納, 徵以三匹, 因循積弊, 至於此極, 朝廷豈不爲生民計也."

59) 위와 같음: "守令賢, 則民受一分之惠, 然不改規模, 而徒責其事爲之末, 則治不效矣."

60) 『靜庵集』, 侍讀官時啓十一: "民生衣食既厚, 凡事畢擧而後, 欲行古禮, 則緩矣. 大抵力行古道, 而以保民爲根本, 則可矣."

여기서 고도(古道)·고례(古禮)라 함은 성왕(聖王)의 예악이라 할 수 있는데, 이는 높은 도덕과 정서를 포함한 근본적 이상과 구체적으로 그것을 실현하기 위한 문물제도까지를 의미한다. 유학에서는 누구나 요순을 말한다. 특히 묵은 것을 개혁하고 새로운 경장을 시도할 때는 항시 요순의 도(道)와 요순의 세상을 일컫는데, 이것은 단순한 복고주의가 아니라 성취하여야 할 이상이요 표준을 뜻한다.

정암은 일찍이 「알성시책(謁聖試策)」에서 중종에 대하여 "지극히 정성스런 마음으로 이른 아침부터 늦은 밤까지 부지런히 어떻게 하면 당우의 다스림을 이루고 어떻게 하면 당우의 풍속을 일으킬까 생각하여 … 동방을 태화지역(泰和之域)으로 올려놓고자 한 것이 어느덧 10년이 되었습니다."[61]라고 하였다. 그리고 참찬관(參贊官) 때에는 "우리나라는 지방이 편소(褊小)하여 임금이 한 마디를 말하면 팔도 사람들이 하루아침에 다 알 수 있습니다"라고 하였다. 요순의 법도와 다스림은, 유학을 국가적 이념으로 한 조선에 있어서는 군신이 모두 지향하는 목표요 이상이 된다고 할 것이다.

정암은 물론 사람들의 의식과 가치관을 근본적으로 개혁하여 인도와 정의가 실현되는 이상적인 도의(道義) 국가를 건설하려는 것이었다. 뒷날 백인걸(白仁傑)은 그의 「청종사소(請從祀疏)」에서 정암에 대해 다음과 같이 기술하였다.

"사문(斯文)을 흥기시킴을 자신의 임무로 삼고, 도를 행하여 세상을 구제함을 자기의 책임을 삼아, 조정에 들어간 지 5년에 위로는 임금의 마음을 바로잡고 아래로는 유림을 용동(聳動)케 하였으며, 덕으로 사람들을 교화하여 거의 지

61) 『靜庵集』 권2, 「謁聖試策」: "恭惟主上殿下, 以至誠之心, 夙夜不怠, 唐虞之治, 何以而致也; 唐虞之俗, 何以而興也; 民有一有不衣者; 思所以溫之; 一有不善者, 思所以善之, 欲躋東方於泰和之域者, 于今十年于茲矣."

치(至治)를 이루었습니다. 그리하여 선비들은 방향을 알게 되고 풍속이 효제를 숭상하게 되었습니다. 비단 관학[成均館]유생이 서로 예법을 좇을 뿐만이 아니라, 일반 서민이라 하더라도 또한 모두 사모하고 본받았습니다. 정성으로 어버이를 섬기어 살아계시면 봉양하고 돌아가시면 슬퍼하며, 여묘에서 삼 년 살고 위아래가 통행함이 또한 모두 광조가 덕화가 끼친 바입니다. 깊은 산속까지도 또한 덕화를 입어서 조금의 다툼이 있으면 반드시 말하기를 '지금이 불선(不善)을 행할 때인가?' 라 하였으니, 그 사람을 감화시킨 깊이가 어떠한 것이겠습니까?"[62]

여기서 정암의 노력이 단순히 지식층의 변화만을 주도한 것이 아니라, 민중과 더불어 교감하여 소통되는 결과를 초래하였음을 알 수 있다. 그리고 정암의 덕화에 의하여, 비록 잠시라고 효제가 구현되는 세상이 펼쳐지게 되었음을 알 수 있다. 결국, 정암은 민중과 더불어 의식이 소통하였으며, 정암의 덕화에 의하여 잠시나마 이상적 세계가 전개되었다고 할 수 있는데, 여기서 민족적 일체감에 입각한 국가의 미래적 이상을 찾아볼 수 있을 것이다.

율곡은 『경연일기』에서 정암이 그 뜻을 다 펴지 못하고 조서(早逝)하였음을 애석하게 여기면서, 그러나 학자들이 정암으로 말미암아 이학(理學)이 가장 높다는 것과 왕도는 귀하고 패도는 천하다는 것을 알게 되었으니, 사도(斯道)에 끼친 공적은 영원히 없어지지 않을 것이라고 기록하였다.[63]

정암의 도학사상과 개혁정신은 후세에 새로운 전통을 드리웠을 뿐 아니라, 현대에 있어서도 의연히 새롭고 진보적인 사상으로서 그 빛을 발한다

---

62) 『靜庵集』 부록 권3, 「請從祀疏略(白仁傑)」 己卯五月: "以興起斯文爲己任, 以行道濟世爲己責, 立朝五年, 上格宸衷, 下聳儒林, 以德化人, 幾成至治. 士知向方, 俗尙孝悌, 非惟館學儒生, 相率禮法, 至於市井小民, 亦皆慕效, 事親以誠, 生養死哀. 廬墓三年, 上下通行, 亦皆光祖德化之所及, 深山窮谷, 亦被化及, 小有爭鬪, 則必曰, '此爲不善之時乎?' 其感人之深, 爲如何哉?"

하겠다. 이제, 율곡이 정암이 간절히 마음 쓴 바라고 지적한 ① 임금의 마음을 깨우침[格君心], ② 왕도를 펼침[陳王道], ③ 정의로운 길을 엶[闢義路], ④ 사리의 근원을 막음[塞利源]을 중심으로, 어떻게 정암이 지치주의 이념을 사회적으로 구현코자 하였는지 고찰해 보고자 한다.

3. 靜庵의 至治主義 理念과 그 사회적 구현

1) 民本主義思想과 지도층의 警醒

정암은 "선비가 세상에 태어나서 학문을 하는 것은 그 회포를 펼치어 생민(生民)에 도움이 되고자 할 따름입니다. 맹자가 아성(亞聖)으로서 제나라와 양나라를 역방한 것은 어찌 다른 뜻이 있으리오? 다만, 도를 행하고자 할 따름입니다."[64]라 하였다. 그러므로 선비가 도모하는 일은 오직 생민이 문제이요 자사(自私)에 있는 것이 아니다.

오히려 정암은 "무릇 군신(君臣)이란 백성을 위하여 베풀어 놓은 것입니다. 상하가 이 뜻을 알아서 백성의 마음을 자기 마음으로 삼으면 치도(治道)를 이룰 수 있을 것입니다."[65]라고 하였다. 임금과 신하, 즉 정부란 백성을 위하여 존재한다는 것으로, 여기서 위정자의 책임과 목표가 자명하게 되는 것이라 하겠다. 정암은 또한 "임금은 할 수 있는 일에 대하여서는 마땅히 강

63) 『栗谷全書』 권28, 「經筵日記(一)」: "文正雖於進退之幾, 有所未瑩, 學者抵此, 知理學之可宗, 王可貴而霸可賤, 其有功于斯道不可泯也."

64) 『靜庵集』 권2, 「因不從改正功臣事辭職啓(三)」: "士生於世, 業爲學問者, 冀得展其懷抱, 有補於生民耳. 孟子以亞聖, 歷聘齊梁, 豈有他意乎? 但欲行其道而已."

65) 『靜庵集』 권3, 「檢討官時啓(六)」: "夫君臣者, 爲民而設也. 上下須知此意, 晝夜以民爲心, 則治道可成."

건하게 행하여야 할 것입니다."[66]라 하고, 다시 "옛사람이 말하기를 '처음에는 다 시작함이 있으나 능히 마치기가 어렵다.' 라고 하였으니, 유시유종(有始有終)은 임금이 힘써야 할 바입니다."[67]라 하여 쉼 없이 강건하게 노력할 것을 강조하였다.

정암은 쉼 없이 노력하는 임금의 모범으로서 세종을 들었다. 그는 "세종은 항시 근정전에 앉아서 대신들과 더불어 힘써 연구하고 선치(善治)를 도모하였는데, 황희(黃喜)와 허조(許稠)는 공무에서 물러가서도 옷을 풀지 못하였으니, 불시에 소대(召對)하게 될까 염려했기 때문입니다."[68]라 하여 당시의 군신이 치력하는 모습을 말하기도 하였다. 그리고 중종에게도 경연이라는 형식에 구애되지 말고 필요하면 어느 때든지 대신을 부르는 것이 옳다고 아뢰었다.

생민을 위하여 도모함은 임금에게 한정된 일이 아니라 대신과 백집사(百執事)에 있어서도 마찬가지이다. 정암은 "재상의 직분은 마땅히 백성으로 마음을 삼아야 할 것입니다. 이윤(伊尹)은 한 사람이라도 제자리를 얻지 못하면 저자에서 종아리 맞는 것 같이 생각하였습니다."[69]라 하고, 또한 "세종조 때에 잠시 사대부의 의복으로 모두 황색을 숭상하였습니다. 이것은 또한 사치한 것은 아니었으나 허조는 늘 회색의 해진 옷을 입었는데, 이것은 그 염려하는 것이 복식에 있지 않고 다만 국사를 우려하였기 때문입니다. 사람은 두 곳에 마음을 쓸 수 없으니, 마음이 가사(家事)에 있으면 나라에

66) 『靜庵集』 권3, 「檢討官時啓(五)」: "人君於可爲之事, 則當以剛健行之."

67) 『靜庵集』 권3, 「侍講官時啓(二)」: "古云, 靡不有初, 鮮克有終, 有始有終, 人主之所當勉力也."

68) 『靜庵集』 권3, 「侍讀官時啓(八)」: "世宗常坐勤政殿, 與大臣勵精圖治, 黃喜許稠公退, 不得解衣, 恐有不時召對也."

69) 『靜庵集』 권3, 「檢討官時啓(六)」: "宰相之職, 當以民爲心. 伊尹言, 一夫不得其所, 若撻于市."

있지 않고, 마음이 국사에 있으면 집에 있지 않은 것입니다."[70]라 하여 세종조의 허조가 오직 국사에 전념하였음을 거론하기도 하였다.

그리고 다시 "비록 잘 다스려지는 때라 하더라도 항상 위태롭게 여겨서 아침저녁으로 위기가 닥칠 것 같이 생각하면서 닦고 반성한다면 근본이 공고해지고 치도(治道)가 스스로 설 것입니다."라 하고, 이어서 "오늘날 학문을 하는 이들이 검약한 것을 궁색하다 하고 놀며 잔치하는 것을 태평한 기상이 있다고 하니, '말 한마디로 나라를 잃는다[一言喪邦]'는 것은 이것을 말한 것입니다."[71]라 하였다. 즉 관리나 배운 사람들이 항상 나라에 대한 걱정으로 노심초사하면 나라가 잘 다스려지고, 쓸데없이 다른 일에 골두하면 나라를 잃게 된다는 것이다.

정암은 또한 당시의 태학생들이 입지(立志)가 확고하지 못하여서 나라를 위하여 몸을 잊거나 홀로 비장하게 정의를 지키는 기상이 미약함을 개탄한다. 그리고 모범이 될 만한 선현을 드러내어서 뜻을 일으키게 할 것을 주장하였다.

> "오늘날 학술이 심히 허물어져서 성균관의 유생들이 비록 예에 어그러지는 일은 없으나 뜻을 세운 것이 매우 비루합니다. 반궁(泮宮)은 인재가 배출되는 곳인데 걸출한 자를 보지 못하겠으니, 어찌 나라를 위하여 몸을 저버리고 홀로 비장하게 정의를 지킬 자가 있겠습니까? 선비의 습관이 타락한 것은 큰 근심이지만, 변화시키는 도리로서 어찌 그 방책이 없겠습니까? 김굉필, 정여창과 같은

---

70) 『靜庵集』 권3, 「侍讀官時啓(五)」: "世宗朝, 一時士大夫, 衣服皆尙黃色, 是亦不侈, 而許稠則常着灰色褡㰀. 是其念慮不在於服飾, 只以國事爲憂故也. 大抵人心, 不能二用, 心在家事, 則不在於國, 心在國事, 則不在於家矣."

71) 『靜庵集』 권3, 「侍讀官時啓(十四)」: "雖治世, 常若其亡其亡, 以爲危亡朝夕將至, 而修省焉, 則根本鞏固, 治道自立矣. … 今之有識者, 亦爲習俗所移, 指儉約爲蕭條, 以遊宴爲太平氣象, 一言喪邦, 其此之謂歟."

분을 기려 드러낸다면 사문(斯文)을 붙들어 지킬 수 있을 것입니다."[72)]

이상에서 지도자는 입지를 공고히 하고 오로지 직분에 진력하여야 한다는 정암의 논을 검토하였다. 그런데 정암은 다시 지도자의 자질과 직능에 대하여도 많은 논의를 전개한다.

왕도정치에서 임금은 모든 명령이 나오는 곳이며, 만민의 표준이 되는 자리라고 할 것이다. 그러므로 누구보다도 격물치지와 성의정심과 같이 자신을 다스리는 공부가 선행되어야 한다. 이러한 점에서 정암은, "임금의 덕은 내심을 공경스럽게 하는 것[敬內]보다 큰 것이 없으니 실천함이 있은 다음에야 아랫사람이 보고 느끼어 흥기할 것입니다. (또한) 사물에 응접함에는 거울의 비어 있음이나 저울의 평평함과 같이 함이 좋습니다."[73)]라고 하였다. 그리고 임금이라 하더라도 항상 향상되어야 하므로 정암은 "임금도 또한 반드시 어진 사람으로 스승을 삼을 것이오, 다음 가는 이로는 벗을 삼아 존경하고 예로 대하는 것이 옳습니다."[74)]라 하였으며, 특히 선비들에 대하여는 다만 군신이라는 직분으로서만 대할 것이 아니라 인간적인 관계를 해야 한다고 본다. 그러므로 정암은 "의리로는 비록 군신(君臣)이지만 정감으로는 부자(父子)입니다. 만약 녹봉을 위하여 벼슬하는 자라면 범범(泛泛)하게 상대하여도 괜찮겠지마는, 다행히 한두 명의 군자가 녹봉을 위하여 벼슬하는 것이 아닌데도 임금이 자기를 알아주지 않는다면 어찌 관직에 있기를 즐거워하겠습니까?"[75)]라 하였다. 또한, 임금은 지도자인 까닭에 책임을 스

---

72) 『靜庵集』 권3, 「侍讀官時啓(十八)」: "今之學術甚壞, 館中儒生, 雖無悖禮之事, 立志甚卑, 泮宮, 人才之所自出, 而不見傑特者, 則安有爲國忘身, 慷慨獨立者乎. 士習頹靡, 莫大之患也, 變化之道, 豈無其方, 如金宏弼鄭汝昌者褒獎, 則可以扶植斯文矣."

73) 『靜庵集』 권3, 「侍讀官時啓(十六)」: "人君之德, 莫大於敬, 內有實踐而後, 下人觀感而興起焉, 制事應物, 如鑑空衡平, 可也."

74) 『靜庵集』 권3, 「侍讀官時啓(六)」: "人君亦必以最賢者爲師, 次者爲友, 尊禮之, 可也."

스로 지는 것이요, 결코 아랫사람에게 죄를 돌릴 수 없다. 그러므로 정암은 "윗사람이 권장하는 것을 아랫사람이 다하지 않을 수 있겠습니까? 사습(士習)이 부정한 죄를 아랫사람에게 돌릴 수는 없는 것입니다."[76]라고 하였으며, 또한 "오직 대신에게는 공경하고 뭇 신하들에게는 한 몸과 같이 하며 백공(百工)에게는 오게 하고 서민은 자식과 같이 여길 것이니, 내가 신하를 예우하고 백성을 사랑함이 정성스럽지 못할까를 근심할 것이지, 그 감화시킬 수 없음을 근심하지 말 것입니다."[77]라고 하였다. 즉 임금은 신하에 대해서 공경하고 이해하는 마음이, 백성에 대해서 자식과 같이 사랑하는 마음이 필요하다고 할 것이다. 그리고 이러한 마음에 의하여 임금과 신하, 임금과 백성이 서로 소통할 수 있는 인간관계가 형성된다고 할 것이다.

최고 지도자인 임금은 분명히 하늘과 같은 존재이지만, 정사에는 임금을 보필하는 사시(四時)와 같은 대신을 필요로 한다. 그러므로 정암은, (정사는) 임금이 홀로 다스리는 것이 아니라 반드시 대신에게 맡긴 다음에야 치도(治道)가 확립된다고 한다. 정암에 의하면 임금은 하늘에 비유되고 신하는 사계절에 비유된다. 그리고 하늘이 스스로 운행하고 사시의 운행이 없으면 만물이 이루어지지 못하는 것처럼, 임금으로 자임(自任)하고 대신의 보필이 없으면 만화(萬化)가 일어나지 않는다고 한다. 그리고 이는 한갓 만물이 이루어지지 않고 만화가 일어나지 않는 원인이 될 뿐만 아니라, 이미 하늘되고 임금된 의미를 크게 상실한 것이라고 한다. 정암은 이어서 대신의 자리에 앉히고서 문서나 받드는 일을 시키고, 또 소신(小臣)의 살핌을 믿어

75) 『靜庵集』 권3, 「侍讀官時啓(二)」: "義雖君臣, 情則父子, 若爲祿仕者, 則雖待之泛泛, 猶可也, 幸有一二君子, 不爲祿仕, 而君不知我, 則豈樂於居職乎?"

76) 『靜庵集』 권3, 「侍讀官時啓(四)」: "在上之人, 其可不盡勸勵之道乎? 不可以士習不正, 只歸罪於在下者也."

77) 『靜庵集』 권3, 「參贊官時啓(一)」: "惟當於大臣則敬之, 於群臣則體之, 百工則來之, 庶民則子之, 患吾之所以遇臣愛民者, 有未誠耳, 不患其難化也."

서 가로막으면, 임금으로서는 신하를 올바로 부리는 것이 아니고, 신하로서는 임금을 올바로 섬기는 것이 아니라고 한다. 그리고 이 결과 온전한 군신의 관계가 성립될 수 없게 된다고 하는데, 옛날의 성군과 재상은 반드시 성의로 서로 믿었으며 그 도를 다하여 광명정대한 사업을 함께 이룰 수 있었다고 한다.[78]

이와 같은 점에서 군주가 독재나 전제를 한다면 이것은 도리에 어긋나는 일이요, 반드시 대신에게 위임하여 신뢰와 협조가 전제되어야 치도가 가능하고 할 것이다. 재상과 대신에 대하여 정암은 다음과 같이 말한다.

> "다스리는 도는 책임이 재상에게 있으니 재상이 성심으로 봉공하면 치효(治效)가 반드시 나타날 것입니다."[79]

> "대신이 남의 선함을 듣고 마치 자기에게 있는 것 같이 하면, 선을 즐거워하는 훌륭한 정성이 있는 것이니, 백집사가 각기 그 직을 받들기에 분주하여 겨를이 없을 것입니다. 위로는 임금을 감동케 하고 아래로는 백성을 감화하는 것은 책임이 대신에게 있습니다. 대신이 진실로 능히 협심하여 더불어 선을 행하고 불선을 바르게 하며, 삼공이 육경을 바르게 하고 육경이 백관을 바르게 한다면, 모든 관료가 스승이어서 조정이 청명해질 것입니다."[80]

이처럼 임금은 임금대로 신하와 백성에 대한 책임이 있고, 신하는 신하대

---

78) 『靜庵集』 권3, 「謁聖試策」: "君未嘗獨治, 而必任大臣而後治道立焉. 君者如天, 而臣者四時也. 天而自行, 而無四時之運, 則萬物不遂. 君而自任, 而無大臣之輔, 則萬化不興焉, 非徒不興不遂而已, 天而自行, 君而自任, 則大失爲天爲君之道, 且旣置之以大臣之位, 而使之姑以奉行文書爲職業, 又恃小臣之察以防之, 則上而君不得使臣之道, 下而臣不得事上之方, 而君臣之道缺矣. 故古之聖君賢相, 必誠意交孚, 兩盡其道, 而可以共成正大光明之業矣."

79) 『靜庵集』 권4, 拾遺 「啓(三)」: "爲治之道, 責在宰相, 宰相誠心奉公, 則治效必著."

로 임금과 백성에 대한 책임이 있다. 그리고 임금의 책임과 신하의 책임이 함께 맞물려 온전한 치도가 성립되게 된다. 그러므로 정암은 "능히 지성으로 임금을 섬기고, 임금이 또한 지성으로 대우하여 상하가 화합하면 다스림[治]이 나타날 수 있습니다."[81]라고 한다. 임금도 전제나 독재를 할 수 없고 대신도 전횡할 수 없는 것이며, 반드시 양자의 성실성과 화합에 의해서만 치화(治化)가 가능하다는 것이다. 여기서 지도자의 자질은 직분에 대한 각성과 성실성에 있음을 강조한 것이라 하겠다.

이와 동시에 지적되는 것으로서 지도자의 명철함과 과단성을 들 수 있다. 정암은 말하기를 "임금은 마땅히 항상 대간(臺諫)이 항직(抗直)하지 못할까를 두려워하여야 할 것"[82]이라고 하였다. 선비 된 자는 옳은 일에 대하여 뜻을 세워 직언할 수 있어야 하며, 임금은 또한 이것을 용납할 수 있어야 한다.

> "현자는 오직 의리를 알 따름이니, 막히고 통함이나 장수하고 요절함과 같은 모든 외물이 그 마음을 움직일 수 없습니다. 다만, 학문에 힘쓰고 정도에 뜻을 둘 따름이니, 어찌 막히고 통함에 개의하겠습니까?"[83]

오직 의리(義理)와 정도(正道)에 마음을 둘 뿐이니, 궁달과 요수에 의하여 마음이 움직이지 않는다. 즉 의리와 정도에 맞으면 어떠한 어려움도 헤쳐나갈 수 있으며, 이에 맞지 않는다면 반드시 이에 맞게 하여야 한다.

---

80) 『靜庵集』 권4, 「大司憲時啓(四)」: "大臣聞人之善, 若己有之, 休休然有樂善之誠, 則百執事各恭其職, 奔走無暇矣. 上以感動人主, 下以感化百姓者, 責在大臣, 大臣誠能協心, 與其爲善, 而正其不善, 三公正六卿, 六卿正百官, 則百僚師師, 而朝廷淸明矣."

81) 『靜庵集』 권3, 「侍讀官時啓(十五)」: "能以至誠事其上, 上亦以至誠待之, 上下和同, 則治可出矣."

82) 『靜庵集』 권4, 「復拜副提學時啓(三)」: "人君當常恐臺諫之不能抗直也."

83) 『靜庵集』 권4, 「三拜副提學時啓(三)」: "賢者惟知義理而已, 窮達壽夭, 凡外物皆不能動其心, 但力於學問, 志於正道而已, 豈有意於窮達哉."

"예로부터 정직한 무리가 세상에 성행하면 반드시 큰 재화가 그 뒤를 따랐습니다. 그러므로 스스로 꾀함이 깊고 세상 겪기를 두루 한 자는 감히 뜻을 세워 직언하여 원망과 분노를 부르지 못하고, 밑으로 숙이고 위아래로 이리저리 주선하여 그 몸을 보존하고 처자를 온전히 하는 이가 또한 많았습니다. (그러나) 이것은 나라를 생각하는 사람이 아닙니다. 무릇 자신의 몸을 돌보지 않고 오직 국가의 일만을 도모하며, 일을 당하여 과감히 행위를 하고 화환(禍患)을 헤아리지 않는 것이 바른 선비의 마음 씀입니다."[84]

이처럼 바른 선비는 성심을 다하지만, 뚜렷한 사생관으로 의리와 정도에 뜻을 두고 이를 지키고자 옳은 말을 할 수 있어야 한다. 또한, 임금은 다만 어진 마음으로 용납하고 어루만지기만 하는 것이 아니라, 의리(義利)의 분변을 분명히 하여 군자와 소인을 구별할 줄 알아야 하며 부정과 불의에 대하여는 엄단하여야 한다. 그러므로 정암은 말하기를, "한마음이 광명한 연후에 군자와 소인을 분변할 수 있습니다. 임금이 격물치지와 성의정심이 지극하지 못하면, 혹 군자를 소인이라 하고 소인을 군자라고 하게 됩니다."[85]라고 하고, 또한 "임금은 마땅히 군자와 소인을 분변해야 합니다. 그 군자됨을 알았으면 맡겨 의심치 말 것이요, 소인임을 알았다면 엄하게 대하는 것이 좋습니다."[86]라고 한다. 그러나 여기에서 소인에게 엄히 한다는 것은 직접적으로 자신을 바르게 함을 의미한다. 따라서 정암은 "소인을 미워하지 않고 엄히 한다는 것은 내 몸을 바르게 함을 말합니다. 그러나 진실로 그

84) 『靜庵集』 권3, 「參贊官時啓(二)」: "自古正直之流盛行於世, 則必有大禍隨其後, 是故深於自謀, 周於涉世者, 不敢抗志直言, 以召怨怒, 而低回俯仰, 周旋彼此, 保其身, 全其妻子者, 蓋亦多矣, 此非委質憂國之人也. 夫不顧其身, 惟國是謀, 當事敢爲, 不計禍患者, 正士之用心也."

85) 『靜庵集』 권3, 「參贊官時啓(十四)」: "一心光明, 然後可辨君子與小人也. 人主格致誠正之功未至, 則或以君子爲小人, 或以小人爲君子矣."

소인됨을 알았으면 깊이 미워하여 아프게 끊어버리지 않을 수 없는 것입니다."[87]라고 한다.

이처럼 임금은 마땅히 인서(仁恕)를 주로 할 것이지만, 죄를 줄만하여 죄주는 것은 엄하게 다스리지 않을 수 없는 것이다. 그러나 정암은 격물치지와 성의정심과 같은 공부가 없으면서 한갓 엄려(嚴厲)함에 힘쓰면 모든 일이 그 정당함을 상실케 된다고 주의를 준다. 그리고 이어서 "칠정 가운데 오직 분노가 쉽게 발동하니, 사물에 감응할 때에 마음을 잡아 공명하게 하여 사사로운 분노에 얽매이지 말아야 할 것입니다."[88]라고 한다. 즉 임금에게는 현실의 상황을 판단하기 위한 명석성과 자신을 절제할 수 있는 자제력이 요구된다고 할 것이다.

2) 王道論과 人道精神의 發揚

유학에서 본래 '정치란 바르게 함이다[政者, 正也]' 라 하여 정치를 곧 '바로잡는 것' 으로 본다. 따라서 정암은 항시 '광명정대' 를 말하게 되는데, 이는 나라를 다스림에 왕도사상으로 나타난다. 그는 옛 성현의 왕도사상에 이론적으로 투철하였을 뿐만이 아니라 이를 현실에 실행하려는 굳은 의지를 가지고 있었다. 정암은 이렇게 말한다.

"백성이 생업에 편안하면 거의 근심할 것이 없습니다. 또한 조정의 기세는

86) 『靜庵集』 권3, 「侍讀官時啓(一)」: "人君當辨君子小人, 知其爲君子, 任之不疑, 知其爲小人, 則待之以嚴, 可也."

87) 『靜庵集』 권4, 「三拜副提學時啓(七)」: "待小人, 不惡而嚴者, 正己之謂也. 然苟知其爲小人, 則不可不深惡而痛絶之也."

88) 『靜庵集』 권4, 「復拜大司憲時啓(一)」: "但無格致誠正之功, 而徒務嚴?, 則萬事皆失其當矣. 七情之中, 惟怒易發, 當於應物之時, 秉心公明, 勿繫於私怒, 可也."

형벌로써 부지할 수는 없으며, 조정이 바르게 되면 아랫사람들이 자연히 마음으로 복종합니다. 형과 법은 비록 폐할 수 없으나 다만 다스림을 도울 수 있을 뿐이요, 다스림을 낼 수는 없습니다. 옛사람이 말하기를 '갓난아기[赤子]를 보호함과 같이 한다.' 하였으니, 진실로 능히 갓난아기를 사랑함과 같이 하면 백성이 임금 보기를 반드시 부모와 같이 할 것입니다. 이처럼 하기를 오래 하면, 어찌 치화(治化)를 이루지 못함을 근심하겠습니까? … 자고로 임금이 패도적 효험을 좋아하는 이가 많고 왕도를 행하는 이는 드물지만, 패도를 숭상하는 자가 비록 부국강병의 효과를 이루더라도 어찌 다시 인의(仁義)의 도가 있겠습니까? 왕도를 행함은 비록 하루아침에 효과를 얻지는 못하나 오래 계속하면 크게 이루게 됩니다. 그러므로 맹자가 제나라 · 양나라를 두루 다니면서 정녕 고하여 경계한 것은 다만 왕도를 행하기를 권장하였을 따름입니다."[89]

"고인이 말하기를 '씀씀이를 절제하여 사람을 사랑한다[節用而愛人].' 라고 하니, 이것은 진실로 만세의 법입니다. 이제 국가의 경비가 매우 많은 까닭에 그 공부(貢賦)를 없애지 못하고 있습니다. 모름지기 대신과 상의하여 경비를 줄인 뒤라야 애민하는 도리가 시행될 수 있습니다."[90]

이상의 인용에서 정암 왕도사상의 윤곽을 잘 볼 수 있다. 간략히 말하자면 백성의 생업 안정을 가장 기본으로 중시하면서, 위정자의 검약과 절용, 그리고 인의와 덕화를 강조하는 사상이라고 할 것이다. 그리고 공리와 형법을 위주로 부국강병의 효험을 추구하는 패도를 배척함이라 하겠다. 물론 이와 같은 정암의 생각은 공맹의 근본유학사상에 본래부터 뿌리 박혀 있는 것이다.

---

89) 『靜庵集』 권4, 「元子輔養官時啓(二)」.
90) 『靜庵集』 권3, 「侍讀官時啓(九)」.

공자는 국가를 다스림에 '신(信)'과 함께 '족식(足食)', '족병(足兵)'을 강조하였다.[91] 그리고 또한 나라를 다스림에 쓰임새를 절약하여 백성을 사랑할 것을 우선적으로 강조하기도 하였다.[92] 맹자는 누구보다도 백성의 생업[恒産]을 강조하였으며, 산 자를 봉양하고 죽은 자를 장사지내는 데에 유감이 없는 것을 왕도의 시작이라고 하였다.[93]

또한, 공자는 '덕(德)으로서 정치하는 것은 마치 북극성이 제자리에 있으나, 뭇 별이 그것을 중심으로 도는 것 같다.' 하였으며, 다시 '법제와 금령으로 다스리고 형벌로써 질서를 잡으려고 하면 백성이 어떻게든지 면하려고만 하고 부끄러움이 없는 것'이며, '덕으로써 다스리고 예로써 가지런히 하면 백성이 부끄러이 여기고 또 다스려질 것'이라고 하였다.[94] 그리고 맹자에 의하면 힘으로 사람을 굴복시키는 자는 패(霸)로서, 패는 반드시 큰 나라를 필요로 한다고 한다. 하지만, 덕으로 인을 행하는 자는 왕으로, 왕은 큰 것을 필요로 하지 않는다고 한다. 그리고 다시 덕으로 사람을 복종시키는 자는 속마음으로 기뻐하여 참으로 복종하는 것이라고 하였다.[95] 결국 한마디로 왕도의 요체는 지도자의 덕화와 백성의 안업(安業)에 있다고 할 것이다.

그러므로 왕도적 입장에서는 백성을 근본으로 하지 않고 위정자의 사욕을 충족시키는 행위나, 공리(功利)를 위주로 오직 부국강병만을 추구하고

91) 『論語』「顔淵」: "子貢問政. 子曰, 足食, 足兵, 民信之矣. 子貢曰, 必不得已而去, 於斯三者, 何先? 曰去兵. 子貢曰, 必不得已而去, 於斯二者, 何先? 曰去食. 自古皆有死, 民無信不立."

92) 『論語』「學而」: "子曰, 道千乘之國, 敬事而信, 節用而愛人, 使民以時."

93) 『孟子』「梁惠王上」: "養生喪死無憾, 王道之始也."

94) 『論語』「爲政」: "子曰, 爲政以德, 譬如北辰, 居其所, 而衆星, 共之"; "子曰, 道之以政, 齊之以刑, 民免而無恥. 道之以德, 齊之以禮, 有恥且格."

95) 『孟子』「公孫丑上」 "孟子曰, 以力假仁者霸, 霸必有大國; 以德行仁者王, 王不待大, … 以力服人者, 非心服也, 力不贍也; 以德服人者, 中心悅而誠服也."
『孟子』「梁惠王下」: "孟子對曰, 有惟仁者, 爲能以大事小. … 惟智者, 爲能以小事大. … 以大事小者, 樂天者也, 以小事大者, 畏天者也."

인도(人道)를 저버리는 행위를 결코 용납하지 않는다. 맹자는 일찍이 백성이 귀하고 사직은 그다음이며 임금은 가볍다고 하였거니와, 왕도란 본질적으로 민심을 근본으로 하고 인격에 호소하는 정치행위를 의미한다 할 것이다.

왕도사상을 정암의 도학사상에 비추어 그 이념을 고찰하여 보자. 정암은 말한다.

"삼대의 다스림을 지금 다시 이룰 수 있다는 것은 비록 쉽게 말할 수 없지만, 어찌 그것을 이룰 수 있는 방법이 없겠습니까? 임금께서 먼저 자기의 덕을 길러 행사에 미루어 행하면 사람이 다 감복하여 변화할 것입니다. 만약 나의 덕을 닦지 않고서 행사하는 사이에 꾸미기만 한다면 또한 무엇이 유익하겠습니까?"[96)]

이어서 정암은 모름지기 위정자가 그 덕을 두터이 하여 온갖 변화가 명덕으로부터 흘러나오게 한다면 백성이 보고서 흔연히 감동하여 가만히 있을 수 없게 될 것이라고 한다.[97)] 정암은 사람의 본심(本心)은 천만인이라 하더라도 한가지이며, 그 속에 들어 있는 도(道) 역시 하나라고 생각한다. 그러므로 진실한 마음으로 하면 이 백성이 곧은 도로써 행하는 사람들이기 때문에 서로 통하지 않음이 없을 것이라고 한다. 그리고 이러한 상하의 소통 속에서 자연히 기강이 나와서 치도가 행해질 수 있다고 한다. 즉 정사는 단순히 말단의 도구에 의해서 행하여지는 것이 아니다. 이와 같은 정암의 관점은 「알성시책」에서 다음과 같이 기술되고 있다.

---

96) 『靜庵集』 권3, 「參贊官時啓(一)」: "三代之治, 今可復致者, 雖不可易言, 豈全無致之之道乎, 自上先養己德, 推之行事, 則人皆誠服, 不期化而自化矣, 若吾德不修, 而修飾於事爲之間, 則亦何益乎."

97) 『靜庵集』 권3, 「參贊官時啓(一)」: "須敦厚其德, 使萬化自明德中流出, 則下民自然觀瞻欣感, 有不能已者矣."

"무릇 한 사람으로부터 천만인에 이르기까지 다양치 않음이 없으며, 하나의 일로부터 천만 가지의 일에 이르기까지 번다하지 않음이 없습니다. 그러나 이른바 심(心)과 도(道)는 애초부터 그 사이에서 하나일 수밖에 없으니, 천만의 사람과 일이 비록 다르지만 그 도와 심의 하나 된 까닭은 천(天)이 본래 하나의 이치이기 때문입니다. 그러므로 천하가 함께 하는 도로써 나와 한가지인 사람을 지도하고, 천하가 함께 하는 심(心)으로써 나와 한 가지인 마음을 감동시켜야 합니다. 감동시켜 그 마음을 교화하면 천하의 마음이 내 마음의 정대함에 교화되어 하나라도 정대(正大)하지 않음이 없을 것이며, 또 지도하여 나의 도를 따르게 한다면 천하 사람이 나의 도의 거대함에 선해져 선으로 돌아가지 않을 수 없을 것이니, 나의 도(道)와 심(心)의 성(誠)·불성(不誠)에 의하여 치(治)와 난(亂)이 나뉘는 것입니다. … 바라건대 전하는 정사문구(政事文具)의 말단으로써 기강법도를 삼지 말고, 한마음의 묘(妙)로써 근본을 삼아, 이 마음의 바탕으로 하여금 밝고 정대하게 하며 두루 통달(通達)하게 하여 천지와 더블어 그 바탕을 한 가지로 하고 그 작용을 크게 하면, 일상의 정사(政事)가 모두 도(道)의 작용이 되어 기강법도가 족히 세우지 않아도 설 것입니다."[98)]

이처럼 왕도를 실현하는데 있어서 임금의 마음의 정성은 그 핵심처가 된다고 할 것이다. 그러므로 정암은, 임금이 만약 정사의 말단을 기강법도를 세우는 요긴한 방법을 삼고, 한마음의 묘(妙)와 지성(至誠)의 도를 멀리 돌

98) 『靜庵集』 권2, 「謁聖試策」: "夫一人, 而至於千萬人, 不爲不多矣. 夫一事而至於千萬事, 不爲不煩矣. 然而所謂心所謂道者, 未嘗不一於其間, 而千萬人事之雖殊, 而其道心之所以爲一者, 天本一理而已. 故以共天下之道, 導與我爲一之人, 以共天下之心, 感與我爲一之心, 感之而化其心, 則天下之心, 化於吾心之正, 莫敢不一於正, 導之而導於吾道, 則天下之人, 善於吾道之大, 莫敢不歸於善. 顧吾之道與心, 誠未誠如何, 而治亂分矣. … 伏願殿下, 不以政事文具之末, 爲紀綱法度, 而以一心之妙, 爲紀綱法度之本, 使此心之體, 光明正大, 周流通達, 與天地同其體, 而大其用, 則日用政事之際, 皆爲道之用, 而紀綱法度, 不足立而立矣."

아가는 방법으로 간주하며, 이에 의하여 마음을 다스리는데 힘쓰지 않는다면 조그마한 효험도 볼 수 없다고 경계시키기도 하다.[99)]

정암의 이러한 정신은 앞서 살핀 바와 같이 나라의 백성에게는 물론이요 변방의 다른 족속에까지 미치는 것이었다. 공자는 일찍이 "말이 충신(忠信)하고 행동이 독경(篤敬)하면 비록 오랑캐의 나라에서도 행할 수 있으려니와, 말이 충신하지 못하고 행동이 독경하지 못하면 비록 작은 마을이라도 행할 수 있겠는가"[100)]라고 하였다. 즉 마음의 정성은 언행으로 나타나고, 정성이 담긴 언행은 어디에서나 통용될 수 있다 할 것이다. 그리고 이러한 원리가 왕도사상이 시작될 수 있는 가장 기초적인 근거가 된다고 하겠다.

중종 13년 8월에 야인(野人) 속고내(速古乃)를 체포하는 문제가 거론되었다. 속고내는 7년 전에 갑산(甲山) 지방에서 도적질을 일삼았으나 당시에 제어하지 못하였던 도적이다. 그러한 속고내가 이제 다시 나타나서 사냥하므로 이 기회에 급히 엄습하여 사로잡아야 한다는 것을 어전 회의에서 논의하였던 것이다. 어전 회의에서는 재상 · 대신 · 지변사(知邊事) 등이 모인 가운데, 지략과 용맹이 있다고 평가되는 이지방(李之芳)을 방어사로 선발하였다. 일을 책임 있고 조밀하게 도모하고자 이튿날 왕이 직접 전지(傳旨)를 내리기로 하였다. 다음날 다시 영의정 정광필(鄭光弼), 우의정 안당(安瑭), 병조판서 유담년(柳聃年) 등이 참석한 가운데 왕이 이지방을 인견(引見)하였다. 부제학인 정암은 방어사를 보낸다는 소식을 듣고, 이 일은 가볍게 의논할 일이 아니라 하였다. 이에 왕은 즉시 정암을 불러들이게 되고 정암은 다음과 같은 논을 전개한다.

"이것은 조당대신과 지변사 재상이 이미 상정하여 처리한 것으로서 신과 같

99) 위와 같음.

100) 『論語』「衛靈公」: "子張問行, 子曰, 言忠信, 行篤敬, 雖蠻貊之邦, 行矣, 言不忠信, 行不篤敬, 雖州里行乎哉."

이 세상 물정에서 먼 유자(儒者)가 가볍게 의논할 바는 아닙니다. 그러나 이 일은 작게 보이지만 실은 큰 것이니, 신은 변방의 일이 장차 일어나려함에 이것이 조짐이 될까 두렵습니다. 속고내가 유죄인지 무죄인지는 알지 못하겠으나, 제왕이 거동할 때에는 만전을 기해야 하니, 반드시 이치에 맞아야 움직일 수 있습니다. 이번에 속고내가 다만 사냥하러 온 것을 불시에 사로잡는다면, 이와 같은 일은 변방을 지키는 장수가 편리한 대로 처리한 것이라 하여도 안 될 것인데, 만약 조정이 스스로 도적의 꾀를 행하여 재상을 보내어 엄습하는 일을 행한다면 의(義)에 있어 어떻게 되겠습니까? 만약 잡아놓고서 속고내가 아니면 근심이 장차 말로 할 수 없을 것입니다. 비록 속고내가 죄가 있다고 하더라도 마땅히 죄를 묻는 군사를 일으킬 것이요, 이제 변경에는 막혀있는 것도 아닌데 몰래 군사를 보내어 엄습한다면 이것은 진실로 불가합니다. 설령 장수를 보내어서 잡지 못하면, 호인은 반드시 우리를 믿지 않고 속인다고 할 것입니다." [101]

이처럼 정암은 비록 변경 밖의 야인이라 하더라도 충분한 이유 없이 구박할 수 없음을 강조한다. 더구나 마땅히 응징할 일이면 정당하게 응징할 것이지, 조정이 대신을 잠입시키는 도적의 속임수를 가지고 일을 행하는 것은 국가의 일이라고 할 수 없다고 한다. 그리고 이러한 일들이 한갓 변경의 사변을 일으켜 나라의 체통을 크게 손상할까 염려된다고 하였던 것이다.

이상의 고찰을 통하여 정암의 사상이 얼마나 광명정대하고 의리에 철저한지를 짐작할 수 있을 것이다.

3) 言論自由와 士林의 培養

정암은 누구보다도 일찍이 공론의 중요성을 역설하였고 누구든지 바른

101) 『조선왕조실록』, 中宗 13년 戊寅 8월조.

말을 할 수 있는 기회가 허락되어야 한다고 주장하였다. 그러므로 언로를 맡은 간관(諫官: 臺諫)의 책임을 매우 중대한 것으로 본다.

정암이 34세에 정언(正言)을 지낼 때에, 폐비 신씨(愼氏)의 복위를 주장하여 상소를 올린 박상(朴祥)과 김정(金淨)에 대하여, 신씨의 처벌론을 주장했던 대간이 죄를 청한 일이 있었다. 이에 대하여 정암은 대간이 언로를 막고 직무를 져버렸다고 주장한다. 그리고 3, 4차의 진계(陳啓)를 통하여 이들을 파직시키게 되는데, 정암의 주장은 다음과 같다.

"언로의 통하고 막힘은 국가에 가장 관계가 되니, 통하면 다스려져 편안하고 막히면 어지러워 멸망합니다. 그러므로 임금은 언로를 넓히기에 힘써서 위로는 고위관리[公卿百執事]로부터 아래로는 일반 백성[閭巷市井之民]에 이르기까지 다 말할 수 있게 하여야 합니다.

그러나 말을 맡아 책임질 관리가 없으면 스스로 다할 수 없습니다. 그러므로 간관(諫官)을 설치하여 주관하게 한 것이니, 그 말하는 바가 비록 혹 지나치더라도 허심탄회하게 받아들여서 너그러이 허용하는 것은 언로가 막히는 것을 두려워하기 때문입니다.

근래 박상 · 김정 등은 말을 구함에 소견을 진언한 것입니다. 그 말이 혹 지나칠 것 같으면 쓰지 않으면 그만일 것을 어찌 다시 벌을 주겠습니까?(그런데) 대간이 이내 (박상과 김정 등이) 잘못했다고 죄를 청하고, 금부의 낭관을 발동하여 붙들어오기에 이르렀습니다. 대간된 자는 언로를 열은 다음에야 그 소임을 다했다고 할 것입니다. 김정 등의 일은 재상이 혹 죄를 청하더라도 대간으로서는 마땅히 구제하여서 언로를 넓혀야 하는데, 도리어 스스로 언로를 허물어뜨려 크게 그 본분에 어긋났습니다. 신이 이제 정언(正言)이 되어 어찌 감히 대간(臺諫)의 본분을 잊은 자들과 일을 함께하겠습니까? 용납할 수 없으니, 청컨대 양사(兩司: 大司諫 · 大司憲)를 파직하여 다시 언로를 열어주십시오." [102]

정암이 걱정한 것은, 이 문제로 말미암아 간언을 물리치는 습관이 생기고, 이에 의하여 국가의 대사에 의견을 말하는 이가 없게 되는 것이다. 즉 외방의 초야의 사람들도 어떤 의견을 제출하려다가도 김정, 박상의 일을 듣고는 그칠 것이고, 이 결과 나라의 일에 대하여 구언(求言)할 수도 없게 되고, 언로가 막힐 것이니 치세(治世)에는 있을 수 없는 일이라고 계속 진계하였다.[103)]

정암에 의하면, 언로가 특히 중요한 것은 임금이 궁중에 깊이 있어서 격절(隔絶)되기 쉽기 대문이다. 즉 임금이 외부의 일을 알 기회를 언로를 통하여 제공하려고 하는 것이다.

> "임금이 구중(九重) 깊은 곳에 거처하여 접하고 대하는 것이 때가 정해 있으니, 바깥의 일을 어찌 다 알 수 있겠습니까? 하물며 친근할 자는 환시(宦寺)뿐이오니, 어찌 참으로 바깥의 일을 알 수 있겠습니까? … 모름지기 신하들을 만날 때에 최대한 깊이 살펴야 할 것입니다. 비록 진강(進講)이 아니더라도 때때로 몇몇 신하들을 불러서 더불어 상대하여 민간의 고통이나 정사의 득실이나 인물의 선악을 강론한다면 그 사람의 현부(賢否)를 저절로 알 수 있습니다."[104)]

임금은 대화를 통하여 외부의 일과 인물의 현부를 알게 된다. 반드시 공식적인 것이 아니더라도 대화의 기회를 자주 만들어야 할 것이며, 외부와

---

102) 『靜庵集』 권2, 「司諫院請罷兩司啓(一)」: "言路之通塞, 最關於國家, 通則治安, 塞則亂亡. 故人君務廣言路, 上自公卿百執事, 下至閭巷市井之民, 俾皆得言. 然無言責, 則不得自盡, 故爰設諫官以主之, 其所言雖或過當, 而皆虛懷優容者, 恐言路之或塞也. 近者, 朴祥·金淨等, 當求言而進言, 其言雖若過當, 不用而已, 何復罪之? 臺諫乃以爲非而請罪, 至發禁府郞官而拿致, 爲臺諫者, 能開言路, 然後可謂能盡其職也. 金淨等事, 宰相雖或請罪, 臺諫則當救解, 以廣言路, 而反自毁言路, 大失其職, 臣今爲正言, 豈敢與失職臺諫同事乎? 不可相容矣, 請罷兩司, 復開言路."

103) 『靜庵集』 권2, 「司諫院請罷兩司啓(二)」

격절되어서는 안 된다.

"옛날에는 임금이 여러 신하를 수시로 접하면서 일마다 말하지 않음이 없고 속마음을 모두 토로하여, 자식이 부모를 대하는 것 이상으로 했습니다. 그러므로 임금이 그 일을 보고 그 말을 듣고서는 그 사람됨을 알 수 있었습니다. 오늘날은 접견하는 것이 때가 있고 예모(禮貌)에 규칙이 있어서 비록 어질지 못한 사람이라도 입시(入侍)하는 때에는 좋은 말로 꾸며서 아뢰니, 그 실정(實情)과 허위를 살필 수 없습니다. 그러므로 군자와 소인을 분변하기 어렵습니다. … 그러나 사람의 마음은 취함과 버림이 일정치 않습니다. 만약 (임금이) 바른 일과 지극한 말을 거슬린다고 물리친다면, 군자들은 모두 물러갈 것입니다. 그 후에는 비록 바르게 하고자 하여도 삿된 무리들이 좌우에 가득 차서 어쩔 도리가 없게 됩니다."[105]

또한, 정암은 군신 간에는 불필요한 격식으로 위압하지 말고, 친근하고 자유롭게 대화할 수 있는 분위기를 조성하여야 한다고 하였다.

"우리나라는 군신의 나누임이 엄격합니다. 근래 자주 강관(講官)에게 편한 마음으로 앉으라 하시지만, 신하들이 임금의 참뜻이 어떠한지를 알지 못하고

---

104) 『靜庵集』 권3, 「侍讀官時啓(二)」: "人主深居九重, 接對有時, 外間之事, 豈能盡知? 況其親近者, 惟宦寺而已, 宦寺豈能誠知外間之事乎? … 須於接對群臣之際, 極其審察, 可也. 雖不進講, 而時召數三儒臣, 與之相對, 民間疾苦, 時政得失, 人物善惡, 無不講論, 則其人賢否, 自可知也."

105) 『靜庵集』 권3, 「檢討官時啓(七)」: "古者, 人君接群臣不時, 而事無不言, 所懷皆吐實, 不啻如子弟之於父兄, 故人君見其事, 聞其言, 而可知其爲人矣. 今則接見有時, 禮貌有規, 雖不賢之人, 入侍之時, 修飾善言以啓, 不能察其情僞, 故辨君子小人, 難矣. … 但人心操舍無常, 若以正事至言爲拂逆而拒之, 則衆君子皆引退矣, 其後雖欲正之, 群邪已滿於左右, 無所及焉."

있습니다. 그러므로 구습을 갑자기 변하지 못하고 있습니다. 이것을 보면 습속의 변화란 실로 어려운 것입니다. 정희왕후(貞熹王后)가 조정에 임할 당시에 신하들이 우러러보지 못하더니, 이것이 습관이 되었습니다. 성종조라면 어찌 이런 일이 있었겠습니까? 폐조[연산군]시에는 심순문(沈順門)이 위로 쳐다보았다고 죄를 입게 되었습니다. 위압이 쌓임이 지극하여 신하들이 떨게 되었으니, 오늘날의 부복(俯伏)도 또한 폐조의 남은 풍습입니다."[106]

또한, 정암은 참찬관(參贊官)으로 있을 때에 언로가 막히는 원인과 임금의 용납하여 받아들이는 성심의 중요성을 다음과 같이 자세히 진술하였다. 긴 인용이지만 분명히 확인하기 위해 정암의 논 그대로를 살펴보기로 하자.

"폐조시(廢朝時)에는 환관이 난을 선동한 것이 아니요, 대신들이 바르지 못하여 폐주로 하여금 거의 나라를 망하게 하였습니다. 대저 성종 초년에 사림을 배양하여 현자를 좋아하고 간언을 받아들임에, 일시에 선사(善士)가 요순의 다스림을 회복할 수 있을 것으로 생각하여 이에 말을 거리낌 없이 다하였습니다. 대신 중에서 시기하는 자가 많이 있어서 하나라도 문제 삼으면 거리끼고 싫어하여 그 분함과 노여움을 쌓아두었습니다. 그러다가 폐조에 이르러 임금의 뜻을 엿보아 그 사사로운 분노가 풀리도록 (사림을) 일망타진하여 남은 사람이 없게 되었습니다. 오늘날 붕우의 사이에 왕래하며 강학하여 서로 유익하고자 하는 사람이 어찌 없겠습니까? 다만, 친히 참혹한 화를 보았기 때문에 남과 더불어 즐겨 사귀지 않아 사우(師友)의 도가 없어진 것입니다.

유자광은 소인입니다. 무릇 바른 선비의 움직임과 고요함, 말함과 침묵함과

106) 『靜庵集』 권3, 「侍講官時啓(一)」: "我國君臣之分隔絶, 邇來屢教講官平氣以坐, 而群臣不知上意之誠否, 故未能卒變舊習. 以此觀之, 習俗之難變也, 固矣. 貞熹王后臨朝時, 群臣莫能仰視, 循成此習. 若成宗朝, 則豈有如此事乎? 廢朝沈順門, 以仰視被罪, 積威之極, 群臣震慴, 今之俯伏, 亦廢朝之餘習也."

같은 일체의 행위를 추축(追逐)하여 살피지 않음이 없었습니다. 반정 초에 박원종은 본시 학식이 없었으며, 또한 교유하는 문사들을 붕당이라 지목하여 겨우 남아있는 자들도 죄를 면하기 어려웠습니다. 실로 성상의 진정(鎭定)하심을 힘입어 그치게 되었으니, 후에 어찌 다시 이런 일이 있겠습니까? 이른바 사귀어 왕래하는 것은 다 수기(修己)·치인(治人)·사군(事君)·사친(事親)하는 도리를 강론하는 것이니, 이것은 곧 국가의 복입니다.

대신(大臣)과 소신(小臣)이 임금 앞에 있을 때, 소신이 말하여 그른 것은 대신이 물리칠 수 있으며, 물러가 밖에 있을 때에 말하여 그른 것도 대신이 또한 깨우쳐줄 수 있습니다. 대신은 다만 사심이 없을 뿐이니, (그리하여) 참으로 공론을 지켜서 사람의 과실을 바로 잡을 수 있다면 대간도 또한 두려워함이 있을 것입니다. 오늘날에는 대신이 도리어 대간을 두려워하여 말하고자 한 것을 말하지 않고, 사사롭게 다른 것을 입론하니, 이와 같이 하여 능히 다스릴 수 있겠습니까? 대신과 소신이 서로 화합하여 한 집안 같으면, 천지가 교태(交泰)하여 만물이 생겨날 것입니다.

세종 때에는 대신과 집현전 유사(儒士)가 서로 책난(責難)하였습니다. 말년에 이르러 내불당(內佛堂)을 지음에, 대신이 간하여도 듣지 않고 집현전 학사가 또한 극간하여도 듣지 않으니, 학사들이 모두 집으로 물러가고 집현전은 빈집이 되었습니다. 이에 세종이 눈물을 흘리고 황희를 불러 말하기를, '집현전의 제생이 나를 버리고 갔으니 장차 어찌하면 좋겠소?' 하였다. 황희가 아뢰기를 '신이 가서 달래 보겠습니다.' 라 하고, 드디어 여러 학사(學士)의 집을 두루 방문하여 간청하여 돌아오게 되었으니, 이와 같이 한 뒤에 선비의 기풍[士氣]를 배양할 수 있습니다. 만약 세종이 임금이 아니고 황희가 재상이 아니었더라면, 임금이 반드시 버리고 갔다 하여 발노할 것이며, 재상 된 자는 반드시 몸을 굽혀 두루 다니며 청하는 것을 즐기지 않고, 도리어 이것을 욕되게 여겼을 것입니다. 뿐만 아니라 태학 유생들이 노상에서 황희를 만나면 마주 보고 힐난하기를, "당신은 재상이 되어 임금의 잘못을 바로 잡지도 못합니까?" 라고 하였으나, 황희는 노하지 않고 도리어 기뻐하였으니, 대신의 도가 마땅히 이와 같아야 할 것입니다. 그러므로 세종의 치적을 이제까지 일컫는 것입니다." 107)

결국, 바른 선비의 국가에 대한 언론을 꺼려서 중상하는 무리가 나오고, 이로 말미암아 선비가 참혹한 화를 당하게 되면서 막히게 된다고 할 것이다. 그리고 선비들을 은밀히 살펴서 붕당이라고 지목하는 것에 의하여 사우(師友)의 도가 없어지는 결과를 빚게 된다. 나아가 이러한 이유로 인하여 선비들이 위축되어 말하지 않고, 서로 어울려 강론하지 않게 된다면 이는 국가의 생명을 끊어 버리는 일이 된다. 그러므로 국가를 위해서는 바른 선비들이 자유롭게 강론하고 견해를 표출할 수 있는 분위기를 만들어 주어야 한다고 할 것이다. 그리고 이를 위해서는 혹 거슬리고 어긋나는 일이 있더라도 이를 용납하여 받아들이는 임금이나 사심 없는 대신의 마음이 중요하다고 할 것이다.

그러므로 정암은 정사에 있어서 사기(士氣)를 배양하는 것을 매우 중시하고 우선시한다.

"오늘날 선비의 기풍은 이른 봄에 처음 나오는 풀과 같습니다. 만약 약간의 서리라도 맞으면 반드시 말라서 시들 것입니다. 모름지기 옳고 그름을 분명하게 하고 좋고 나쁨을 바르게 하여 정사하는 사이에 지속과 완급을 모두 고려해야 좋습니다. 이것이 바로 어지러움을 다스려 올바름으로 돌아가는 기틀이니, 자손만대의 업(業)이 이로부터 비롯할 것입니다." 108)

---

107) 『靜庵集』 권3, 「參贊官時啓(二)」

108) 『靜庵集』 권3, 「參贊官時啓(十五)」: "今時, 士氣如早春初生之草, 若遇微霜, 必爲之枯悴矣. 須使是非分明, 好惡得正, 而政事之間, 遲速緩急, 亦皆斟酌, 可也. 此正撥亂反正之機也, 子孫萬世之業, 皆自此始也."

정암의 시대는 16세기 초로서 지금부터 5백 년에 가까운 세월이다. 그러나 위에 고찰한 바와 같이, 그는 당시의 조선사회에 있어서 개인의 인격을 지극히 존중하고 언론의 중요성을 강조하였으며, 그것을 이론으로서 뿐만 아니라 현실 정치에 실제로 이행하여 구현하였다. 비록 정암의 노력은 오래 가지 못하였지만, 이는 실로 일찍이 찾아보기 어려운 바로서 사상사적으로도 매우 중요한 의의를 지닌다 할 것이다. 민중의 뜻과 지혜를 모으는 것은 현대 민주주의 사회에 있어서 중시되는 바이거니와, 정암의 이러한 사상과 과감한 실천은 바로 민중의 뜻이 실현되는 정치를 일컫는 것으로서 매우 선구적이었다고 할 수 있다. 이것은 퇴계와 율곡을 비롯한 성리학파 및 후기 사류들에게 모범이 되었으며, 조선조를 통하여 내려오는 전통정신이 되었다. 나아가 지성과 덕성을 겸비한 바른 선비[正士]의 배양은 실로 국가의 원기(元氣)로서 지도적 주체를 형성하는 것이며 민족사를 이끌어가는 원동력이 되었던 바라 하겠다.

4) 特權層에 대한 抗爭과 私利의 根絶

정암은 사람들이 사리(私利)를 근본으로 추구하는 생각을 없애고자 하였으며, 실제로 부정을 행할 수 있는 길을 막고자 힘을 다하였다. 또 관리가 되어서는 상하 간에 누구든지, 그리고 일에는 대소를 막론하고, 백성을 위하여 봉사할 수 있는 근본으로서 인의지도(仁義之道)를 회복할 것을 적극적으로 권장하였다. 정암은 먼저 공사(公私)와 의리(義利)의 구별을 분명히 밝힐 것을 말하였다.

> "임금은 의리와 이익, 공과 사의 구분을 분명히 살펴야만 합니다. 진실로 의리와 이익, 공과 사를 분변하여 미혹되지 않으면, 안팎이 닦이고 마음 바탕이 맑아서 옳음과 그름, 좋음과 나쁨에 대한 판단이 모두 바름을 얻고, 사물을 응

접하여 처리하는 것이 모두 알맞게 될 것입니다."[109)]

즉 임금의 마음이 사사로운 이익에 미혹되지 않음으로 인하여 가치의 평가와 사물의 처리를 정당하게 할 수 있다는 것이다. 그리고 임금의 마음을 이처럼 만드는 것이 바로 격군심(格君心)의 내용이 될 수 있을 것이다.

정암은 "사리의 근원이 한번이라도 열리면 그 해가 클 것이니 국가는 모름지기 공명과 사리의 습속을 끊어야 합니다. 선비된 자가 평시의 지론이 비록 정직한 것 같다가도 만약 사고라도 있으면 손발이 어쩔 줄을 모르게 됩니다. 사리의 근원은 국가의 병이니 결연히 단절하여야 미풍(美風)을 보존할 수 있을 것입니다."[110)]라 한다. 즉 사리의 근원이 열려서 백성이 모두 이익을 추구하게 되면 이는 국가의 미풍양속을 해치는 결과를 초래하므로, 사리(私利)의 근원을 원천적으로 막아야 할 것을 강조한 것이다.

그런데 현실은 어떠하였는가? 정암은 "옛날의 군신이 서로 경계하여 신칙한 것은 백성의 일이 아님이 없었는데, 후세에는 한갓 작록을 사모하고 민공(民功)을 염려하지 않습니다."[111)]라 하고, 또 "사대부가 서로 모여서 말하는 것은 다 일신을 위한 계책입니다. 신이 두려워하는 바는 바로 이것입니다."[112)]라 하여, 당시에 지도층이 일신의 이익에 몰두하고 있었음을 밝혔다. 그러나 "인신(人臣)으로서 그 몸을 사랑하면 나머지는 족히 볼 것이 없

109) 위와 같음, 「參贊官時啓(四)」: "人主於義利公私之辨, 不可不明審也. 苟能知義利公私之辨而不惑焉, 則內外修, 而心地淸, 是非好惡, 皆得其正, 而至於處事接物, 無不當矣."

110) 『靜庵集』 권4, 「復拜副提學時啓(十一)」: "利源一開, 其害大矣, 國家須絶功利之習,. 爲士者, 平時持論, 雖似正直, 若有事故, 則手脚忙亂, 利源是國家之病, 痛絶然後, 可以永保其休矣."

111) 『靜庵集』 권3, 「參贊官時啓(六)」: "古之君臣相戒?者, 無非民事, 後世則徒慕爵祿, 而不念民功也."

112) 『靜庵集』 권3, 「侍讀官時啓(十五)」: "士大夫相聚而爲言者, 皆一身之計也. 臣之所懼者, 此也."

는 것"[113]이라는 정암의 말에 나타나듯이, 의와 리를 분명히 분별하고서 의리를 추구하고 사리를 저버리지 않는다면 결코 지도자(군자)가 될 수 없다.

정암은 뇌물수수를 엄금할 것을 권하면서 이러한 습성의 내력을 설명하였다.

"성종 조에 너그러움을 숭상하여 공금 횡령과 같은 죄까지도 혹 너그럽게 처리하였는데, 뇌물을 수수하는 행위가 이때에 비롯된 것인가 합니다. 세종 조에는 만호(萬戶)와 같은 벼슬아치도 다 청렴하여 서로 숭상하였던 것이니, 사습(士習)의 사특함과 올바름, 치도의 더러움과 훌륭함을 이로 인하여 볼 수 있습니다. …… 세종 조에 집현전 학사 박팽년이 광주(廣州)에 전답을 샀는데, 그의 벗이 책망하기를 '녹봉이 충분히 경작을 대신하겠거늘 밭은 무엇 때문인가?' 라 하였습니다. 이에 팽년은 즉시 그것을 팔아 버렸습니다. 이것으로 보아 그때의 사습(士習)을 알 수 있습니다. 그 이후로는 사습이 무너지고 세조, 성종 조에는 훈구지신이 늘어서 폐습을 적성(積成)하더니, 폐조(연산조)에 이르러 그 폐단이 더욱 고질이 된 것은 괴이할 것이 없습니다. 오늘날 오랜 폐단이 점차 혁신되고는 있으나 엄금하여 통단하여야 할 것입니다."[114]

지도층의 이익 추구를 이와 같이 반대했던 정암으로서는 자기의 직분이외에 이득을 취하거나, 훈공이 있었다고 하여 사리를 도모하고 비리를 자행함은 결코 용납할 수 없는 것이다. 그리고 정암은 여기서 한걸음 더 나아가 당시의 근본적인 문제점을 개혁하려 한다.

정암은 "오늘날 조정에 청탁이 행해지지 않은 것은 세사(細事)이니 논할

113) 『靜庵集』 권4, 拾遺 「啓(二)」.
114) 『靜庵集』 권3, 「參贊官時啓(十一)」.
115) 『靜庵集』 권4, 「大司憲時啓(一)」.

만한 것이 못됩니다. 그러나 대리(大利)의 근원은 어떻게 막겠습니까?"[115] 라 하였다. 당시 정암을 중심으로 혁신적인 노력의 결과 사습이 점차 좋아지고 민풍이 상당히 변모하였다. 그러나 이미 저질러진 근본적인 병통이 있으므로 근본적인 개혁 없이는 국사를 도모할 수가 없었다. 그것은 다른 것이 아니라, 반정 시에 남획(濫獲)된 정국공신을 개정하는 일이었다. 정암은 대사헌이 되자 곧 일대 개혁을 착수하기 시작하였다. 정암은 아뢰었다.

> "정국시(靖國時)에 경황이 없는 가운데 조신(朝臣)들이 식견이 높지 못하여 공신과 관작이 지나치게 많았습니다. 소신이 근래 대간이 되어 국사를 행하고자 하여도 이원(利源)이 한번 열리어 구제할 바를 알지 못하겠습니다. 생각이 여기에 미치어 몸을 잊고 극언을 하옵니다. 평시라면 그만이겠으나 혹 변고가 있게 된다면 비록 선한 자가 있다하더라도 그 뒤를 잘 할 수 없는 것입니다. 성념(聖念 : 임금의 생각)은 여기에 미치지 않으십니까? 이 폐단을 개혁치 않으면 사직을 지탱할 수 없을 것입니다."[116]

정국공신을 정하고 관작을 수여한 것은 중종반정 당시의 일로서 이미 십여 년이 지났다. 그것을 바꾼다는 것은 지극히 어려운 일일 뿐 아니라, 중종으로서도 쉽게 응할 수 없는 매우 곤란한 문제였다. 그러나 정암은 이것이 나라의 기반[國基]에 관련된 것으로서 반드시 바로 잡아야 할 문제라고 생각하였다. 그러므로 정암은 그것이 잘못된 경위와 이 문제가 반드시 개정되어야 하는 이유를 거듭 상세하게 진계하였다.

---

116) 위와 같음: "靖國時, 遑遑之中, 朝臣識見不高, 功臣官爵猥濫太甚, 小臣近作臺官, 欲爲國事, 而利源一開. 莫知所救. 念及於此, 至欲忘身而極言之, 平時則已矣, 脫有變故, 則雖有善者, 亦不能善其後矣. 聖念豈不及此乎. 不革此弊, 則社稷將不能支持矣."

"정국공신은 이미 오랜 일입니다. 당초에 대신이 만약 멀리 생각함이 있고 대간이 만약 공론(公論)을 지켰더라면 어찌 개정하지 않았겠습니까? 공적을 기록할 때에 성희안은 유자광이 경험이 많다고 생각하여 일찍이 그로 하여금 공적을 매기게 함이 많았습니다. 그러므로 잘못된 것이 심히 많았으니 마음이 아픈 일입니다. 자광은 자제(子弟)를 위한 계책으로 먼저 세 대장(大將)의 자제를 기록하고 자기 자제를 기록하였는데, 성희안 등은 술수 가운데에 빠졌음을 알지 못하였습니다. 성희안은 비록 큰 공이 있으나 학식이 없고, 박원종은 또한 학문을 하지 않은 사람입니다. 성희안은 유자광과 서로 알기 때문에 대사를 가지고 간사한 사람에게 위임하였으니 식견이 작음을 알 수 있습니다.

그 후에 비록 분발하여 몸을 돌보지 않고 국사를 바로 잡고자 하는 자가 있다 하더라도, 감히 고치기를 청하지 않은 것은 아마도 성학(聖學 : 임금의 학문)이 고명함에 이르지 못하였을까 염려했기 때문입니다. 그러므로 매우 어려운 것으로 생각하였을 따름입니다. 이익의 근원이 한번 열리면 (이는) 국가 고황의 질병이 됩니다. 마음에 걱정이 깊어서 급히 개정을 논하려 해도 일이란 기회가 있는 것입니다. 그러므로 이제 비로소 거듭 말씀드립니다. 만약 이익의 근원을 통렬하게 막지 않으면 사람이 이욕(利慾)에 쉽게 빠져서 반드시 차마 말할 수 없는 일이 있을 것입니다."[117]

또한, 정암은 "사직이 위기에 처하여 있고 백성이 신음하여 참된 임금을 생각하고 있으니, 천명과 인심이 자연 이와 같다."라고 하여 이 일은 천하

117) 『靜庵集』 권2, 「兩司請改靖國功臣啓(一)」: "靖國功臣, 已久之事也, 其初, 大臣若有遠慮, 臺諫若持公論, 則豈不改正乎. 錄功時, 成希顏, 以柳子光爲經事, 嘗多使之磨勘, 故冒濫甚衆, 可爲痛心, 子光爲子弟計, 先書三大將子弟, 而錄其子弟, 希顏等不知其陷於術中也, 成希顏雖有大功, 而無學識, 朴元宗亦不學者, 希顏與柳子光相知. 故乃以大事, 委諸奸人, 識見之小, 可知. 其後, 雖有奮不顧身, 欲正國事者, 而不敢請改者, 恐聖學未臻高明, 故以爲重難耳, 利源開張, 爲國家膏肓之疾, 人心壹鬱, 急欲論改, 而事有機會, 故今始重發, 若不痛塞利源, 則利欲人所易陷, 必有不可忍說之事矣."

가 원하는 것임을 강조한다. 그리고 이어서 "박원종과 성희안 등이 비록 공이 있다고 하더라도, 만약 스스로 공이 있다고 한다면 신하의 도리가 아니다."[118]라고 단언하기도 한다.

더구나 참록(參錄)된 공신 중에는 전대로부터 죄를 지어 처벌하여도 마땅한 자들이 끼어 있었다. 만약 이와 같은 큰 잘못을 바로잡아 바르고 의로운 사기를 기르지 않고, 지도자를 비롯하여 모든 국민이 순전히 이해관계로만 움직인다면 이것은 큰 문제가 아닐 수 없다.

"전(前)부터 누가 이러한 논의를 제기하려 하지 않았겠습니까만, 임금이 믿으실지 알지 못하기 때문에 발설하지 못한 것입니다. 폐조(연산) 때 유순(柳洵)은 나이가 많고 벼슬이 높았으나 한 가지도 규간(規諫)하지 않고 힘없이 비위나 맞추더니 반정에 이르러 이내 공신의 기록에 들어갔습니다. 김감(金勘), 구수영(具壽永)의 무리는 폐주에게 아첨하여 행실이 개나 돼지와 같았으니, 오히려 밝혀서 형벌을 주어야 할 것인데 또한 공신의 기록에 들어 있습니다. 이것은 비록 한집안의 일이라도 바로잡아야 할 것인데, 하물며 국가의 이제 새롭게 출발하는 도가 어찌 이와 같을 수 있겠습니까?

작은 나라가 선비의 기풍을 배양하지 않고 이에 이익의 근원을 열어서 조정 사대부로 하여금 분주히 뛰어다니게 함이 어찌 도리이겠습니까? 하늘과 땅을 속이고서 어떻게 다스린다 하겠습니까? 대간이 망극한 은혜를 입고 앉아서 국가의 병근(病根)을 보면서 묵묵히 있을 수 있겠습니까? 비록 죄벌이 있더라도 또한 몸으로 당하고자 합니다."[119]

정암에 의하면, 이처럼 이익을 추구하는 국가의 병근은 겉으로 분명하게

---

118) 『靜庵集』 권2, 「兩司請改靖國功臣啓(二)」: "社稷危如一髮, 而百姓謳吟, 以思眞主, 天命人心, 自然如此, 元宗希顔等, 雖曰有功, 若自以爲功, 則非人臣之道也."

드러나는 것이 아니다. 은미하게 숨어 있다가 풍속을 해치고 나라를 망하게 하는 것이다. 그러므로 반드시 바로 잡아야 한다. 이러한 점을 정암은 다음과 같이 말한다.

"재화(災禍)가 현저한 것은 쉽게 보이지만, 재화가 은미한데 있는 것은 더욱 두려워하여야 합니다. 이것은 정사의 실책과 같은 것이 아닙니다. 사람 사람마다 다만 이익이 있음만 알고 인의가 있음을 알지 못하며, 이것으로 풍속을 이루면 장차 이르지 못할 바가 없을 것이니, 생각이 여기에 이르러 어찌 염려치 않을 수 있겠습니까?"[120]

"지금은 이익을 추구하는 마음이 크게 성행하여 소인들이 조금이라도 뜻을 채우지 못한다면 문득 국가에 혼란을 일으키고자 할 것입니다. 만약 조정에 작은 변고라도 있으면 그 형세가 반드시 봉기할 것입니다. 근자에 대간이 탁류(濁流)를 물리치고 청파(淸波)를 일으키려 함에 대하여 논란이 과연 많습니다. 이번에 화살을 쏜 것이 (어떤 자가 활을 쏘아 대간을 겁주려 함을 말함) 어찌 우매한 자의 소행이겠습니까? 만약 임금으로부터 조금이라도 싫어하고 게을리하는 뜻이 있으면 이와 같은 무리를 막을 수 없습니다."[121]

정암이 지금 진행하는 탁류(濁流)를 물리치고 청파(淸波)를 일으키는 일

---

119) 『靜庵集』 권2, 「兩司請改靖國功臣啓(三)」: "自前孰不欲發此論, 但未知君上之可恃, 故未發耳. 其在廢朝時, 柳洵年高位極, 一不規諫, 委靡苟容, 及其反正, 乃參勳籍. 如金勘·具壽永之類, 邪媚廢主, 行如狗彘 雖明正典刑可也, 而亦參錄功. 雖一家之事, 尙可維之以正, 況國家正始之道, 豈可如此乎? 小國不培養士氣, 而乃開利源, 使朝廷士大夫奔波趨走, 豈理也哉? 欺誣天地, 何以爲治? 臺諫被罔極之恩, 坐見國家之病根, 其可默默乎? 雖被罪罰, 亦欲以身當之."

120) 『靜庵集』 권2, 「因不從改正功臣事辭職啓(二)」: "禍在顯著者易見, 而禍在隱微者尤可畏也. 此事非如政事之失, 人人但知有利, 而不知有仁義, 以此成俗, 將無所不至, 慮至於此, 豈不動念乎?"

은 궁극적으로 사리의 근원을 끊어버려 사회 정의를 확립하는 노력이 된다. 그리고 이익을 추구하며 뜻에 맞지 않으면 국가적 혼란을 일으키려는 무리를 척출하여야 한다고 상주(上奏)하였다. 즉 정암은, 당시를 이익을 추구하는 풍조 속에 국가가 무너지거나, 아니면 이와 같은 풍조를 막아 국가를 재건하여야 할 갈림길에 있었다고 본 것이다. 그러므로 그는 위훈을 삭제하여 이익의 근원을 끊음에 모든 노력을 기울였다. 정암은 「옥중공사(獄中供辭)」에서 다음과 같이 술회하였다.

"신의 나이 38세입니다. 선비가 세상에 태어나 믿을 바는 오직 임금의 마음뿐입니다. 다만, 국가의 병통이 이원(利源)에 있다고 헤아리어, 국맥(國脈)을 무궁토록 새롭게 하고자 하였을 뿐, 전혀 다른 뜻이 없습니다."[122]

정암은 신명을 다하여 이 지극히 어려운 문제를 타개할 결의를 하였으며, 드디어 그 성취를 보게 되었다. 초삭(抄削)된 공신은 76인으로 전 공신의 4분의 3에 이르렀다. 그러나 이것을 계기로 하여 정암과 사류들은 치명적 반격을 받게 된다. 이른바 기묘사화가 일어나고 일시에 사류가 죽어갔다. 지치(至治)를 중흥하려는 과업은 중도에 단절된 것이다. 그러나 간흉은 천추의 역적이 되고, 오직 정도와 생민을 위하여 바친 정암의 거룩한 얼은 오늘도 역력히 빛난다.

---

121) 『靜庵集』 권4, 「大司憲時啓(三)」: "今世, 功利之心大盛, 細人小不滿意, 則輒欲國家生亂, 若朝廷小有變故, 則其勢必蜂起也, 近者, 臺諫欲激濁揚淸, 所論果多矣, 今之射箭, (有人射箭, 欲劫臺諫故云) 豈愚迷者所爲乎, 若自上, 少有厭倦之意, 則如此之徒, 不可遏止也."

122) 『靜庵集』 권2, 「獄中供辭」: "臣年三十八, 士生斯世, 所恃者君心而已. 妄料國家病痛, 在於利源, 故欲新國脈於無窮而已, 頓無他意."

5) 己卯士禍와 靜庵의 죽음

정암은 성종 18년에 출생하여 중종 14년에 사사(賜死) 당하기까지 38년의 짧은 생애를 마치었다. 세상에 나와 경륜을 펼친 것도 34세로부터 만 4년에 불과하다. 이 짧은 기간에 정암은 유학의 이상인 '요순지치(堯舜之治)' 를 실현하고자 하였다. 광명정대한 마음을 근거로 하여 임금을 바로 잡고 백성에게 은택을 베푸는 '격군택민(格君擇民)' 의 사업에 종사하였던 것이다.

선조가 경연에서 정암의 학문과 행사에 대하여 질문하였을 때, 퇴계는 다음과 같이 아뢰었다.

"조광조는 천품이 뛰어났습니다. 일찍부터 성리학(性理學)에 뜻을 두었고 가정에서 효우(孝友)하였습니다. 중종이 다스려짐 구하기를 목마르듯 하시어 바야흐로 삼대의 다스림을 일으키려 하심에, 광조도 또한 불세의 기회로 생각하여 김정(金淨), 김식(金湜), 기준(奇遵), 한충(韓忠) 등과 함께 서로 힘을 합하고 마음을 한가지로 하여 크게 경장한 것이 있었습니다. 조법(條法)을 설립(設立)하여 소학(小學)을 사람 가르치는 방법으로 삼았으며, 또 여씨향약(呂氏鄕約)을 실행하고자 함에 사방이 바람처럼 따라 일어났습니다. 만약 오래도록 폐하지 않았더라면, 태평한 정치가 어렵지 않았을 것입니다."[123)]

율곡은 그의 「도봉서원기(道峯書院記)」에서 다음과 같이 정암을 평하였다.

"몸가짐[持身]은 반드시 성인이 되고자 하고, 입조하여서는 반드시 도를 행하

123) 『靜庵集』 부록 권3, 「請褒贈啓(李滉)」: "趙光祖, 天稟秀出, 早有志於性理之學, 居家孝友, 中廟求治如渴, 將興三代之治, 光祖亦以爲不世之遇, 與金淨 · 金湜 · 奇遵 · 韓忠等, 相與協力同心, 大有更張, 設立條法, 以小學爲敎人之方, 且欲擧行呂氏鄕約, 四方風動, 若久不廢, 治道不難行也."

고자 하였다. 그리고 임금의 마음을 바르게 하며, 왕도를 베풀고, 올바른 언로를 열고, 사욕의 근원을 막아 끊는 것을 선무(先務)로 하여 마음 쓰기를 간절히 하였다." [124)]

정암이 조정에 들어온 몇 년 동안에 사습(士習)과 민풍(民風)이 크게 변하여 지치(至治)의 중흥이 거의 이루어지고 있었다. 그러나 정암의 말대로 "예로부터 정직한 구리가 세상에 성행하면 반드시 큰 화(禍)가 그 뒤를 따르는 것" 이 과거의 역사였다. 그리고 그는 다시 "우리나라가 개국한 이래 사림(士林)의 재앙이 끊이지 않았습니다. 만약 군자가 국사에 힘써서 거의 성공하려 할 때면 패망하지 않은 때가 없었으니 심히 두려운 일입니다." [125)] 라고 진계하기도 하였으며, 사류의 올바른 활동을 '당류(黨類)' 라고 지목하여 모함할 자 있을 것을 예견하기도 하였다. 그러나 또한 "그 몸을 돌보지 않고 나랏일을 도모하며 일을 당하여는 감히 화환(禍患)을 헤아리지 않는 것이 바른 선비(正士)의 마음 씀" 이었다. 그리고 이와 같은 확고한 의지에 기초하여 정암은 전대에 시행하지 못하던 중차대한 일을 수행하고 있었다.[126)]

그러나 중종반정 이후 이루어진 불법적 특권을 근원적으로 색절(塞絶)하여 "국맥을 무궁토록 새롭게 하고자" 하였던 정암의 노력은 기묘사화를 불러일으키게 되었다. 이것으로 정암과 사류들은 죽음을 맞게 되었으며, 이에 결국 어렵게 소생하려던 국운은 다시 어둠을 헤매게 되었다.

정암이 죽은 뒤에, 「행장」은 퇴계에 의하여 지어졌고 「묘지명」은 율곡에 의하여 지어졌으며, 그 밖에 일일이 열거할 수 없을 만큼의 수많은 추모의

---

124) 『栗谷全書』 권13, 「道峯書院記」.

125) 『靜庵集』 부록 권5, 「年譜」 己卯七月: "大抵我朝, 自開國以來, 士林之禍不絶, 若有君子力於國事, 庶幾有成, 則無不敗之時, 甚可懼也."

126) 『靜庵集』 권4, 「復拜大司憲時啓(二)」: "今國家修擧之事, 皆先朝所未遑之事也."

글이 지어졌다. 정암은 국사를 담당한 이래 자신이나 가사(家事)를 논할 겨를이 없었으며, 죽음도 고종(考終)을 못하였다. 나라의 환난을 염려하지 않고 일신의 영화만을 추구하는 악인은 안락한 생활을 누리고, 일신을 돌보지 않고 국사를 염려한 선인은 비참하게 죽음을 당했다. 그리고 정암의 죽음으로 말미암아 세상에서 왕도를 논하는 것을 크게 꺼리게 되었고, 모두 움츠러들어서 '때가 아니라' 고 할 뿐이었다. 고도(古道)는 과연 실현될 수 없는 것인가? 그러한 불합리와 전도(顚倒)는 어떤 이치인가? 그러나 인심은 공정하고 하늘의 이치는 어김이 없다. 어두운 그늘이 지나가면 태양이 다시 비추는 법이다.

그러므로 중종의 만년에는 임금이 스스로 정암의 무죄함을 깨달았고, 인종이 즉위한 6월에는 관직을 다시 회복하게 된다. 또한, 선조 원년(1568)에는 태학생 및 조신들의 청원에 의하여 대광보국숭록대부(大匡輔國崇祿大夫) 의정부영의정(議政府領議政) 영경연·홍문관·예문관·춘추관·관상감사(領經筵弘文館藝文館春秋館觀象監事)에 추증되게 된다. 그리고 다음 해인 기사(己巳)년에는 문정공(文正公)의 시호가 내려졌다. 이에 정암의 밝은 빛이 사방으로 환히 드러나게 되었다. 그리고 많은 선비가 정암을 태산북두와 같이 우러러보게 되었으며, 온 나라의 유림이 추모함이 더할 수 없이 되었다. 율곡은 이와 같은 추모의 물결을 "이는 고금에 듣도 보도 못한 일이며, 또한 큰제사로 모시는 일이 장차 만세토록 이어질 것이다."[127]라 하고, "그러나 양선(良善)을 해치고 국맥을 단절한 저들은 요행히 살아서 죽임을 면하였으나 귀주인륙(鬼誅人戮)함이 날로 더 무섭고 삼척동자라도 침뱉고 욕하며, 구천의 형(刑)이 영원토록 용서치 않을 것이다."라고 기록하였다.

정암은 죽었으나 그의 유풍은 그대로 살아서 후인들이 본받게 되었다. 퇴

---

127) 『栗谷全書』 권18, 「靜庵趙先生墓誌銘」: "此誠古今所未聞覩, 元祀之尊, 將亘萬世矣."

계와 율곡과 같은 현철을 비롯하여 역사를 통하여 모든 사류에게 정신적 지표가 되고 숭앙을 받아 왔을 뿐 아니라, 민족을 수호하고 정의를 부식(扶植)하는 기본정신이 되었던 것이다. 율곡의 말과 같이 그 도의 비색(否塞)함은 잠시요, 통태(通泰)함은 영원한 것이라 하겠다.

Ⅱ. 李退溪의 人道主義 思想과 社會的 影響

1. 乙巳士禍와 退溪의 垂教的 定向

기묘사화로 말미암아 정암을 비롯한 사림들이 희생된 후 남곤(南袞), 심정(沈貞) 등 훈구 계열에 의하여 국정이 장악되더니, 그 뒤를 이어 김안로(金安老)가 국정을 전횡하였다. 그러나 중종은 만년에 사림을 희생시킨 일이 잘못된 것임을 알게 되었으며 김안국(金安國) 등 사화에 연루되었던 성리학파를 다시 기용하였다. 그리고 세자 인종이 즉위한 뒤 정암의 관직을 추복하였으며, 유관(柳灌), 유인숙(柳仁淑)을 경상(卿相)의 위에 두어 사림은 다시 활기를 띠게 되었다.

그러나 인종은 재위 8개월에 승하하고, 문정왕후 소생인 명종(明宗)이 12세의 어린 나이로 즉위하였으며, 문정왕후의 섭정 하에 정권은 그의 아우인 윤원형(尹元衡)이 좌지우지하였다. 본시 인종(仁宗)의 외숙인 대윤 윤임(尹任)과 명종의 외숙인 소윤 윤원형 사이에는 세력의 갈등이 있었다. 명종이 즉위함을 계기로 하여 대 · 소윤 사이에는 처참한 정권싸움으로 발전하여, 윤원형을 비롯한 이른바 오간(五姦)은 대윤일파를 반역음모로 몰아 숙청하면서 이미 벼슬길에 들어 정사를 도모하였던 선비들과 자파의 불의에 대하여 거대한 비판세력이 될 수 있는 사림들을 처단해 버렸으니, 이것이 이른바 을사사화였다.

을사사화로 인하여 영의정 유관, 이조판서 유인숙을 비롯하여 전 주서 이덕응(李德應), 수찬 이계휘(李繼輝), 부제학 나숙(羅淑), 사간 곽순(郭洵), 정랑 이문권(李文權) 등 수많은 사림이 주륙을 당하고 귀양 가게 되었다. 2년 후 정미년에는 또다시 그 여파를 진멸하기 위하여 을사사화에 관련되었던 사람들에게 죄를 가중하여 살해 또는 유배하였으니 송인수(宋麟壽)・이약수(李若水)는 죽고 권벌(權橃)・이언적(李彦迪)・곽자(郭磁)・노수신(盧守愼)・유희춘(柳希春)・백인걸(白仁傑) 등 20여 명은 유배당하였다.[1)]

율곡은 『동호문답』에서 을사사화와 관련하여 다음과 같이 기록하였다.

"우리 조정이 개국한 이래로 정사(正邪)의 사라짐과 자라남의 반복이 허다하였으나, 사림을 모조리 죽여 없애고 국맥을 끊어버림은 을사의 화보다 심한 것이 없었다. 정순붕(鄭順朋)・윤원형・이기(李芑)・임백령(林百齡)・허자(許磁)의 오간(五姦)은 죄가 하늘에 통하였으니, 반드시 죽여 용서치 말아야 할 것이다. 문정은 심궁(深宮) 속에 계셨고, 명종께서는 어린 날에 상을 당하셨으니 외간의 시비를 어떻게 알 수 있었겠는가. 이들 오간이 때를 타서 모략하여 살육의 참혹함으로써 그 위엄을 세우고 적몰한 재물로 그 집을 살찌게 하고는 유언비어를 지어서 임금을 속이고, 엄형을 베풀어서 없는 말을 자복케 하고 여러 불량배의 무리를 집단으로 모아 그 권세를 확장하고, 일세의 충현(忠賢)들을 모두 반역이란 깊은 구렁에 빠뜨렸습니다. 또한, 공론이 끝내 없어지지 않을 것을 두려워하여 나직법(羅織法)을 만들어서 만약 골목이나 거리에서 조금이라도 시비를 분별하는 말을 하는 자가 있으면, 문득 역신(逆臣)을 비호한다는 명목을

1) 李相殷, 『퇴계의 생애와 학문』, 서문문고, 49쪽 참조.

뒤집어 씌워 삼족을 전멸하는 법으로 추궁하였습니다. 흉악한 음모가 이루어진 다음에는, (자신들을) 사직을 지킨 공신으로 기록하였습니다."[2)]

그리고 역시 『동호문답』에서 을사사화를 전후한 상황을 다음과 같이 기록하였다.

"이때부터(기묘사화 이후) 사기(士氣)가 꺾여 국맥이 거의 단절되었으니, 뜻있는 선비의 탄식이 이에 더욱 심해졌다. 그러나 인심은 본래 착하고 공론(公論)은 없어지기 어려운 것이다. (그러므로) 남곤과 심정의 기염이 꺼지자마자 선비들의 청의(淸議)가 다시 기묘를 사모하게 되었다. 중종의 말년에 학문하는 선비가 조정에 다시 모였고, 인종이 동궁에서 덕을 기르시니 그 아름다움이 널리 퍼져서 만민이 우러러보았으며, 하루아침에 즉위하시자 사방이 향응(響應)하였다. …… 여러 어진 이들이 임금의 밝으심을 우러러 믿어 요순의 정치가 오래지 않아 회복되리라 믿었는데, 하늘이 무심하여 우리의 임금을 빼앗아갈 줄 누가 알았겠는가. 간흉이 세를 타서 선량한 이를 도륙하고 반역의 함정을 만들게 되었으니, 선비로서 지식을 다소 갖춘 이로 을사의 화를 벗어날 자 없었다. 을사사화에 의해 족히 나라가 망할 수 있었으나 국운이 면면히 이어질 수 있었던 것은 참으로 조종(祖宗)의 적덕(積德)에 연유한 여경(餘慶)인 것이다. 이에 뜻있는 선비의 탄식이 극심하였다. 명종은 영달하고 숙성하시어 조금도 실덕(失德)함이 없었으나, 이기와 윤원형의 무리가 임금의 귀를 가리고 어진 이를 해쳐서 나라를 그르치니, 충신은 입을 다물고 길에서 만나면 눈으로만 아는 체 한지가 20년이 되었다."[3)]

---

2) 『栗谷全書』 권15, 「東湖問答」, 〈論正名爲治道之本〉.
3) 『栗谷全書』 권15, 「동호문답」, 〈論我朝古道不復〉.

이상의 인용을 보아 을사사화가 얼마나 참혹한 것이었는가를 알 수 있거니와, 그 이후에는 누가 어떠한 포부를 지녔다 하더라도 어찌해 볼 도리 없이 '겨우 살아 있는 것만 다행일 뿐' 이었던 것이다.[4)]

을사사화 당시 45세였던 퇴계는 이기의 주장에 의하여 관직[弘文館 典翰兼 如故]을 일시 삭탈 당한 일이 있었다.[5)] 또한, 그의 형 이해(李瀣)는 인종 즉위 시에 윤원형의 심복인 이기를 탄핵한 일로 인하여 명종 5년에 이기의 모함을 받게 되었으며, 갑산(甲山)으로 유배 가던 중 곤장을 맞은 상처로 인하여 사망하게 된다. 중봉(重峯)은 퇴계가 동기(同氣)가 화를 입은 데 마음을 상하여 예안(禮安)에 퇴거하였다고 기술하였고, 그밖에 대부분의 사류가 근신하고 복거(伏居)하였다.[6)]

퇴계가 출생하기 3년 전인 1498년에 무오사화가 일어났고, 4세에는 갑자사화가 발생하였으며, 19세에는 다시 기묘사화, 그리고 45세 시에는 을사사화가 일어났다. 퇴계의 생애를 대체로 초년의 수학시기(33세까지), 중년의 출사시기(49세까지), 그리고 말년의 은거강학 시기(50세 이후)로 분단해 본다면,[7)] 퇴계는 대부분의 세월을 사화기에 보냈다고 하겠으며, 출사를 그만두고 은퇴할 무렵의 수년간은 을사사화가 일어나고 권간(權姦)의 전횡이 극심해지던 때였다.

이러한 시기에 퇴계로서 취할 수 있는 일은 정계에 남아서 하는 일 없이

---

4) 『栗谷全書』 권5, 「萬言封事」: "己卯諸賢, 稍欲有爲, 而讒鋒所觸, 血肉糜粉, 繼以乙巳之禍, 慘於己卯. 自是士林, 狼顧脅息, 以苟活爲幸, 不敢以國事爲言."

5) 『退溪全書』, 言行錄, 권6, 年譜 참조.

6) 『重峯先生文集』, 권5, 「辨師誣兼論學政疏」: "噫, 此善人者, 何負於國家, 何負於生民, 而彼讒人者, 必欲殄絶而不已乎? 惟其士禍之甚酷, 故識微之士, 咸謹於出處, 成守琛, 知有己卯之難, 而隱於城市. 成運, 身遇鴒原之慟, 而藏於報恩. 李滉, 心傷同氣之被禍, 而退居禮安. 林億齡, 駭見百齡之戕賢, 而棲遲外服. 又如徐敬德之遯于花潭, 金麟厚之絶意名宦, 曹植·李恒之幽棲海隅, 莫非乙巳之禍, 有以激之也."

7) 이상은, 『퇴계의 생애와 학문』, 13-14쪽 참조.

작록을 구하거나 사화에 희생되고 말 것이 아니라, 차원을 달리하여 자신의 길을 개척하는 것이었다. 퇴계는 정치현실에서 떠나 학행을 닦는 것을 임무로 하였다. 즉 학문으로써 진리를 밝혀 후세에 도를 전해주고 인격의 완성과 모범을 통하여 사회적인 영향을 주려 하였다. 그는 장기적인 안목을 가지고 사람들의 교화에 치중하였다.[8)]

퇴계는 43세 이후의 후년기에는 오로지 학문에 힘써서 특히 정주 성리학을 연찬(硏鑽), 탐구하는 데 진력하였다. 그러나 그는 정치현실에 무관심한 것이 아니었으며, 일찍부터 사회적 부조리와 민생의 피폐, 그리고 남북의 외환에 대하여서도 주의를 환기시킨 바 있었다.[9)]

그러므로 퇴계에 대하여 소극적이라거나 은둔적이라고 보는 것은 온당한 견해라 할 수 없다. 퇴계는 정암 이후 당시의 역사적 상황에 비추어, 정치적 사회적인 방법보다는 학문을 통하여 의(義)와 불의(不義) 그리고 정(正)과 사(邪)를 밝히고 정도(正道)를 수호하고자 하였다. 그리하여 평소에는 지극히 온화하고 인간적인 퇴계였지만, 이른바 이단사설(異端邪說)에 대하여는 일호의 양보도 없이 결코 용납하지 않았다. 여기서 퇴계의 '리존적(理尊的) 이원론'의 사상을 볼 수 있는데, 이는 결국 왕도를 높이고 패도를 낮추는 도학 정신과 관련한 것이라 할 수 있다. 퇴계에 있어서도 리기는 본시 상수상대(相須相待)하여 떠나있는 것이 아니며, 단순한 이원론은 아니었다. 그러나 퇴계는 리와 기를 엄격하게 구별하였으며 양자를 임금과 신하의 관계로 파악하였다. 즉 리와 기는 결코 대등한 것일 수 없으며, 리를 우위에

---

8) 퇴계가 지은 「정암선생행장」과 「회재선생행장」의 내용을 비교해 보면 퇴계의 입장을 인식하는데 도움이 된다. 「宋元明性理通錄」, 「朱子書節要」 등의 편찬과 수많은 書翰은 모두 傳道的 性格을 띈 것이었다.

9) 退溪의 「戊辰六條疏」 참조. 「退溪先生年譜」 권2, 69세 3월: "今世雖似治平, 然南北有釁, 生民困悴, 府庫空虛, 將至於國非其國, 猝有事變, 則不無土崩瓦解之勢, 不可謂無可憂之防也."

있는 것으로 보았는데, 이는 당시에 전도된 가치관을 바로 잡아 인간의 본래성을 회복하고 사회를 순화(淳化)시키기 위한 것이었다.

그러므로 퇴계는 리와 기를 혼동하거나 기를 리보다 중시하는 것으로 보였던 나정암(羅整庵)이나 서화담(徐花潭)의 설이 기에 떨어지는 이론이라 하여 극력 변척(辯斥)하게 된다. 그리고 또한 『전습록논변(傳習錄論辯)』을 통해 양명학을 비판하고, 노불(老佛)의 비인륜성을 배척하는 등 이단에 대하여는 철저히 비판 배격하였다.

정암이 '행도(行道)'로서 직접 사회에 나가 실천코자 하였음에 반하여, 이처럼 퇴계는 학문적 교육적으로 '정도'를 천명하고 수호하고자 하였다. 이는 시대적 상황에 따라 양상이 달라진 것일 뿐이며, 도학 입장에서 역사의식을 가지고 현실에 참여한 것은 정암과 다를 바 없다고 하겠다. 이는 일시적인 행위와 효과에 그치는 것이 아니라, 이른바 정통성을 확립하여 민족사 방향을 제시함에 지대한 영향을 준 것이라 하겠다.

율곡의 평과 같이 퇴계는 스스로 '학자(學者)'로 자처하였으니.[10] 명종 20년 이후 문정왕후가 세상을 떠나고 윤원형이 추방된 후 사림이 정계에 귀환한 다음에도 퇴계는 움직이지 않았으며, 부득이한 경우에도 3품 이상의 직에는 나아가려 하지 않았다. 그는 자기의 능력과 분수를 헤아려서 진퇴(進退)의 의리를 엄격히 지켰으며, 자신에게 맞는 길을 개척하여 성취하였다. 의리에 맞추어 산 퇴계의 생애는 '유자(儒者)의 모양'을 이루었으며, 이러한 학풍과 교화는 당시뿐만 아니라 민족사를 통하여 영향을 주어 사람들로 하여금 예의와 염치를 아는 백성이 되게 하는데 크게 공헌하였다.

그러므로 퇴계의 후퇴는 현실도피나 은둔과는 전혀 다른 것으로, 행도(行

10) 율곡은 "學者"란 "自度學不足而求進其學, 自知材不優而求達其材, 藏修待時, 不輕自售者, 學者也"라 하고, 또 "若學者之不仕, 則非爲時之不可也, 非爲隱之可尙也, 誠以學術不足, 先施功業, 則代大匠斲, 鮮不傷手. 故韜光自守, 藏器待用, 尺蠖之屈以求信也"라고 하였다. (『東湖問答』「論臣道」)

道)로부터 수교(垂教)로 방향을 전환할 수밖에 없었던 당시의 상황과 깊은 관련이 있는 것이라 하겠다. 68세의 퇴계가 올린 「무진육조소(戊辰六條疏)」나 제왕학의 원리로서 제진(製進)한 『성학십도(聖學十圖)』는 이러한 퇴계의 미의(微意)와 정충(精忠)을 잘 나타내 보인 것이라 하겠다.

율곡은 그의 『경연일기』에서 퇴계의 이와 같은 점을 다음과 같이 기록하였다.

> "이황은 본디 겸퇴(謙退)하는 태도를 보였고, 말씀이 채용되지 않음을 보고 돌아가려는 생각이 더욱 결연하였다. 이에 선현이 지은 그림을 가지고 자기의 의사를 보태어서 「성학십도(聖學十圖)」를 지어 바치니, 그 논의가 정밀하고 상세하였다. 이황은 말하기를 '나의 나라에 대한 보답은 여기에 그칠 따름이다.' 라 하였다."[11]

2. 仁의 主體的 涵養과 敬思想

1) 退溪의 人間理解와 敬思想의 根源

유학의 대상은 인간이요, 그중에서도 '자기'가 문제이다. 공자의 사상을 한마디로 '인(仁)'이라 할 때, 이에 대하여는 논설이 있겠지만, 인(仁)은 바로 '인(人)'을 말하는 것으로서 '사람'이란 뜻이다. 공자는 "仁者 人也"(『中庸』20장)라 하였고, 맹자도 역시 "仁也者, 人也"(『孟子』, 「盡心下」)라 하였다. 이처럼 유학에서는 인간을 문제로 삼는다. 그리하여 참 사람, 본 모습으

11) 『栗谷全書』 권28, 「經筵日記」: "滉本執謙退, 又見言不採用, 歸意益決, 乃集先賢所作之圖, 補以己意, 爲聖學十圖以進, 議論精詳, 滉曰, 吾之報國, 止此而已."

로의 사람들이 모여서 아름다운 사회를 이룩하는 것을 이상으로 한다.

여기서 어떻게 사람이 이해되고 있는 것이며, 사람이 사람다워질 수 있는 것은 무엇을 말미암아서인가? 유학에서는 인간은 통속적으로 간단하게 취급할 수 있는 존재가 아니다. 사람은 지극히 존귀하며 무궁한 가능성을 지니고 있어서 두고두고 이해하여야 할 존재로 본다. 퇴계에 있어서 사람이 사람 구실 하게 되는 것은 경(敬)을 말미암아서이다. 사람은 누구나가 다 어진 본성을 가지고 있으며, 이러한 바탕에 서 있는 사람이 군자이다. 군자는 인의 완성을 지향하여 발분노력(發憤努力)하는 사람이다.

유학에서는 인간을 성장적으로 파악한다. 인간은 생명이요, 생명은 끊임없이 자란다. 항시 새로운 모습으로 바뀌어 가며 향상하는 것이다.[12] 공자는 15세에 학문에 뜻을 두었고 생애를 통하여 성장 성숙함으로써 급기야 '마음이 하고자 하는 바를 좇아도 법도에 넘어가지 않았다[從心所欲不踰矩].' 는 경지에 도달하였음을 자술하였다.[13]

공자 자신은 "성(聖)과 인(仁)을 내 어찌 감당하겠는가"(『論語』「述而」)라 하여, '성' 과 '인' 을 자처하지 않았다. 또 공자는 "군자는 세 가지 경외하는 것이 있다."(『論語』「季氏」)라 하여, 군자는 천명(天命)과 대인(大人)과 성인의 말씀[聖人之言]을 두려워한다고 하였다. 이와 같이 볼 때 진리를 구하여 마지않는 사람을 군자라 한다면, '인(仁)' 을 완전히 실현하는 인간의 극치를 성인이라고 할 수 있다.

공자는 안연을 칭찬하여 "내가 그 나아가는 것을 보고, 그치는 것을 보지 못했다."[14]고 하고, 또한 "안회는 그 마음이 석 달을 인을 어기지 않았다."[15]

---

12) 『周易』「繫辭」: "富有之謂大業, 日新之謂盛德, 生生之謂易."

13) 『論語』「爲政」: "子曰, 吾十有五而志于學. 三十而立. 四十而不惑. 五十而知天命. 六十而耳順. 七十而從心所欲不踰矩."

14) 『論語』「子罕」: "吾見其進也, 未見其止也."

고 하였다. 그리고 안연은 공자를 칭송하여, "우러러보면 더욱 높고, 뚫으면 더욱 굳네. 바라볼 때에는 앞에 계시더니 홀연히 뒤에 계시도다. 부자(夫子)께서 순순(循循)히 사람을 선(善)히 인도하사, 문(文)으로 나를 넓히시고, 예로 묶어주시네. 그만두려 해도 되지 않아서 이미 나의 재능을 다하니 세워짐이 우뚝한 듯하여 비록 좇으려 하나 말미암을 곳이 없도다."[16]라 하였다.

『중용』에 의하면, "참 그 자체는 하늘의 도이며, 참되고자 하는 것은 사람의 도이다. 참 그 자체는 힘쓰지 않아도 맞으며 생각하지 않아도 통달하여 조용히 도에 맞으니 성인이요, 참되고자 하는 것은 선을 택하여 굳게 지키는 자이다."[17]라 하였다. 성(誠) 자체는 하늘의 도요, 성(誠)하여 노력하는 것은 사람의 도로 보는 것이다. 그리하여 택선고집(擇善固執)하는 군자는 종용중도(從容中道)하는 성인을 지향하여 부지런히 노력하는 '학자[공부하는 이]'라 할 수 있으며, 이러한 성지자(誠之者)의 입장을 퇴계는 경(敬)으로 파악하였다. 그러므로 퇴계는 "힘써서 성(誠)에 나아가고자 하면 오직 경(敬)에 힘을 쓸 따름이다."[18]라고 하였다.

여기서 다시 유의할 점은 인간이라 함은 곧 자아, 나, 자기를 말하는 것이라 함이다. 단순하게 대상적 존재로서 인간을 논의하는 것이 아니라, '자기'와 관련되는 모든 것을 주재하는 주체로서의 '인간자아'를 말한다. 그리고 이와 같은 자기 자신을 계발한다는 점에서 '위기지학(爲己之學)'을 말하고 '극기복례(克己復禮)'를 말한다.[19]

---

15) 『論語』「雍也」: "回也, 其心三月不違仁."

16) 『論語』「子罕」: "顔淵喟然歎曰, 仰之彌高, 鑽之彌堅, 瞻之在前, 忽焉在後. 夫子循循然善誘人, 博我以文, 約我以禮. 欲罷不能, 旣竭吾才, 如有所立卓爾, 雖欲從之 末由也已."

17) 『中庸』 제20장: "誠者, 天之道也 ; 誠之者, 人之道也. 誠者, 不勉而中, 不思而得, 從容中道, 聖人也 ; 誠之者, 擇善而固執之者也."

18) 『退溪全書』 권10, 「答盧伊齋」: "誠者, 天之道, 誠之道, 人之道也. 學者之所當勉也, 而欲强而進誠, 亦惟用力於敬而已."

이것은 누가 시켜서 하는 타율적인 것이 아니다. 자발적이고 자주적인 활동이며 자기성숙을 위해 진력하는 까닭에 생생한 힘이 있다. 공자는 스스로 "시(詩)에서 흥기(興起)하며, 예(禮)에서 서며, 악(樂)에서 이룬다."[20]고 하였고, 또 자신에 대하여 "그 사람됨이 발분망식(發憤忘食)하고 즐거워서 근심을 잊으며 늙음이 장차 이르는 것을 알지 못한다."[21]고 하였으며, 다시 "부(富)가 구할 만한 것이면 비록 말몰이꾼이라도 내가 하겠지만 구할 만한 것이 아니라면 내가 좋아하는 바를 좇으리라."[22]고 하였다. 사람이 사람 된다는 것은 자신의 향기를 발하는 것이요, 제값을 나타내는 것이다. 퇴계는 다음과 같이 말하였다.

"군자의 학문은 자기를 위한 것일 따름이다. 여기서 자기를 위한다 함은 장경부(張敬夫)의 이른바 '의도함이 없이 그러함' 이니, 마치 깊은 산 무성한 수풀 속에 한 그루의 난초가 있어서 종일토록 향기를 내어도 스스로 향기로움을 알지 못하는 것과 같다. 이는 군자가 자기를 위하는 뜻과 꼭 맞는 것이니, 마땅히 깊이 체인(體認)하여야 할 것이다."[23]

이와 같이 사람이 커간다고 하는 것은 하나의 통일적 생명의 성장이라 하겠으며, 생명이 커가는 데는 끊임없이 참을 쌓고 오래 공을 들여야 한다. 처

---

19) 『論語』「憲問」: "古之學者爲己, 今之學者爲人."
『論語』「顔淵」: "克己復禮爲仁, 一日克己復禮, 天下歸仁焉, 爲仁由己而由人乎哉."

20) 『論語』「泰伯」: "子曰 興於詩, 立於禮, 成於樂."

21) 『論語』「述而」: "其爲人也, 發憤忘食, 樂以忘憂, 不知老之將至."

22) 『論語』「述而」: "富而可求也, 雖執鞭之士, 吾亦爲之, 如不可求, 從吾所好." 朱子의 註釋에는 "設言富若可求, 則雖身爲賤役以求之, 亦所不辭. 然有命焉, 非求之可得也, 則安於義理而已矣, 何必徒取辱哉?"라 함을 볼 수 있다.

23) 『言行錄』 권1, 敎人. 李德弘記: "君子之學, 爲己而已. 所謂爲己者, 卽張敬夫所謂無所爲而然也, 如深山茂林之中, 有一蘭草, 終日薰香, 而不自知其爲香, 正合於君子爲己之義, 宜深體之."

음부터 완성된 것으로 보지 않고 항상 발달하고 있는 것으로 본다.

이와 같이 인간이 스스로 성장함에 연관되는 모든 사항을 전면적으로 가늠하고 포용하며 발전시킬 수 있는 주체가 요구되는데, 이것이 곧 '심(心)의 주재(主宰)'로서 경(敬)이라 할 수 있다. '경'은 유학의 매우 중요한 개념으로 정주학에서 많이 논의되었으며, 퇴계는 이와 같은 경을 더욱 특별히 강조하였다. 68세에 지어 올린 「성학십도」에서 퇴계는 "지금 이 십도는 모두 '경'을 주로 하였다[今茲十圖, 皆以敬爲主焉]"라고 하였다. 즉 퇴계의 사상적 결정(結晶)을 「성학십도」라고 할 때에, 「성학십도」의 바닥에 흐르는 사상이 '경'인 것이다.

퇴계는 송학(宋學)에서 흔히 일컬어지는 "심(心)이란 한 몸의 주재요, 경(敬)은 또 한 마음의 주재이다[心者, 一身之主宰, 而敬又一心之宰]."라 함을 그대로 인용하여 쓴다. 그는 『성학십도』「제4 대학도(第四大學圖)」를 주석하면서 먼저 다음과 같은 요지의 주자설을 기술하였다.

○ 경(敬)이란 일심의 주재(主宰)요, 만사만물(萬事萬物)의 근본이다.
○ 『소학』과 『대학』의 시종(始終)이 다 경으로 일관된다.
○ 『중용』의 "덕성을 높이되 문학을 말미암는다[尊德性而道問學].", 『맹자』의 "먼저 그 큰 것을 세운다면 작은 것이 능히 빼앗지 못한다[先立其大者, 小者不能奪].", 그리고 『논어』의 "자기를 닦아서 백성을 편안히 한다[脩己而安百姓].", "공경함을 돈독히 하여 천하를 편안히 한다[篤恭而天下平]."이라 함이 모두 경을 떠나서 되는 일이 아니다. 그러므로 '경' 한 글자는 성학(聖學)의 시종(始終)을 꿰는 요체가 된다.

그리하여 퇴계는 "경은 상하를 꿰뚫고 있으며 공부를 시작하여 공효를 거두는 것이니, 마땅히 힘써서 잃어버리지 말아야 할 것."이라고 하였다.[24)]

24) 『退溪全書』 권7, 「聖學十圖」: "敬者, 又徹上徹下, 著工收效, 皆當從事而勿失者也."

'경(敬)' 이란 용어는 본래 선진유학에서부터 나오는 말이다. 『논어』만 보더라도 '경으로 자신을 닦는다[脩己以敬]', '일을 공경스럽게 하고 미덥게 한다[敬事而信]', '오래되어도 공경한다[久而敬之]', '제사지낼 때 경을 생각한다[祭思敬]', '그 윗사람을 섬김에 공경스럽다[其事上也敬]', '귀신은 공경하되 멀리한다[敬鬼神而遠之]' 등 숱하게 볼 수 있다. 『맹자』에서도 "그 어버이를 사랑하고…그 형을 공경한다[愛其親……敬其兄]", "어버이를 사랑함은 인이고, 형을 공경함은 의이다[親親仁也, 敬兄義也]"라고 하여 경을 말하고 있다. 그리고 한대(漢代)에서는 공경 · 엄숙 · 은혜와 같은 덕목으로 생각하였다.

'경(敬)' 이란 말을 깊은 뜻으로 생각하는 것은 송대에서 비롯되었다고 할 수 있지만, 이러한 경사상의 내용은 근본유학사상 속에서 그 근원을 찾을 수 있다. 『논어』의 '충신을 주로 한다[主忠信]', 『맹자』의 '그 마음을 극진히 한다[盡其心]', '풀어진 마음을 구한다[求放心]', '먼저 그 대본을 세운다[先立其大者]', 『중용』의 '삼가고 두려워한다[戒愼恐懼]', 『대학』의 '격물 · 치지 · 성의 · 정심한다[格致誠正]', 『주역』의 '사악함을 막아 성을 보존한다[閑邪存誠]', 『서경』의 '오직 정밀히 하고 오직 한결같이 한다[惟精惟一]'는 것이 모두 경 사상의 근원이 된다고 할 수 있다. 이와 같은 경사상은 송대에 와서 보다 철학적으로 심화한다. 주렴계는 「태극도설」에서 "성인이 중정(中正)과 인의(仁義)로써 표준을 정하였는데, 고요함을 주로 하여 인극을 확립하였다[聖人, 定之以中正仁義而主靜, 立人極]"라 하였고, 정명도는 '성경(誠敬)으로 보존하라[誠敬存之]' 고 하였으며, 정이천은 '경에 머물러 이치를 궁구하라[居敬窮理]' 고 하였다. 그리고 이와 같은 경 사상은 주자에 의하여 결집되고 계속해서 진서산(眞西山)에 이어지게 된다. 그러므로 경을 이념으로 한 『심경(心經)』이란 저술이 탄생하게 된다.

퇴계는 이 『심경』을 '어릴 적부터 좋아하여 신명처럼 공경하였다[敬之如神明]' 고 하였으며, '어버이와 같이 높였다[尊之如父母]' 고 한다. 단순한 이론적인 해명에 그칠 뿐 아니라, 전 생애를 관철시킴으로써 인격적으로 무르녹아 경의 화신이 되었다는 점에 그 특징이 있다 할 것이다.

경이란 무엇인가? 퇴계에 있어서 경은 참된 주체로서, 자기 자신을 가늠하면서 동시에 진리에 나아가게끔 하는 힘이 되는데, 퇴계는 이를 특히 지경공부(持敬工夫)라 한다. 즉 경은 진실함을 성취하고자 힘쓰고 노력하는 군자의 경으로부터 가만히 도에 합치하는 성인의 경에 이르기까지 인간의 성장과 성숙을 가능하게 하는 힘이 되며, 또한 인을 실현하는 길잡이가 된다 하겠다. 한마디로 경은 진리(誠)에 이르는 길이라고 할 것이다.

2) 敬의 가치론적 의의

퇴계에 있어서 인간의 마음은 두 가지 근원에서 오는 것으로 생각할 수 있다. 하나는 신체에서 오는 것으로 이는 인심(人心)이 되고, 하나는 순수한 정신으로 이는 도심(道心)이 된다. 인심과 도심은 본래 『서경』에서 요·순·우가 서로 전한 심법[堯舜禹相傳之心法]으로 "인심은 위태하고 도심은 은미하니 오직 정밀하고 전일하여야만 그 중용을 잡을 수 있다[人心惟危, 道心惟微, 惟精惟一, 允執厥中]"라고 한데서 유래하였거니와, 이것은 경사상과 밀접한 관계를 맺는 것으로 성리학에서 매우 중요시하는 명제이다. 주자는 「중용서문」에서 다음과 같이 기술하였다.

"마음이라는 비어 신령한 지각[虛靈知覺]은 하나일 따름이나, 인심과 도심이 다른 것은 혹은 형기(形氣)의 사사로움에서 생겨나고 혹은 성명(性命)의 올바름에 근원하기 때문이다. 사람은 다 형기[形]가 있는 까닭에 비록 상지(上智)라도 인심이 없을 수 없고, 또 누구나 다 이 본성이 있는 까닭에 비록 하우(下愚)라도 도심이 없을 수 없다. … 반드시 도심으로 하여금 항상 일신의 재가 되게 하고, 인심으로 하여금 매양 복종하게 한다면, 위태로운 것이 안정되고 은미한 것이 드러나 움직이고 고요하며 말하고 행동함에 자연히 과불급(過不及)의 어긋남이 없게 될 것이다."

이러한 인심도심설에 대하여는 학자 사이에 이해하는 방식이 반드시 일치하는 것이 아니다. 그러나 퇴계에 있어서는 도심은 사단(四端)과 같고 인심은 칠정(七情)과 같은 것이다.[25] 말하자면 측은·수오·사양·시비와 같은 순선한 정(情)은 인·의·예·지의 본성에서 나오는 것으로 사단이 되며, 희·노·애·구·애·오·욕(喜怒哀懼愛惡欲)과 같은 감정적인 것은 형기(形氣 : 氣質)에서 나오는 것으로 칠정이 된다는 것이다. 퇴계의 기록을 보면 다음과 같다.

"측은·수오·사양·시비가 어디로부터 발하는가? 인의예지의 성(性)으로부터 발한다. 희·노·애·구·애·오·욕이 어디로부터 발하는가? 외물이 사람의 형기(形氣)에 접촉함에 마음이 환경에 따라 움직여 나오는 것이다. 사단이 발한 것을 맹자는 심(心)이라고 하였다. 심은 진실로 이기(理氣)가 혼합된 것인데, 가리켜 말한 바가 리(理)를 주로 함은 어째서인가. 인의예지의 성(性)이 순수하게 가운데에 있고 이 네 가지가 그 단서가 되기 때문이다. 칠정이 발하는 것을 정자는 '속마음에서 움직임' 이라고 하였고 주자는 '각각 그 마땅한 바가 있다' 고 하였다. (심은) 참으로 또한 이기를 겸한 것인데, 가리켜 말한 바가 기(氣)에 있는 것은 어째서인가. 외물이 옴에 쉽게 감응되어 먼저 움직이는 것이 형기만한 것이 없는데, 이 일곱 가지는 바로 그 묘맥(苗脈)이기 때문이다."[26]

이처럼 사단이란 순수하게 마음 가운데 있는 인의예지의 단서이고, 칠정이란 외물이 올 때에 쉽게 감응하여 먼저 움직이는 형기의 묘맥이다. 즉 사

25)『退溪全書』 권36, 「答李宏仲問目」: "人心, 七情是也. 道心, 四端是也."

단과 칠정의 근원을 이원적으로 보는 것이다. 성리학에서 원래 본연지성(本然之性)과 기질지성(氣質之性)을 논하고 있지만 퇴계는 이것의 혼동을 특별히 경계하였다.

본연지성이란 『중용』에서의 천명지성, 맹자의 성선지성에 해당하는 것으로서 리(理)의 원두처(源頭處)를 가리켜 말하는 것이고, 기질지성이란 후세의 정자(程子)·장자(張子) 등이 후천적으로 기(氣)를 타고난 후를 가리켜 말하는 것이니, 결코 혼동해서는 안 된다. 본연지성에서 발하는 사단, 즉 도심은 순선무악(純善無惡)하지만, 형기에서 발하는 칠정 즉 인심은 선하게도 되고 악하게도 된다는 것이다.[27] 즉 인심은 본래 선한 것이나 자칫하면 그 정도가 지나치거나 모자라서[過不及] 치우치기 쉽다. 그것은 알맞게 되지 못하고 중용을 잃어버리기 쉬운 것이다. 이처럼 인심이 중용에서 벗어나게 된 것을 인욕(人欲)이라 하는데 이것이 악이다. 만약 리와 기 또는 본연과 기질을 혼동한다면 인욕을 천리라고 하는 폐단에 빠지고 만다는 것이다.[28]

그러나 우리가 여기서 유의하여야 할 점은 이와 같이 퇴계가 천리를 높이고 인욕을 경계하지만, 이는 인간의 감성적인 요소를 전적으로 부정하는 것이 아니라, 다만 마음이 주재가 되어 살핌으로써 인욕으로 떨어지지 않도록 하여야 한다는 것이다[一有之而不能察則心不得其正矣].

여기서 우리는 이른바 심(心)은 신(身)의 주재이오, 경(敬)은 심(心)의 주

---

26) 『退溪全書』 권16, 「答奇明彦論四端七情 第二書」: "惻隱羞惡辭讓是非. 何從而發乎? 發於仁義禮智之性焉爾. 喜怒哀懼愛惡欲, 何從而發乎? 外物觸其形而動於中緣境而出焉爾. 四端之發, 孟子旣謂之心, 則心固理氣之合也. 然而所指而言者, 則主於理何也? 仁義禮智之性, 粹然在中, 而四者其端緖也. 七情之發, 程子謂之動於中, 朱子謂之各有攸當, 則固亦兼理氣也. 然而所指而言者, 則在乎氣何也? 外物之來, 易感而先動者, 莫如形氣, 而七者其苗脈也."

27) 위와 같음: "四端皆善也, 故曰無四者之心非人也, 而曰乃若其情則可以爲善矣. 七情本善, 而易流於惡, 故其發而中節者乃謂之和, 一有之而不能察, 則心已不得其正矣."

재라 함을 상기하면서 다음의 진술을 살펴보자. 퇴계는 이굉중(李宏仲)이 "사단과 칠정이 중절(中節)하기도 하고 부중절(不中節)하기도 하는 소이(所以)가 무엇인가?"를 물었을 때 먼저 주자의 말로 설명한다. 퇴계는,

"사물에 감응하는 것은 심(心)이요, 그 움직인 것은 정(情)이다. 정은 성(性)에 뿌리박고 심(心)의 다스림[宰]을 받는다. 마음이 주재가 되면 그 움직임이 중절(中節)치 않음이 없을 것이니, 어떻게 인욕이 있겠는가? 오직 마음이 주재하지 못하여 정이 제멋대로 움직이기 때문에 인욕으로 흘러서 매양 바르지 못하게 되는 것이다. 그렇다면, 천리와 인욕의 갈라짐과 중절과 중절치 못함의 나뉨이 다만 심이 주재하고 주재하지 못하는데 달려있는 것이니, 정(情)이 문제를 일으킨 것이 아님이 또한 이미 명백할 것이다. 대개 비록 중절한다 하더라도 이 또한 정(情)이요, 다만 중절하게 된 소이(所以)는 곧 심(心)일 뿐이다."[29]

라 하여, 사단 칠정이 중절하게 하는 소이가 바로 심의 재(宰)와 부재(不宰)에 있음을 말하고 있다. 퇴계는 다시 『성학십도』「제육심통성정도(第六心統性情圖)」를 설명하면서

"이기(理氣)를 겸하고 성정(性情)을 통섭하는 것은 심(心)이다. 그런데 성이 발하여 정이 되는 때는 곧 한 마음의 기미이며, 온갖 변화의 추요(樞要)이며, 선악이 말미암아 나뉘는 곳이다. 학자는 참으로 능히 지경(持敬)을 한결같이 하고

28) 위와 같음: "如此不已, 不知不覺之間, 駸駸然入於以氣論性之蔽, 而墮於認人欲作天理之患矣."

29) 위와 같음, 권36, 「答李宏仲問目」: "感於物者心也, 其動者情也, 情根乎性而宰乎心, 心爲之宰, 則其動也無不中節矣, 何人欲之有, 惟心不宰而情自動, 是以, 流於人欲而每不得其正也, 然則天理人欲之判, 中節不中節之分, 特在乎心之宰與不宰, 而非情能病之, 亦已明矣, 蓋雖曰中節, 然是亦情也, 但其所以中節者乃心爾."

> 천리와 인욕에 어둡지 않더라도 여기에 더욱 노력을 기울여야 한다. (그리하여) 미발(未發)의 때에 존양(存養)의 공부가 깊어지고 이발(已發)의 때에 성찰의 습관이 익숙해져 참으로 오래도록 행하여 그치지 않는다면 이른바 '정밀하고 한결같이 하여 중(中)을 잡는 성학' 과 '본체를 보존하여 상황에 따라 작용하는 심법' 이 모두 밖에서 구하기를 기다릴 것 없이 여기서 얻게 될 것이다."[30]

라 하여, 정일집중(精一執中)하고 존체응용(存體應用)하는 요법이 경(敬)에 있는 것임을 분명히 밝혔다.

이상의 논의에서 알 수 있는 바와 같이 퇴계에 있어서는 이른바 공자의 '계선성성(繼善成性)', 자사의 '천명지성(天命之性)', 맹자의 '성선(性善)' 등으로 일컬어진 인간의 본성에서 유래하는 도심 즉 사단을 확충하고, 인간의 신체에서 연유하여 발생하는 인심 즉 칠정을 제재하여 인욕에 떨어지지 않게 하는 주체로서 경(敬)이 제시되고 있음을 볼 수 있다. 여기서 우리는 경으로 인하여 순수 정신적인 가치가 실현되며 신체적 욕구에 한계를 줌으로써 하나의 온전한 인격이 형성됨을 보는 것이다.

3) 敬의 인식론적 의의

앞에서 말한 바와 같이 인간은 성장하는 존재이며, 그리하여 완전히 성숙함에 이르기를 목표로 한다고 하였다. 또 경은 인간의 자기성장과 관련되는 여러 사항을 구심적으로 가늠하는 힘이라 하였다. 이와 관련하여 경을 인식론적 측면에서 고찰해보기로 한다.

---

30) 위와 같음, 권7, 「聖學十圖」: "兼理氣統性情者, 心也, 而性發爲情之際, 乃一心之幾微, 萬化之樞要, 善惡之所由分也, 學者誠能一於持敬, 不昧理欲, 而尤致謹於此, 未發而存養之功深, 已發而省察之習熟, 眞積力久而不已焉, 則所謂精一執中之聖學, 存體應用之心法, 皆可不待外求而得之於此矣."

첫째, 인간은 단순히 고착적인 존재가 아니다. 진리를 인식함에서도 경험적인 방법이나 초경험적인 방법이 모두 인간의 자기성장에서 나타나고 있다. 경은 이러한 양면에 모두 관계하며, 경이 아니면 경험적이거나 초경험적이거나를 막론하고, 모두가 와해되며 양자의 연결도 불가능해진다.

퇴계는 「무진육조소」에서 성학(聖學)을 돈독히 할 것을 강조하면서 경에 대하여 다음과 같이 말한다.

> "경을 위주로 하여 사물마다 그 소당연(所當然)과 소이연(所以然)의 연고를 궁구해야 합니다. 잠기어 반복하고 음미해 체인하여 그 지극함에 이르러야 하나니, 노력하기를 오래하고 공력이 깊어져서 하루아침에 의식하지 못하는 가운데 시원하게 녹아들고 활달하게 관통함에 이른다면 '본체와 작용이 한 근원'이요, '드러남과 은미함이 사이가 없다' 라는 것이 참으로 그러함을 알아서 위태함과 미세함에 헤매지 않고 정밀히 함과 한결같이 함에 현혹함이 없어서 중(中)을 잡을 수 있을 것이니, 이것을 진지(眞知)라고 합니다."[31]

퇴계는 먼저 경을 주로 하여 사물마다 도리를 궁구하되 잠기어 반복하고 음미하여 체인할 것을 강조한다. 그러나 여기서 퇴계가 구하는 것은 대상적인 지식이 아니라 자기의 성장과 관계되어 밝혀지는 것이다. 그리고 또한 자기의 성장과 더불어 밝혀지는 것이니만큼, 일시에 깨쳐버린다는 것은 문제가 없을 수 없다. 이와 같은 점에서 퇴계는, 이른바 '공허한 것을 천착하여 억지로 찾아냄[鑿空而强探]' 이나 '싹을 뽑아 올려 성장을 보조함[揠苗以助長]' 의 폐단을 크게 경계시키기도 하다.[32]

---

31) 『退溪全書』 권6, 「戊辰六條疏」: "敬以爲主, 而事事物物, 莫不窮其所當然與其所以然之故, 沈潛反覆, 玩索體認, 而極其至, 至於用力之久, 功力之深, 而一朝不覺其有洒然融釋豁然貫通處, 則體用一源, 顯微無間者, 眞是其然, 而不迷於危微, 不眩於精一, 而中可執, 此之謂眞知也."

그러므로 진리를 깨우침은 당장에 결판을 낼 것도 아니고, 또 태만하게 의심하지도 말아야 할 것이다. 또한 곳에 따라서 힘을 들이고 마음을 겸허하게 해야 하며, 이치를 관찰함에도 이미 본 것에 집정(執定)하지 말고 점차로 순숙하게 하는 지속적인 노력을 기울여야 한다. 천리와 인사가 본래 두 갈래가 아니라고 하여 '오(悟)'라고 하는 한 글자로 주력하는 것은 돈오의 초월법[頓超家法]이다. 한꺼번에 깨달아서 문득 일대사가 끝났다고 하는 것은 유가의 도가 아니라고 본다.[33)]

이처럼 일상적인 사사물물(事事物物)에 주의를 기울여 순리롭게 이치를 궁구해가야 한다고 보는 것이니, 여기서 진리를 탐구함에 점진적 방법을 취하는 퇴계학의 특징을 볼 수 있다.

비록 퇴계가 이처럼 경험적이고 점진적인 방법을 중시하고 있지만, 퇴계의 방법론이 여기에 그치는 것은 아니다. 이른바 지경(持敬)의 공부는 그 단초에 있어서는 점진적인 방법을 취하지만, 이것이 오래 쌓이고 모여서 견고하게 이루어졌을 때에는 이치를 전체적으로 견득하여 활용할 수 있는 경지에 도달하게 된다.

경을 지니는 공부에서, 지경(持敬)의 정도는 시시로 달라지는 것이라 하겠다. 그리고 이처럼 시시각각으로 달라지는 지경의 정도가 지극함에 이르

32) 『自省錄』 권1, 「答南時甫」: "心氣之患, 正緣察理未透而鑿空以强探, 操心昧方而?苗以助長, 不覺勞心極力以至此. … 大抵公前日爲學, 窮理太涉於幽深玄妙, 力行未免於矜持緊急, 强探助長, 病根已成, 適復加之以禍患, 馴致深重, 豈不可慮哉? … 窮理須就日用平易明白處看破, 教熟優游涵泳於其所已知, 惟非著意非不著意之間, 照管勿忘, 積之之久, 自然融會而有得, 尤不可執捉制縛, 以取其速驗也."

33) 『自省錄』 권1, 「答李叔獻」: "勿爲遲疑, 隨處便當著力, 虛心觀理, 勿先執定於己見, 積漸純熟, 未可責效於時月, 弗得弗措, 直以爲終身事業, 其理至於融會, 敬至於專一, 皆深造之餘, 自得之耳. 豈若一超頓悟, 立地成佛者之略見影象於恍惚冥昧之際, 而便謂一大事已了耶?"

위와 같음, 「答南時甫」: "見喩 涵養體察 吾家宗旨, 天理人事, 本非二致, 善矣. 但悟之一字, 力主言之, 此則蔥嶺帶來頓超家法, 吾家宗旨, 未聞有此."

면 사실성에 입각한 구체적인 사사물물에 대한 궁구도 극한에 이르게 된다. 여기서 경험적이고 점진적인 탐구를 수행하여온 자아는 고차적이고 초경험적인 인식능력을 체득하게 되는데, 이것이 바로 진지(眞知)라고 하는 것이다. 이와 같은 진리탐구의 과정에서 항상 밑받침이 되는 것은 경(敬)이다. 우리가 유의하여야 할 점은 여기서 진리라고 하여 고차적인 인식의 차원을 말하지만, 이것은 일상적 경험적 사실을 떠난 것이 아니라는 것이다. 오히려 경험적인 사실을 모두 포용하여 내적인 연관을 가지면서 보다 적극적으로 관계함을 말하는 것이다.[34] 이러한 퇴계의 설은 공자에 있어서 아래로 배워서 위로 통달한다는 '하학이상달(下學而上達)'의 뜻에 근거하며, 주자 「대학보망장(大學補亡章)」의 격물치지를 풀어서 설명한 것이라 할 수 있다.

둘째, 우선 진리탐구에서 정관(靜觀)적인 방법을 중시하는 경우를 볼 수 있다. 특히 고대와 중세에서 관상(觀想)철학은 그러한 성격이 농후하다 하겠다. 그러나 외부세계와 무관하게 안으로만 눈을 돌리는 내면적이고 폐쇄적인 사고방식에 대하여, 인간을 외적 환경과 관계를 맺고 상호작용하여 새롭게 적응해가는 유기적 행동체로 파악하고 대상에 대하여 조작적(operational)으로 작용하는 주체로 보는 프래그머티즘의 입장도 볼 수 있다. 하나는 정(靜)의 철학이요, 하나는 동(動)의 철학이라 하겠다.

그러나 퇴계에 있어서 경(敬)은 동과 정을 다 관통하고 있는 것이다. 사람은 동과 정을 떠나서 생각할 수 없으며, 동과 정은 자체적으로 서로 배제할 수 없는 개념이다. 그러므로 송학에서 주렴계는 "한번 동함과 한번 정함이 서로 뿌리를 박고 있다."라고 하였으며, 정이천은 "동과 정은 단서가 없고 음과 양은 시작이 없다."라 하여 두 면을 아울러 말하였다. 그러나 여기에서

34) 『自省錄』 권1, 「答黃仲擧 論白鹿洞規集解」: "大抵儒者之學, 若升高必自下, 若陟遐必自邇. 夫自下自邇, 固若迂緩, 然舍此, 又何自而爲高且遐哉? 著力漸進之餘, 所謂高且遐者, 不離於卑且邇者而得之, 所以異於釋老之學也."

특히 주요한 문제는 인간 자신에서 동과 정은 또한 어떻게 파악되어야 할 것인가 하는 것이다.

퇴계는 "경을 지닌다는 것은 또한 사(思)와 학(學)을 겸비하며 동(動)과 정(靜)을 관통하며 내(內)와 외(外)를 화합하며, 현(顯)과 미(微)를 하나로 아우르는 도이다."[35]라 하였는데, 이는 매우 중요한 의미가 있는 명제로서 깊이 음미할 필요가 있다고 할 것이다.

퇴계는 움직임과 고요함, 말함과 침묵함의 사이에 지극한 이치가 유행함을 말하면서, 동을 버리고 정으로만 가는 태도를 경계하였다. 퇴계는 『성학십도』 제4도인 「대학도」에 주를 붙여서 이와 같은 점을 특히 주의시키고 있다. 즉 『태극도설』에서 주렴계가 "성인(聖人)이 중정(中正)과 인의(仁義)로써 표준을 정하고 정(靜)을 주(主)하여 인극(人極)을 세웠다."라 하여 정(靜)만을 말하고 경(敬)을 말하지 않은 것에 대하여 주자가 경으로 보충하였음을 주의시키고 있다.[36] 이에 대하여는 정이천도 이미 '경(敬)하면 정(靜)하지만 정을 그대로 경이라고 할 수 없다.' 라고 밝힌 바 있다.[37] 즉 경은 단순히 마음의 고요함에 의하여 성취되는 것이 아니라 동과 정을 통관하는 개념이 된다고 할 것이다.

그러므로 일상의 응접하는 순간을 떠나 단순히 고요함[靜]을 구하는 것은 공(空)에 떨어지는 것이라고 본다. 이를테면 『대학』을 논함에 있어서, 정심(正心)을 성의(誠意)한 다음에 '움직임' 을 싫어하고 '고요함' 을 추구하며 보고 듣는 것을 끊어 버리는 것으로 간주한다면 이는 이단의 설이지 유가의 설이 아니라는 것이다.[38] 또 도가(道家)에서 이른바 마음으로 완전히 잊어

35) 『退溪全書』 권7. 「進聖學十圖箚」: "持敬者, 又以兼思學, 貫動靜, 合內外, 一顯微之道也."

36) 『聖學十圖』 第四 大學圖의 退溪註: "太極圖說言靜不言敬, 朱子註中, 敬以補之."

37) 『二程遺書』 권15: "敬則自虛靜, 不可把虛靜喚做敬." 위와 같음, 권18: "才說靜, 便入於釋氏之說也, 不用敬字, 才說著靜字, 便是忘也."

버린 상태[坐忘]를 도의 극치라고 하는데, 이는 마음이 잊어버리려고 줄달음치는 것으로 좌치(坐馳)가 된다고 한다.[39] 그리고 이는 마음이 성성(惺惺)하게 중심이 잡혀있는 것은 아니라고 간주한다. 움직임을 부정하고 단절하면서 고요함만을 추구하는 태도는 옳지 않다. 오히려 움직일 때에는 홀로 있는 곳을 성찰할 것이요, 고요할 때에는 진리를 머금어 키울 것을 말하였다[未發而存養之功深, 已發而省察之習熟]. 고요할 때에 생각하지 않는다고 하여 컴컴한 적멸로 간주하거나, 움직일 때에 생각한다고 하여 정신없이 사물을 따라가 모두 의리를 벗어난다면 이것은 이름만 학문이지 학문에서 힘을 얻지 못하는 것이 된다. 오직 경(敬)의 공력만이 동정(動靜)을 관통하여 노력을 기울임에 어긋나지 않을 것이라고 본다.[40]

결국은 경으로 인한 동정 간에 상보관계를 가지게 되는데, 퇴계는 이것을 '교치(交致)'라 하여 서로 이루어 주는 것이라 하였다.[41]

셋째, 앞서 제시된 바와 같이 퇴계는 경(敬)을 지님은 사(思)와 학(學)을 겸하는 것이라고 지적하였다. 『논어』에 이른바 "배우기만 하고 생각하지 않으면 어둡고, 생각하기만 하고 배우지 않으면 위태하다."[42]라 함에서 볼

---

38) 『退溪全書』 권41, 雜著: "得其正正其心分體用之說 心不在焉 在軀殼在視聽之辯.": "若當誠意之後, 厭動而求靜, 收視反聽曰, 吾將以正心, 此乃異端之事, 非吾儒事也."

39) 『自省錄』 권1, 「答金惇叙」: "彼莊列之徒, 徒知厭事求靜, 而欲以坐忘爲道之亟致, 殊不知心貫動靜該事物, 作意忘之, 愈見紛拏, 至其痛絶而力滅之, 則流遁邪放, 馳騖於汗漫廣莫之域, 豈非坐忘便是坐馳也歟?"

위와 같음: "大抵人之爲學, 勿論有事無事有意無意, 惟當敬以爲主而動靜不失, 則當其思慮未萌也, 心體虛明, 本領深純. 及其思慮已發也, 義理昭著, 物欲退聽, 紛擾之患漸減, 分數積而至於有成, 此爲要法."

40) 『退溪全書』 권14, 「答李叔獻」: "故靜時不思, 便認以爲窈冥寂滅, 動時思量, 又胡亂逐物去, 都不在義理上, 所以名爲學問, 而卒不得力於學也. 惟主敬之功, 通貫動靜, 庶幾不差於用功爾."

41) 『聖學十圖』 제10, 「夙興夜寐箴圖」 退溪註: "此一靜一動, 隨時隨處, 存養省察, 交致其功之法."

42) 『論語』「爲政」 참조.

수 있듯이, 공자는 일찍이 학(學)과 사(思)를 함께 닦을 것을 강조하였다. 이에 대하여 퇴계는 학이라 함은 그 일(事)을 익히어(習) 실행함(踐履)을 뜻하는 것이라 하였다. 즉,

"성문(聖門)의 학은 마음(心)에서 구하지 않으면 어두워서 얻음이 없다. 그러므로 반드시 생각[思]함으로써 미묘한 이치를 통효(通曉)하여야 한다. (또한) 그 일(事)을 익히지 않으면 위태하여 불안하다. 그러므로 반드시 배워서 그 실질을 행해야 한다. 사(思)와 학(學)은 서로 발하여 보탬[益]이 되는 것이다.[43]

라 함과 같이 배움과 생각함은 서로 긴밀한 상관관계를 지닌다 할 것이다. 퇴계는 다시 이와 같은 학과 사에 역시 '경'이 중요하다는 것을 다음과 같이 자세하게 설명하고 있다.

"이것[持敬]을 행하는 방법은 반드시 이 마음을 가지런하고 씩씩하며 정밀하고 한결같은 가운데 보존하고, 이 이치를 배우고 질문하며 생각하고 분변하는 즈음에 궁구하여야 한다. (또한) 아직 보거나 듣기 전에는 두려워함을 더욱 엄격하게 해야 하며, 은미하게 홀로 있을 때에는 성찰함을 더욱 정밀히 해야 한다. 하나의 도식(圖)을 생각할 때에는 그 도식(圖)을 오로지 하여 다른 도식이 있음을 알지 못하는 것처럼 하고, 하나의 일을 익힐(習) 때에는 이 일을 오로지 하여 다른 일이 있음을 알지 못하는 것처럼 하여야 한다. 아침저녁으로 일정함이 있고, 오늘과 내일에 계속 이어져 혹은 야기(夜氣)가 청명한 때에 연역하여 음미하고, 혹은 일상에서 주고받는 때에 체험하여 재배하여야 한다. …… 그리하여 참을 많이 쌓고 힘을 오래 씀에 이르러서는 자연히 심(心)과 리(理)가 서로

43) 『退溪全書』 권7, 「進聖學十圖箚」: "蓋聖門之學, 不求諸心, 則昏而無得. 故必思以通其微, 不習其事, 則危而不安, 故必學以踐其實. 思與學, 交相發而互相益也."

받아들여 알지 못하는 사이에 녹아서 관통(貫通)하고, 습(習)과 사(事)가 서로 익숙하여 점차 평탄하게 실천함을 알게 될 것이다. 시작함에는 각각의 하나를 오로지 하였지만, 지금은 이내 능히 하나로 합쳐질 것이다."[44]

이처럼 인간의 정신과 신체가, 사유와 행동이 각각[心-理, 習-事] 뚜렷한 의의를 지니면서 인간의 성장 속에서 상호작용하고 있다고 할 수 있다. 그리고 급기야는 심(心)과 이(理)가 엉기고 뚫리며, 습(習)과 사(事)가 훤히 트이고 절로 행하여짐과 동시에 양자가 하나의 사실로서 고양되는 것을 볼 수 있다. 이것을 공자의 사상에 비추어 본다면 성장의 단초에 있어서 학문에 뜻을 두어[志于學] 쉼 없이 정진하는[乾乾不息] 모습이라 할 수 있으며, 그 결과에서 이른바 '마음 가는 대로 하여도 법도에서 벗어나지 않는[從心所慾不踰矩]' 경지에 이르게 되는 과정을 보는 것이라 하겠다.

경(敬)이 '사'와 '학'을 겸비하고, '동'과 '정'을 관통한다고 함에 있어서 우리가 되새겨야 할 점을 생각해보자.

사(思)는 마음(心)이 은미한 이치를 통효(通曉)하는 것이요, 이것은 인간의 정신 또는 사유의 하는 일이다. 그러나 이것은 인식이 정신적 기능이라 하여 이성이나 영혼의 자기활동을 유일한 인식방법으로 보고 신체적인 활동과는 격리시키는 태도와 다르다. 그러므로 주관적 관념론이나 유리론적(唯理論的) 사변철학에 머무르지 않는다.

학(學)은 습(習)이요, 이것은 구체적인 사실에서 신체를 매개로 한 행동으

---

44) 위와 같음: "其爲之之法, 必也存此心於齋莊靜一之中, 窮此理於學問思辨之際, 不睹不聞之前, 所以戒懼者愈嚴愈敬, 隱微幽獨之處, 所以省察者愈精愈密. 就一圖而思, 則當專一於此圖, 而如不知有他圖, 就一事而習, 則當專一於此事, 而如不知有他事, 朝焉夕焉而有常, 今日明日而相續, 或紬繹玩味於夜氣淸明之時, 或體驗栽培於日用酬酢之際, … 至於積眞之多, 用力之久, 自然心與理相涵, 而不覺其融會貫通, 習與事相熟, 而漸見其坦泰安履, 始者各專其一, 今乃克恊于一."

로 나타나는 것이다. 그러나 객관적 대상을 감성적으로 인식함에 그치지 않고, 항시 인간의 자기성장과의 관련성을 보유하며 거기에서 인식론적 의의를 구하는 까닭에, 객관적 경험론이나 단순한 실재론적 입장과 구별된다.

프래그머티즘은 사실을 동적(動的)인 입장에서 보고, 인간의 주관적 간여에 의한 조작(操作, Operation)을 통한 환경과의 상호작용 속에서 인간의 발달을 보고자 하는 점에 특색이 있다고 할 것이다. 그러나 역시 경험론적 계열에 있으며, 지성은 도구적인 차원을 벗어날 수 없고 충동으로서의 인간존재를 규정하고 있다. 따라서 인간의 문제를 전면적으로 포괄하려는 노력에도 인간의 가치의 근원에 대한 절대적인 신뢰와 여기에 직접적으로 육박할 수 있는 근거에 대하여 적극적인 방향을 제시하지 못하고 있다. 그리고 이와 같은 결점에 대하여 퇴계의 경사상은 시사하는 바가 있다고 생각되는 것이다.

그리고 퇴계의 입장은 철학의 과제를 논리에 국한하고 객관적 검증성과 관련하여 언어분석을 주 임무로 하는 과학철학 입장과 구별된다. 퇴계의 『역학계몽전의(易學啓蒙傳疑)』와 같은 것은 존재의 법칙적 구조연관을 밝히는 것이라 할 것이다. 이것이 객관적 사실과 정합하여야 함은 물론이다. 그러나 이것은 '가깝게는 자기 자신에게서 취하고[近取諸身]' 하고 '멀게는 사물에서 취한다[遠取諸物]' 는 것이니, 사유에서 인득(認得)되는 법칙이 그대로 존재의 법칙과 상통되는 것임을 시사하는 것이라 하겠다. 그러므로 객관적 검증성이 있는 사실에 관계하는 논리에 그침이 아니요, 주체적 가치론적, 형이상학적 진리까지를 포괄하는 논리로 보는 것이니, 이것은 전인격(全人格)에 관련되는 사항을 전면적으로 포괄하는 것이기 때문이다.

4) 敬의 존재론적 의의

퇴계에 있어 근원존재는 리(理)이다. 물론 넓은 의미에서 존재라고 한다면 리와 기를 모두 들어 말할 수 있을 것이다. 『주역』「계사(繫辭)」에 '역에 태극이 있으니, 이것이 양의를 낳는다[易有太極, 是生兩儀]' 라 한 말은 주렴계의 『태극도설』에서 새롭게 드러나게 되고, 또한 이기론으로 전개되어 송학 성립의 연원이 되었음은 잘 알려진 사실이다.

퇴계학에서 리와 기는 상수(相須)하고 상대(相待)하여 서로 떠나 있는 것은 아니다. 그러나 이기의 관계에서 리가 우위이요, 궁극적인 존재임을 알 수 있다. 퇴계는 '리의 우위' 를 다음과 같이 말한다.

> "태극에 동정이 있음은 태극이 스스로 동정함이요, 천명의 유행은 천명이 스스로 유행함이다. 어찌 다시 시키는 것이 있겠는가?…… 대개 이기(理氣)가 합하여 사물에 명(命)함에 그 신묘한 작용이 스스로 이 같을 따름이니, 천명이 유행하는 곳에 또한 별도로 시키는 것이 있다고 할 수는 없다. 이 리(理)는 지극히 높아 상대가 없으니, 무엇에 명령하고 무엇에도 명령 받지 않기 때문이다."[45]

여기서 기본적으로 리가 기와 합하여 물(物)에 명한다는 것과 그 신묘한 작용이 이와 같다는 사실을 파악할 수 있다. 그리고 나아가 리는 지극히 높은 절대적이며, 무엇에게 명령하지 무엇에도 명령을 받지 않는다는 점을 확인할 수 있다. 그리고 이와 같은 점에 따라 기는 리를 이길 수 없는 것이 된다고 할 것이다[理本尊無對, 命物而不命於物, 非氣所當勝也]. 따라서 근원존재로서의 리(理)는 나에게 임재(臨在)하여 작용하고 있다고 할 것이다.[46]

여기서 기가 리에 수순(隨順)한다면 리가 스스로 드러나게 되지만, 만약

---

45) 『退溪全書』 권13, 「答李達李天機」: "太極之有動靜, 太極自動靜也. 天命之流行, 天命之自流行也. 豈復有使之者歟?… 蓋理氣合而命物, 其神用自如此耳, 不可謂天命流行處亦別有使之者也. 此理, 極尊無對, 命物而不命於物故也."

46) 위와 같음: "就無極二五妙合而凝, 化生萬物處看, 若有主宰運用而使其如此者, 卽書所謂惟皇上帝降衷于下民, 程子所謂以主宰謂之帝, 是也."

기가 리를 거스를 때에는 리는 도리어 숨게 된다. 그러므로 군자는 기질의 편벽됨을 교정하여 물욕을 제어하고 덕성을 높임으로써 '대중지정지도(大中至正之道)' 로 돌아갈 수 있다고 한다.[47]

결국 근원존재〔理, 太極〕가 인물〔人物; 氣, 陰陽〕에 있어서 부단히 명하고 있다고 볼 수 있는데, 이는 근원존재에서 인간으로 내려오는 하향 방향이라고 할 수 있다.

그런데 퇴계는 또한 이렇게도 말한다.

> "도(道)는 하나일 뿐인데 성현이 지적하여 말하는 바가 혹 다르다. '일관의 도[一貫之道]' 는 본체를 온전히 하고 작용을 크게 함을 들어서 말한 것이고, '솔성의 도[率性之道]' 는 인물이 따를 바를 가리켜 말한 것이며, 증자는 성인(聖人)의 충서(忠恕)를 말하였기 때문에 다만 도라고 하였으며, 자사는 학자의 충서를 말하였기 때문에 도에 어긋남이 멀지 않다[違道不遠]고 하였다.
>
> 그러나 이른바 도라는 것을 어찌 다른 곳에서 구하겠는가? '충서' 에 즉하여 그 리를 다하면 충서가 그대로 도이고, 인의예지에 즉하여 그 도를 다하면 인의예지가 그대로 도이다. 이제 충서는 도에 미진하다고 하고, 인의예지는 도라 이름 하기 어렵다고 하여, 이내 별도로 다른 것을 구하여 도라 하고자 한다면 이것은 매우 미천하여 언급할 바가 아니니다."[48]

이러한 퇴계의 말은 무엇을 의미하는가? 사람이 마땅히 따라야 할 도리로

---

47) 위와 같음: "氣能順理時, 理自顯. 非氣之弱, 乃順也. 氣若反理時, 理反隱. 非理之弱, 乃勢也. … 君子爲學, 矯氣質之偏, 禦物欲而尊德性, 以歸於大中至正之道."

48) 위와 같음, 「答金思儉」: "道一而已, 聖賢所指而言者或異, 一貫之道, 擧全體大用而言也, 率性之道, 指人物所循而言之也, 曾子言聖人之忠恕, 故直以是爲道, 子思言學者之忠恕, 故云違道不遠, 然則所謂道者, 何待乎他求哉, 卽忠恕而盡其理, 則忠恕卽道, 卽仁義禮智而盡其理, 則仁義禮智卽道. 今以忠恕則云未盡於道, 以仁義禮智則難名於道, 乃欲別求他物以爲道, 此則尤非淺陋所及也."

서의 천명은 이미 인물에게 주어져 있는 것이요, 따라서 인간은 스스로 따라야 할 도리가 있는 것이다. 그러나 그것은 무엇일까? 인간의 본성인 인의예지를 다하는 것이요, 충서를 하는 것 밖의 사실이 아니다. 인의예지를 다하고 충서를 다하는 것, 바꿔 말하면 '경을 지키고 의를 모으는 것[持敬集義]', 이른바 '경으로 안을 곧게 함[敬以直內]'과 '의로써 밖을 방정하게 함[義以方外]' 이외에 또 무엇이 있겠는가? 분명히 전체대용(全體大用)으로서의 일관지도(一貫之道)가 있는 것이요, 순간순간에 행하여야 할 솔성지도(率性之道)가 있는 것이지만, 그것은 결코 인의예지와 충서를 떠나서 있는 것이 아니다. 결국 인간은 경(敬)을 위주로 하여 그때그때의 도리를 다함으로써 나에게 임재(臨在)하여 작용하는 근원존재의 명령에 응답할 수 있으니, 이는 인간으로부터 근원 존재로 올라가는 상향 방향이라고 할 수 있다.

다시 퇴계의 말을 들어보자.

A. 무릇 도는 일용(日用)의 사이에 유행하여 어느 곳에 가든지 있지 않은 곳이 없다. 고로 한 자리도 리(理)가 없는 땅이 없으니 어느 곳에서 그칠 수 있겠는가?

B. 공부가 경각이라도 그침이 없다. 그러므로 한순간도 리(理) 없는 때가 없으니, 어느 떠인들 공부를 하지 않겠는가? 그러므로 자사께서 말하기를, 도라는 것은 잠깐 사이에라도 떠날 수 없는 것이니, 떠날 수 있으면 도가 아니다. 그러므로 군자는 그 보지 못하는 곳에서 삼가고, 듣지 못하는 곳에서 두려워한다고 하였다.[49]

---

49) 『聖學十圖』「第十夙興夜寐箴圖」: 退溪註 "夫道之流行於日用之間, 無所適而不在. 故無一席無理之地, 何地而可輟? 工夫無頃刻之或停, 故無一息無理之時, 何時而不用工夫? 故子思子曰, 道也者, 不可須臾離也, 可離非道也. 是故, 君子戒愼乎其所不睹, 恐懼乎其所不聞."

여기서 사람이 도를 다한다는 것은 천명이 유행한다는 것이나 리가 임재(臨在)하여 지극히 신묘하게 발용(發用)한다는 것과 맞먹는 것이요, 궁극적으로는 하나의 사실이다.

퇴계는 기명언에게 답하는 별지에서, 주자가 「대학혹문보망장(大學或問補亡章)」에서 "마음은 비록 일신을 주재하더라도 본체의 허령함은 또한 족히 천하의 이치를 관섭하며, 리는 비록 만물에 산재해 있으나 그 작용의 미묘함은 실로 한 사람의 마음을 벗어나는 것이 아니다."라고 한 말을 인용하여,[50] 마음은 일신을 주재할 뿐 아니라 심체(心體)의 허령불매(虛靈不昧)함은 천하의 이치를 관섭(管攝)하는 것임을 분명히 하였다. 그리고 퇴계는 다시 사람의 마음이 천하의 이치를 관섭하는 원인을 설명하는 소주의 말을 인용하고 있다.

> 或 問 : 작용의 미묘함은 마음의 작용인가 아닌가?
>
> 朱子曰 : … 마음의 체는 리(理)를 갖추고 있고, 리는 갖춰지지 않는 곳이 없어서 어떤 것에도 있지 않음이 없다. 그러나 그 작용은 실로 사람의 마음을 벗어나지 않는 것이니, 리가 비록 사물에 있다 하더라도 작용은 실로 마음에 있기 때문이다.[51]

곧 천하의 만물에 산재해 있는 이치를 마음이 갖추고 있으므로 이치의 작용은 마음에서 벗어나지 않는다는 논리라고 할 것이다. 퇴계는 이에 대하여 다시 다음과 같이 자세히 분석한다.

---

50) 『退溪全書』 권18, 「答奇明彦 別紙」: "心雖主乎一身, 而體之虛靈, 又足以管乎天下之理, 理雖散在萬物, 而其用之微妙, 實不外一人之心."

51) 위와 같음: "或問 用之微妙, 是心之用否. 朱子曰, 理必有用, 何必又說是心之用乎, 心之體, 具乎是理, 理則無所不該, 而無一物之不在, 然其用實不外乎人心, 蓋理雖在物, 而用實在心也."

"(주자가) 말하기를 '리(理)가 비록 만물에 있지만 그 작용은 실로 사람의 마음을 벗어나지 않는다.' 라고 하였으니, 리는 스스로 작용할 수 없고 반드시 사람의 마음을 기다려야 하는 것으로 의심되며, (리가) 스스로 이른다고 말하는 것이 불가한 것처럼 보인다.

그러나, 또 (주자가) '리는 반드시 작용이 있으니 어찌 반드시 또한 마음(心)의 작용이라고 하겠는가.' 라고 하였으니, 그 작용이 비록 사람의 마음을 벗어나지 않지만 작용하게 된 묘처(妙處)는 실로 리(理)가 발현한 것이다. 사람의 마음이 이르는 바에 따라 이르지 않는 바가 없고, 다[盡]하지 않는 바가 없다. 다만 나의 격물(格物)이 이르지 못할까 걱정할 것이요, 리가 스스로 이르지 못할까 근심하지 마라.

그런즉 바야흐로 격물(格物)은 진실로 내가 물리(物理)의 극처에 도달함을 말하거니와, 물격(物格)이 어찌 물리의 극처가 나의 궁구함을 따라서 도달하지 않음이 없음을 의미한다고 할 수 없겠는가?"[52]

퇴계는 여기에서 리와 교섭하는 마음의 구조를 속속들이 정밀하게 분석하고 있는데, 이를 통하여 이른바 리도설(理到說)의 가능 근거를 펼치고 있다 할 것이다.

근본적으로 나의 마음이 리를 머금고 있으며 또한 리가 마음에 드러나는 것이라 할 때에, 이것은 하나의 내면적이고 주관적인 탐색이 된다고 할 것이다. 그렇다면 리는 고독하게도 마음의 안에 일로 끝나는 것이 아니겠는가? 도대체 경(敬) 사상에서 일컫는바 심(心)이 교섭하는 리는 객관적 사물의 이법이 될 수 있는가?

52) 위와 같음: "其曰 理在萬物, 而其用實不外一人之心, 則疑若理不能自用, 必有待於人心, 似不可以自到爲言. 然而又曰理必有用, 何必又說是心之用乎, 則其用雖不外乎人心, 而其所以爲用之妙, 實是理之發見者, 隨人心所至, 而無所不到, 無所不盡. 但恐吾之格物有未至, 不患理不能自到也. 然則方其言格物也, 則固是言我窮至物理之極處; 及其言物格也, 則豈不可謂物理之極處, 隨吾所窮而無不到乎?"

그런데 퇴계는 지경(持敬)하는 것이야말로 사와 학을 겸비하고[兼思學] 동과 정을 관통하며[貫動靜], 내와 외를 합치하고[合內外], 현과 미를 하나로 하는[一顯微] 것이라고 하였다. 퇴계는 말하기를,

> "마음이 태극이 된다 함은 곧 인극(人極)을 일컫는 것이다. 이 리는 물아(物我)도 없고, 내외도 없고, 분단(分段)도 없고, 방체(方體)도 없다. 바야흐로 고요할 때에는 혼연히 전체가 갖추어져 하나의 근본이 되니, 진실로 마음에 있다 사물에 있다는 구분이 없다. 그 움직여서 사물에 응접함에 미쳐서는 사물마다 있는 리가 곧 내 마음이 본래 갖춘 리이다. 다만 마음이 주재가 되어 각각 그 법칙을 따라서 응하는 것이니, 어찌 나의 마음으로부터 추출한 다음에 사물의 리(理)가 되겠는가?"[53]

라 한다. 퇴계에 의하면 리는 물아(物我)·내외(內外)·분단(分段)·방체(方體)가 없는 것이다. 그러므로 사물마다 있는 리가 그대로 내 마음의 리[吾心之理]가 된다. 총체적으로 말하여 하나의 리[一理]인 것이다.

그러면 어떻게 하여 나는 내외가 없는 리를 전면적으로 드러낼 수 있을까? 이에 대하여 퇴계는 마음은 그 극치에 정자의 이른바 군자의 마음이 광활하게 크게 공정하고 사물에 따라서 그대로 감응하여 내외를 모두 잊어버리는 경지가 열리게 된다고 한다.

> "외물(外物)을 밖에 있다고 간주함은 그른 것이고, 반드시 내외(內外)를 모두 잊은 연후에 성(性)을 안정시킬 수 있다고 한 것은 어째서인가? 사물은 비록 만

53) 『自省錄』 권1, 「答鄭子中」: "心爲太極, 卽所謂人極者也. 此理無物我, 無內外, 無分段, 無方體. 方其靜也, 渾然全具, 是爲一本, 固無在心在物之分; 及其動而應事接物, 事事物物之理, 卽吾心本具之理. 但心爲主宰, 各隨其則而應之, 豈待自吾心推出而後爲事物之理?"

가지로 다르지만 티는 하나이다. 오직 그 리가 하나이기 때문에 성(性)에 내외의 나뉨이 없는 것이다. 군자의 마음이 능히 광활하게 크게 공정할 스 있는 까닭은 그 성을 온전히 하여 내외가 없기 때문이며, 능히 사물이 옴에 그대로 감응할 수 있는 까닭은 그 리(理)를 한결같이 따라서 피차가 없기 때문이다. 진실로 사물이 밖에 있다는 것만 알고, 리(理)에 피차가 없음을 알지 못한다면 이는 리와 사물을 나누어 둘로 한 것으로 참으로 옳지 않다. (또한) 만약 사물이 밖에 있는 것이 아니라고 간주할 뿐이요, 리(理)를 표준으로 하지 않는다면, 중심에 주장이 없어서 사물이 마침내 빼앗을 것이니 또한 옳지 않다. 오직 군자는 성(性)이 내외가 없음을 알아서 사물에 감응함을 리(理)에 오로지 한다. 그러므로 비록 날마다 외물(外物)에 접(接)하더라도 사물이 나를 해칠 수 없고, 투명하게 일이 없어서 성품이 안정될 것이다."[54)]

결국, 마음의 리에 대한 관계는 주객을 관철하면서 포월(包越)하는 일리(一理)에 대한 관계이다. 그리고 마음과 사물은 하나의 이치로서 내외의 구분이 없어지게 된다. 그러므로 퇴계의 경사상은 내면적 자아에 몰입하는데 그치지 않고 세계성을 가지게 되며, 구체적 사실성이 또렷한 가운데 내면적 관련성을 요해(了解)함으로써 물아(物我)의 대립이 해소되는 것이라 하겠다. 그러나 이러한 관계를 파지(把持)하여 포용하는 주체는 역시 다음[卽曰只是一理, 則理之總腦, 不在於心, 更當何在?]이라 할 것이다. 또한 마음에 있는 리가 그대로 사물에 있는 리라는 것을 투철하게 아는 데 있어서 내외

54) 『退溪全書』 권13, 「答李達李天機」: "以外物爲外之非, 而必內外兩忘然後可以定性, 何也? 物雖萬殊, 理則一也, 惟其理之一, 故性無內外之分. 君子之心, 所以能廓然而大公者, 以能全其性而無內外也. 所以能物來而順應者, 以一循其理而無彼此也. 苟徒知物之爲外, 而不知理無彼此. 是分理與事爲二致, 固不可; 若只認物爲非外, 而不以理爲準則, 是中無主而物卒奪之, 亦不可. 惟君子知性之無內外而應物一於理, 故雖日接外物而物不能爲吾害, 澄然無事而性定矣."

를 양망(兩忘)하게 되는 것이라 할 수 있는 만큼, 여기서 퇴계의 경사상의 극치를 볼 수 있는 것이 아닌가 한다.

3. 「戊辰六條疏」와 「聖學十圖」 製進의 意義

퇴계는 도산에 퇴거하여 학문을 수행하는 동안 조정의 계속된 부름에도 모두 고사하였으며, 만부득이한 경우에는 잠시 나아갔다가 바로 사직하여 돌아오곤 하였다. 1568년 선조 1년 정월에 왕은 68세의 퇴계를 숭정대부 의정부 좌찬성으로 특별히 제수하였다. 당시에 퇴계의 명망은 국인이 공지(共知)하여 누구나 그의 학덕을 우러러보았는데, 선조가 퇴계에게 보내는 글에서 다음과 같은 구절을 볼 수 있다.

> "경의 소중(疏中)의 겸양은 지나치도다. 경은 여러 대를 이어온 구신(舊臣)으로서 (그대의) 높은 덕행과 바른 학문을 비록 일반 백성들이라 한들 누가 모르겠는가? 나도 이미 들은 지 오래되었도다. …… 지금 조정에는 오랜 덕망을 쌓은 사람이 비록 많으나, 내가 경을 바라는 것은 또한 별의 북두(北斗)와 같도다. 경은 모름지기 진퇴로써 의혹지 말고, 올라와 병을 함께 힘써 조섭하고 조정에 머물러 나의 어리석은 자질을 돕도록 하라."[55]

퇴계는 이에 상소를 올려 승진된 관직을 사면할 것을 청하고, 이전의 관직으로 치사(致仕)할 것을 빌었다. 그러나 그것은 허락되지 않고 다시 교서를 내려 올라오기를 재촉하였다. 퇴계는 의연히 품계와 관직을 전직으로 낮춰줄 것과 그대로 치사케 해주기를 간곡히 청하여 사표를 내었다. 이처럼

55) 『退溪全書』 言行錄, 권7, 年譜.

조정에서 부름과 퇴계의 사양하는 일이 거듭된 끝에 조정에서는 그중에서 찬성(贊成)의 직을 거두고 판중추부사(判中樞府事)로서 퇴계를 다시 불렀다. 퇴계 역시 더 이상 사퇴하지 못하여 조정에 나아가게 되었으니 같은 해 7월이었다. 퇴계가 입궐하여 늦게 부임함을 득죄코자 함에, 선조는 오히려 "이제 내가 경을 얻었으니, 이것은 실로 국가의 복이라."라고 하였다. 계속하여 퇴계는 홍문관 대제학과 예문관 대제학, 그리고 지경연춘추관성균관사(知經筵春秋館成均館事)를 겸하게 되었다.[56] 그리하여 퇴계는 짧은 기간이나마 경연에서 강의하는 한편 왕의 자문에 응하게 되었으며, 여기에 학문의 깊은 조예와 무르익은 진리의 세계가 펼쳐짐을 볼 수 있다.

부임한 다음 달 8월에 「무진육조소」를 올리고 12월에는 『성학십도』와 그 차자(箚子)를 제진하였다. 여기에는 당시에 현실적으로 가장 요긴한 문제로부터 제왕학의 원리가 될 수 있는 유학의 정수가 담겨 있는 것으로서, 퇴계사상의 핵심이 집약되어 있다고 할 수 있다. 이는 퇴계의 애민 애족하는 정신이 문자와 도형을 통해서 비친 것이라 하겠다. 또한, 퇴계의 국가와 현실에 대한 관심과 우려를 역력히 볼 수 있으며 퇴계 자신도 이것은 자기가 조정에 참여함을 대신할 수 있는 것이라 하였다.

퇴계는 「육조소」에서 이렇게 썼다.

"…신은 뇌정(雷霆)을 무릅쓰고 감당 못 할 것으로 사퇴하였는바 양찰(諒察)하여 주심을 입어 책임을 면하였습니다. 그러나 품질(品秩)이 고쳐지지 않고 분수에 넘친 일이 여전합니다. 더욱이 신은 늙고 병들어 벼슬을 감당할 정력이 조금도 없는데 외람되이 높은 반열에 적을 두어 더욱 부끄럽고 송구스럽습니다. 있지 못할 자리에 오래 있어 성조(聖朝)를 욕되게 할 수 없습니다. 다만, 이번

56) 同上 참조.

상경(上京)에 분에 넘치게 상례(常例)와 다른 자애를 받았으니, 신이 비록 계책과 경영에 어둡기는 하지만 붉은 정성을 다하여 모처럼 얻은 어리석은 생각을 바치지 않을 수 없나이다. 구술로 말씀드리면 정신이 흐리고 말이 눌변이어서 한 가지를 들고 만 가지를 빠뜨릴까 염려되기에 이에 감히 글로서 뜻을 진술합니다."[57]

그리고 『성학십도』를 제진함에 있어서도, 퇴계는 그것이 "임금을 사랑하고 국가를 근심하는 간절한 충정(衷情)과 선을 베풀고 가르침을 드리는 간곡한 정성"으로 만들어진 것이라고 한다. 그리고 또한 "성학을 권도하고 군덕(君德)을 보양하며, 요순의 이상에 이르기를 기약하는 것"이라고 하고, 이것으로 병풍을 만들거나 궤안에 올려놓고 살펴보아 경계함이 있도록 한다면 "종사의 다행이요, 신민의 다행"이 될 것이라고 하였다.[58]

'육조소'의 내용은 ① 계통을 중히 하여 인효(仁孝)를 온전히 할 것[重繼統以全仁孝], ② 참소를 막아 양궁(兩宮)을 친하게 할 것[杜讒間以親兩宮], ③ 성학(聖學)을 돈독히 하여 정치의 근본을 세울 것[敦聖學以立治本], ④ 도술(道術)을 밝혀 인심을 바로잡을 것[明道術以正人心], ⑤ 복심(腹心)을 미루어 이목을 통하게 할 것[推腹心以通耳目] 그리고 ⑥ 수성(修省)을 정성스럽게 하여 하늘의 사랑을 이어받을 것[誠修省以承天愛]의 순서로 진술되어 있다.

이 가운데서 퇴계는 먼저 선조 즉위 초년에 국가적으로 가장 절실하여 주의해야 할 문제를 진계하였다. 그것은 방지(旁支)로 입계하여 대통을 이어받은 17세의 젊은 선조에 대하여 제왕으로서의 책임이 얼마나 중대한 것인가를 일깨우는 일이었다.[59]

---

57) 『退溪全書』 권6, 「戊辰六條疏」. (李相殷 譯 참조, 이하 같음.)
58) 위와 같음, 권7, 「進聖學十圖箚」.
59) 「戊辰六條疏」 제1, 2조 참조. 선조는 16세에 즉위함.

선조는 덕흥군(德興君)의 아들로서 명종이 후사 없이 승하함에 왕통을 계승하였다. 그러므로 선조로서는 입계부모와 본계부모의 양궁(兩宮)에 모두 관계가 있었다. 그리고 이러한 점에서 퇴계는 은(恩)과 의(義)를 분명히 하고, 참소를 막아 양궁을 모두 친하여야 한다고 한 것이다. 을사사화가 대윤(大尹)과 소윤(小尹)의 다툼에서 기인한 것을 비추어 볼 때, 이것은 양궁 사이에서 빚어질지도 모를 권력싸움의 사태를 깊이 우려하여 미연에 방지하려는 것이라 하겠다. 그리하여 계통의 중대성을 각성함과 동시에 '계지술사(繼志述事)'[60]하여 인효를 다할 것과 또한 양궁과의 관계에서 임금은 명철성을 가지고 틈이 생기지 않도록 지극히 주의해야 할 것이라고 하였다.

"오늘날 전하의 어버이 섬김은 이른바 의(義)로써 은(恩)을 높이고 변(變)으로써 상(常)에 처함이니, 이 두 가지 사이는 실로 소인과 여자들이 틈타서 혼란을 일으킬 수 있는 것입니다. 신이 전대의 일을 살펴보오니 위로는 자친(慈親)이 있고 아래로 현사(賢士)가 있으면서도 도적 같은 환관과 이간하는 첩실이 그 사이에서 서로 싸워 그 효를 바로 맺지 못하는 경우가 이루 말할 수 없었습니다. 하물며 지금 궁중에는 오랜 간신과 늙은 소인들이 전후의 조론(朝論)에서 깊이 염려한 대로 아직 모두 제거되지 못하였으니, 이것은 '여윈 돼지가 날뛰는 것'과 같을 뿐만이 아닙니다.

바라옵건대 전하께서는 『주역』의 가인(家人)의 뜻을 거울로 삼고 『소학』의 명륜(明倫)의 가르침을 본받으셔야 합니다. (그리하여) 자치(自治)를 엄하게 하여 정가(正家)를 근엄하게 하고, 사친을 독실히 하여 자식의 직분을 다해야 합니다. (그리하여) 좌우의 가까이 있는 사람들로 하여금 분명하게 양궁의 지정은

---

60) 원래는 『중용』 제19장에 武王과 周公에 관한 기사로서 "子曰武王, 周公, 其達孝矣乎, 夫孝者, 善繼人之志, 善述人之事者也"라 함. 이에 대하여 新安陳氏는 "祖父有欲爲之志而未爲, 子孫善繼其志而成就之. 祖父有已爲之事而可法, 子孫善因其事而遵述之"라고 註譯하였다.

효자(孝慈)에 더 중한 것이 없어서 자기들의 참소와 이간이 통할 수 없다는 점을 알게 하고, 또한 그 효자를 이루게 하는 자는 편안함을 얻고 이간을 하는 자는 죄를 얻는다는 것을 알도록 한다면, 자연히 음사(陰邪)가 사이에서 작란(作亂)하는 폐단이 없어지고 효도에 빠뜨림이 없이 될 것입니다."[61]

다음으로, 퇴계는 성학(聖學)을 돈독히 함으로써 치화(治化)의 근본을 삼고 경(敬)을 근본으로 하여 참으로 알고 실제로 행하여야 할 것이라 하였다. 또한, 요순 이래의 도술을 몸소 실천하여야 이른바 이단[老莊 및 佛敎], 패술(覇術), 향원(鄕原), 속학(俗學)에 젖은 인심을 바로 잡을 것이라 하였다. 이것은 앞서 제기한바 국가적 체통을 확립하고 치국의 안정 및 공고화를 기약하기 위한 것이며, 아울러 다시 정교와 치화의 근본이념을 지치주의의 도학사상에 기초를 지우려 한 것이라 하겠다.

"신은 듣자오니 제왕의 학문과 심법의 요체는 요순이 우(禹)에게 명한 말에 연원하였다 합니다. 그 말에 말하기를 '인심은 위태하고 도심은 은미하니, 오직 정밀히 하고 오직 한결같이 하여 그 중(中)을 잡아라.' 라고 하였습니다.

대저 천하로써 서로 전할 때는 받는 사람으로 하여금 천하를 편안하게 하려는 것인 만큼, 그 부탁하는 말이 정치에서 더 급할 것이 없습니다. (그럼에도 불구하고) 순이 우에게 타이름이 이 몇 마디에 지나지 않았으니, 이 어찌 학문과 성덕(成德)으로써 정치의 대본을 삼은 것이 아니겠습니까? 정밀히 하고 한결같이 하여 중을 잡는 것은 학문의 대법(大法)입니다. 대법으로써 대본(大本)을 세우면 천하의 정치는 다 이로부터 나오는 것입니다. 옛 성인의 말씀이 이러함으로 신 같은 어리석은 자도 성학이 지치(至治)의 근본이 됨을 알고 외람되이 말씀드리는 바입니다."[62]

---

61) 「戊辰六條疏」 제2조. '羸豕之蹢躅' 은 周易姤卦初爻의 爻辭.

퇴계는 이어서 정일(精一)하여 집중(執中)하는 학문이 공자에 와서 크게 갖추어지게 되는데, 그것이 바로 『대학』의 '격치성정(格致誠正)' 이요, 『중용』의 '명선성신(明善誠身)' 이라고 한다. 그리고 이와 같은 학문은 주자의 『대학』과 『중용』의 『장구(章句)』와 『혹문(或問)』에 의해서 다시 크게 밝혀지게 되며, 이것이 이른바 진지(眞知)와 실천(實踐)으로 연결되는 것이라고 한다. 그리고 진지와 실천을 말미암아 정치의 근본이 되는 "도와 덕이 성립[道成德立]" 되며, 이에 의하여 "여러 현자들이 함께 나오고 공적이 크게 빛나 융평(隆平)한 세상을 이루어 백성을 인수(仁壽)의 경지에 이르게 할 수 있다." 라고 하였다.

다음으로, 퇴계는 도술을 밝혀 인심을 바로잡을 것을 강조한다. 퇴계는 먼저 도술(道術)을 "천명에서 나와서 이륜(彝倫)에 행하여지는 것으로 천하와 고금이 같이 말미암는 길" 이라고 정의한다. 그리고 이는 요 · 순과 삼왕이 행한 것이고, 공자 · 증자 · 자사 · 맹자가 전한 것이며, 그리고 송대 제현이 밝힌 것이라고 한다. 또한, 여말에 정주의 학이 들어왔고, 조선조에 와서 이루어진 규모(規模)와 전장(典章)은 모두 이 도술의 응용이었다고 한다. 그러나 개국 후 200년이 되어가는 데도 유감스럽게도 치효가 크게 나타나지 않음은 도술(道術)이 밝지 못하고 기도(岐道)의 설들이 인심을 해하기 때문이라고 한다. 그러므로 "정학(正學)" 을 기본으로 하여 오래 공력을 쌓아 몸소 행하고 마음으로 얻음으로써만 "덕화(德化)가 향기롭게 풍기어 안과 밖이 융화되고 조정에는 공경과 사양이 행하여지며, 가정에는 효제가 행하고, 선비는 학(學)을 알고 백성은 의(義)를 알게 되어" 궁극에는 인심이

---

62) 위와 같음, 제3조: "臣聞, 帝王之學, 心法之要, 淵源於大舜之命禹. 其言曰, 人心惟危, 道心惟微, 惟精惟一, 允執厥中. 夫以天下相傳, 欲使之安天下也, 其爲付囑之言, 宜莫急於政治, 而舜之於禹, 丁寧告戒, 不過如此者, 豈不以學問成德, 爲治之大本也? 精一執中, 爲學之大法也. 以大法而立大本, 則天下之政治, 皆自此而出乎. 惟古之聖謨若此, 故雖以如臣之愚, 亦知聖學爲至治之本, 而僭有獻焉."

바르고 도술이 밝게 되는 것이라 하였다.[63]

또한 퇴계는 도술을 밝히기 위하여 이단과 폐풍을 일소할 것을 강조한다. 그리고 이를 위하여 일단 당시의 폐단을 다음과 같이 기술하고 있다.

> "신은 생각하옵건대 이단(異端)의 폐해는 불씨(佛氏)가 가장 심하여 고려는 이로 말미암아 망국에 이르렀고, 아조(我朝)의 성대한 다스림으로도 그 뿌리를 아직도 끊어버리지 못하여 이따금 때를 타서 일어납니다. 비록 선왕이 그 그름을 곧 깨닫고 소제해 버렸으나 여파와 찌꺼기가 아직도 남아있고, 노장의 허망함을 혹은 즐기고 숭상하여 성인을 모독하고 예의를 멸시하는 기풍이 간간이 일어나며, 관중(管仲)과 상앙(商鞅)의 술수는 요행히 전술되지는 않았으나 공적을 노리고 이익을 탐내는 폐단은 아직도 고질로 되어있고, 향원(鄕愿)의 덕을 어지럽히는 습관은 말류들의 아첨에서 시작되었고, 속학의 방향이 혼미한 폐단은 과거보는 사람들의 명리 추구에서 더욱 심해졌습니다. 하물며 명리를 찾고 벼슬을 구하는 길에서 기회를 엿보고 틈새를 타서 이리 붙고 저리 붙는 무리들이 또 어찌 모두 없어졌다고 할 수 있겠습니까? 이로써 보면 오늘날 인심은 매우 바르지 않습니다."[64]

퇴계는 당시의 상황을 이처럼 진술하고, 이어서 임금이 도를 지향하는 마음이 다소라도 줄어들어 좋아함과 싫어함의 편벽됨에서 드러나거나 사사로이 처리하는 틈에서 새어나간다면, 이와 같은 무리들이 쏟아져 나와서 결국 나라를 망하게 할 것이라고 경계하고 있다. 그리고 송(宋)의 철종(哲宗), 휘종(徽宗), 영종(寧宗), 이종(理宗)과 같은 이들이 그러하였으며, 이러한 경우는 무수히 많다고 한다. 그리고 퇴계는 이와 같은 옛 사람의 실도(失道)를

---

63) 위와 같음, 제4조 참조.

64) 위와 같음.

거울삼아 시종일관 변함없이 도술을 높여 인심을 바로 잡으라고 당부한다.

끝으로 퇴계는 육조소의 마지막 2조에서 국가를 경영하는 데 있어서 실질적인 문제에 대한 근본 원칙을 진술한다. 구체적으로 말하면 대신들의 마음을 헤아리고 대간의 활동을 활발하게 하며, 백성의 피폐한 정황을 들으면 스스로 반성하고 정사를 고쳐서 하늘의 인애한 마음을 이어받아야 함을 곡진하게 진술한다.

퇴계에 의하면 한 나라의 몸은 한 사람의 몸과 같다. 즉 사람의 한 몸에 머리[元首]가 위에 있어서 아래를 통임하고, 복심(腹心)이 가운데서 이어받아 일을 맡고, 이목(耳目)이 곁으로 퍼져 호위하고 일깨워 주어야 몸이 편안한 것처럼, 정치도 이와 같아야 한다는 것이다.

"임금은 한 나라의 으뜸 머리이고, 대신(大臣)은 그 가슴과 배이며, 대간(臺諫)은 그 이목(耳目)입니다. 삼자는 서로를 기다려서 서로를 이루는 것이니, (이는) 참으로 나라에 바뀔 수 없는 상세(常勢)요, 천하와 고금이 모두 함께 아는 바입니다."[65]

이처럼 국가의 운영은 머리와 마음과 이목, 즉 임금과 대신과 대간의 삼대 기능이 균형을 이루어 합리적으로 작용함으로써만 이루어질 수 있다. 여기서 삼자의 권능이 파괴되거나 사리를 도모하려는 방편으로 변화할 때에는 어찌해 볼 도리가 없게 된다.

"혹 경직한 선비가 있어서 그 예봉을 건드리면, 반드시 귀양을 보내거나 죄주어 죽임을 가하여 가루를 만들어 버리고야 맙니다. 이 때문에 충신과 현인은

65) 위와 같음, 제5조: "人主者, 一國之元首也, 而大臣其腹心也, 臺諫其耳目也, 三者相待而相成, 實有國不易之常勢, 而天下古今之所共知也."

다 쫓겨나서 국내가 공허해지고 이목의 직책은 모두 세력을 지닌 자의 사사로운 사람이 됩니다."[66]

그러므로 퇴계는 선조에 대하여 이와 같은 점에 유념할 것을 권하면서 다음과 같은 방책을 말하였다.

"성상께서는 오직 하늘의 밝은 명령을 돌아보시고 스스로 공손히 하여 남쪽을 향해 앉아 자리를 지키셔야 합니다. (그리고는) 대신들에게 진심을 전달하시고, 눈을 밝히고 귀를 사방으로 열어 백성에게는 중(中)을 세우시고 위에는 극(極)을 세우셔야 합니다. (그렇게 하면서) 털끝만치의 사사로운 뜻도 그 사이에 끼어들지 못하게 하시면, 대신의 자리에 있는 사람들이 반드시 모두 모르는 것을 일러주고 대계를 진술하며 도를 논의하고 나라를 경륜함으로써 자기의 책임을 삼을 것입니다. (또한) 간쟁의 지위에 있는 사람은, 잘못을 면전에서 고치게 하고 조정안에서 간쟁하며 임금의 잘못을 구제하고 생각지 못한 잘못을 일러줌으로써 그 직책을 삼지 않음이 없을 것입니다."[67]

퇴계는 임금과 대신과 대간의 이와 같은 세 가지의 기능이 일체를 이룰 수 있어야만 선정(善政)과 성치(聖治)와 융평(隆平)이 이루어질 수 있다고 하였다.

다음으로, 퇴계는 군상(君上) 이상으로 보다 높은 상제(上帝)를 말하고, 그에 대하여 외경하고 수성(修省)하여야 한다고 하였다. 퇴계는 이렇게 기

---

66) 위와 같음: "一有鯁直之士, 觸犯其鋒, 則必加之竄謫誅戮, 爲?爲粉而後已焉, 由是忠賢盡逐, 國內空虛, 而耳目之司, 皆爲當路之私人矣."

67) 위와 같음: "聖上唯當顧諟天之明命, 恭己南面, 推誠腹心, 明目達聰, 建中于民, 建極于上, 不以分毫私意, 撓壞於其間, 則居輔相之位者, 必皆以沃心陳謨論道經邦自任, 處諫諍之列者, 無不以面折廷爭, 補闕拾遺爲職."

술하였다.

"참으로 임금 된 자로 하여금 하늘이 나를 이렇게 사랑하는 것이 공연히 그런 것이 아님을 알게 한다면, 반드시 임금 노릇하기 어렵다는 것을 알 수 있을 것이며, 반드시 천경이 쉽게 오는 것이 아님을 알 수 있을 것이며, 반드시 높고 높이 위에 있으면서 날마다 여기를 내려 보아 털끝만치의 속임도 용납하지 않는다는 것을 알 수 있을 것입니다.

능히 이렇게 되면 평일에는 반드시 마음먹고 몸을 조심하여 능히 삼가고 성실할 것이니, 이로써 상제를 환하게 받듦이 그 도를 극진히 하지 않음이 없을 것입니다. (또한) 재이(災異)를 만남에는 반드시 허물을 반성하고 정사를 고쳐 닦아 능히 신중하그 진실 되게 할 것이니, 이로써 천의(天意)를 감격(感格)시킴에 더욱 마음을 다할 수 있을 것입니다. 그렇게 되면 정치가 문란하기 전에 바로 잡히고 나라가 위태하기 전에 보존되어 편안함만 있고 재화(災禍)가 없음을 기약할 수 있을 것입니다."[68]

그러나 퇴계에 있어서 수성(修省)의 도는 동중서(董仲舒)나 유향(劉向)과 같은 재이(災異)의 설과 차이점이 있으며, 공광(孔光)이나 왕안석(王安石)이 취했던 철저한 인본주의적인 태도와도 차이가 있다. 퇴계는 더욱 윤리적인 해석을 가하여 이를 어버이에 대한 자식의 도리로 해석하였던 것이다. 그것은 벌을 두려워해서가 아니요, 자식으로서의 구실을 다하기 위함이었다. 임금으로서는 하늘로부터 위임된 인목(人牧)으로서의 직분을 다하고자

68) 위와 같음, 제6조: "誠使爲人君者, 知天之所以仁愛我者如此, 其不徒然也, 則其必能知爲君之難矣, 其必能知天命之不易矣, 其必能知高高在上, 而日監于玆, 不容有毫髮之可欺矣. 能如此則其在平日, 必有以秉心飭躬, 克敬克誠, 以昭受上帝者, 無不盡其道矣. 其遇災譴, 必有以省愆修政, 克愼克實, 以感格天意者, 益能盡其心矣. 夫然則制治于未亂, 保邦于未危, 有平安而無禍敗, 可幾也."

함이니, 퇴계는 임금이 주의하여야 할 항목을 16가지에 걸쳐서 논하였다. 제6조의 종결부에서 퇴계는 당시 나라의 현상(現狀)을 고하여 직접적인 관심을 환기하였다.

> "경외(京外)의 서리(胥吏) 노복(奴僕)들은 공납품을 이리같이 뜯어먹고도 오히려 부족하여 국고를 도적질하여 비우고, 진포(鎭浦)의 장수들은 군졸을 호랑이 같이 삼키고도 오히려 차지 못해 인족(隣族)에까지 해독을 퍼뜨립니다. 기황(饑荒)은 이미 극심했어도 구제할 대책이 없으니 뭇 도적이 일어날까 두렵고, 변방은 공허한데 남북으로 틈이 벌어지니 외적들의 뜻밖의 습격이 염려됩니다. 이런 등류(等類)의 일은 신이 일일이 헤아릴 수 없습니다."[69]

이상 육조소의 내용에서 정교(政敎)에 대한 퇴계의 논사(論思)를 살펴보았다. 그러나 퇴계의 말과 같이 이것은 앞의 2조에 근본을 두고 성학의 공부에 면려하라는 것이었다. 퇴계는 말하기를 "오인(吾人)의 성정은 참으로 요순이 될 수 있는 것이니, 비근(卑近)하고 천소(淺小)한 것을 떠나지 않더라도 실로 고심(高深)하고 원대(遠大)하여 무궁한 것이 거기에 있다"[70]고 하였다.

여기서 퇴계가 『성학십도』를 제진한 의도를 짐작게 되는 바이며,[71] 그것은 「제1태극도」로부터 「제10숙흥야매도」에 이르기까지 정일집중(精一執

---

69) 위와 같음.

70) 위와 같음, 結論 참조. "吾人之性情, 眞可爲堯舜, 不離乎卑近淺小, 而實有高深遠大而無窮者存焉."

71) 퇴계는 69세 3월 귀향을 허락받는 자리에서 왕의 물음에 답하는 가운데 『성학십도』에 대하여 다음과 같이 아뢰었다. "聖賢千言萬語, 莫非存心之法, 而亦貴於知要. 臣前日所進聖學十圖, 非臣私見, 皆先賢所爲, 其間臣只補一二圖而已, 其工夫則前日進箚以思字學字爲主, 以此致思焉, 則所得益深, 而發輝於事業, 可知小臣願忠納誨之誠也."

中)을 기본으로 하는 제왕지학으로서 10도 모두가 경(敬)을 위주로 한 것이라 하겠다.

4. 理尊的 二元論의 社會思想史的 意義

퇴계의 생애(1501-1570)는 16세기 출발과 더불어 시작하여 칠십개성상(七十箇星霜)을 지내는 동안 군주만으로도 연산군, 중종, 인종, 명종, 그리고 선조에 이르기까지 다섯 분이며, 시대적으로도 여러 사화가 겹치는 수난기를 경험하였다. 퇴계는 19세 때의 기묘사화와 45세 때의 을사사화를 몸소 목격하여 당시의 세태를 잘 알 수 있었다. 이는 사림과 훈구세력 간의 충돌의 결과라고도 하겠으나, 단순한 권력다툼이라기보다는 특권층인 소인배가 그들에 대한 비판세력이요 사회정의를 구현하려던 군자유(君子儒)를 탄압한 사건이었다. 이와 같은 사회적 부조리와 비정상적 상황의 전개는 개인에 있어서나 집단에 있어서 공의(公義)와 사리(私利)의 분별이 명확지 못함에서 기인한 것이라 할 것이다.

퇴계는 이처럼 "악화(惡貨)가 양화(良貨)를 구축하는" 시대에는 무엇보다도 공의(公義)와 사리(私利)를 구별하여 엄별하는 일이 급선무라고 보았던 것이며, 이것은 다름 아닌 천리와 인욕의 엄격한 분별을 뜻하는 것이기도 하다. 그것은 인심과 도심, 사단과 칠정, 그리고 본연지성과 기질지성의 명확한 구별과 함께 양자의 부잡성(不雜性)을 강조하는 '리기이원론'으로 나타난 것이라 할 수 있다. 또한, 정치사상에서도 존왕천패론(尊王賤霸論)은 유가의 정통적 정신이라 할 수 있거니와, 그러한 의미에서도 리기의 부잡성은 또한 강조되어야 할 것으로 보는 것이다.

퇴계에 있어서 "이발(理發)과 기발(氣發)", "사단(四端)과 칠정(七情)", 그리고 "도심(道心)과 인심(人心)"은 모두 순수한 정신적 가치와 신체적 물질적 욕구의 두 방향을 의미하였다.[72] 그러므로 양자는 왕신(王臣)관계에 있는 것이요, 인심은 항상 도심의 명령을 들어야 한다. 그러나 만약 이러한 관계가 전도된다면 개인적으로는 도덕성의 방기(放棄)를 가져오며, 사회적으로는 윤리의 파멸과 정치의 타락을 초래할 것이다. 물론 이와 같은 모든 일의 근원은 궁극적으로 사람 마음의 위미지간(危微之間)에 있는 것이라 하겠다. 그러므로 퇴계는 앞 절에서 논의한 바와 같이,

> "이기(理氣)를 겸비하고 성정을 통섭하는 것은 마음이다. 그런데 성이 발현하여 정이 되는 즈음은 한 마음의 기미이며 온갖 변화의 추요(樞要)이며 선과 악이 말미암아 나뉘는 곳이니, 학자가 능히 '경' 을 지님에 한 가지로 하여 천리와 인욕에 어둡지 않아야 할 것이다. (그리하여) 미발(未發)의 때에 존양(存養)의 공부가 깊어지고 이발(已發)의 때에 성찰의 습관이 익숙해져 참으로 오래도록 행하여 그치지 않는다면 이른바 '정밀하고 한결같이 하여 중(中)을 잡는 성학' 과 '본체를 보존하여 상황에 따라 작용하는 심법' 이 모두 밖에서 구하기를 기다릴 것 없이 여기서 얻게 될 것이다."[73]

라 하였던 것이다. 그렇게 함으로써만 시비와 정사가 바로 잡힐 수 있으며, 소인유(小人儒)가 아니라 군자유(君子儒)의 사회를 이룩할 수 있다. 그러나 역사를 보면 이것이 전도된 상태로 도도히 흘러온 것이니, 그 까닭은 오로지 임금이 능히 "사(私)"라는 한 글자를 버리지 못한 때문이라는 것이다. 퇴계는 조선조 건국 이후의 역사적 사실을 들어서 이와 같은 점을 논하였다.

> "우리의 조종께서 깊은 은혜와 두터운 은택으로 공덕이 높으셨지만, 다만 사

---

72) 本 論文 "敬의 價值論的 意義" 참조.

73) 『聖學十圖』 第六 心統性情圖의 退溪의 論說部分으로 주 30) 참조.

림의 화(禍)가 중엽에 일어났습니다. 폐조의 무오와 갑자의 일은 말할 것도 없으며, 중종조(中宗朝)의 기묘사화로 현인과 군자가 다 대죄를 입었습니다. 그로부터 사(邪)와 정(正)이 서로 섞여 간인(奸人)이 뜻을 얻어 사사로운 원한을 갚을 때에는 반드시 기묘의 여습(餘習)이라 일컬었습니다. 사림의 화가 잇달아 일어났으니 자고로 이와 같은 때는 없었습니다.

명종이 아직 어리시매 권간(權奸)이 뜻을 얻어 한 사람이 패하면 또 한 사람이 나와서 서로 잇달아 용사(用事)하였기 때문에 사화가 차마 이루 말할 수 없었습니다. 신이 이미 지나간 일을 아뢰는 것은 장래에 큰 경계를 삼고자 하는 까닭입니다.

자고로 임금이 처음의 정사가 청명하여 바른 사람이 등용되어, 임금의 허물과 잘못이 있으면 간쟁하므로 임금이 반드시 싫어하고 괴롭게 여기는 뜻이 생기는 것입니다. 이에 간인들이 그 틈을 타서 받들기 때문에 임금이 마음으로 "이 사람들을 쓰면 내가 하고자 하는 일이 여의치 않음이 없으리라" 고 생각하게 되었습니다. 이로부터 소인과 합하게 되어 바른 사람이 손을 붙일 수 없이 되었으며, 뒤에 간신이 뜻을 얻어 비슷한 무리를 끌어들여 못할 일이 없게 되는 것입니다.

이제 신정(新政)의 처음에는 무릇 간쟁하는 바에 다 뜻을 굽혀 좇으시어 대과(大過)가 없지마는, 오래되어 성심(聖心)이 혹 옮겨지신다면 어찌 오늘 같으신 일을 보증하겠습니까? 그렇게 되면 사(邪)와 정(正)이 서로 나뉠 것이며, 간인(奸人)이 반드시 승리하여 처음의 정사와는 크게 상반될 것입니다. …… 한 임금의 몸으로서 그 일이 두 사람과 같이 되는 것은 처음에는 군자와 합심하다가 마지막에는 소인과 합심하기 때문입니다. 상께서 이것을 크게 경계하사 선류(善類)를 보호하여 소인으로 하여금 모함하지 못하게 하신다면 이것은 종사와 신민의 복이 될 것입니다. 신으로서 경계하여 말씀드릴 것은 이보다 큰 것이 없사옵니다.[74]

다음으로, 퇴계에 있어서 리(理)의 궁극적이고 절대적인 우월성은 무엇에 의하여서도 손상될 수 없는 인간 본성의 구극적(究極的) 존엄성을 나타내 보인다 할 것이다. 순수하게 섞임 없는 본성으로서의 리는 이른바 자사의 "천명(天命)의 성" 으로서[75] 일체 선(善)의 근원이요 대본이 된다. 이것은 존엄하게 받들어져야 할 것이요, 그 무엇에 의하여도 희생될 수 없는 것이다. 그리하여 이러한 본성이 완전히 때 묻지 않은 모습으로 드러나서 중화를 이루어야 한다.[76]

퇴계는 이러한 근원존재를 자신이 경험하고 살아가는 가장 비근하고 평범한 생활 속에서 보았다. 퇴계는 그의 「자성록」에서 다음과 같이 기술하였다.

> "대저 이 리(理)는 일용(日用)에 가득찬 것으로 움직이고 멈추거나 말하고 침묵하는 사이[作止語默之間]와 이륜으로 응접하는 즈음[彛倫應接之際]에 있어서 분명하게 드러나거나 세세 밀밀하여 어느 때 어느 곳이든지 그렇지 않음이 없으니, 드러나면 목전에 있고 숨어들면 조짐이 없다. 초학이 이것을 버리고 갑자기 고심하고 원대한 것에 종사하여 지름길로 가서 얻으려 한다면, 이는 자공도 능하지 못한 것이거늘 우리와 같은 무리가 할 수 있겠는가? 한갓 추구하여 찾으려는 수고로움만 있고, 행함에 망망하여 의거할만한 실질이 없을 것이다."[77]
>
> "일찍이 들으니 옛사람 학(學)하는 바는 반드시 효제와 충신을 근본으로 하여 다음으로 천하의 만사와 성품을 극진히 하고 천명에 이르는 지극함에 미쳤으니, 아마도 그 대체(大體)는 포함하지 않는 바가 없겠지만 가장 먼저 가장 급

74) 『退溪年譜』 권2, 退溪 69歲 3日 戊申 참조. 歸鄕에 際하여 마지막으로 임금에게 드린 말씀 가운데 나온다.

75) 『聖學十圖』 第六 心統性情圖의 退溪의 論說部分.

76) 『聖學十圖』 第六 心統性情圖의 中圖를 관련시켜 볼 수 있음.

77) 『退溪全書』 自省錄 권1, 「答南時甫」: "此理, 洋洋於日用者, 只在作止語嘿之間, 彛倫應接之際, 平實明白, 細微曲折, 無時無處無不然. 顯在目前, 而妙入無眹, 初學舍此, 而遽從事於高深遠大, 欲徑捷而得之, 此子貢所不能, 而吾輩能之哉. 所以徒有推求尋覓之勞, 而於行處, 莽莽然無可據之實矣."

히 할 것은 가정의 일상사에 있는 것이다. 그러므로 '근본이 서면 도(道)가 생한다.' 고 하는 것이다."[78]

퇴계는 의(義)와 리(利)가 상충하고 정(正)과 사(邪)가 갈등하는 정치적 사회적 현실에 주의하였다. 그러나 양자의 갈등을 정면에서 대립항쟁 함으로써 극복하기보다는, 차원을 달리하여 인간의 진실한 모습을 추구하고 본원적인 세계를 찾아서 그 실상을 구현코자 하였다. 그것은 정치적 사회적이라기보다는, 오히려 윤리적 종교적 교육적인 방향이었다. 외형적, 조직적, 사회적 행위라기보다는, 주체적인 인간에 있어서 자유와 평화를 체험함이었으며, 진리와 양심의 세계를 창조함이었다. 퇴계는 다음과 같이 읊었다.

깊은 산 무성한 수풀 속에
한 그루의 난초(蘭草) 있어
종일(終日)토록 향기(香氣) 내어
스스로 향기로움 알지 못하네.[79]

퇴계는 이것이 다름 아닌 '위기지학(爲己之學)' 이라 하였던 것이다. 개개인의 독립, 만인의 자기실현, 규모의 대소 없이, 그리고 거짓이란 전혀 없이 인간성을 그대로 노출함이다. 퇴계 61세 때의 시 한 수를 보면 다음과 같다.

꽃들은 바위 벼랑에 피었는데 봄은 고요하고
새들은 시냇가 나무에 울고 물은 졸졸 흐르네.

---

78) 『退溪全書』 自省錄 권1, 「答鄭子仲」: "蓋嘗聞之, 古人所以爲學者, 必本於孝悌忠信, 以次而及於天下萬事盡性至命之極. 蓋其大體無所不包, 而其最先最急者, 尤在於家庭唯諾之際, 故曰 本立而道生."

79) 本章 註23 참조.

우연히 산 뒷길을 따라 동자(童子)와 관자(冠者)를 데리고
한가로이 산 앞에 이르러 고반(考槃)을 보았네.[80]

이것은 이른바 '상하가 함께 흘러 각각 그 자리를 얻는다[上下同流, 各得其所]는 묘(妙)가 있다.' 라고 일컫는 것으로서, 지극히 인간적인 색채를 볼 수 있다.

퇴계는 스스로 스승으로 자처한 일도 없었으며 항시 자성하고 겸허하였다. 「자성록」 서문에서 퇴계는 "옛날에 말을 쉽게 하지 못한 것은 몸이 그 말을 행하지 못할까 부끄러워했기 때문이다."라고 말을 시작한다. 그리고 이어서 당시에 퇴계 자신이 붕우(朋友)와 더불어 강론을 주고받으며 이미 말한 것은 부득이한 것으로 부끄러움을 이기지 못하겠노라고 하였다. 하물며 이미 말한 다음에 그 사람은 잊지 않았으나 나는 잊은 것도 있으며, 그 사람과 내가 함께 잊어버린 것도 있으니, 이것은 부끄러운 일일 뿐 아니라 거의 거리낌이 없이 되어버린 것으로 심히 두려운 일이라고 하였다. 그리하여 남아있는 편지의 초(草)를 모아 『자성록』을 엮은 것도 책을 만들기 위함이 아니라 때때로 읽어 스스로 성찰하기 위함이라는 것이다.[81]

이렇듯 퇴계의 이존(理尊)은 한갓 관념적이고 형이상학적인 사변이 아니다. 이는 보다 현존적인 것이며, 진정한 인간성이며, 생활 속에 드리운 천리(天理)였다. 이것은 지극히 인간적이면서도 어느 무엇에 의해서도 구속받지 않는 초탈이요, 자연이며 자유였다. 이러한 세계를 하루하루 평범하고

80) 『退溪先生年譜』, 先生 61歲 3月: "花發巖崖春寂寂, 鳥鳴澗樹水潺潺, 偶從山後携童冠, 閒到山前看考槃."

81) 『自省錄』 序: "古者言之不出, 恥躬之不逮也, 今與朋友講究往復, 其言之出, 有不得已者已, 自不勝其愧矣. 況旣言之後, 有彼不忘而我忘者, 有彼我俱忘者, 斯不但可恥, 其殆於無忌憚者, 可懼之甚也. 間搜故篋手寫書藁之存者, 置之几間, 時閱而屢省, 於是而不替焉, 其無藁不錄者, 可以在其中矣, 不然雖錄諸書, 積成卷帙, 亦何益哉."

명백한 생의 주변에 심어가는 것이며, 그것은 일종의 "제향(帝鄕)" 의 비젼(vision)이요,[82] 또한 건설이기도 한 것이다. 그것은 소박하고 작으나 그 속에는 자주와 평화의 질서라는 영원의 상(相)을 지니고 있으므로, 세계성과 보편성을 동시에 갖는 것이요 널리 영향 주었던 바라고 하겠다

82) 年譜에는 退溪 14歲時에 이미 "愛淵明詩 慕其爲人" 이라고 적혀 있다.

Ⅲ. 李栗谷의 經世論과 歷史哲學

1. 16세기 후반에 있어서 栗谷의 現實把握과 更張論

앞의 장에서 고찰한 바와 같이 1545년 을사사화가 발생하여 수많은 사류가 죽고 유배되었다. 사림은 출사할 수도 없었거니와 물러서서 학문을 닦을 수밖에 없었다. 그러나 명종(明宗) 20년(1565), 문정대비(文正大妃)의 홍거(薨去)와 20년간 정사를 전횡하던 권신 윤원형(尹元衡)의 삭탈관직, 방축 사망으로 나라 안의 정세는 일변하고 을사이후에 벌을 받은 사람들이 풀려나게 되었다.

이때는 율곡이 30세로서 출사 1년째 되는 해였다. 이때부터 사림은 다시 정계로 복귀하기 시작하였다. 명종 21년에는 남계서원(藍溪書院・鄭汝昌)에 사액하였으며, 동 22년에는 퇴계가 상경하였다. 그해 6월에는 명종이 승하하고 선조가 즉위하였으며 8월에는 을사이후 피죄되었던 노수신, 유희춘 등을 다시 벼슬에 등용하였다. 선조 즉위 다음 해인 1568년에는 조정암에게 영의정을 추서하였고 이황이 일시 대제학에 취임하였다. 남곤(南袞)이 관작을 삭탈당하고 현량과(賢良科)가 다시 설치되었으며 이퇴계의 『성학십도』가 제진되었다. 그리고 동 2년에는 율곡이 『동호문답』을 제진하였고, 동 3년에는 류관(柳灌), 류인숙(柳仁淑)의 역모 신원(伸寃) 등 새로운 국면이 전개됨과 아울러 사림(士林)의 활동이 활발해졌다.

그러나 오랜 구습이나 폐풍은 일시에 시정될 수 없었고 근본적인 개혁 없이 유림의 활동은 특별한 설시(設施)를 볼 수 없었다. 더구나 1575년부터는 동서(東西)의 분당으로 인하여 사림은 분열되고 무위한 정쟁에 휘말리게 되었다. 연산 이래의 폐법은 고쳐지지 않은 채 국가의 기강은 무너지고 민생의 곤고는 극도에 달하였으며 군사적으로도 무력(無力) 상태에 있었다.

1565년(명종20년)부터 1592년(임진왜란)까지는 약 30년간으로서 국정을 쇄신하여 민생과 국력을 회복할 기회가 주어졌던 것이며, 또한 율곡과 같은 인물이 조정에 나와 있었던 매우 중요한 시기였다. 실로 을사사화로부터 20년이 지난 후 율곡의 조정 진출은 정암 정신의 재생과 같은 의미를 지닌다고 하겠다. 그러나 율곡과 같은 선견과 방책도 쓰이지 못한 채 1584년에 율곡은 49세로 조서(早逝)하고 말았으며, 국가는 다시 방향을 잃고 위난은 깊어가고 있었다.

율곡은 16세기 후반의 조선사회를 '중쇠기(中衰期)'로 판단하여 일대 경장(更張)이 요구되는 시대라 하였다. 이 시기는 조선조가 창업하여 200년을 바라보는 때로서 시대가 변하였을 뿐 아니라, 특히 연산 이래의 백성을 학대하는 법은 "손하익상(損下益上)"의 폐를 더하여[1] 나라의 형편은 "기력 없는 노인", "기절한 사람", 그리고 "해묵은 집"과 같이 무너져 내리고 있었다. 율곡은 선조에게 다음과 같이 말하였다.

"자고로 건국의 역사가 중엽에 이르면 반드시 안일에 빠져 점점 쇠퇴하는 법입니다. 그때에 어진 임금이 분연히 일어나 천명(天命)을 연속시킨 후에야 역년

1) 『栗谷全書』 권5, 「萬言封事」: "燕山荒亂, 用度侈繁, 變祖宗貢法, 日以損下益上爲事."

(歷年)이 이어질 수 있는 것입니다. 우리나라도 200여 년을 전하여 지금 벌써 중쇠기(中衰期)에 들었으니 천명을 연속시킬 때입니다. …… 유속(流俗)의 의논들은 모두 새로운 일을 펼치면 일 만들기를 좋아한다고 하고 구습을 따르면 안정한 것으로 알고 있으나, 신(臣)도 소요스럽게 하자는 것이 아니라 다만 쌓인 폐단과 고치기 어려운 질병을 바로잡지 않을 수 없기 때문입니다. 만일 속론(俗論)과 같으면 하나의 폐단도 고치지 않고 앉아서 망하기만 기다릴 뿐이니, 결국 무엇을 보존할 수 있겠습니까?" 2)

라 하고, 그 후에도 다시

"아조(我朝)가 입국(立國)한 지 거의 200년에 달하여 '중쇠기'가 되었는데 권간(權姦)들의 혼탁한 영향이 심하여 오늘에는 마치 노인과 같이 원기가 다하여 떨치지 못하고 있습니다. 그런데 다행히 성상이 나타나셨으니 이때야말로 다스려지느냐 망하느냐의 기로입니다. 만약 이때에 발분 진홍하시면 우리나라의 억만년 무궁의 행복이 될 것이요, 그렇지 않으면 장차 무너져 없어짐에 이르더라도 구해낼 수 없을 것입니다."[3]

라 하였다. 율곡에 의하면 중종 초년에는 "무식한 공신"들이 있었으며, 기묘 때에 제현(諸賢)들이 개혁하고자 하였으나 사화로 쓰러졌고, 을사사화는 그보다 더 심하였다. 사림(士林)은 구차히 목숨 부지함을 다행히 알 뿐 국사를 논하지 못하였으며, 특권층은 자기에게 이익이 되는 구법(舊法)을 묵수(墨守)할 뿐 사리(私利)에 어긋나는 것은 신법(新法)이라 하여 폐하였다. 소위 "백성을 박탈(剝奪)하여 자신을 살찌게 할 뿐이었다"[4]는 것이다.

---

2) 위와 같음, 권30, 經筵日記 3.

3) 위와 같음.

더구나 이와 같은 일은 을사 후 20년 동안 더욱 심해져서 극도에 달하게 된다. 율곡은 이미 퇴계에게 올리는 서한에서 다음과 같이 기록하였다.

> "국가가 고질에 빠진 지 20여 년입니다. 위아래가 구습만을 따르며 터럭만큼도 고치지 않고 있습니다. 이제 백성의 힘이 다하고 나라의 저장이 비었으니, 만약 경장 하지 않으면 나라가 장차 나라답지 못할 것입니다. 조정의 선비들이 제비둥지와 무엇이 다르겠습니까. 밤중에도 이를 생각하면 알지 못하는 새 일어나 앉게 됩니다."[5]

'경장' 이 필요하다는 것과 그것이 가능하다는 것에 대하여는 이미 정암 때로부터 지적되어 강조하여온 바였으며,[6] 율곡의 시대에는 더욱 절실히 요청되는 것이었다. 율곡은 당시의 실정을 들어 말하기를,

> "금세(今世)의 폐단을 만약 끝까지 말하고자 한다면 하루 종일토록 하더라도 모자랄 것이다. 지금의 방식을 따르기만 하고 금세의 정치를 변경하지 않는다면, 비록 요순(堯舜)이 위에 있고 고·기(皐夔)가 밑에 있더라도 또한 장차 치란

---

4) 『栗谷全書』 권5, 「萬言封事」: "中宗反正, 政當惟舊, 而初年當國者, 只是功臣之無識者而已. 厥後己卯諸賢, 稍欲有爲, 而讒鋒所觸, 血肉糜粉, 繼以乙巳之禍, 慘於己卯. 自是, 士林狼顧, 脅息以苟活爲幸, 不敢以國事爲言, 而惟是權姦之輩, 放心肆意, 利於己者, 以爲舊法而遵守; 妨於私考, 以爲新法而革罷, 要其所歸, 不過剝民自肥而已. 至於國勢之日蹙, 邦本之日蹷, 孰有一毫動念者哉?"

5) 위와 같음, 권9, 「上退溪先生書」: "國家之沈於痼疾, 二十餘年矣, 上因下循, 一毫不改. 目今民力已竭, 國儲已罄, 若不更張, 國將不國. 立朝之士, 何異燕幕, 中夜思之, 不覺起坐."

6) 靜庵에 있어서도 更張論의 강력한 주장을 볼 수 있었다. 『정암집』 권3, 「參贊官時啓五」: "國之法制, 雖不可輕改, 然學問高明, 洞照事理, 則與大臣同心協力, 可損者損之, 可益者益之, 期致隆平, 而遵守祖宗之成憲, 可也. 若安於小成, 苟且因循, 則帝王之治, 何可致也? 如欲使士習民風, 歸於淳正, 而復古之治, 則必奮發有爲, 咸與維新, 然後鼓舞振作, 而熙熙皡皡矣." ; 위와 같음, 「參贊官時啓六」: "守令賢則民受一分之惠, 然不改規模, 而徒責其事爲之末, 則治不效矣." 그 밖의 경우에서 발견할 수 있다.

(治亂)에 소용이 없을 것이니, 몇 해가 못 가서 민생은 반드시 물고기처럼 문드러지고 땅처럼 꺼질 것이다. 특히 걱정되는 것은 지금의 민력을 헤아리니 사경에 든 사람이 기식(氣息)이 엄엄(淹淹)한 것과 같도다. 평일에도 유지하기가 어렵거늘 만일 외란(外亂)이 남북에서 일어난다면 질풍(疾風)이 낙엽을 쓸어버림과 같이 될 것이니, 백성은 그만두고라도 종사(宗社)는 어떻게 할 것인가?"[7)]

라 하였다.

율곡은 "시의(時宜)라는 것은 때에 따라 변통하여 법을 만들어 백성을 구하는 것"[8)]이라 하였다. 그는 조선의 역사에 대하여서도 "우리 태조(太祖)가 창업하시고, 세종이 수성하사 『경제육전(經濟六典)』을 비로소 제정하시고, 세조가 그 일을 계승하여 『경국대전(經國大典)』을 제정하셨으니, 이것은 다 '때에 맞추어 마땅하게 한 것[因時而制宜]' 이요, 조종의 법도를 변란(變亂)함이 아니었다"[9)]고 하였다. 그러므로 시대의 변천에 따라 법을 고치는 것은 당연한 것이다.

율곡은 시대에 따라 마땅히 행하여야 할 일이 각기 다른 것이라고 하여 "창업(創業)"과 "수성(守成)"과 "경장(更張)"을 일컬었으며, 당시를 경장기라고 보았다.

"경장"이란 무엇인가? 율곡은 『성학집요』에서 다음과 같이 기술하였다.

"이른바 경장이란 것은, (나라는) 성대함이 지극하면 중간에 미약해지고, 법

---

7) 『栗谷全書』 권15, 「東湖問答」〈論安民之術〉: "今世之弊, 若欲盡言, 吾恐日力之不足也. 由今之道, 無變今之政, 雖堯舜在上, 皐夔在下, 亦將無益於治亂, 不過數年, 民必魚爛而土崩矣. 抑有大可憂者焉, 度今民力, 如垂死之人, 氣息奄奄, 平日支持, 亦不可保, 脫有外警起於南北, 則將必若疾風之埽落葉矣, 百姓已矣, 宗社何依?"

8) 위와 같음, 권5, 「萬言封事」: "夫所謂時宜者, 隨時變通, 設法救民之謂也. 程子論易曰, '知時識勢, 學易之大方也.'; 又曰, '隨時變易, 乃常道也.'"

9) 위와 같음, 「萬言封事」 참조.

이 오래되면 폐단이 생기며, 편안함에 빠져 인습만을 따르고 온갖 제도가 행해지지 않아서 날로 그릇되고 달로 잘못되어서 장차 나라를 다스릴 수 없게 됩니다. (나라가 이렇게 되면) 반드시 현명한 임금과 명철한 신하가 있어서 분연히 일어나 기강 법도를 일으켜 세우고 혼미와 타성을 일깨우며, 묵은 인습을 깨끗이 씻고 묵은 폐단을 고쳐 개혁하며, 선왕의 남기신 뜻을 잘 계승하고 일대의 규모를 새롭게 하여야 합니다. 그러한 뒤에야 그 공이 선열에 대하여 빛나고 사업이 후손에게 끼쳐질 것입니다."[10)]

그리고 율곡은 그의 『동호문답』에서, 가장 큰 폐법으로서 다섯 가지를 들어서 설명하였다.[11)] 그것은 모두 민생에 크게 관계되는 것으로서 ① 일가절린(一家切鄰)의 폐(弊), ② 진상번중(進上煩重)의 폐(弊), ③ 공물방납(貢物防納)의 폐(弊), ④ 역사불균(役事不均)의 폐(弊), ⑤ 이서주구(吏胥誅求)의 폐(弊)였다. 이는 당시의 시대상과 민중의 고통을 가장 잘 나타낸 것이었으며, 율곡은 국세조사와 같은 전국적 규모의 조사를 하여 실정에 알맞게 폐법을 개혁하여야 한다고 하였다. 그 밖에도 율곡은 『만언봉사』, 『성학집요』 및 수많은 소문(疏文)을 통하여 정치 · 경제 · 문교 · 국방 등에 매우 절실하고 구체적인 방안을 제시하였다. 율곡의 관점으로 성현(聖賢)의 도(道)는 "시의(時宜)와 실공(實功)"을 떠나서 있지 않으므로 현실의 문제를 파악하고 이를 처리할 수 있는 능력을 갖추는 것이 중요하다 할 것이다. 그러므로 율곡은 요순공맹이 옆에 있더라도 시폐(時弊)를 고침이 없이는 도리가 없는 것이라 하였다.

---

10) 위와 같음, 권25, 「聖學輯要」7. 여기서는 創業 守成 更張에 대한 명확한 설명을 볼 수 있다: "所謂更張者, 盛極中微, 法久弊生, 狃安因陋, 百度廢弛, 日謬月誤, 將無以爲國, 則必有名君哲輔, 慨然興作, 扶擧綱維, 喚醒昏惰, 洗滌舊習, 矯革宿弊, 善繼先王之遺志, 煥新一代之規模, 然後功光前烈, 業垂後裔矣"

11) 위와 같음, 「東湖問答」 〈論安民之術〉 참조.

그 밖에도 율곡은 사대부의 분열을 방지하고 동서의 분열을 조정(調整)하는 일에 진력하였으며, 남북으로부터의 외침에 대한 대비책을 강구하여 마지막 순간까지 혼신의 노력을 기울이다가 49세를 일기로 조서(早逝)하였다.[12)]

이상에서 고찰한 바와 같이 율곡은 당시의 역사적 현실을 판단하고, 시대적 요구에 대응하여 가장 절실한 시책을 강구하고 건의하였다. 그러나 율곡은 일시적 필요에 대응하는 임시방편의 대책을 수립하는데 그치지 않았다. 그의 모든 시책들은 근본적으로 철학적 기반 위에 세워진 사상과 경륜의 현실적 전개라고 할 수 있다. 그의 탁월한 이론과 방책은 도체(道體)의 근원을 통찰하여[洞見大原] 나온 결과물로서, 이는 현실적 측면으로서의 기(氣)의 세계와 원리적 측면으로서의 리(理)의 세계를 아울러 볼 수 있는 영명(穎明)한 철학 정신에 기인하는 바라 할 것이다.[13)]

2. 栗谷 存在論의 기본성격과 그 歷史哲學的 意義

1) 花潭의 氣論과 栗谷의 理通氣局說

(1) 花潭의 氣說

화담은 형이상하(形而上下)를 모두 기(氣)로 본다. 바꿔 말하면 기를 형이

12) 『栗谷全書』 권34, 年譜, 甲申 先生49歲: "先生自歲初寢疾. 十四日 聞徐益受巡撫北路之命, 欲以方略授之. 子弟更諫以爲疾方劇, 願毋費精神. 先生曰, 此國家大事, 不可蹉過此機. 乃扶坐口號令弟瑀書之, 凡六條 … 因是病益劇, 不可爲矣. 令子弟門生侍疾, 揮婦女勿近, 神思安閒, 無一言及家事, 諄諄如夢中語, 皆國事也. 鄭公澈來問疾, 執手丁寧勉以用人不可偏重. 至曉扶起, 命易臥席東首. 正衣巾, 恬然而逝."

13) 위와 같음, 권38, 附錄, 「諸家記述雜錄」: "栗谷於道體, 洞見大原, 所謂天地之化無二本, 人心之發無二原, 理氣不可互發, 此等說話, 眞是吾師, 其愛君憂國之忠, 經世救民之志, 求之古人, 鮮有其儔." (出成牛溪年譜)

상하로 나누어 이것을 선천과 후천이라고 하는데, 그 대략을 보면 다음과 같다.

태허(太虛)는 담담하게 형체가 없는 것[湛然無形]으로 공간적으로 무한하고 시간적으로 영원하다. 끝없이 널리 퍼져 있고 가득 차서 빈틈이 없다. 그러나 느낄 수는 없다. 그렇다고 없는 것은 아니다. 이러한 경지는 소리도 없고 냄새도 없는 것으로, 이것은 『주역』의 '적연부동(寂然不動)' 이나 『중용』의 '성자자성(誠者自成)', 그리고 『태극도설』의 '무극이태극(無極而太極)' 이라 함에 해당된다.[14)]

이러한 형이상의 근원적인 기(氣) 가운데 자발적인 작용이 있어서 '갑작스럽게 뛰어 오르고[倏而躍] 갑작스럽게 열린다[忽而闢].' 라고 한다. 이것은 누가 시켜서 그러한 것이 아니라 스스로 그러한 것이라고 한다. 그러므로 '자능이(自能爾)' 라든가 '기자이(機自爾)' 란 말을 사용한다. 이것이 『주역』의 '감이수통(感而遂通)' 이요, 『중용』의 '도자도(道自道)' 요, 그리고 『태극도설』의 '태극동이생양(太極動而生陽)' 이라고 한다.[15)]

여기서 전자인 선천(先天)은 일기(一氣) 또는 태일(太一)이라 하여 그 본체와 전체를 나타내고, 후자인 후천(後天)은 음양(陰陽) · 동정(動靜) · 생극(生克) · 합벽(闔闢) 등의 현상으로서 용사자(用事者)를 대표하게 된다.[16)]

---

14) 『花潭集』 권2, 「原理氣」: "太虛, 湛然無形, 號之曰先天, 其大無外, 其先無始, 其來不可究, 其湛然虛靜, 氣之原也. 彌漫無外之遠, 逼塞充實, 無有空闕, 無一毫可容間也. 然挹之則虛, 執之則無, 然而却實不得謂之無也. 到此田地, 無聲可耳, 無臭可接. … 摭聖賢之語, 泝而原之, 易所謂寂然不動, 庸所謂誠者自成 … 濂溪於此不奈何, 只消下語曰無極而太極, 是則先天."

15) 위와 같음: "倏爾躍, 忽爾闢, 孰使之乎? 自能爾也. 亦自不得不爾, 是謂理之時也. 易所謂感而遂通, 庸所謂道自道, 周所謂太極動而生陽者也. 不能無動靜, 無闔闢. 其何故哉? 機自爾也."

16) 위와 같음: "語其湛然之體曰一氣, 語其混然之周曰太一. … 一氣之分爲陰陽, 陽極其鼓而爲天, 陰極其聚而爲地. 陽鼓之極, 結其精者爲日; 陰聚之極, 結其精者爲月, 餘精之散爲星辰, 其在地爲水火焉. 是謂之後天, 乃用事者也."

선천과 후천의 관계에서 선천은, 비록 선천이라고 하지만 시간상으로 후천보다 선행하는 것이 아니다. 선천과 후천은 모두 기인데, 일(一)은 이(二)를 머금고 있다. 태허 속에 기의 상대적인 작용이 있고 기의 작용으로 생극(生克)의 변화가 구체적으로 일어난다는 것이다. 일(一)인 까닭에 현묘[妙]하고, 이(二)인 까닭에 변화[化]한다. 그러나 화담은 변화의 밖에 따로 '묘'가 있는 것이 아니라고 하면서 변화를 도외시하고 '묘'를 말하는 이는 진리를 모르는 자라고 한다.[17] 따라서 기의 현묘한 경지는 생생변화(生生變化)하는 실제적인 작용을 떠나서 있는 것이 아니다.

그리고 화담에 있어서 리(理)는 독립적 실재가 아니다. 즉 기의 밖에는 리가 없는 것이요, 리는 기의 재(宰)이다. 그런데 이른바 재(宰)라 함은 밖으로부터 와서 다스리는 것이 아니라 기의 용사(用事)에 있어서 그 소이연(所以然)의 바름을 잃지 않음을 말한 것이다. 리가 기보다 먼저 있는 것이 아니요, 기가 무시(無始)하므로 리가 또한 무시(無始)한 것이라고 한다. 이와 같이 화담의 리는 기에 내속(內屬)한 것으로서 자율적인 질서와 법칙과 같은 것으로 보고 있다.[18]

(2) 花潭·栗谷 氣說의 類似性

율곡에 의하면 온갖 변화의 근본은 하나의 음양(一陰陽)일 뿐이라고 한다. 이 기가 동하면 양이 되고 정하면 음이 되는데, 이 음양 이기(二氣)를 받아서 만물이 생성한다는 것이다. 그리하여 일월(日月)과 성신(星辰)이 하늘

---

17) 위와 같음: "旣曰一氣, 一自含二, 旣曰太一, 一便涵二. 一不得不生二, 二自能生克. 生則克, 克則生. 氣之自微以至鼓盪, 其生克使之也." ; 위와 같음, 권2, 「理氣說」: "旣曰氣, 一便涵二, 太虛爲一, 其中涵二. 旣二也, 斯不能無闔闢·無動靜·無生克也. … 二故化, 一故妙. 非化之外別有所謂妙者. … 若外化而語妙, 非知易者也."

18) 위와 같음, 권2, 「理氣說」: "氣外無理, 理者氣之宰也. 所謂宰者, 非自外來而宰之. 指其氣之用事, 能不失所以然之正者而謂之宰. 理不先於氣, 氣無始, 理固無始."

에 걸려있고, 비 · 눈 · 서리 · 이슬이 땅에 내리며, 풍운이 일고 뇌전(雷電)이 생기는 것이 모두 이 기(氣) 아님이 없다. 그리고 이러한 현상이 일어나는 까닭은 리(理)라고 한다.[19]

또 음정(陰靜)과 양동(陽動)은 그 기틀이 스스로 그러한 것이요, 그렇게 하게끔 시키는 것이 있지 않다. 양이 동하면 리가 동을 탄 것이지[乘之] 리가 동하는 것이 아니고, 음이 정하면 리가 정을 탄 것이지 리가 정하는 것이 아니라고 하여, 기는 자발적으로 활동하는 것으로 보고 리는 비활동적(非活動的)인 것으로 생각한다.[20]

여기서 온갖 변화의 근본을 '일음양'이라 함과 음양의 작용을 '기자이(機自爾)'라 한 것은 화담의 논의와 비슷하다. 즉 '다른 무엇의 시킴이 아니요 스스로 그러하다'라는 것에서 기의 근원성과 능동성, 활동성을 볼 수 있는 반면에, 리는 하등의 작위가 없는 것으로 간주할 수 있는데, 이와 같은 점에서 화담의 기설을 연상케 되는 것은 당연한 것으로 보인다.

더구나 율곡이 리(理)를 기의 작용[動靜]에 있어서 그렇게 되는 까닭[所以]이라고 보는 것은, 얼핏 보아 화담이 리를 그렇게 되는 까닭의 바름[所以然之正]을 잃지 않는 것이라고 말하는 것과 유사하게 생각될 수 있다.[21]

율곡은 기 자체, 즉 원기(元氣)는 불멸(不滅)이라고 한다. 대저 모든 사물

---

19) 『栗谷全書』 권14, 「天道策」: "竊謂萬化之本, 一陰陽而已. 是氣動則爲陽, 靜則爲陰. 一動一靜者, 氣也. 動之靜之者, 理也. 凡有象於兩間者, 或鍾五行之正氣焉, 或受天地之乖氣焉, 或生於陰陽之相激, 或生於二氣之發散, 是故, 日月星辰之麗乎天, 雨雪霜露之降于地, 風雲之起, 雷電之作, 莫非是氣也. 其所以麗乎天, 其所以降于地, 風雲所以起, 雷電所以作, 莫非是理也."

20) 위와 같음, 권10, 「答成浩原」: "氣發而理乘者, 何謂也? 陰靜陽動, 機自爾也, 非有使之者也. 陽之動則理乘於動, 非理動也; 陰之靜則理乘於靜, 非理靜也."

21) 위와 같음, 권10, 「答成浩原」: "大抵發之者氣也, 所以發者理也."
위와 같음, 권14, 「易數策」: "萬花之生, 其然者氣也, 其所以然者理也."
위와 같음, 권14, 「人心道心說」: "心動爲情也, 發之者氣也, 所以發者理也."
위와 같음, 권20, 「聖學輯要」2: "凡情之發也, 發之者氣也, 所以發者理也."

은 시작이 있으면 반드시 종말이 있다. 비록 천지와 같이 지극히 거대한 것도 오직 그 시작이 있기 때문에 변멸(變滅)함을 면치 못한다. 만약 기의 근원에 시작이 있는 것이라면 반드시 변멸하여 기가 없는 때가 있을 것이다. 그 모양이 어떠하겠는가? 그러나 기의 근원은 시작이 없기 때문에 또한 종말이 없으며, 시작도 없고 종말도 없기 때문에 끝이 없고 밖이 없다[無窮無外]고 한다.[22]

율곡에 의하면, 천지가 비록 크지만 원기(元氣) 가운데의 한 사물이며, 천지 가운데의 물건은 거대한 사물 가운데의 작은 물건에 불과한 것이다.[23] 천지의 기와 원기가 따로 있는 것은 아니지만 천지는 원기 가운데서 나온 기이며, 원기는 천지의 기의 근저가 된다. 그러므로 천지가 품부받은 기를 다하면 천지는 비록 끝나게 되지만, 원기는 실로 항상 자약(自若)하여 또다시 새로운 사물로 태어나 이어지게 된다.[24] 그러므로 원기의 분수(分數)는 증가하지도 않고 소멸하지도 않아 넘치거나 줄어듦이 없으며, 고금에 꺼지거나 늘어남이 없는 것이다. 율곡은 불생불멸하는 원기 가운데서 개개의 사물은 그 대소를 막론하고 생멸하는 것이지만, 원기자체는 불멸하는 것임을 분명히 하였다고 하겠다.

여기서 다시 화담의 설을 상기치 않을 수 없다. 즉 화담은 밖이 없는 것을 태허(太虛)라 하고 시작이 없는 것을 기라 하는데 허(虛)는 곧 기(氣)이다.

---

22) 위와 같음, 권10, 「答成浩原」: "大抵凡物有始, 則必有終. 天地至大, 而惟其有始, 故不免變滅, 若使此氣之源, 實有所始, 則其必變滅, 而有無氣之時矣. 其形狀何如耶. 惟其無始也, 故又無終, 無始無終, 故無窮無外也."

23) 위와 같음, 권31, 「語錄上」: "問天地之生, 本稟元氣中之一氣, 天地之氣, 則有限有時, 而可窮也. 元氣則無限無時, 而不可窮耶? 曰然, 天地雖大, 不過爲元氣中之一物, 則天地中之物, 亦不過大物中之一小物也. 學者知得此理, 則天下之物, 何足以累吾心哉?"

24) 위와 같음: "或問天地雖終, 而元氣則未嘗息何也? 振綱答曰, 天地終窮之時, 元氣亦從而消盡, 則後天地之氣, 根於何氣而出也? 譬如木葉雖爲枯落, 而根本之氣猶存, 故能生來春之葉矣. 曰然則天地之氣與元氣不相合耶? 曰天地之氣, 寓於元氣中矣. 木之枝葉有離其根本而獨生者乎? 先生曰是也."

'허' 는 본래 무궁하며 기도 또한 무궁하다고 한다. 또 다른 표현으로는 태허는 허하되 정말 허한 것은 아니다. 허는 곧 기이니, 허가 끝이 없고 밖이 없는 것이기 때문에 기가 또한 끝이 없고 밖에 없는 것이다. 그리고 비어 고요한 것은 기의 본체이고, 모이고 흩어지는 것은 기의 작용이라는 것이다.[25)]

이상에서 고찰한 바와 같이 율곡학설에서 기의 의미와 가치는 화담설에서의 기가 차지하는 비중에 못지않음을 알 수 있다. 즉 율곡의 학설은 화담설과 더불어 기에 상당한 중점을 두는 사상이라고 할 것이다.

(3) 理氣의 關係

앞에서 보아온 바와 같이 화담은 형상과 형하를 모두 기(氣)로 보고 있으며, 리를 말한다 하더라도 기와 대등한 것으로 보지 않고 기에 내포시킴을 알 수 있다. 그러나 화담은 리를 제외하고 기를 말하는 것이 아니며, 또 기에서 리가 나온다고 하는 것도 아니다. 기의 용사(用事)에 있어서 뿐 아니라, 태허지기(太虛之氣), 선천, 즉 기의 본체[氣之體]에 있어서도 리가 제외되는 것은 아니다. 그러므로 화담은 기와 리가 별도로 있는 것이 아닐 뿐 아니라 기가 시작이 없어서 리가 진실로 시작이 없다고 한다. 즉 단순히 기만 시작이 없는 것이 아니라 동시에 리 또한 시작이 없다고 보는 것이다. 그리고 나아가 '허무(虛無)를 말하는 노씨(老氏)나 적멸(寂滅)을 말하는 불씨(佛氏)는 리기(理氣)의 근원을 알지 못하니, 또한 어찌 도를 알겠는가.' 라 하여 '이기지원(理氣之源)' 을 강조한다.[26)] 또한 리의 허(虛)함과 기의 조(粗)함

25) 『花潭集』, 권2, 「理氣說」: "無外曰太虛, 無始者曰氣, 虛卽氣也. 虛本無窮, 氣亦無窮."; 위와 같음, 「太虛說」: "太虛, 虛而不虛, 虛則氣, 虛無窮無外, 氣亦無窮無外. 旣曰虛, 安得謂之氣? 曰虛靜卽氣之體, 聚散其用也."; 위와 같음: "知虛之不爲虛, 則不得謂之無. 老氏曰, 有生於無, 不知虛卽氣也. 又曰虛能生氣非也. 若曰虛生氣, 則方其未生, 是無有氣而虛爲死也. 旣無有氣, 又何自而生? 氣無始也, 無生也. 旣無始, 何所終? 旣無生, 何所滅?"

이 합하여 지극히 묘하다고도 한다.[27)]

율곡에 있어서도 원기의 불멸성을 강조하고 천지와 만물이 모두가 기의 작용으로 생성 변화한다고 하여 기의 능동성을 강조하고 있지마는, 동시에 리와 기를 항상 병칭하고 있음을 볼 수 있다. 발(發)하는 것은 기요, 발하는 까닭은 리라고 하는 것이 율곡의 일관된 주장이었다. 그러한 점에서도 화담과 율곡의 학설은 매우 유사한 것 같이 보일 수 있다. 그런데 율곡은 화담의 입장을 근본적으로 어떻게 보고 있는 것인가? 우선 화담의 장처(長處)로서 율곡은 "리기가 서로 떠날 수 없는 묘처(妙處)를 분명하게 눈으로 보았으니, 다른 사람들의 독서하여 의양하는 것에 비길 바 아니다."라고 하였다.[28)]

화담의 장점은 바로 이 '리기불상리(理氣不相離)' 의 묘처를 본 것이라고 할 수 있으며, 그 점이 율곡에게 인정을 받는 소이가 된다고 할 수 있다. 다시 말하여 율곡은 화담이 기(氣)에 대하여 깊이 이해하고 있을 뿐 아니라, 기에 치중되어 있기는 하지만 리기가 불가리(不可離)한 사실을 투철하게 보고 있음을 높이 평가하였다 할 것이다.

'리기가 서로 떨어지지 않는다[理氣不相離].' 라는 것은 율곡 철학에서 특히 중시되는 내용이다. 그러므로 율곡은 "리기는 원래 서로 떨어지지 않으니, 어찌 합함이 있겠는가? 다만 뒤섞여 융합하여 사이가 없다. 그러므로 묘합(妙合)이라 하였으니 또한 크게 주의해서 보아야 할 것이다."[29)]라고 하여

---

26) 위와 같음, 「太虛說」: "老氏言虛無, 佛氏言寂滅, 是不識理氣之源, 又烏得知道?"

27) 위와 같음, 「原理氣」: "理之一其虛, 氣之一其粗, 合之則妙乎妙."

28) 『栗谷全書』 권10, 「答成浩原」: "其於理氣不相離之妙處, 瞭然目見, 非他人讀書依樣之比."

29) 위와 같음, 권20, 「聖學輯要」二, 太極圖說部分註解: "理氣元不相離, 豈有合哉? 只是混融無間, 故曰妙合, 亦可活看."; 위와 같음, 권10, 「答成浩原」: "理氣之妙, 難見亦難說. 夫理之源一而已矣, 氣之源亦一而已矣. … 氣不離理, 理不離氣, 夫如是則理氣一也."; 위와 같음: "午來閒坐, 感理氣之妙, 本無離合."; 위와 같음: "天地之化, 無非氣化而理乘之也. 是故, 陰陽動靜而太極乘之, 此則非有先後之可言也."

리기가 원래부터 떨어지지 않음을 강조한다. 또한 「답성호원」에서도 "리기는 본래 합해 있는 것이요, 합하는 때가 있는 것이 아니다. 리기를 둘로 나누려고 하는 이는 모두 도(道)를 아는 자가 아니다."[30]라고 하여 이와 같은 점을 거듭 강조하고 있다. 즉 리기가 서로 떨어지지 않는다는 것은 율곡의 리기에 관한 수많은 논설에 있어서 논의의 초점이 된다고 할 것이다.

의하면 기의 담일청허(湛一淸虛)한 것은 그 시작도 없고 마침도 없다. 그리고 이것이 리기가 지극히 묘한 까닭이라고 한다. 그러므로 학자가 능히 공부를 닦아서 이러한 지경에 이르면 천성(千聖)이 미처 말씀하지 못한 은미한 뜻을 깨우칠 수 있을 것이라고 한다. 또한 한번 음이 되고 한번 양이 됨이나 한번 움직이고 한번 고요함이 본래 두 가지의 일이 아니고, 다만 하늘이 하는 하나의 일일 뿐이다. 즉 음과 양은 하나의 작용이고 동과 정은 하나의 기틀로서 이것이 순환적으로 유행하여 그칠 수 없는 이유라 한다. 비록 여기서 음양과 동정의 순환적 유행이 리와 관계없이 스스로 그러한 것이라고 간주하기 쉬우나, 화담에게 있어서도 리는 떼어서 생각할 수 없다. 즉 리는 기에 내존(內存)하는 원리가 되는 것으로, 화담은 보다 절실하게 '리지시(理之時)'란 말로 이를 나타내고 있다.[31]

'리지시'란 리기의 떨어질 수 없는 특성을 더할 수 없이 표현한 말이라 하겠거니와, 화담에 있어서 이른바 태극지묘(太極之妙)란 기를 초월한 궁극적인 최고 존재로서의 리를 의미하지 않는다. 화담에게 궁극적 최고 존재는 기의 담일청정(湛一淸靜)한 것이요, 기의 담연무형(湛然無形)한 묘(妙)

30) 위와 같음, 권10, 「答成浩原」, 理氣詠自註: "理氣本合也, 非有始合之時, 欲以理氣二之者, 皆非知道者也."

31) 『花潭集』 권2, 「鬼神生死論」: "氣之湛一淸虛者, 旣無其始, 又無其終. 此理氣所以極妙底. 學者, 苟能做工到此地頭, 始得覷破千聖不盡傳之微旨矣."; 위와 같음, 권2, 「復其見天地之心說」: "一陰一陽, 一動一靜, 此本非兩事, 只是天之一事. 陰陽一用, 動靜一機. 此所以流行循環不能自已者也."; 위와 같음, 권2, 「原理氣」: "倏爾躍, 忽爾闢, 孰使之乎? 自能爾也, 亦自不得不爾, 是謂理之時也."

로서의 신(神)인 것이다. 그러한 기(氣)의 까닭을 '리'라 하고 그 완전성을 '태극'이라 하지만, 실제로 실재하는 것은 '태극지묘'라 할 수 있다.[32)]

율곡이 화담의 이러한 이론을 온당한 것으로 보는가는 분명 문제라 할 것이다. 그러나 율곡에 있어서도 진리의 인식은 역시 기를 떠나서는 불가능한 것인 만큼, 화담이 리기를 말함에서 '유기론(唯氣論)'의 입장에 서는 것이기도 하지만, 나타난바 실제적인 내용을 보았다는 점에서는 자득처가 있다고 평하였던 것이라 하겠다.[33)]

화담 자신도 "만약 하나의 사물 위에서 십분(十分) 궁구하여 깨우친다면 또한 지극한 리(理)를 견득(見得)할 수 있다."라고 한다. 이렇듯 화담의 논이 비록 기의 측면에 치중된 것이기는 하지만, 리기불가리(理氣不可離)의 실상을 견득함으로써 실제로 구체적인 사실을 설명할 수 있었던 것이 아닌가 생각되며, 그의 논문인 「온천변(溫泉辨)」, 「성음해(聲音解)」, 「발전성음해미진처(跋前聲音解未盡處)」, 「황극경세수해(皇極經世數解)」, 「육십사괘방원지도해(六十四卦方圓之圖解)」, 「괘변수(卦變數)」 등의 저작이 가능한 것이 아니었던가를 추단(推斷)할 수 있다.

(4) 花潭 · 栗谷 두 입장의 차이점

화담에 있어서 기의 작용은 저절로 그러한 것이요, 어떤 외래적인 것의 통제를 받는 것이 아니었다. 리는 기의 작용에 내속되는 바 이법(理法)과 같

---

32) 위와 같음, 권2, 「理氣說」: "易者, 陰陽之變, 陰陽, 二氣也. 一陰一陽者, 太一也. … 二氣之所以能生生化化而不已者, 卽其太極之妙."; 위와 같음: "氣之湛然無形之妙曰神 … 語其所以曰理, 語其所以妙曰神. … 總以無不具曰太極."

33) 『栗谷全書』 권31, 「語錄上」: "或問天理無形象, 人性無形影, 如何見得「振綱答曰, 欲見天理, 則先見天命流行處; 欲觀性善, 則先觀四端發見處. … 先生曰是."; 위와 같음: "或問理雖無形無爲, 而或有有形而可睹處乎? 振綱答曰, 理無氣外之理, 故因有形之物, 而可見其理之費處也. 曰氣雖有形有爲, 而或有無形而不睹處乎? 曰以復卦言之, 則一陽未生之前, 積分之氣, 雖在於地中, 而便是難看處也. 先生曰是也."

은 것이었다. 리는 기의 작용상의 소이(所以)라고 하여 사실성을 절실하게 말할 수 있었던 만큼, 그러한 의미에서 율곡의 인정을 받았던 것이다. 즉 화담은 단순한 이론의 답습이 아니라, 실제로 체득하고 있는 점에서 특출하였다 할 것이다. 그러나 율곡은 화담이 기(氣)의 무형한 점을 들어서 본체로 삼고, 이를 일정하게 변화하지 않는 것으로 보며, 리(理)를 단순히 여기에 부속된 것으로 보는 것은 잘못이라고 한다. 이것은 기를 보고 리로 여기는[認氣爲理] 잘못으로, 리는 통하고 기는 국한함[理通氣局]을 모르는 것이라고 한다.

율곡에 있어서 음정과 양동(陰靜陽動)의 유행이 '기자이(機自爾)' 라고 함은 나타난 사실을 가지고 하는 말이며, 여기에는 이미 소이연의 리[太極]가 전제되고 있다. 또한 원기(元氣) 자체는 소멸하지 않는 것이며 이른바 소이연의 리는 기를 떠나서는 생각할 수 없지만, 율곡의 리는 화담과 같이 기에 내속하는 법칙으로서 단순히 정제성(整齊性)을 가짐 -화담의 「복기견천지지심설(復其見天地之心說)」의 종결부 참조 -에 그치는 것이 아니다. 율곡은 보다 적극적으로 그러한 까닭[理] 없이는 기의 작용(動靜)이 불가능하다고 보는 것이다. 원래 리기는 떨어질 수 없기 때문에 기의 작용은 항상 있는 것이라고 할 수 있다.[34)]

그러므로 율곡은, 화담과 같이 "기의 작용이 능히 소이연의 올바름을 잃지 않을 수 있음을 가리켜 재(宰)라 한다[指其氣之用事 能不失其所以然之正者而謂之宰(「理氣說」)]"는 식의 표현이나 "기는 없는 곳이 없으니 어디

---

34) 『栗谷全書』 권10, 「答成浩原」: "氣發而理乘者, 何謂也? 陰靜陽動, 機自爾也, 非有使之者也. 陽之動則理乘於動, 非理動也; 陰之靜則理乘於靜, 非理靜也. 故朱子曰, 太極者, 本然之妙也; 動靜者, 所乘之機也. 陰靜陽動, 其機自爾, 而其所以陰靜陽動考, 理也. 故周子曰, 太極動而生陽, 靜而生陰. 夫所謂動而生陽, 靜而生陰者, 原其未然而言也; 動靜所乘之機者, 見其已然而言也. 動靜無端, 陰陽無始, 則理氣之流行, 皆已然而已, 安有未然之時乎?"

로 달릴 것이며, 기는 이르지 않는 곳이 없으니 어디로 갈 것인가?[氣無乎不在, 何所疾哉, 氣無乎不到, 何所行哉(「原理氣」)]"라는 식의 표현이나, 또는 "기의 담담하게 형체가 없는 묘(妙)를 신(神)이라 한다[氣之湛然無形之妙曰神(「原理氣」)]"는 식의 표현을 하지 않는다. 오히려 율곡은 리기가 서로 떨어지지 않음을 말하지만, 기가 발(發)함에 리가 승(乘)한다고 한다고 할 때 이는 기가 리보다 선행한다는 의미가 아니라, 기는 유위(有爲)하고 리는 무위(無爲)하기 때문에 부득불 그렇게 된다고 한다. 그리고 또 율곡은 천하에 리 밖의 기가 어디 있겠으며, 어떻게 기가 홀로 작용한다고 말할 수 있겠느냐고 반문한다.[35)]

그런데 기가 치우치면 리가 또한 치우치고, 기가 온전하면 리가 또한 온전하다는 율곡의 말은 마치 기에 의하여 리가 제약을 받는 것 같이 이해될 수 있다.[36)] 또 "리가 비록 하나이지만 이미 기를 탄, 즉 그 나누임이 만 가지로 달라진다. 그러므로 천지에 있어서는 천지의 리가 되고, 만물에 있어서는 만물의 리가 되며, 오인(吾人)에 있어서는 오인의 리가 된다. 이렇게 본다면 다양하게 달라지는 것은 기가 하는 일일 것이다."라는 주장을 볼 때에는 더욱 그와 같이 생각할 수 있다.[37)] 그러나 앞에서 살펴본 바와 같이 그 소이연으로 보면, 리가 그러하므로 기가 그렇게 나타나는 것이다. 그러므로 율곡에 있어서는 "비록 기의 소위(所爲)라 하더라도 반드시 리가 주재(主宰)가 되니, 그 다양하게 달라지는 소이(所以)는 또한 리가 마땅히 그러한 것이요, 리는 그렇지 않은데 기만 유독 그러하다는 것이 아니다."라 한다.[38)]

---

35) 위와 같음: "所謂氣發理乘者, 非氣先於理也. 氣有爲而理無爲, 則不得不爾."; 위와 같음: "激之而在手者雖氣, 而所以激之而在手者理也. 烏可謂氣獨作用乎? 水之就下, 本然之理也. 激而在手, 乘氣之理也."

36) 위와 같음: "氣之偏則理亦偏, 而所偏非理也, 氣也. 氣之全則理亦全, 而所全非理也, 氣也."; 위와 같음: "氣流行而參差不齊, 理亦流行而參差不齊."

37) 위와 같음: "理雖一而旣乘於氣, 則其分萬殊. 故在天地而爲天地之理, 在萬物而爲萬物之理, 在吾人而爲吾人之理, 然則參差不齊者, 氣之所爲也."

여기서 주의하여 보면, 율곡은 리를 기의 주재로, 기를 리가 타는 것으로 파악하고 있음을 알 수 있다.[39)]

그러나 화담에 있어서는 결코 리가 기의 주재일 수 없다. 다만, 누차 보아온 바와 같이 기의 작용(用事)에 있어서 그러한 까닭의 바름을 잃지 않는 것을 가리켜 '재(宰)' 라고 하지만, 그것은 주재성이 없는 단순한 까닭이고[語其所以曰理], 기에 내포된 정제성(整齊性) 이상의 것이 아니었다. 율곡과 화담이 비록 '리기지묘(理氣之妙)' 또는 '리기지원(理氣之源)' 을 말하고, 리기불상리(理氣不相離)의 경지를 말한 것은 흡사하지만 '주재(主宰)' 와 '재(宰)' 를 구별하여 볼 수 있을 것이다.

전술한 바와 같이 화담은 형이상하를 모두 기(氣)로 파악하였다. 이것을 선천과 후천, 본체와 작용(用事)으로 보았거니와, 이른바 '무극이태극(無極而太極)' 을 전자로 '태극동이생양(太極動而生陽)' 을 후자로 보았다. 그러나 율곡에 있어서 형이상자는 리이며 형이하자는 기이다. 그리고 태극은 리이며 음양은 기이다. 여기서 율곡이 전통적인 성리학(정주학)의 입장에 서 있음을 볼 수 있다.[40)]

율곡이 화담을 볼 때, 화담은 이른바 기의 극묘처(極妙處)는 인득하여도 리의 구극성(究極性)을 투철하게 알지 못했다고 하는 것이며, 결국 리의 본원성을 철저하게 구별하는 퇴계 이하로 평가를 받게 된 것이 아닌가 생각된다. 그러므로 율곡은 "화담은 보는 바가 있되 한 모퉁이를 본 사람이다."라고 하였다.[41)]

---

38) 위와 같음: "雖曰氣之所爲, 而必有理爲之主宰, 則其所以參差不齊者, 亦是理當如此. 非理不如此, 而氣獨如此也."

39) 위와 같음: "夫理者, 氣之主宰也; 氣者, 理之所乘也."

40) 『栗谷全書』 권14, 「易數策」: "夫形而上者, 自然之理也; 形而下者, 自然之氣也."; 위와 같음, 권20, 「聖學輯要」2: "理者, 太極也; 氣者, 陰陽也."; 위와 같음, 권10, 「答成浩原」: "天地之化, 無非氣化而理乘之也. 是故, 陰陽動靜, 而太極乘之, 此則非有先後之可言也."

율곡은, 음양은 양단(兩端)이 순환하여 그치지 않아서 음이 다하면 양이 생하고 양이 다하면 음이 생하여 한번 음하고 한번 양하지만 태극은 언제나 있지 않음이 없다고 한다. 그리고 이것이 태극이 온갖 변화의 추뉴(樞紐)가 되고 만물의 근저가 되는 소이(所以)라고 한다. 그러므로 담일적연(湛一寂然)한 기라 하더라도 이것이 근저가 되어 음양이 생하는 것이 아니다. 실로 충막무짐(冲漠無朕)한 것은 리를 가리켜 말하는 것이니, 만약 기를 가리켜 말한다면 음이 아니면 양이어서 무짐(無朕)하다고 할 수는 없다. 무형하다고 하여 무짐하다고 할 수는 없으니, 비록 공중(空中)이 다 기이지만 보이지 않는다고 하여 충막무짐하다고 할 수는 없다.[42]

화담은 『주역(周易)』의 이른바 '빠르지 않아도 신속하고[不疾而速] 행하지 않아도 이른다[不行而至].' 를 이끌어서, 이것은 신묘한 기가 있지 않은 곳이 없고 이르지 않은 곳이 없기 때문이라고 설명한다. 그리고 기의 담담한 묘를 신(神)이라고 하고, 또 현묘한 까닭을 신(神)이라 한다고 한다. 그러나 율곡은, 화담이 '담일청허(湛一淸虛)한 기가 사물마다 있지 않음이 없다.' 라고 하는 것은 그 위에 리통기국(理通氣局)의 일절이 있음을 모르는 잘못이라고 한다. 그리고 "계선성성(繼善成性)의 리(理)" 는 사물마다 있지 않음이 없지만, "담일청허(湛一淸虛)한 기(氣)" 는 없는 데가 많다고 한다. 원기의 분수는 비록 증감이 없지만, 기는 변화하는 것이므로 끊임없이 생성되어 가는 기는 가고, 오는 기가 연속되는 것이다.[43] 기의 근본은 담일청허할 뿐이지만, 이 기의 유행에 있어서 그 본연을 잃어버리지 않은 것도 있고

41) 위와 같음: "近觀整菴, 退溪, 花潭三先生之說, 整菴最高, 退溪次之, 花潭又次之."; 위와 같음, 권31, 「語錄上」: "花潭則有所見, 而見一遇者也."

42) 위와 같음, 권9, 「答朴和叔」: "大抵陰陽兩端, 循環不已, 本無其始, 陰盡則陽生, 陽盡則陰生, 一陰一陽而太極無不在焉. 此太極所以爲萬化之樞紐, 萬品之根柢也. 今若曰澹一寂然之氣, 乃生陰陽, 則是陰陽有始也, 有始則有終矣. 然則陰陽之機, 其息也久矣. … 且所謂沖漠無眹者, 指理而言也. 若曰指氣, 則非陰則陽也, 不可謂之無眹也. 豈可以無形者, 便爲無眹乎? 今者, 空中皆氣, 雖無所見, 豈可謂之沖漠無眹乎?"

그 본연을 잃어버린 것도 있다. 그리고 이미 그 본연을 잃어버렸으면 기의 본연한 것은 있지 않은 것이다. 치우친 것은 치우친 기요 온전한 기가 아니며, 청명한 것은 청명한 기요 탁한 기가 아니다.[44] 그러므로 만물에 리의 본연이 있지 않음이 없는 것과는 다른 것이다.

그런데 화담은 기 자체의 무시무종을 말할 뿐 아니라 나아가 "모여서 담일청허한 것은 종내 흩어지지 않는다[聚之湛一清虛者, 終亦不散]"라 하여 개개의 사물에서도 변화하지 않는 것이 있다고 하고, 사람에게 있어서 정신지각(精神知覺)과 같은 것은 끝내 흩어지지 않는다고 하였다.[45]

이와 같은 화담의 주장에 대하여 율곡은 변하지 않는 것은 리이고 기는 변하는 것임을 분명히 한다. 즉 개개의 사물에 기가 변화하지 않고 영원히 존속된다는 화담의 논의에 반대하여 화담이 일기(一氣)가 장존(長存)하여 가는 것도 지나가 버리지 않고 오는 것도 뒤를 잇지 않는다는 생각은 기를 리로 아는 병이라고 한다.[46]

여기서 다시 유의할 점은 화담에 있어서는 새로이 "태허가 움직여 양을 생하고, 고요하여 음을 생한다[太虛(氣)之動而生陽, 靜而生陰. 「鬼神死生論」]."라고 하여, 정주학의 "태극이 동하여 양을 생하고, 정하여 음을 생한다[太極(理)動而生陽, 靜而生陰]."와 대조를 이루는 점이다. 화담에 있어서 신[氣之湛然無形之妙 또는 其所以妙]이나 태극지묘(太極之妙)나 도[語其能

43) 위와 같음, 권10, 「答成浩原」: "花潭聰明過人 … 以爲湛一清虛之氣, 無物不在, 自以爲得千聖不盡傳之妙, 而殊不知向上更有理通氣局一節, 繼善成性之理, 則無物不在, 而湛一清虛之氣, 則多有不在者也. 理無變而氣有變, 元氣生生不息, 往者過, 來者續而已."

44) 위와 같음: "氣之本則湛一清虛而已 … 於是氣之流行也, 有不失其本然者, 有失其本然者. 既失其本然, 則氣之本然者, 已無所在, 偏者, 偏氣也, 非全氣也. 清者, 清氣也, 非濁氣也, 糟粕煨燼, 糟粕煨燼之氣也, 非湛一清虛之氣也."

45) 『花潭集』 권2, 「鬼神死生論」: "吾亦曰, 死生人鬼, 只是氣之聚散而已. 有聚散而無有無, 氣之本體然矣.… 大小之聚散於太虛, 以大小有殊, 雖一草一木之微者, 其氣終亦不散, 況人之精神知覺, 聚之大且久者哉?… 人之散也, 形魄散耳, 聚之湛一清虛者, 終亦不散, 散於太虛湛一之中, 同一氣也."

躍以流行曰道]는 모두 기(氣)이었다. 그러나 율곡에 있어서 태극은 리(理)이거니와 이것을 작용면에서 볼 때 도(道)[47]라 하고, 또 신(神)[48]이라 하는 것이다. 즉 율곡과 화담에 있어서 구극적(究極的)인 것의 개념이 각기 리와 기에, 또는 태극지리(太極之理)와 태허지기(太虛之氣)에 속하고 있음을 볼 수 있다.

율곡에게는 음도 아니고 양도 아닌 별다른 기란 있을 수 없다. 만약 그러한 기가 있어서 이것으로부터 음양의 기(氣)가 비로소 생겨난다고 한다면, 이것은 '동정은 단서가 없고 음양은 시작이 없다.' 라는, 즉 음양은 본유(本有)하다는 것을 알지 못하는 소치로 보는 것이다.[49]

그러므로 율곡은 기론자(氣論者)인 송유 장횡거(張橫渠)의 논의에 대해서도 실로 말씀에 병폐가 있고 일변에 치우쳤다고 한다. 그리고 화담의 주장에 대해서도 너무 지나쳐서 음양 추뉴(樞紐)의 묘(妙)가 태극에 있음을 알지 못하고, 일양(一陽)이 생하기 전의 기(氣)의 음(陰)한 것으로 음양의 근본을 삼았으니 성현의 뜻에 어그러지지 아니하겠는가 라고 묻는다.[50] 그리고 또한 성현이 '태극이 양의를 생(生)하였다' 고 말하고, 음양이 본유하여 시생(始生)한 때가 있지 않다고 말하지 않았다고 하여, 글만 보고서 기가 생하지 않았을 때에는 리만이 있었다고 일컫는 것도 진실로 하나의 잘못이지만, 화담의 경우와 같이 용공(用功)은 깊으되 생각이 지나쳐서 도리어 기로써 음양의 본을 삼아 마침내 일변에 돌아가 집착하고 리와 기를 뒤섞어 무변(無辨)하여 성현의 뜻에 묘합(妙合)하지 못하게 되는 것이니 어찌 가석

---

46) 『栗谷全書』 권10, 「答成浩原」: "理無變而氣有變. 元氣生生不息, 往者過來者續, 而已往之氣, 已無所在. 而花潭則以爲一氣長存, 往者不過, 來者不續, 此花潭所以有認氣爲理之病也."

47) 위와 같음, 권20, 「聖學輯要」2: "太極在天曰道, 此道字以天命流行之道言."

48) 위와 같음, 권14, 「易數策」: "其用則謂之神."; 위와 같음, 권9, 「答朴和叔」: "太極, 爲陰陽之根柢, 而或陰或陽, 兩在不測, 故曰神無方而易無體."

49) 위와 같음, 「答朴和叔」 一, 二, 三書 참조.

(可惜)한 일이 아니겠는가 라고 하였다.[51]

여기서 태극, 즉 리를 드러내는 율곡의 입장이 횡거(橫渠)나 화담의 입장과 다른 점을 볼 수 있으며, 율곡의 기에 대한 관점도 오히려 "동과 정은 끝이 없고, 음과 양은 시작이 없다[動靜無端, 陰陽無始]."라는 정자(程子)의 말에서 유래하고 있음을 알 수 있다.[52]

2) 退溪의 理氣互發說과 栗谷의 氣發理乘一途說

(1) 花潭에 대한 退·栗의 理氣觀

율곡은 화담의 설에 대하여 "리기를 뒤섞어 분별함이 없어서 성현의 뜻에 묘계(妙契)치 못하다."[53]라고 평하거니와 "오직 퇴계의 공파(攻破)하는 설이 깊이 그 병에 적중하여 후학의 잘못된 견해를 구제할 수 있다."[54]고 함을 볼 수 있다. 이러한 구절을 통하여 화담과 퇴계에 있어서 율곡이 취하는 입장이 어떠한 것인가를 짐작해 볼 수 있다.

퇴계는 태극과 음양, 도(道)와 기(器) 그리고 리와 기와 같은 형이상하를 엄별(嚴別)하여, 이를 혼동하는 것을 심히 경계한다. 그러므로 나정암(羅整庵)이나 서화담의 학설은 리기를 일원적으로 보거나 기를 리와 같은 것으

50) 위와 같음, 「答朴和叔」: "張子之論, 固爲語病, 滯於一邊, 而花潭主張太過, 不知陰陽樞紐之妙在乎太極, 而乃以一陽未生之前, 氣之陰者, 爲陰陽之本, 無乃乖聖賢之旨乎?"

51) 위와 같음: "聖賢之說, 果有未盡處. 以但言太極生兩儀, 而不言陰陽本有, 非有始生之時故也. 是故, 緣文生解者, 乃曰氣之未生也, 只有理而已, 此固一病也. … 花潭用功非不深, 而但思之過中, 反以氣爲陰陽之本, 終歸滯於一邊, 理氣雜糅無辨, 不能妙契聖賢之旨, 豈不可惜哉."

52) 위와 같음: "嗚呼, 陰陽無始也, 無終也. 未嘗有不動不靜之時."; 위와 같음: '太虛, 澹一淸虛, 乃生陰陽, 此亦落於一邊, 不知陰陽之本有也. … 程子曰, '動靜無端, 陰陽無始, 非知道者, 孰能識之?' 伏望於此語, 三致意焉."

53) 本章 註 51 참조.

54) 『栗谷全書』 권10, 「答成浩原」: "惟退溪攻破之說, 深中其病, 可以救後學之誤見也."

로 보는 설이라고 하여 극력 변척(辯斥)함을 볼 수 있다.

「비리기위일물변증(非理氣爲一物辯證)」에서 퇴계는 공·주·정·주(孔周程朱)의 설을 들어서 리기가 일물(一物)이 아니라는 것을 밝히고 화담의 오류를 지적한다. 그 내용은 대개 다음과 같다.

즉, 계사에 "역(易)에 태극이 있으니 이것이 양의를 낳는다[易有太極, 是生兩儀]."라 함에서, 리기가 본시 일물이라면 태극이 곧 양의이니 어찌 능히 생할 수 있겠는가? 또 「태극도설」에 있어서 '무극지진(無極之眞)'과 '이오지정(二五之精)'이라 함은 이물(二物)이므로 '묘합이응(妙合而凝)'이라고 하는 것이지 일물일 것 같으면 어떻게 그럴 수가 있겠는가?[55] 또 리기가 과연 일물이라면 공자가 왜 형이상하로 도(道)와 기(器)를 나누었으며, 정명도(程明道)가 하필 형이상을 도라 하고 형이하를 기라고 말해야 한다고 하였겠는가?[56] 등이다.

퇴계는 주자가 리기를 설명한 것이 허다하지만 리기가 일물(一物)이라고 말한 일이 없었고, 더욱이 「답유숙문서(答劉叔文書)」에서는 리와 기는 결단코 이물(二物)이라고 하였음을 상기시킨다. 그리고 비록 성(性)이 기(氣)의 가운데 있지만 성은 성이고 기는 기일 뿐이라는 말을 인용한 다음, 이러한 공·주(孔周)의 지(旨)와 정·주(程朱)의 설이 화담의 설과 일치하는가를 묻는다. 이어서 퇴계는, 화담이 '기묘한 가운데 기묘한[奇乎奇, 妙乎妙]' 경지와 스스로 궁심극묘(窮深極妙)를 말하지마는 성현의 설과는 하나도 부합함이 없다고 단정한다. 결국 화담은 리자(理字)를 투철하게 보지 못하였으며, 그러므로 힘을 다하여 '기묘(奇妙)'한 경지를 설파하였지만 형기(形

55) 『退溪全書』 권41, 雜著, 「非理氣爲一物辯證」: "今按 孔子周子明言陰陽是太極所生. 若曰理氣本一物, 則太極卽是兩儀, 安有能生者乎, 曰眞曰精, 以其二物, 故曰妙合而凝, 如其一物, 寧有妙合而凝者乎?"

56) 위와 같음: "明道曰, 形而上爲道, 形而下爲器. 今按 若理氣果是一物, 孔子何必以形而上下分道器, 明道何必曰須著如此說乎?"

器)의 거칠고 천박한 일변에 떨어짐을 면치 못하였으니 가석(可惜)하다고 한다. 특히 「답유숙문서(答劉叔文書)」의 주자의 말은 기를 가리켜 성이라고 하는 지기위성(指氣爲性)의 오류를 말하는 것으로서 차라리 이는 바로 화담을 위한 것이라고 한다.

논의의 마지막 부분에서 퇴계는 나정암(羅整庵)에 대하여 그 잘못된 점을 지적한다. 퇴계에 의하면 정암은 리기가 둘이 아니라는 설을 주장하였으니, 후대의 학자들이 무엇 때문에 잘못을 답습하여 헤맴에 들겠는가라고 하였다.[57)]

율곡은 리기를 혼동하거나 리를 한갓 기의 속성과 같이 보는 태도에 반대하는 점에서 퇴계와 일치한다. 리와 기는 결코 일물(一物)일 수 없는 것이다. 그러므로 율곡은 "도기지분(道器之分)"과 "리기지분(理氣之分)"을 분명히 한다. 「답안응휴서(答安應休書)」에서는 "그대의 생각은 복숭아의 씨를 인(仁)이라 하고 복숭아의 싹을 인의 발현이라 하면서, 자라나는 묘리(妙理)가 싹에 있지만 싹이 그대로 생리(生理)는 아니라는 것을 모르는 것이니, 이것은 리기의 분별에 어두운 것"[58)]이라고 하였으며, 또 "리가 정(情)에 있다고 하면 가(可)하나…… 온화자애(溫和慈愛)를 리라고 한다면 이것은 도

57) 위와 같음: "今按 朱子平日論理氣許多說話, 皆未嘗有二者爲一物之云. 至於此書, 則直謂之理氣決是二物, 又曰性雖方在氣中, 然氣自氣性自性, 亦自不相夾雜, 不當以氣之精者爲性, 性之粗者爲氣. 夫以孔周之旨旣如彼, 程朱之說又如此, 不知此與花潭說, 同耶異耶? 滉愚陋滯見, 但知篤信聖賢, 依本分平鋪說話, 不能覷到花潭奇乎奇妙乎妙處. 然嘗試以花潭說, 揆諸聖賢說, 無一符合處,. 每謂花潭一生用力於此事, 自謂窮深極妙, 而終見得理字不透, 所以雖拚死力, 談奇說妙, 未免落在形器粗淺一邊了, 爲可惜也, 而其門下諸人, 堅守其誤, 誠所未諭, 故今亦未暇爲來說一一訂評, 然竊見朱子謂叔文說, 精而又精, 不可名狀, 所以不得已而强名之曰太極; 又曰氣愈精而理存焉. 皆是指氣爲性之誤. 愚謂此非爲叔文說, 正是爲花潭說也. … 且羅整菴於此學, 非無一斑之窺, 而誤入處正在於理氣非二之說. 後之學者, 又豈可踵謬襲誤, 相率而入於迷昧之域耶?"

58) 『栗谷全書』 권12, 「答安應休」: "今高論以桃仁爲仁, 以芽爲仁之發, 而不知生理之妙在芽, 而非芽爲生理, 則是昧乎理氣之分也."

기(道器)의 분별을 모르는 것"[59]이라 하였다.

율곡에 있어서도 정암(整庵)의 단처(短處)가 지적되고 있는데, 이를테면 "리와 기를 일물로 보는 병폐가 다소 있다."[60]거나, "리기일물(理氣一物)의 병에 약간 스쳤다."[61]는 등의 것이다. 평판으로 보아 퇴율이 다 같이 리기를 엄별하고 있음을 알 수 있다.

이제 퇴계와 율곡이 주장하는 리기에 대하여 그 대강을 대비하여 살펴보려 한다.

退溪 : 무릇 모습과 형체가 있어서 육합(六合)의 안에 가득 차 있는 것은 모두 기(器)요, 거기에 갖추어져 있는 리(理)는 곧 도(道)이다. 도는 기를 떠나지 않지만, 형상을 가리킬 수 없어서 형이상이라 한다. 기는 도를 떠나지 않지만, 형상을 말할 수 있기 때문에 형이하라고 한다. 태극이 음양 가운데 있지만 음양과 섞이지 않기 때문에 상(上)이라 할 따름이요, 그 위에 있는 것은 아니다. 음양이 태극에서 벗어나지 않지만 여전히 형기이기 때문에 하(下)라 할 따름이요, 그 아래에 있는 것은 아니다. 그러나 조화의 측면에서 본다면 태극은 형이상이고 음양은 형이하이거니와, 이륜(彝倫)의 측면에서 본다면 부자(父子)와 군신(君臣)은 형이하가 되고 인(仁)과 의(義)는 형이상이 되며, 일상생활의 면에서 본다면 사물은 형이하가 되고 갖추어진 바의 리는 형이상이 된다. 대저 사물마다 갖추지 않음이 없고, 곳곳마다 그렇지 않음이 없으니, 무릇 형이상은 모두 태극의 이치[太極之理]요, 무릇 형이하는 모두 음양의 그릇[陰陽之器]이다.[62]

---

59) 위와 같음: "然則以情爲理者, 可見其非矣. 若曰理在於情則可也, 溫和慈愛者, 情也, 所以溫和慈愛者, 理也, 是乃仁也, 若便以溫和慈愛爲理, 則是不知道器之分也."

60) 『栗谷全書』 권10, 「答成浩原」: "至如羅整菴, 以高明超卓之見, 亦微有理氣一物之病."

61) 위와 같음: "整菴則望見全體, 而微有未盡瑩者, 且不能深信朱子, 的見其意, 而氣質英邁超卓, 故言或有過當者, 微涉於理氣一物之病, 而實非以理氣爲一物也, 所見未盡瑩, 故言或過差耳."

栗谷 : 무릇 형이상자(形而上者)는 자연의 리요, 형이하자(形而下者)는 자연의 기다. 이 리가 있으면 이 기가 있지 않을 수 없고, 이 기가 있으면 만물을 생하지 않을 수 없다. 이 기가 움직이면 양이 되고 고요하면 음이 된다. 한번 동하고 한번 정하는 것은 기요, 움직이게 하고 고요하게 하는 것은 리이다.[63]

대저 형상과 작위(作爲)가 있고 움직임과 고요함이 있는 것은 기이며, 형상과 작위가 없으면서 움직임에 있고 고요함에 있는 것은 리이다. 리는 비록 형상과 작위가 없지만, 리가 아니라면 기는 근본이 없게 된다. 그러므로 리는 형상과 작위가 없으면서 형상과 작위가 있는 것의 주(主)가 되고, 기는 형상과 작위가 있으면서 형상과 작위가 없는 것의 기(器)가 된다고 한다. 그러므로 성(性)은 리이며 심(心)은 기이다. 선현(先賢)이 심성에서 합(合)하여 말한 것이 있으니, 맹자가 '인(仁)은 사람의 마음[人心]이다.' 라 한 것이 이것이다. 나누어 말한 것도 있으니, 주자는 '성이란 마음[心之理]의 이치이다.' 라 한 것이 이것이다. 분석함으로써 그 의(義)를 얻고, 합함으로써 그 지(旨)를 얻은 다음에 리기를 알게 될 것이다.[64]

---

62) 『退溪全書』 권35, 「答李宏仲」: "凡有貌象形氣而盈於六合之內者, 皆器也, 而其所具之理, 卽道也. 道不離器, 以其無形影可指, 故謂之形而上也. 器不離道, 以其有形象可言, 故謂之形而下也. 太極在陰陽中, 而不雜乎陰陽, 故云上耳, 非謂在其上也. 陰陽不外於太極, 而依舊是形氣, 故云下耳, 非謂在其下也. 然就造化而看, 太極爲形而上, 陰陽爲形而下. 就彝倫而看, 父子君臣爲形而下, 其仁與義爲形而上. 就日用而看, 事物爲形而下, 所具之理爲形而上. 蓋無物不有, 無處不然. 凡形而上, 皆太極之理, 凡形而下, 皆陰陽之器也."

63) 『栗谷全書』 권14, 「易數策」: "夫形而上者, 自然之理也. 形而下者, 自然之氣也. 有是理則不得不有是氣, 有是氣則不得不生萬物, 是氣動則爲陽, 靜則爲陰, 一動一靜者, 氣也, 動之靜之者, 理也."

64) 『栗谷全書』 권12, 「答安應休」: "大抵有形有爲而有動有靜者, 氣也. 無形無爲而在動在靜者, 理也. 理雖無形無爲, 而氣非理則無所本. 故曰無形無爲而爲有形有爲之主者, 理也. 有形有爲而爲無形無爲之器者, 氣也. 是故, 性理也, 心氣也, 情是心之動也. 先賢於心性, 有合而言之者, 孟子曰, 仁, 人心是也; 有分而言之者, 朱子曰, 性者, 心之理是也. 析之得其義, 合之得其旨, 然後知理氣矣."

퇴계는 비록 리기가 서로 떨어지지 않음을 말하지만, 리기를 형이상과 형이하로 엄격하게 분별하는 것에 논의의 중점이 모이고 있다. 그러나 율곡은 리와 기를 엄격히 분별하면서도 양자의 관계를 중점적으로 부각시키고 있다.

(2) 退溪와 栗谷의 理優位說

퇴계는 리기의 관계에서 기본적으로 리를 기에 내포시키거나 기의 내존적 법칙 내지 속성으로 간주하는 기 중심적 학설을 굳게 반대한다. 퇴계에 있어서 리는 기와 대등한 것일 수도 없고 기에 비길 수 없을 만큼 우위(優位)인 것이다. 리는 절대적이며 만사만물의 근본이 되는 것으로 본다.

그리하여 퇴계는,

> "대저 고금(古今)의 사람들이 학문도술(學問道術)이 다른 까닭은 다만 리자(理字)를 알기 어렵기 때문이다. 이른바 리자(理字)를 알기 어렵다는 것은 대략 아는 것이 어렵다는 말이 아니라, 참으로 요해하여 십분 다하는 곳에 이르기가 어렵다는 것이다. 만약 뭇 이치를 궁구하여 십분 투철함에 이르러 이것이 지극히 허(虛)하면서 지극히 실(實)하고 지극히 무(無)하면서 지극히 유(有)하며, 움직이되 움직임이 없고 고요하되 고요함이 없으며, 심히 깨끗하여 조금도 더 할 수 없고 조금도 뺄 수 없다. 능히 음양오행(陰陽五行)과 만물만사(萬物萬事)에 근본이 되지만 음양오행과 만물만사의 가운데 들어 있지 않음을 통찰한다면, 어찌 기에 섞여 일체(一體)가 되고 일물(一物)이 되는 것으로 볼 수 있겠는가?"[65]

---

65) 『退溪全書』 권16, 「答奇明彦 別紙」: "蓋嘗深思古今人學問道術之所以差者, 只爲理字難知故耳. 所謂理字難知者, 非略知之爲難, 眞知妙解到十分處爲難耳. 若能窮究衆理到得十分透徹, 洞見得此箇物事至虛而至實, 至無而至有, 動而無動, 靜而無靜, 潔潔淨淨地, 一毫添不得, 一毫減不得, 能爲陰陽五行萬物萬事之本, 而不囿於陰陽五行萬物萬事之中, 安有雜氣而認爲一體, 看作一物耶?"

라 하였다. 이처럼 온갖 사물의 근본이 되는 리는 지극히 높아서 상대하는 것이 없다. 즉 어느 것에게도 명령을 받지 않고 무엇에 대하여 명령하는 것이다. 그러므로 퇴계는 "태극에 동정(動靜)이 있음은 태극이 스스로 동(動)하고 정(靜)하는 것이요, 천명의 유행(流行)은 천명이 스스로 유행하는 것이니, 어찌 다시 시키는 것이 있겠는가?" 라고 하고, 다시 "리가 기와 합하여 사물에 명령함에 그 신묘한 작용이 스스로 이와 같을 뿐이니, 천명(天命)이 유행(流行)하는 곳에 별도로 시키는 것이 있다고 할 수 없다." 라고 하였다.[66]

이처럼 리는 지극히 높아서 상대하는 것이 없으며, '무엇에 대하여 명령하고 무엇에도 명령받지 않는 것[命物而不命於物]" 이므로 기는 리에 상대하여 이길 수 없다. 리와 기의 관계에 대하여 퇴계는 "기가 리를 능히 따를 때에는 리는 스스로 드러나는데, 이는 기가 약해서가 아니라 따르기 때문이다. 기가 만약 리를 거스를 때에는 리는 도리어 숨어버리는데, 이는 리가 약해서가 아니라 형세가 그러하기 때문이다." 라고 한다. 이와 같은 관계는 마치 임금과 신하의 관계와 같아서 임금이 본래 존귀하여 상대할 것이 없지만 강력한 신하가 발호(跋扈)하여 혹 이기고 짐이 있는 것은 신하의 잘못이지, 임금이 어찌할 수 없는 것과 마찬가지라고 한다.[67]

율곡에 있어서도 만유(萬有)의 구극자(究極者)는 태극, 곧 리로 본다. 화담을 평하는 글에 나타나듯이, 화담이 담일청허(湛一淸虛)한 기는 어느 물건에나 모두 있다고 하며, 스스로 천성(千聖)이 다하지 않은 묘(妙)를 얻었

66) 『退溪全書』 권13, 「答李達李天機」: "太極之有動靜, 太極自動靜也, 天命之流行, 天命之自流行也. 豈復有使之者歟? … 蓋理氣合而命物, 其神用自如此耳. 不可謂天命流行處, 亦別有使之者也. 此理, 極尊無對, 命物而不命於物故也."

67) 위와 같음: "理本其尊無對, 命物而不命於物, 非氣所當勝也. … 氣能順理時, 理自顯, 非氣之弱, 乃順也; 氣若反理時, 理反隱, 非理之弱, 乃勢也. 比如王者本尊無對, 及强臣跋扈, 反與之或爲勝負, 乃臣之罪, 王者無如之何."

다고 생각하지만, 율곡의 관점으로는 그 위에는 '리는 관통하고 기는 국한된다.' 라는 한 마디가 있음을 알지 못하였기 때문이다. 즉 담일청허한 기는 국한되어 없는 데가 많지만, 계선성성(繼善成性)의 리는 관통하여 사물마다 있지 않음이 없다는 것이다.[68] 또한 율곡은 박화숙(朴和叔)에게 주는 글에서도 "대저 음양의 양단(兩端)은 순환하여 그치지 않으니 본시 그 시작이 없다. 음이 다하면 양이 생하고, 양이 다하면 음이 생하여 한번 음하고 한번 양하지만, 태극이 없는 곳이 없다. 이것이 태극이 만화(萬化)의 추뉴(樞紐)요, 만품(萬品)의 근저(根柢)가 되는 까닭이다."[69]라 하여 음양의 근저는 태극 곧 리이지 기일 수 없다는 점을 분명히 하였다.

나아가 율곡은 말하기를, "무릇 리(理) 위에는 한 글자도 더할 수 없고, 한 터럭의 수위(修爲)의 노력을 가(加)할 수 없다. 리는 본시 선(善)하니 어떻게 수위(修爲)할 수 있겠는가?"라고 하면서 오히려 기를 검속(檢束)하여 그 본연의 모습으로 회복시켜야 할 것을 강조한다.[70]

이와 같이 "성현의 극본궁원(極本窮源)을 논한 것이 태극으로써 음양의 본(本)을 삼은 데 불과하다."[71]고 하는 율곡은 퇴계와 함께 리를 우위로 하고 궁극적인 것으로 보는 점에서 리우위설(理優位說)의 입장을 견지하고 있음을 알 수 있다.

(3) 理의 發用

퇴계는 리(理)에도 체용(體用)의 양 측면이 있고 동정(動靜)의 작용이 있

---

68) 『栗谷全書』 권10, 「答成浩原」: "以爲湛一淸虛之氣, 無物不在, 自以爲得千聖不盡傳之妙, 而殊不知向上更有理通氣局一節, 繼善成性之理, 則無物不在, 而湛一淸虛之氣, 則多有不在者也."

69) 위와 같음, 권9, 「答朴和叔」: "大抵陰陽兩端, 循環不已, 本無其始, 陰盡則陽生, 陽盡則陰生. 一陰一陽而太極無不在焉. 此太極所以爲萬化之樞紐 萬品之根柢也."

70) 위와 같음, 권10, 「答成浩原」: "夫理上, 不可加一字, 不可加一毫修爲之力. 理本善也, 何可修爲乎? 聖賢之千言萬言, 只使人檢束其氣, 使復其氣之本然而已."

다고 보아 이를 특히 강조하였다. 이와 같은 퇴계의 입장은 「심무체용변(心無體用辯)」을 통하여 분명히 나타나는데, 「심무체용변」은 본래 이연방(李蓮坊)이 체용(體用)을 형이하자에만 있는 것으로 보아 "본체는 형상에서 생겨나고 작용은 움직임에서 생겨난다[體起於象, 用起於動]."라고 하는 것을 비판하기 위해 전개된 논의이다. 여기에서 퇴계는, 주자의 이른바 "형이상자로부터 말하면, 충막(冲漠)한 것이 참으로 체(體)가 되고 사물의 사이에 발현한 것이 용(用)이 된다. (그러나) 만약 형이하자로써 말하면, 사물이 체가 되고 리가 발현한 것이 용이 된다."[72]라 함을 인용하여 체용의 문제는 형이상과 형이하의 양 측면에서 모두 살펴보아야 함을 강조한다. 즉 퇴계는 연방의 논의를 "형이하의 사물의 체용(體用)만을 말하였을 뿐이니 일변에 떨어진 것이요, 실로 형이상에 있어서 충막하여 조짐이 없으며[冲漠無朕] 체용이 하나의 근원인[體用一源] 묘처를 내버린 것"으로 간주하고, "오직 형상의 말단에 체견(滯見)하였기 때문에 형상의 이전에는 본체가 없다고 이르고, 소옹(邵雍)의 설로써 인증(引證)하지마는, 또한 소자의 이른바 무체(無體)는 다만 형체가 없음을 의미할 뿐임을 알지 못하는 것"[73]이라 한다. 다시 말하여 체와 용은 형이상인 리의 측면에서도 분명히 말할 수 있다.

이어서 퇴계는 "충막무짐(冲漠無朕)한 것이 건곤(乾坤)에 있어서는 무극태극(無極太極)의 본체가 되어 만상(萬象)을 이미 갖추고 있고, 사람의 마음에 있어서는 지극히 허령하고 지극히 고요한 본체[至虛至靜之體]가 되어 만용(萬用)을 모두 갖추고 있으며, 사물에 있어서는 발현하여 유행하는 작용이 되어 때마다와 곳마다에 있지 아니함이 없다."[74]라 하여 형이상인 리

71) 위와 같음, 권9, 「答朴和叔」: "聖賢極本窮源之論, 不過以太極爲陰陽之本."

72) 朱子, 「答呂子約書」; 『退溪全書』, 권41, 「心無體用辯」 참조.

73) 『退溪全書』, 권41, 「心無體用辯」: "蓮老所謂體起於象, 用起於動, 只說得形而下事物之體用, 落在下一邊了. 實遺卻形而上冲漠無眹體用一源之妙矣, 惟其滯見於形象之末, 故謂象前無體, 而引邵說以證之, 殊不知邵子所謂無體者, 只謂無形體耳."

의 체용을 구체적으로 설명한다. 퇴계도 전에는 다만 본체의 무위(無爲)만을 보고 묘용의 능히 현행(顯行)함을 알지 못하여 리를 죽은 물건과 같이 간주하는 잘못이 있었다고 스스로 말한다. 그러나 "정의(情意)와 조작이 없는 것은 리의 본연한 체이며, 깃들인 곳에 따라 발현하여 이르지 않음이 없는 것은 리의 지신(至神)한 용이다."[75]라는 말에 나타나듯이 퇴계에 있어서의 리는 단순히 본체의 측면만 있는 것이 아니라 지극히 신묘한 작용을 동시에 갖추고 있는 것이다. 그리고 퇴계에 있어서 체용(體用) 두 글자는 "살아 움직여 죽은 법(法)이 아니며, 원래 갖추지 않음이 없으며, 오묘하여 다할 수 없는 것"[76]이 된다.

퇴계는 또 주자가 일찍이 "리에 동정(動靜)이 있는 고로 기에 동정이 있는 것이니, 만약 리에 동정이 없다면 기가 무엇을 말미암아 동정이 있겠는가?"[77]라 함을 인용하고, "이것을 안다면 정의(情意)가 없다고 운운하는 것은 본연의 체이고 능히 발하고 능히 생하는 것은 지극히 신묘한 작용이다. 그러므로 퇴계는 양을 생하고 음을 생한다는 것을 '또한 양이 생겨나고 음이 생겨남을 의미한다.' 라고 풀이하는 면재(勉齋)의 설[勉齋曰 生陽生陰 亦猶陽生陰生]에 대해서도 반대한다. 왜냐하면, 퇴계에 있어서 리는 스스로 작용이 있는 것이므로 자연히 양을 생하고 음을 생하는 것이기 때문이다.[78]

율곡에 있어서도 리는 체용(體用)이 있고 유행(流行)하는 것이라 함을 볼

---

74) 위와 같음: "嗚呼, 沖漠無眹者, 在乾坤則爲無極太極之體, 而萬象已具. 在人心則爲至虛至靜之體, 而萬用畢備. 其在事物也, 則卻爲發見流行之用, 而隨時隨處無不在."

75) 『退溪全書』 권18, 「答奇明彦 別紙」: "是知無情意造作者, 此理本然之體也, 其隨寓發見而無不到者, 此理至神之用也. 向也但有見於本體之無爲, 而不知妙用之能顯行, 殆若認理爲死物, 其去道不亦遠甚矣乎?"

76) 『退溪全書』 권41, 「心無體用辯」: "夫體用二字, 活非死法, 元無不該, 妙不可窮."

77) 『退溪全書』 권39, 「答李公浩」: "朱子嘗曰理有動靜, 故氣有動靜. 若理無動靜, 氣何自而有動靜乎?"

78) 위와 같음: "知此則無此疑矣, 蓋無情意云云, 本然之體; 能發能生, 至妙之用也. 勉齋說, 亦不必如此也, 何者? 理自有用, 故自然而生陽生陰也."

수 있다. 율곡은 "일본(一本)의 리는 리의 본체이고, 만수(萬殊)의 리는 리의 작용이다."[79]라 하고, 또 "본연한 것은 리의 하나요, 유행(流行)하는 것은 나뉘어 달라진 것이다."[80]라 한다. 그리고 또한 "리는 본래 무위(無爲)하지만 기를 타고 유행하여 변화가 만단(萬端)인 것이며, 비록 유행하여 변화하지만 그 무위한 본체는 실로 자약(自若)하다."[81]고 하고, 이어서 "리는 발현하지 않았을 때에는 혼연하게 온전히 갖추어져 있으니 곧 인(仁)의 체요, 리가 이미 발현하면 이 마음이 온화자애(溫和慈愛)하되 리가 또한 거기에 머물러 있으니, 리의 온화자애에 있는 것은 리의 작용이다. (그러나) 온화자애가 그대로 리인 것은 아니다."[82]라고 하여 리의 본체로서의 무위의 측면과 작용으로서의 발용유행(發用流行)의 측면을 함께 말하고 있다.

여기서 퇴계의 이른바 다음과 같은 일절을 상기할 수 있다.

> "리는 본래 하나이지만 그 덕이 넷에 이름은 어떻게 그러한가? 말하기를 리는 태극이다. 태극 중에는 본래 물사(物事)가 없으니, 애초에 어찌 사덕(四德)이라고 이름 붙일 수 있는 것이 있었겠는가? 그러나 유행(流行)한 후에 관찰하면 반드시 그 시작이 있고, 시작이 있으면 반드시 형통함이 있으며, 형통함이 있으면 반드시 이룸이 있고, 이룸이 있으면 반드시 성취함이 있다. 그러므로 시작하여 형통하며, 형통하여 이룩하며, 이룩하여 성취하는 것으로 사덕(四德)의 이름을 세운 것이다. 때문에 합하여 말하면 일리(一理)일 뿐이요, 나누어 말하면 이 네 개의 리가 있는 것이다. 그러므로 하늘이 하나의 리로써 만물에 명하되 만물이 각기 하나의 리가 있는 것이 이런 것이다."[83]

---

79) 『栗谷全書』 권12, 「答安應休」: "一本之理, 理之體也; 萬殊之理, 理之用也."

80) 『栗谷全書』 권10, 「答成浩原」: "夫本然者, 理之一也; 流行者, 分之殊也."

81) 『栗谷全書』 권12, 「答安應休」: "理本無爲, 而乘氣流行, 變化萬端. 雖流行變化, 而其無爲之體, 則固自若也. 此等處, 不可草草理會也."

82) 위와 같음: "理之未發也, 渾然全具, 則仁之體也; 理之旣發也, 此心溫和慈愛, 而理亦寓焉. 理之在溫和慈愛者, 乃理之用也, 非溫和慈愛, 便是理也."

나아가 율곡 본래의 관점에서부터 볼 수 있듯이, 「천도책(天道策)」이나 「역수책(易數策)」에서 이미 "한번 동하고 한번 정하는 것은 기이요, 움직이게 하고 고요하게 하는 것은 리이다."[84]라 함에 주의하게 된다.

이처럼 리의 체용을 말하는 퇴·율은 이것을 소이연(所以然)과 소당연(所當然)으로 설명한다.

퇴계는 「논소당연소이연시사시리(論所當然所以然是事是理)」에서 주자와 그 밖의 제설(諸說)을 먼저 인용한다. 구체적으로 말하면 "천하의 사물은 반드시 각각 소이연의 연고와 소당연의 준칙이 있으니, 이른바 리이다. 소당연의 준칙은 임금의 인(仁)과 신하의 경(敬)과 같고, 소이연의 연고는 임금이 어째서 인을 쓰며, 신하가 어째서 경을 쓰는가를 운운함과 같으니, 다 천리가 그렇게 해서 그런 것이다."[85]라 한 주자의 말과, "소당연의 준칙은 리의 실처(實處)이고, 소이연의 연고는 그 위의 일층(一層)으로 리의 원두처(源頭處)이다."[86]라 하는 신안 진씨(新安陳氏)의 설과, "당연자(當然者)는 바로 사(事)에 있어서 그 리를 말한 것이다."[87]라고 하는 진안경(陳安卿)의 말을 인용한다. 그리고 퇴계는 여기에 논을 붙여 "소당연은 사(事)에 대한 것이요 소이연은 리에 대해 말한 것이지만 … 당연자(當然者)도 또한 참으로 리이다. … 대저 임금이 인애하고 신하가 공경하는 등의 류(類)는 모

---

83) 『退溪全書』 續集 권8, 「天命圖說」 自註: "理本一也, 其德至於四者, 何也? 曰理太極也. 太極中本無物事, 初豈有四德之可名乎? 但以流行後觀之, 則必有其始; 有始則必有其通; 有通則必有其遂; 有遂則必有其成, 故其始而通, 通而遂, 遂而成, 而四德之名立焉. 是以合而言之, 則一理而已; 分而言之, 則有此四箇理. 故天以一理命萬物, 而萬物之各有一理者, 此也."

84) 『栗谷全書』 권14, 「天道策」 및 同 「易數策」: "一動一靜者, 氣也; 動之靜之者, 理也."

85) 『退溪全書』 권25, 「答鄭子中·論所當然所以然是事是理」: "八條目論格物曰, 天下之物, 必各有所以然之故, 與其所當然之則, 所謂理也. 注朱子曰, 所當然之則, 如君之仁, 臣之敬. 所以然之故, 如君何故用仁, 臣何故用敬云云, 皆天理使之然."

86) 위와 같음: "所當然之則, 理之實處, 所以然之故, 乃其上一層理之源頭也."

87) 위와 같음: "當然者, 正就事而直言其理."

두 천명에 마땅히 그러한 바의 리이다. 실로 정미(精微)함의 극치이니, 이것에서 벗어나 어떤 일(事)에 따로 소당연이 있는 것이 아니다."[88]라 한다. 그리고 퇴계는 『중용』의 '군자의 도는 광대하면서 은미하다[君子之道 費而隱]'의 문제를 논함에 있어서, 주자의 이른바 "비(費)는 도(道)의 작용이고, 은(隱)은 도의 소이연으로서 보이지 않는 곳"[89]이라 한 주(註)를 인증(引證)하고 있음을 볼 수 있다. 율곡은 말하기를 "리가 혼연(渾然)하여 이름 붙이거나 형상할 수 없는 것은 소이연자(所以然者)이요, 리가 발용(發用)하여 온화자애(溫和慈愛)에 있는 것은 소당연자(所當然者)"[90]라 하고, 리가 발용하여 하늘에는 원형리정(元亨利貞)이 되고 사람에는 인의예지로 갖추어져 있다고 한다.[91]

또 율곡은 『성학집요』에서 리의 체용을 어떻게 분변(分辨)할 것인가에 대하여 『중용』의 '군자의 도는 광대하면서 은미하다'의 주자 주(註)인 "비(費)는 작용의 광대함이고 은(隱)은 본체의 은미함이다"라 함을 인용하고, 이어서 "리가 사물에 흩어져 있는 것이니, 소당연은 아비에게는 자애가 되고 자식에게는 효도가 되며 임금에게는 의리가 되고 신하에게는 충성이 되는 류가 이른바 비(費)이고 용(用)이다. 그 소이연은 지극히 은미하게 있으니 체(體)이다."[92]라 한다.

이와 같이 퇴율은 다 같이 소이연(所以然)의 연고를 무위(無爲)하고 은미한 리의 본체로, 그리고 구체적인 사물에서 실질적 내용을 지니는 소당연

88) 위와 같음: "當然者, 亦固是理也. … 蓋君仁臣敬之類, 皆天命所當然之理, 實精微之極致也. 非外此而事別有所當然也."

89) 『退溪全書』 권32, 「答禹景善」: "費是道之用, 隱是道之所以然而不可見處."

90) 『栗谷全書』 권12, 「荅安應休」: "理之渾然而不可名狀者, 則所以然者也. 理之發用而在於溫和慈愛者, 則所當然者也. 天之元亨利貞, 是人之仁義禮智也."

91) 『栗谷全書』 권20, 「聖學輯要」2: "太極在天曰道. 此道字, 以天命流行之道言, 率性之道, 以人物當行之道言. 在人曰性. 元亨利貞, 道之流行者也; 仁義禮智, 性之所具者也. … 元亨利貞, 以流行之用爲序, 仁義禮智, 以對待之體立名."

(所當然)의 준칙을 신묘하고 성대한 리의 작용으로 분석하고 있음을 알 수 있다.

(4) 理의 특성—退溪의 경우

퇴계는 인심(人心)이 동정(動靜)하는 리와 천지(天地)가 동정하는 리가 둘이 아니라고 한다.[93] 그리고 "리가 동하면 기가 따라서[隨] 생하고, 기가 동하면 리가 따라서 드러난다."라고 하면서, "염계(濂溪)가 이른바 태극이 동하여 양이 생한다는 것은 리가 동하여 기가 생함을 말함이요, 『주역』에서 복(復)에서 천지의 마음을 본다고 말하는 것은 기가 발동하여 리가 드러나기 때문에 볼 수 있는 것"[94]이라고 한다. 이것은 천지의 조화(造化)로 말하는 것이요, 인심의 동정(動靜)하는 리로 말하면, 이른바 사단은 '리가 발현함에 기가 따르는 것[理發而氣隨之]' 이고 칠정은 '기가 발동함에 리가 타는 것[氣發而理乘之]'[95]이라 함은 주지하는 바이다.

퇴계에 있어서도 리와 기는 본시 상수상대(相須相待)하여 떨어질 수 없는 관계에 있다. 그러므로 퇴계는 "리와 기는 본시 상수(相須)하여서 본체를 이루고, 상대(相待)하여서 작용을 일으킨다. 참으로 리가 없는 기도 없고, 기가 없는 리도 있지 않다."[96]고 한다. 그러나 리와 기는 일물(一物)이

---

92) 위와 같음: "又問理有體有用, 當何分辨? 臣答曰, 中庸曰君子之道, 費而隱. 朱子釋之曰, 費, 用之廣也, 隱, 體之微也. 理之散在事物, 其所當然者, 在父爲慈, 在子爲孝, 在君爲義, 在臣爲忠之類. 所謂費也, 用也, 其所以然者, 則至隱存焉, 是其體也. 理以在物而言, 道以流行而言, 其實一而已矣."

93) 『退溪全書』 권25, 「答鄭子中 別紙」: "人心動靜之理, 卽天地動靜之理, 非有二也."

94) 위와 같음: "蓋理動則氣隨而生, 氣動則理隨而顯. 濂溪云, 太極動而生陽, 是言理動而氣生也. 易言復其見天地之心, 是言氣動而理顯, 故可見也."

95) 『聖學十圖』의 心統性情圖의 註와 奇高峰에게 준 書翰 참조.

96) 『退溪全書』 권16, 「答奇明彦」: "蓋理之與氣, 本相須以爲體, 相待以爲用, 固未有無理之氣, 亦未有無氣之理. 然而所就而言之不同, 則亦不容無別."

아니요, '결단코 이물(二物)인 것' 이며, 또한 리는 죽은 것이 아니고, 살아 있는 것으로서 지극히 신묘하고 미묘한 작용을 한다. 그러므로 비단 기가 실재하는 것일 뿐만 아니라 리도 실재하는 것으로 보지 않을 수 없으며, 완전한 이물(二物)이기는 하지만 따로 떨어져서 독립적으로 있는 것이 아니라 함께 있다는 논리라 할 것이다. 그리고 리가 동하면 양이 생하고, 리가 정하면 음이 생하게 된다. 리기는 또한 각각 존립(存立)하는 것이 아니므로 자연히 그러하다는 논리가 나올 듯하다.

퇴계에게는, 가령 '기가 리를 따라서 발현한 것은 리의 발현' 이라고 한다면 이것은 기를 이로 삼는 병폐를 면치 못한 것이 된다.[97] 즉 리의 작용과 기의 작용은 분명히 다른 것으로 절대로 혼동하지 말아야 할 것이 된다. 리의 작용과 기의 작용은 질서를 달리함은 물론이거니와, "비록 기에서 발동하였지만 리가 타서 주(主)가 되는지라 그 선함은 마찬가지이다."[98]라고 하는 만큼 궁극적으로는 리의 작용이 문제가 되는 것이다.

퇴계가 '리발기수(理發氣隨)' 와 '기발리승(氣發理乘)' 으로 갈라서 보려고 하는 까닭은 리기를 나누어 구별하여 리를 존귀한 것, 순선한 것으로 보고, 기는 역시 타락할 것, 즉 인욕으로 흐를 경향이 있는 것으로 보는 것이 아닌가 생각된다. 퇴계는 말하기를 "무릇 강학(講學)하되 분석을 싫어하고, 합하여 하나의 설을 만드는데 힘쓰는 것을 옛사람이 송골매가 통째로 대추를 삼키는 것에 비유하였으니 그 병폐가 적지 않다. 이와 같이 하여 마지않으면 알지 못하는 사이에 급박하게 기로써 성을 논하는 폐단에 빠지고 인욕을 천리로 삼는 환난에 떨어질 것이니 어찌 옳겠는가?"[99]라 한다. 그리하여 리발기발(理發氣發)에 있어서 "리는 기가 따르지 않으면 나와서 이루어질

97) 위와 같음: "以氣順理發爲理之發, 則是未免認氣爲理之病."

98) 위와 같음: "雖發於氣, 而理乘之爲主, 故其善同也."

99) 위와 같음: "夫講學而惡分析, 務合爲一說, 古人謂之鶻呑棗, 其病不少, 而如此不已. 不知不覺之間, 駸駸然入於以氣論性之蔽, 而墮於認人欲作天理之患矣, 奚可哉?"

수 없으며, 기는 리가 승(乘)하지 않으면 이욕(利欲)에 빠져 금수가 될 것이니, 이것은 바뀔 수 없는 정해진 이치이다."[100]라 한다.

퇴계에 의하면 이발(理發)에 근거를 가지는 사단은 순수하게 마음 가운데 있는 인의예지의 단서이요, 기발(氣發)에 근거하는 칠정은 외물이 다가옴에 쉽게 감응하여 먼저 움직이는 형기(形氣)가 감동하여 나오는 묘맥(苗脈)이 된다.[101] 그리고 이와 같이 사단과 칠정을 대거(對擧)하여 말하는 만치 본연과 기품을 동일차원에서 다룰 수는 없다. 말하자면, 퇴계는 정(情)에 대해서는 리와 기로 나누어 볼 수 있는 것이라고 하고 사단이 바로 그것이라고 인정한다. 그러나 사단을 정(情)이라고 하지만, 그것을 바로 기라고 하는 문제에는 선뜻 긍정하려고 하지 않는다.[102] 사칠(四七)을 대거(對擧)할 때 사단은, 순수하게 내적인 것의 발현으로 보느니 만큼 칠정의 근거인 형기, 즉 외적 감성으로써 인간의 고매한 정신적 경지로서의 심령이나 이성을 아울러 설명하기는 곤란한 일로 보이는 것이다. 따라서 '리발' 로서의 사단을 생각하기에 이를 수 있다. 그러나 리발을 말하더라도 리기는 떠나서 있을 수 없는 것이며 반드시 기의 역할이 필요한 것이므로 "기수지(氣隨之)"를 첨가하지 않을 수 없는 것으로 생각된다. 부연하면, 다만 리가 발함에 기

100) 『退溪全書』 권36, 「答李宏中問目」: "天下無無理之氣, 無無氣之理. 四端理發而氣隨之, 七情氣發而理乘之. 理而無氣之隨, 則做出來不成. 氣而無理之乘, 則陷利欲而爲禽獸. 此不易之定理."

101) 『退溪全書』 권16, 「答奇明彦 · 論四端七情第二書 改本」: "四端之發, … 所指而言者, 則主於理, 何也? 仁義禮智之性, 粹然在中, 而四者其端緖也. 七情之發, … 所指而言者, 則在乎氣, 何也? 外物之來, 易感而先動者, 莫如形氣, 而七者其苗脈也. 安有在中爲純理, 而才發爲雜氣, 外感則形氣, 而其發爲理之本體耶?"

102) 『退溪全書』 권16, 「答奇明彦」: "其於性也, 旣可以理氣分言之; 至於情, 獨不可以理氣分言之乎?"; 위와 같음, 권36, 「答李宏中問目」: "惻隱, 氣也. 其所以能是惻隱, 理也. 此固北溪說也. 質之師門而不見斥. 然滉亦嘗疑惻隱氣也一語, 太主張氣字, 不無侵過理界分了. 宏仲非之, 似不爲無理, 但宏仲說亦有差. 蓋理發爲四端, 所資以發者, 氣耳. 其所以能然, 實理之爲也. 今宏仲乃以所以能三字歸之氣, 其失殆甚於北溪之說矣."

를 자뢰(資賴)하며 기는 이른바 '전지재구(田地材具)'로서 수반되는 것이지[103] 기가 아니면 리가 발할 수 없다고 보는 것은 지나친 말이 된다. 또 기발(氣發)에 있어서도, 기발 자체에 있어서는 리가 하등의 직접적이고 원초적인 원인이 되고 있다고 보기는 어렵다. 여기서 퇴계에 있어서 리기의 작용상의 이원성까지도 동시에 볼 수 있는 것으로 생각된다.

(5) 理의 특성—栗谷의 경우

율곡은 "천지의 변화는 곧 내 마음의 발현이다."[104]라하고, "천지의 변화와 내 마음의 발현이 모두 기가 발동함에 리가 탄 것 아님이 없다."[105]고 하여 천도(天道)와 인도(人道)가 같은 원리임을 말한다. 그러므로 오직 '기발이리승지(氣發而理乘之)'를 말할 뿐, '리발기수(理發氣隨)의 설은 분명히 선후가 있는 것"[106]이라 하여 잘못된 것으로 본다.

그렇다면, 호발(互發)을 인정하지 않는 율곡에 있어서 스스로 사용하기도 하는 리발(理發)이라는 말과 리의 체용이라 함은 어떠한 뜻으로 생각되는 것인가, 또 태극의 동정이나 천명의 유행을 어떻게 이해할 수 있으며, 실제적인 사실로서의 고매한 심령과 이성의 문제를 능히 보유하며 설명할 수 있을 것인가 하는 등의 의문을 가질 수 있을 것이다. 그러면서도 어떻게 리의 우위성을 확보할 수 있는가 함이 문제될 것이다.

앞서 보아온 바와 같이, 퇴계는 리가 발하는 데는 기가 필요하다고 말하면서도, 양(陽)의 이전에는 음이요, 음(陰)의 이전에는 양이라는 의미에서가 아니라, 음양 모두의 기가 리에 의하여 생(生)한다는 뜻으로 해석되기 쉬

103) 『退溪全書』 권13, 「答李達·李天機」: "但氣以成形之後, 卻是氣爲之田地材具. 故凡發用應接, 率多氣爲用事."

104) 『栗谷全書』 권10, 「答成浩原」: "天地之化, 卽吾心之發也."

105) 『栗谷全書』 권10, 「答成浩原」: "天地之化, 吾心之發, 無非氣發而理乘之也."

106) 『栗谷全書』 권10, 「答成浩原」: "若理發氣隨之說, 則分明有先後也."

운 진술을 거듭하고 있음을 볼 수 있다.

퇴계는 「비리기위일물변증(非理氣爲一物辯證)」에서도 볼 수 있는 바와 같이 리와 기의 혼동을 분별할 뿐 아니라 음양은 태극의 소생이라 한다. 그리고 만약 태극이 그대로 양의(兩儀)라면 어찌 능히 생한다고 하겠느냐 하며, 또 무극지진(無極之眞)과 이오지정(二五之精)이 이물(二物)이 아니라면 어떻게 합할 수 있겠느냐고 한다. 즉 퇴계에게는 리와 기가 원래 유리(遊離)되어 있었던 것 같은 느낌을 그대로 두고 있다. 기로써 형체를 이룬 다음에 기가 전지재구(田地材具)가 된다 함도 그렇고, 저절로 그러하여 음양을 생한다 함도 그렇다. 이 마음이 발하기 전에는 태극이 동정의 이치를 갖추어 음양으로 미판(未判)한 것과 같다는 것도[107] 음양 이전에 태극만이 있었던 것과 같은 해석을 내리게 한다.

그러나 율곡은 성현의 경전에 따르더라도 그 해석하는 뜻이 다르다. 율곡은 『성학집요』에서 『주역』 「계사상(繫辭上)」의 '역유태극, 시생양의(易有太極, 是生兩儀)' 이하를 인용하고 이것이 리학(理學)의 근원이 된다고 하였다.[108] 그리고 이어서 「태극도설」과 주자의 주를 인용하고서 '태극이 동하여 양을 생하고 정하여 음을 생한다[太極動而生陽 靜而生陰].' 라 한 대목에 대하여, "리기는 선후를 말할 수 없다. 다만 기가 동정함에 반드시 이 리가 근저가 된다. 그러므로 '태극이 동하여 양을 생하고 정하여 음을 생한다' 라고 하였다." 라고 주석하고 있다. 즉 '동하여 양을 생함' 과 '정하여 음을 생함' 을 기의 동정의 근저가 된다는 의미로 간주하지, 태극이 먼저 있어서 이것으로부터 기가 비로소 생한다는 뜻이 아니라는 것이다. 그러므로

107) 『退溪全書』 속집 권8, 「天命圖說」 제8절 論意幾善惡: "當此心未發之前, 如太極具動靜之理, 而未判爲陰陽者也. 一心之內, 渾然一性, 純善而無惡矣. 及此心已發之時, 如太極已判, 而動爲陽 靜爲陰者也. 於斯時也, 氣始用事, 故其情之發, 不能無善惡之殊, 而其端甚微."

108) 『栗谷全書』 권20, 「聖學輯要」2: "物必有理, 皆須窮格. 今所引夫子繫辭之說, 爲理學之源本."

"이 말에 집착하여 태극이 음양의 전에 홀로 존립하는 것으로 간주한다면 음양은 없다가 있게 되는 것이니 이른바 '음양은 시작이 없다' 라는 것이 아니다. 가장 주의해서 보고 깊이 연구하여야 할 것이다."[109]라고 하였다. 성호원에게 주는 글에서도 율곡은 "리기의 묘(妙)는 본래 이합(離合)이 없는 것" 이라고 하면서 " '태극이 동하여 양을 생하고 정하여 음을 생한다' 란 두 구절이 어찌 병통이 있는 말이겠는가? (그러나) 잘못 보면, 반드시 음양은 본래 없고 태극이 음양에 앞서 있다가 태극이 동한 뒤에 양이 이에 생하고 태극이 정한 뒤에 음이 이에 생한다고 여기게 된다."[110]고 하였다. 그리고 '묘합이응(妙合而凝)' 에 대하여는, 주자의 이른바 "묘합(妙合)이란 태극(太極)과 이오(二五)가 본래 혼융하여 사이가 없는 것[混融無間]" 이라는 주를 인용하고, 다시 자주(自註)하여 "리기는 원래 서로 떨어지지 않으니 어찌 합함이 있겠는가? 다만, 혼융하여 사이가 없기 때문에 묘합이라 하였다."[111] 고 한다. 또한 『중용』 수장(首章)의 주자 주에 "기로써 형체를 이름에 리도 또한 주어졌다" 고 함에 대하여도 다시 주를 붙여 "리기는 원래 서로 떨어지지 않으니, 기에 즉하여[卽氣] 리가 그 가운데 있는 것이다. … 기가 있은 다음에 리가 있다는 것이 아니니, 말을 가지고 뜻을 해치지 말아야 한다."라 하였다.[112]

---

109) 위와 같음: "動靜之機, 非有以使之也. 理氣亦非有先後之可言也. 第以氣之動靜也, 須是理爲根柢. 故曰太極動而生陽, 靜而生陰. 若執此言, 以爲太極獨立於陰陽之前, 陰陽自無而有, 則非所謂陰陽無始也. 最宜活看而深玩也."

110) 『栗谷全書』 권10, 「答成浩原」: "理氣之妙, 本無離合. … 周子曰, 太極動而生陽, 靜而生陰. 此二句, 豈有病之言乎? 若誤見, 則必以爲陰陽本無而太極在陰陽之先, 太極動然後陽乃生, 太極靜然後陰乃生也."

111) 『栗谷全書』 권20, 「聖學輯要」2: "朱子曰, … 妙合者, 太極二五, 本混融而無間也. 理氣元不相離, 豈有合哉? 只是混融無間, 故曰妙合, 亦可活看."

112) 『栗谷全書』 권19, 「聖學輯要」1: "朱子曰, … 氣以成形, 理亦賦焉. 理氣元不相離. 卽氣而理在其中. … 非謂有氣而後有理也. 不以辭害意可也."

이처럼 율곡에 있어서 리는 결코 기와 혼동할 수 없지만, 또한 본래 혼융하여 사이가 없는 것이다. 따라서 리와 기는 결코 이합(離合)이나 선후가 있을 수 없다. 비록 리는 기의 근저이며 추뉴(樞紐)가 되지만, 리는 기의 창조자가 아니다. 율곡에게 있어서 리기는 본래부터 함께 있는 것으로서, 리의 발용(發用)도 기와의 직접적인 관련에서만 말할 수 있다. 즉 리 자체는 무위한 것으로 별도로 발용하지 않으며 반드시 기와의 관계 속에서 동정이 있게 된다. 말하자면, 본연의 묘리[本然之妙]인 태극이 타는 바의 기틀[所乘之機]인 음양을 타기 때문에 동정이 있게 되는 것이다. 따라서 기의 동(動)이나 정(靜)이 없이 리의 동과 정은 있을 수 없는 것으로 본다.[113] 그리고 이러한 점에서 '기발리승일도(氣發理乘一途)' 인 것이다.

율곡의 '기발리승(氣發理乘)' 이나, '음양이 동하고 정함에 태극이 거기에 탄다[陰陽動靜而太極乘之].'[114]라거나 '음정하고 양동함은 그 기틀이 스스로 그러한 것이다[陰靜陽動 機自爾].'[115]라거나 '동정의 기틀은 시키는 것이 있는 것이 아니다[動靜之機 非有使之者也].'[116]라는 말은 흔히 '기는 자발적으로 발용하고 여기에 리가 타게 되는 것' 으로 이해될 수 있다. 그러므로 율곡은 "이른바 기발리승은 기가 리보다 앞선다 함이 아니다. 기는 유위(有爲)하고 리는 무위(無爲)하기 때문에 그렇게 말하지 않을 수 없다." 고 하여 기발이승을 오해하지 말 것을 당부한다. 기실 기가 아니면 능히 발동할 수 없다고 하지만, 또한 리가 타지 않는다면 발하는 것이 있을 수 없다. 이른바 '무소발(無所發)' 인 것이다.[118] 오히려 율곡은 "리기가 시작이 없으

113) 『栗谷全書』 권12, 「答安應休」: "天理者, 無爲也, 必乘氣機乃動, 氣不動而理動者, 萬無其理."

114) 『栗谷全書』 권10, 「答成浩原」

115) 위와 같음.

116) 위와 같음.

117) 위와 같음: "所謂氣發理乘者, 非氣先於理也, 氣有爲而理無爲, 則其言不得不爾也."

118) 위와 같음: "大抵發之者, 氣也, 所以發者, 理也, 非氣則不能發, 非理則無所發."

므로 실로 선후를 말할 수 없지만 그 소이연(所以然)을 추본(推本)하여 보면, 리는 추뉴(樞紐)이며 근저(根柢)인 것이다. 그러므로 리가 먼저라고 아니할 수 없다."[119]고 하여 논리상으로 리가 선행하는 것이라고 생각할 수밖에 없다고 한다. 그리고 이러한 점에서 '동하여 양을 낳고 정하여 음을 낳는다' 라는 것이나 '동하게 하고 정하게 한다' 는 것은 논리적 관점에서 리를 선행하는 것으로 간주한, 즉 율곡의 말로 '그 미연을 추원하여 말한 것[原其未然而言]' 이라 할 수 있다. '기라는 기틀을 타고 있는 바[所以乘是氣機]' 라 함은 본시 '기를 유행시키는 바[所以行是氣]' 로서 적극적인 의미를 가지는 것이다.[120] 그러나 '리에 동정이 있다' 라는 말은 기의 동정에 대한 소이연의 근저를 의미하드로, 반드시 기와의 관계에서 유행하는 것이다. 그러나 또한 기의 동정과 같이 형이하적인 의미로 사용되는 용어와는 구별된다. 그러므로 리에 기와 같은 실질적인 작위가 있다거나 동정이 있다고 간주한다면 리기를 모르는 소치라는 것이다.[121]

율곡에 있어서도 기는 형기로서 과불급(過不及)의 흐름을 살펴서 검속하여야 함을 말하지만, 기를 단순히 혈기지기(血氣之氣)로서 타락의 가능성만을 지닌 것으로 보지는 않는다. 율곡은 오히려 기에 적극적인 의미를 부여하고 있다. 즉 기를 물질적인 것, 감성적인 것에 그치는 것이 아니라, 정신적인 영역, 심령이나 이성의 영역까지로 기로 본다.[122] 그러므로 기는 본연지성(本然之性)을 엄폐(掩蔽)하는 것일 뿐만 아니라, 본연지성을 회복시키는 것이며, 본연지성을 존양시키는 것이며, 본연지성을 드러내는 것

119) 위와 같음: "理氣無始, 實無先後之可言. 但推本其所以然, 則理是樞紐根柢, 故不得不以理爲先. 聖賢之言, 雖積千萬, 大要不過如此而已."

120) 『栗谷全書』 권12, 「答安應休」: "春夏秋冬, 乃氣之流行也. 所以行是氣者, 乃理也. 喜怒哀樂, 亦氣之發動也. 所以乘是氣機者, 乃理也."

121) 위와 같음: "吾友見此理之乘氣流行, 變化不一, 而乃以理爲有動有爲, 此所以不知理氣也. 朱子所謂天道流行者, 指理之乘氣者也, 又何疑哉?"

이다.[123]

율곡은 다시 『성학집요』에서 '기발리승' 을 설명하면서 "음양이 동하고 정함에 태극이 타는 것이니, 발동하는 것은 기이고 그 기틀을 타는 것은 리이다. 그러므로 (주자가) '사람의 마음에는 지각이 있고 도체는 함이 없다' 라고 하였으며, 공자가 이르기를 '사람이 능히 도를 넓히지 도가 사람을 넓히는 것이 아니다' 라고 하였다." 고 한다.[124] 여기서 지각이 있는 사람의 마음은 '기' 이고 함이 없는 도체는 '리' 라 할 수 있거니와, '천명의 성(性)' 에 대하여 '인(人)' 은 기라고 할 수 있다.[125] 그러므로 인간은 천도의 봉행자요 또한 수행자라고 할 수 있다.

또한 율곡은 "인심과 도심이 모두 기의 발동이지만, 기에 있어 본연지리(本然之理)를 따름이 있는 것은 기가 역시 본연지기(本然之氣)이다."[126]라고 하며, "기가 (리에게) 명령을 듣는지는 다 기의 소위(所爲)이다. 리는 무위(無爲)이니 서로 발용함이 있다고 할 수 없는 것"[127]이라고 한다.

---

122) 『栗谷全書』 권31, 「語錄上」: "問浩然之氣, 心上氣也; 眞元之氣, 身上氣也."; 위와 같음: "問眞元之氣, 浩然之氣. 曰眞元浩然, 本非二氣, 而以道義養之, 則爲浩然之氣; 只保養血氣, 則爲眞元之氣也. … 蓋以道義, 善養仁義之心, 則浩然之氣自生, 而眞元之保養, 亦在其中矣. 故善養仁義之心者, 兼養眞元之氣; 只養眞元之氣者, 未必善養仁義之心也."

123) 위와 같음: "問本然之性, 使之蔽者氣也, 使之復者亦氣也耶? 曰理無爲, 氣有爲, 君言亦然也."; 위와 같음, 권10, 「答成浩原」: "聖賢之千言萬言, 只使人檢束其氣, 使復其氣之本然而已. 氣之本然者, 浩然之氣也. 浩然之氣, 充塞天地, 則本善之理, 無少掩蔽, 此孟子養氣之論, 所以有功於聖門也."

124) 위와 같음, 권20, 「聖學輯要」2: "理無爲而氣有爲, 故氣發而理乘. 陰陽動靜, 而太極乘之. 發者氣也, 乘其機者理也. 故人心有覺, 道體無爲. 孔子曰, 人能弘道, 非道弘人."

125) 『栗谷全書』 권12, 「答安應休」: "天命之性, 理之在人者也, 人非氣耶? … 性, 理也. 心, 氣也. 情, 是心之動也. 先賢於心性, 有合而言之者, 孟子曰, 仁, 人心是也; 有分而言之者, 朱子曰, 性者, 心之理是也. 析之得其義, 合之得其旨, 然後知理氣矣."

126) 『栗谷全書』 권10, 「答成浩原」: "人心道心, 俱是氣發, 而氣有順乎本然之理者, 則氣亦是本然之氣也. 故理乘其本然之氣而爲道心焉."

이처럼 볼 때 인간에 있어서 초경험적(초감성적)인 경지[內感의 세계]가 있더라도, 그것은 역시 인간의 한 현상이요, 활동이다. 그리고 무형무위(無形無爲)한 근저로서의 리(理 : 道)를 드러내는 유형유위(有形有爲)한 기(氣 : 器)라 할 수 있는 만큼, 이러한 의미에서 인간의 심령과 이성까지를 기로 파악할 수 있을 것이다. 그리하여 율곡에 있어서 리가 근저가 되는 본연지기로서의 사단은 퇴계에 있어서 리가 발하고 기가 따른다는 사단과 논리적으로는 다르더라도, 그 내용에는 다름이 아닌 맹자의 이른바 '사단(四端)'을 설명하고 있다는 점에서 서로 다를 바가 없는 것이다.

여기서 인간은 도의 봉행자요 수행자이며, 진리실현의 능동적 주체로서 파악되고 있음을 알 수 있다.

3) 栗谷의 理氣之妙와 그 역사철학적 의의

이상의 논고에서 화담과 율곡을 기론(氣論)의 입장에서, 그리고 퇴계와 율곡을 리우위설(理優位說)의 입장에서 각각 비교 고찰하였다. 그리하여 그 이동(異同)을 지적하고 과연 율곡의 근본입장은 어떠한 것이었는가를 밝혀 보고자 하였다.

흔히 화담은 물론이요 율곡까지도 '주기론(主氣論)'이라 하여 학문적으로 연관시켜보는 경향이 있다. 화담과 율곡은 다 같이 기에 중점을 두고 있으며, 특히 기의 불멸성과 능동성을 강조하였다. 따라서 기의 측면을 전폭적으로 긍정한 점에서는 화담과 율곡이 유사한 점이 있다고 할 수 있다. 그러나 화담의 장처(長處)로서 율곡이 지적하고 있는 것은 화담이 기를 철저

127) 『栗谷全書』 권10, 「答成浩原」: "氣之聽命與否, 皆氣之所爲也, 理則無爲也, 不可謂互有發用也."

하게 요해(了解)하여 사실성을 말하고, 리기가 불리(不離)하여 살아 움직이는 도체(道體)의 일면을 투철하게 체인(體認)하고 있다는 점에서이다. 그러나 기 이상으로 뚜렷이 극본궁원(極本窮源)하는 리의 측면이 있음을 알지 못함에 대하여는 비판을 가하였다.

율곡은 '리기지묘' 를 말하고 기의 측면을 십분 긍정하지만, 화담이 구극적(究極的) 존재를 태허지기(太虛之氣)로 간주하는 것과는 달리 태극지리(太極之理)로 보았다. 화담의 경우 리는 기의 작용상의 내적 질서로서 정제성(整齊性) 또는 자율성(自律性)에 불과한 것이라 하겠지마는, 율곡의 경우 리는 기 자체와 그 작용상의 소이연(所以然)으로서의 근거가 되는 것이다. 율곡은 화담이나 송대의 장횡거가 기에 치우치고 리기를 혼동하여 성현의 뜻에 묘계(妙契)치 못하였다고 지적하고 있거니와, 율곡의 기론(氣論) 역시 '동정무단(動靜無端),' '음양무시(陰陽無始)' 라는 정자의 논리에 근거를 두는 것이었다. 이러한 점에서 볼 때 율곡의 본령은 전통적 성리학[程朱學]의 입장에서 연원하는 것임을 알 수 있다.

다시 말하면 율곡은 화담에 있어서 기의 사실성과 실재성을 깊이 통찰한 점과 진리란 관념적 존재일 수 없다 함에 대하여는 긍정한다. 그러나 기 자체를 구극적 보편적 존재로 파악하고 또한 유기론적(唯氣論的) 입장을 취함에 대하여는 '리통기국(理通氣局)' 을 모른다고 하여 '한 귀퉁이만 보았다[見一隅者也]' 고 하였던 것이다.

그리고 필자는 다시금 화담과 달리 리를 구극적 존재로 보는 율곡의 입장을 보다 확실하게 인식하기 위하여, 율곡의 설을 리우위설의 입장에 서 있는 퇴계의 학설과 비교하여 그 근사점을 고찰해 본 바 있다.

율곡에 있어서도 퇴계와 같이 리와 기를 엄격하게 구별하고 리우위설을 주장하는 점에서는 마찬가지였다. 리와 기는 결코 혼동할 수 없는 것이며, 리는 기의 추뉴(樞紐)요, 근저요, 주재이다. 리의 본체는 통일적 원리이지만 그것은 사사물물(事事物物)에 있어서 유행(流行)하는 것이요, 만유(萬有)를 가능케 하는 것이다.

퇴계와 율곡은 다 같이 리의 발용(發用)을 말한다. 그러나 리 발용의 의미는 각각 다르다. 퇴계의 리발기발의 호발(互發)에 대하여, 율곡은 리기는 이합과 선후가 없다는 기발리승일도설을 주장하여 끽긴(喫緊)하게 살아 움직이는 도체(道體)를 강조하였다. 율곡의 입장은 처음부터 리기를 이원적으로 파악하는 퇴계와 달리, 물질적이든 정신적이든 현상 그 자체의 소이연(所以然)으로서 리를 말하는 까닭에 리발이 따로 있을 수 없다고 보았다. 본연한 리는 본연한 기를 통해서 나타나는 것이었다.

결국 율곡은 퇴계와 더불어 기에 대한 리의 우위성 및 구극성을 긍정하지만, 퇴계의 호발설은 엄밀하게 보면 리기의 선후이합(先後離合)을 말하는 것이 되므로 지견(知見)의 누(累)가 된다고 보았던 것이다.

이처럼 율곡은 화담의 유기론에 대하여는 특히 '리통기국' 의 측면을, 그리고 퇴계의 리기이원적 경향에 대하여는 '기발리승일도' 의 측면을 강조하였다.

화담에 있어서는 이미 고찰한 바와 같이 "변화의 밖에 따로 묘한 까닭이 있는 것이 아니다. … 만약 변화를 벗어나서 묘를 말한다면 '역' 을 아는 자가 아니다[非化之外, 別有所以妙者 … 若外化而語妙, 非知易者也. 「理氣說」]." 라 하여, 실재하는 기의 생성변화를 떠나서 별도로 묘를 말하는 것은 진리를 모르는 자라고 보았다. 그러나 퇴계는 이와 달리 "고금의 사람이 학문도술에 있어서 차이가 나는 까닭은 다만 리(理)자를 알기 어렵기 때문일 뿐이다[古今人學問道術之所以差者, 只爲理字難知故耳. 「答奇明彦 別紙」]." 라 하여, '리' 야말로 가장 알기 어려운 것으로서 이로 말미암아 모든 학문도술에 있어서 차이가 생기는 것이라 하였다.

또한, 퇴계는 리를 "능히 음양오행 만물만사의 근본이 되지만, 음양오행이나 만물만사 속에 갇혀 있지 않은 것" 이라 하여 만유(萬有)를 가능하게 하는 초월적 존재임을 강조하였다. 이에 비하여 화담은 '리는 기의 재(宰)

이다' 라는 말을 풀이하여 "이른바 '재' 라 함은 기의 용사(用事)에 있어서 그 소이연의 바름을 잃지 않음을 말한다."라 하였다. 곧 리를 기 자체의 작용상의 자율성 또는 내재율로 간주하고, 기의 실재성과 사실성을 강조하였다. 화담은 '유기론자' 로서 기를 중시하고, 퇴계는 리우위설을 논하여 리의 구극성을 고조(高調)하였다. 화담과 퇴계는 거의 동시대의 인물이면서도 이처럼 대조적인 입장을 견지하였던 것이다.

그러나 리의 세계와 기의 영역을 완전히 긍정 포괄하면서 동시에 양면을 아울러 지양시키고 있음을 율곡에게서 볼 수 있다. 율곡은 기의 사실성과 리의 초월성을 체인하여 양자를 불리(不離)의 관계에서 파악하고 있는데, 여기서 율곡의 "리기지묘(理氣之妙)"가 나오는 것이다.

율곡은 '리기의 묘처' 야말로 알기도 어렵고 또한 설명하기도 어렵다고 하였다. 그리고 이어서 말하기를 "무릇 리의 근원은 하나일 뿐이고, 기의 근원도 또한 하나일 뿐이다. …… 기는 리를 떠나지 않고 리는 기를 떠나지 않나니, 무릇 이와 같은즉 리기는 하나이다."라 하였다.[128)]

그러나 성리학이란 원래 도학(道學)을 그 내용을 하는 것인 만큼, 리기를 논함에도 당초에 인간을 떠나서 단순히 자연 그 자체의 본질을 구명함과는 달리 인간학적 의의를 지닌다.

정자(程子)는 일찍이 "인은 성이요 효제는 용이다[仁是性, 孝弟是用也]." 라 하여 효제(孝悌)와 같은 인간의 행위가 작용해 나올 수 있는 근거 즉 본체로서의 인을 일컬었다.[129)] 그리고 정자는 "성은 리이다(性卽理)."라 하였다. 이것은 전술한 바와 같이 리가 한갓 자연 자체의 우주론적인 이법(理法)

128)『栗谷全書』권10,「答成浩原」"理氣之妙, 難見亦難說, 夫理之源, 一而已矣, 氣之源, 亦一而已矣. … 氣不離理, 理不離氣, 夫如是則理氣一也, 何處見其有異耶?"

129)『論語』「學而」: "有子曰 … 孝弟也者, 其爲仁之本與" 에 대한 程子의 註 참조: "蓋仁是性也; 孝弟是用也. 性中只有箇仁義禮智四者而已, 曷嘗有孝弟來? 然仁主於愛, 愛莫大於愛親, 故曰孝弟也者, 其爲仁之本與."

을 지칭하는 것이 아님을 뜻한다. 비록 점차 그것에까지 연관 확대되는 것이라 하더라도, 그 본령에는 인간의 내면적 본성을 근원적으로 묻는 것이라 하겠다.

그리하여 퇴계는 신체적 영역의 칠정과 구별되는 순수한 정신적 영역의 사단이 근원하는 원두처(源頭處)로서 본연지성을 말하게 된다. 그리고 이것이 다름 아닌 자사(子思)의 '천명의 성[天命之性]' 이고, 맹자의 '성선의 성[性善之性]' 이고, 정자의 '그대로 리인 성[卽理之性]' 이고, 장자(張子)의 '천지의 성[天地之性]' 이라 하였던 것이다.[130] 즉 퇴계는 인간이 근거하여야 할 순수한 본성과 근본원리를 천명하고, 인간의 주체성과 존엄성을 보존·확보함을 그 사명으로 하였다 하겠다. 그러나 여기에서 일보 더 나아간다면, 어떻게 천차만별하고 변화가 만단(萬端)인 현실세계에 직접적으로 침투하여 일일이 그리고 전면적으로 대처할 것인가 하는 문제는 아직 남아있다고 할 수 있다.

한편, 화담의 경우에는 기에 있어서 합벽(闔闢)·동정(動靜)·생극(生克)하여 변화하는 묘리를 '관파(觀破)' 함이 중요하였다. 그리고 화담 스스로 독득(獨得)한 경지가 있었던 것으로 일컬어진다. 그러나 화담의 경우 있는 것은 오직 기일 뿐이며, 리란 기 자체의 작용상의 소이연(所以然)으로서 자율성 또는 내재율이라고 할 수 있을 뿐이다. 즉 여기에는 인간의 성리(性理)가 적극적으로 논급되지도 않았으며, 그것이 기의 세계에 연결되고 확대되지도 않는다. 한마디로 화담의 철학은 기라는 실재에 사실성은 해명하였다고 할 수 있지만, 규범적 가치의 문제는 결여되어 있음을 볼 수 있다. 그리고 이러한 점에서 일찍이 화담에 대해서는 '기수지학(氣數之學)' 이라 하여, 리를 우위로 하며 또한 인간학적 성격을 본질로 하는 유학의 정통사상에서 벗어나는 것으로 평하였던 것이다.[131]

130) 『聖學十圖』, 제6 心統性情圖, 退溪의 論說部分 참조.

이렇듯 인간의 고매한 사상과 구체적 현실, 그리고 성리(性理)와 실사(實事)에 있어서 양면을 분열시키지 않고 균형을 이룰 수 있겠는가, 그러면서도 선후와 본말을 갖추어 마땅하게 처리할 수 있겠는가 함은 매우 중요한 문제라 하겠다. 그리고 여기에 이러한 분석과 종합을 아울러 볼 수 있는 '리기지묘' 로서의 율곡 철학의 특색이 있다 할 것이다.[132)]

율곡은 『성학집요』에서 리와 기가 하나의 것인가 두 개의 것인가를 묻는 말에, 태극과 음양, 리와 기는 하나이면서 둘이요[一而二] 둘이면서 하나라[二而一]는 입장을 대략 다음과 같은 요령으로 집약하고 있다.

"전훈(前訓)을 고찰하면 리기는 하나이면서 둘이요, 둘이면서 하나이다. 리기는 혼연하게 사이가 없어서 원래 떨어지지 않으니 이물(二物)이라고 할 수 없다. 그러므로 정자는 '기가 그대로 도[器卽道]' 이고, '도가 그대로 기[道卽器]' 라고 하였다. 비록 서로 떨어지지 않지만, 혼연한 가운데 실로 섞이지 않으니 일물(一物)이라고 할 수 없다. 그러므로 주자는 '리는 스스로 리요, 기는 스스로 기' 라고 한 것이다. 이 두 설을 합하여 완색(玩索)하면 '리기지묘' 를 거의 볼 수

131) 『花潭集』 권3, 附錄 1, 年譜 · 7年 乙亥: "五月 朝臣請加贈先生職. 上曰敬德所著書, 多論氣數, 而不及於修身之事, 無乃是氣數之學耶? 且其工夫, 多有可疑處. 副提學李珥啓, 敬德工夫, 固非初學所可法, 其學出於橫渠, 其所著書, 若謂之脗合聖賢之旨, 則臣不知也. 但世之所謂學者, 只倣先儒之說以爲言, 而心中無所得, 敬德則深思遠詣, 多有自得之妙, 實非言語文字之學也."

132) 『栗谷全書』 권10, 「答成浩原」: "夫理者, 氣之主宰也. 氣者, 理之所乘也. 非理則氣無所根柢, 非氣則理無所依著. 旣非二物, 又非一物. 非一物, 故一而二; 非二物, 故二而一也. 非一物者, 何謂也? 理氣雖相離不得, 而妙合之中, 理自理氣自氣, 不相挾雜, 故非一物也. 非二物者, 何謂也? 雖曰理自理氣自氣, 而渾淪無閒, 無先後無離合, 不見其爲二物, 故非二物也. 是故動靜無端, 陰陽無始. 理無始, 故氣亦無始也. … 程子曰, 器亦道, 道亦器, 此言理氣之不能相離, 而見者遂以理氣爲一物. 朱子曰, 理氣決是二物, 此言理氣之不相挾雜, 而見者遂以理氣爲有先後. 近來所謂性先動心先動之說, 固不足道矣. 至如羅整菴, 以高明超卓之見, 亦微有理氣一物之病, 退溪之精詳謹密, 近代所無, 而理發氣隨之說, 亦微有理氣先後之病."

있을 것이다.

그 대강을 말하면 리는 무형하고 기는 유형하다. 그러므로 리는 관통하고 기는 국한된다. 리는 무위하고 기는 유위하다. 그러므로 기는 발(發)하고 리는 승(乘)한다. 무형무위(無形無爲)하면서 유형유위(有形有爲)한 것의 주(主)인 것은 리요, 유형유위하면서 무형무위한 것의 기(器)인 것은 기(氣)이다."[133]

리통기국(理通氣局)과 기발리승일도설(氣發理乘一途說)은 보편적 원리와 특수한 사실을 상호 관련 하에 파악한 것이라 할 수 있다. 율곡은 '계선성성의 리(繼善成性之理)는 사물마다 있지 않음이 없다.' 라고 하였는데, 여기서 리는 한갓 기에 떨어져 있는 것이 아니요, 사사물물을 관통하고 있음을 뜻한다고 할 수 있다. 또한 "무릇 본연이란 리의 하나요, 유행이란 나뉘어 달라진 것이다. 유행하는 리를 버리고 따로 본연의 리를 구하는 것은 참으로 불가하지만, 만약 리에 선악이 있는 것으로 리의 본연을 삼는다면 또한 불가하다."[134]라 하여 본연지리(本然之理)는 스스로의 보편성을 가지는 것이지만, 변화하는 사실과 관련되는 유행지리(流行之理)를 떠나서 구할 수는 없는 것이라고 보았던 것이다. 이처럼 율곡에 있어서는 보편적 원리가 사사물물의 개별적 사실을 관통하고 있으며, 또한 구체적인 변화의 상(相)을 떠나서는 추구할 수 없는 것이라 할 때 이것은 성리와 실사가 혼융무간한 관계에서 파악되고 있다 할 것이다.

---

133) 『栗谷全書』 권20, 「聖學輯要」2, 修己 第2上: "有問於臣者曰, 理氣是一物, 是二物? 臣答曰, 考諸前訓, 則一而二, 二而一者也. 理氣渾然無間, 元不相離, 不可指爲二物, 故程子曰, 器亦道, 道亦器. 雖不相離而渾然之中, 實不相雜, 不可指爲一物, 故朱子曰, 理自理, 氣自氣, 不相挾雜. 合二說而玩索, 則理氣之妙, 庶乎見之矣. 論其大概, 則理無形而氣有形, 故理通而氣局. 理無爲而氣有爲, 故氣發而理乘. 無形無爲, 而爲有形有爲之主者, 理也; 有形有爲, 而爲無形無爲之器者, 氣也."

134) 『栗谷全書』 권9, 「答成浩原」: "夫本然者, 理之一也 ; 流行者 分之殊也. 捨流行之理, 而別求本然之理, 固不可. 若以理之有善惡者, 爲理之本然則亦不可."

그리하여 율곡은 성리를 설함이 개인의 지적 만족을 충족시킴에 있는 것이 아니라, 실질적인 행동을 바르게 함에 필요불가결한 요소로 보았던 것이다. 그는 "행동을 바르게 하고자 하는 자는 반드시 성리(性理)를 정밀하게 연구하는데, 성리를 정밀하게 연구함은 행동을 바르게 하기 위하여 하는 것이다. 그런데 도리어 행동은 불문에 부쳐놓는 것은 무슨 까닭이냐?"[135]고 묻는다. 인간이 행동함에 올바른 준칙과 근거를 갖기 위하여 성리학이 필요하다는 것이며, 성리학은 단순한 사변적 관상철학(觀想哲學)으로 간주할 수 없다는 것이다. 따라서 성리학 이론을 전개하는 율곡에 있어서 항상 논위(論謂)되는 것은 시무(時務)를 알아서 옳게 처리하여야 한다는 것이니, 그는 언제나 실공(實功)과 실효(實效)를 강조하였다.

율곡은 34세 때 지은 『동호문답』에서도 ① 격치지실(格致之實)로부터 ② 성의지실(誠意之實), ③ 정심지실(正心之實), ④ 수신지실(修身之實), ⑤ 효친지실(孝親之實), ⑥ 치가지실(治家之實), ⑦ 용현지실(用賢之實), ⑧ 거간지실(去姦之實), ⑨ 보민지실(保民之實), 그리고 ⑩ 무민지실(務民之實)에 이르기까지 10개 조목으로 나누어 설명하였다. 39세 때의 「만언봉사」에서도 당시에 실(實)이 없음을 지적하여, ① 상하무교부지실(上下無交孚之實), ② 신린무임사지실(臣隣無任事之實), ③ 경연무성취지실(經筵無成就之實), ④초현무성취지실(招賢無成就之實), ⑤ 우재무응천지실(遇災無應天之實), ⑥ 군책무구민지실(羣策無救民之實), ⑦ 인심무향선지실(人心無向善之實)과 같이 7개의 '실'을 들고, 수기안민의 방법으로 9개의 조목으로 나누어 설명하였다. 그 내용을 대략 살펴보면, 항시 위로부터 성심(誠心)을 가지고 바르게 하여 기강을 바로잡고 실효를 거두며, 시의에 맞도록 폐법을 개혁하며, 사화로 화를 입은 선비들의 원(寃)을 풀어주고, 위훈(僞勳)을 삭탈함으

135) 『栗谷全書』 권20, 「聖學輯要」2(栗谷 自說을 論說하면서 慈溪黃氏의 말을 인용한 것임).

로써 정의를 밝히며, 붕당의 폐를 씻어서 보합대화(保合大和)할 것 등 구체적 사항을 논의하였다. 그렇게 함으로써 국기를 튼튼히 하고 국맥을 바로잡을 수 있다고 본 것이다.

그러므로 실공과 실사를 떠나 공론(空論)과 형식에 종사해서는 치효가 이루어질 수 없다는 것이다. 율곡은 그의 「만언봉사」에서

"정치는 시세(時勢)를 아는 것이 중하고, 일에는 '실(實)' 을 힘쓰는 것이 긴요하다. 정치를 하면서 시의(時宜)를 알지 못하고 일에 당하여 실공(實功)에 힘쓰지 않는다면 비록 성현이 서로 만난다 하더라도 치효를 이룰 수 없을 것이다."[136]

고 하였다. 또한 「경연일기」를 보면, 당시의 폐단을 혁신하고자 경제사(經濟司)의 창설을 주장하면서 "비록 공자와 맹자가 좌우에 계시다 하더라도 실지로 일을 행함이 없다면 무슨 유익함이 있겠는가?" 라 하였다.

율곡은 앞서 논한 바와 같이 16세기 후반의 조선사회를 경장기(更張期)로 파악하였다. 율곡은 리통기국과 기발리승을 말하였으며, 당시의 조선은 창업(創業)·수성(守成)으로부터 이미 상황과 국면이 달라져서 경장기에 들어섰다고 보았던 것이다. 상황이란 지역과 시대에 따라 바뀌게 마련이다. 제도와 형식은 시공의 차이와 변화에 따라 바뀔 수 있다. 그러나 인간의 본성은 동서와 고금을 통하여 동일하다. 그러나 초역사적 진리란 또한 실제적인 상황의 변동에 따라 알맞게 나타나고 실현되어야 한다. 진리의 보편성만을 본다면 현실을 떠난 막연한 관념이 될 것이며, 특수한 상황만으로는 상대주의에 떨어지고 말 것이다. 그러므로 '리통기국' 과 '기발리승' 은 존재

---

136) 『栗谷全書』 권5, 「萬言封事」: "政貴知時, 事要務實, 爲政而不知時宜, 當事而不務實功, 雖聖賢相遇, 治效不成矣."

와 역사의 만남을 뜻하는 것이기도 하다.

여기서 종교·철학적인 이념과 사회·경제적인 현실이 분리될 수 없는 관계에서 파악되고 있으며, 의리와 실리가 높은 차원에서 지양됨을 볼 수 있다. 율곡은 다음과 같이 기록하였다.

> "도(道)에 있어서 병립할 수 없는 것은 옳음[是]과 그름[非]이며, 사(事)에 있어서 함께 할 수 없는 것은 이익[利]과 손해[害]이다. 한갓 이해가 급하다 하여 시비의 소재를 돌아보지 않는다면 일을 제정하는 의리에 어긋나며, 또한 시비를 생각하여 이해의 소재를 살피지 않는다면 변화에 대응하는 권도에 어긋난다. … 권(權)에는 정해진 규칙이 없나니 중(中)을 얻음이 귀하고, 의(義)에는 일정한 법제가 없나니 의(宜)에 합함이 귀하다. '중'을 얻고 '의'에 합한다면, 옳음과 이익이 그 가운데 있을 것이다. 진실로 국가를 편안하게 하고 민중에게 이로우면 다 행할 수 있는 일이요, 나라를 편안케 하지 못하고 민중을 보호하지 못하는 것이라면 다 해서는 안 되는 일이다."[137]

이처럼 옳음과 그름을 가르는 규범의 문제와 이로움과 해로움의 관계를 따지는 현실문제가 '득중(得中)', '합의(合宜)' 함으로써 보국과 안민이라는 차원에 있어서 '시(是)'와 '이(利)'의 조화라는 하나의 사실로서 지양됨을 볼 수 있다.

율곡에 있어서 처음부터 학문이란 일상에서 일을 처리함에서 하나하나가 이치에 합하는 것을 의미하였다. 그러므로 창업기의 일과 수성기의 일이

---

137) 『栗谷全書』 拾遺 권5, 雜著2, 「時務七條策」: "道之不可竝者, 是與非也; 事之不可俱者, 利與害也. 徒以利害爲急, 而不顧是非之所在, 則乖於制事之義; 徒以是非爲意, 而不究利害之所在, 則乖於應變之權. 然而權無定規, 得中爲貴; 義無常制, 合宜爲貴. 得中而合宜, 則是與利, 在其中矣. 苟可以便於國, 利於民, 則皆可爲之事也; 苟不能安其國保其民, 則皆不可爲之事也."

스스로 다른 것이며, 또한 평상시와 비상시가 구별되는 것이다. 율곡은 정자의 이른바 치도에는 '종본이언(從本而言)' 의 경우와 '종사이언(從事而言)' 의 경우의 양면이 있음을 지적하였다. '종본이언' 이란 인격적 각성을 통하여 원칙에 좇아 행함이니 이것은 평상시의 경우이다. 그러나 '종사이언' 이란 인격적 문제라기보다는 객관적 사실로부터의 접근방식인 것이다. 즉 상황의 변동에 대응하여 제도의 모순을 개혁함으로부터 시작되는데, 그 변혁의 규모가 클수록 유익한 것이라고 하였다.[138] 그리고 이와 같은 율곡의 입장은 당시를 국가적인 위기로 인식하고 경장을 시도하였던 그의 주장과 시책 속에 잘 반영되어 있다.

상술한 바와 같이 율곡의 성리사상은 성리와 실사, 의리와 공리, 인간과 사회, 이념과 현실, 사실과 원리 등 형이상하와 내외본말을 갖춘 탁월한 철학사상이었다. 이는 당시뿐만 아니라 후세의 성리학, 의리학 그리고 실학사상 형성에 깊은 영향을 주었다. 오늘날에도 유심(唯心)과 유물(唯物), 주체와 상황, 이상과 현실의 괴리로부터 양자의 조화와 발전을 도모함에 새로운 빛과 방향을 던져 주는 바라 하겠다.

3. 栗谷의 歷史批判과 政治理念

(一)

율곡은 역사를 통하여 인류가 성취하려는 보편적 의지에 대한 자신의 관점과 관련하여 인류의 진화과정에 성립하는 통치의 원리와 근거에 대하여

138) 『栗谷全書』 권25, 「聖學輯要」7, 更張之道: "治道, 亦有從本而言, 亦有從事而言. 從本而言, 惟從格君心之非, 正心以正朝廷, 正朝廷以正百官. 若從事而言, 不救則已, 若須救之, 則須變; 大變則大益, 小變則小益."

논급하였다. 그리고 중국과 한국에 있어서 역사의 흐름을 도통(道統)이라는 측면에서 통관(通觀)하고, 다시 자신이 살고 있는 정치적 사회적 현실 속에 그 정통적 정신을 실행코자 하였다.

첫째, 율곡은 국가의 기능과 그 통치권을 그 자체로서 실체성을 갖는 것이 아니라 인류가 진화함에 따라 자연발생적인 요구에 의하여 성립되는 것으로 보았다. 즉 원시시대에 '인문(人文)' 이 미비한 때에는 사람들이 떼 지어 살면서 '주(主)' 가 없었다는 것이다. 그러나 원시적인 소박상태가 끝나고 인간관계가 복잡해짐에 따라 분쟁의 판단과 난문(難問)의 해결을 위하여 지도자를 요구하게 되는 것은 자연의 이세(理勢)라는 것이다. 군주란 민중[億兆之衆]이 자신의 문제를 해결하고자 그중 뛰어난 인물을 지도자로 받들어 군주를 삼은 것이다. 그러므로 민심의 향하는 바는 곧 천명의 돌보심[所眷]을 뜻하는 것이라 한다. 군주란 민중에 의하여 부득불 군사(君師)의 책(責)이 맡겨진 자이다.[139]

그러므로 '군사(君師)' 의 소임은 민중의 의식주를 마련하여 생을 즐기면서 업을 편안히 하게 하는 일과 교화(敎化)할 수 있는 기구를 마련하여 윤리를 바르게 하고 질서를 세우는 일이며, 나아가 인정(人情)과 시무(時務)를 알아서 손익(損益)함으로써 공평한 사회를 이루어 마침내 '대동(大同)' 에 도달케 하는 것이라 하였다. 성인이 "하늘을 이어 인극을 세워서 일세를 잘 다스린다[繼天立極 陶甄一世]" 함은 이러한 일에 불과한 것이며, '도통(道統)' 이란 말은 바로 여기서 성립되는 것이다. 그러므로 '대군(大君)' 이란 특정한 인물이 되는 것이 아니라, 성인으로부터 성인으로 계승되어 이른바 '천지의 상경(常經 : 不變者)' 과 '고금의 통의(通誼 : 可變者)' 를 다하는 것

139) 『栗谷全書』 권26, 「聖學輯要」8, 聖賢道統 第5: "臣竊謂厥初生民, 風氣肇開, 巢居血食, 生理未具, 被髮裸身. 人文未備, 羣居無主, 齒齧爪攫. 大朴既散, 將生大亂, 於是有聖人者, 首出庶物, 聰明睿智, 克全厥性, 億兆之衆, 自然歸向, 有爭則求決, 有疑則求教, 奉以爲主; 民心所向, 卽天命所眷也. 是聖人者, 自知爲億兆所歸, 不得不以君師之責爲己任."

이라 함이다.[140)]

그러나 후세에 와서 마련되었다고 보는 '전자지법(傳子之法)', 즉 세습제도에도 국가의 기능은 같은 것이어야 한다. 이른바 전자지법이란 성인이 능히 대군(大君)이 되지 못하고 '태통(大統)'이 미정하였을 때에 간웅들에 의한 혼란을 방지하기 위한 방법일 뿐이며, 이 이상의 이유가 없다.[141)] 전자지법의 경우 도통이 반드시 군주에게 있는 것이 아니므로 재하(在下)의 성현을 얻어서 도움을 받음으로써만 도를 잃어버리지 않고 치평(治平)을 이룰 수 있다.[142)] 그러나 도통이 임금과 재상에 있지 못하여 행해지지 않으면 도통이 비로소 항간의 필부에게 돌아가게 된다고 한다. 그러나 결국에는 교화와 풍속이 무너지고 이단과 권사(權詐)가 횡행하여 항간에서조차도 도통이 끊어지게 되면, 이른바 천지가 깊은 밤〔乾坤長夜〕과 같이 깜깜한 암흑시대[長夜寥寥]로 되고 만다는 것이다.

군주는 통치권자이기 이전에 목자(司牧)이며, 이러한 목자가 곧 군사(君師)를 겸하는 것이다. 그러므로 율곡은 '목자로써 기르고[牧以養之], 임금으로써 다스리고[君以治之], 스승으로서 가르친다[師以教之].' 라고 하여 경제와 정치와 교육을 함께 말하였다.[143)] 그리고 정암(靜庵)도 일찍이 '온지(溫

---

140) 위와 같음: "①順天時 因地理, 制爲生養之具, 於是 宮室·衣服·飮食·器用, 以次漸備, 民得所需, 樂生安業. ②慮逸居無教, 近於禽獸, 故因人心 本天理, 制爲教化之具. 於是 父子·君臣·夫婦·長幼·朋友, 各得其道, 天敍天秩, 旣明且行. ③慮時世不同, 制度有宜, 賢愚不一, 矯治有方. 故節人情·度時務, 制爲損益之規. 於是 文質·政令·爵賞·刑罰, 各得其當; 抑其過, 引其不及, 善者興起, 惡者懲治, 終歸於大同. 聖人之繼天立極, 陶甄一世, 不過如此, 而道統之名, 於是乎立. 聖人之能爲大君者, 以其道德能服一世故也, 非有勢力之可借. 故聖人旣沒, 則必有聖人者代莅天下, 隨時變通, 使民不窮, 而其所謂因人心本天理者, 則未嘗少變. 不變者, 天地之常經也. 變通者, 古今之通誼也."

141) 위와 같음: "時世漸降, 風氣不古, 聖人罕作, 不能以聖傳聖, 則大統未定, 反起姦雄之窺覬, 故聖人有憂之, 乃立傳子之法."

142) 위와 같음: "傳子之後, 道統不必在於大君, 而必得在下之賢聖, 贊裁成輔相之道, 以不失斯道之傳焉."

之)·선지(善之)' [144]라 하여 지도자 되는 소이(所以)와 본무(本務)를 밝힌 바 있다.

율곡은 삼대 이후로는 도가 행해지지 않은 것으로 보았으며, 따라서 잘못된 현실에 대한 옹호란 있을 수 없었다. 율곡은 역사비판의 근거를 도의 순정성(醇正性)이라는 정통적 입장에 두었다. 군주라 하여 맹목적인 권위로서 숭앙 되는 것이 아니다. 율곡에 의하면, 군주에는 요(堯)·순(舜)·우(禹)·탕(湯)·문(文)·무(武)와 같은 성군(聖君)도 있으며, 또한 폭군,[145] 용군(庸君),[146] 혼군(昏君)[147]도 있다. 또 신하의 지위에 있으면서 겸선(兼善)하는 자로서는 대신(大臣),[148] 충신(忠臣),[149] 간신(幹臣)[150]이 있고, 벼슬에 나아가지 않고 자신을 지키는 자로서는 천민(天民),[151] 학자(學者),[152] 그리고 은자(隱者)[153]도 있다. 율곡의 안목으로는 이른바 이제삼왕(二帝三王),

---

143) 『栗谷全書』 권25, 「聖學輯要」7, 明教章 第9: "天生斯民, 立之司牧, 司牧實兼君師. 牧以養之, 君以治之, 師以教之, 然後斯民得以安其生, 革其惡, 興其善焉."

144) 『靜庵集』 권2, 「謁聖試策」: "恭惟主上殿下, 以至誠之心, 夙夜不怠; 唐虞之治, 何以而致也; 唐虞之俗, 何以而興也. 民有一有不衣者, 思所以溫之, 一有不善者, 思所以善之, 欲躋東方於泰和之域者, 于今十年于茲矣."

145) 『栗谷全書』 권15, 「東湖問答」 〈論君道〉: "多慾撓其中, 衆感攻于外, 竭民力以自奉, 斥忠言以自聖, 自底滅亡者, 暴君也."

146) 위와 같음: "有求治之志, 無辨姦之明, 所信非賢, 所任非才, 馴致敗亂者, 昏君也."

147) 위와 같음: "懦弱而志不立, 優游而政不振, 因循姑息, 日就衰微者, 庸君也."

148) 『栗谷全書』 권15, 「東湖問答」 〈論臣道〉: "道德在躬, 推己及人, 欲使吾君爲堯舜之君, 吾民爲堯舜之民, 事君行己, 一以正道者, 大臣也."

149) 위와 같음: "惓惓憂國, 不顧其身, 苟可以尊主庇民, 不擇夷險, 盡誠行之, 雖於正道, 少有出入, 而終始以安社稷爲心者, 忠臣也."

150) 위와 같음: "居其位, 思守其職; 受其任, 思效其能, 器雖不足於經國, 才可有爲於一官者, 幹臣也."

151) 위와 같음: "懷不世之寶, 蘊濟時之具, 囂囂樂道, 韞櫝待賈者, 天民也."

152) 위와 같음: "自度學不足, 而求進其學; 自知材不優, 而求達其材, 藏修待時, 不輕自售者, 學者也."

153) 위와 같음: "高潔淸介, 不屑天下之事, 卓然長往, 與世相忘者, 隱者也."

상(商)의 태갑(太甲)과 이윤(伊尹), 그리고 주(周)의 성왕(成王)과 주공(周公)은 덕업을 진수하여 왕도를 이루었으며, 진(晉)의 문공(文公), 한(漢)의 고조(高祖)와 문제(文帝), 그리고 송(宋)의 태조(太祖)는 재지(才智)가 특출하여 패(覇)를 이룬 자이다.[154)]

(二)

율곡에 있어서도 송대 성리학파와 마찬가지로 도통은 복희(伏羲)로부터 시작하여 맹자에게서 일단 그친다. 또한, 도통을 논함에는 지극히 엄정하여 '윤집궐중(允執厥中)' 이나 '건중건극(建中建極)' 의 준극(準極)에서 조금이라도 벗어나는 것이면 인정치 않았다. 먼저 중국의 경우를 보면, 맹자 이후 인물이 없었던 것은 아니지만 정주(程朱)에 이르기까지는 순수무잡한 것으로 보지 않는다. 그러므로 율곡은 논하기를 순경(荀卿)·모장(毛萇)·동중서(董仲舒)·양웅(揚雄)·제갈량(諸葛亮)·왕통(王通) 및 한유(韓愈)는 입언(立言)이나 입사(立事)가 세상의 가르침에 도움이 있었지만, 순경과 양웅은 치우치고 잡박하였으며, 모장은 뚜렷한 공적이 없었으며, 왕통은 식견이 적고 급히 서둘렀으므로 볼만한 것이 적다고 하였다. 오직 동중서의 도의를 바로하고 도리를 밝히는 논의와 제갈량의 유자(儒者)의 기상과 한유의 불로(佛老)를 배척함은 비교적 우월하다고 한다. 그러나 동중서는 재이(災異)의 설에 흘렀고, 제갈량은 법가(法家)의 습속이 있었으며, 한유는 실천하는 학문에 소원하였기 때문에 순수한 유자(儒者)라고 할 수는 없다고 한다.[155)]

---

154) 위와 같음, 〈論君道〉 참조.

155) 『栗谷全書』 권26, 「聖學輯要」8, 聖賢道統 5: "荀卿, 毛萇, 董仲舒, 楊雄, 諸葛亮, 王通, 韓愈之徒, 立言立事, 有補於世敎, 而荀揚皆偏駁, 毛萇無顯功, 王通見小而欲速, 皆少可觀. 惟仲舒有正誼明道之論; 諸葛亮有儒者氣象; 韓愈排斥佛老, 視諸子爲優. 但仲舒流於災異之說, 亮近於申韓之習, 愈疏於踐履之學, 此所以不能接孟氏之統也."

그러므로 도통은 맹자로부터 주염계 · 정명도 · 정이천 · 장횡거로 연결되어 주자에게서 다시 끊어진 것으로 보았다.[156)]

그리고 동방에는 문헌의 부족으로 알기 어려우나, 기자(箕子)의 정전법(井田法)과 팔조교(八條敎)는 필시 왕도에서 나왔을 것이라 하였다.[157)] 그 후 삼국정립으로부터 고려의 통일은 지력(智力)으로써 서로 이긴 것일 뿐이며, 다만 여말에 정몽주는 유자의 기상이 다소 있었으나 '충신' 에 머물렀다고 보았다.[158)]

조선조에 들어와서 세종은 일찍이 없던 성인으로서 유교를 숭상하고 도를 중히 여겨 인재를 기르며, 예와 악을 제작하여 후세에 본을 보였으니 동방의 다스림이 이때에 성하였다고 한다. 그리고 이 나라 만세의 조(祚)가 세종에게서 비로소 터가 잡혔으며 그 유택(遺澤)이 후세에까지 남았다고 한다. 그러나 세종 대에도 위에는 요순과 같은 임금이 있었으나, 아래로는 직 · 설(稷契)과 같은 신하가 없었으므로 어느 누구도 선왕의 도로써 성주(聖主)를 보필하지 못하였다고 한다. 그러므로 백성은 비록 부유하고 많아졌으나 세상의 도는 상(商)이나 주(周)에 부끄럽게 되었다고 한다.[159)] 그 뒤 성종은 유위(有爲)의 뜻이 있었으나, 대신이 용렬하고 아는 것이 없으며 놀이나 즐기며 방자하여 치화(治化)의 융성을 볼 수 없었다고 하고, 그 유풍과 유속은 뒤에까지 폐해가 되었다고 하였다.[160)] 그 뒤 기묘 연간에는 조광조

---

156) 위와 같음: "朱子之後, 得道統正脈者, 無可的之人."

157) 위와 같음, 「東湖問答」 〈論東方道學不行〉: "文獻不足, 無可攷者, 但想箕子之君于吾東也, 井田之制, 八條之敎, 必粹然一出於王道矣."

158) 위와 같음: "三國鼎峙, 高麗統一, 考其事業, 則專以智力相勝, 夫孰知道學之爲可尙耶? … 麗末, 鄭夢周稍有儒者氣象, 亦未能成就其學, 迹其行事, 不過爲忠臣而已."

159) 위와 같음, 〈論我朝古道不復〉: "世宗之聖, 前朝所無有也. 嘉靖邦家, 雨暘時若, 崇儒重道, 養育人材, 制禮作樂, 垂裕後昆, 吾東之治, 於斯爲盛, 克至今日, 遺澤未泯, 我國萬祀之祚, 肇基於世宗矣. 獨恨夫上有堯舜之君, 下無稷契之臣, 如許稠 · 黃喜, 皆流俗中梢秀者耳. 無一人明先王之道, 以輔聖主, 斯民僅止於富庶, 世道終愧於商周, 志士興嘆, 始於此矣."

가 성리학으로 세도를 만회코자 하여 태평의 업적을 단시일에 볼 수 있을 것으로 기대하였다. 그러나 정암의 출사(出仕)가 너무 이르고 치용(致用)의 학이 아직 이루어지지 못하였으며, 함께 일을 도모하는 이가 충현(忠賢)이 많았으나 또한 명리를 좋아하는 선비가 섞이지 않을 수 없었다. 그러므로 논의가 너무 예리하고 작사(作事)에 순서가 없었으며, 임금의 마음을 바로 하는 것을 근본으로 하지 않고 형식을 먼저 하는 사이에 기묘사화가 일어나서 일망타진되고 말았다 한다.[161] 그 후 을사사화를 거쳐 명종 말년부터 사림이 다시 진출하였으나 적극적인 설시(設施)가 없는 형편이라는 것이다. 그리고 을사사화는 나라를 멸망케 할 수 있는 것이었는데, 왕업이 계속될 수 있었음은 조종(祖宗)의 적덕(積德)한 여경(餘慶)이라고 하였다.[162]

이상에서 도통이 성립되는 근본 이유와 중국과 한국의 역사를 통하여 그것이 어느 정도로 행하여질 수 있었는가에 대한 율곡의 견해를 개괄적으로 살펴보았다. 과연 율곡은 "고요히 수천 년이 다만 오랜 밤이었을 따름이다[寥寥數千載, 只是長夜而已]."[163]라 하고, 또 "오늘 국가의 형세는 기절한 사람이 겨우 소생하는 것과도 같다[當今國家之勢 譬如氣絶之人 僅得蘇醒]."[164]고 하여 역사적으로나 현실적으로나 실제로 행도(行道)가 얼마나 어려운 일이었는가를 확실히 인식하고 있었다.

---

160) 위와 같음.

161) 위와 같음: "中宗承燕山殘虐之餘, 勵精圖治, 側席求賢. 己卯年間, 有若趙光祖, 以性理之學, 被眷遇之重. 愛君如父, 忘身徇國, 旁招俊乂, 開廣聰明, 慨然有挽回世道, 追蹤三五之志, 儒林聳動, 黎庶顒望, 以爲咸熙之績, 比屋之封, 指日可見. 獨惜夫光祖之出也太早, 致用之學, 尙未大成, 共事之人, 固多忠賢, 而好名之士, 未免雜進, 論議太銳, 作事無漸, 不以格君爲本, 徒以文具爲先, 不知姦邪切齒, 設機伺隙, 神武之門夜開, 而羣賢皆落于一網矣."

162) 위와 같음.

163) 위와 같음, 〈論君臣相得之難〉.

164) 위와 같음, 〈論我朝古道不復〉.

그러나 율곡은 다시 "때는 고금이 없고, 도는 고원(高遠)한 것이 아니다."[165] 라 하여 "일상의 사이와 동정의 즈음에 사리를 정밀히 살펴 중(中)을 얻을 것"을 강조하였다. 이른바 고도(古道)란 과거의 추상(追想)이 아니라, 그 시대와 인간 속에 들어 있는 것이다. 즉 수기와 치인의 실질적 행위를 다하는 자가 전도자이다.[166] 그러므로 율곡은 "인의를 몸소 행함은 천덕(天德)이요 생민을 가르쳐 기름은 왕도(王道)이다."라고 하였다. 바꿔 말하면 "내 마음이 정대무사(正大無邪)함은 천덕이 되고, 처사함이 알맞으며 인심에 순(順)하면 왕도가 된다."[167]고 할 것이다.

그러므로 시운(時運)이란 특정한 기회가 있는 것이 아니요, 재상자(在上者)가 만들 수 있는 것으로서 유속(流俗)을 좇을 것이 아니라 결연히 고도를 시행할 것을 주장하였다.[168]

(三)

율곡은 "군주는 국가에 의존하며, 국가는 민중에 의존하니, 왕자(王者)는 민중을 하늘로 삼고, 민중은 먹는 것을 하늘로 삼는다."[169]라고 하여 민중을 위정의 초점으로 간주한다. 그러므로 성왕(聖王)은 "생각 생각이 오직 백성에게 있다."[170]고 하고, 또한 백성을 편안하게 한다는 안민(安民) 곧 인정(仁政)을 위정의 제일의(第一義)로 한다.

율곡은 안민의 도로서 ① 박세렴(薄稅斂), ② 경요역(輕徭役), ③ 신형벌

165) 위와 같음, 「聖學輯要」7, 爲政功效章 第10 참조.

166) 위와 같음, 明敎章 第9: "此皆根於天性, 發爲懿德, 本非難行者也." 또한 程子의 말로서 "堯舜知他數千年, 其心至今在"라 함이 있다(『性理大全』 권59, 歷代1).

167) 위와 같음, 爲政功效章 第10 참조.

168) 『栗谷全書』 권18, 「靜庵趙先生墓誌銘」: "時者在上者所造也. 只是無人, 豈云無時."

169) 위와 같음, 「聖學輯要」7, 安民章 第8 참조.

170) 위와 같음.

(愼刑罰)을 들었다.[171] 이는 민중에게 가장 절실한 문제였다. 그러나 이것을 성취하기 위해서는 먼저 ① 의리변별(義利辨別), ② 절용생재(節用生財), ③ 제민항산(制民恒産), ④ 수명군정(修明軍政)이 선행되어야 한다고 하였다.[172] 실질적으로 이러한 사항이 모두 긴요한 것이다. 그러나 그 가운데서도 가장 중요한 것은 공의(公義)와 사리(私利)를 구별하는 일이다. 율곡은 오히려 나라의 임금은 사유재산이 있어서는 안 된다고 하였다.

> "천자의 부(富)는 사해(四海)에 저장하며, 제후의 부는 백성에게 저장한다. 창고(倉庫)와 부고(府庫)를 두는 것은 공공의 사물을 (저장하기) 위함이니, 사사로이 축적해서는 안 된다. 임금이 사저를 둔다면 이는 이익을 취함이다. 이원(利源)이 한번 열리면 군하(羣下)가 다투어 추구할 것이니 어느 지경인들 이르지 못하겠는가? 그러므로 내탕고(內帑庫)와 내수사(內需司)를 호조에 부속시켜 국가의 공비로 삼고, 사재로 삼지 말아야 할 것이다. 그리하여 신민으로 하여금 임금이 터럭만큼도 이익을 취하지 않는 마음을 알게 한 다음에야 오습(汚習)을 씻고, 사방을 홍기(興起)시켜서 지치(至治)를 이룰 수 있다."[173]

율곡은 양민(養民)과 안민(安民) 없이 교화(敎化)는 불가능하다고 하여 향약의 전국적인 실시를 중지케 한 일이 있다.[174] 그러나 구체적인 사업을 설시하기에 앞서서 사람들이 안심하고 일할 수 있는 신뢰의 기반을 이룩하여야 한다. 그리하여 율곡은 기강의 중요성을 강조하였다. 율곡에 의하면 기강은 국가의 원기이다. 기강의 쇄신 없이는 모든 일이 무너져 내리는 것이니, 마치 원기 없는 사람의 백해(百骸)가 풀어짐과 같다는 것이다. 기강은

---

171) 위와 같음: "薄稅斂, 輕徭役, 愼刑罰三者, 安民之大要也."

172) 위와 같음: "必待辨別義利, 節用生財, 制民恒產, 修明軍政, 然後備盡安民之道."

173) 위와 같음.

174) 『栗谷全書』 권29, 「經筵日記」 2 참조.

'올바른 행위가 집적됨으로써 생기는[集義所生]' 하는 호연지기와 같아서 한 수령의 올바름이나 한 가지 일의 합의(合宜)에 의하여 그 효험을 볼 수 없다. 그러므로 임금의 뜻이 먼저 바르게 되어 발호(發號)와 거사(擧事)가 모두 지극히 공정한 도에서 나옴으로써 백료(百僚)가 봉직할 수 있은 다음이라야만 행정의 체제가 갖추어질 수 있고 생민에게 혜택이 입혀질 수 있는 것이라 하였다.[175]

위정에 있어서 국시(國是)와 정명(正名)이 먼저 정해져야 하는 까닭이 여기에 있는 것이다. 그리고 이 때문에 율곡은 모든 시책에 앞서서 을사위훈(乙巳僞勳)의 삭제를 강력하게 주장하였던 것이다.[176]

4. 栗谷思想의 近代的 性格

율곡의 성리학적 철학사상은 매우 논리적이고 정밀하게 연마된 것이었으나, 그것은 한갓 형이상학적인 탐색을 위한 것이 아니라 실제적인 생활과

---

175) 『栗谷全書』, 聖學輯要 7, 立紀綱 第7: "臣按紀綱者, 國家之元氣也. 紀綱不立, 則萬事頹墮. 元氣未固, 則百骸解弛. 今之議者, 開口便說紀綱之當立, 而未聞有領其要者也. 夫爲政而能立紀綱, 如學者集義以生浩然之氣也, 豈由一令之得正, 一事之合宜, 而遽見其效哉? 夫上無必治之志, 下懷持祿之心, 見善而不能擧, 見惡而不能退, 有功者不必賞, 有罪者不必刑, 道學廢絶, 敎化陵夷, 風俗靡然, 惟勢利是趨, 而徒以口舌切切, 然稱道紀綱之當立, 則是何異痼病之人, 口說良藥, 而實不下咽者哉? 必也君志先定, 典學誠身, 發號擧事, 莫不粹然一出於大公至正之道, 使羣下咸得仰睹君心, 如靑天白日, 觀感興起, 然後尊賢使能, 黜?去邪, 考績核實, 信賞必罰, 施爲注措, 無不順天理合人心, 大服一世, 則紀綱振肅, 令行禁止, 天下之事, 將無往而不如意矣. 此二帝三王所以悅服人心, 維持世道, 傳數百年, 而鞏固不解者也. 今日之法不行, 治不成者, 皆由紀綱之不立也. 伏望殿下振起焉."

176) 『栗谷全書』 권4, 疏箚 2 참조. 栗谷의 乙巳僞勳削除를 極論한 것으로 "玉堂論乙巳僞勳箚"를 비롯하여 七箚十六箚가 실려있다. 또한 「東湖問答」의 마지막에 "論正名爲治道之本" 참조.

행동을 바르게 함이다고 그 스스로 밝힌 바 있다.[177] 또한 성호의 말과 같이 율곡은 반계(磻溪 柳馨遠)와 더불어 국초 이래로 '힘쓸 것을 인식' 하였던 두 사람으로 일컬어졌으며,[178] 시대적 과제를 통찰하여 마땅히 행할 바의 방법과 그 원리를 아울러 제시한 인물이었다. 16세기는 동양사회는 물론이요 서양에 있어서도 아직 중세기적인 전통과 질서 속에서 벗어나지 못한 시대였다. 그러나 율곡의 경우에는 유별하게도 당시에 매우 진보적인 사상을 갖추었을 뿐 아니라 현대적으로도 매우 중요한 시사를 얻을 수 있는 이론을 구비하고 있음을 볼 수 있다.

서양에 있어서는 근세 이래 문예부흥, 종교개혁, 프랑스 혁명 그리고 산업혁명을 통하여 거듭된 변동을 겪어오는 동안 오늘과 같은 근대사회를 형성하였다. 한편, 서구열강은 정치적, 군사적, 외교적으로 패권을 장악하였고 문화적으로도 세계적인 규모에 영향을 주었다. 이와는 대조적으로 동양사회에 있어서는 대체로 서세동점(西勢東漸)에 따른 충격으로 말미암아 이른바 근대적인 각성을 일으키게 되었다 할 것이다. 실로 중세기 이전과 근세 또는 근대 사이에는 사회체제, 경제양상, 그리고 가치관에서 현격한 차이를 보인다 하겠으며, 이는 곧 인류사상 일대 전환을 뜻하는 것이라 하겠다.

이제 율곡의 입장을 고찰하기에 앞서, 특히 오늘날 동서양을 막론하고 인류의 생활과 의식에 깊은 영향을 주고 있는 근대적 가치관 또는 특성이 중세기적인 것과 어떻게 다른 것인가 하는 점과 그리고 그것이 가지는 한계와 새로이 지향되어야 할 방향에 대하여 간략히 논의한 다음, 인권과 평등 기타 근대정신과 관련된다고 간주되는 점을 율곡의 시책과 이론 속에서 고찰해 보고자 한다.

대체로 중세기적 가치관의 특성은 물질과 정신을 엄격히 구별하여 이성

177) 柳承國, 栗谷哲學의 根本精神, IV. 栗谷哲學의 社會的 具現 참조.

178)『星湖僿說』, 治道門: "國初以來, 識務, 惟李栗谷 · 柳磻溪 二公而已."

과 영혼에 절대적 우위를 두고, 육신에 속한 것은 무시하거나 저속한 것으로 보았으며, 금욕주의적 경향을 띠고 있었다. 즉 정신적 내면세계의 심화를 극(極)하였으며, 감성적 욕망이나 물질적 가치에 대한 관념을 극소화하였다.

그러나 이렇듯 초인간적인 신성성의 추구와 관상적인 정복(靜福)을 주 가치로 하는 중세기적 특성은 르네상스를 계기로 하여 휴머니즘으로 바뀌어 갔으며, 신본주의(神本主義)로부터 인본주의(人本主義)로 방향을 전환하게 되었다. 그리하여 정신적 성스러움보다는 신체적인 미(美)를 추구하고, 관념적인 도덕보다는 객관적인 사실의 탐구에 치중하였으며, 맹목적인 금욕주의 굴레를 벗고 신체적인 욕구를 긍정하는 방향으로 나아갔다.

그리하여 후기에는 칸트의 심정주의 윤리설도 있는 것이지만, 또한 흔히 보편적 쾌락주의라고 일컬어지는 공리주의사상으로 전개되었으며, 오히려 이것이 근대적 사고의 기반을 이루는 것으로 생각되는 것이다. 더구나 오늘날 산업사회에 있어서는 더욱 그 의의가 크다고 할 수 있다.

이처럼 순수한 정신적 가치를 추구하는 중세기적 성격과 이익 추구와 욕구 충족을 기본으로 하는 근대적 성격으로서의 양면을 볼 수 있거니와, 오늘날 산업사회에서 인간은 어떻게 자신의 이익과 욕구를 추구하되 자신의 존엄성과 순수성을 능히 보유하여 주체성을 지키며 인간소외 현상을 일으키지 않을 수 있겠는가 하는 것은 매우 중요한 문제라 하겠다.

전절(前節)에서 고찰한 바와 같이 율곡에 있어서는 "리기지묘(理氣之妙)"를 말하여 이념적 정신적 측면과 현실적 물질적 측면, 또는 의리와 공리(功利)가 괴리하지 않고 보다 높은 차원에 있어서 조화됨을 볼 수 있었으며, 율곡에 있어서 이는 또한 인성론적 기초위에서 이론화됨을 볼 수 있었다.

율곡도 "인심과 도심"을 논함에 역시 인심이란 신체성과 관련한 것, 그리고 도심은 인간의 본성과 관련한 것으로 양자는 분명히 구별된다. 그러나 율곡에 있어서는 도심도 심이고 인심도 심으로서 마음임에는 하나이다. 하나인 마음이 어느 것과 관련하여 나타나는 것인가에 따라 도심 또는 인심이라고 일컬을 뿐이다. 그러므로 율곡은 다음과 같이 기록하였다.

> "성(性)의 조목은 다섯이 있으니, 인 · 의 · 예 · 지 · 신이라 한다. 정(情)의 조목은 일곱이 있으니 희 · 노 · 애 · 구 · 애 · 오 · 욕이라 한다. 정이 발함에 도의(道義)를 위하여 발하는 것이 있으니, 어버이에게 효도하고자 하고, 임금에게 충성하려 하며, 어린이가 우물로 들어가는 것을 보고 측은히 여기며, 의가 아님을 보고 수치스럽고 미워하며, 종묘를 지날 때 공경하는 마음과 같은 것이 이것이니, 이런 것을 도심이라고 한다. …… 도심이 비록 기(氣)를 떠나지 않는 것이지만 그 발함에는 도의를 위한다. 그러므로 성명(性命)에 속한다. 인심도 비록 또한 리에 근본 하지만 그 발함에는 구체(口體)를 위한다. 그러므로 형기(形氣)에 속한다. 방촌(方寸) 가운데 당초에 두 마음이 없지만 다만 발하는 곳에 이 두 단서가 있다. 그러므로 도심을 발하는 것은 기이지만 성명(性命)이 아니면 도심이 생하지 않고, 인심에 근원이 되는 것은 리이지만 형기가 아니면 인심이 생하지 않는다. 이것이 혹은 (성명에) 근원하고 혹은 (형기에서) 생겨나서 공사(公私)가 다른 까닭이다." 179)

결국, 인심과 도심은 하나는 "구체(口體)"를 위한 것이고 하나는 "도의(道義)"를 위한 것으로 구별된다. 즉 리발(理發)과 기발(氣發)이라는 두 개의 본질로부터 발생하는 이원적 근원을 갖는 것이 아니라 현존하는 하나의

179) 『栗谷全書』 권14, 「人心道心圖說」: "性之目有五, 曰仁義禮智信 ; 情之目有七, 曰喜怒哀懼愛惡欲. 情之發也, 有爲道義而發者, 如欲孝其親, 欲忠其君, 見孺子入井而惻隱, 見非義而羞惡, 過宗廟而恭敬之類 是也, 此則謂之道心; 有爲口體而發者, 如飢欲食, 寒欲衣, 勞欲休, 精盛思室之類是也, 此則謂之人心. … 道心雖不離乎氣, 而其發也爲道義, 故屬之性命, 人心雖亦本乎理, 而其發也爲口體, 故屬之形氣. 方寸之中 初無二心, 只於發處, 有此二端, 故發道心者, 氣也, 而非性命 則道心不生; 原人心者, 理也, 而非形氣, 則人心不生. 此所以或原或生, 公私之異者也."

마음이 "단지 발하는 곳에 있어서 두 측면이 있을 뿐" 이라는 것이다. 여기에서 도심은 순전히 천리와 관련된 것이므로 순선무악(純善無惡)하지만, 인심은 신체적인 욕구와 관련된 것이므로 과불급(過不及)하여 '인욕(人欲)' 에 흐르기 쉽다. 그러나 인심은 성현이라도 면할 수 없으며 '먹어야 할 때에 먹고[當食而食]' 하고 '입어야 할 때에 입는다면[當衣而衣]' 이는 그대로 천리인 것이다. 다만 인심은 또한 위태한 것[人心惟危]이므로 만약 인간의 욕구를 무제한 방치한다면 그것은 바로 악으로 흐르게 된다. 그러므로 신체적인 욕구는 인간 이성(理性)에 의하여 적절하게 조절되어야 한다고 보는 것이다.[180)]

율곡은 인심이라 하더라도 그것이 알맞게 조절된 상태에는 "인심도 또한 도심이 된다[人心亦爲道心]." 라고 분명히 말한다. 즉 율곡의 관점으로는 인심은 단순히 인욕으로만 관련되는 것이 아니라, 적극적으로 천리의 측면에도 관련되어 있다. 그러므로 율곡은 인심을 단순히 인욕으로 간주하는 태도에 대하여 반대한다. 그러므로 율곡은 진서산(眞西山)이 '천리' 와 '인욕' 을 지극하게 논함은 학자들에게 유익한 것이지마는, 그러나 인심을 인욕으로만 돌려서 한결같이 극치(克治)하라고 하였음은 충분치 못한 논리라고 평한다. 그리고 주자가 일찍이 "비록 상지(上智)라도 인심(人心)이 없을 수 없으니, 성인도 또한 인심이 있는 것이다." 라 한 말을 인용 상기시키고 있다.[181)]

이상에서 본 바와 같은 율곡은 매우 특이한 입장과 견해를 취하고 있는

180) 위와 같음: "道心, 純是天理, 故有善而無惡; 人心, 也有天理, 也有人欲, 故有善有惡. 如當食而食, 當衣而衣, 聖賢所不免, 此則天理也. 因食色之念而流而爲惡者, 此則人欲也. 道心, 只可守之而已, 人心, 易流於人欲, 故雖善亦危. 治心者, 於一念之發, 知其爲道心, 則擴而充之; 知其爲人心, 則精而察之, 必以道心節制, 而人心常聽命於道心, 則人心亦爲道心矣."

181) 위와 같음: "眞西山論天理人欲極分曉, 於學者功夫甚有益. 但以人心專歸之人欲, 一意克治, 則有未盡者. 朱子旣曰, 雖上智不能無人心, 則聖人亦有人心矣, 豈可盡謂之人欲乎?"

데, 그것은 중세기적 전통으로서의 정신적 순수성과 이익을 토대로 하는 근대산업사회의 물질적 세속성을 조화로울 수 있는 원리를 제시한 것이다. 이와 같은 율곡의 견해는 어느 한편으로 치우치는 현대적 모순을 제거하고 진정한 의미에서 양자를 긍정하여 종합 지양함으로써 새로운 세계관과 인간상을 수립하는데 매우 중대한 의의를 지닌다 할 것이다. 이는 단순히 이존설(理尊說)에 머무는 것이 아니며, '리기지묘(理氣之妙)' 를 말하고 "무형이 유형에 있다[無形在有形]" 고 하여 진리와 사실을 하나로 귀일시켜 보는 율곡의 본래적 정신이 일관하게 전개된 것이라 하겠다.

율곡은 근대적 정신에 비추어 볼 때 인도주의에 입각한 매우 탁월한 사상을 갖추고 있었다. 이와 관련하여 율곡이 당시에 제시하였던 이론과 시책을 중심으로 조목별로 고찰해 보기로 한다.

첫째로, 율곡사상 가운데는 인간성의 보편적 존엄성이 강조되고 있다. 성리학에서 인간의 본성은 누구나 동일한 것으로 본다.

율곡에 있어서도 인간은 누구나 성인이 될 수 있는 존재로 뜻을 세워야 하며, 다소라도 움츠리는 생각이 있어서는 안 된다고 하였다. 인간의 본성은 중인(衆人)과 성인(聖人)을 막론하고 모두 동일한 것으로 만선(萬善)이 갖춰져 있는 것이다. 따라서 고금지우(古今智愚)가 다를 바 없이 누구나 자기완성을 도모할 수 있다고 할 것이다. 다만 개개인에 따라 기질의 청탁(淸濁)과 수박(粹駁)이 차이가 있지만 이러한 기질은 고정적인 것이 아니고 변화시킬 수 있다. 또한 이른바 본연지성이란, 율곡에 있어 기질지성을 떠나서 있는 것이 아닌 것이요, 기질변화를 통하여 자기의 본래성을 회복할 수 있고 인간성을 실현케 되는 것으로 본다. 그러므로 오직 입지(立志)하고 분발(奮發)하여 참으로 알고 실제로 실천함만이 문제이다.[182] 이것은 폐쇄적 · 숙명적 인간관이 아니라, 모든 인간을 변화할 수 있는 발전적 존재로 파악하고 이해한 것이라 하겠다.

둘째로, 율곡은 학문함에서 단순히 권위에 얽매이거나 유속에 따르지 않고 자주적인 탐구의 정신을 보여주었다.

율곡은 유가출신이었음에도 19세 때 금강산에 들어가 수도하였으며 다시 하산하여 유학에 전념하였다. 입산(入山) 자체도 자주적 결단이었고, 하산(下山)도 역시 자주적 결단에 의한 것이었다. 당시 유교 사회에서는 생각하기 어려운 일이었다. 학문은 누가 시켜서가 아니요, 자유로운 선택이 바람직하다고 할 것이다. 도를 닦음은 바로 자기 성장을 위한 것이다. 그의 하산 시(詩)에서 읽을 수 있듯이[183] 율곡은 불교에 대한 이해와 자유로운 정신을 볼 수 있다.

율곡은, 그의 「김시습전(金時習傳)」에서 평생 불승(佛僧)의 발자취를 보이고 기인(奇人)의 행색을 하였던 매월당에 대하여도 "유가의 종지를 잃어버리지 않았다."라고 하였으며, 또 "마음은 유(儒)요, 자취는 불(佛)" 이라 하여, 외면적인 평가에 그치지 않고 실질적인 내용의 진수를 밝혀내고자 하였다.[184] 나아가 율곡은 이른바 이단이라고 일컫는 것에 대하여서도 한편으로 주의하는 것이지만, 방심하여 종일 포식하고 아무데도 마음을 쓰지 않는 것보다는 낫다고 보았다. 반드시 불로선육(佛老禪陸)이 이단이 아니라, 선왕지도(先王之道)를 따르지 않고 사사로운 욕망을 좇는 이가 이단이라고 하였다.[185]

---

182) 『栗谷全書』 권27, 「擊蒙要訣」: "初學先須立志, 必以聖人自期, 不可有一毫自小退託之念. 蓋衆人與聖人, 其本性則一也, 雖氣質不能無淸濁粹駁之異, 而苟能眞知實踐, 去其舊染, 而復其性初, 則不增毫末, 而萬善具足矣. 衆人豈可不以聖人自期乎? 故孟子道性善, 而必稱堯舜以實之曰人皆可以爲堯舜, 豈欺我哉? 當常自奮發曰, 人性本善, 無古今智愚之殊, 聖人何故獨爲聖人, 我則何故獨爲衆人耶, 良由志不立, 知不明, 行不篤耳. 志之立, 知之明, 行之篤, 皆在我耳. 豈可他求哉? 顔淵曰, 舜何人也, 予何人也? 有爲者亦若是, 我亦當以顔之希舜爲法."

183) 『栗谷全書』 권1, 「與山人普應下山至豊巖李廣文家宿草堂」: "學道卽無著, 隨緣到處遊. 暫辭靑鶴洞, 來玩白鷗洲. 身世雲千里, 乾坤海一頭. 草堂聊奇宿, 梅月是風流."

184) 『栗谷全書』 권14, 「金時習傳」: "望於道理, 雖少玩索存養之功, 以才智之卓, 有所領解, 橫談竪論, 多不失儒家宗旨. 至如禪道二家, 亦見大意, 深究病源, 而喜作禪語, 發闡玄微, 穎脫無滯礙, 雖老釋名髡, 深於其學者, 莫敢抗其鋒. 其天資拔萃, 以此可驗, 自以聲名早盛, 而一朝逃世, 心儒跡佛, 取怪於時, 乃故作狂易之態, 以掩其實."

율곡은 주자의 학문을 매우 존숭하였다. 그러나 리기호발설에 대한 논의에서 만약 주자가 그와 같은 주장을 하였다면 "주자도 또한 잘못이니 어떻게 주자가 될 수 있겠는가?"라 할 정도로[186] 자기의 학문적 소신에 있어서 자유롭고 확호(確乎)한 태도를 취하였다.

율곡은 학문에 있어서 폭이 넓었으며, 피상적으로 겉만 보고 비판하는 식이 아니었다. 타(他)에 대한 비평에 있어서도 그 중심이 어디 있는가를 보며, 단처(短處)를 지적할지라도 장점을 놓치지 않는다. 그러므로 다른 사람이 간과하거나 비평하는 것에 대하여도 그 근본입장을 파악하여 끌어올린다. 즉 이론적 순수성간을 지키기 위하여 타설이나 이단시되는 것에 대하여는 말도 꺼내지 못하는 학자들과는 기본자세가 다르다. 율곡의 말대로 그는 "범람제가(汎濫諸家)"하였으며 유불도의 전반적인 기본입장을 요해하고, 서로 의견을 달리하는 제설(諸說)의 특징을 간취하여 높은 차원에서 적절한 평가를 내렸다. 생애를 통하여 도를 구하는 정신, 폭넓은 포용과 명철한 판단, 그리고 엄정한 평가를 내리는 율곡의 학문방법은 현대에서도 되살려야 할 중요한 의미를 지닌다 하겠다.

셋째로, 율곡은 민중의 곤고(困苦)를 해결함을 중대한 목표로 하였다. 그러므로 백성의 이로움을 일으키고 해로움을 제거하여 백성을 편안하게 하는 것[夫所謂安民者 興利除害也]을 위정의 일차적인 목표로 삼았다. 그러나 율곡은 이와 같은 안민(安民)의 일을 단순한 정신문제로 간주하지 않고, 제

185) 『栗谷全書』 권13, 「學蔀通辨跋」: "或問中朝之士, 多染陸學, 而我國則未之聞也, 豈我國人心之正勝於中朝乎? 答曰不染陸學, 而專用功於朱學, 能知能踐, 則固勝於中朝矣. 若專攻利欲, 而朱陸之學兩廢, 則其優劣何如哉? 余嘗嘆中朝之士, 猶有所事, 不肯放心, 故或朱或陸, 終不虛老, 邪正雖殊, 猶愈於飽食終日, 無所用心也. 我國之士, 不朱不陸, 專務俗習者, 多矣. 此與傭夫販奴何別? 以此求勝於中朝, 無乃左乎? 異端之言, 豈必佛老禪陸爲然乎? 世之非先王之道, 循一己之欲者, 莫非異端也."

186) 『栗谷全書』 권10, 「答成浩原」: "若朱子眞以爲理氣互有發用, 相對各出, 則是朱子亦誤也, 何以爲朱子乎?"

도와 법규를 실제로 개혁함으로써만 가능하다고 보았다. 그리고 제도와 법규를 개혁함에 있어서는, 이른바 아래를 덜어서 위에 더하는 '손하익상(損下益上)' 의 폐단을 시급히 시정해야 할 것으로 주장하였다.

'손하익상(損下益上)' 이란 앞에서 살폈듯이 『주역』의 손괘(損卦) 단전(彖傳)에 나오는 말이다. 정이천은 「정전(程傳)」에서 이를 "밑에서 덜어서 위로 더 해 주는 것[損於下而益於上]" 으로 풀이하고, 이어서 "위에서 덜어서 아래에 보태면 '익[더함 · 益]' 이 되고, 아래서 덜어서 위에다 더하면 '손[덜어냄 · 損]' 이 되는 것이니, 기본이 되는 것을 덜어서 높은 데다 더함이 어찌 유익한 것이라 하겠는가?" 라 하였다. 그러나 익괘(益卦)는 이와는 반대의 뜻을 지닌다. 즉 익괘 단전에는 "위를 덜어서 아래에 더하니 백성의 기쁨이 한이 없다. 위로부터 아래로 내려오니 그 도가 크게 빛난다[損上益下, 民悅無疆 自上下下 其道大光]." 라 하였다. 이것을 「정전」에서는 "위를 덜어서 아래에 더해줌이니, 백성의 기쁨이 한이 없도다. 위로부터 자기를 낮추어 아래로 내려옴이니, 그 도의 위대함이 크게 빛나도다" 라고 풀이하였다. 이는 민중의 것을 박탈하여 특권층을 살찌게 함을 일삼는 종래의 폐풍을 비판함이며, 오히려 '손하익상(損下益上)' 으로부터 '손상익하(損上益下)' 하는 본래적인 정신으로의 전환을 기도한 것이라 할 수 있다. 이것은 그의 위민사상을 잘 보여주는 것이며, 대중의 경제적 공익성과 사회적 평등을 강력히 주장한 바라 하겠다.

넷째로, 율곡은 교육제도의 합리화를 주장하였다. 율곡은 안민(安民)이 없이 교민(敎民)은 불가능하다고 보았다. 그러나 안민 다음으로 시급한 것은 교화인 것으로, 그 기본 목표는 전문분야의 기능교육 이전에 인간교육을 중심으로 하는 것이었다.

이러한 교육정신을 보편화하려면 교육기관을 중앙과 지방에 걸쳐 국가적인 규모로 제도화하고 조직화해야 한다. 이것은 곧 학교교육의 보편화를 의미한다. 그리고 사도(師道)와 교권을 높일 수 있는 경제적 조건과 사회적 지위를 보장함으로써만 실효를 거둘 수 있다고 하였다. 이와 같은 내용은 율곡의 「동호문답」과 「학교모범」 등의 논문에서 자세히 살펴볼 수 있다.

율곡은 먼저 당시 교육의 퇴폐상을 다음과 같이 지적하였다.

> "오늘날은 훈도(訓導)를 지극히 천한 직책이라 하여 반드시 빈곤하고 자산이 없는 자에게 자리를 주어 기한(飢寒)이나 면하게 하고, 훈도된 자도 또한 한갓 교생(校生)을 침탈하여 자기를 살찌게 할 따름이니, 무릇 누가 교육이 무슨 일을 하는 것인지 알겠는가? 이처럼 하고서 인재를 양성하기를 바란다면 나무에 올라 물고기를 구하는 것과 무엇이 다르겠는가?"[187]

율곡은 이와 같은 교육의 폐단을 시정하기 위하여 먼저 학교기구를 전국적으로 재정비하는 한편, 조야를 막론하고 교원으로서 적합한 인물을 추천하고, 고사(考査) 등의 공식적인 과정을 거쳐 선발해야 한다고 한다. 그리고 자격에 따라 적절한 자리에 배치하고 능력에 따라 승진시키며 또한 벼슬할 수 있는 길을 열어 주어야 한다고 한다. 또한 급료관계도 중앙과 지방에 따라 적합하게 규정된 액수를 지급하여야 한다고 하였다. 그리고 학생들은 사족(士族)이나 빈한(貧寒)한 문벌에 관계없이 누구나 향교에 입학하여 초등교육을 받을 수 있어야 한다고 하였다.

율곡은 기본적으로 인격적 자발적인 교육이념을 중시하여 입지를 특히 강조하면서도, 한편으로는 이렇듯 사무를 규정에 따라 처리하고, 학교기구를 조직하고 제도화할 것을 강조하였다. 즉 인간의 주관적 자의성을 넘어 집단과 조직에서 객관적인 제도와 법규의 중요성을 선견하고 있음을 살필 수 있다.

다섯째로, 율곡은 인권문제와 관련하여 사회적으로 불평등한 조건에 있

---

187) 『栗谷全書』 권15, 「東湖問答」 〈論教人之術〉.

거나, 불우한 계층의 불행을 해소코자 노력하였다.

율곡은 「동호문답」에서 당시 곤고 속에 있던 민중들을 도탄으로부터 구하려면 경장이 시급함을 역설하였으며, 가장 중요한 것으로서는 ① 일족절린의 폐(一族切隣之弊), ② 진상번중의 폐(進上煩重之弊), ③ 공물방납의 폐(貢物防納之弊), ④ 역사불균의 폐(役事不均之弊) 그리고 ⑤ 이서주구의 폐(吏胥誅求之弊)를 들어서 논하였다. 그리고 이것은 민생의 학정에 가장 대표적인 본보기로서, 이것을 개혁하지 않고서는 나라를 다스릴 수 없을 것이라 하였다. 율곡은 말하기를,

> "옛 성왕(聖王)은 한 사람으로서 천하를 다스리기는 하였으나, 천하로써 한 사람을 받들게 하지는 않았다. 비록 진상하는 물건이 일일이 적합한 것일지라도 또한 마땅히 감소시켜 백성의 힘을 덜어주었거늘, 하물며 급하지 않은 물자를 위하여 백성을 해칠 수 있겠는가?"[188]

라 하였다. 이것은 군왕이나 특수한 권력층에 대하여 오직 민중을 위하는 시책을 제시하고 추진하는 운동이라 하겠다. 그리고 이와 같은 악법을 개혁한 다음에 백성을 기르고 재물을 모으며 가르치고 이끄는 도리를 다한다면, 당당한 만승의 나라에서 어찌 국태민안하고 풍속을 크게 변화시키는 실효를 거둘 수 없겠냐고 하였다.[189]

그뿐만 아니라 율곡은 당시에 성행하였던 '선상(選上)' 제도의 개혁을 주장하면서 공노비들의 고통을 덜어줄 것을 역설하였다. 선상이란 서울의 관

---

188) 위와 같음, 〈論安民之術〉: "古之聖王, 以一人治天下, 不以天下奉一人, 雖使進獻之物, 一一皆合上供, 亦當減省, 以舒民力, 況以不急之需, 殘傷百姓耶?"

189) 위와 같음, 〈論安民之術〉: "昔者, 越王句踐, 以五千之卒, 棲于會稽, 可謂至弱矣. 及其十年生聚, 十年教訓, 則乃能富國强兵, 以滅勍敵. 況我堂堂萬乘之國, 若盡其生聚教訓之道, 則豈無國泰民富, 丕變風俗之效哉?"

청 하인들이 부족하여 지방에 있는 노비들에게 번갈아 서울에서 부역하도록 한 제도로, 폐단이 있어서 대신 면포로써 부역을 갚도록 하였던 것이었다. 그러나 당시는 면포만 징수할 뿐이요, 한 사람도 부역을 하는 자가 없었으므로 민생은 날로 곤고하고 호구는 날로 줄어들게 되었다. 이러한 상황 속에서 공천도 역시 백성들로서 홀로 온전할 수는 없었다. 이리저리 흘러다니며 생활도 제대로 하지 못하다가 한번 선상의 부역을 갚으면 패가를 하지 않는 자가 드물었다. 또한, 2년은 공물을 바치고 1년은 선상(選上)에 걸리기 때문에 대개 3년이면 한번 패가하게 되어 공천의 고통이 극심하다고 하였다. 그러므로 율곡은 『대전(大典)』의 법에도 없는 선상을 폐지하고, 실정에 맞도록 공법(貢法)을 조정하여야 한다고 주장하였다.[190)]

나아가 율곡은 정암에 있어서도 이미 주장되었던 서얼의 허통과 노비의 해방을 주장하였는데, 이것은 일단 인재를 등용하여 국가적 이익을 도모하려는 뜻으로 이해될 수 있다. 그러나 또한 당시 이러한 논의가 어려운 사회 현실 속에서 인권의 신장과 평등을 합리적으로 시행하려는 노력으로 볼 수 있다.[191)]

끝으로 율곡은 나라에 언로를 개방하여 국인은 말할 수 있어야 하고 위정자는 중지(衆智)를 모아야 함을 강조한다.[192)] 정암에 있어서도 그러하였지마는, 율곡에 있어서도 언로의 개색(開塞)은 국가의 흥망에 관계되는 중대한 일로서 강조되었다. 공론은 국인으로부터 나오는 것으로, 국인의 정당한

---

190) 『栗谷全書』 권5, 「萬言封事」中 選上의 弊端에 對한 記錄 참조.

191) 『栗谷全書』 권7, 「陳時事疏」 및 『宣祖實錄』 권17 참조 ; 이병도, 『율곡의 생애와 사상』, 164-165쪽 참조.

192) 『栗谷全書』, 「聖學輯要」7, 取善章 第3: "臣按天下至廣也, 事機至煩也. 人主以眇然之身, 處靜居簡, 而應之有裕者, 不過集天下之智, 以決天下之事爾. 人各有智, 故愚者亦有一得. 苟能悉取衆智, 合爲一智, 而在我衡鑑精明得中, 則天下雖廣, 運之掌上; 事機雖煩, 決之建瓴矣. 蓋以天下之目爲目, 則明無不見; 以天下之耳爲耳, 則聰無不聞; 以天下之心爲心, 則睿無不思. 此聖帝明王, 所以鼓舞天下, 而不勞心力者也. … 好善以誠, 則士將輕千里而來; 賢者欲行其道, 智者欲盡其術, 直者思獻其忠, 勇者思效其力矣."

일반의사가 곧 국시가 된다는 것이다.[193] 여기서 언론의 개방성과 여론의 존중을 볼 수 있다.

그러나 율곡은 묵은 폐단을 지양하고 새로운 경장을 도모하려면 일개인이나 기성관료로서가 아니라 시무를 밝히 알고 국사를 염려하는 사류(士類)로서 나라의 최고의 지성이 동원되어야 한다고 보았다. 그리고 최고의 지성을 동원하기 위하여 '경제사(經濟司)' 창설을 제의하였는데, 이는 매우 중요한 의의를 갖는다 할 것이다. 율곡에 의하면 '경제사'는 송대의 명도(明道)가 말한 존현당(尊賢堂)이 바로 그 선례가 될 수 있다는 것이다.[194] 그리고 오늘날에 있어서는 의회와 유사한 기능을 갖는 것이라 할 것이다.

이상에서 논급한 바와 같이 율곡은 16세기 후반의 역사적 사회적 현실에서 획기적인 사상을 갖추고 있었다. 이것은 당시의 실정에 비추어 긴요하고 진보적인 제안을 개진하였을 뿐 아니라, 현대적인 모순과 갈등을 타개하여 감에도 매우 시사적인 방향을 보여주는 바라 하겠다.

그러나 이와 같은 율곡의 시책(施策)은 대부분 쓰이지 못한 채 율곡은 1584년 49세로 조서(早逝)하고 국가의 위난은 더욱 심각해지고 있었다.

---

193) 靜庵도 이미 "言路之通塞, 最關於國家, 通則治安, 塞則亂亡."(『靜庵集』 권2, 「司諫院請罷兩司啓一」)이라고 하였거니와, 栗谷 역시 "言路開塞, 興亡所係."(『栗谷全書』 권3, 「陳弭災五策箚」)라고 하였다. 또한 율곡은 "公論之發, 出於國人, 不可沮遏, 則順輿情, 定國是"(『栗谷全書』 권4, 「玉堂論乙巳僞勳」)라 하고 다시 "國是之定, 尤不可以口舌爭也. 人心之所同然者, 謂之公論, 公論之所在, 謂之國是. 國是者, 一國之人, 不謀而同是者也."(위와 같음, 권7, 「辭大司諫兼陳洗滌東西疏」), "心慕古道, 身飭儒行, 口談法言, 以持公論者, 謂之士林. 士林在朝廷, 施之事業則國治; 士林不在朝廷, 付之空言則國亂."(위와 같음, 권3, 「玉堂陳時弊疏」)라 하였다.

194) 『栗谷全書』 권30, 「經筵日記」3: "至於革弊一事, 凡經筵官所啓, 初非熟計深思而建白也. 偶然陳達, 雖或採施, 終無實效. 故自上益知無人可與爲治者, 此固然矣. 臣有妄計, 請令大臣商議, 設一經濟司, 使大臣領之, 而擇士類曉達時務, 留心國事者, 與其選, 凡有建白之言, 皆下其司, 商議定奪, 以革弊政, 則天心庶可回矣. 今設使孔孟在於左右, 若無所施設, 則何益之有? 經濟司之設, 於聞見似若生疏, 但不如是, 則國事無可爲, 而漸至於卑下矣."

Ⅳ. 趙重峯의 歷史意識과 國難對策

1. 重峯의 學問性格과 踐履之學

중봉은 한국 성리학 전성기였던 퇴율시대에 태어났다. 정암(靜庵)이 기묘사화에 순도(殉道)한지 25년째 되던 해이며, 율곡이 8세 그리고 퇴계는 43세였다. 그는 도학사상의 태두인 정암과 유자(儒者)의 풍모를 한 몸에 지니고 평생 학문을 연찬한 퇴계를 사숙하였으며, 그 슬기와 총명으로 국사를 도모하여 신명을 다한 율곡을 스승으로 하였다. 중봉은 자호(自號)를 후율(後栗) 또는 도원(陶原)이라 하였던 만큼 그의 학적 성격을 짐작할 수 있다.

중봉이 41세 되던 해에 율곡이 별세하였으며, 그 해에 중봉은 옥천 율치산(栗峙山)에 서실(書室)을 짓고 이름을 '후율정사(後栗精舍)'라 하였다. 그 상량문에 다음과 같은 글귀를 써 넣었다.

"정암의 충효(忠孝)와 퇴도(退陶)의 학문[學]이 한 맥으로 분명하게 석담(石潭)에 있도다."[1]

그 후 43세 때 중봉은 공주(公州)에서 교수(敎授) 겸 제독(提督)이 되어 만언소(萬言疏)를 올리는 가운데 다음과 같이 기록하였다.

> "이이(李珥)로 말하면 이황(李滉)의 기침 소리까지 친승(親承)하였고 또한 조광조의 도덕을 사모하였으니, 생각과 기개가 스스로 내역(來歷)이 있었습니다. (그러면서) 순수한 충정[精忠]이 격렬하여 임금께서 그 뜻을 알아주심에 심력(心力)을 전포(展布)코자 하였습니다."[2]

이것은 곧 조선의 도학정신이 율곡에게 이어져 흐르고 있으며, 자신은 이와 같은 도학정신의 계승을 임무로 삼았음을 밝히는 말이라 할 것이다.

또한, 중봉이 스승으로 한 분으로 율곡의 평생 지우(知友)인 우계 성혼(牛溪 成渾)과 해우(海隅)에 은거하던 고사(高士) 토정 이지함(李之菡)을 들 수 있다. 중봉은 관직에 있으면서도 때때로 이들 스승을 찾아 학문을 연마하였으며, 이들의 학문을 깊이 이해하고자 각고의 노력을 기울였다.[3] 그러면서 중봉은 멀리 성현에 뜻을 두어 공맹과 정주의 학을 근본으로 하여 그 진수를 몸소 체득고자 하였다.[4]

중봉의 학은 단순히 이론을 위한 학문이 아니었다. "사람이 세상에 태어나서 학문이 아니면 사람이 될 수 없다."[5]라고 한 율곡의 말과 같이, 중봉은

---

1) 『重峯先生文集』 권13, 「後栗精舍上樑文」: "靜庵忠孝, 退陶學, 一脈昭昭在石潭."

2) 『宋子大全』 권107, 「重峯先生行狀」 참조.

3) 重峯은 公州牧의 教授兼提督時에 올린 萬言疏에서 "臣於斯世, 所師者三人, 李珥 成婚 李之菡也, 三人學問所就, 雖各不同, 其淸心寡欲, 至行範世則同, 臣嘗欲彷彿其萬一而不得" 이라고 하였다.

4) 『重峯先生文集』 부록 권1, 「年譜」(以下 「重峯年譜」라 함), 「重峯行狀」 참조.

5) 『栗谷全書』 권27, 「擊蒙要訣」: "人生斯世, 非學問, 無以爲人. 所謂學問者, 亦非異常別件物事也. … 皆於日用動靜之間, 隨事各得其當而已, 非馳心玄妙, 希覬奇效者也. 但不學之人, 心地茅塞, 識見茫昧, 故必須讀書窮理, 以明當行之路, 然後造詣得正, 而踐履得中矣."

한갓 지식이 아니라 어디까지나 사람이 사람구실을 함에 필요한 도리를 밝히고자 하였다. 그리고 그렇게 함으로써만 "조예가 바르고 천리(踐履)가 알맞게 된다."라는 입장을 취한다.

『논어』에서는 "젊은이들은 가정에서 효도하고 밖에 나가서는 공경하며, 말을 삼가고 행동을 미덥게 하며, 널리 사람들을 사랑하되 어진 이를 친애할 것이니, 행하고 남은 힘이 있으면 글을 배울 것이다."[6]라 하였는데, 중봉은 바로 이러한 정신을 본받은 바라 하겠다. 그러므로 그의 학은 언제나 실질적이고 실천적이었으니, 바로 '천리지학(踐履之學)' 이라 할 것이다. 그리고 그의 유(類)를 찾기 어려운 충절정신의 틀은 소시(少時)로부터 익힌 실천적 생애에서 갖추어진 것이라 하겠다.[7]

도학이 원래 그러한 것처럼, 정암도 일찍이 실천적 『소학』을 근본으로 삼았다. 중봉도 배우고자 하는 이가 있으면 나이에 관계없이 반드시 『소학』으로부터 시작해야 한다고 했으며, 37세 때 토정(土亭)이 세상을 떠나 조문을 갈 때에도 율곡의 『격몽요결』을 가지고 다녔다 한다.[8] 또 소시(少時)로부터 몸소 소를 몰아 밭갈이를 하였으며, 땔나무를 해다가 부모의 방에 지피기까지 손수 행했다 한다. 3년에 걸친 부평(富平)의 유배생활에서도 궁경독서(躬耕讀書)하여 실제로 노동을 몸에 익혔다.[9]

이처럼 중봉의 학문은 실천적 특성이 있지만, 그의 호학태도(好學態度)는 유별난 것이었다. 평생을 두고 한 그의 독서는 거의 습성이 되어 있었으며, 사물을 그 자체에서 엄밀하게 관찰함으로써 결코 공론에 머물지 않았다.

---

6)『論語』「學而」: "子曰, 弟子立則孝, 出則弟, 謹而信, 汎愛衆, 而親仁, 行有餘力, 則以學文."

7)『隱峯全書』 권38, 「重峯先生遺事」, 韓國思想硏究所 刊(以下 「重峯遺事」라 함): "先生少力學自立, 專以踐履爲主, 其於書也, 蓋成癖焉, 而非以爲口耳資也."; 위와 같음, 「抗義新編」 趙參判一軍殉義碑(尹根壽 撰): "趙公, 學期實踐, 含忠履貞."

8)「重峯行狀」 참조.

9)「重峯遺事」·「重峯年譜」 참조.

그는 신체적인 노작을 하면서도 틈만 있으면 글을 읽었다. 밭갈이하면서도 쉬는 사이에 글을 읽었고, 일을 나가면 먼저 책을 올려놓을 받침을 가설하였으며, 아궁이에 불을 지피고 나면 재 속에서 불을 골라 빛을 밝혀 글을 읽다가 꺼진 다음에 그만두곤 하였다 한다. 또한 과거를 보아 사로(仕路)에 든 다음에도 손에서 책을 놓지 않았으며, 중국에 다녀올 때 달리는 수레 속에서도 독서를 그치지 않았다. 그리고 여행을 하면 말에다 관솔[松明]을 가지고 다니며 불을 밝혀 글을 읽었고, 함경도 길주(吉州)로 귀양 갔을 때 전염병이 돌아 약을 쓰고 구해주느라 진력하던 중에 사방에 시체가 둘러싸인 가운데서도 독서를 그치지 않았다고 한다.[10]

밤이면 『중용』과 『대학』을, 그리고 굴원의 『이소경(離騷經)』과 제갈량(諸葛亮)의 「출사표(出師表)」를 암송하다가 때로는 강개하여 아침이 되도록 밤을 밝히곤 하였다. 그 가운데 율곡과 우계 두 선생에게서 『주역』을 전수받은 다음 문을 닫고 침잠(沈潛)하여 우러러 생각하고 굽히어 다시 읽으니 점후추측지사(占候推測之事)에도 통철하였다 한다.[11]

중봉은 이처럼 글 읽기를 힘써서 고금의 일에 박식하였다. 그러나 중봉의 학은 서적에만 의존하는 것이 아니었다. 흔히 있는 일은 아니나, 중봉은 실제로 천문과 지리를 관찰하였으며, 선견지명을 가지고 대응책을 강구할 수 있었다.[12]

임진왜란이 일어나기 수년 전에 이미 중봉은 왜란이 발생할 것이라 하여 다음과 같이 상소하였다. 중봉은 기축년 「청절왜사 제삼봉사(請絶倭使第三封事)」에서는

---

10) 「重峯行狀」 참조.

11) 「重峯行狀」 참조.

12) 『隱峯全書』 권35, 「抗義新編序」(李廷龜); 위와 같음, 「抗義新編」 請絶倭使第三封事; 위와 같음, 권36, 「抗義新編」 與延安府使申公恪書 및 「重峯行狀」 참조.

"우러러 건상(乾象)을 보건대 경혹성(†惑星)이 미성(尾星)과 기성(箕星)을 꿰뚫고 남두(南斗)로 들어가며 열흘 동안이나 랑성(狼星)이 빛을 내었습니다. 이제 고적을 상고하니 (이러한 현상은) 모두 병상(兵象)에 관계됩니다."[13)]

라 하였고, 또 신묘년의 「청참왜사 제삼봉사(請斬倭使第三封事)」에서 다시

"미성(尾星)과 기성(箕星)의 분야에 경혹성(†惑星)이 바야흐로 이르렀으니, 이것은 실로 먼저 왜구가 들어올 징조입니다. 동남(東南)의 땅에 우레가 그치는 달이 없으니, 이것은 영남과 호남이 병(兵)을 받는 상입니다. 남도(南島)의 뱃길에서 싸우지 않고서 먼저 기해(畿海)로 달려올 리가 없습니다."[14)]

라 하고, 영남과 호남 일대에 명장과 정병을 은밀히 배치해 대비하도록 역설하였다. 이처럼 중봉은 순정(淳正)한 학문의 연찬과 더불어 이렇듯 남다른 공부가 있었으니, 천문과 지리를 통달하여 인사에 활용하는 현철(賢哲)의 기풍이 있었다 할 것이다.

중봉의 궁리 수신(窮理修身)하는 학은 그대로 실사와 실천에 직결되는 것이었다. 그러나 그의 고명(高明)함과 박후(博厚)함을 알 수 있는 사람은 흔치 않았다. 오직 토정만이 중봉을 일컬어 당대의 제일이라고 의심 없이 말할 수 있었다.

중봉은 고사(古事)에 박식하였고 금무(今務)에 통달하여 명쾌하게 판단하였다. 그러나 성품이 박후(樸厚)하여 외식(外飾)에 종사하지 않으므로 세상에서는 아는 이가 없고, 또 아는 사람들도 절의를 지켜 죽은 사람으로만

---

13) 『重峯先生文集』 권7: "惟是仰觀乾象, 則熒惑貫于尾箕, 入南斗浹旬, 狼星又有光耀, 求之古籍, 俱係兵象."

14) 『重峯先生文集』 권8: "尾箕之分, 熒惑方臨, 是實也先入寇之兆, 東南之地, 無月不震, 是嶺湖受兵之象, 未有不爭南島舟路, 而先趍畿海之理."

알 따름이었다. 일세의 인재로 중봉만한 이가 없었으나, 재주가 모자라 쓰이지 않았다고 의심하여 가까운 사람들조차 그렇게 알았다는 것이다.

누가 토정에게 "오늘날 초야에 인재가 있습니까?" 라고 물으니, 토정이 대답하였다.

> "잘 모르겠다. 그러나 우리 무리 중에 조여식(趙汝式)이란 사람이 있는데, 빈한함을 편안히 여기면서 도를 즐기고 명예와 이익에 대한 생각을 털어 버려 나라와 임금을 생각함이 지성에서 나온다. 고인에게서 구하더라도 실로 그러한 무리를 찾아보기 어렵다. 내 생각에는 쓰일 수 있는 인재로 생각된다."

그러나 그 사람이 다시 "인재란 큰일을 당하여 능히 처리할 수 있음을 말함이요, 조공(趙公)이 절의(節義)를 위하여 죽음도 불사할 수 있음은 사람들이 다 알겠지마는 적합하게 쓰임에는 아마 합당치 못할까 하오" 라고 하자 이에 토정은 다음과 같이 말했다.

> "예로부터 능히 대사를 담당한 자는 항시 빈한함을 편안히 여기고 도를 즐기면서 나라와 임금을 생각하는 사람에게서 나왔으니 조군(趙君)의 위인은 그대들 같은 사람이 알 바 아니다. 세상에서 다 이 사람을 우활하고 무능하다고 간주하여 모두가 한 가지로 말하고 있으니, 만약 내 말을 들으면 크게 웃으리라. 그대는 혼자만 알고 있어서 삼가 말을 전하지 마라. 타일(他日)에 내 말이 망령되지 않았음을 알 것이다."[15)]

중봉에게 독서를 한다 함도 '책은 책, 나는 나'〔書自書, 我自我〕대로 남는 것이 아니다. 독서는 실지로 힘을 발휘할 수 있어야 한다. 그러므로 중봉

---

15) 대화 내용은 「重峯遺事」 참조.

은 '평생 독서한 힘' [平生讀書之力]이란 말을 자주 쓰고 있다.

중봉은 길주(吉州) 귀양지(謫所)에서 상소하였다. 왜사(倭使)가 와서 반년이나 머물면서 통신사를 보내라고 요청하면서, 군사를 일으켜 국경을 침범하겠다고 하는 등 함부로 떠들어 대어도 조정에서는 한 사람도 그 간사함을 꺾어놓지 못하고 있으니, 조선의 사기(士氣)가 이처럼 꺾일 줄은 몰랐다고 통분하였다. 그는 "신의 스승 이이(李珥)가 죽은 다음 독서지인(讀書之人)이 우리 임금의 좌우에 없습니다."[16]라 하였다. 또 임란이 일어나기 전 해인 신묘년의 상소에서도, 안으로 종묘에 치욕을 끼치지 않고 추한 오랑캐의 모욕을 받지 않으며 생령(生靈)들에게 화를 돌리지 않게 된다면, 이것은 "평생 독서한 힘이 강상(綱常)의 중함을 부지하려는 것"[17]이라고 하였다. 같은 해 9월 금산 군수 김현성(金玄成)에게 서한을 보내는 가운데 "다시 평생 독서한 힘을 여기서 펼쳐보기를 원한다."라고 하였음을 볼 수 있다.[18] "평생 독서한 힘"이란 무엇을 말함인가? 그것은 일편의 글귀도 버려짐이 아니요, 자자구구(字字句句)가 자신의 생과 삶 속에 살아감을 의미한다.[19]

중봉은 평시에 국정에 대한 포부와 이상을 소문(疏文)을 통해 진계(陳啓)하였으며, 비록 채택되지는 않았으나 그 내용은 매우 현실적이고 합리적이었다. 또한 임진왜란이 일어나기 5, 6년 전부터 침략이 있을 것을 예측하고 이에 대한 대책을 상황에 따라 구체적으로 제시하였고, 난이 일어난 다음에는 의병을 일으켜 백방으로 주선하였으며, 마침내 전장에서 순절하였다.

그러나 임란이 터진 다음에야 소(疏) 가운데 전후의 말들이 부절(符節)이 합치하는 것 같이 조금도 틀리지 않음을 알게 되어, 지(知)·부지(不知)를

16) 『隱峯全書』 권35, 「抗義新編」 請絶倭使第三封事(以下 「抗義新編」이라 함).

17) 『隱峯全書』 권35, 「請斬倭使第二封事」.

18) 「抗義新編」 與錦山郡守金玄成書.

19) 율곡은 『擊蒙要訣』에서 "凡讀書者, 必端拱危坐, 敬對方冊, 專心致志, 精思涵泳(涵泳者, 熟讀深思之謂), 深解義趣. 而每句必求踐履之方, 若口讀而心不體身不行, 則書自書我自我, 何益之有?" 라 하였다.

막론하고 중봉을 이인(異人)이라 일컬었으며, 사절(死節)한 다음에야 전에 욕하던 자도 그 아름다움을 감추지 못하였다.[20)]

안방준(安邦俊)은 그의 임진록(壬辰錄)에서 다음과 같이 기록하였다.

“사절(死節)한 다음에도 떠드는 자가 그치지 않아서, 혹은 선생의 죽음을 이름나기를 구한 것이라 하고, 뒤에 그 말을 바꿔서 조모(趙某)는 일개 충신에 불과하다고 하며, 그의 학문은 공소(空疎)하여 족히 취할 것이 없다고 한다. 아, 우주가 생긴 이래 일찍이 한 사람이라도 이름을 내려고 죽었다는 사람을 본 일이 있는가? 무릇 이름나기를 구한다는 것은 소리(小利)를 버리고 대리(大利)를 취하는 것이다. 이제 선생이 죽음에 부자(父子)의 고혈이 초야를 물들였으며, 세 고아가 혈혈(孑孑)하여 헐벗고 굶주리며 흩어졌으니, 인간의 화혹(禍酷)이 처참하다. 선생의 죽음에 무슨 이로울 것이 있었기에 이름나기를 구하였다 하는가?…… 그러나 선생은 ‘내 마음의 편안함’을 구함으로써 ‘나의 하늘’을 온전히 하였을 뿐이니, 처음부터 참된 이름을 위한 사람이 아니겠는가?”

“세상에서 이른바 학문이란 과연 어떠한 것인가? 일언일행(一言一行)을 모두 예법에 좇아서 하며, 충효대절(忠孝大節)이 고인(古人)에게 부끄럼이 없는 자가 학행지사(學行之士)가 될 수 없고, 다만 기송(記誦)에 종사하여 구이(口耳)의 밑천으로 삼으며, 고원하게 성명(性命)을 담론하여 평소에는 말을 잘하지만 기용하면 어긋나는 자를 학문하였다 하겠는가?”[21)]

그리고 우암은 다음과 같이 기술하였다.

---

20) 「抗義新編」序 참조.

21) 安邦俊, 『隱峯野史別錄』, 壬辰錄, 日本 有乎爾齋刊(1849), 14-15면.

"오호라, 선생은 탁월한 기질과 순강(純剛)한 성품을 타고났으며, 또한 능히 학문으로 극복하고 사우(師友)로서 보익(輔益)하였으니, 연원이 심원하고 근기가 완실(完實)하도다. 조예가 날로 고명에 나아가고 천리(踐履)가 차츰 순독(純篤)함에 이르렀으니, 효제는 신명(神明)에 통하고 충성은 금석을 꿰뚫었도다. 호오(好惡)의 바름이 흑백을 분별함과 같고, 발용(發用)의 용단이 강하(江河)를 터놓은 것 같도다. 내외의 분(分)이 확정되었으니 부귀와 빈천이 그 뜻을 빠뜨리거나 움직이지 못하며, 잡아 지키려는 뜻이 확고하였으니 도거(刀鉅)와 정확(鼎　)으로도 흔들어 뺐지 못하였다. 그러므로 말하고 행하는 가운데 발하는 것이 한 가지로 광명하고 정대하며 성실하고 간절하여 요순탕무(堯舜湯武)가 아니면 말하지 않고, 공맹정주(孔孟程朱)가 아니면 배우지 않았으니, 진실로 돈독하게 믿고 배우기를 좋아하며 죽음을 다하여 도를 올바로 지킨 군자이다.

만약 나이가 더욱 높아지고 학문이 더욱 성대해져 그 도량을 채울 수 있었다면, 그 성숙한 경지를 헤아릴 수 없었을 것이다. (그러나) 끝내 이에 그치고 말았으니 통탄할 일이다.

난에 임하여 죽음은 선생의 일절(一節)에 불과하거늘, 세상의 논자들이 혹은 하나의 의사(一義士)에 불과할 뿐이라고 하니, 오호라, 덕(德)을 아는 자 드물도다. 어찌 족히 더불어 선생의 만일(萬一)이라도 이야기할 수 있겠는가?"[22]

이상의 논술에서 볼 수 있듯이, 중봉은 정암과 퇴계, 그리고 율곡에 이르는 도학 정맥을 체득하여 이를 수행(修行)하였으며 경제대지(經濟大志)를 품은 진유(眞儒)였다.[23]

중봉은 '독신호학(篤信好學)' 하여 학적 탐구를 잠시도 그치지 않았다. 그러나 그의 학문은 처음부터 실천과 실행을 토대로 한 천리지학(踐履之學)이었으며, 그의 이론은 고매하였으나 실제와 사실을 떠나서 추상론에 떨어

22) 「重峯行狀」.

지지 않았다. 그러므로 그의 이론은 실제문제와 직결되는 것으로서 이러한 양면은 중봉이라는 인격 속에 융화되어 이것이 강렬한 행동으로 나타난 것이라 할 수 있다.

더구나 민족이 직면한 국내외적인 긴박한 현실에서 한갓 내실 없이 "고원하게 성명만을 담론하는 것[高談性命]"은 중봉의 취할 바가 아니었다. 그는 임진왜란이라는 미증유의 국난에 앞서서 국내외적인 정세를 간파하고 선후와 거세(巨細)를 갖춘 가장 합리적인 방책을 제시하였으며, 난이 발발하자 의병을 모아 앞장서 싸우다가 순절하였다. 이는 당시의 실정에 비추어 지극히 탁월한 선견으로서 민족을 위망으로부터 구하고 국제평화를 이룩할 수 있는 매우 합당한 것이었다. 여기서 중봉의 투철한 역사의식을 볼 수 있다.

그리하여 그의 유별난 충효사상과 자주정신은 후세에 민족을 지키는 의리사상으로 전개되었고, 현실에 대한 올바른 판단과 구체적 설시(設施) 등의 경세론은 후기의 실학사상형성에 크게 영향 주었다 할 것이다. 실제로 반계 유형원, 초정 박제가와 같은 실학파와 병자호란 때 청음 김상헌, 우암 송시열, 그리고 한말의 면암 최익현과 같은 의리학파는 다 같이 중봉을 숭앙하고 본받았던 것이다. 그리고 이와 같은 점에서 중봉의 학문은 실행(實行)과 실공(實功)을 지향한 도학이요 실학이며, 성학(聖學)이라 할 것이다.

---

23) 『重峯全書』 권10, 「牛山問答」: "圃隱後惟靜庵栗谷重峯, … 不計利害, 惟以致治三代爲己任, 則此三賢雖不得行道, 其與行道者, 無異矣. … 靜庵之資稟, 絶勝於栗谷, 而造詣之深, 栗谷爲優. 重峯之資稟造詣, 雖似未及於靜栗, 而見識之高明, 設施之言計, 靜栗皆不如重峯之纖悉備具. 愚所撰東還封事, 抗義新編, 君宜仔細去看. 若重峯, 實箕封以來, 數千載間所未有之眞儒也."

또한 중봉은 일찍이 「擬上十六條疏」에서 宣祖가 퇴계의 「六條之疏」와 「十圖之說」을 嘉納한 사실을 상기하고 있거니와, 「辨師誣兼論學政疏」에서 율곡의 「격몽요결」과 「성학집요」를 印出, 반포할 것을 주장하였다.

2. 重峯의 共同體意識과 社會思想

중봉은 진리탐구에 그 보편적 정신을 성현지학(聖賢之學)에서 구하였다. 그러므로 앞서 논한 바와 같이 요순공맹을 원류로 하고 정주를 정통으로 삼았다. 또한 근세조선에 있어서 정암, 퇴계, 율곡을 정맥으로 삼고 있었음은 이미 고찰한 바이다.

나아가 중봉은 31세 때 명경(明京)에 다녀온 다음 팔조소(八條疏)를 올리는 가운데 김굉필 · 조광조 · 이언적 · 이황의 학문을 일컬으면서 이 사현(四賢)을 포장(褒奬)하여 문묘에 모시기를 제청하였다.[24)]

그러나 이처럼 성현을 존숭하는 이유는 무엇인가? 중봉은 "그 사람을 높임은 장차 그 도를 쓰기 위함이라."[25)]하였다. 즉 한갓 그들을 추모하는 행사로서가 아니라, 인간생활에 높은 가치를 실현하려는 것이라 함이다.

사물의 이치를 탐구함으로써 지적인 욕구를 충족시키는 것, 예술의 영역에서 미의 세계를 추구하는 것, 그리고 인간 상호 간의 건전한 윤리생활 등 진선미의 여러 가치가 모두 인간에게 소망스럽다 하겠다. 그러나 중봉에게 있어서 더 본질적인 것은 성현의 도를 밝히고자 하는 도학이다. 중봉은 유도(儒道)를 인류의 보편적 정신으로 존숭하였지마는, 그것은 자아(自我)로부터 출발하는 것이며, 충효를 주축으로 하는 인도주의 사상으로 나타났다. 그리고 그것을 위하여 자신을 희생할 수 있음은 도학의 특징이었다. 즉 학문의 추구가 개인적 취향에 그치는 것이 아니라, 항시 공동체적 의식을 보

---

24) 『重峯先生文集』 권3, 「質正官回還後先上八條疏」(甲戌 11月) 참조. 「重峯行狀」: "夫金宏弼, 肇倡道學, 而有繼往開來之業; 趙光祖, 繼明斯道, 而有拯世淑人之功; 李彦迪, 體道純篤, 而有扶顚持危之力; 況如李滉, 集東儒之大成, 而紹朱子之嫡統. 當今之士, 稍知尊君愛親, 而有禮義廉恥者, 皆薰其德而興起者也. 伏願殿下亟奬四賢, 列于從祀, 則庶乎褒崇嚮用, 兩盡其義, 而待文王而興者, 蔚起乎凡民矣."

25) 위와 같음: "且尊其人, 將以用其道也. 世之人君, 徒爲外貌之敬, 而不能躬行聖賢之道, 故古今天下, 治少而亂多, 此聖明之所當深戒者也."

유하는 것이었다. 그러므로 중봉은 자신의 분투노력이 바로 "나라를 살리고 어미를 살리기 위한 것[活國活母之計]"[26]임을 명언(明言)하였다. 그리하여 온 겨레와 나라를 사랑하는 우국애민 사상으로 나타났고, 생민을 위하여 항쟁하고 희생할 수 있었던 것이라 하겠다.

백성의 안녕과 민족의 생존권은 누구에게도 침해될 수 없다. 따라서 다른 사람의 생명과 안전도 손상할 수 없는 것이라 하겠으며, 이러한 정신의 확대가 세계성으로 연결된다 할 것이다.

더구나 국토가 무너지는 위난을 당하여 도학지사(道學之士)가 종사할 수 있는 일은 무엇이겠는가? 백성과 화환(禍患)을 함께 하며, 백방으로 주선하여 길흉을 한가지로 하여야 할 것이다. 중봉은 이 나라 도학의 흐름을 통절하게 느끼고 있었으며, 생민을 위할 수 있는 일이라면 서슴지 않고 직언할 수 있었다.

중봉에게 있어서 진리란 구체적 현실을 떠나서 구하는 것이 아니며, 그것은 곧 백성의 복지를 지향한 것이었다. 중봉은 『논어』에서 "군자는 천명과 대인과 성인의 말씀을 두려워한다."[27]라 함을 다음과 같이 풀이하였다.

> "이른바 천명(天命)이란 희미하고 황홀(恍惚)한 가운데서 구하는 것이 아니요, 일상에 신중히 하여 백성의 일을 힘써 하는데 지나지 않습니다. 대인(大人)이란 반드시 높은 자리에 올라야만 일컬어지는 것이 아닙니다. 고인(古人)의 덕을 헤아릴 수 있고 생각이 천리로부터 나와서 능히 임금의 잘못을 깨우칠 수 있는 자면 대인이라 할 수 있습니다. 성인의 말씀[聖人之言]이란 문물제도 속에 들어 있으니, 무슨 일이든 두려워하지 않을 것이 없습니다. 그러나 그중에서도 '씀씀이를 절약하여 백성을 애호한다.' 라는 한 구절은 임금의 급선무라 하겠습

---

26) 「抗義新編」 請斬倭使第二封事 참조.

27) 『논어』 「季氏」: "孔子曰 君子, 有三畏. 畏天命, 畏大人, 畏聖人之言."

니다."[28]

결국, 중봉에게 '천명(天命)' 이나 '대인(大人)', 그리고 '성인지언(聖人之言)' 과 같은 말은 추상적이고 관념적인 개념에 그치지 않고, 반드시 구체적인 실사(實事)의 문제와 연계되어 논의된다. 즉 일상에서 백성의 일을 도모하는 행위이며, 임금의 잘못을 지적하여 고쳐줄 수 있는 인물을 가까이함이며, 윗사람의 씀씀이를 줄여 백성의 생활을 안정시키는 등 현실적이고 구체적인 실사를 뜻한다.

중봉은 성리학의 중요한 문제인 '천리와 인욕' 을 논함에도 반드시 실사의 문제에 비추어 풀이한다. 즉 천리와 인욕의 문제를 단순히 인성(人性)의 이론적 추구나 개인적 수양의 측면에서만 다루지 않고, 인욕의 질서로부터 천리의 질서로의 실질적 전환을 강조한다. 중봉은 이와 같은 점을 『주역』의 손괘(損卦)로 설명하는데, 손(損)이란 인욕을 덜어내는 것으로 "지나친 것을 손감(損減)하여 알맞게 함[損過而就中]" 이며 "부박(浮薄)한 말단을 덜어서 근본의 실질로 돌아감[損浮末而就本實也]" 을 의미한다. 『정전』에 의하면 '천하의 해로움은 모두 말단이 우세하기 때문에 발생하는 것' 이다. 즉 호화로운 주택과 풍성한 음식, 잔인한 형벌과 불필요한 전쟁 등은 모두 인욕에서 나오는 것으로, 그 폐해가 매우 크다고 할 것이다. 여기에서 중봉은 당시의 천리에 근본한 것과 인욕에 근본한 것을 구분할 것을 강조한다. 그리고

---

28) 『重峯先生文集』 권4, 「擬上十六條疏 · 十六命令之嚴」.

29) 『重峯先生文集』 권7, 「論時弊疏」(乙丑 4月): "程子傳易損之彖辭曰, 損者, 損過而就中, 損浮末而就本實也. 天下之害, 無不由末之勝也. 峻宇雕墻, 本於宮室; 酒池肉林, 本於飮食, 淫酷殘忍, 本於刑罰; 窮兵黷武, 本於征討, 凡人欲之過者, 皆本於奉養, 其流之遠則爲害矣. 先王制其本者, 天理也; 後人流於末者, 人欲也. 損之義, 損人欲, 以復天理而已. 殿下試以三代王制, 細較今日之事, 出於天理者幾何? 出於人欲者幾何?"
위와 같음: "在易益之象曰, 風雷益, 君子以遷善改過. 程子傳之曰, 遷善如風之速, 改過如雷之迅."

나아가 어느 것이 천리를 따라서 흥성하는 길이고, 어느 것이 인욕을 따라서 멸망하는 길인가를 확실히 구분하려 한다. 그리고 인욕에 근본한 것, 멸망에 이르는 길은, 익괘(益卦)에 이르듯이 질풍과 같이, 우레와 같이 신속히 시정해야 한다고 한다.[29)]

제(齊)의 경공(景公)은 말 4천 필이 있었으나 그가 죽은 날에 그의 덕을 칭송한 백성이 없었다. 그러나 백이와 숙제는 수양산에서 굶어 죽었으되 백성이 지금까지도 일컫는다. 백성에게 칭송되는 것은 스스로 받들기를 간약(簡約)하게 하기 때문이지, '궁실(宮室)이 높고 전야(田野)가 넓어서 우러러보는 것' 이 아니다. 중봉은 시폐를 논하는 글에서 다음과 같은 주자의 말을 인용한다.

> "재산이란 누구나 다 갖기를 원하는 것이다. 그러나 남의 사정을 헤아림이 없이 전유(專有)하려 한다면, 백성이 일어나서 쟁탈하는 것이다."[30)]

그리하여 우(禹) 임금은 수레에서 내려와 죄인을 위하여 울었고, 송나라 인종(仁宗)은 불고기〔燒羊〕를 먹지 않았으며, 홍치황제(弘治皇帝)는 닭과 양의 도살을 줄이도록 하였다. 이와 같이 함으로써만, "만민이 화(和)하고, 천명이 연장될 수 있다."는 것이다. 그러므로 임금의 공부 중에 가장 중요한 것은 '극기복례(克己復禮)의 실공(實功)' 을 이루는 데 있다. 그리고 이에 의하여 "일상의 언행이 모두 천리의 올바름을 회복하지 않음이 없게 하며, 동포와 내가 더불어 각기 자기의 구실을 하게 하여야 한다."[31)]고 하였다.

그러나 이러한 과업은 정신적 자세에 머무름이 아니라, 실정을 알아서 합

---

30) 『重峯先生文集』 권7, 「論時弊疏」(乙丑 4月): "朱子曰, 財者, 人之所同欲, 不能?矩而欲專之, 則民亦起而爭奪矣."

31) 위와 같음: "所貴乎人主之講學者, 爲其克己復禮, 現有實功, 使其日用云爲, 莫不復於天理之正, 而同胞吾與, 皆得其所而已."

리적으로 조치하여야만 한다. 이를테면 가뭄이나 기근을 당했을 때에, 임금이 단순히 구중궁궐에서 봉양을 줄인다고 해서 이와 같은 문제가 해결되는 것이 아니다. 또한, 줄인다고 하면서 실제로는 그대로 행한다면 '백성의 원고(怨苦)' 는 마찬가지이다. 초가집 아래서는 굶어 죽은 시체가 서로 바라보고 있는데, 산그늘과 강 위에서는 기탄없이 술을 마시고 고을의 누각과 현(縣)의 낭사(廊舍)에서는 노래하고 잔치하며 놀고 있으니 이것은 비록 기강이 엄하지 못하여 그러하다고 하겠지만, 그러나 중봉의 생각으로는 그 책임은 임금이 직책을 다하지 못하기 때문이다.[32)]

이제 중봉이 제시한 구체적 시안을 고찰함으로써 그의 사상이 얼마나 사회적 현실과 밀접한 관련된 것인가를 알아보기로 하자.

중봉은 첫째로, 임금을 비롯한 고급관료로부터 시봉하는 인원의 숫자를 줄여야 한다고 한다. 중봉은 "사복(司僕)을 정해진 수 이외는 처음부터 감(減)했어야 할 것인데 감하지 않고 있으니, 하물며 바치는 곡식을 줄여 배고픈 백성을 구해 주기를 바랄 수 있겠습니까?"[33)]라고 하여 백성을 구제하려면 관리들의 하인을 줄여야 함을 강조한다.

중봉에 의하면 우리나라의 노비가 널리 늘어난 것은 고려시대부터라고 한다. 삼국시대만 하더라도 노비의 법이 널리 행하지 않아서 백성들이 모두 높이 쓰일 수 있었다. 그러나 조선조에 와서는 군역(軍役)의 고통으로 말미암아 백성들은 자식으로 하여금 승려가 되지 않으면, 차라리 개인의 사천(私賤)과 혼인케 하였다. 그리고 또한 궁에서 요구하는 경우 가난한 자들은 다투어 들어가게 마련이었다고 한다. 따라서 노비가 많다고 줄이려 하더라도 각기 사리(私利)에 끌려서 어찌할 수 없게 되는 실정이니, 이것은 매우 마음 아픈 일이라고 하였다.

---

32) 『重峯先生文集』 권4, 「擬上十六條疏 · 一格天之誠」 참조.

33) 위와 같음: "司僕數外之草, 嘗減而不減, 況望減其穀食, 以賑饑民乎?"

"중국의 제도는 비록 경상(卿相)이 되었다 하더라도 감히 사인(私人) 수십 명을 둘 수 없는데, 우리나라는 서얼의 부치라하더라도 혹은 수백을 두고 있으며, 훈귀지가(勳貴之家)는 혹 수천 명을 두고 있습니다. 이제 만약 임금으로부터 내수(內需) 노비의 수를 정해서 각기 1천 명에 그치고, 공경 이하를 차례로 정하면, 20년 후에는 백만 정병(精兵)을 마련할 수 있을 것입니다."[34]

율곡과 마찬가지로, 중봉에 있어서 노비 속량(贖良)의 주장은 한결같이 인도적인 면과 현실적인 면을 아울러 고려한 것이었다.[35]

둘째로, 중봉은 사람들의 신분에 관계없이 어질고 능력 있는 자는 사회적으로 아무런 장애 없이 출신할 수 있도록 조처할 것을 건의하였다. 노비의 감소나 속량도 그것이 곧 국력 신장의 지름길이었거니와, 인재를 등용함에도 신분의 제한으로 말미암아 그 길이 막혀버린 채 평생을 미천한 일에만 종사한다면 이는 개인적으로나 국가적으로나 큰 손실이 아닐 수 없다. 그리하여 중봉은 서얼의 통허(通許)와 아울러 재가녀(再嫁女)의 자제에게도 사로(仕路)를 열어 주기를 촉구하였다.

34) 『重峯先生文集』, 十二卒伍之選 참조. 「重峯行狀」: "三韓鼎峙之時, 歲歲戰亡, 動以萬數, 而能垂斃復振者, 以奴婢之法, 不廣於世, 而一境之民, 都爲上用故也. 高麗以後, 奴婢漸廣, 僧徒日滋, 及乎我朝, 軍役最苦; 故有子者, 不許爲僧, 則嫁娶私賤. 況如內需, 則窮民之殘破者, 尤爭投屬, 正軍之數, 不滿二十萬. 年前雖有奴婢太多之議, 而各牽於私, 未究其本而止, 臣實痛惜也. 中朝之制, 雖至卿相, 不敢有私人數十, 而我國庶孼之屬, 或有數百, 勳貴之家, 或以千數. 今若自上先爲定限, 內需奴婢, 止留各千, 公卿以下, 以次爲限, 則百萬精兵, 可辦於二十年之後矣."

35) 율곡은 48세 병조판서로 있을 때(1583)에 올린 「陳時事疏」에서, 병역 또는 軍需를 부담하는 조건으로서 庶孼은 仕路를 許通하고 賤隷는 良民으로 만들어 줄 것을 거듭 제의한바 있다(『율곡전서』 권7, 「陳時事疏」; 권34, 「年譜」 참조). 중봉은 31세(1574) 때 明京에 다녀온 다음 10여 가지 일을 상소하는 가운데 이미 庶孼 뿐 아니라 賤隷의 자식까지도 仕路가 열려 있는 中國의 경우를 들어서 인재등용의 신분적 제한을 철폐할 것을 주장했다.

"신이 본 바로는, 중국의 인재를 등용하는 길은 심히 넓어서 오직 재능이 있으면 문벌이나 지역을 논하지 않습니다. 손계고(孫繼皐) 같은 이는 장의사의 아들이지만 지금은 수찬(修撰)이 되었으며, 성헌(成憲)은 비녀(婢女)의 아들이지만 현재 편수(編修)가 되었습니다. 이것은 중국의 '어진 이를 세움에 모나지 않게 함[立賢無方]' 이란 것입니다.

옛날 삼국시대에는 나라가 비록 작았지만 능히 각각 나라를 보존할 수 있었으니, 사람을 쓰는데 간격(間隔)이 없었기 때문입니다. 그런데 고려 중엽으로부터 권신(權臣)이 나라를 맡으면서 충성스런 성비가 초모(草茅)에서 일어나서 시정(時政)을 방해할까 두려워하여 서얼의 과거를 폐지하였습니다. 이것이 우리 조선에 이르러 나라의 일을 도모하는 대신들이 다만 사사로이 자기 자손을 위한 계책만을 강구하고, 천만세(千萬世) 동안 사람을 얻지 못한다는 문제를 생각하지 않았습니다. (그러므로 서얼과) 재가(再嫁)한 사람의 자손을 아울러 벼슬하지 못하도록 법률로 정하였습니다. 그러나 재가한 사람의 자손을 막으면 범중엄(范仲淹)의 재능이라도 세상에 쓰이지 못할 것이요, 서얼을 전폐(專廢)하면 이중표(李仲彪)의 무리가 또한 굶주릴 것입니다. 이제 멀리 성탕(成湯)을 생각하고 가까이 중국을 본받아서 실정(實情)에 맞게 변통하여 사람을 얻기에 힘쓴다면 이상적인 다스림을 수십 년 뒤에는 바라볼 수 있을 것입니다."[36]

이처럼 중봉은 서얼과 재가자제에 대한 금고(禁錮)의 경위를 한국의 역사를 통하여 말하고, 그 부당성과 국력에 미치는 영향을 중국의 경우를 통하여 자세히 논의하였다.

중봉은 특히 일찍이 과부가 되어 의탁할 곳이 없는 자는 재가를 허락해야 한다고 주장한다. 그리고 또한 재가하더라도 그 자식의 앞길을 열어준다면, 재가할 사람은 재가하고 수절할 사람은 수절하여 자기의 의사대로 선택할

---

36)「重峯行狀」및「擬上十六條疏」,「八取人之方」참조.

것이라고 하였다. 그런데 그것을 무리하게 구속함으로 인하여 우리나라의 과부들은 자식의 전도(前途)를 염려하여 억지로 수절하기도 하고, 음간(陰奸)으로 자식을 낳으면 밤에 버리는 문제가 발생하게 되었다고 한다. 이어서 중봉은 잘못된 제도로 억압하여 풍속을 더욱 상하게 하느니, 차라리 개가를 허락하여 안정시키는 것이 나을 것이라고 하였다.[37)]

이러한 중봉의 주장은 인도정신에 입각한 것으로, 당시의 조선사회에 있어서 매우 현실적이며 혁신적인 사상이었다고 하겠다.

셋째로, 중봉은 공무에 종사하는 사람들로 하여금 업무의 한계를 정해주고 일정한 봉급을 급여하며, 각자의 시간을 가지고 개인생활을 영위할 수 있도록 할 것을 주장한다. 그리고 남는 시간에 농업이나 공업, 또는 상업에 종사하여 생업을 도모할 수 있게 할 것을 제창하였다.

> "신이 듣자오니, 중국에서는 부부(部府)의 연리(참吏)와 진읍(鎭邑)의 서리(胥吏)가 매월 봉급을 받고 있습니다. 한 사람이 관직에 있으면 그 집 자제들은 부역을 하지 않아도 됩니다. …… 우리나라는 서리, 조예(　隷), 서원(書員), 사령(使令) 등이 하루도 관에서 떠날 수 없어서 그 고통이 막심한데도 일전도 받지 못하며, 농사지을 겨를도 없거니와 또한 공업이나 상업에 종사할 수도 없어서 의식이 나올 데가 없습니다. 이것이 관(官)을 속이고 법을 농(弄)하며, 백성을 두렵게 하여 돈을 요구하게 되는, 즉 염치를 불고하는 원인입니다. 어찌 의식(衣食)의 근원을 열어주고 염치를 알도록 가르쳐서 스스로 간계를 부리지 않도록 하는 것과 같겠습니까?"[38)]

---

37) 「擬上十六條疏」, 「十一生息之繁」 참조. 「重峯行狀」: "生物之源, 亦勿閉絕, 女壯而不嫁者有罪, 早孀而無依者許嫁. 蓋大明之法, 不廢再嫁之子, 故欲嫁者嫁之, 而貞女則自守其節. 我國孀婦有子者, 恐其有妨前程, 陰奸而生子夜棄者, 滔滔有之. 臣之愚意, 以爲與其拘禁失行, 以傷風化, 寧許改嫁, 使得其所也."

부정과 부패가 일어나는 까닭은 제도적으로 그리고 합리적으로 경제적인 안정을 보장하지 못하는 데서 오는 것이다. 그러므로 모든 생업에 적극적으로 참여하여 경제적 안정을 도모하게 하며, 진상과 공물(貢物)과 일체의 비용을 정해진 규모에 따르고, 그 이상으로는 쌀 한 말이나 베 한 자라도 함부로 거두지 못하게 하여 백성을 애양(愛養)할 것을 요구하였다.[39]

여기서 중봉의 애민사상의 실질적인 표현과 사회사상가로서의 일면을 역력히 볼 수 있다.

3. 壬亂直前의 國內外情況과 重峯의 先見之明

율곡과 중봉의 재세기간(在世期間)은 다 같이 49년이었다. 중봉은 율곡이 졸한 후 8년간 세상에 더 머물렀다.

실로 율곡과 중봉이 살았던 시기는 조선에 있어서 중대한 고비였다. 안으로는 동서의 붕당이 생겨서 국론이 분열되고, 기근과 질병은 잇달아 일어났으며, 국제적으로는 북쪽에 금(金)이 일어나서 대국으로 성장하고 있었으며, 남으로는 왜(倭)가 무력으로 전국을 통일하고 세계제패의 야망을 보이고 있었다. 과연 1592년에 임진왜란이 일어나고, 1636년에 병자호란이 일어

---

38) 「擬上十六條疏」, 「十餼廩之稱」 및 「重峯行狀」 참조.

39) 「擬上十六條疏」, 「十一生息之繁」 참조. 「重峯行狀」: “臣竊見 天朝祖宗憂深慮遠, 知邦本之固在於安民, 田賦身役之外, 無他雜徭, 凡可以安養斯民者, 無所不用其極, 所以人繁而地闢也. 慨我東方, 自兩界以及都門之外, 膴原沃野, 或有不耕之地, 昔日民居之處, 鞠爲茂草. 嗚呼, 國本之安固者, 專在於萬民之寧息, 而以進上之事及逐邑官員厚奉之故, 至於百姓之失所, 而邦本之杌隉如此, 必須先除其不緊進上之數, 如燕山加定之物, 及昔有而今無者, 一切蠲免, 申戒守令, 使不敢倚以毒民. 常貢賦稅止收元數, 而不敢重斂. 衙養之物, 定以費耗石數, 使臣之供, 亦從所定器數; 斗米尺布, 不敢橫斂於民, 而一有違者, 懲以贓律.”

나서 조선의 국토를 유린하여 황폐하다시피 만들었다.

이렇듯 위난의 전야에서 조선은 내수외비(內修外備)를 다하여야 할 것이요, 세운의 대국을 간파하여 대처하여야 할 중대한 시기에 놓여 있었다. 이에 선견지명을 가지고 새로운 국면을 맞아 경륜할 수 있는 능력이 필요하였으며, 모두 호응하여 일치단합함으로써만 국난을 타개할 수 있었다.

이러한 위기를 당하여 높은 식견과 적의(適宜)한 방책을 가지고 혼신의 노력을 경주한 분으로 율곡과 중봉을 꼽을 수 있다.

율곡이 특히 그의 만년에 국사를 논의한 바에 의하면, 매양 시폐(時弊)를 논하여 '위망(危亡)의 상(象)' 이 목전에 다가 있음을 깨우쳤으며, 그러므로 '부월(鈇鉞)의 주(誅)' 를 무릅쓰고서라도 간하지 않을 수 없었다고 하였다.

> "백성은 항심(恒心)을 잃어버리고, 군대는 허부(虛簿)만을 가지고 있으며, 안으로는 저축(儲蓄)이 비어 있고, 밖으로는 전쟁이 이어져 있습니다. (그런데도) 사론(士論)은 흩어지고 기강은 무너졌으니, 종전대로 따라가기만 한다면 손잡고 망하기를 기다리는 것이요, 변혁하려 한다면 많은 사람들이 괴이하게 여깁니다. 만약 호걸지사(豪傑之士)와 성현지재(聖賢之才)가 나와 세상에 쓰여서 인심을 진정시키고 세도(世道)를 만회치 않는다면, 비록 전하의 예지(叡智)라 하더라도 국토가 무너지는 형세를 구할 수 없을 것입니다."[40]

율곡은 건강을 유지할 수 없을 만큼 국사를 도모하여 노심초사하였으나, 그 논의는 받아들여지지 않고 오히려 시배(時輩)의 배척을 받았다. 주위에는 선견지명으로써 함께 변혁을 도모할 사람이 없었다. 율곡은 심지어 선조에게 다음과 같이 말하기도 하였다.

---

40) 『栗谷全書』 권7, 「陳情乞退疏」: "民失恒心, 兵擁虛簿, 內則儲畜罄竭, 外則金革連結, 士論渙散, 紀綱陵夷, 因循則束手待亡, 變通則衆目駭異, 若非豪傑之才, 聖賢之學, 出爲世用, 鎭靖人心, 挽回世道, 則雖以殿下之睿智, 無救於土崩之勢矣."

"만약 전하께서 신의 계책을 채용하고 굳게 지켜 변치 않기를 3년 동안 행하였는데도 민생이 불안하고 나라에 쓸 것이 부족하며 양병(養兵)이 여의치 못하다면, 비록 신에게 부월(斧鉞)의 주륙을 가하여도 신이 진실로 달게 받겠습니다."[41]

"아! 비적(匪賊)의 난리가 방비가 없는 가운데 일어나면 승패와 안위는 호흡할 사이에 결판이 날 것인데, 의논하는 사람들은 오히려 조용히 담소하면서 서서히 앞선 규례를 보려 하고, 거기다 중론이 분분하고 절충하여 한량없이 늦추고 있으니, 만약 조정의 의논이 정해지기를 기다린다면 변성(邊城)은 이미 깨져버리고 말 것입니다."[42]

율곡은 병조판서로서 당시에 북변의 환난이 잦았으므로 일면 이를 처리하는 한편, 보다 근본적인 대책을 강구토록 진언하였다. 그는 시무육조소(時務六條疏)에서 ① 현명한 이와 능력자를 임명할 것, ② 군민(軍民)을 양성할 것, ③ 재용(財用)을 족히 할 것, ④ 국경을 공고히 할 것, ⑤ 전마(戰馬)를 갖출 것, ⑥ 교화를 밝힐 것을 제창하였다. 또 그의 양병십만설은 누구나 익히 아는 일이다.

동서를 보합(保合)하고 상하의 틈을 없애며 국력을 공고히 하려는 최선의 방책들은 받아들여지지 않은 채, 율곡은 일찍 세상을 떠나고 말았다. 조정에서는 원대한 이곡이라곤 찾아볼 수 없고, 한결같이 쇠퇴하는 세월만 보낼 뿐이었다.[43]

율곡이 서거한 후 4년째인 정해년에 드디어 무력으로 정권을 장악한 풍

---

41) 『栗谷全書』 권7, 「陳時事疏」: "若殿下悉用臣策, 堅持不變, 旣行三年, 而民生不安, 國用不足, 養兵不如意, 則雖加臣以斧鉞之誅, 臣實甘心矣."

42) 위와 같음: "噫, 匪茹之亂, 作於無備, 勝敗安危, 決於呼吸, 而議者猶欲從容談笑, 徐考前規, 加之以衆論紛興, 折衷無期, 若待廷議之定, 則邊城已破矣."

43) 安邦俊, 『隱峯野史別錄』, 壬辰錄, 第一, 二, 三面 참조.

신수길(豐臣秀吉)의 사자가 도달하여 위협적인 언사로써 조선의 통신사를 보내라고 요청했다. 조정에서는 방도를 차리지 못하고 당황하고 있었다. 오직 율곡이 세상을 떠난 뒤에 만언소(萬言疏)를 올렸다가 벼슬을 버리고 옥천에 돌아와 있던 중봉만이 왜의 형세와 국제적인 대국(大局)을 간파하여 위난 극복의 대책을 극력 상소하여 마지않았다. 그러나 그것은 쉽사리 받아들여질 리 없었다. 중봉은 「청절왜사 제이봉사(請絶倭使 第二封事)」에서 이렇게 말했다.

"이이가 만약 살았더라면 반드시 좋은 계책을 내었을 것입니다. 그가 살았을 때 임금과 홀로 독대하면 곁에서 시기하여 함께 반박하였고, 돌아간 다음에 충로(忠勞)가 갖추어 나타났지만 남은 무리들은 나라를 그르쳤다 합니다. 아울러 충의(忠義)의 무리를 내쫓고 세월을 보내기만 할 뿐, 스스로는 나라를 경영하는 계책을 내지 못하고 나라의 곡식만 좀 먹을 뿐입니다."[44]

정해년(1592)은 임진왜란이 발발하기 5년 전이었다. 이미 그때부터 일본의 풍신수길은 조선뿐 아니라 명을 포함한 아세아 정복의 야망을 품고 있었으며, 사신의 파견도 사실은 그 정복주의의 전초였다.

풍신수길은 원래 병졸출신으로서 직전신장(織田信長)의 부장이었다. 그는 전국시대로 표현되는 당시의 일본을 통일하여 스스로 관백(關白)이 되었으며, 전국의 통치자로서 형식을 갖추었다. 태양의 아들을 자처한 그는 명을 정복하여 수도를 북경으로 옮기고 인도까지 영유하겠다는 생각을 지니고 있었다.[45]

---

44) 「抗義新編」 諸絶倭使第二封事.

45) 全海宗 · 閔斗基, 『日本史』, 明書苑 1972, 167-168, 173쪽 참조; 라이샤워 등, 『東洋文化史』, 金海宗 · 高柄翊 譯, 762쪽 참조.

그러나 조선에서는 일본의 실정에 어두울 뿐 아니라 처음부터 이러한 어처구니없는 야욕을 알 도리가 없었다. 그러나 중봉은 처음부터 왜에 대한 경계를 특별히 하였다. 안으로 자강(自彊)의 계책을 마련하는 동시에 신사(信使)의 요청을 결단코 거절해야 한다는 것이다. 중봉은 「청절왜사 제일봉사(請絶倭使 第一封事)」에서 다음과 같이 기술하였다.

"역대의 교린에 믿기만 하고 의로써 하지 않으며, 일을 도모함에 처음을 삼가지 않았기 때문에 스스로 후환을 불러 패망의 화를 취했던 경우를 청사(靑史)에 명백히 볼 수 있습니다. 양송(兩宋)이 금(金)과 원(元)에 대하여 자강(自彊)을 힘쓰지 않고 통호(通好)를 급선무로 하더니, 징색(徵索)의 환란이 마침내 도궁(都宮)을 괄진(括盡)하고 온 겨레를 포로로 하고야 말았습니다."[46]

그리하여 중봉은 당시에 일본의 사자(使者)가 오는 것은 어떠한 명의인가를 묻는다. 여기에는 지극히 위험한 음모와 간계가 들어 있다는 것이다. 이는 크게 경성하고 경계해야 할 일이다. 빈번히 왕래하면서 통신사를 요청하는 일본의 저의는 무엇인가? 중봉은 다음과 같이 말한다.

첫째로, 이는 옛날에 계평자(季平子)가 소공(昭公)을 내쫓고 제(齊)와 진(晉)에 행성(行成)한 것과 같고, 사마소(司馬昭)가 위주(魏主)를 죽이고 오(吳)와 촉(蜀)에 시위(示威)한 것과 같다는 것이다.[47] 이것은 1573년 일본 원씨가(源氏家)의 마지막 주(主)인 족리의소(足利義昭)를 멸망시킨 직전신장(織田信長)의 부장(部長)이었으며, 결국 일본의 실질적 왕이 된 풍신수길이 국내적으로 자신의 입장을 공고히 하고, 인근 국가의 지지와 승인을 획득하

46) 「抗義新編」 請絶倭使第一封事: "歷代交隣, 信不以義, 事不謀始, 自貽後患, 以取覆亡之禍者, 載在靑史, 班班可見, 而兩宋之於金元, 不務自彊, 急先通好, 徵索之患, 終至於括盡都宮, 擧族俘虜, 然後乃已."

47) 「抗義新編」 請絶倭使第一封事 참조.

려는 계략이라는 것이다.[48)]

과연 수길이 솔선하여 사신을 보내는 이유가 무엇인가? 그것은 조선과 선린을 도모하여서인가?

"그 임금에게는 능멸하고 학대하여 거리낌이 없고 이웃 나라에 대하여 영원한 친목을 이루고자 하는 자는 고금(古今)에 있을 수 없습니다. 그 마음엔 반드시 이미 나의 병력이 상하를 굴복시켰고 조선도 또한 남북으로 군대를 잃을 염려가 있으니, 만약 혁명의 위세를 몰아 사신을 교환하여 서로 치하한다면 나라 사람들이 반드시 뜻을 굽혀 좇을 것이니, 거짓으로 천인(天人)이 돕는 것 같이 꾸며 피차에 뽐내려 함입니다. 안으로는 임금을 내쫓아 죽인 자취를 가리고, 밖으로는 차츰 징구(徵求)할 길을 찾아 군대를 일으켜 도적질할 틈을 만들려는 것입니다. 이것이 과연 우리를 사랑하고 우리를 공경해서 사신을 교환하자는 것이겠습니까?"[49)]

이것은 「청절왜사 제일봉사」의 일절이다. 중봉의 생각으로는 일본이 통신사를 요구하는 것은 조선과의 교린을 두터이 하고자 함이 아니요, 오직 자신의 야심을 충족시키기 위하여 우리를 이용하려는 것이다. 하물며 임금을 함부로 내쫓음은 인륜의 대변(大變)으로서 용서할 수 없거늘 쫓아가서 정벌하지는 못할망정, 차마 사신을 보내서 그 성세(聲勢)를 도와주어야 옳겠는가하고 중봉은 반문하였다.

둘째로, 저들은 군사전문가를 포함한 무리들을 사신으로 계속 왕래시킴으로써 조선의 실정과 지리를 탐지하여 침입의 통로를 개척하자는 것이다. 중봉은 기축년(己丑年)의 「청절왜사 제삼봉사」에서 "그들의 낭탐(狼貪)한

48) 『日本史』, 166쪽 참조.

49) 「抗義新編」, 請絶倭使第一封事.

욕심은 한낱 사신의 임무에 있는 것이 아니라, 산천의 험이(險易)와 도로의 원근을 탐지하여 우리의 국토를 유린할 계책인 것"이라고 상소하였다.[50) 그리고 신묘년에 다시 영호비왜책(嶺湖備倭策)을 진술하는 가운데 이렇게 기록하였다.

"듣자 온대 적사(賊使)는 일편으로 평의지(平義智)가 조령(鳥嶺)을 거쳐 일로로 왔고, 또 한편으로 유천조신(柳川調信)이 금산(金山)·황간(黃澗)·죽령(竹嶺)·이화현(伊火峴)을 거쳐 왔다 하니, 그 무리로 하여금 두루 살피게 하지 않음이 없습니다. 이름은 회사(回謝)로되 실은 인로(引路)의 계(計)를 안고 있으니, 한심한 일이 아니오리까?"[51)

처음부터 일본의 사신은 단순한 외교상의 왕래가 아니요, 속임수이며 침략의 방편이었다. 이에 중봉은 마치 난이 이미 발생한 것과 같이 행동하였다.

처음 1587년 정해년 9월 왜사(倭使) 귤강광(橘康廣)이 왔었다. 이듬해인 무자년 12월에 다시 승(僧) 현소(玄蘇)와 평의지(平義智) 등을 보내서 통신사를 파견해 줄 것을 강력히 요청하였다. 이때 조정에서는 해마다 침입하는 왜구의 문제를 책망한다. 그러자 수길은 현소(玄蘇)로 하여금 조선인으로 일본에 도망가서 조선 침입의 향도가 되었던 사화동(沙火同)과 그와 함께 입구(入寇)를 꾀했다는 왜구 약 1천 명을 잡아서 바치게 하였다. 이에 조정에서는 서로 축하하면서 황윤길(黃允吉)과 김성일(金誠一)을 회사(回使)로 보내도록 결정하였다.[52)

그러나 당시 길주(吉州)에 유배 중에 있던 중봉은 다시 소를 올려 극력 반

---

50) 「抗義新編」, 請絶倭使第三封事.

51) 위와 같음, 嶺湖備倭策.

52) 위와 같음, 請絶倭使第三封事, 安邦俊의 附記 참조.

대하여 사신을 보내는 것의 부당성을 재삼 논하고 속임수에 넘어가지 말 것을 극간하였다.

> "우러러 하늘을 보고 굽어 땅을 살피건대, 결단코 위망(危亡)의 재앙이 조석에 박두하여 있습니다. 이제 바야흐로 죽음에 임한 말씀으로 근본을 견고하게 함에 보탬이 되고자 하오니, 임금께서 정신을 기울이시어 받아드리기 바랍니다."[53)]

셋째로, 이처럼 수차에 걸쳐 얼핏 보기에 비굴한 정도로 신사(信使)를 요청하는 까닭은 또 어디 있는가? 그것은 일단 조선의 통신사가 일본에 들어갈 것을 기정사실화함으로써 한편으로 새로운 무단정권에 대한 승인을 얻고자 함이었거니와, 다른 한편으로는 마치 조선이 일본에 굴복하여 조공을 드린 듯이 여타의 나라에 선전함으로써 조선을 모욕하고 계속 위협하며, 나아가 제국(諸國)에 대하여 위압을 가하기 위함이었다. 실제로 조선의 통신사는 경인(1590)년 3월에 출발하였으나 풍신수길의 답서는 11월에야 받았으며 그 내용의 방자하고 무례함은 정도가 지극하였다.[54)]

중봉은 「청참왜사 제일봉사(請斬倭使第一封事, 辛卯)」에서 다음과 같이 말하고 있다.

---

53) 위와 같음, 請絶倭使第三封事.

54) 倭酋 秀吉의 答書는 다음과 같은 것이었다: "其書曰, 將一超直入大明國, 易吾朝風俗於四百餘州, 施帝都政化於億萬斯年者, 在吾方寸中. 貴國先驅而入朝, 有遠慮無近憂者乎. 遠方小島在海中, 後進輩不可作許容也. 予入大明之日, 將士卒望軍營, 則彌可修隣盟也云云. 此書° 初有閣下方物入朝等語, 允吉等貽書玄蘇, 請改六字, 則蘇卽馳啓, 改閣下方物四字. 入朝二字則不許. 曰此朝字非指貴國也, 乃指大明也. 允吉, 筬, 以其書爲信. 惟誠一不以爲然, 與玄蘇往復論難, 蘇猶不聽." (안방준, 壬辰錄, 前揭書 第三, 四面 참조)

"오랑캐가 우리에게 답한 편지에 이미 그 성세를 지극히 확장하고 있거늘, 하물며 남양(南洋)의 제국(諸國)에 대하여 무력을 자랑하고 겁을 주지 않았겠습니까? 신의 생각으로는, 황윤길의 배가 처음 대마도에 정박한 날에 저들은 반드시 먼저 남양(南洋)에 말을 전파하여 조선 통신사의 방문은 제도(諸島)를 복종시키기 위함이라고 말할 것입니다. 절동(浙東)과 절서(浙西)의 장리(將吏)가 홀로 듣지 못하여 천자에게 알리지 않겠습니까? 중국이 의심하는 것은 실로 오래되었습니다. 하물며 이 오랑캐는 항상 기습적으로 공격함을 이롭게 여기오니, 만약 우리의 변방의 장수가 능히 방비하여 절연히 침범하기 어려워지면, 저들은 반드시 중국에게서 이로움을 취할 것입니다."[55]

수길의 답서는 다름 아닌 명나라를 공격하겠으니, 조선은 길을 빌리고 선구(先驅)가 되라는 것이었다. 이것은 또한 통신사를 보내서 교린한 조선이 일본과 공모한 듯이 조선과 명을 이간시키고, 조선을 곤경에 몰아넣자는 심산이었다. 그러므로 중봉은 "만약 명나라에서 일본의 이러한 간교를 깨닫지 못하고 당의 이적(李勣)과 소정방(蘇定方)이 군사를 몰고 왔듯이 죄를 물어온다면 어떻게 사과할 것이며, 우리의 백성이 어떻게 죽음을 면할 수 있겠느냐"[56]고 물었다.

이러한 상황은 조선으로서는 뜻하지 않았던 재난이요 위기라 하겠으나, 어쩔 수 없이 부딪친 현실이었다. 그럼에도 조정에서는 자주적인 대비책을 세우지 못한 채 적세(賊勢)에 위축되어 당혹(當惑)할 뿐이었다.

중봉은 이러한 긴박한 역사적 시련 속에서 나라의 운명과 호흡을 같이하면서 역사의 방향과 민족의 활로를 제시하여 분투하였던 것이다.

---

55) 「抗義新編」, 請斬倭使第一封事.

56) 위와 같음.

4. 春秋精神과 國際關係의 歷史的 反省

남왜(南倭)와 북호(北胡)의 계속적인 위협을 받을 수밖에 없었던 지정학적 조건하에서 조선은 어떠한 대책과 방법을 강구해야 했는가? 당시에 외부로부터 주어지는 무력적인 침략과 충격에 대하여 조선이 취하여야 할 길은 무엇이었는가? 이러한 국제적인 역학관계에 관련하여 중봉의 입장과 대응방식을 고찰해 보기로 하자.

중봉에 있어서는 우선 그 역사의식이 뚜렷하였다. 그것은 동양에 있어서 정통적 정신의 표적이면서 유교의 기본이념이기도 하다. 그것은 다름 아닌 인도(人道)를 선양하고 수호하려는 노력이며 항쟁이었다. 중봉은 이 땅에 뿌리박혀 내려온 인류의 보편정신과 동양적 가치관의 정통성을 확인하고 이를 당시에도 계속 발양되어야 할 것으로 생각하였다. 이처럼 인도와 평화를 옹호하려는 정신은 진정으로 굳세고 영구적인 힘의 원천이 된다. 이를 유가적 용어로 말하면 존왕양이(尊王攘夷)의 춘추정신이라 할 수 있는데, 이는 인도를 저버린 패악(悖惡)한 이적(夷狄)을 물리치고 인의(仁義)를 근본으로 하는 왕도(王道)를 지켜내려는 정신이다. 즉 사술(詐術)과 포학과 무도(無道)가 팽배한 세계에 있어서 인도와 정의가 이를 극복하여 승리할 수 있을 것인가?

왜사(倭使)가 조선에 와서 신사(信使)를 요청할 때 조정에서 끝내 이를 거절하지 못한 것은, 저들이 품은 계략을 몰랐던 것도 사실이거니와 무엇보다도 그 군사적 위협을 두려워했기 때문이었다. 그러나 중봉의 안목으로 볼 때, 그것은 권력층의 역사의식이 투철하지 못하였기 때문이었다.

중봉은 왕의 좌우에 위난을 인식하여 타개할 수 있는 인사가 없다고 단언했으며, 그것은 사실이었다고 할 수 있다. 만약 옳고 그른 것이 무엇이며 명예와 치욕이 어떤 것이며 힘의 근원이 어디 있는가를 알았더라면, 결코 통신사를 왜국에 보냈을 리도 없고 그와 같은 수모와 참화도 면할 수 있었을 것이다.

중봉은 이웃 나라와의 교린(交隣)을 불필요한 것으로 생각하지도 않았고 또한 고루하게 쇄국을 능사로 간주하지도 않았다. 다만, 이웃 나라와 선린(善隣)을 도모하여야 한다는 것이다. 중봉은 "교린의 도리는 종시 신의(信義)로써 하는 것이 옳다"[57]고 한다. 그러나 "일본은 본시 뒤엎기(反覆)를 잘하고 신의가 없는 나라"[58]라고 단언하였다.

그리하여 신사(信使)를 보낼 수 없는 조선의 입장을 다음과 같은 조목을 들어서 논하였다. 그것은 인도와 정의의 정신에 입각한 것이었다.

첫째, 조선으로서는 수길이 원씨(源氏)[59]를 쫓아낸 일이 명확히 해명되지 않았는데 구의(舊誼)를 저버리는 세력에만 부응한다면, 이것은 신의에 어긋나는 일이라고 본다.

> "거란이 전쟁을 좋아하여 고려가 절교하였고, 서온(徐溫)이 임금을 내쫓음에 강목(綱目)이 벌을 주었다. 새로운 군주의 공적이 비록 크게 드러났다 하더라도, 전왕이 폐출된 까닭이 무엇인지 알지 못하는 터에, 만약 새롭게 사귐이 달다고 하여 예전부터 이어온 좋은 사이를 잊어버린다면, (그리하여) 십도(十島) 가운데 일부(一夫)라도 혹 나의 태도를 나무람이 있다면, 내 실로 얼굴을 들고 천지의 예옥(裔玉)으로서 설 수가 없을 것이다."[60]

이것은 중봉의 봉사 가운데 임금이 왜사에게 고할 말씀으로 올린 글의 일절로서, 신사를 보낼 수 없는 까닭을 분명히 밝히라는 것이다.

---

57) 「抗義新編」, 擬斬賊使玄蘇罪目.
58) 위와 같음, 請絶倭使第二封事.
59) 源氏家의 마지막 主인 足利義昭(1568 ~73)를 일컬음. 1199년에 源賴朝가 幕府를 세웠으며, 義滿(1368 ~ 94)때에는 대외적으로 "日本國王"이라는 칭호를 사용하여 실질적인 王家로서 내려왔음.
60) 「抗義新編」, 請絶倭使第二封事.

둘째로, 조선은 본시 외국에 대하여 모욕을 주거나 침략을 도모한 일이 없음을 분명히 하였다. 즉 조선은 인도를 숭상하고 평화를 애호하는 국가임에 반하여 왜국은 무도하고 잔학한 무리들인 만큼, 결코 혼동할 수 없는 것임을 논하였다.

> "조종(祖宗) 이래 나에 이르기까지 대대로 지켜온 국방의 규칙은 오직 이웃나라에 대하여 모욕하고 침탈하지 않는다는 것이다. 그러므로 일찍이 한 번도 군사를 일으켜 바다를 건너 남으로 간 일이 없었다. 오직 이예일(李芮一)로 하여금 대마의 반적(叛賊)을 토벌한 것은 너희 나라의 늙은이들[耆舊]은 다 아는 바이다.
>
> 그럼에도, 너희 나라의 적선(賊船)들은 매년 들여다보지 않는 때가 없고, 우리의 어부들을 잡아가는 일이 이루 헤아릴 수 없을 정도이다. 심지어는 사람을 구워서 하늘에 제사를 지내고, 아이의 살점을 발라낸다는 것은 천하의 어떤 나라에서도 들어보지 못하는 바이다."[61]

여기서 조선과 일본이 얼마나 대조적으로 드러나고 있는지 알 수 있다. 그러므로 중봉은 우선 정해년 2월(1587) 왜적이 조선의 흥양경(興陽境)을 침범해 왔을 때 조선인으로 일본에 도망하여 길잡이 역할을 했던 자와 그 무리들을 잡아 보내고, 다시는 침범이 없도록 조치할 것을 종용하여야 한다고 하였다.

> "만약 춘적(春賊)의 괴수와 향도한 자를 잡아 보내는 것으로 나라의 형벌을 명시하고 장사(將士)의 치욕을 씻어주며, 너희 나라의 대소도(大小島)에 엄금하여 다시는 감히 엿보지 못하게 한다면, 우리나라 사람들이 모두 편안히 잠잘

61) 위와 같음

수 있으리라."[62]

중봉은 만약 일본이 이처럼 한다면 양국이 우의(友誼)를 가질 수 있을 것인데, 듣지 않는 것이 문제임을 알아야 한다고 한다. 그리고 왜사들은 이러한 정황을 분명히 알아서 일본에 간 다음 전하라는 것이다.

셋째로, 처음에 통호(通好)한 것은 고도한 도덕과 문화를 밝혀서 선린을 도모하자는 것이었으나, 이것이 차츰 변질하여 장사나 하고 행패를 부리어 근본정신을 저버렸으므로 이에 대한 반성을 촉구해야 한다는 것이다.

"당초에 너희 나라가 우리나라에 통호한 것은 작은 나라의 힘으로 이웃을 위협해서가 아니요, 반드시 (우리나라가) 구주(九疇)와 팔조(八條)의 가르침이 기자로 말미암아 먼저 밝혀졌고, 주공정주(周孔程朱)의 학이 널리 세상에 행하여 그 설을 얻어듣는 자가 작게는 가히 가족을 보존하고 집 안을 바르게 하며, 크게는 임금을 높이고 백성을 보호하기 때문이었다.

그러므로 선조(先朝)에 통호한 사신으로 말하면, 빙문(聘問)하는 것 이외에 혹 경적(經籍)을 탐하며, 물건은 별것 아니로되 정은 두텁고, 일은 간이(簡易)하되 폐단이 없어서, 왕래함에 힘들지 않게 수작(酬酌)하였다. (그러나) 그 후 사신이 점점 장사를 숭상하고 뜻에 맞지 않으면 사나운 안색을 비추는 것으로부터 우리의 시민을 죽이고 변환(邊患)을 일으킴에까지 이르렀으니, 겸양하는 기풍을 무너뜨리고 양국의 화기를 손상한 것은 또한 너희 나라의 견식이 있는 사람들도 한탄하는 바이다."[63]

62) 위와 같음.

63) 위와 같음: "當初爾國之通好於弊邦者, 非謂小邦之力可以威?隣邦也; 必以九疇八條之教, 由箕子先明, 而周孔程朱之學, 粗行於世, 得聞其說者, 小可以保族宜家, 大可以尊主庇民故也. 乃若先朝通好之使, 則聘問之外, 或耽經籍, 物薄而情厚, 事簡而弊絶, 其往與來, 不勞酬酢. 而厥後使臣, 漸尙興販, 少不稱意, 怒形於色, 以至殺我市人, 激我邊患, 以虧廉讓之風, 以傷兩國之和者, 亦爾國有識人之所歎也."

이처럼 타일러 보냄이 저들의 계책을 제어하여 그 속임수를 공파하는 길이라고 중봉은 논술하였다. 중봉은 임금에게 수길이 과연 진정으로 교린을 원한다면, 먼저 자신의 나라에 인도를 회복하고 평화의 틀을 마련하여야 할 것이라고 하였다.

"가령 수길이 선한 행적이 있어서 백성의 추대를 받았다면, 구분된 땅에 정한(定限)이 있을 것입니다. 마땅히 안으로 자신을 돌이켜 다스리어 백성을 안정시키기에 힘쓰며, 칼과 창을 녹여서 농기를 만들며, 도적을 바꿔서 양민을 만들며, 밭 갈고 물고기 잡아서 자력으로 살고 이경(異境)을 침범하지 않음으로써 자손의 무궁한 계책을 삼아야 할 것입니다."[64]

얼마나 인도와 평화정신으로 가득 차 있는가를 알 수 있다. 인(仁)과 불인(不仁)의 본질적인 차이가 여기서 드러난다고 하겠다. 나아가 중봉은 만약 저들이 황벽(荒僻) 고루(固陋)함을 면하기 위하여 사절과 박물(薄物)을 보내어 빙례(聘禮)로써 구해온다면 우리는 성자의 가르침을 전해줄 따름이니, 문명된 도로써 그 야만됨을 변화시켜야만 할 것이라고 하였다.[65] 그러므로 왜사로 하여금 돌아가서 수길에게 다음과 같이 고하도록 하라는 것이다.

"만약 능히 후왕(侯王)의 법도를 준수하고 명의(名義)를 바르게 하며, 전왕의 자손을 모두 죽지 않도록 대우하여야 할 것이며, 적선(賊船)의 횡행을 일절 금지하고, 우리의 반노(叛奴)를 돌려보내어 다시는 도륙(屠戮)하는 일을 행하지

64) 위와 같음, 請絶倭使第三封事: "假使秀吉, 誠有善跡, 而爲國人所推戴, 區分之土, 各有定限, 所當反躬內修, 務靜國人, 鑄劍戟爲農器, 革盜賊爲良民, 耕漁自居, 無侵異境, 以爲子孫無窮之計."

65) 위와 같음, 請絶倭使第一封事: "明吾華夏之道, 格彼蠻髦之性."; 위와 같음, 第三封事: "如以荒僻孤陋爲悶, 則時遣渠使薄物, 修聘求之我國者, 箕範孔敎之傳而已, 則用夏變夷, 或有遷喬出幽之望, 而享國歷年, 或能如源氏之久矣."

말 것이며, 의(義)를 중히 알고 이(利)를 가볍게 알아서 염양(廉讓)함이 풍속을 이룰 것 같으면, 한 번 변하여 도에 이를 것이니 우리가 오히려 바라다보고 향풍모의지사(向風慕義之士)를 보내지 않을 수 없을 것이다."[66]

그러나 수길은 이러한 뜻에 전혀 역행(逆行)하여 전왕을 살해한 흔적을 그대로 둔 채, 사신이라는 것이 고작 염탐꾼이요, 장사치[商賈之族]나 검객(劍客)을 보내왔던 것이다.

"전사(前使) 귤강광(橘康廣)은 장사치의 무리에 불과하였고, 이번에 온 사자도 역시 검객으로서 생명을 가볍게 아는 자일 따름이니, 한갓 어깨를 벗어부쳐 더러운 냄새를 풍길 뿐 가히 볼만한 기풍이 없이 장황하고 시끄럽게 소리쳐서 우리의 신사(信使)만을 요구하고 있으니, 가히 그 나라에 사람이 있다고 하겠는가?"[67]

중봉에 의하면 당시의 일본의 무도함은 이루 말할 수가 없을 정도였다. 심지어 우리의 통신사가 일본에 도착하여 연회를 베풀 때 어떤 섬의 도주를 죽여 보임으로써 위협을 일삼았으니, 실로 언어를 절(絶)할 따름이었다.

"우리의 사신을 맞아 잔치를 베풀 때, 일도주(一島主)의 목을 베어 쟁반에 담아서 보였으니, 사신을 맞이함에 세사(細事)까지도 삼가지 않은 것이다."[68]

---

66) 위와 같음: "若能遵守侯度, 先正名義, 前王子孫, 皆待以不死, 賊船橫行者, 一切禁斷, 還我叛俘, 更勿事屠戮, 重義輕利, 廉讓成俗, 則一變至道, 吾猶有望, 向風慕義之使, 不得不一遣矣."

67) 위와 같음, 請絶倭使第二封事.

68) 위와 같음, 擬與琉球國王書.

수길이 한편으로는 침략의 준비를 착착 진행하면서 이처럼 오만하게 구는데도, 조선에서는 이들을 매우 환대하여 더욱 방자하게 만들고, 스스로 위축되어 떨쳐 일어나지 못하고 있었으니 한심한 일이 아닐 수 없었다.

"이제 수길은 우리나라에 대하여 나날이 삼켜버릴 계략을 세우고 있습니다. 대마도주를 죽이고 심복인 평의지(平義智)를 보내어 대신 수비케 하였으니, 우리의 왼팔을 빼어서 첩보를 얻을 길이 없게 되었습니다. 또한, 사신 신장(信長)으로 하여금 드나들며 정탐하게 하면서 탐문할 곳은 회사(回謝)한다고 하여 돌발적인 계책을 삼았습니다. 비록 이달이라도 이 섬에 군대를 숨겨둘지도 모르는데, 위아래가 모두 말하기를 꺼리고 있습니다. 크게 거병하여 쳐들어올 근심이 있음을 알지 못하고 있으니, 그 감춰진 재앙에 마음이 참혹합니다.

그런데도 우리는 여전히 성대하게 갖추어 대접하여 중국의 사신을 접대함과 다름이 없습니다. 적사(賊使)가 두 길로 나뉘어 올라옴에 양쪽으로 갈라서 대기하였으며, 영남과 호남의 각 읍은 관리와 백성들을 동원하여 원역(院驛)에 나와 맞이하곤 하였습니다. 시일은 자꾸 흘러가건만 하나라도 방비할 일은 돌아보지 않고 있으니, 비록 안진경(顔眞卿)과 같은 선경지명이 있다 하더라도 호(濠)를 파고 성(城)을 완비할 계획을 세울 겨를이 없을 것입니다.

저들이 우리 사신을 그렇게 박대하였음에도 우리는 먼저 기죽은 안색을 보였으며, 노왜(奴倭)가 교만하게 우리의 장리(將吏)를 천예(賤隷)와 같이 취급하여도 감히 한마디 예의로써 책망하지 못하였으니, 이른바 후대(厚待)하라고 하신 교지는 실은 우리의 국명을 위축시켜서 영원히 떨쳐 일어나지 못하도록 하는 까닭이 되었습니다. 우리의 민력을 손상하고도 감히 적을 물리치지 못한다면 어찌 통곡할 일이 아니겠습니까?"[69]

---

69) 『抗義新編』, 請斬倭使第一封事.

이웃에 대하여 선의(善意)를 베푸는 것은 좋은 일이나 불의를 도울 수는 없는 것이며, 남에게 양보할 수 있으나 모욕을 받을 수 없다. 그러나 이러한 도리에 확신을 하지 못하고 능히 떨쳐서 극복하지 못한다면 한갓 무력과 형세에 의존하게 마련이니, 강자와 약자는 자명하게 판명된다. 왜국은 그 힘을 믿었던 것이요 조선에서는 그 힘을 두려워했던 것이다.

수길은 무력으로 일본 십도(十島)를 제압하였거니와 조선의 정복도 가볍게 생각하였다. 중봉 자신도 왜적에 대하여 '천하의 강구(强寇)' 임을 시인하였다.[70] 이것은 심히 경계할 일이다. 그러나 중봉은 그것만으로 모든 것을 해결할 수 있다고 믿는 것은 매우 어리석은 일이라고 하였다.

위험하다고 겁낼 것이 아니요, 오히려 정의를 들어서 저들에게 공세를 취하여 스스로 붕괴토록 하여야 한다고 하였다. 중봉은 처음부터 이와 같은 내용을 강력히 주장하였다. 그는 「청절왜사 제일봉사」에서,

> "만약 저들은 강하고 우리는 약하다고 핑계를 삼으며, 혹은 저들을 끊음으로써 난(難)을 발생시킬까 두렵다고 한다면, 항우(項羽)의 강함은 천하의 무적이로되 한(漢) 왕이 한번 그 제(帝)를 죽인 죄를 천명함에 필부도 기세를 차게 하고 제후도 도움을 아꼈습니다. 새 추장(酋長)이 비록 강하더라도 반드시 항우에 미치지 못할 것이며, 10도가 비록 좁다하지만 한둘의 충의지사(忠義之士)가 없지 않을 것입니다. 만약 우리나라에서 대의로 성토하여 사신을 내쳤다는 소문이 들린다면, 자연히 서로 감응하는 이치가 있어서 멀리 떨어져 있는 무리들을 격동시킬 것이니, 구주(舊主)를 위하여 원수를 갚고자 하는 자가 자연히 있게 될 것입니다."[71]

라 하였고, 다시 「청절왜사 제삼봉사」에서는

70) 『抗義新編』, 擬與琉球國王書.

71) 위와 같음, 請絶倭使第一封事.

"가령 수길의 병력이 성도(城都)를 멸망시킬 수 있다 하더라도, 그 나라 사람들이 실로 선함에 경사 있고 악함에 재앙 있는 응보를 깨닫지 못하는 것입니다. 제경공(齊景公)이 눈물을 흘리며 오(吳)에 딸을 주었으니 오가 제보다 강한 것은 확실합니다. (그러나) 오가 나라를 잃어버림이 제보다 먼저였습니다. 연개소문이 임금을 죽이고 자립하였으니 신하가 임금보다 강한 것이 분명합니다. (그러나) 당병(唐兵)이 그 도읍을 멸망시켰습니다. 세상에 없는 환문(桓文)과 같은 강적이 비록 어쩌다가 천하를 평정하였다 하더라도 그 멸망할 것이 환히 보입니다. 이러한 뜻을 모르고 감히 도(道) 있는 나라를 능멸하니, 이것은 부견과 같이 스스로 망함을 신속히 하려는 자가 아니겠습니까?"[72]

라고 하였다. 중봉은 일찍부터 "국가가 홍성하거나 쇠퇴하는 형세는 한갓 병력의 강약에 있는 것이 아님"을 천명하였다. 그리고 일시적으로 홍성하더라도 만약 국가의 근본이 서 있지 못할 때에는 쉽사리 무너질 수 있는 것임을 역사적 사례를 들어서 설명하였다. 그러므로 저들이 재삼 통신사를 무리하게 요청해 왔을 때 그 죄를 들어서 '사신을 목 베어' 단호하게 조치하여야 한다는 것이다.[73] 즉 일본의 강성함은 근본이 확립되지 못한 일시적 강성함이므로 이에 위축되지 말고 단호하게 대처하자는 것이다.

한편으로 중봉은 우리나라는 자고로 '도가 있는 나라[有道之邦]'이며, '도의가 있는 나라[道義之國]'라고 하였다. 그리고 또한 "도의의 힘은 만갑(萬甲)보다 강하고, 어진 자는 상대가 없다는 맹자의 가르침이 환하게 드려져 있음"[74]을 강조하였다. 즉 우리나라는 천하에 상대가 없는 인의를 근본으로 하기 때문에 일본의 군사적 강대함에 위축되지 말아야 한다는 것이다.

72) 위와 같음, 請絶倭使第三封事.

73) 위와 같음: "聲其罪而斬其使, 縱其小而還其物, 則彼實自絶而我非絶物也."

74) 위와 같음, 請絶倭使第三封事.

"증자가 말하기를 '진(晉)과 초(楚)의 부유함은 내가 미칠 수 없으나, 저들이 부유함으로써 한다면 나는 나의 인(仁)으로 할 것이요, 저들이 관작(官爵)으로써 한다면 나는 나의 의(義)로써 할 것이니, 내가 어찌 부족함이 있겠는가?' 라 하였습니다. 필부로서도 인에 머물고 의를 지키면 오히려 진과 초를 두려워함이 없거늘, 하물며 막대한 제후가 왕법을 삼가 지키며, 어진 사람에게 맡기고 능한 사람을 부려서 정사를 닦고 은택을 베풀며, 인(仁)으로 인심을 결합하고 의(義)로써 이웃을 맺는다면, 어떤 사람도 다투려 함이 없고 사방이 본받을 것입니다."[75]

그리하여 중봉은 "우리의 문명한 도를 가지고 저들의 야만한 성을 바로잡아 주어야 할 것이며, 우리의 임금을 친하고 어른을 위하여 죽을 수 있는 백성을 데리고 저들의 다스려지지 않고 임금이 없는 무리들을 두들겨 주어야 한다."[76]고 하였다.

"명분이 없는 군사는 일으킬 수 없습니다. 가령 (저들이) 쳐들어온다 하더라도 잘못은 저들에게 있는 것이니, 신과 같이 쇠약한 사람도 또한 막대를 만들어 등을 두들길 것입니다."[77]

'의기(義氣)' 란 미약한 것 같지만 실은 막강한 것이다. 이것은 만인을 분노케 하여 위대한 힘을 발휘할 수 있다. 실로 왜란 중에 전국에서 일어난 의병들의 저항은 왜적에게 커다란 타격을 주었거니와, 조선과 명의 연합군은 막대한 희생을 감당하면서 저들을 무찔렀다. 7년 병화 끝에 수길은 후사(後嗣)도 없이 죽었고, 왜적은 아무런 소득 없이 패주하고 말았으니, 역사에 패

75) 위와 같음, 請絶倭使第一封事.
76) 위와 같음.
77) 위와 같음, 請絶倭使第三封事.

역(悖逆)하는 무리들의 최후가 어떠하였는가?[78)]

홍망성쇠의 역사적 와중에서 오직 조선이 내놓을 수 있는 것은 무엇이었는가? 그것은 민족에게 맥맥(脈脈)히 흘러 온 인도와 정의 그리고 자주와 평화의 정신이었다.

5. 自主精神의 鼓吹와 國難對策

(一)

중봉은 나라가 직면한 위난을 극복하고자 국내외적으로 조처할 방안을 거세(巨細)와 선후를 갖추어 진술하였다. 그리고 중봉은 나라를 수호해 온 역사적 전통, 외적을 방어하기에 유리한 지리적 조건, 민족의 자주적 역량과 국제적인 유대 등을 종합적으로 판단하여 왜적의 침입을 막아낼 수 있다고 한다.

그러나 중봉은 외침이란 항상 그 나라가 안으로 허술한 틈을 타서 일어나게 마련이니, 임금으로부터 위기를 인식하여 자주적인 기반을 구축하여야 한다고 하였다. 잘못된 점은 시급히 고쳐야 할 것이며 사심이나 편당에 치우침이 없이 오직 현명하고 능력 있는 사람을 모아야 한다. 옳은 소리를 목

---

78) 『東洋文化史』, 앞의 책, 763쪽 참조: "히데요시는 이 대륙침략에서 목적한 바를 하나도 얻지 못하였다. 히데요시는 세계를 의미했던 중국(明)을 지배하지도 못하였고 분배해 줄 만한 戰利品도 얻지 못하였다. 뿐만 아니라, 海外로 放血하였다 해서 隸下封臣들이 自己의 死後 자기의 後嗣의 지위를 탈취하지 않게 된 것도 아니고, 그 지위를 계승하고자 하는 싸움을 안 일으킨 것도 아니었다. … 일본의 정치 · 군사면에서의 유일한 침략전쟁의 결과는 히데요시에게 가장 충성스러웠던 大名을 포함한 전쟁참가자들의 노력이 약화되었다는 것이다. 그것은 토쿠가와 이에야스 같은 히데요시의 신뢰가 덜하였고 전쟁에 참가치 않았던 大名들에게는 이로운 것이었다."

마르듯이 기다려서 과감히 실천할 것이요, 옹색하게 비판을 싫어하고 멀리 해서는 중론과 지혜를 모을 수 없다. 중봉은 나라를 보호하려면 다음과 같은 신중한 자세가 필요함을 논하였다.

> "윗사람 된 이는 마땅히 튼튼한 보필을 구하고, 환난을 생각하여 예방하여야 합니다. 마치 범의 꼬리를 밟은 듯이 하고 봄날의 얼음을 건너는 듯이 하며, 썩은 새끼로 여섯 마리의 말을 몰듯이 한 다음에야 이 마음이 허령(虛靈)하여 일이 닥침에 쉽게 밝히고, 치란(治亂)의 기미가 분명하게 드러나서, 군신(君臣)이 서로 조심하여 위태하기 전에 나라를 보호할 수 있습니다."[79)]

그러나 중봉에 의하면 당시의 지도층은 현실 문제를 타개하고 위난에 대처하기에는 지극히 무능하고 무력하였으므로 일대 변혁이 요구된다는 것이다.

> "맹자가 말씀하시기를 '사람은 반드시 스스로를 모욕한 다음에 남이 그를 모욕하며, 나라는 반드시 스스로를 공격한 다음에 남이 그 나라를 공격한다.' 라고 하였습니다. 오늘날 팔다리와 눈귀가 된 자[股肱耳目]들이 풍하(馮何)보다 현명치 못하면서 현인을 시기하고 능력자를 질투합니다. 혹 지나친 경우에는 자기의 당을 심어놓고 자기의 사람을 포열(布列)하며 신속하지 못할까 두려워하여, 두루 돌아다니며 범처럼 물고, 두들겨서 고혈을 짜냅니다. 백성의 유랑과 군대의 흩어짐이 끝이 없고, 강상(綱常)의 변고가 잇달아 일어나도 여전히 교만하고 사치하며 혼탁하고 썩어서 기강을 바로잡고 백성을 도탄에서 구제해야 함을 알지 못합니다. 항상 성주(聖主)를 눈앞의 편안함으로만 인도하여 안으로

79) 「抗義新編」, 請絶倭使第一封事: "爲人上者, 宜乎自求彊輔, 思患豫防, 若蹈虎尾而涉于春氷, 若以朽索而馭六馬, 然後此心虛靈, 觸事易明, 治亂之幾, 炳著目前, 君臣相戒, 可以保邦于未危."

지키고 밖으로 막아냄에 한 가지도 믿을 것이 없으니, 하찮은 개나 양이라도 침능(侵凌)할 수 있을 것입니다."[80)]

이처럼 위난이 박두하였는데도, 안일(安逸) 속에서 사리(私利)만을 도모하는 경향이 극심하였던 것이다. 그러므로 중봉은 당시의 잘못된 흐름을 비판하면서 이와 같은 흐름을 바로잡아야 한다고 하였다. 즉 나라의 질서와 기강을 바로잡고, 민생을 도모하기 위하여 서둘러 마음과 힘을 합쳐야 할 것이요, 옳은 것을 좇을 뿐 붕당과 사리를 꾀할 때가 아니라는 것이다.

"이제 저들을 대적할 방도를 구해야 하니, 반드시 선처할 방법을 택할 것이요, 동서(東西)의 논의의 다름으로 인하여 크게 대립하는 바가 있어서는 안 될 것입니다."[81)]

좋은 방법을 택하려면 널리 사람들의 의견을 들어서 중지(衆智)를 모아야 한다. 여기에서 중봉은 정포은이 여말의 위난 시에 국사를 널리 주선하여 담론하기를 마지않은 경우를 들어 중론을 모을 것을 강조한다. 포은의 시(詩)에 "자리에는 손님들이 항상 가득 찼고, 동이에는 술이 비이지 않았도다" 라 하였으니, 일을 맡은 자가 문을 닫아걸고 오뚝하게 앉아 중사(衆思)를 모으지 않으면서 능히 나라를 부지한 사람은 예로부터 없었다고 하였다.[82)] 여기서 우리는 율곡의 경제사(經濟司) 창설의 주장을 상기할 수 있다.

중봉은 국정(國政)을 공고히 하고 위난(危難)을 대비함에, 당시에 실정

80) 위와 같음.

81) 『抗義新編』, 請絶倭使第二封事: "今求待彼之要, 須擇善處之術, 不可以東西異議, 而有所逕庭矣."

82) 위와 같음: "其詩曰 座上客常滿, 導中酒不空, 任事之臣, 閉門兀坐, 不集衆思, 而能扶其國者, 古未之有也,"

(失政)을 거듭하면서 왜사에게 이끌리기만 하는 이목(耳目)이 없는 자들을 의존할 것이 아니라, 깨끗하고 유능한 인재를 불러서 임무를 맡기고 의논할 것을 건의하였다. 그리하여 깨끗한 선비로서 홍성민(洪聖民), 이준민(李俊民), 안자유(安自裕), 이산보(李山甫), 이해수(李海壽), 이증(李增)을 추천하였으며, 당시의 중진으로서 박순(朴淳), 정철(鄭澈), 송순(宋純) 그리고 성혼(成渾)을 지적하였다. 그렇게 함으로써 백료(百僚)를 바로 잡고 줄기를 굳게 하고 뿌리를 튼튼히 하면, 오랑캐가 넘보는 것과 도적이 횡행하는 것을 비록 그치게는 못할지라도 위난으로부터 국가를 부지(扶持)할 수는 있을 것이라고 하였다.[83)]

또한, 중봉은 처음부터 왜사의 왕래를 경계하고 그 위험을 경고하였다. 그러나 결코 이에 위축되거나 비굴할 까닭이 없으며, 설사 저들이 침입하더라도 능히 물리칠 수 있음을 확신시키고자 하였다.

중봉은 「청절왜사 제일봉사」에서

> "우리나라는 층층의 관문이 성(城)을 이루고, 둘러싼 바다가 못[池]이 되어 능히 지켜내고 막아내는 것은 자고로 유명합니다. 수(隋)의 병사는 스스로 패하였고 당(唐)의 태종은 위세가 꺾였으며, 발도(拔都)의 강맹함도 태조가 활을 당겨 전멸(剪滅)시켰으며, 붕중(硼中)의 간교에도 중종이 자세히 살펴서 폐관(廢關)하였으니, 옛날은 강하였는데 오늘날은 약하다고 할 수 없습니다."[84)]

라 하였고, 다시 「청절왜사 제삼봉사」에서

---

83) 위와 같음, 請絶倭使第二封事 참조.

84) 『抗義新編』, 請絶倭使第一封事: "況我國家, 層關作城, 圜海爲池, 能守能禦, 自古有聞. 隋兵自敗, 唐宗挫威, 拔都之强而太祖翦滅于引月, 硼中之姦而中廟致訊于閉關, 則不可謂之古强而今弱矣.'

> "우리나라는 자뢰하여 윤택함이 끊어지지 않았으니, 흩어진 병사를 거두어 들인다면 또한 자력으로 지킬 수 있을 것입니다. 어찌 사술(詐術)에 빠져서 억지로 동맹을 맺겠습니까? 하물며 우리 삼한(三韓)의 땅은 작은 것으로 능히 큰 것을 대적할 수 있다고 가장 이름이 나 있습니다. 을지문덕이 수의 병사를 살수에서 물리쳤고, 고려 왕조가 선사(船師)를 압록의 땅에서 제어하였습니다. 땅에는 고금의 다름이 없으니, 의기가 어찌 오늘날만 부족하다고 하겠습니까?
>
> 오직 선인(善人)을 보배로 삼고 즐길만한 사물을 보배로 삼지 않으며, 군신이 협력하여 백성을 자식과 같이 여긴다면 백성이 또한 힘을 다하여 사수(死守)할 것이며, 자라나 개구리조차도 나라를 보전할 것입니다."[85]

라 하였다. 즉 우리는 방어하기에 좋은 지리적 조건을 가지고 있고, 군사력도 약하다고 할 수 없으므로 모든 국민이 힘을 합하여 싸우면 능히 막아낼 수 있다는 것이다.

> "하물며 신책(神策)과 노장(老將) 가운데 어찌 한 사람의 고경(高瓊)이 없겠습니까? 저들은 떠들고 우리는 조용하니 수고롭고 편안함이 서로 다르며, 저들은 도적질하고 우리는 지키니 굽음과 곧음이 서로 현격합니다. 돌을 던지고 노쇠를 날려 목숨을 다하여 싸울 것입니다.
>
> 또한 혹 성을 10일 정도 지키면 서울의 원군이 어디든 이르고 바다를 건너온 양식이 하루 이틀을 보존키 어려울 것이니, 속전(速戰)에 불리하해지면 그 형세가 저절로 쇠퇴할 것입니다. 그 배고픈 때를 기다려서 기병(奇兵)을 보내어 요

---

85) 『抗義新編』, 請絶倭使第三封事: "況我三韓之地, 最號能以小敵大. 乙支文德, 擠隋兵於薩水, 高麗王祖, 制舟師於鴨綠. 地無古今之異, 則義氣豈可謂今乏乎? 惟以善人爲寶, 而不寶玩好之物, 君臣協力, 視民如子, 則民亦極力死守, 沈竈產蛙, 亦可全邦矣." 중봉은 請絶倭使第二封事에서 姜邯贊이 契丹의 침입을 저지하여 敗滅시킨 사실을 아울러 기록하였다: "中得姜邯贊而狼烟之永息."

격한다면 한 조각의 전선도 돌아가지 못할 것입니다."[86]

중봉의 왜구를 물리칠 수 있다는 자주의식은 단순한 주관적 신념이 아니요, 역사적 사실과 지리적 조건을 고려한 경륜과 확신에서 나온 것이다.

이처럼 중봉은 내치(內治)를 공고히 함과 아울러 국력을 집결하여 조만간 일어날 전쟁에 서둘러 대비할 것을 주장하였다. 일차적으로는 사전에 전쟁을 방지하여야 할 것이며, 난이 발생하는 경우에 싸워서 이길 태세를 갖추어야 한다고 한다. 국내적으로는 육·해 양면의 대비를 하여야 할 것이며, 대외적으로는 일본에 대하여는 단호한 조치를 취하고, 국제적으로 중국(明)을 위시한 남양제국(南洋諸國)과 연합군을 형성하여 저들을 견제하여야 한다고 하였다. 그리고 동시에 일본 내부에 반항세력을 구축하여 수길의 침략의도를 붕괴토록 하여야 한다는 것이다.

(二)

첫째로, 대외적으로 왜적의 침략을 방지하기 위한 정치적·외교적인 조치이다. 중봉은 정해년(1587)부터 무자, 기축년 사이에 왜사(倭使)가 내조(來朝)할 때부터 이들을 척절(斥絶)하거나 참(斬)하여 조선의 입장을 확고하게 표시하고 결코 틈을 주지 말아서 조선을 무시하거나 침범할 수 없다는 의식을 넣어주어야 한다고 말하였다. 더구나 신묘년 통신사가 '길을 빌려 달라' 는 모욕적인 폭언을 가지고 왔을 때는, 함께 온 사신 현소 등을 참하여 머리는 명(明)에 보내고 지체는 유구 등 남양(南洋)의 여러 나라에 보내야 한다고 하였다. 그리하여 천하 제국에 일본의 위험을 경고하고, 만국이 함께 분노하여 저들의 망동을 봉쇄하자는 것이었다.

---

86) 위와 같음, 請絶倭使第三封事.

중봉은 46세 기축년에 도끼를 들고 만언소(萬言疏)를 올렸다가 길주에 유배되었었거니와, 돌아온 후 임진 한 해 전인 선조 24년 신묘 3월에 또다시 도끼를 들고 백의(白衣)로 예궐(詣闕)하여 엎드려 상소하였다. 중봉은 『주역』의 복괘(復卦)와 송괘(訟卦)를 들어서 논하는바, 이제까지는 모두 잘못되었으나 아직도 늦지 않았으니, 이번의 중요한 시기를 놓치지 말 것을 극간하였다.

"신이 생각하옵건대, 오늘의 일은 안위와 성패가 호흡지간에 있어서 실로 편안치 않은 시기라 하겠습니다. 오직 속히 오랑캐의 사자를 참수하여 급히 천조(天朝 : 明)에 알리고, 도적의 수족을 유구(琉球) 등 제국(諸國)에 나누어 보내어 천하로 하여금 함께 분노하여 이 도적을 대비하게 하는 하나의 일이 있을 뿐입니다. (이렇게 한다면) 아직도 앞선 잘못을 회복하고 뒷날의 재앙을 거의 면할 수 있으며, 만(萬)에 하나라도 이미 쇠퇴할 이세(理勢)를 흥복(興復)할 수 있을 것입니다. 성주(聖主)께서 속히 살피시고 생각을 모으시어 그 사람 때문에 그 말까지 버리지 마시고 종사의 대계를 늦추지 마시오면 크게 다행이겠습니다."[87]

소(疏) 중에서 중봉은 소원(疏遠)한 천신(賤臣)이 분에 넘는 일이지마는 시사(時事)가 급절(急切)하여, 명(明)에 보낼 「주변황조표(奏變皇朝表)」와 유구에 보낼 「여유구국왕서(與琉球國王書)」와 일본 및 대마도의 백성에게 보낼 격문인 「유일본국유민부로등서(諭日本國遺民父老等書)」 및 「유대마도유민부로등서(諭對馬島遺民父老等書)」를 의초(擬草)하여 왔다고 한다. 그리고 만약 중국 및 남양이 길이 멀어서 자원하는 이가 없다면 중봉 자신이 가겠다고 제의하였다.[88]

87) 『抗義新編』, 請斬倭使第一封事.
88) 위와 같음, 貼黃 및 請斬倭使第二封事 참조.

그러나 중봉의 상소는 채택되지 않았다. 오히려 곡식 천 석(千石)을 실어 놓고, 국악으로써 도적을 즐겁게 해주었던 것이다.

중봉은 「청참왜사 제이봉사」에서 더욱 준렬(峻烈)하게 상소하면서 이처럼 재삼 상소함은 스스로 염치를 모르기 때문이 아니라고 하였다.

실제로 조정에서도 한 달 뒤인 신묘년 4월 성절사(聖節使) 김응남(金應南)이 명경에 가는 기회에 수길이 조선에 대하여 함께 명을 공격하고자 하는 진상을 알리게 되었다. 이에 명은 조선과 유구 등 제국이 연합하여 방비토록 조처하였다. 『실록』에는 다음과 같이 기록되어 있다.

> "초에 우리의 사신 황윤길 등이 일본에 갔다. 수길이 우리나라에 국서를 보내어 군마를 정돈하여 일본과 합하여 상국을 침범하자고 하였다. 이에 우리나라는 의(義)를 들어서 척절(斥絶)하고, 곧 그 해 4월에 성절사(聖節使) 김응남(金應南)이 가는 것을 기회로 그 사실을 알렸다. 중조(中朝)는 먼저 의식을 행한 다음, 왜모(倭謀)를 듣고 우리나라로 하여금 섬라(샴) 유구(琉球) 등의 나라와 합병하여 벌초(伐勦)하도록 하였다."[89]

당시의 국제관계로 보아 중봉의 주장은 매우 합리적이고 현실성이 있는 방책이었다.[90] 중봉은 다시 「청참왜사 제이봉사」 별지에서 그때야말로 수길을 일본에서 국내적으로 타도하는 데 절호한 때이므로 결코 그 시기를 놓치지 말아야 한다고 하였다.

---

89) 『朝鮮王朝實錄』 21, 宣祖 25년 壬辰 6월條.

90) 임진왜란이 발발하자 실제로 명나라를 비롯하여 琉球 · 타이 · 印度 · 西番 · 播州 등 동남아 諸國의 연합군이 편성되어 조선에 와서 참전한 사실이 『조선왕조실록』과 같은 자료에 의하여 밝혀지고 있다. 『조선왕조실록』 선조 26년 癸巳 4월 甲午條 참조. 예조판서 윤근수, 병조판서 이항복이 왕에게 보고하는데 밝혀져 있다(李鉉淙, 「壬辰倭亂時 琉球 東南亞國人의 來援」, 『日本學報』 제2호, 1974 참조).

"신이 듣자오니, 대마도에 황윤길이 머무르는 곳에서 주왜(主倭)가 말하기를, 일본 지역의 대소의 인민들이 모두 수길이 살생을 끊임없이 좋아하는 것을 두려워하여 사람들이 다 숨을 죽이고 발걸음을 무겁게 하여 조석(朝夕)을 보장하기 어렵다고 하고, 만약 이렇게 하기를 그치지 않는다면 반드시 아랫사람에게 죽게 될 것이라고 합니다. 이것은 실로 병가(兵家)에서 얻기 어려운 기회이니, 조그만큼 이라도 늦추면 이 좋은 때를 잃어버리고 말 것입니다. 그가 조그마한 혜택을 베풀어서 그 백성을 움직이기 어렵게 한 다음에는 늦어서 미치지 못할 것입니다."[91]

중봉은 한편으로는 국내에 전쟁을 대비시키려 하고, 한편으로는 국제적 연합을 결성시키려 하였다. 그리고 또한 방향을 바꾸어 일본 내부에서 의거를 일으켜 수길을 타도하도록 하였던 것이니, 그 생각이 얼마나 주도면밀하였고 당시의 사정에 얼마나 밝았는가를 알 수 있다.

정유재란 시에 조선의 어느 선비가 붙들려서 일본에까지 갔다. 그는 민간에서 먹을 것을 구하러 다니다가 깊은 산중으로 들어갔으며 거기서 한 노승(老僧)을 만났다. 노승은 말하기를, 수길은 조선에 대하여는 일시의 적이거니와 일본에 대하여는 만세의 적이다. 그러므로 당시에 한둘의 의사(義士)가 있어서 격문을 전하여 의거를 일으켰다면, 수길의 화가 반드시 여기에 이르지는 않았을 것이라고 하였다 한다. 이것은 중봉의 주장이 얼마나 타당한 것이었나를 증명하는 것이라 하겠다.[92]

은봉(隱峯) 안방준(安邦俊)은 그의 「임진록(壬辰錄)」에서 다음과 같이 기록하였다.

---

91) 「抗義新編」, 請斬倭使第二封事 別紙.

92) 위와 같음, 嶺湖備倭之策 附記 참조.

"내가 가만히 생각하니, 정해 · 신묘 수년 동안에 선생이 궐에 엎드려 아뢴 것은 대략 일본에 통신사를 보내지 말자는 것, 그 사자를 참하여 천조[明]에 보내고 유구 등의 남양 제국에 보내어 격동시키자는 것, 원씨(源氏)의 옛 신민에게 유시(諭示)하여 이해(利害)로써 깨우치고, 충의(忠義)로써 격동하면 왜노(倭奴)가 반드시 안으로 서로 의심할 것이라는 것, 여러 나라가 한 가지로 분노하고, 천병(天兵)이 수군을 갖추어 동남으로 연결하여 여러 방면에서 협복(脅服)하자는 것이었다.

풍신수길은 나라를 세운 것이 일천(日淺)하여 좌우를 고려치 않을 수 없으므로 반드시 가볍게 움직이지 못했을 것이니, 중봉의 계책은 이른바 최상의 병법이요, 싸우지 않고서 남의 군대를 굴복시키는 것이었다. 설사 침략해온다 하더라도 크게 거병하여 깊이 들어오지는 못하였을 것이니, 종사(宗社)의 하늘까지 넘치는 재앙이 결코 이렇게 심하지는 않았을 것이다.

오호라, 당시에 조정에 가득 찬 경상(卿相)들이 아래로 가난한 선비에 미치지 못했고, 한 가지 생각도 여기에 이르지 못하였으니, 일이 나기 전에 말하여 꼭 들어맞은 것은 오직 선생 한 사람뿐이었다."[93]

(三)

중봉은 대내적으로도 전쟁의 방비책과 군사적인 전략을 상세하게 논의하였는데, 이는 정해년에서 신묘년에 이르기까지의 상소문과 특히 「영호비왜책(嶺湖備倭策)」에 자세히 나와 있다.

중봉에 의하면, 자고로 오랑캐가 크게 거병하여 들어올 때에는 반드시 그 지역에서 가장 정예부대를 앞세워 왔다고 한다. 그러므로 우리도 반드시 뽑힌 장수로 대적하게 해야 한다고 하였다. 그리고 대응방법으로서는 혹은 상

93) 「壬辰錄」, 앞의 책, 제12-13면.

황을 보아 가능하면 우선 선봉을 꺾어 후속부대가 자연히 궤멸되도록 하는 방법과, 그것이 어려운 때에는 성벽을 견고하게 하고 들(野)을 비워서 저들이 배고프고 고달픈 때를 기다렸다가 앞뒤에서 협격하는 방법이 있음을 말하였다. 이러한 원칙 하에서, 앞으로 '반드시 싸울 지역'(必爭之地)에 명장을 미리 보내야 한다고 하였다.

중봉에 의하면, 왜구의 진입로는 비록 동서로 좌충우격하고 싶겠지만 감히 서쪽으로 오지는 못할 것이라 한다. 결국은 그들이 익히 알고 있는 영남지방으로 침입하여 그대로 곧장 올라간 다음에 군대를 나누어서 호남을 갈라놓을 계책이라는 것이다. 그러므로 왜적이 어느 곳으로 들어올지 모른다고 하여 조방장(助防將) 정도를 사방에 나누어 놓고, 중요한 장수를 내지에 두었다가 침입하는 곳에 따라 내보내 대응하려 한다면, 이것은 생각이 심히 부족한 것이라고 하였다.[94]

그리하여 중봉은 먼저 군대의 주력을 반드시 '동남방의 수비'에 두고 왜적이 상륙지 못하도록 하는 것이 상책이라 하여 해상방어의 중요성을 역설하였다. 전술한 바와 같이 중봉은 신묘년「청참왜사 제일봉사」에서

> "동남의 땅은 우레가 없는 달이 없으니, 이것은 영남과 호남에 병란(兵難)을 받을 형상입니다. 남도(南島)의 뱃길에서 싸우지 않고서 먼저 기해(畿海)로 달려갈 리가 없습니다."

라 하였고, 동「제이봉사」에서 다시

> "그 임금은 목을 베어도 아까워하지 않으면서 그 이웃에 대하여 엿보고 공략하지 않는 것은 고금에 결단코 이러한 경우가 없습니다. 신이 반드시 명장을 비

94)「抗義新編」, 嶺湖備倭之策 참조.

밀리에 동남 모퉁이에 갖추어 놓으라는 것이 이 까닭입니다."[95]

라 하였다. 일본은 반드시 전쟁을 일으킬 것이니, 동남방의 수비를 거듭 강조하였다.

고려시대에 연백(延白) 임한(林韓)의 땅을 약탈한 것은 영호의 동남쪽 모퉁이를 방비치 않았기 때문이다. 그 후 조선에 와서 중진(重鎭)을 설치한 다음부터는 적선이 때대로 나타나기도 하였으나 제멋대로 다니지는 못하였다. 그러므로 왜구는 항상 지리를 알고 있는 향도를 데리고 다녔고, 흑산(黑山) 추자도(楸子島) 등의 어부를 잡아다가 우대하고 유인하였으니, 사화동(沙火同) 같은 자도 그러한 부류였다는 것이다.

그러므로 중봉은 행상항로의 봉쇄를 매우 중요시하여 이에 대한 시책을 강구하였는데, 이를테면 나라에서는 전복과 같은 해물의 진상을 금지하여야 한다는 것이다. 또한, 시중에서 매매를 금지하여 이것을 구하고자 해상으로 멀리 나가지 않도록 하여야 한다는 것이다. 영호의 감사 및 도사(都事)에게 명하여 이것을 저장하지 못하게 하고, 변경의 장수로서 먼 섬에까지 나가는 것을 금지시키지 못하는 자가 있으면 중율(重律)로 다스려서 왜구가 향도를 얻지 못하도록 해야 한다고 하였다.

또한 승장(勝將)을 보내서 미리 계획을 하고 우뚝하게 지켜서 한 사람도 붙들어가지 못하게 하면 북쪽으로 뛰어넘어서 기해(畿海)를 엿볼 수 없을 것이라고 했다. 이처럼 중봉이 해양의 방비를 중시한 것은, 우리의 훈련 받지 못한 군대를 가지고 원야(原野)에서 기술을 익힌 저들과 겨루는 것은 애초에 승산이 없다고 생각했기 때문이었다.[96] 일차적으로 해양에서 저들을 저지하는 것이 우리의 피해를 최대한 줄이는 것이다.

---

95) 『抗義新編』, 請斬倭使第二封事.

96) 『抗義新編』, 嶺湖備倭之策 참조.

중봉은 또한 육전(陸戰)에 있어서도 지역적인 방어책을 일일이 제시하였다.[97]

1. 고려시대부터 왜적이 매양 황산(黃山)의 강을 거슬러 와서 성산(星山)과 대구(大邱) 사이에서 도적질하였고, 또 경오년(庚午年)의 왜구도 웅천(熊川) 제포(薺浦)에서 일을 벌였으니 이곳의 경비를 늦추지 말아야 한다.
2. 적사(賊使)가 올 때 두 갈래로 들어왔으니 한쪽은 조령(鳥嶺) 일로요, 또 한쪽은 금산(金山), 황간(黃澗) 죽령(竹嶺) 이화현(伊火峴)을 통과하였다. 왜적이 길을 나누어 대거해 들어오면 변성(邊城)의 힘으로 필시 버티지 못할 것이다.

① 낙동강 하류에서 물리치지 못하면 상안(商顔) 이남은 험난한 땅이 없다. 그러므로 일이 없을 때에 미리 조치하여 계획을 세워서, 각 읍에 신망이 있는 사람으로 하여금 파수하고 경계하는 임무를 맡긴다. 그리고 남은 장정들을 수습하고 각사(各寺)에 남은 승려들로 하여금 땅의 형편에 따라 혹은 흙을 쌓아 보루를 만들고, 혹은 돌을 모아 성을 만들며, 혹은 좁은 길에 노수(弩手)를 잠복시키고 험한 땅에 우물을 판다. 높은 절벽과 비탈길에 사람이 나란히 다니기 어려운 곳에는, 그 위에 따로 회(灰)와 돌 및 칡넝쿨을 모아놓고 미리 큰 수레만한 것을 매달아 두었다가 왜적이 나타났을 때에 회를 뿌리고 새끼를 끊어 돌을 떨어뜨리며 북을 치고 큰 소리를 지르면 놀라서 흩어지기에 겨를이 없을 것이다.

② 죽령 이남으로 황악(黃岳)의 북에 이르기까지는 대로(大路)가 다섯이요, 중로(中路)가 다섯이며, 소로(小路)가 대여섯이 된다.

대로는 금려(禁旅)가운데 고향에 가까운 무사로 하여금 백성을 이끌어서 지키게 하며, 각기 그 지방에서 유식하고 사려가 있는 사람으로 하여금 진수(鎭守)의 규칙을 가르치게 한다. 그리고 사변이 발생하면 훌륭한 사수(射手)로

97) 위와 같음.

구성된 부대를 붙여주고, 가까운 읍으로 하여금 양식을 공급시킨다.

특히 이 지역 방어에 합당한 인물을 평가하여 추천하였다.

조령(鳥嶺) — 원신(元愼: 原州人), 조웅(趙熊: 忠州人), 우탁(禹鐸: 淸州人), 이봉(李逢: 忠義衛)

풍령(豐嶺) — 박몽설(朴夢說: 永同人), 박정길(朴廷吉: 同), 박정량(朴廷亮: 幼學)

우명치(牛鳴峙), 적암(赤巖) — 김충경(金忠慶: 報恩人), 이명백(李命百: 同), 유섭(柳涉: 淸州人), 김시민(金時敏: 木川人)

용화일로(龍和一路) — 김경백(金慶伯: 淸州人), 김가권(金可權: 報恩人)

상주 · 하락(尙州 · 河洛) — 경사(經史)를 널리 알고 관후하여 백성에게 신망이 있는 자가 의병을 이끈다.

3. 도적의 선박이 호남으로 많이 모여든다 하더라도, 진산(珍山) 고산(高山) 금산(錦山) 무주(茂朱) 사이가 절험하므로 지킬 수 있을 것이다.

4. 연산(連山) 개태(開泰)의 골짜기는 여러 군의 사람들을 합하여 방어할 것이며, 은진(恩津) 수운(綏雲)의 들은 평평하여 넓기가 끝이 없으니, 반드시 신책(神策)과 노장(老將)이 있고 중병(重兵)을 머물게 하여야 짓밟히는 환이 없게 될 것이다.

   청주의 전 찰방(察訪) 박춘성(朴春成)은 침착하고 지노(智盧)가 있으며, 공주의 전 참봉(參奉) 정진생(鄭晋生)은 강개가 있고 담략이 있으니, 백성을 거느려서 한 지방을 지키게 하면 사졸로 하여금 힘을 다하여 진수지책(鎭守之策)을 지킬 수 있게 할 뿐 아니라, 다른 도둑이 모르는 새 없어지게 될 것이다.

그리고 중봉은 군사의 배치에는 무식한 무사만으로 구성될 것이 아니라 반드시 학식이 있는 문관(文官)과 무장(武將)이 함께 있어야 한다고 주장하였다.

(四)

이상과 같이 중봉은 영호(嶺湖)를 일원으로 한 남부조선의 비왜책(備倭策)을 상론하였거니와, 다시 그것을 밑받침할 수 있는 여건조성이 필요하다고 보아 군사적, 경제적 그리고 사회적인 제반문제에 걸쳐 긴급대책을 마련하기를 촉구하였다. 비상한 위기를 당하여 군수 관계를 확보하기 위하여는 절용(節用)하고 긴축하는 한편, 생산과 운영을 합리적으로 결합시켜야 할 것이다. 그리고 인력의 확보를 위하여는 동포애를 가지고 일체감을 형성시켜야 한다. 정신적으로 불안하고 물질적으로 결핍한 상황에서는 생활의 안정을 가져올 수 없으며, 배신과 반항을 불러일으키게 될 것이므로 근본적인 반성이 요구된다.

당시에는 백성이 함부로 동원되는 부역과 무거운 세금 탓에 농사를 지을 수 없는 자가 10에 7이나 되었다. 부모를 봉양할 수 없음은 남북이 마찬가지였으며, 아들을 낳아도 버리는 자가 북도(北道)에 더욱 극심하였다. 이러한 상황이 지속한다면 10년 이내에 스스로 망해버리고 말 것이라는 것이다. 중봉 자신이 돈화문 밖에서 사흘간 석고체읍(席藁涕泣)함은 바로 이러한 까닭이라고 하였다.

그런데 왜구를 맞아서 싸우는 일은 수십 년이 걸릴지도 모르는 것이다. 갑옷과 무기를 만들려면 농기를 빼앗게 될 것이며, 장사(將士)를 먹이고 유지하려면 백성의 고혈을 파내야 할 것이다. 그 밖에 양식과 땔감을 나르는 수고나 기계를 수송하는 고통은 이루 다 말할 수 없을 것이니, 3년이 채 못되어 남도민도 북도민과 같이 다투어 자식을 버리게 될 것이라 하였다.[98] 이와 같은 국내의 상황 속에서 중봉은 다음과 같은 시책들을 제안한다.

첫째, 중봉은 군수(軍需)를 확보하기 위한 시책으로서 다음과 같이 제안

98) 위와 같음.

하였다. 즉, 호남의 급한 상황을 타개하기 위하여는 먼저 임금으로부터 긴급하지 않은 진공(進供)을 제거하고 팔진(八珍)의 비용을 절약할 것이며, 예경(禮經)의 향사(享祀)만을 남겨놓고는 비용을 남겨서 군수를 갖추도록 하여야 한다.

다음으로, 백성들이 곡식을 들이고 관에 보직할 수 있도록 허락하며, 또한 천인은 양민이 되게 하고 서얼에게는 사로를 허통하여 인원을 보강하고 위급을 완화해야 한다.

영남으로 말하면 일본으로 나르던 양곡을 옮겨서 군용으로 쓸 것이며, 변경에 일이 없을 때에는 각기 주둔 지역의 밭을 개간할 수 있도록 허락하여 변경의 저축(儲蓄)을 충실하게 하여야 한다.[99]

둘째, 중봉은 군사적으로 백성에게 전쟁에 대한 결의를 고취시키고, 민생과 전쟁을 동시에 수행케 하기 위한 시책을 다음과 같이 주장하였다.

전공을 세운 자는 반드시 당사자에게 포상한다. 적수(賊首)를 20급 이상 참한 자는 천인이라도 양민으로 해준다. 서얼에게는 사로를 열어준다. 그리고 능히 적의 선봉을 쓰러뜨려 아랫사람을 고무시킨 자는 비록 작은 일이라도 공을 더해 준다. 갖추기 어려운 활과 칼만을 마련하라고 책할 것이 아니라, 집집이 긴 낫을 만들어서 남녀가 함께 적을 죽이도록 한다면, 사람들이 저절로 싸워서 수급을 바칠 것이다.[100]

다음으로, 중봉은 서로 애휼(愛恤)하고 신뢰하여 상하가 모두 합심할 수 있는 기풍을 닦아야 한다고 하였다.

중봉은 먼저 송 태조가 조빈(曺彬)에게 "성을 공격할 때에는 반드시 뜻밖의 재앙을 당하는 자가 있을 것이니 절대로 생민을 횡포하게 약탈하지 말라." 고 하였음을 상기시킨다. 그리고 이어서 타 국민에게도 함부로 하지 말

99) 위와 같음.
100) 위와 같음.

라고 하였는데, 하물며 '내 나라의 일에 종사하는 동료' 에게, 그리고 나의 '동포(同胞)' 에게 함부로 할 수 있겠느냐고 묻는다. 또한 중봉은 인의로 감동시키지 않으면서 모진 형벌로 위세를 보이기만 한다면 아래 사람이 좇을 리 없다고 한다. 그리고 오기(吳起)는 사졸과 더불어 감고(甘苦)를 같이 했는데, 진실로 장수의 법을 가지고 오기보다 못했다는 말은 들어볼 수 없는 말이라 하였다.

결국 중봉은 송 태조를 거울로 삼아 우리의 관민을 잔혹하게 다루지 않고, 오기와 같이 자율 할 수 있음으로써만 삼군의 마음을 격려하고 감동시켜서 점차 윗사람을 친애하고 어른을 위하여 죽을 수 있게 되는 것이라 한다. 이렇게 된 다음에 세 번 명령하고 다섯 번 신칙(申飭)하여, 질서를 어기는 자는 군법으로 조처한다면 권위와 사랑이 균형을 이루어 '백성의 근심과 병사의 원망[民愁 兵怨]' 을 풀어줄 것이요, 백성이 배반할 뜻을 갖지 않게 될 것이라고 하였다.[101)]

중봉은 도끼를 들고 대궐 앞에 나아가 삼일 간 거적을 깔고 울면서 상소하였으나, 그의 건의는 받아들여지지 않은 채 물러설 수밖에 없었다. 그 처참(悽慘)한 모습을 가히 짐작할 수 있다.

(五)

옥천으로 돌아온 후에도 중봉은 계속하여 친구와 지기들에게 서한을 보내는 등 독자적인 활동을 계속하였다.

신묘년 4월 중봉은 연안부사(延安府使) 신각(申恪)과 평안감사(平安監司) 권징(權徵)에게 아들 완도(完堵)를 시켜 서한을 보냈다.

중봉은 신각에게 연안지방은 고려 때부터 왜구가 자주 횡행하던 곳임을

101) 위와 같음.

상기시키고 호(濠)를 깊이 파고 성(城)을 완수(完修)하며, 백성으로 하여금 친상사장(親上死長)의 의리를 깨우칠 것을 권장하였다. 신각은 중봉의 말대로 시행하였으며, 난이 일어났을 때 이정암(李廷馣)이 와서 성을 완전히 지킨 것은 그러한 까닭이 있기 때문이었다.

그러나 권징은 편지를 받고도 곧이듣지 않았다. 그는 완도(完堵)에게 말하기를 "황해도 평안도에 어찌 왜적이 올 리가 있겠는가? 너의 부친을 다른 사람들이 다 요망하다고 지목을 하니, 돌아가서 너의 부친에게 근신하여 다시는 이런 말을 내지 말라고 말하라."라고 하였다.[102)]

같은 해 9월에는 중봉은 금산군수(錦山郡守) 김현성(金玄成)에게 편지하였다.

> "오늘날 누가 무슨 기력으로 위망을 구하고 기울어짐을 막으리오. 존형이 어찌 이러한 때에 일장을 항소하여 건곤(乾坤)을 한번 돌려놓지 않으려오? 도적의 예봉에 유린당하여 죽느니보다는 차라리 성충(成忠)과 계백(階伯)의 귀(鬼)가 됨이 낫지 않겠소?"

이처럼 말하면서 중봉은 사역(死域)에서 사림(士林)을 불러 일으켜 나라를 지켜야 할 것이니, 평생 독서한 힘을 오늘날 발휘해 보자고 하였다.[103)]

다음해 임진년 3월 14일 왜란이 발생하기 꼭 한 달 전이었다. 중봉은 형조판서 이증(李增)에게 다시 서한을 보냈다. 여기서 중봉은 이증에게 만난 지가 10년이 지났다 하고 그리운 회포를 표하였다. 그리고 자신의 실정(實情)을 말한 다음, 역시 나랏일에 대한 방책을 의논하고 격려하였다. 먼저 중봉은 당시의 자신의 처지를 다음과 같이 진술하고 있다.

---

102) 「抗義新編」, 與延安府使申公恪書 및 嶺湖備倭之策 참조.

103) 「抗義新編」, 與錦山郡守金玄成書 참조.

"저의 사문(私門)에 재앙이 있어서 형처(荊妻)가 세상을 등졌습니다. 32년을 동고(同苦)한 조강지처를 잃어버리고 객지에 우거(寓居)하고 있으니, 형색이 외롭고 그림자가 홀로 되어 그 아픔과 슬픔이 한 몸에 그칠 뿐이 아닙니다. 집안에는 한갓 네 벽이 둘러 있을 뿐, 매장할 도리가 없습니다. 밭을 팔아다가 장사지내려 하나, 잠시 김포 고향에 죄를 지은 종적이 있어서 감히 입성하지 못하고 있습니다. 머리를 들어 삼산(三山)을 쳐다보니, 두 줄기 눈물만이 흐를 뿐입니다."[104)]

당시에 중봉의 개인적 처지가 얼마나 참혹하였는지를 잘 알 수 있다.

그러나 중봉은 이와 같은 개인적 처지를 떨쳐버리고 다시 국가의 문제를 거론하기 시작한다. 내용은 주로 왜적에 관한 것으로, 대개 「영호비왜책」에서 논한 바와 같다. 여기서는 주로 이번에 오는 적은 경오년이나 을묘년에 왔던 것과는 비교할 수 없을 것이라는 것과, 영호(嶺湖)로 가장 먼저 쳐들어올 것이라는 것과, 호서(湖西)와 해서(海西)는 반드시 호남의 뱃사람을 향도로 얻은 다음이라야 올 수 있을 것이라는 것 등을 논하였다. 또한 중봉은 호영(湖嶺)의 교차지에는 명장을 보내어 험이(險易)를 순찰하여 완급에 대비하여야 한다고 하였다. 이어서 그러나 호서와 영남의 동서가 모두 방비가 허술하니, 만일 왜적이 사방으로 침입하면 장수의 힘으로도 어려운 일인데, 일개 순찰(巡察)이 어떻게 하겠는가라고 하였다.

"일장(一將)에게는 오로지 영해(嶺海)를 지킬 책임을 지우며, 다른 일장(一將)에게는 호해(湖海)를 막도록 하며, …… 하해(河海)의 상하를 봉쇄하고 험이(險易)를 두루 살펴서 작전을 짜놓으면, 갑자기 일어나는 왜적이 우리에게 어떻게 할 도리가 없을 것입니다. 고려시대에도 중엽 이전에는 적이 쳐들어 와도 대

104) 「抗義新編」, 與刑曹判書李公增書.

비할 계책을 정하고 있었기 때문에 강적이라도 막아낼 수 있었던 것입니다."

물론 중봉이 이와 같은 서신을 이중에게 보낸 것은, 이중으로 하여금 조정에서 임금에게 간하도록 하여 그의 주장을 관철하기 위함이었다.

6. 重峯의 殉節과 義理思想

중봉 49세, 드디어 임진년이 되었다. 앞서 언급한 대로 2월에는 부인 신씨가 세상을 떠났다. 중봉은 멀리 장례를 지낼 비용을 마련할 도리도 없었거니와, 사변이 조석(朝夕) 간에 일어날지도 모른다 하여 김포(金浦)까지 가지도 못하고 우선 집 뒤에다 장사를 지냈다.

3월에는 김포의 선영에 가서 성묘하고 글을 지어 제사를 드렸다. 그것은 난이 발생하기에 앞서 영결하는 뜻이었다.

4월 14일, 왜란이 일어났다. 부산과 동래를 함락한 왜적은 불과 수일에 차령을 넘어섰다. 변을 들은 중봉은 통곡하면서 모친을 청주 선유동(仙遊洞)으로 피난케 하고, 즉시 이우(李瑀) · 이봉(李逢) · 김경백(金敬伯) 등과 의병을 일으키고자 했다. 그러나 오랜 세월의 승평(昇平)으로 인하여 백성들은 병혁(兵革)을 알지 못하고 어쩔 줄을 몰랐다. 수습할 도리가 없으므로, 중봉은 다시 옥천으로 와서 문인인 김절(金節) · 김약(金籥) · 박충검(朴忠儉)과 함께 향병(鄕兵) 수백을 얻어서 보은과 차령 사이의 적을 차단하다가 거의 죽게 되었으나 문인들이 힘써 싸워 물리쳤다.

그리하여 5월 3일에 기병(起兵)한 이래 6월에 들어 팔도에 격문을 전하여 의병을 모집하였다.[105] 그러나 당시의 순찰사 윤선각(尹先覺)은 병민(兵民)

---

105) 「重峯年譜」 및 「重峯行狀」 참조.

의 다수가 의병이 되는 것이 관군에 불리하다고 여겨 어떻게든지 방해하려 하였다. 이에 중봉은 공주로 가서 윤선각을 만나 대의를 말하여 그를 경복(敬服)시킬 수 있었으며, 다시 무리를 모으니 약 1천명 이 되었다.

그때에 안세헌(安世獻)이란 악한이 사람을 죽여 왜인 같이 머리를 깎고 숫자를 채워 공로를 취하고 있었다. 그러므로 중봉은 그 죄를 성토하였다. 이에 세헌은 원한을 품고 윤선각에게 말하기를, "그대는 한 도의 병마를 가지고도 조그만 큼의 공도 없지만, 조헌은 내침을 받은 가운데 공보다 먼저 채찍을 들었으니, 만약 뜻을 얻게 된다면 반드시 공이 머뭇거린 죄를 다스릴 것이며, 공에게 위험스럽게 될 것이요."라고 참언하였다. 선각은 이 말을 곧이듣고 열읍(列邑)에 공문을 띄워 의병의 부모와 처자를 가두었고, 또 청양현감(靑陽縣監) 임순(任純)이 1백여 명을 이끌고 선생의 휘하로 들어 갔다하여 공주옥에 가두고 군율로 다스리려 하였다. 이에 모였던 사람들도 흩어지게 되었다.

중봉은 윤선각을 크게 책망한 후 그들과 더불어 일할 수 없음을 알고 방향을 바꾸었다. 평소에 선생을 경모하던 이광윤(李光輪), 장덕개(張德蓋), 이난수(李蘭秀), 고경우(高擎宇), 노응탁(盧應晫) 등과 같은 선비들이 와서 관군에 속하지 않은 사람들을 원근에서 모아 1천6백여 명이 되었다. 그리하여 기를 세우고 부대를 나누어 정산(定山)·온양(溫陽) 등지를 순무함으로써 인심이 크게 가라앉게 되었다.[106]

드디어 홍성으로부터 회덕에 도달하였다. 그때 왜적은 청주를 점거하고 있었으며, 방어사 이옥(李沃)과 윤경기(尹慶祺)의 관군이 계속 분퇴(奔隤)하고 있었다. 오직 승장(僧將) 영규(靈圭)가 여러 날 버티고 있었다. 이 소식

106) 「重峯行狀」 참조. 『宣祖實錄』 권29, 25년 壬辰8월 甲午條에는 다음과 같이 기록되어 있다: "上曰, 趙憲軍幾何? 世熙曰, 初發軍於鄕校時, 其數一千, 今則必聚軍二千許, 而其軍不實, 高敬命軍, 最爲精銳而敬命戰敗云矣. 且趙憲以爲賊數三百三十, 而到全州聞之則四百餘名云…."

을 들은 중봉은 급히 청주로 향하여 일면으로는 이옥의 진군을 재촉하면서 영규의 군과 합하여 성의 서문으로 진격하였다. 그날은 8월 1일이었다. 그는 몸소 시석(矢石)을 무릅쓰고 나아갔으며 선비들이 죽음을 다하여 맞붙어 싸웠다. 적은 대패하였으며, 밤새도록 시체를 태우고 북문으로 몰래 도망하였다. 전투 중에 중봉은 이옥으로 하여금 북문밖에 복병을 두어 퇴로를 막으라고 하였으나, 듣지 않았으므로 남은 적이 달아날 수 있었다.[107]

중봉은 다시 이옥을 만나 곡식 수만 섬을 배고픈 백성에게 나눠주고 농우 수백 마리를 각 촌락에 나눠주어서, 밭갈이할 수 있는 근거를 만들어 주면 백성들이 모여 차차 안착하게 될 것이며, 회복할 힘이 생길 것이라고 제언하였다. 그러나 이옥은 자기의 공이 없음을 부끄러이 여겨, 이것을 다시 적의 식량이 되게 할 수 없다 하여 태워버리고 말았다.[108]

중봉은 관군과 협조가 불가능하고 군량도 없어짐에, 일단 의병들을 해산하여 집으로 보내어 겨울옷을 입고 춥기 전에 다시 모여 왕소(王所)에 가도록 하였다.

드디어 군사를 정비, 북행(北行)하여 온양에 이르렀다. 그러나 순찰사 윤선각은 중봉이 왕소에 이르러 자기의 행위를 고할까 두려웠다. 그는 중봉이 북상하지 못하게 하려고 중봉의 막하사(幕下士)를 통하여 잘못을 뉘우치는 듯이 하여 앞으로는 사생(死生)을 함께 하겠으니 소혐(小嫌)을 풀도록 하라고 부탁하고는, 다음과 같이 말하였다. 즉 금산에 왜적이 창궐하고 있으니 이것을 토멸하지 않고서는 양호(兩湖)를 모두 잃어버릴 것이다. 그러면 국가의 중흥은 가망이 없으니 이를 토멸한 다음에 근왕하여도 늦지 않으리라는 것이다. 또한 휘하의 제장도 그것이 옳겠다 하므로 그렇게 하기로 결정하였다.

---

107) 「重峯年譜」 참조.

108) 위와 같음.

그리하여 중봉은 호남 순찰사 권율(權慄)과 8월 18일에 함께 왜적을 공격하기로 하여, 영규의 군과 함께 금산 10리 밖에 도달하였다. 그러나 권율은 날짜를 바꾸자는 전문(傳文)을 보냈던 것인데 중봉은 그것을 받지 못하였던 것이다. 왜는 후속부대가 없음을 보고 역습하여 왔다. 중봉은 군중에서 훈령을 내렸다.

> "오늘은 다만 한 번의 죽음이 있을 뿐이다. 사생과 진퇴를 의(義)자에 부끄럼이 없게 하라."

선비들은 모두 명을 좇았으며, 싸움이 시작됨에 적의 삼북(三北)이 거의 궤멸하였다. 그러나 화살이 떨어지고 날이 저물어 곤란이 막심하였다. 그러나 중봉은 독전(督戰)을 더욱 급히 하였다.

왜적이 장하(帳下)에까지 들어왔다. 옆에 있던 사람들이 중봉에게 탈출하기를 권하였으나 그는 안장을 풀어놓고 웃으면서 말하기를, "여기는 나의 순절지(殉節地)이다. 장부는 죽을 따름이니, 난에 임하여 구차히 면해서는 안 될 것이다."라 하고 북을 두드려 진격을 명하니 선비들이 다투어 달려가서 맨주먹으로 두들기고 자리를 뜨지 않았으며, 중봉과 함께 죽어서 한 사람도 살고자 요행을 바라지 않았다.

칠백의사(七百義士)는 원래 무부(武夫)도 역사(力士)도 아니었다. 오직 대의(大義) 앞에 죽음을 두려워하지 않고 갑자기 모여든 선비들이었다. 월사(月沙) 이정구(李廷龜)의 지적과 같이, 이러한 일은 만고(萬古)에 없는 일이었으니 이는 곧 민족정기의 표징(表徵)이요 불멸의 정신을 나타내 보인 것이라 하겠다.[109]

109)「重峯行狀」,「重峯年譜」 및 「抗義新編」序 참조.

중과부적으로 칠백의사가 모두 전사하였으나 왜적도 많은 사상자를 내었으며 남은 군사를 이끌고 진으로 돌아갔다. 곡성이 들판을 진동시키고, 3일간 시체를 옮겼으나 다하지 못하여 모아놓고 불태운 다음 무주의 적과 더불어 둔거(遁去)하였다.

처절(悽絕)한 금산의 전투는 임진 8월 20일이었다. 중봉 부자(父子)가 동시에 순사(殉死)한 것이다. 중봉의 아우 범(範)은 다음날 위험을 무릅쓰고 싸움터로 들어갔다. 중봉은 기하(旗下)에 쓰러지고 장사(將士)는 그 옆에 서로 베고 누워 있었다. 장남 완기(完基)는 아버님의 죽음을 대신할 수 있을까 하여 관을 화려하게 하고 있었다. 적은 주장(主將)으로 알고 시체를 남겨놓지 않았으므로 찾을 도리가 없었다. 그의 시체를 업고 옥천에 와서 빈소에 모시니 이미 나흘이 되었으나 안색이 살아있는 듯하며 눈을 치켜 뜨고 머리가 선 채 노기가 발발하여 사람의 죽음이 오래되었는지 알지 못하였다.[110]

중봉의 파란만장한 생애와 백절불굴 신명을 바쳐 충절을 다한 일생은 이렇게 끝나게 되었다. 중봉은 갔으나, 그의 언사(言事)와 행지(行止)가 모두 지성(至誠)에서 나왔으며, 그의 설시(設施)는 가장 적합한 것이었음이 만천하에 드러났다.

청음(淸陰) 김상헌(金尙憲)은 중봉의 신도비문에서 "국가에서 인재를 양육하기 이백 년에 선조 조에 이르러 충효와 도학을 겸비한 선비 한 사람이 있었으니, 중봉 조헌 선생이 바로 그분이시다."라고 기술하였다. 과연 중봉은 충효와 절의와 도학을 겸비한 스승으로서 후세에 의리학파와 실학사상 형성에 지대한 영향을 주었거니와, 그의 위대한 정신은 만세토록 민족을 지키는 거화(炬火)가 되었다.

---

110) 李廷龜,「抗義新書」序: "嗚呼, 古來臨亂殉節者, 何限如公之父子. 爭死者幾人, 至於七百義士, 非若田橫之徒, 分義素定, 徒以義氣倉卒烏合, 而能使心悅誠服, 視死如歸, 張空拳, 冒白刃, 無一人旋踵, 此尤千萬古所未嘗有也."

結論

결 론

16세기 성리학파의 역사의식을 탐구하고자 정암(1482~1519), 퇴계(1501~1570), 율곡(1536~1584), 그리고 중봉(1544~1584)을 중심으로 비교적 광범하게 고찰해 보았다.

16세기는 조선조가 성립하여 창업, 수성의 1세기가 지나고, 경장기에 해당하는 다음 1세기간이었다. 16세기 전반에 기묘사화(1519)와 을사사화(1545)가 일어났으며, 16세기 후반에는 동서가 분당하고(1578) 임진왜란(1592)이 발생하는 등 위난이 겹친 시대였다.

이러한 시대에 성리학파는 역사적 상황을 어떻게 통찰 판단하였으며 대응 처리하였는가를 그들의 성리사상과 관련하여 구명하려는 것이 이 책의 주제였다.

과연 학계 일각에서 일컫듯이 성리학이란 비생산적인 공리공론이며, 또는 봉건적 신분질서에서 집권층을 옹호하는 정치이론이었는가? 그러나 이 책에서 고찰한 바로는 그와 같은 이론과는 정반대로, 그들이야말로 누구보다도 공리공론을 배격하였으며 민중의 처지에서 특권층의 비리를 비판하고 항쟁하였음을 알 수 있다. 그들은 당시의 시대적 문제를 통찰하고 대응하였을 뿐 아니라, 보다 더 근본적으로 유학의 높은 이상과 보편적 진리를 창조적으로 개발하여 역사적, 사회적 현실 속에 응용코자 하였던 것이다.

원래 유학은 인간학이며 역사의식의 문제는 오히려 유학에 가장 본질적이라 할 수 있다. 인간은 역사적 사회적 존재인 까닭에 인간의 문제를 대상으로 하는 유학은 자연히 역사적 사회적 문제를 다루게 마련이다. 또한, 인간에게는 본질적으로 종교적, 철학적 그리고 윤리적 문제가 있다 할 것이다. 그러므로 인간의 문제를 다루는 유학에는 역시 종교적, 철학적, 윤리적 문제가 있다. 그러므로 유학은 객관적 현실에 대한 관심과 인간의 내면적 성찰이라는 양면성을 동시에 가지고 있으며, 따라서 어떤 특수한 대상을 전문적으로 다루는 과학과는 다르다. 인간은 역사적 사회적 존재만도, 또는 종교적 철학적 윤리적 존재만도 아니다. 이처럼 인간은 내외 양면을 구유하고 있어서 그것이 조화되어 균형을 이룬 상태를 이상으로 한다.

그러나 특정한 시대나 환경 또는 개개인에 따라서 혹은 현실에 기울어지기도 하고, 혹은 이념에 치우치기도 한다. 그러나 이것을 조정하고 균형을 이루는 일은 이러한 양면에 관여하고 있는 인간의 의식을 떠나서는 불가능한 것이다. 인간은 수동적으로나 능동적으로 이러한 양면에 관여하고 있는 것이며, 그러한 뜻에서 인간의 성장이란 매우 중요한 일이라 하겠다. 여기서 역사성의 문제가 있다고 할 것인바, 인간의 의식과 행동이 주축이 되어 이념과 현실이 발전적으로 결합하여질 때에 진정한 의미의 역사창조가 이루어진다고 할 수 있다.

유학에서는 이처럼 주관과 객관이 관계지어져 하나의 역사성을 갖는 것으로서, 『주역』에서는 '궁리 진성하여 명에 이른다(窮理盡性 以至於命).' 라 하고, 『중용』에서는 "자기를 이룸은 '인' 이요, 물을 이룸은 '지' 이다. 내외를 합하는 도이다[成己仁也 ; 成物知也.……合內外之道也]" 라 함을 볼 수 있다. 이것을 인간의 의식에서 보면 덕성[주체적 성실성]과 지성[객관적 명철성]의 결합이라고도 할 수 있을 것이다. 도학사상에서 항시 "격치 성정(格致

誠正)"을 말하고, 성리학파가 "거경 궁리(居敬窮理)"를 일컫는 까닭이 여기에 있다 할 것이다. 실로 생활을 떠난 이념은 '공허' 할 것이며, 이상이 없는 현실은 '맹목' 일 것이다.

그리하여 유학에서의 내성외왕지도(內聖外王之道)는 이러한 내외 양면이 이상적으로 관계지어진 것이며, 이는 문화적 측면으로서 최고 경지인 '성현지도(聖賢之道)' 와 정치적 측면으로서 최고경지인 '제왕지법(帝王之法)' 이 하나로 연계된 사실을 일컫는 것이라 하겠다. 그러므로 진정한 의미에서 창조성이 발휘되기 위해서는, 『중용』에서 일컫는바, 문화적인 측면을 상징하는 "덕(德)"과 정치적인 기능을 발휘할 수 있는 "위(位)"가 결합하여야만 하는 까닭에, 비록 정치적 지위가 있다 하더라도 주체적으로 덕성이 결여되었다면 예악을 창조할 수 없는 것이며, 그 반대로 덕이 있어도 그 지위가 없으면 예악을 지을 수 없는 것이라 하였다. 또한, 예기에서는 대동사회를 묘사할 때에 "선현여능(選賢與能)"이라 하여, 현명하게 판단할 수 있는 '현(賢)' 과 유능하게 행할 수 있는 '능(能)' 을 아울러서 말하였던 것이다.

이처럼 '성현지도(聖賢之道)' 가 체(體)가 되고 '제왕지법(帝王之法)' 이 용(用)이 되며, 덕은 체(體)가 되고 위는 용(用)이 되며, 현(賢)은 체가 되고 능(能)은 용이 되어, 양자가 불리(不離)한 관계에서 파악될 때, 다시 말하면 종교적 · 철학적 · 윤리적 · 문화적인 세계[內實]와 정치적 · 경제적 · 사회적 · 역사적인 세계[外實]가 하나의 세계로 연계된 상태를 최고의 이상으로 삼는다 할 것이다. 유학에서 일컫는 대동사회(大同社會)란 이러한 이념이 실현된 이상상으로서 그려진 바라 하겠다.

그러나 이러한 이상은 진실로 인류가 지향하여 가는 목표이며, 그 실현이 일시에 가능하거나 용이하다는 것이 아니다. 그러나 인간은 역사과정을 통하여 그것을 실현하려는 강인한 의지를 가지며 끊임없이 노력해 가고 있다.

진흥왕순수비에 보이는 '수기이안백성(脩己以安百姓)' 이라는 구절이 『논어』에 나오는 것임은 전술한 바이거니와 공자는 자로에게 "제 몸을 닦아 백성을 편안케 한다는 것은 요순도 어렵게 알았던 것" 이라고 하면서 "수기이경[修己以敬]" 으로부터 출발하도록 하였다.

공자와 맹자는 다 같이 비근하고 절실한 문제의 해결을 선무로 하였지마는, 그들의 이상은 내성외왕의 도로서의 왕도를 실현하고자 하는 것이었다. 공자는 "부의(富矣), 서의(庶矣)" 를 말하고 "족식(足食), 족병(足兵)" 을 말하여 경제의 풍요와 국방력의 강화에 유의하였으나, 동시에 '교지(敎之)' '신지(信之)' 를 말하여 인도와 신뢰에 바탕을 두어야 한다고 보았다. 맹자 역시 "양생 상사(養生喪死)에 유감이 없도록 하는 것이 왕도의 시작이다." 라고 하였듯이 이용후생을 강조하여 경제력이 왕도의 출발점이 되는 것이라 하였지마는 인도를 몰각하고 한갓 부국강병만을 추구하는 패도적 공리주의(功利主義)에 대하여는 반대하였던 것이다. 이처럼 내실과 외실을 동시에 추구하는 왕도는, 인간을 수단화하고 오직 물질적 공리주의를 추구하는 패도와 근본적으로 입장을 달리하는 것이다.

이러한 이념은 송대 성리학파에게 그대로 계승되어 왕패론(王霸論)에 대한 강력한 구별과 함께 인도를 선양하고 일체의 비인도를 배격하는 춘추정신으로 전개되었다. 그들은 진 · 한 · 수 · 당(秦漢隋唐)대의 역사를, 정치적으로는 천리에 근원한 왕도가 아니라 인욕에 근거한 패도로서 규정하며, 사상적으로는 노불시대(老佛時代)로서 공맹의 인의를 근본으로 하는 정통정신이 계승되지 못하였다고 비판하였다. 그리하여 유학의 근본정신을 이론적으로 천명하며 정통성을 확립하고자 하였다.

성리학의 본령은 주체에 대한 각성에 있거니와 특히 주자학에서는 자주적 정신과 더불어 의(義) 불의(不義)에 대한 강력한 비판정신을 볼 수 있다. 그러나 그것은 만인에게 공통한 인간 성리(人間性理)를 근거로 하는 것이므로, 오직 인도와 정의 그리고 신뢰를 기반으로 하는 것일 뿐, 민족적, 국가적 우열이나 차별을 뜻하는 것이 아니었다. 일찍이 맹자는 순은 동이지인(東夷之人)이요, 문왕은 서이지인(西夷之人)으로서 지역과 시대가 달랐지마는, 뜻을 얻어 중국에서 도를 행한 것은 동일하다고 하여 "옛 성인과 훗날의 성인이 그 법도가 하나이다(先聖後聖, 其揆一也)."라 하였다. 성리학파에 있어서도 역사적 사회적 상황을 통찰하여 이용후생의 물질적 조건에 유의하지마는 인도와 정의에 기본 하지 않은 전도된 가치체계에 대하여는 강력히 반대하고 배격한다. 내성외왕의 도학 정신은 송대에 와서 크게 대두하였던 것이다.

한국에서도 삼국 이래 고려 말까지는 유불도가 병행했다. 그러나 유학이 사회의 모든 영역에 걸쳐 지배적인 영향을 끼치게 된 것은 송학이 들어오고 난 다음이다.

여말에 새로이 대두한 성리학파는 노불(老佛)을, 교리상으로 비현실적인 것으로서, 그리고 실제로는 현실에 타락한 것으로서 비판 배척하고, 유학을 정통사상으로 확립시켜 갔으며, 정치면에서도 자주성을 강조하여 배원친명책(排元親明策)을 씀으로써 백여 년을 지배해온 원의 세력을 배제하는데 성공하였다. 이것은 춘추의리 및 화이론의 새로운 적용이었다. 그들은 이념과 풍습 및 제도 등 생활체제 전반과 국제적 외교문제에 이르기까지 주자학을 활용하였던 것이다.

그러나 전제개혁(田制改革) 이후 정도전, 조준 등은 새로이 조선조 창건에 참여하였으며, 여조(麗朝)를 위하여 순절한 정몽주 계통은 사회의 일선에서 후퇴하였다.

조선조 세종대의 학술문화는 유학사상, 특히 성리학이 크게 활용된 것이었다. 그러나 세조 이후로는 훈구 특권층이 굳어져 갔으며 이들은 성리사상보다는 사장(詞章)에 종사하였다. 그러나 사육신 및 생육신과 같은 절의파 등의 여파(餘波)와의 갈등은 상존하였다.

정암을 머리로 하는 16세기의 성리학파는 여말에 순절한 포은 계통의 의리학파를 계승한 것이었다. 길재, 김숙자, 김종직 그리고 김굉필로 이어오는 1백 년간 그들은 출사하는 경우가 있었다 하더라도 특권층에 가담하여 사리(私利)를 취하기보다는 시비와 선악을 비판 또는 옹호하는 입장을 견지하였으며 급기야 무오 · 갑자사화로 인하여 희생을 당했다.

16세기는 한국유학 특히 도학 내지 성리사상의 절정기를 이루었거니와 이 책의 주제였던 정암, 퇴계, 율곡, 중봉과 같은 대학자와 위인들이 속출하였다. 정암은 출사한 것이 4년간이었고, 퇴계는 45세 이후로는 거의 출사하지 않았다. 율곡은 49세로 일찍 세상을 떠났을 뿐 아니라, 중봉 역시 49세로서 임진왜란에 순절하였다. 그런데도 이들 성리학파들은 당시에 있어서 뿐만 아니라 한국 근세정신에 끼친 영향이 지대하였다. 이들은 단순한 학자로서가 아니라 역사의식을 갖추고 있어서 '살신성인(殺身成仁)' 하고 '사생취의(捨生取義)' 할 수 있었던 점에 그 특징이 있다고 할 수 있다.

한국의 성리학파는 정주학을 기본으로 한다. 그러나 그들이 추구한 것은 성리학을 통하여 유학의 근본정신을 탐구함이었으며 이른바 요 · 순 · 공 · 맹을 표준으로 한 것이었다. 그러나 앞서 논의함과 같이 요 · 순 · 공 · 맹이란 중국 또는 한국을 구별하여 한국인이 중국인의 것을 취한 것이 아니라, 그것은 민족을 넘어서 인류에게 보편적인 진리로서 받아들였던 것이다. 인간 속에 시공을 넘어서 초역사적으로 존재하는 진리를 요 · 순 · 공 · 맹이 드러냈고, 정 · 주가 다시 밝혀냈다고 보는 것일 뿐이다. 그리고 그것을 16세기 조선사회라는 역사적 사회적 상황 속에 가장 알맞게 응용하여야 한다고 보는 것이다. 그것은 유학의 이상이요 도학의 요체인 내성외왕의 도를 실현코자 함이었다. 그리고 그들이 말하는 고도(古道)란 원시에로의 복귀가 아니라 원형의 회복을 뜻함이요, 성취하여야 할 이상과 표준을 일컬음이었다. 그러므로 정암은 부제학 당시에 중종에게 "뜻을 세움에는 반드시 고석(古昔)의 제왕으로 목표를 삼고, 처사함에는 마땅히 짐작하여 득의(得宜)하여야 할 것"(副提學時啓)이라 하였으며, 율곡은 "때는 고금이 없고 도는 고원(高遠)한 것이 아니며," "일용지간(日用之間) 동정지제(動靜之際)에 사리를 정찰하여 중(中)을 얻음이 문제"(『聖學輯要』)라고 하였다. 이처럼 구체적 현실을 떠나서 공허하게 고원한 이상을 추구함도 아니며, 또한 지도적 이념 없이 일시적 현상이나 사건만을 논함도 아니었다. 이미 살핀 대로 율곡은 그의 「만언봉사」에서 다음과 같이 말한 바 있다.

"정사(政事)란 시대적 상황을 아는 것이 귀하고 일에는 무실(務實)함이 요긴한 것이다. 정사를 행하되 시의(時宜)를 알지 못하고, 일을 행하되 실공(實功)을 힘쓰지 않는다면, 비록 성현이 서로 만난다 하더라도 치효(治效)를 거둘 수 없을 것이다."

그러므로 역사적 사회적 상황을 통찰하여서 적의(適宜)하게 처리함이 문제였다. 여기서 "진퇴지의(進退之義)" 에 따라 현실에 참여하는 방법도 결정되며, 선후본말에 따라 사건을 처리하는 능력도 나오게 되는 것이라 할 수 있다.

또한, 이들 성리학파들은 한결같이 백성의 입장을 견지하였다. 유(儒)에는 '군자유(君子儒)' 와 '소인유(小人儒)' 가 있다. 사대부도 군자와 소인으로 나뉠 수 있다. 그러나 성리학파의 기본입장은 '친군자(親君子), 원영인(遠佞人)' 하라는 유학의 본래적 정신을 관철함이었다. 그러므로 정통 성리학파는 의를 위하여 삶을 버렸을지언정, 문장을 도구로 삼아 "박민자비(剝民自肥)" 하는 특권층과는 본질적으로 입장을 달리하였다. 그들은 지성(知性)을 만백성을 위하여 동원한 것이요, 군주 한 사람이나 자파(自派)의 권익을 위하여 쓴 것이 아니었다. 그들이 배격한 것은 '손하익상(損下益上)' 이며, 그들이 주장한 것은 '손상익하(損上益下)' 였다. 그들은 형평 정신으로 사회의 '융평(隆平)' 을 가져오고자 하였는데, 그것은 다름 아닌 균평사회와 대동세계를 지향한 것이었다고 할 수 있다.

그러나 이것은 오랜 타성 속에 젖어온 특권층에게 거스르는 것이요, 그리하여 일어난 잦은 사화로 말미암아 수많은 선비가 희생되었다. 국가의 위난이 올 때에 그들은 선견지명을 가지고 사람들을 경성(警醒)시키고 대책을 제시하였으며, 난이 일어났을 때에는 의병이 되어 전장에서 죽었다.

이들 성리학파들의 희생에 대하여, 그것은 실무를 모르는 이상적 급진주의에서 기인한 것이라 하여 당연시할 수가 있다. 그러나 그들은 수경(守經)뿐만 아니라 권변(權變)도 모르는 바 아니었다. 그리고 총명이 부족하였기 때문이라고 할 수도 없을 것이다. 그것은 사명이었던 것이다. 처사응물(處事應物)에 있어서 당연히 선후와 완급을 보아서 신중을 기하여야 할 것이다. 그러나 의를 행하다가 희생된 선열들을 무모하였다고 할 수 없을 것이다.

이처럼 16세기 성리학파들은 한갓 비생산적인 공리공론에 종사한 것도 아니요, 봉건적 신분질서에서 지배층을 옹호함도 아니었다. 오히려 이들이야말로 공리공론을 배격하고 민중의 처지에서 인권이 보장되는 균평(均平)한 사회를 지향하였던 것이다.

이제 이 책에서 다루어온 정암, 퇴계, 율곡, 그리고 중봉의 역사의식을 시대적 추이와 그들의 대응방식과 관련하여 특징지음으로써 끝을 맺기로 하겠다.

元. 靜庵의 경우

중종반정 후 정암의 등장은 '정통유학[圃隱系統]'의 사회적 복귀를 뜻한다. 정암은 도학사상의 태두로서 한국유학의 기본성격을 형성시켰다. 그는 내성외왕의 지치주의(至治主義) 이념으로 전대미유(前代未有)의 개혁정치를 실시하였다. 그것은 군주와 귀족이 아니라 백성을 토대로 한 것이었다. 그는 세금정책의 합리화 그리고 형벌정치의 지양 등을 주장하여 민생과 민권을 보장해 주고자 하였다.

그리고 언론 자유를 주장하여 상 · 하급 관료로부터 일반 백성에 이르기까지 누구나 말할 수 있어야 한다고 하였으며, 지배층의 불법적 특권을 철폐코자 하였다. 이러한 조치는 특권층에게는 불리한 것이었으며, 드디어 기묘사화가 일어나서 정암과 그 동료들은 죽임을 당했다. 그러나 그의 도학 정신은 그대로 남아서 후세에 계승되고 영향을 끼쳐 한국 근세 정신사의 지주가 되었다.

亨. 退溪의 경우

기묘사화(1519)와 을사사화(1545)가 모두 퇴계 전반생에 일어난 일이었다. 퇴계는 당시의 여건으로 보아 '정(正)과 사(邪)' '왕(王)과 패(覇)' 의 대결에서 정치적 방법보다는 학문적 방법을 택하였다. 여기서 퇴계의 '리존적(理尊的) 이원론' 을 볼 수 있거니와 그의 인도주의사상, 인간존엄사상은 특기할 만한 것이다. 그는 노불(老佛)의 비현실성을 지적하여 비판하였고, 그에 가까워서 '주관적 관념론' 으로 판단되었던 양명학, 그리고 인간의 존엄성을 몰각했다고 보이는 화담의 '유기론' 등을 모두 비판하였다. 이와 같은 '이단사설(異端邪說)' 에 대한 배척은 퇴계가 현실에 대한 깊은 관심과 역사의식을 갖추고 있었음을 뜻한다. 그는 장기적인 안목을 가지고 사람들의 교화에 힘쓰고 도를 후세에 전해주고자 하였던 것이다. 정암이 행동으로 보여주었던 도학사상을 퇴계는 다시 내면화시켰던 것으로서, 양상의 차이는 있으나 이는 도맥을 같이 하는 것이요, 역사의식을 갖춘 점은 마찬가지라 하겠다.

利. 栗谷의 경우

퇴계보다 35년 뒤에 태어난 율곡에 있어서 그 사상적 특징은 '리기지묘(理氣之妙)' , 즉 리와 기의 조화에서 찾을 수 있다. 율곡은 퇴계의 '리가 존귀하다는 사상(理尊說)' 과 화담의 '기의 사실성을 강조하는 사상(唯氣論)' 을 모두 요해하였다. 그러나 율곡은 높은 이상[性理]과 구체적 현실[實事]의 조화에서 진리성을 구하였다. 인간의 정신적 순수성과 물질적 이익과의 조화도 율곡에게서 볼 수 있다. 그러므로 진리의 순수성을 지키는 것도 중요하지만, 진리를 현실에 연계시키고 현실을 조정함도 또한 긴요한 일이라 하겠다.

이러한 율곡의 사상은 당시의 역사적 상황, 즉 명종 20년(1565) 문정왕후의 죽음과 권신 윤원형의 방축(放逐) 사망으로 사림들이 정계에 복귀하였던 상황의 변동과도 관계있는 것이라 할 수 있다.

율곡이 당시의 역사적 사회적 상황을 통찰 판단하고 구체적 대응책을 강구할 수 있었음은 우연이 아니며, 여기서 우리는 정암의 '정(正)' 과 퇴계의 '반(反)' 이 '합(合)' 하여 다시 율곡의 입장이 이루어지고 있음을 볼 수 있다.

貞. 重峯의 경우

율곡이 세상을 떠난(1584) 뒤 국내외 정세는 더욱 긴박해졌다. 안으로 사대부의 분열은 더욱 심각하고, 밖으로는 임란(壬亂)이 임박하고 있었다. 이러한 상황에서 국내외적인 대국(大局)을 간파하여 정확한 판단과 대응책을 제시한 것은 오직 중봉뿐이었다. 그는 국내적으로 자주정신을 고취하여 왜란에 대비토록하고, 국제적으로는 춘추정신에 의거하여 중국 및 동남아제국과의 연합군을 형성하여 왜란에 대비할 것을 강력하게 건의하는 등 탁월한 선견지명을 보여주었다. 그리고 임진왜란이 발발하자 의병장으로서 왜적과 싸우다가 칠백의사와 더불어 부자(父子)가 함께 장렬하게 전사하였다.

중봉은 이론과 실천을 유리시키지 않고 자신의 인격 속에 융합시켜 그것이 구체적인 방법과 행동으로 나타난 것이라 할 수 있다. 그는 스스로 말하듯이 정암, 퇴계 그리고 율곡에 이르는 학맥을 계승하였으며, 특히 율곡철학의 기본정신—理氣之妙—을 자신의 행동철학으로 보여준 것이라 할 수 있다.

위에서 볼 수 있었음과 같이 정암, 퇴계, 율곡 그리고 중봉에 이르는 정통성리학파는 유학 본래의 고매한 이상을 체득하고 있었으며 엄숙한 사명의식을 가지고 당시의 역사적 상황과 시대적 추이에 따라 대응하고 행동함으로써 민족을 이끌어간 위대한 스승이 되었다.

이들의 사상은 당시뿐만 아니라, 후세의 의리학파와 실학사상의 성립에 지대한 영향을 주었으며, 오늘날 진정한 자주성을 추구하고, 정신과 물질, 성리와 사실, 즉 종교·철학적인 인간의 내면적 성실성과 사회·경제적인 객관적 현실과의 조화를 모색하는 현대적 과제와도 연관되는 것으로서 보편적 의의를 지닌다 할 것이다.

主要參考文獻

十三經注疏 / 周易傳義大全 / 書傳大全 / 詩傳大全 / 大學章句大全 / 中庸章句大全 / 論語集註大全 / 孟子集註大全

性理大全 / 二程全書 / 朱子大全 / 四書或問 / 程書分類 / 近思錄 / 朱子書節要 / 朱書百選 / 傳習錄 / 困知記 / 老子道德經 / 莊子南華經

益齋集 / 牧隱集 / 圃隱集 / 三峯集 / 冶隱先生言行錄拾遺 / 靜庵集 / 花潭集 / 晦齋集 / 退溪全書 / 栗谷全書 / 龜峯集 / 高峯集 / 重峯集 / 鶴峯全集 / 隱峯全書 / 月沙集 / 宋子大全 / 芝峯類說 / 磻溪隨錄 / 星湖僿說 / 順庵集 / 華西集 / 毅庵集 / 勉庵集

三國史記 / 三國遺事 / 高麗史 / 高麗史節要 / 三綱行實圖 / 朝鮮王朝實錄 / 安邦俊,『隱峯野史別錄』/ 柳成龍,『亂後雜錄』

金永斗,『韓國政治思想史』(韓國文化史大系 政治經濟史), 고려대학교 민족문화연구소., 1970.
金容九,『傳統과 現代性』, 春秋社, 1963.
文璇奎,『韓國漢文學史』, 正音社, 1972.
朴鍾鴻,『韓國의 思想的 方向』, 박영사, 1968.
柳承國,『東洋哲學論攷』, 成大大學院 東洋哲學硏究室, 1974.
李丙燾,『栗谷의 生涯와 思想』, 瑞文堂, 1974.
李丙燾,『韓國史』(고대편 · 중세편), 진단학회, 1959.
李相佰,『韓國史』(近世前期篇), 진단학회.
李相殷,『退溪의 生涯와 學問』, 瑞文堂, 1974.
張志淵,『朝鮮儒敎淵源』, 同文社, 1922.
鄭寅普,『薝園國學散』藁, 文敎社, 1955.
鄭寅普,『朝鮮史硏究』, 서울신문사, 1947.
趙璣濬,『韓國經濟史』, 日新社, 1971.
趙潤濟,『韓國文學史』, 東國文化社, 1963.
車河淳,『歷史의 理解』, 탐구당, 1974.
千寬宇,『韓國史의 再發見』, 일조각, 1974.

崔文煥, 『民族主義의 展開過程』, 박영사, 1973.
崔載喜, 『歷史哲學』, 青林社, 1974.
崔昌圭, 『韓國近代政治思想史』, 일조각, 1972.
崔虎鎭, 『韓國經濟史』, 博英社, 1970.
咸錫憲, 『뜻으로 본 한국역사』, 제일출판사, 1974.
玄相允, 『朝鮮儒學史』, 民衆書館, 1960.

黃宗羲, 『明夷待訪錄』 / 馮友蘭, 『中國哲學史』 / 胡適, 『中國哲學大綱』 / 蔡元培, 『中國倫理學史』 / 牟宗三, 『歷史哲學』 / 錢 穆, 『朱子新學案』

Bultmann, R. : *History and Eschatology*, Edinburgh, 1954.
Dewey, J. : *Reconstruction in Philosophy*, Beacon Press, 1957.
Creel, H.G. : *Confucius: The Man and the Myth*, 1949
Creel, H.G : *The Chinese Thought*, Montor Books, 1970.
Berger & Luckmann : *The Social Construction of Reality*, Anchor Books, 1967.
Weber, M. : *The Religion of China*, trans. by Gerth, The Free Press, 1968.
Collingwood, R.G. : *The Idea of History*, Oxford Univ. Press, 1967.
Courant, M. : *Bibliographie Coreenne*, 金壽卿 譯, 1946.
Toynbee, A. : *A Study of History* (Abridgement), 盧明植 譯, 1954.
Burnett, W. : *This is my Philosophy*, 趙要翰 譯, 正音社, 1959.
Carr, E.H. : *What is History?* 吉玄謨 譯, 探求堂, 1966.

李正浩, 「訓民正音의 易學的 研究」, 충남대논문집, 1972.
柳承國, 「儒學思想 形成의 淵源的 探究」, 성균관대 대학원 박사논문, 1974.
柳承國, 「宋代性理學 形成의 淵源的 考察」, 『大東文化研究』 제1집, 1963.
柳承國, 「栗谷哲學의 根本精神」, 『儒教學論叢』, 1972.
閔泰植, 「斥邪衛正」, 『斯文論叢』 제1집, 1972.
李相殷, 「朝鮮朝 國論에 반영된 義理精神」, 『斯文論叢』 제1집, 1972.
李相殷, 「한국에 있어서의 儒教의 功罪論」, 『現代人講座』, 太極出版社, 1974.
蔡茂松, 「退栗性理學의 比較研究」, 성균관대학교 대학원 박사학위 논문, 1972.

補篇 I

杏邨論文 2

공자의 仁과 소크라테스의 소피아

※ 석사학위논문 (1966)

서 론

공자(孔子: B.C 552~479)와 소크라테스(Sokrates, B.C469~399)는 동서양의 정신사에 지대한 영향을 준 위대한 스승으로 숭앙 되고 있음은 주지의 사실이다. 공자는 춘추시대 중엽 중국의 산동 노(魯)에서 태어났고, 소크라테스는 고대 희랍 아테네 출신으로서, 지역적으로는 양(洋)을 달리하지마는 거의 동시대 사람들이다. 공자가 돌아간 후 약 10년 후에 소크라테스가 탄생하였거니와 향년도 칠십여 세로 두 분이 비슷하다. 철학사적으로도 공자와 소크라테스를 기준으로 하여 그 이전과 이후가 갈라지는 것은 동서양의 공통적인 사실이다. 그러나 공자와 소크라테스는 다 같이 단순한 학자라기보다는 성인 또는 철인으로 불리는 것이다.

오히려 학자들이 학문을 통하여 공자와 소크라테스를 연구했으며 2,500년이 지난 오늘날에 와서도 이와 같은 노력은 계속되고 있다. 특히 인(仁)과 소피아[知]는 공자와 소크라테스 사상의 중심적인 개념이라고 할 수 있다. 동양철학, 특히 유학에는 그 연구하는 전부가 '인'에 관한 것이라 하여도 과언이 아니라고 할 수 있으며, 또 서양철학에서도 애지(愛智 : Philosophia)라 함은 문자 그대로 철학을 의미하는 만큼 공자의 인이나 소크라테스의 소피아에 관하여 그것을 단적으로 규정한다는 것은 용이한 일이 아닐 것이다. 단지 그것을 이해하는 정도에 따라서 측면적인 고찰이 가능할 것으로 생각된다.

이 연구에서 특히 유의하고 있는 점은, 공자의 인과 소크라테스의 소피아의 고찰을 통해서 인간을 어떻게 이해할 수 있는가 하는 점이다.

오늘날 학문은 극히 분화하여 제각기 자기가 종사하는 영역 이외에는 이해가 충분하기 어려우며, 제한된 범위 안에서 생각을 고착시키기가 쉽다고 할 수 있다. 물론 과거에도 인간관은 지역과 시대에 따라서 상이하며, 반드시 일치하는 것은 아니다. 경험주의적 인간관도 있을 수 있고 합리주의적 인간관도 있을 수 있으며, 흔히 말하듯이 이성인이니 종교인이니 공작인이니 하여, 여러 가지 유형의 인간관이 있을 수 있다. 그러나 모두가 인간에 대한 각양의 해석이라 할 수 있다. 과연 인간이란 무엇인가 하는 것은 인류의 영원한 과제일지 모른다. 오늘날은 특히 휴머니즘이 문제 된다고 말한다. 그러나 휴머니즘의 역어가 한 가지일 수 없듯이, 인간이란 그만큼 다의성을 내포하고 있는 존재라고 할 것이다.

공자와 소크라테스는 다 같이 인간을 논의의 주제로 하였다. 공자의 인이나 소크라테스의 소피아가 모두 인간과의 관계에서 일컬어지는 것이라 할 수 있다. 공자에 있어서는 어진[仁] 사람이 되는 것이 문제이며, 소크라테스에 있어서는 무지(無知)를 깨닫고 진지(眞知)를 획득함이 문제이다. 인과 소피아는 목적이면서 동시에 그것은 인(仁)과 지(知)를 말미암음으로써 성취된다고 할 수 있다. 이와 같이 인과 소피아를 매개로 하여 파악되는 인간은 과연 어떠한 것인가?

경험적인 것과 초경험적인 것, 현실과 이상, 이것은 분명히 상극되는 개념들이다. 그러므로 어느 한편으로든지 치중함에 따라서 인간의 형도 달라진다. 그런데 이제 우리가 지향하고자 하는 방향은 어느 것인가? 경험적 (후천적, 현실적, 외향적)인 것인가, 합리적(선험적, 초월적, 이상적, 초경험적)

인 것인가? 이성적인 것인가, 감성적인 것인가? 아니면 그 절충인 것인가? 어떻게 보는 것이 인간을 가장 온당하게 이해하는 것일까? 양자는 상극되는 것이니만큼, 어느 한쪽은 옳고 다른 한쪽은 그른 것인가? 아니면 둘이 다 긍정될 수 있는 것일까? 이러한 양면의 조화를 추구하는 노력은 과거에도 많이 있었다고 할 수 있다.

그런데 이제 공자와 소크라테스에 있어서 이러한 문제는 어떻게 볼 수 있을까? 소박하게나마 이러한 관점에서 그 소재를 발견하고 이해하여 보는 것은 무의미한 일이 아니라고 생각된다.

인과 소피아가 동서철학 전반의 문제라고 할 수 있는 만큼, 그것을 일반적으로 논하기란 용이한 일이 아니겠거니와, 특히 이러한 양면성에 치중하여 인간은 어떻게 양면의 매개자로서 파악될 수 있는가를 고찰하고자 하는 것이다. 그러므로 되도록 공자와 소크라테스의 말을 그대로 인용하고 그에 대한 주석을 인증하면서 그 사상내용과 논리의 근거를 음미하여 보고자 한다.

공자의 말씀은 대체로 『논어』를 중심으로 취할 수 있을 것이나, 『대학』·『중용』이나 『맹자』에 있어서도 공자의 말씀으로 기록된 것 중에 요긴한 것이 적지 않다.

소크라테스는 저술을 전혀 하지 않았다는 것이요, 주로 플라톤(Platon)과 크세노폰(Xenophon)의 기록에 의하여 알려지고 있으나, 특히 플라톤의 초기대화록을 중심으로 하여 소크라테스를 볼 수 있을 것이다. 중기작품이라고 보는 파이돈(Phaidon) 등에 있어서는 실제 소크라테스의 말인가에 대하여 논의가 있지만, 일단 소크라테스의 사상과 근본적으로 배치되지 않는다고 보는 J. Burnet와 A.E.Taylor의 입장을 취하여 보기로 한다.[1] 그러나 이원론적 이데아 설을 적극적으로 논의하기보다는 그것이 소크라테스의 근본입장을 이해함에 도움이 된다는 점에 유의코자 한다.

---

1) J. Burnet, *Platonism*, p.8, 14, 34 참조
A.E.Taylor, *Socrates*, Double Day Anchor Book, 1952. p.147 이하참조

그리하여 공자의 인과 소크라테스의 소피아를 각 장으로 나누어 논의하되, 먼저 공자에 있어서 인의 문제가 제기되는 사적 배경을 고찰하고, 인이 구체적인 인간의 현실에 있어서 가지는 의미와, 그리고 현실이 문제 되지마는, 인이란 단순한 현실을 말함이 아니요, 마땅히 있어야 할 현실에 있어서의 준칙과 본질이 되는 존재근거를 고찰하고, 경험적 현실과 형이상학적인 본질과의 이원성을 어떻게 타개할 것인가, 그 관계는 어떠한가를 논의한 다음, 인이 실제로 구체적인 자기(自己)에 있어서 어떻게 파악되며, 또한 실현될 수 있는가를 고찰해 보겠다. 그리고 소크라테스에 있어서는 진지(眞智)의 탐구가 문제이거니와, 먼저 소크라테스가 출현하는 배경으로서 그의 시대에 있어서 폴리스를 중심으로 한 아테네 사회의 특징과, 아테네에 소개되는 자연철학과 소피스트의 성격을 살펴본 다음, 진지(眞智)와 가지(假智)의 구별로서, 참된 의미의 소피아는 인간의 내부에 확실성의 근거를 둔 것이라야 한다는 것, 즉 철저한 자율적 인간의 영지(靈智)라야 한다는 것을 밝히기 위하여 종래적인 관념과 구별되는 소크라테스 자신의 영혼의 문제에 대하여 고찰한다. 그리고 이러한 소크라테스의 소피아는 초인간적인 면, 즉 신(theos)의 문제와 어떠한 관계에서 파악되는가, 바꿔 말하면 소크라테스에 있어서 신은 어떠한 의미를 가지는 것인가를 논의하고, 소피아의 현실적 실현, 즉 정의의 문제와 관련하여 소크라테스의 국가(polis)와 법(nomos)에 대한 관념과 태도를 고찰하고자 한다.

다음에 인과 소피아는 대체로 그 성격이 어떻게 다른가 하는 점, 그리고 그것이 다 같이 공동적으로 기반을 두는 것이 무엇인가를 성찰하여 보고자 한다.

마지막으로 현대에 있어서 실존철학, 과학철학, 실용주의, 종교철학, 유물사상 등 제 학파들이 대립하고 있는 상태에서 우리는 인과 소피아로부터 어떠한 시사점을 발견하여야만 할 것인가 함에 주의하여야 할 것이다.

공자와 소크라테스를 배운다 함은 우리가 그 시대로 복귀하고자 함이 아니라, 그들이 인류에게 나타내었던 태도와 성실성과 그 위치와 근본원리를 재음미하여, 현실에 있어 역사적 사회적 과제를 해결함에 이바지할 수 있는 길을 모색하고자 노력하는데 의의가 있는 것이다.

본 논문은 공자의 인과 소크라테스의 소피아를 논구함으로써 어떤 결정적인 결론을 유치(誘致)하기위한 것이라기보다는 먼저 필자 자신이 공자와 소크라테스를 이해하여 보고자 하는 동기에서 출발한 것임을 부기하여 둔다.

I. 공자의 仁

1. 공자의 사상과 역사배경

양계초(梁啓超)는 중국 상고시대를 구분하여 당우(唐虞)에서 은말(殷末)에 이르기까지 천여 년을 부락기(部落期), 서주(西周) 삼백 년을 봉건기(封建期), 그리고 주(周)의 동천(東遷) 이후 공자의 출생에 이르는 기간을 패정기(霸政期)라고 본다.[2] 양유형(楊幼炯)은 당우(唐虞)로부터 주대(周代)에 이르기까지 모두 봉건시대였지마는 특히 주대(周代)의 봉건제도는 가장 중대한 의의를 지닌다고 말한다.[3] 그런데 진계천(陳啓天)에 의하면 봉건제도는 주 이전에 있어서도 그 맹아가 있기는 하였지만 주대에 완성되었고 춘추시대에도 봉건제도가 존속은 하였으나 점차 붕괴하는 시대로 본다.[4] 도희성(陶希聖)은 주대를 원시 봉건제라 할 수 있다고 말한다.

---

2) 梁啓超, 『先秦政治思想史』, 中華書局, 台北, 1959, 15쪽 참조.

3) 陽幼炯, 村田孜郎 譯, 『中國政治思想史』, 大東出版社, 東京, 9-21쪽 참조.

4) 陳啓天, 『中國政治哲學史概論』, 華國出版社, 台北, 1951, 1쪽 참조

이 밖에도 주대에 있어서 봉건제도의 존속 여부에 관하여는 논란이 있는 것이지만, 일반으로 서주(西周)는 봉건제도의 완성기요, 춘추시대는 그 붕괴기로 보는 것이 통설이라고 할 수 있다.[5)]

그러면 중국 고대의 봉건제도와 서양 중세의 봉건제도와는 어떻게 다른 것인가? 전목(錢穆)이 논한 바를 일부 취하여 보면, 1) 중국의 봉건제도는 서주왕실의 천하통일 지배책으로 된 것이며, 서양의 봉건제도는 로마 제국의 멸망으로 인민이 지방 유력자의 보호를 구하는 데서 이루어졌다는 것, 2) 중국의 것은 정치상의 제도이고 서양의 것은 사회형태로 된 것이라는 것, 3) 중국은 성시(城市)를 중심으로 개발하였고 서양은 향촌을 중심으로 발달하였다는 것, 4) 서양에서는 봉건제도가 몰락한 뒤에 근대국가가 탄생하였고, 중국에서는 당시의 통일정부가 소멸하고 군웅할거의 시대가 출현하였다는 것 등으로 갈한다.[6)]

베버(Max Weber)의 분류법에 의하면 서양 중세의 봉건제는 레엔(Lehen) 봉건제에 해당한다.[7)] 이것과 중국고대의 봉건제를 비겨보면 대략 다음과 같이 말할 수 있을 것이다. 즉 서양 중세의 것은 종신(從臣)이 주군에 대하여 군무(軍務)에 종사하는 대가로 토지의 용익권(用益權) 또는 정치적인 봉토 지배권을 받는 형식으로 맡게 되는 것이다. 그리고 레엔 관계는 자발적인 의사에 의한 계약으로 성립되며 주군과 종신의 관계는 원칙적으로 그들 당대(當代)에만 성립된다는 것이다. 수봉자는 그의 독특한 신분적 기사적(騎士的) 생활태도를 유지할 것이 요구되고 수봉계약은 기사적인 명예의 존중에 입각하여 성립되는 것이며 상호 간의 신의(信義) 성실(誠實)의 의무를 가지는 것이다. 말하자면 서양의 봉건제도는 사회적으로 개인적인 계약

5) 陶希聖, 『中國政治思想史』, 全民出版社, 台北, 1954, 38쪽 참조.
6) 趙義卨, 『고대사연구의 제문제』, 인문과학 제6집, 연세대학교 문과대학 참조
7) 黃山德, 『막스 웨버』, 사상계사, 1960, 12-13쪽 참조
8) 和田淸, 『中國史概說』上卷, 岩波書店, 1950, 12-13쪽 참조.

에 의하여 성립하는 것이다. 그러나 중국고대의 봉건제도는 이와 다르다. 즉 주(周)왕실로부터 혈연관계에 의한 등급적인 분봉(分封)의 형식으로 성립되는 것이며 계약관계가 아닐 뿐 아니라 세습제이다. 또한, 사회적인 명예에 입각한 것이라기보다는 가족을 기본으로 하여 이것이 정치적인 관계에까지 확대된 것이다. 이와 같은 차이는 중국 고대와 서양 중세라는 시대적 지역적 특수성에서 오는 것이라고 할 수 있다. 그러면 주대의 봉건제도는 어떻게 하여 성립된 것이며 그 내용은 어떠한가?

중국고대에 있어서는 씨족이 사회조직의 기초가 되었는데 이러한 씨족이 모여 부족으로 그리고 부족국가를 형성하며, 다시 대소(大小)국가가 결합하는 경향을 보였다. 그리하여 은초(殷初)에는 3,000, 주초(周初)에는 1,000여, 춘추(春秋)에는 100여 개에 달하게 되었으며 통일의 경향으로 나아갔던 것이다. 또한 인구가 증가하고 교통이 열림에 따라서 전통적인 혈연관계에서 지연관계를 중히 여기게 되었으며 여기서 봉건제도가 일어나게 되는 것이다.[8)]

동작빈(董作賓)에 의하면, 은대(殷代)에도 봉건제도는 실시되었다고 말한다. 즉 "백(伯)" 또는 "후(侯)" 등으로 불리우는 제후들은 은 왕실에 대하여, 정벌, 변경 수비, 공납, 복역 등의 의무가 있었다고 한다.[9)]

그러나 은대에 있어서는 시대적인 차이도 있거니와 봉건제도라 하더라도 주대의 발달된 것과는 달랐을 것으로 짐작된다. 즉 은대는 수렵시대로부터 목축을 거쳐 농업시대에 이르는 과도기에 해당하므로 자연히 생활이 정착적이라기보다는 유동적이었다. 따라서 씨족의 조직도 횡적 세대요, 종적인 가족제도를 이룰 수가 없었다.[10)] 그러나 주대에 이르면 황하유역을 중심

---

9) 董作賓, 「중국고대문화의 인식」, 『역사학보』 제8집, 역사학회, 489쪽 참조.

10) 陶希聖, 앞의 책, 11쪽 참조.

11) 高村象平, 『一般經濟史』, 東京: 慶應出版社, 48쪽 참조.

으로 광대한 지역에서 농업에 종사하고 정착적인 생활을 하게 된다.[11] 그리하여 치수 관개(灌漑) 등의 노작은 씨족의 단결과 질서를 요구하게 되었으며 여기에 가족제도가 발달할 수 있는 조건이 조성되었다고 할 수 있다. 그리하여 광대한 지역에서 혈연관계를 중심으로 하여 봉건제도를 일으킨 것은 서주(西周)에 이르러서이다.

서주(西周)의 성립은 B.C. 1122년으로 본다. 은을 멸한 주는 친족과 공신을 영지에 분봉하여 제후를 삼았다.

주의 봉건제도의 구성은 천자(天子)를 중심으로 하여 제후가 있고, 천자와 제후의 밑에는 각기 사인(士人), 경대부(卿大夫), 상사(上士), 중사(中士), 하사(下士)가 있었다. 천자의 직할지를 왕기(王畿)라 하고 제후의 영토를 국(國)이라 하며, 사인이 다스리는 곳을 채지(采地) 또는 채읍(采邑)이라 하였다. 천자는 제후에 대하여 봉탈(封奪)의 권리와 쟁탈의 제재, 배반(背叛)을 정벌하는 등의 명령감독권이 있었다. 또 제후는 천자에 대하여 조근(朝覲)·회동(會同) 및 공헌(貢獻)의 의무가 있었다. 이상은 모두 치자(治者) 계급이요, 그 밖에 일반 상인이 있고, 조(皀), 예(隷), 여(輿), 대(臺)라고 하는 노비와 천민이 있어서 하층사회를 형성하였다.[12] 그런데 주의 봉건제도에 있어서 분봉의 방법은 혈연적인 친소관계에 따라 천자가 제후를 봉하며 경대부는 사(士)를 봉하였다. 이와 같은 작위의 계승에 있어서도 장자(長子) 계승제도였으며 가장 중요한 행사의 하나인 제사에 있어서도 제주(祭主)는 장자가 되었다. 그러므로 주대의 봉건사회는 혈연과 지연관계에 의한 가족제도와 등급적인 상하관계를 기초로 하여 성립된 것으로 이러한 계통적이요 통일적인 체제로 인하여 정치적으로나 사회적으로 안정을 얻을 수 있었

12) 和田清, 앞의 책, 14-16쪽 참조.

13) 三家分魯는 계손씨, 맹손씨, 숙손씨의 삼가가 노나라의 권력을 장악한 것을 말하고, 三家分晉은 한, 위, 조 세가문이 진나라를 삼분한 것을 말한다. 田氏簒齊는 전씨 집안에서 제나라 정권을 찬탈한 일을 말한다.

고 서주문화의 발달을 보게 되었다. 그러나 주의 동천(東遷)이후 시대적 상황이 변함에 따라 주실(周室)의 기강이 점차 해이하고 그 통제력이 약화되자 제(齊) 환공(桓公) 진(晉) 문공(文公) 등 존왕양이(尊王攘夷)를 표방하면서 소제후(小諸侯)를 규합하여 천하를 제패한 이른바, 춘추오패(春秋五覇)의 출현을 보게 되었다.

한편 경제적으로도 변동이 있었다. 춘추시대에 이르러 농경방법의 개선은 이제까지 인력에 의하던 것을 우경(牛耕)을 이용하여 규모를 확대시키고 농산물의 소출을 증가시켰다. 또한 공업의 발달로 지방의 운하를 착공하여 이전보다 교통이 편리하게 되었다. 그리하여 상업이 성행하고, 제후들의 거주지와 상공업의 중심지인 도시가 생겨났으며 사람들의 이동이 잦아지게 되었다.

이러한 경제적인 변동은 종래에 있어서 씨족적인 결합을 분해시키게 되었다. 즉 사회의 기본조직이 씨족으로부터 가족단위로 변화되어갔다. 그리하여 사세(四世) 이내의 친족으로 소종(小宗)을 구성하여 소종은 대종(大宗)을 받들고 대종은 공실(公室)을 그리고 제후는 왕실을 받들던 것이 왕실을 기점으로 하여 점차 그 질서가 허물어졌던 것이다. 여기에 제후는 자체의 실력을 양성하고 독자적으로 통치하게 되었거니와 제후국도 점차 분해하여 삼가분노(三家分魯), 삼가분진(三家分晉), 전씨찬제(田氏簒齊)의 현상[13]을 빚어내었다.[14]

이와 같은 사회적 변동은 봉건제도의 붕괴를 의미하는 것이요, 기존질서의 동요와 함께 사회적인 혼란을 초래하였다.

공자는 이와 같이 전통적 질서가 총체적으로 동요하는 시대에 태어나서 사회적인 혼란상을 바로 잡는 것을 자신의 임무로 하였다. 당시에 있어서

14) 陶希聖, 앞의 책, 61쪽 참조.
15) 『논어』 「里仁」.

사람들은 이러한 세태를 혐오하는 나머지 초세간적 자연주의가 되고 아니면 현실에 영합함으로 자기의 사리를 위하여 온갖 방법을 다하는 세속주의의 세태를 빚어냈다. 그러나 공자는 이러한 두 태도를 모두 옳지 못한 것으로 보았고, 진정으로 그러한 현실을 바로 잡고자 하였다.

당시는 위정자를 비롯하여 일반 사람들의 인생관이 지나치게 자기중심적인 이기주의에 몰두하여 혼란과 분쟁의 사회를 조성하였으며 전란이 그칠 사이가 없었다. 공자는 먼저 사회질서를 회복하기 위하여 노력하였다. 이러한 노력은 공자가 도를 펼치기 위하여 천하를 두루 다닌 일[轍環天下]이라든가 육경(六經)을 추려서 바로잡은 일 등에서 잘 나타나 있다. 그리하여 공자의 임무는 혼란한 사회를 근본적으로 바로잡는 데 있는 것이었다. 공자는 위정자의 사이비한 기만성을 폭로 탄핵하였던 것이니, 이것이 곧 춘추필법이며, 이로 인하여 난신적자(亂臣賊子)가 두려워하였다. 대의명분을 살리는 춘추필법은 오늘날의 말로 하자면 불의에 대한 항쟁정신이요 고발정신이라고 할 수 있다.

그리하여 공자는 힘으로써 어짊을 가장하는 패도가 아니라 덕에 의한 정치[以德爲政]를 강조하여 비윤리적이고 무능력한 자로 하여금 위정자의 지위에 서게 할 것이 아니라 현명하고 능력 있는 자로 하여금 정사를 보게 하고자 하였다. 이것이 '임금은 임금답고, 신하는 신하답고, 부모는 부모답고, 자식은 자식답다[君君臣臣父父子子]' 고 하는 공자의 정명주의(正名主義)라고 할 수 있으니 그것의 실현이 예(禮)이다. 예는 바로 현실적인 질서의 확립을 의미하는 것이라고 할 수 있다.

그런데 공자는 이러한 질서의 확립은 사람의 마음이 바르게 됨으로써 가능한 것이라고 보았기 때문에 왜곡된 인심의 광정(匡正)을 위하여 부심하였다. 즉 편벽된 이기심과 사욕(私慾)을 제거하고, 공명정대한 마음을 회복시키고자 한 것이다. 그러므로 세간적인 명성이나 부귀가 아니라 정당한 도리[正義]를 강조하였다. 공자는 "군자는 의에 밝고 소인의 이해관계에 밝다

[君子喩於義, 小人喩於利]"[15]라 하였거니와 이것은 곧 불인(不仁)한 마음으로부터 인(仁)한 마음으로 되돌이킴을 의미한다. 즉 사람들의 가치 관념을 전환함으로써 자기와 타인이 모두 다 사는 길은 정의(正義)에 있는 것이라 함을 인식시키고자 한 것이다.

그러면 정의(正義)는 어떻게 말할 수 있으며 그것은 어디에 근거하고 있는가? 그것은 인간의 본래적인 마음인 인(仁)에서 나오는 것이라 할 수 있다. 인은 공자사상의 핵심적 개념이요, 인을 떠나서는 공자를 이해할 수 없다. 인은 인간에 있어서 불변하는 본질이요, 이러한 인의 실현을 예라고 할 수 있다. 그러나 인은 인간에게 있어서 항상 불변하는 것이려니와 제도로서의 예는 시대적 환경에 비추어 "덜어내고 보태어[損益]"[16] 가장 알맞게 만들어져야 하는 것인 만큼 가변적인 것이라고 할 수 있다. 이것을 시중지도(時中之道)라고 한다.

공자는 "사람으로서 어질지 못하면 예가 무슨 소용이며, 사람으로서 어질지 못하다면 악이 무슨 소용인가?[人而不仁 如禮何 人而不仁 如樂何]"[17] 라고 하였다. 그러므로 인한 사람이 아니면 예(禮)와 악(樂)을 말하여도 무의미한 것이다. 그러면 이제부터 공자에 있어서 인한 사람이란 어떠한 것인가 하는 문제를 고찰하여 보기로 한다.

2. 仁의 彝用性에 대하여

1)

공자에 있어서 인도주의적 성격이 강조되고 있음은 일반적으로 잘 알려

---

16) 『논어』「爲政」.

17) 『논어』「八佾」.

18) 『中庸』 제24장.

진 사실이다. 과연 공자는 "인이란 사람이다[仁者人也]."[18]라고 하였는바, 그의 중심사상이라 할 '인'은 바로 인간에 관한 문제라 할 것이다. 공자는 인(仁)과 지(知)에 대하여 묻는 번지(樊遲)에게 인이란 "사람을 사랑하는 것"이며, 지(知)란 "사람을 아는 것"이라고 하였다.[19] 이와 같이 공자의 모든 가르침이 인간과 직접적으로 관계되지 않는 것이 없다고 하여도 과언이 아닐 것이다. 공자는

> "젊은이들은 (집에) 들어가서는 효도하고 나가서는 공경하며, 행동을 삼가서 하고, 말을 믿음직하게 하며, 널리 사람들을 사랑하되 어진 사람을 친밀히 할 것이니, 그렇게 행하여 남은 힘이 있으면 글을 배울 것이다."[20]

라고 하였다. 여기서 우리는 공자에게서 살아있는 인간과 사회적 현실이 긍정되며, 구체적인 인간의 도리가 강조되고 있음을 볼 수 있다. 주자(朱子)는 "도에 뜻을 둔다[志於道]."라 한 공자의 말을 풀이하여

> "도란 인륜의 일상생활에서 마땅히 행해야 할 것이다[道則人倫日用之間所當行者, 是也]."[21]

라고 하였거니와, 공자의 도는 인간의 일용 행사(日用 行事) 즉 인간의 일상적 현실을 떠나서 논의되는 것이 아니다. 현실에 있어서 인간이 어떻게 참되게 살아갈 것인가 하는 것이 공자의 도라 할 것이다. 퇴계는 이와 같은 도리를 말하여

19) 『논어』 「顔淵」: "樊遲問仁, 子曰愛人. 問知, 子曰知人."

20) 『논어』 「學而」: "弟子, 入則孝, 出則弟, 謹而信, 汎愛衆, 而親仁, 行有餘力, 則以學文."

21) 『논어』 「述而」: "子曰, 志於道, 據於德, 依於仁, 游於藝."

> "이 이치는 일상생활 속 어디에나 있습니다. 움직이고 멈추고 말하고 침묵하는 사이와 인륜에 따라 처신하는 때에도 있으니, 평범하면서도 명백하고 세세밀밀하여 어느 때고 어느 곳이고 그렇지 않음이 없어서 드러나면 눈앞에 있으면서도 오묘하게 들어가서 조짐이 없습니다. 공부에 들어선 사람들이 이를 버리고 갑자기 높고 깊으며 원대한 것을 일삼아 지름길로 가서 얻으려 하지만, 이는 자공도 하지 못한 것인데 우리들이 할 수 있겠습니까? 그러므로, 헛되이 찾아 헤매는 수고로움만 있지 실행하는 데에는 망망하게 헤벌어져서 의거할만한 실질이 없습니다. 연평이 말하길 '이 도리는 순전히 일상생활 가운데에 있다.' 라고 하였으니, 뜻 깊은 말입니다."[22]

라 하였거니와, 실제로 평소 명백한 구체적인 현실에 있어서 인간의 생활 자체를 충실히 하기에 힘쓸 것이며, 이것과 무관한 추상적인 논의나 공소(空疎)한 이론에 종사할 것이 아니라고 하였다.

인간은 현실 속에서 생활하며 현실을 이루어가는 사회적 존재라 하겠거니와 공자에게 있어서는 인간의 현실을 무시하거나 도피하는 태도는 결코 용납될 수 없다. 공자에게 이러한 사회적 태도는 당시에 있어서 자연주의적인 이른바 "은자(隱者)"들과 좋은 대조가 되고 있다. 공자가 도를 펴기 위해 천하를 두루 다닐 적에[轍環天下], 자로(子路)로 하여금 장저(長沮)와 걸닉(桀溺)에게 길을 묻게 하였더니, 그들은 "어쩔 수 없이 흘러가 버리고 마는 것이 천하인데 누구와 더불어 세상을 바꾸겠는가? 사람을 피하는 선비를 좇음보다는 세상을 피하는 선비를 좇음이 어떻겠는가?" 라고 하면서 종내 길을 일러주지 않았다. 이 말을 들은 공자는 무연(憮然)히, "조수(鳥獸)와는

22) 『退溪全書』 권14, 「答南時甫」 別紙: "蓋此理洋洋於日用者, 只在作止語接眹之間, 彝倫應接之際, 平實明白, 細微曲折, 無時無處無不然, 顯在目前而妙入無眹. 初學, 舍此而遽從事於高深遠大, 欲徑捷而得之, 此子貢所不能而吾輩能之哉. 所以徒有推求尋覓之勞, 而於行處莽莽然無可據之實矣. 延平曰, 此道理, 全在日用處, 熟旨哉言乎."

함께 모여 살 수 없는 것이니, 내가 사람들과 함께 더불지 아니하고 누구와 더불겠는가? 천하가 이미 평화롭게 다스려졌다면 내가 도로써 행하려 하지 않을 것이다."라고 하였다.[23] 또 공자가 위(衛)에 있을 때에 경(磬)을 쳤는데, 그 소리를 들은 어느 은자는 "쓸데없이 근심을 하는구나."라 하고 또 "더럽다."고 나무라면서 "세상이 알아주지 않으면 그만둘 일이다."라고 하였다. 이에 대하여 공자는 "현자가 세상을 잊음이 이 같은가? 그것이 어려운 것은 아닐 것이다."라고 탄식하였다.[24] 그들은 스스로 "세상을 피하는 선비[辟世之士]"라고 하여 몸을 깨끗이 한다고 하지마는, 인간의 현실에 대하여 마음속으로부터 우러나는 연대적 책임을 느끼고 있었다고 하기 어렵다. 현실에 대하여 외면하거나 방관할 수 없는 것이 공자이며, 인간의 노력과 성실을 다하는 것이다.[25]

"널리 사람들을 사랑하되 어진 이를 친한다[汎愛衆而親仁]."라 함은 공자에게 매우 중요한 사상이라고 할 수 있다. 공자는 인간의 생명을 지극히 존중하였다. "마구간이 불이 났다. 선생님께서 퇴근하여 '사람이 상하지 않았는가?' 물으시고, 말에 대해서는 묻지 않으셨다[廐焚 子退朝曰傷人乎 不問馬]."[26]라 함과 같이, 인간의 생명을 걱정한 나머지 동물에 대하여 미쳐 말

23) 『논어』「微子」: "長沮桀溺, 耦而耕, 孔子過之, 使子路, 問津焉. 長沮曰, 夫執輿者, 爲誰. 子路曰爲孔丘. 曰, 是魯孔丘與. 曰, 是也. 曰, 是知津矣. 問於桀溺, 桀溺曰, 子爲誰. 曰, 爲仲由. 曰, 是魯孔丘之徒與. 對曰, 然. 曰, 滔滔者天下皆是也, 而誰以易之, 且而與其從人之士也, 豈若從世之士哉, 耰而不輟. 子路行以告, 夫子憮然曰, 鳥獸不可與同群, 吾非斯人之徒與而誰與. 天下有道, 丘不與易也."

24) 『논어』「憲問」: "子擊磬於衛, 有荷蕢而過孔氏之門者, 曰, 有心哉, 擊磬乎. 旣而曰, 鄙哉,硜硜乎. 莫己知也, 斯已而已矣. 深則厲, 淺則揭. 子曰, 果哉, 末之難矣." 이 밖에도 당시의 은자들의 풍도에 관한 기록은 여러 곳에서 볼 수 있다.; 『논어』「憲問」: "子路宿於石門, 晨門曰奚自. 子路曰, 自孔氏. 曰, 是知其不可而爲之者與."; 『논어』「微子」"楚狂接輿, 歌而過孔子曰, 鳳兮鳳兮, 何德之衰, 往者不可諫, 來者猶可追, 已而已而, 今之從政者殆. 而孔子下, 欲與之言, 趨而避之, 不得與之言."

25) 은자들의 避世間的인 태도에 대하여 자로는 "欲潔其身而亂大倫, 君子之仕也, 行其義也, 道之不行, 已知之矣"(「微子」)라 하였다.

씀을 하지 못하였다는 것이다. 더욱이 "처음 순장하는 인형을 만든 사람은 그 후손이 없을 것이다. 사람의 형상을 만들어 썼기 때문이다."[27]라 함에서, 우리는 인간의 생명을 존귀하게 여기는 인도사상의 극치를 볼 수 있다. 크릴(Creel) 같은 사람은 중국고대에 있어서 성행하던 순장제도는 이러한 유가의 노력에 의하여 성공적으로 철폐되었다고 보고 있다.[28]

중궁(仲弓)이 인(仁)을 물었을 때에 공자는 "문밖에 나섬에 큰 손님 맞이하듯 하며, 백성에게 시킬 때에 큰 제사 받들듯 하여라. 자기가 하고자 하지 않는 것을 남에게 베풀지 말 것이다."[29]라고 하였던 것이니 우리는 여기서 공자의 인도정신(人道精神)을 실감할 수가 있다.

그러므로 인생을 비천한 것으로 여기거나 무가치한 것으로 보아, 부정적이거나 회의적인 태도는 공자에게서 볼 수 없는 것이요, 성실성을 가지고 인생을 긍정하는 것이다. 공자에게는 민중과 백성이 문제 되었으며, 누구나가 인생으로서 용납되었다.[30] 인생은 일상적으로 과오가 없을 수 없으며, 그러므로 부단한 자기수련이 필요하다. 공자는 스스로도 "성(聖)과 인(仁)을 내가 어찌 감당하겠는가?"라고 하여 겸양하였으며,[31] 누구나 상하와 귀천의 가림이 없이 대하였다. 그러므로 "가르침이 있으면 무리의 구별이 없

---

26) 『논어』「鄕黨」: "始作俑者, 其無后乎. 爲其象人而用之."

27) 『孟子』「梁惠王」上: "仲尼曰, 始作俑者, 其無後乎. 爲其象人二用之也. 如之何其使斯民, 飢而死也."

28) H.G.Creel, *Confucius*, pp.118-9 참조: Mencius quotes Confucius as having condemned even burning of images of men with the dead, presumably because this might tend to suggest the burial of actual men …… Confucians in general opposed human sacrifice, ultimately with great success.

29) 『논어』「顔淵篇」: "仲弓問仁. 子曰, 出門如見大賓, 使民如承大祭. 己所不欲, 勿施於人, 在邦無怨, 在家無怨."

30) 공자는 "汎愛衆"을 말하거니와 또 "修己以安百姓"을 理想으로 하는 것이다. 『논어』「憲問」: "子路問君子, 子曰, 修己以敬. 曰, 如斯而已乎. 曰, 修己以安人. 曰, 如斯而已乎. 曰, 修己以安百姓, 修己以安百姓, 堯舜其猶病諸." ; 『논어』「雍也」: "子貢曰, 如有博施於民而能濟衆, 何如, 可謂仁乎. 子曰, 何事於仁. 必也聖乎. 堯舜其猶病諸."

게 된다[有教無類]."[32]라고 하는 것이며, "덕을 아는 자 드물다."[33]라고 한탄하지마는, "사람이 어질지 못함을 미워하기를 너무 심하게 하는 것이 어지러움이다."[34]라하고 또는 "어떤 종류의 허물을 짓는지를 보고서 그가 얼마나 어진 사람인지를 알 수 있다."[35]라고 하는 것이다. 공자는 '군자(君子)'를 숭상한다. 그러나 '소인(小人)' 즉 부족한 사람이라고는 하여도 '사람이 아니다' 라거나 '악인' 이라고는 하지 않는다. 그러므로 공자가 구하는 것은 처음부터 완전한 사람이 아니다. 부족한 인생이 어떻게 하여 올바르게 생활할 수 있을까를 문제 삼은 것이라고 할 수 있다. 그리하여 성인(聖人)을 만나 볼 수 없으면 군자라도 만나 볼 수 있으면 좋을 것이며, 선인(善人)을 만날 수 없다면 진리에 뜻을 두어 변치 않는 자[有恒者]라도 만나 볼 수 있으면 좋겠다."라고 하였으며, 비록 방도에 있어서는 적중하지 못하더라도 의욕을 가지고 선한 일을 하고자 애쓰는 광견(狂狷) 또는 광간(狂簡)을 용납하여 함께 더불고자 하였던 것이다.[36]

이와 같이 공자는 인간과 현실을 긍정하여 '사람들을 편안하게 함(安人)'과 '백성을 편안하게 함(安百姓)' 이 문제 되었고 '천하' 에 도를 행함을 사명으로 하였던 것이다. 진리는 인간의 구체적인 현실, 인륜이용을 떠나서 있는 것이 아니다. 공자의 인은 바로 '인도' 를 말하는 것이라 하겠다.

---

31) 『논어』: 「述而」, "若聖與仁, 則吾豈敢. 抑爲之不厭, 誨人不倦, 則可謂云爾已矣."; 『논어』「述而」, "述而不作, 信而好古, 竊比於我老彭." ; 『논어』「述而」: "德之不修, 學之不講, 聞義不能徙, 不善不能改, 是吾憂也." ;『논어』「述而」: "吾有知乎哉. 無知也. 有鄙夫問於我, 空空如也, 我叩其兩端而竭焉." ; 『논어』「子罕」: "出則事公卿, 入則事父兄, 喪事不敢不勉, 不爲酒困, 何有於我哉."

32) 『논어』「衛靈公」.

33) 『논어』「衛靈公」: "子曰, 由! 知德者鮮矣."

34) 『논어』「泰伯」: "人而不仁, 疾之已甚亂也."

35) 『논어』「里仁」: "子曰, 人之過也, 各於其黨, 觀過斯知仁矣."

36) 『논어』「子路」: "不得中行而與之, 必也狂乎. 狂者進取, 狷者有所不爲也." ; "歸與歸與, 吾黨之小子狂簡, 斐然成章, 不知所以裁之."

그런데 공자는 인간의 현실을 중시하는 것이 사실이지만, 이른바 현실주의자는 아니었다. 공자는 스스로 말하여 "진실로 나를 써주는 이가 있으면 기월(朞月)이라도 가하겠거니와, 삼 년이면 이룸이 있으리라."[37]고 하였으며, 또한 공산불요(公山弗擾)와 필힐(佛肸)이 공자를 초청하였을 때에도 가보고자 하는 의욕을 가진 일이 있다.[38] 그러나 공자는 무조건 정사에 참여함을 목적으로 한 것이 아니다. 그러므로 자금(子禽)이 자공에게 "부자(夫子)께서 이 나라에 이르러 반드시 그 정사(政事)를 들으시니, 구하시는 것인가 저쪽에서 일러주는 것인가?" 하고 물었을 때에 자공은 "부자는 온 · 량 · 공 · 검 · 양(溫良恭儉讓)으로 얻으시는 것이니 부자의 구하심은 사람들이 구하는 것과 다른 것이다."[39]라 하였다. 다만 마땅한 도리를 행할 뿐이지 그것에 구애됨이 아니다. 공자는 "높고 높도다. 순과 우는 천하를 (자신의 것으로) 두셨는데도 그것을 기쁘게 여기지 않으셨도다!" 라고 하였다.

이와 같이 현실에 참여하여 선도함으로써 잘못을 바로 잡는 것이 기본정신이라 할 수 있었으며 결코 현실에 영합하는 것이 아니다. 공자는 "곧은 이를 들어 쓰고 굽은 이를 놔둔다[擧直錯諸枉]."라 하거니와, 여기서 우리는 공자의 비판정신을 볼 수 있다.[40]

2)

상술한 바와 같이 '인' 이란 인륜일용에 있어서 인간이 수행하여야 할 실

---

37) 『논어』「子路」: "苟有用我者, 朞月而已, 可也, 三年有成."

38) 『논어』「陽貨」: "公山弗擾, 以費畔, 召, 子欲往. 子路, 不說曰, 末之也已, 何必公山氏之之也. 子曰, 夫召我者 而豈徒哉. 如有用我者, 吾其爲東周乎." ; 『논어』「陽貨」: "佛肸召, 子欲往. 子路曰, 昔者, 由也, 聞諸夫子, 曰親於其身, 爲不善者, 君子不入也. 佛肸, 以中牟畔, 子之往也, 如之何. 子曰, 然, 有是言也, 不曰堅乎, 磨而不磷, 不曰白乎, 涅而不緇, 吾豈匏瓜也哉, 焉能繫而不食."

39) 『논어』「學而」: "子禽, 問於子貢曰, 夫子至於是邦也, 必聞其政, 求之與, 抑與之與. 子貢曰, 夫子, 溫良恭儉讓以得之, 夫子之求之也, 其諸異乎人之求之與."

천적 도리였다. 공자는 "군자는 밥 먹는 사이에라도 인을 어기지 않는다[君子 無終食之間違仁]."[41]라 하여 인간이 인에서 잠시도 떠날 수 없는 것이라고 하였다. 그런데 『논어』의 기록자가 '공자는 인에 대하여 드물게 말씀하였다'[42]고 기록하였음은 무엇을 의미하는 것일까. 그것은 아마도 공자가 인에 대하여 논리적으로 일반화하여 설명하지는 않았음을 의미하는 것 같다.[43] 인은 실천적 문제로서 인간의 생활 자체에서 말하는 것이요, 단순한 사유나 인식의 문제는 아니라고 할 것이다. 더구나 인간의 행위나 실천과 유리된 고묘(高妙)한 이론이 아니다. 인은 인간에게 보편적으로 요구되는 것이면서 인간생활에서 구체적으로 수행되는 것이며, 인간의 생활이 복잡다양하므로 인의 구체적인 내용도 그만큼 단순한 것이 아니라 할 수 있다.

공자는 제자들에게 대하여도 사람에 따라 가르치는 방법을 달리하였다 하며 그러한 실례(實例)를 『논어』 전반을 통하여 볼 수 있다. 공자는 일정한

---

40) 『논어』「顔淵」: "子曰, 擧直錯諸枉, 能使枉者直. 樊遲退, 見子夏曰, 鄕也, 吾見於夫子而問知, 子曰, 擧直錯諸枉 能使枉者直, 何謂也. 子夏曰, 富哉言乎. 舜有天下, 選於衆, 擧皐陶, 不仁者遠矣. 湯有天下, 選於衆, 擧伊尹, 不仁者遠矣." 季康子가 도적을 걱정하여 그 대책을 공자에게 물었을 때 공자는 "苟子之不欲, 雖賞之, 不竊."(『논어』「顔淵」)이라 하고 또 정사를 물었을 때에도 공자는 "政者, 正也. 子帥以正, 孰敢不正."(『논어』「顔淵」)이라고 직언하였다. 이와 같이 공자의 현실비판 정신은 매우 준엄한 것이라 할 수 있는 것이니 공자는 "見義不爲, 無勇也"(『논어』「爲政」)라 하며, 나아가서 "守死善道"(『논어』「泰伯」)이라든가, "志士仁人, 無求生以害仁, 有殺身以成仁."(『논어』「衛靈公」)이라고 하였다. 공자의 이러한 사상으로 인하여 유교의 역사를 통하여 볼 때에 수많은 사람들이 불의에 항거하다가 희생되고 목숨을 잃었던 것이다.

"Confucius demanded the utmost zeal of his followers. He expected them, as a matter of course, to be prepared at all time to lay down their lives for their principles. And they did so. Over the centuries the Confucians produced a goodly company of martyrs, who have given their Lives in the defense of the way. Some of them died as revolutionaries, who had taken up arms against tyranny ; this was the fate of Confucian' s own injaction to criticize an erring ruler fearlessly, in behalf of the common good." Creel, 앞의 책, p.36.

41) 『논어』「里仁」.

42) 『논어』「子罕」: "子罕言利與命與仁."

문제에 대하여 일반적인 설명을 하는 태도는 아니었다. 구체적인 행위에서 가장 적절한 것을 실천적으로 말씀하였다. 자로가 공자에게 "들은 바를 그대로 실천해야 합니까[聞斯行諸]?" 하고 물었을 때 공자는 "부모와 형님이 계신데 어찌 들은 대로 바로 행하겠는가[有父兄在 如之何其聞斯行之.]" 라고 대답하였으나, 염유(冉有)가 같은 질문을 하였을 때에는 "들은 대로 행해야지[聞斯行之.]" 라고 상반되는 말씀을 하였다. 공서화(公西華)가 이에 의문을 갖자 공자는 "구(求:염유)는 소심함으로 앞으로 나아가게 한 것이고, 유(由: 자로)는 남의 곱절이나 앞서 나가므로 물러나게 한 것이다[求也退故進之, 由也兼人故退之.]" 라고 하였다.[44] 이 같은 사례는 공자가 진리를 일반적, 이론적으로 논설하는 것이 아니라 경우에 따라서 알맞게 지도하였음을 뜻한다. 그러므로 객관적인 진리를 일률적으로 수수(授受)하는 것과는 다르다. 공자는 "배우는 사람이 스스로 분발하지 않으면 계발시켜 주지 않고, 말하려 애쓰지 않으면 일깨워주지 않는다. 한 모퉁이를 들어주었는데 다른 세 모퉁이로 반응을 보이지 않는다면 다시 되풀이하지 않는다."[45]고 한다. 공문사과[孔門四科: 공자 문하의 네 계통]라 함[46]도 그 개성과 기질을 존중하며, 자발적인 발달을 가져오도록 이끌어주는 것을 뜻한다.

'인' 에 대하여도 공자는 동일한 방법으로 말한 일이 없으며, 사람에 따라서 달랐던 것은 물론이고 같은 사람이라 하더라도 그 경우를 따라 말씀을 달리하였다. 그리고 번지가 인에 대해 물었을 때에 "사람을 사랑하는 것" 이라한 것도, 개념을 규정한 것이라기보다는 오히려 "그대는 남을 사랑하라"

---

43) 『논어』 小註: "龜山楊氏曰, 夫子對問仁多矣. 曰, 罕言者, 蓋言求仁之方而已, 仁之本體, 未嘗言."

44) 『논어』 「爲政」.

45) 『논어』 「述而」: "不憤不啓, 不悱不發, 擧一隅, 不以三隅反, 則不復也."

46) 『논어』 「先進」: "子曰, 從我於陳蔡者皆不及門也. 德行, 顔淵, 閔子騫, 伯牛, 仲弓; 言語, 宰我, 子貢; 政事, 冉有, 季路; 文學, 子游, 子夏." ; 『二程遺書』, 권19: "孔子敎人, 各因其材, 有以政事入者, 有以言語入者, 有以德行入者."

는 의미로 들어야 할 것이다.

인(仁)이 실천적 당위의 문제인 만큼, 도덕적인 당위규범을 준행하는 것은 당연한 일이라 할 수 있다. 그러나 기성(旣成)의 도덕적 규범을 외부로부터 받아들여서 그것에 적합하게끔 묵종(默從)함이 아니다. 가령 효(孝)라 하더라도 효행 이전에 효심이 문제 되는 것이다.

이를테면, 『논어』에 "자유가 효에 대해 묻자 선생님께서 말씀하셨다. 오늘날의 효자는 잡수실 것을 잘 봉양하는 것을 말한다. 개나 말도 모두 먹여 기르거늘 공경하지 않는다면 무엇이 다르겠는가?"[47]라 하였음과 같이 敬이 문제 되며, 효심이 결여한 행위는 효행이라고 할 수 없다. 그러므로 자공이 "나는 남이 내게 하기를 바라지 않는 일을, 나 역시 다른 사람에게 하지 않으려고 합니다."[48]라 함에 대하여 공자는 "네가 할 수 있는 일이 아니다."[49]라 하였다. 이는 자공이 그만한 능력을 갖추지 못하였기 때문이라고도 하겠으나, 그런 만큼 자공에게 그것은 당위의 문제를 이론적으로 받아들인 것이요, 자기의 능력에 비추어 실감적으로 느낀 바가 아니었기 때문이라고 할 수 있다. 이에 공자는 "내가 원하지 않는 일을 남에게 베풀지 마라"[50]고 하였던바, "자기가 원치 않음[己所不欲]"은 자기가 직접 느끼어 알고 있는 구체적인 사실이다.

그리하여 "사랑하는데 수고롭지 않을 수 있겠으며, 진정으로 대하는데 가르치지 않을 수 있겠는가?"[51]라 함에도, 실지로 사랑하기 때문에 수고하게 되는 것이며, 진정으로 하기 때문에 가르치지 않을 수 없는 것이라 할 수

---

47) 『논어』 「爲政」: "子游問孝. 子曰, 今之孝者, 是謂能養, 至於犬馬, 皆能有養, 不敬, 何以別乎?"

48) 『논어』 「公冶長」: "我不欲人之加諸我也, 吾亦欲無加諸人."

49) 『논어』 「公冶長」: "非爾所及也."

50) 『논어』 「衛靈公」: "子貢問曰, 有一言而可以終身行之者乎. 子曰, 其恕乎. 己所不欲, 勿施於人."

51 『논어』 「憲問」: "愛之, 能勿勞乎, 忠焉能勿誨乎."

있다. 이것은 충심(衷心)으로부터의 자연적 발로라 할 것이다. 실제로 공자는 "선생님께서는 상(喪)을 당한 사람 곁에서는 배불리 드시지 않았고, 조문한 날에는 노래 부르지 않으셨다."[52]는 것이며, 삼년상(三年喪)을 1년으로 줄이자고 하는 재아(宰我)의 말에 대하여 공자는 "군자가 상을 당하면 맛있는 것을 먹어도 달지 않으며, 음악을 들어도 즐겁지 않으며, 편안히 거처할 수 없기 때문에 하지 않는 것이다. 이제 네가 편안하다면 그렇게 하여라."라고 하였다. 이는 누구나가 수긍하고 납득할 수 있는 인정을 기초로 하여 성립된 것으로서 삼년상을 "천하에 통용되는 상례[天下之通喪]"라고 한다는 것이다.[53] 그러므로 합리적 규범을 형식적으로 수행함이 아니요, 실제로 그 의미를 심중(心中)에 느껴야 한다. 섭공이 공자에게 "우리 마을에는 몸가짐을 바르게 하는 자가 있으니, 그 아비가 양을 훔쳤는데 아들이 증명하였습니다."[54]라 하자, 공자는 "우리 마을의 정직한 자는 이와는 다릅니다. 아비는 자식을 위해 감추고, 자식은 아비를 위해 숨기는데, 정직함은 그 가운데 있습니다."[55]라 하였다. 이는 형식에 구애되어 도덕의 근원을 상실한 사례를 지적한 것이라 하겠다. 그러므로 공자에 있어서는 도덕이 문제되지만 이것은 단순한 이성주의가 아니며 인간의 정의적인 면이 보다 강조되고 있다.[56]

공자가 안연의 죽음에 심히 애통하여 통곡(慟哭)하였다. 그러한 사실을

---

52) 『논어』「述而」: "子食於有喪者之側, 未嘗飽也. 子於是日哭則不歌."

53) 『논어』「陽貨」: "宰我問三年之喪, 期已久矣. 君子三年不爲禮, 禮必壞三年不爲樂, 樂必崩, 舊穀既沒, 新穀既升, 鑽燧改火, 期可已矣. 子曰, 食夫稻, 衣夫錦, 於女安乎. 曰安. 女安則爲之. 夫君子之居喪, 食旨不甘, 聞樂不樂, 居處不安, 故不爲也. 今女安則爲之. 宰我出, 子曰, 予之不仁也. 子生三年然後, 免於父母之懷, 夫三年之喪, 天下之通喪也. 予也, 有三年之愛於其父母乎."

54) 『논어』「子路」: "葉公語孔子曰, 吾黨有直躬者, 其父攘羊而子證之."

55) 『논어』「子路」: "吾黨之直者異於是. 父爲子隱, 子爲父隱, 直在其中矣."

56) 자로는 "居上不寬, 爲禮不敬, 臨喪不哀, 吾何以觀之哉." (『논어』「八佾」)라 하는 바, 寬 · 敬 · 哀 등은 그러한 면을 보여주는 예가 된다.

곁의 사람이 고하자, 공자는 "이 사람을 위하여 통곡하지 않으면 누구를 위하여 통곡하겠느냐?"[57]고 말하였다. 그러므로 공자는 일상생활에 있어서 인간의 정의적(情意的) 요소를 포함하여 모든 능력을 보다 건전하고 풍부하게 발휘함을 중요시하였다. 공자는 평상시에 음악을 즐겼다.[58] 제자들에게도 각기 자기의 뜻하는 바를 물어서, "어찌 각자 제 뜻을 말하지 않을 것인가?[盍各言爾志]" 또는 "잘못될 것이 무엇인가? 역시 각자 제 뜻을 말하는 것이다[何傷乎? 亦各言其志也]."라고 하였던바,[59] 인간의 내적 심사(心思)를 중요시함을 볼 수 있다.

상술한 바와 같이, 효라 함에 있어서도 효행 이전에 효심, 즉 효자 자신의 내적심정이 문제 된다고 하겠거니와, 이러한 효심은 동시에 효행을 지향하고 있는 것으로서 이것을 하나의 "실천"으로 파악할 수 있을 것이다. 하지만 인간의 심정이 문제 된다고 하여 이것이 마음속의 일에서 그치는 것이 아니라, 객관적 사실에서 이루어져야 한다. 공자는 자로에 대하여, "유(由)는 용맹이 나보다 더하건마는 쓸모가 없구나."[60]라고 하였으며, 또 자로가 "삼군(三軍)을 거느림에 있어서 누구와 더불겠는가?"라고 물었을 때에도 공자는 "맨손으로 범에게 덤비고, 맨손으로 강을 건너며, 죽어도 후회하지 않는 자와는 나는 함께하지 않겠다. 반드시 일에 임하여는 두려워하고 계획

57) 『논어』「先進」: "顔淵死, 子哭之慟, 從者曰, 子慟矣. 曰有慟乎, 非夫人之爲慟而誰爲."

58) 『논어』「述而」: "子在齊聞韶, 三月不知肉味, 曰, 不圖爲樂之至於斯也." 『논어』「述而」, "子與人歌而善, 必使反之而後和之."

59) 『논어』「公冶長」: "顔淵季路侍. 子曰, 盍各言爾志. 子路曰, 願車馬衣輕, 與朋友共, 敝之而無憾. 顔淵曰: 願無伐善, 無施勞. 子路曰, 願聞子之志. 子曰, 老者安之, 朋友信之, 少者懷之."

60) 『논어』「公冶長」: "子曰道不行, 乘桴, 浮于海, 從我者, 其由與. 子路聞之喜. 子曰, 由也, 好勇過我, 無所取材."

61) 『논어』「述而」: "子謂, 顔淵曰, 用之則行, 舍之則藏, 惟我與爾, 有是夫. 子路曰, 子行三軍則誰與. 子曰, 暴虎馮河, 死而無悔者, 吾不與也. 必也, 臨事而懼, 好謀而成者也."

하기를 좋아하여 이루는 자라야 한다."[61]라 하였다. 이와 같이 공자에 있어서는 지(知)를 말한다 하더라도 그것은 지식으로 그치는 것이 아니고, 인으로써 굳게 지키고, 예로써 행동하는 데까지 이르러야만 한다.[62] 공자는 "마을이 인(仁)함이 아름다우니, 가려서 인에 처하지 아니하면 어찌 슬기롭다고 하랴"[63]라고 하였다.

그리하여 공자는 박학하였던 것이며 역대의 예에 정통하였을 뿐만 아니라 스스로 미진한 것에 대해서는 "증거가 부족하다[不足徵也]." 또는 "충분하다면 내가 증명하였을 것이다[足則吾徵之矣.]."라 하여 실증적 태도를 보였다.[64] 공자는 육언 육폐(六言六蔽)를 말하여 학(學)과 예(禮)를 말하거니와,[65] 지식은 그것이 주관적인데 그치는 것이 아니라 객관적으로 타당성을 결여함이 없이 실천되어야 하는 것이라 함을 알 수 있다.

3)

위에서 논의한 바와 같이 공자의 '인'은 인생을 문제로 삼으며 현실에서 인간의 도리를 말하는 인도(人道)라고 할 수 있다. "널리 사람들을 사랑하되 어진 이를 친한다[汎愛衆而親仁]."라 함과 같이 공자의 도는 구체적인 인간의 현실을 긍정하여 적극적으로 사회에 참여하며 공동의식을 가지는 것이니, 당시에 있어서 현실도피적인 은자(隱者)들의 개인주의적 태도와는 판이한 것이었다. 공자는 세속의 굴레에서 벗어나 도를 즐기는[洒脫樂道]

62) 『논어』「衛靈公」: "子曰, 知及之, 仁不能守之. 雖得之必失之, 知及之, 仁能守之, 不莊以之, 則民不敬, 知及之仁能守之, 莊以涖之, 動之不以禮, 未善也."

63) 『논어』「里仁」: "子曰, 里仁爲美, 擇不處仁, 焉得知."

64) 『논어』「爲政」: "子張問, 十世可知也. 子曰, 殷因於夏禮, 所損益, 可知也. 周因於殷禮, 所損益, 可知也. 其或繼周者, 雖百世, 可知也." ; 『논어』「八佾」: "子曰, 夏禮吾能言之, 杞不足徵也. 殷禮吾能言之, 宋不足徵也, 文獻不足故也, 足則吾能徵之矣."

65) 『논어』「陽貨」: "子曰, 由也, 女聞六言六蔽矣乎. 對曰, 未也. 居, 吾語女. 好仁不好學, 其蔽也愚, 好知不好學, 其蔽也蕩, 好信不好學, 其蔽也賊, 好直不好學,其蔽也絞, 好勇不好學, 其蔽也亂, 好剛不好學, 其蔽也狂."

기상이 있었지만, 오히려 인간과 현실을 이탈하지 않고 현실 속에서 인생을 참되게 살아가고자 하였다. 공자가 인생을 얼마나 존중하였는가 하는 것, 즉 그의 생명존중 사상에 대해서는 이미 논의한 바 있거니와, 그러한 노력은 추상적인 것이 아니라 실제로 인간의 행동과 실천을 통하여 이루어지는 것이었다. 그러므로 인의 내용도 일률적인 것이 아니요, 인간의 활동에 따라 다양하게 나타난다. 공자에 있어서 인간의 도덕은 형식적인 것이 아니요, 정의적인 측면을 내용으로 하고 있거니와 그렇다고 그것이 맹목적인 것이 아니라 객관적으로 타당성을 지녀야 하는 것임을 볼 수 있었다.

또한 우리는 공자에게 현실비판의 정신이 있음을 보았다. 공자는 현실을 말한다 하더라도 단순히 직접적인 현실이 아니라 참된 현실을 추구하는 것임을 논의한 바 있다.

그러므로 공자의 인사상은 인생과 현실을 말하지마는 단순한 공리주의와는 구별되는 것이다. 묵자(墨子)의 사상도 그의 '삼표(三表)' 에서 볼 수 있듯이 공리를 중히 하고 실증적이며, 현실에 대하여 매우 적극적인 것이었다.

> "삼표란 무엇인가? 묵자가 말씀하길 "근본으로 하는 것이 있고, 말미암는 것이 있으며, 실제로 쓰는 것이 있다. 무엇에 근본 하는가? 위로 옛 성왕의 일에 근본 한다. 무엇을 말미암는가? 아래로 백성들이 보고 듣는 실상을 잘 살피는 것으로부터 말미암는다. 무엇에 근본 하여 쓰는가? 형벌의 정치를 폐하고, 나라 백성과 인민의 이로움을 잘 살피는 것이다. 이를 말해 삼표가 있다고 한다."[66]

묵자는 처음부터 "국가 백성 인민의 이로움[國家百姓人民之利]' 에서 출

---

66) 『墨子』「非命上」: "何謂三表. 子墨子言曰, 有本之者, 有原之者, 有用之者. 于何本之. 上本之于古者聖王之事, 于何原之, 下原察百姓耳目之實. 于何用之. 廢以爲刑政, 觀其中國家百姓人民之利, 此所謂言有三表也."

발하여 일체 가치의 표준을 삼았다고 할 수 있다. 그리하여 이것을 위하여 그의 모든 이론을 수립하고 인간의 의무를 설정하였다.[67] 무엇보다도 현실적인 생활의 문제에 급급한 까닭에 다분히 이론적이요 일률적인 성격이 강하며 인간의 정의적인 면이 소홀히 취급되고 있다고 할 수 있다. 그 표준이 객관적인 공리에 있기 때문에 인간의 내면적 자발성이 결여된 것이라 할 것이다.[68]

공자의 입장은 이와 다르다. 현실을 말하고 '안인(安人)' '안백성(安百姓)' 을 목표로 하지마는 객관적인 공리(功利)를 상정하여 그것에 표준을 두고 인간을 거기에 적용시킴이 아니라 오히려 행위의 원리는 인간의 내부에 있다고 볼 것이다. 타율적이 아니라 자율적이며, 그러면서 합리적으로 행위를 할 수 있는 인간을 근본으로 한다.

이것이 바로 공자 인의 성격이라고 할 수 있으니, 인간이 객관적인 현실문제에 관계함은 사실이나 실지(實地)를 알아서 행하는 것은 인간 자신인 것이며, 여기서 인간의 인격이 문제 되는 것이다. 공자에 있어서는 지(知)를 말한다 하더라도 그것이 단순히 경험에 있어서 시험 되거나 객관적인 유용성에 의하여 그 진리성이 비로소 확증되는 것이라고는 할 수 없다. 그것은 계산적 도구적인 것이라기보다는 인간의 인에 근거하고 있는바 오히려 그것은 직관적인 것이라고 할 수 있다. "어진 사람만이 남을 좋아할 수도 있고, 미워할 수도 있다."[69]라 함과 같이, 인자(仁者)라야 능히 호오(好惡)를

---

67) 馮友蘭, 『中國哲學史』: 港版, 136쪽, "墨子之意, 亦欲世上之人, 皆能維持生活而又結婚生子, 人類日趨繁榮已而, 兼愛之道, 國家之制, 以及其他方法, 皆所以達此目的也."

68) 蔡元培, 『中國倫理學史』: 中國文學叢書, 37쪽, 墨子兼愛而洗天, …… 其明鬼而爵葬, 亦含有尊靈魂賤體魂之意,…然墨子科學家也, 實利家也. 其所言, 名數質力諸理, 多含於近世科學, 其論證多聞歸納法, 按切人事, 依據歷史. 其尚同賢諸篇, 則在明得天子及諸賢士大夫以統一各國之政治, 而泯其爭, 此算異於宋之教育家也, 墨子偏尚實質, 而不知美術有情之作用, 故非樂, 是其蔽也.

69) 『논어』「里仁」: "唯仁者, 能好人, 能惡人."

분변할 줄 알아서 행동할 수 있는 것이다. 공자가 "더불어 말을 할 만한데 말하지 않으면 사람을 잃고, 더불어 말할 경우가 아닌데 말을 하면 말을 잃는다. 지혜로운 사람은 사람을 잃지도 않고 말을 잃지도 않는다."[70]라 함에 있어서도, 지자(知者)라 함은 '사람을 잃지 않고, 말도 잃지 않을 수 있는' 능력을 구비한 인격을 들어서 한 말이라고 할 수 있다. 공자는 말하기를 인하지 못한 사람은 어려움에도 오래 견디지 못하며, 즐거움에도 오래 처하지 못한다고 하였다.[71] 인자(仁者)는 반드시 용기가 있는 것이지만 용기가 있다고 해서 반드시 인한 것은 아니다. 자장(子張)이 인을 물었을 때 공자는 다섯 가지 즉 공손함・너그러움・신의・민첩함・은혜로움[恭寬信敏惠]을 천하에 행하면 인을 한다고 할 수 있을 것이라고 대답한 바 있다.[72]

이와 같이 인이란 인간의 모든 덕을 전체적으로 포괄하고 있는 것이요, 제덕(諸德)은 각기 인의 일사(一事)가 되는 것이라 할 수 있다. 인은 인간의 모든 덕행의 근본으로 인격의 완성을 의미한다고 할 수 있는 것이니, 채원배(蔡元培)는 인을 규정하여 "모든 덕을 통틀어 인격을 완성함을 말한다[統諸德, 完成人格之名]"[73]라고 하였다.

공자가 세속의 굴레에서 벗어나 도를 즐기는 쇄탈낙도(洒脫樂道)의 기상이 있으면서도 현실에 충실할 수 있었고, 현실을 떠나서는 따로 진리가 있지 않은 것이라 하였지마는, 그것은 단순한 현실주의가 아니요 그 원리를 인간의 내부에 두고 있는 것이다. 이는 공자의 인이 그만큼 원만하고 포괄적인 성격을 지니고 있기 때문이라고 할 수 있으며,[74] 그러므로 인을 근거로 하고 있는 인간 자신에 대해 보다 근원적인 반성이 요망되는 바라 하겠다.

---

70) 『논어』「衛靈公」: "可與言而不與之言失人, 不可與言而與之言失言, 知者不失人, 亦不失言."

71) 『논어』「里仁」: "子曰, 不仁者, 不可以久處約, 不可以長處樂."

72) 『논어』「陽貨」: "子張問仁於孔子. 孔子曰, 能行五者於天下爲仁矣. 請問之. 曰, 恭, 寬, 信, 敏, 惠. 恭則不侮, 寬則得衆, 信則人任焉, 敏則有功, 惠則足以使人."

73) 蔡元培, 『中國倫理學史』: 中國文學叢書, 10쪽.

2. 仁의 본질에 대하여

1)

공자의 도는 인도(人道)이요, 구체적 현실을 떠나서 논의되지 않음이 특징이었다. 인륜일용(人倫日用)에서 마땅한 도리를 실천하는 것이 인간의 도리라고 할 수 있다. 그리하여 인간의 생명을 존귀하게 여기며, '안인(安人)' '안백성(安百姓)' 을 목표로 하는 것이다. 공자는 관중(管仲)에 대하여 한편으로 그가 예를 알지 못하였지만[75] 제자들이 관중을 인(仁)하지 못하다 나무랐을 때에는 오히려,

> "관중이 환공의 재상(相)이 되어 제후를 제패(覇)하여 어지러운 천하를 바로잡으니 백성들이 오늘날까지 그 혜택을 입고 있는 것이다. 만약 관중이 아니었더라면, 우리는 모두 오랑캐가 되었을 것이다. 어찌 대수롭지 않은 자들이 소절(小節)을 지키다가 스스로 죽어서 남이 알지 못함과 같겠는가?"[76]

라고 하였으며, "환공이 아홉 번 제후를 규합하되, 전쟁을 하지 않은 것은 관중의 힘 때문이니, 누가 그의 인함과 같겠는가?[77] 누가 그의 인함과 같겠는가?" 라고 하여 그의 공을 높였던 것이다.

---

74) 『退溪全書』 권7, 「聖學十圖」 西銘後說: "蓋聖學在於求仁, 須深體此意, 方見得與天地萬物爲一體, 眞實如此處. 爲仁之功, 始親切有味, 免於莽蕩無交涉之患,又無認物爲己之病而心德全矣."

75) 『논어』 「八佾」: "子曰, 管仲之器小哉. 或曰, 管仲, 儉乎? 曰, 管氏有三歸, 官事不攝, 焉得儉. 然則, 管仲知禮乎. 曰, 邦君樹塞門, 管氏亦樹塞門, 邦君爲兩君之好, 有反坫, 管氏亦有反坫, 管氏而知禮, 孰不知禮."

76) 『논어』 「憲問」: "子貢曰, 管仲, 非仁者與. 桓公, 殺公子糾, 不能死, 又相之. 子曰, 管仲, 相桓公覇諸侯, 一匡天下, 民到于今, 受其賜. 微管仲, 吾其被髮, 左?矣, 豈若匹夫匹婦之爲諒也, 自經於溝瀆而莫之知也."

공자는 인간의 일상적인 도덕은 물론이요, 현실생활에 있어서 후생(厚生)의 문제를 소홀히 하지 않았다. 공자가 위(衛)에 이르렀을 때 인구의 번성함을 보고 염유(冉有)에게 일러 "사람들이 많구나."라고 하였다. 이 말을 들은 자로가 그러면 여기에 더하여야 할 것이 있다면 그것은 무엇이겠는가를 물었을 때, 공자는 "부(富)하게 하여야 한다."[78]라고 하였다. 또한 자공이 "가난하면서도 아첨하지 않으며, 부자이면서도 교만하지 않다면 어떻겠습니까?"[79]라 질문하였을 때에도 공자는 "가난하면서도 즐기고 부자이면서도 예를 좋아함[貧而樂, 富而好禮]"만은 못하다고 하였지마는 부(富)를 부정한 것은 아니었다.

이와 같이 인간은 사회적인 유용성이나 편의를 필요로 한다. 그런데 이것은 인간 생활에 서 필수적으로 수반되는 조건인 것이요, 그런 만큼 충실히 하여야 함은 말할 것이 없지마는, 공자에게는 보다 절실하고 근원적으로 문제 삼는 것이 있었다. 자공이 정사에 관하여 물었을 때에, 공자는 "경제력이 있어야 하고, 군사력이 있어야 하며, 백성들이 신뢰할 수 있어야 한다[足食, 足兵, 民信之矣]."라고 하였다. 그러나 이 가운데서도 군대[兵]나 경제[食]보다는 신뢰[信]가 소중한 것이라고 하여 "예로부터 누구에게나 죽음은 있는 것이지마는 백성이 신뢰가 없으면 일어설 수가 없는 것"이라고 하였다.[80]

공자에게 인생은 단순히 살아간다는 것보다 참되게 살아가는 것이 문제이며, 이 참을 희구하여 마지않는 바라 하겠다. 그러므로 공자는 "백성들에

77) 『논어』「憲問」: "子路曰, 桓公, 殺公子糾, 召忽死之, 管仲不死, 曰未仁乎. 子曰, 桓公九合諸侯, 不以兵車, 管仲之力也, 如其仁如其仁."

78) 『논어』「子路」: "子適衛, 冉有僕. 子曰庶矣哉. 冉有曰, 既庶矣. 又何加焉, 曰富之. 曰既富矣. 又何加焉. 曰敎之."

79) 『논어』「學而」: "子貢曰, 貧而無諂,富而無驕, 何如? 子曰, 可也, 未若貧而樂,富而好禮者也."

80) 『논어』「顔淵」: "子貢問政. 子曰, 足食, 足兵, 民信之矣. 子貢曰, 必不得已而去於斯三者, 何先. 曰, 去兵. 子貢曰, 必不得已而去, 於斯二者, 何先. 曰, 去食. 自古皆有死, 民無信不立."

게 인이란 물과 불보다도 더 절실하다"[81]라 하여 육체적인 생명을 유지하는데 필요한 수화(水火)와 같은 물질보다도 인이 더 근원적인 생명임을 말한다. 그리하여 공자는 그것이 인간의 방편이 아니요, 그대로 목적이 될 수 있는 것을 희구하였다. "아침에 도를 들으면 저녁에 죽어도 좋다"[82]라 함에서 공자가 도를 얼마나 사모하며 희구하였는가를 짐작할 수 있다. 또한 공자는 "군자는 도를 도모하고 먹을 것을 도모치 아니하며, …도를 우려하고 가난을 걱정하지 않는다."[83]라고 하였다. 부귀는 일반적으로 소망하는 바이지만, "그 도로써 얻은 것이 아니면 처하지 않으며,"[84] 그것이 "구할 것이 못 될 것이라면 나의 좋아하는 바를 좇으리라"[85]고 하였다. '내가 좋아하는 바를 좇는 것[從吾所好]', 즉 내가 진실로 좋아하는 것은 무엇인가? 그것은 다름 아닌 공자의 도라 할 것이다. 공자는 인간의 현실적인 필요를 충분히 인정하지만 그것과는 다른 지극히 높은 진리, 그것이 인간을 위하여 있는 것이 아니라, 인간이 그것을 위하여 봉사하며 희생할 수 있는 것, 인간은 그것의 수행자가 될 수 있는 것을 근본 문제로 하였다.

이와 같이 인간이 생명을 바쳐서까지 받드는 것을 인간의 수단이라고 할 수 없는 것이니, 그것은 목적인 것이다. 도덕과 질서는 인간의 사회생활을 위하여 필요한 것이라 할 수 있다. 그러나 여기에서 도(道)라 함은 일반적인 의미의 도덕, 또는 덕목이 아니다. 사회적인 공리(功利)를 위한 것이라기보다는 오히려 그 자체를 목적으로 삼아 구하여 마지않는 궁극적인 원리라고 할 것이다.

그런데 공자는 또한 "군자가 도를 배우면 사람을 사랑하게 된다."[86]라고

81) 『논어』「衛靈公」: "民之於仁也, 甚於水火. 水火吾見蹈而死者矣, 未見蹈仁而死者也."
82) 『논어』「里仁」: "朝聞道, 夕死可矣.".
83) 『논어』「衛靈公」: "君子謀道, 不謀食…君子憂道, 不憂貧."
84) 『논어』「里仁」: "富與貴是人之所欲也, 不以其道得之, 不處也."
85) 『논어』「述而」: "富而可求也. 雖執鞭之士, 吾亦爲之, 如不可求, 從吾所好."
86) 『논어』「陽貨」: "君子學道則愛人."

하였다. 도를 알게 되므로 말미암아 애인(愛人)할 수 있다는 것이다. 그러므로 일반적인 도덕규범도 도(道)를 근본으로 하여 성립된다고 할 수 있다. 공자에게 호학(好學)의 정신은 매우 강렬하였다고 하겠거니와, 공자의 학(學)이란 다름 아닌 도(道)를 대상으로 하는 것이었다.

공자의 인은 현실성을 띠고 있지마는 그것은 단순한 직접적 현실이 아니었다. 상대적인 현실을 넘어서 지극히 높은 도를 구하여 마지않는 것이며, 이것을 매개로 할 때에 우리의 현실은 보다 높은 차원에 있어서 고양될 수 있는 것이라 하겠다.

2)

공자는 평소에 가장 비근하고 평상스러운 인간의 도리를 말씀하였다. "선생님의 문장은 들어볼 수가 있지마는 선생님이 성(性)과 천도(天道)를 말씀함은 들어 볼 수가 없다."[87]고 한 자공의 말과 같이 공자에게서는 성과 천도와 같은 추상적인 개념과 형이상학적인 것의 논의는 찾아보기 어렵다. 그러면 공자에게서 과연 형이상학적인 요소는 없었다고 할 수 있을까? 공자의 인은 현실적인 인간의 문제에 한정되는 것일까?

인(仁)이라고 하면 일반으로 인간 상호 간의 친애하는 도리로 보고 있다. 공자에게서도 인에 대하여, '사람을 사랑하는 것(愛人)' 이라든가 '충서(忠恕)' 등을 말함은 모두 인의 사회성이 강조되는 것이라 할 수 있다. 맹자도 "인의 실상은 부모를 섬기는 것이 바로 그것이요, 의의 실질은 형을 따르는 것이 바로 그것이다."[88]라고 하였으며 이것은 모두 인을 실천적 인간의 도리로 말한 것이라고 할 수 있다. 공자에게서 인은 실천을 떠나서 논의될 수 없는 것이다.

---

87) 『논어』 「公冶長」: "夫子之文章, 可得而聞也, 夫子之言性與天道, 不可得而聞也."

88) 『孟子』 「離婁」上: "仁之實, 事親是也, 義之實, 從兄是也."

허신(許愼)의 『설문(說文)』에 인을 풀어서 "仁이란 친하다는 것이니 人과 二를 좇은 것이다[仁, 親也 從人從二]."[89]라 한다든가, 정현(鄭玄)이 "인이란 남을 돕는 것이다[仁, 相人隅]."라고 해석하였음은 주지하는 바이거니와, 한대(漢代)에 있어서는 대체로 인을 사회적인 인간관계에서 보았다고 할 수 있다.[90] 당대(唐代)의 한유(韓愈)는 그의 「원도(原道)」에서 "박애를 인이라 한다[博愛之謂仁]."라 하였다. 이와 같이 인이 사회적 방향에서 해석되었으나 송대에 이르러서는 그 학풍이 철학화 함에 따라 인의 본질을 이론적으로 규명하고자 하는 노력을 보이게 되었으며, 한편으로는 육 · 왕(陸王)에 있어서는 심학(心學)으로 발견을 보게 되었다. 청대에는 고증학의 대두와 함께 다시 인의 실천면을 강조하는 학풍으로 전개되었다. 그리하여 완원(阮元)은 "仁이란 二와 人으로 된 것이니 바로 사람과 사람이 서로 어울리는 것이다[仁從二從人, 卽, 人與人, 相與也(論仁)]."라 하여 한대(漢代) 해석과의 일치를 보이고 있다. 또 대진(戴震)의 경우에는 "도란 인륜일용에서 몸소 행하는 것이 모두 그것이다. …… 사람과 사물에 있어서 생생하게 얻은 바의 일이다."[91]라 하여 현실성을 적극적으로 표현하였다. 이와 같은 경향은 공소한 이론을 배제하고 실질적인 인간사를 중시하고자 하는 입장이라고 할 수 있다.

근대에 이르러서도 양계초는 인을 인간의 상호 관계에 있어서의 "동류의식(同類意識)" 또는 "동정심(同情心)"으로 해석하였으며,[92] 호적(胡適)은

---

89) 鄭玄 禮記註.

90) 한대의 대학자인 동중서에 의하면, "仁者愛人之名也"(『춘추번로』 仁義法), "愛在人謂之仁"(위와 같은 곳), "仁者所以愛人類也"(必仁且智); 劉安, "仁者不以欲殺生"(人周訓), "仁知人材之美者也, 所謂仁者愛人也"(泰族訓), "仁者愛之効也, 義者事之宜也, 故君子愛人以及物(刑德); 劉向, 積思爲愛, 積愛爲仁…"(修文), "仁而不愛則不能仁(說叢); 揚雄, "人必其自愛然後人愛也…自愛仁之至也…未有不自愛敬而人愛敬者也(君子篇)". 한대의 일반학자가 仁을 愛人을 내용으로 하는 사회적인 도덕으로 보았음을 알 수 있다.

91) 戴震, 『孟子字義疏證』下: "道, 人倫日用, 身之所行 皆是也, …在人物則凡生生所得有事."

"인이란 이상적인 인간의 도이다. 사람 노릇을 하기 위해서는 인간의 도리를 다해야 하는데, 사람의 도리를 다하는 것이 바로 인이다."[93]라 한다. 그는 인이란 인간 이상의 어떤 초월적인 것과도 관계가 없는 것이라고 보아서, "주희의 '인이란 사심이 없이 천리에 합하는 것을 말한다.' 라는 말 같은 것은 송유의 억설이지 공자의 본의가 아니다."[94]라고 한다. 그리하여 인간적인 모든 덕을 겸비하여 인격을 완성함을 의미하는 것이라는 견해를 갖는다.[95] 풍우란에 있어서도 인에 대한 해석은 같은 입장이라고 할 수 있겠거니와, 그는 "측은한 마음으로 의를 행하는 것을 인이라 한다[以惻隱之心行義謂之仁]."[96]라 하고 또 "인 · 의 · 예는 모두 사회적인 일이다[仁義禮都是社會方面事]."[97]라고 하였다. 이와 같이 인은 사회적인 인간관계에서 고찰될 수 있으며 그 또한 마땅한 일이라고 할 수 있다.

인간의 경험적 실천을 떠나서 인을 논의할 수 없는 것은 사실이고, 또 인간의 모든 선(善)한 일이 인과 관계없는 것이 없다고 할 수 있다. 그런데 인간이면 누구나가 동류의식 또는 동정심을 가지고 있어서 인간 상호 간에 친애할 수 있는 것이라면 그것은 어떻게 가능한 것일까? 인간에게 선천적으로 선(善)을 행할 수 있는 본질이 주어져 있지 않더라도, 즉 시공을 초월하여 보편적으로 통할 수 있는 본질이 들어 있지 않더라도 어느 시대 어느 장소를 막론하고 인간은 선(善)을 행할 수 있다고 말할 수 있을까? 입장에 따라서는, 인이란 인간의 심리적인 현상으로서의 동정심, 동류의식, 또는 측은

92) 梁啓超, 『先秦政治思想史』, 67-68쪽 참조.

93) 胡適, 『中國哲學史大綱』 상권: "仁是理想的人道, 做一箇人須要能盡人道, 能盡人道卽是仁."

94) 胡適, 『中國哲學史大綱』 상권: "如朱熹之流說 '仁者無私心而合天理之謂' 乃足宋儒的臆說, 不是孔子的本意."

95) 胡適, 『中國哲學史大綱』 상권, 114-115쪽 참조.

96) 馮友蘭, 『新原道』, 한국철학회, 18쪽 인용 및 참조.

97) 풍우란, 위와 같은 책, 23쪽.

지심일 뿐이라고 할 수도 있을 것이다. 그러나 그것이 인간이 경험하는 사실임에는 틀림이 없으나, 그것이 인간에게 보편적인 현상이라고 주장하는 한에 있어서는, 단순히 경험적인 입장만으로는 그 보편성을 보장할 수 없을 것이다. 그러므로 인간이 공통적으로 인을 행할 수 있다고 주장하는 한 본질로서의 인이 인간에게 주어져 있는 것이라고 아니할 수 없으며, 이러한 본질이 인간에게 있어서 때에 따라 드러나는 것이라는 주장이 가능할 것이다.

그리하여 정자(程子)는 『논어』의 "효와 제는 인을 행하는 근본이다"[98]라 함에 대하여, 효제는 인을 행하는(行仁之本) 이라고는 할 수 있으나 인의 본(本)이라고는 할 수 없다고 보며, 인을 효제(孝悌)의 가능적 본질로서 성(性)이라고 보았던 것이다.[99] 넓은 의미에서는 본질과 함께 덕행(德行)으로서의 작용면을 포함하여 전체적으로 인이라 할 수 있지마는, 그러나 제 덕행이 나타날 수 있는 본질이라는 의미에서는 인이 곧 성(性)이라고 한다는 것이다. 그리하여 본질적인 인으로서의 성(性)은 순수 추상적인 개념으로서 비경험적, 비생리적인 것이며, 시공을 초월하여 변하지 않는 것이므로 성(性)을 곧 리(理)라고 하는 것이다.[100] 그리하여 정자는 "성(性)이 곧 이(理)이니, 이(理)는 요순으로부터 길가는 사람에 이르기까지 같은 것이다"[101]라고 하여, 그것은 인간이면 누구에게나 보편적으로 들어있는 것이라고 하였다. 이러한 의미에서 인간의 모든 덕행은 본질인 인의 작용이요, 그러므로 효·

---

98) 『논어』「學而」: "孝弟也者, 其爲仁之本與."

99) 『二程遺書』 권18: "或問孝弟爲仁之本, 此是由孝弟, 可以至仁否, 曰非也. 謂行仁, 自孝弟始, 孝弟是仁之一事, 謂之行仁之本則可, 謂是仁之本則不可. 蓋仁是性也, 孝弟是用也."; 朱子, 『論語或問』: 問孝弟爲仁之本. 曰, 論仁則仁是孝弟之本, 行人則當自孝弟始.

100) 朱子, 「仁說」: 專言則未發是體, 已發是用. 偏言則仁是體, 惻隱是用; 朱子, 『論語或問』: 仁者愛之理, 只是愛之道理. 猶言生之性愛則是理之見放用者也. 蓋仁是性也, 性只是理而已. 愛是情, 情則發放用, 性者指其未發, 故曰仁者愛之理, 情卽已發, 故曰愛者仁之用.

101) 맹자의 天生蒸民詩인용부분에 대한 주자 집주, "性卽理, 理則堯舜至於塗人一也."

제 · 충 · 신 기타의 모든 덕행은 각기 인의 한 가지 일로 보는 것이다.[102)]

그러므로 인을 단지 인간의 심리현상이나 사회관계에서 파악하는 것은 충분하지 못하다고 할 수 있다. 정자는 말하기를

"맹자가 측은지심은 인이라고 한바, 후인이 결국 애(愛)를 가지고 인이라고 하게 되었다. 측은지심은 실로 애(愛)이다. 그러나 애는 정(情)이요, 인은 성(性)이니 어찌 오로지 애(愛)로써 인이라 할 수 있겠는가? 맹자도 측은을 인이라고 하였으나, 전에 이미 측은지심은 인의 실마리[端]라고 한 바 있다. 이미 인의 실마리라고 하였으니, 인이라고 할 수 없는 것이다. 한퇴지[韓愈]가 인을 박애라고 한 것은 옳지 않다. 인자(仁者)는 실로 박애할 수 있지마는 박애로써 인이라 함은 불가하다."[103)]

라고 하였거니와, 주자는

"한대(漢代) 이래로 애(愛)를 가지고 '인' 이라고 말하는 폐단은 성(性)과 정(情)의 분변을 살피지 못하고 정(情)을 성(性)으로 하였기 때문이다."[104)]

라고 하여 본질로서의 인[性]과 작용으로서의 덕행[情]을 분명히 구별하였다.

송대의 사상채(謝上蔡)는 "마음에서 깨닫는 바를 인이라고 하니, 마음과 일이 하나가 되는 것이다."[105)]이라 하여 인을 각(覺)으로 해석하였지마는,

---

102) 『二程遺書』 권15: "恕者 仁之門海恕非仁也." ; 『二程粹言』 권1: "仁道難名, 惟公近之, 非指公爲仁也."

103) 『二程遺書』 권18: "孟子曰惻隱之心仁也. 後人遂以愛爲仁, 惻隱固是愛也. 愛自是情, 仁自是性, 豈可專以愛爲仁. 孟子言惻隱爲仁, 蓋爲前已言惻隱之心仁之端. 仁既曰仁之端, 則不可便謂之仁. 退之言博愛之謂仁非也. 仁者固博愛, 然便以博愛爲仁, 則不可."

104) 『주자대전』 「答張欽夫」: "自漢以來以愛言仁之蔽, 正爲不察性情之辨, 所遂以情爲性爾"

105) 『性理大全』, 권31: "心有所覺謂之仁, 心與事爲一."

각(覺)도 또한 작용이라고 할 수 있으므로 순수한 본질로서의 인이라고는 할 수 없는 것이다. 정자는 이미 지각도 역시 심리적인 운동으로 보아 "어질지 못한 자는 지각하는 바가 없지만, 지각을 가리켜 인이라고 해서는 옳지 못하다."라고 하였다.[106)]

상술한 바와 같이 우리는 인을 비경험적, 비생리적인 것으로, 인간에게 내재하는 순수한 본질로서 보았거니와, 퇴계는 성(性)의 순수 본원성을 강조하여,

> "또한 성(性)의 한 글자로 말하면 자사가 말한 '천명지성'이요, 맹자가 말한 '성선의 성'이니, 이 두 성자가 가리켜 말하는 것은 어디 있는가?"[107)]

라 하였거니와, 순수한 성(性)이 현상적인 것과 혼잡 되어 있지 않으며, 이(理)의 본원처로 말하는 것이라고 본다. 그러므로 성(性)은 인간에게 내재하면서도 현상 일반과는 엄연히 다른 차원인 것임을 말하고 있다.

공자에게는 앞서 살핀 바와 같이 성(性)이나 천도(天道)와 같은 추상적 논의는 보기 어려우며, 성(性)을 말한 것도 "성은 서로 가깝고, 습속은 서로 멀다[性相近 習相遠]."[108)]라 함에 그친다. 그러나 인간의 본성이 선천적으로 선하다고 하는 의미로 쓰인 말은 『논어』의 여러 곳에서 찾아볼 수 있다.

"성상근(性相近)"이라 함에서도 성(性)을 정자는 기질지성[109)]으로 보고, 주자는 기질을 겸한 것[兼氣質][110)]으로 본다. 그러나 우리는 성상근(性相近)

---

106) 『二程粹言』 권1: "不仁者無所知覺, 指知覺爲仁則不可."

107) 『退溪全書』 권16, 「答奇明彦」: "且以性之一字言之, 子思所謂天命之性, 孟子所謂性善之性, 此二性字所指而言者, 何在."

108) 『논어』 「陽貨」.

109) 주자 집주: "程子曰, 此言氣質之性, 非言性之本也."

110) 주자 집주: "此所謂性, 兼氣質而言也."

이라는 말에서 성(性)이란 구심적(求心的)으로 일치할 수 있는 것이요, 습(習)이란 멀어지고 차별이 생길 수 있다는 뜻으로 볼 수 있거니와 청대의 진례(陳澧)는 "성선의 설은 바로 '성은 서로 가깝고, 습속은 서로 멀다.' 라 함에서 나온 것이다[性善之說, 與性相近習相遠 正相發明]."라 하여 "공맹의 말씀이 부절을 합한 것 같다[孔孟之言, 若合符節]."[111]라고 하였다.

공자의 이른바 "사람의 삶은 곧아야 하니 그렇지 않고 살아남는 것은 요행으로 면한 것이다."[112]라 함에 대하여 정자는 "생리는 본래 곧은 것이다."[113]라고 해석하였고, 주자는 "천지에 생생하는 이치는 단지 곧음뿐이니, 곧음이 바로 생이다."[114]라고 하였거니와, 유보남(劉寶楠)은 『논어정의(論語正義)』에서 "공부자의 성선의 뜻이다[夫子性善之旨與]."라면서 "이는 공부자가 성선을 말씀한 것이다[此夫子之道性善也]."라 하였다. 또 공자가 "내가 사람을 대하면서 누구를 폄하하고 누구를 칭찬하겠는가? 칭찬하는 일이 있다면 전에 시험에 본 바가 있기 때문이다. 이 백성은 삼대로부터 곧은 도로써 행해온 자이다."[115]라 함에 대하여, 청대 이광지(李光地)는 공자가 백성의 성품이 같음을 밝힌 것이라고 하였다. 또 "가르치면 무리의 구별이 없게 된다[有教無類]."[116]라 함에서도 주자는 인성이 모두 선(善)하나 선악의 차

111) 陳澧, 『東熟讀書記』: "性善之說, 與性相近習相遠, 正相發明. 心之所同然者者何也. 曰里, 義也, 性善也, 聖人先得我之所同然矣, 性相近也. 富歲子弟多暴. 凶歲子弟多暴, 非天之降才解殊也, 所以陷溺其心者然也, 習相遠也. 所欲有甚於生者, 所惡有甚於死者, 性善也, 非獨賢者有是心也, 人皆有之, 性相近也, 賢者勿喪耳. 習相遠也, 雖存乎人者, 豈無仁義之心哉. 性善也, 平旦之氣質所好如人相近者機希, 性相近也. 梏之覆則其蓮禽獸不遠矣, 習相遠也. 孔孟之言若合符節也."

112) 『논어』「雍也」: "子曰, 人之生也直, 罔之生也, 幸而免."

113) 주자 집주: "程子曰, 生理本直, 罔, 不直也, 而亦生者, 幸而免耳."

114) 주자 소주: "天地之生之理, 只是直, 直便是生."

115) 『논어』「衛靈公」: "子曰, 吾之於人也, 誰毁誰譽, 如有所譽者, 其有所試矣, 斯民也 三代之所以直道而行也."

116) 『논어』「衛靈公」.

이가 있는 것은 환경과 행습에서 오는 것이며 교육에 의하여 선(善)함을 회복할 수 있는 것이라고 하였다.[117] 공자가 "하늘이 내게 덕을 내셨다[天生德於予]."라 하였듯이 덕은 인간이 하늘에서 받은 선천적인 본질이라고 할 수 있다.

이와 같은 논의는 모두 공자에게서 인간의 선성(善性)이 문제 되고 있음을 뜻하는 바라고 하겠거니와, 실제로 공자는 형이상의 문제에 대한 논의가 없었는가 하면 그렇지 않다.

공자는 "군자는 상달하고, 소인은 하달한다."[118]라고 하며, "중간자질 이상의 사람에게는 위의 것[上]을 말할 수 있지만 중간 이하 자질을 지닌 사람에게는 위의 것[上]을 말할 수 없다."[119]고 하였다. 여기서 말하는 "상(上)"은 무엇일까? 또한 "나의 도는 하나로 꿰뚫는다."[120]라 함에서 "일(一)"이란 무엇인가? '상(上)'과 '일(一)'은 모두 형이상학적인 개념이라고 할 수 있다.[121] 성(性)과 천도에 관하여도 공자가 그것을 전혀 말하지 않은 것이 아니라, 그 뜻이 깊고 오묘하여 자득한 바가 없이는 납득이 어려우므로 말을 삼가는 것이며, 자공도 뒤늦게 그 말씀을 듣고서 탄미하였다고 보는 것이다.[122] 양계초도 성(性)과 천도는 공자가 스스로 깨달은 바라고 하였다.[123]

117) 주자 집주: "朱子曰, 人性皆善, 而其類有善惡之殊者, 氣習之染也. 故 君子有教, 則人皆可以復於善, 而不當復論其類之惡矣."

118) 『논어』「憲問」: "君子上達, 小人下達."

119) 『논어』「雍也」: "中人以上 可以語上, 中人以下 不可以語上."

120) 『논어』「里仁」: "吾道一以貫之."

121) 주자 집주: "蓋至誠無息者道之體也, 萬殊之所以一本也, 萬物各得其所者道之用也, 一本之所以萬殊也. 以此觀之一以貫之之實, 可見矣." ; 劉寶楠, 『論語正義』: "孔子罕言利命仁性與天道, 弟子不可得聞則是不可語上, 觀所答弟子諸時人語, 各有不同, 正是因人才知量爲語之可知."

122) 『二程外書』 권2, 明道: "中人以上可以語上, 中人以下不可以語上. 才卑而語之高, 安能入也 (伊川經說) 性與天道,非自得之,則知故曰不可得而聞."

123) 양계초 , 『공자』, 23쪽 참조: "性與天道殆孔子所自證, 不甚拿來教, 一般學者所以不得已聞."

또 "선생님께서는 이해관계와 명과 인에 대하여는 드물게 말씀하였다."[124] 라 함에 대하여도 주자는 "말하지 않은 것이 아니라 특히 드물게 말씀한 것이다."[125]라고 하였던 것이다.

상술한 바와 같이 우리는 공자에게 있어서는 초경험적이고 초인간적인 형이상학적 본질의 문제가 분명히 있음을 보여주는 제요소를 발견할 수 있으며, 이것이 자사에 있어서 "천명지위성(天命之謂性)"으로 나타났고 맹자에 있어서 "성선(性善)"으로 발양된 것이라 할 수 있다.[126] 단지 순수한 본질인 성(性)이라든가 그 근거로서 천도의 문제가 대상적인 자연의 이법에 관한 것이 아니라, 인간자신의 문제이요, 본질로서의 인, 즉 인간 본성을 떠나서 논의될 수 없는 것임에 유의할 필요가 있을 것이다.[127]

3)

a.

공자는 평소에 일상적인 인간의 도리를 떠나서 말하지 않음이 특징이며, 일상생활 속에서 인간의 상도(常道)를 무리 없이 지키고 거기서 진리를 실현코자 하는 것이 기본적 태도라 할 수 있다. 인간의 일을 인간 스스로 책임지고, 인간의 힘으로 문제를 해결하고자 노력하는 것으로 관상(觀想)이나 초인간적 힘에 의존하는 태도와도 구별된다 하겠다.

---

124) 『논어』「子罕」: "子罕言利與命與仁."

125) 『二程外書』권3 朱子小註: "聖人之道, 必降而自卑, 不如此則人不親, 賢人之言則引而自高,,不如此則道不尊, 觀於孔子孟子 可見矣." ; 『栗谷全書』권14 참조: "孔孟言性道軍教疑."

126) 劉寶楠, 『論語正義』: "性與天道, 其理精微, 中人以下不可以語上, 故不可得而聞其後, 子思作中庸以性爲天命 以尺道爲誠, 孟子私淑諸人, 謂人性者善, 謂盡心則能知其性知其性則能知天皆夫子性與天道之言, 得聞所來聞者也."

127) 『中庸』 第1章 朱子注: "子思述所傳之意以立言, 首明道之本原出於天而不可易, 其實體備於己而不可離, 次言存養省察之要, 終言聖神功化之極, 蓋欲學者, 於此, 反求諸身而自得之, 以去夫外誘之私而充其本然之善."

그리하여 인간의 문제를 각 개인이 스스로 해결하고 수행함을 귀하게 본다. 공자의 도는 인도(人道)이요, 현실에 있어서 마땅한 도리를 실천함이 문제라 하겠거니와 그 담당자는 다름 아닌 인간인 것이다. 그러므로 인간의 모든 가능성과 능력을 온전히 발휘하여 인간의 세계를 창조하고 건설하는 것은 당연한 일이라 하겠다. 현실에 있어서 인간의 자율성은 어디까지나 보장되어야 할 것이다.

그러나 이것은 인간의 능력을 십분 긍정한 것이지만 그렇다고 하여 인간이 만능이라거나, 또는 만능이라고 하지는 않더라도, 인간 이상의 것은 있지도 않으며 문제 될 것도 없다고 하는 의미의 인본주의적 태도[128)]와는 구별하여야 할 것이다. 공자가 인간을 문제로 하고 있음이 사실이고, 또 공자의 사상을 일반적으로 '인생철학' 이라고 일컫지만 그렇다고 하여 단순한 인본주의로 속단하기는 어려울 것이다. 공자에서는 비단 인간만이 문제 될 뿐만 아니라, 초인간적인 것 즉 천(天)이 절대적으로 문제 되었던 것이다.

인(仁)은 인간에게 보편적으로 요구되는 것이며 인간은 잠시도 인에서 떠날 수 없다고 말하지마는, 공자는 거의 아무에게도 인을 허락하지 않았을 뿐만 아니라, 제자들에 대하여도 그 자격만을 말하고, 인에 있어서는 "그가

---

128) 『荀子』「儒效」: "道者, 非天之道, 非地之道, 人之所以道也, 君子之所道也." 『荀子』「天論」: "大天而思, 孰與物畜而裁之, 從天而頌之, 孰與制天命而用之, 望時而待之, 孰與應時而使之, 因物而多之, 孰與學能而化之, 思物而物之, 孰與理物而勿失之也, 願放物之所以生, 孰與有物之所以成. 故錯人而思天則失萬物之情."

129) 『논어』「公冶長」: "或曰雍也, 仁而不佞. 子曰, 焉用佞. 禦人以口給, 屢憎於人, 不知其仁, 焉用佞."; 『논어』「公冶長」, "孟武伯問子路仁乎. 子曰, 不知也. 又問, 子曰, 由也, 千乘之國, 可使治其賦也, 不知其仁也. 求也, 何如. 子曰求也, 千室之邑, 百乘之家, 可使爲之宰也, 不知其仁也. 赤也何如. 子曰, 赤也, 束帶立於朝, 可使與賓客言也, 不知其仁也."; 『논어』「公冶長」, "子張問曰, 令尹子文, 三仕爲令尹, 無喜色, 三已之無色, 舊令尹之政, 必以告新令尹, 何如. 子曰, 忠矣. 曰仁矣乎. 曰未知, 焉得仁. 崔子弑齊君, 陳文子有馬十乘, 棄而違之, 至於他邦, 則曰猶吾大夫崔子也, 違之, 之一邦, 則又曰, 猶吾大夫崔子也, 違之, 何如. 子曰, 清矣. 曰仁矣乎. 曰未知, 焉得仁."

어진지는 알지 못하겠다[不知其仁]." 라든가 또는 "모르긴 해도 어찌 어질다고 하겠는가[未知焉得仁]?" 라 함을 볼 때, 인을 이룸이 쉬운 일이 아님을 알 수 있다.[129] 오직 안연에게 대하여서만 "회는 그 마음에 3개월 동안 인을 어기지 않았구나!"[130]라고 하여 그의 호학(好學)을 칭찬하였던 것이다. 그리하여 공자는 스스로도 "성(聖)과 인(仁) 같은 것을 내가 어찌 감당하겠는가?"[131]라 하여 인을 자처하지 않았다. 이와 같이 인을 쉽게 허락하지 않고, 또 '감당할 수 없다.' 라고 하는 것은 인이 단순히 사회적이고, 도덕적인 영역에만 그치는 것이 아님을 시사한다고 하겠다.

공자는 "어찌 인하다고만 하겠는가, 필경 성스러운 경지리라[何事於仁必也聖乎]."[132]라하고, "성과 인 같은 일을 내가 어찌 감당하겠는가[聖與仁則吾豈敢]."라 함과 같이 '성' 과 '인' 을 병칭하여 말하고 있거니와, 현실적으로 인을 이룬바 극치의 경지를 성(聖)이라고 본다.[133] 주자는 집주에서 "인은 이치로 말한 것이니 상하를 통하고, 성(聖)은 경지로 말한 것이니 그 극치에 이름을 일컫는다[仁以理言 則通乎上下, 聖以地言則 造其極之名]." 라고 하였다. 그런데 또한 성(聖)은 그 자체가 본질적인 개념은 아니지만 '천(天)' 또는 '천명(天命)' 과 같은 초월적인 것과 함께 쓰이는 경우가 적지 않다. 가령, 태재(太宰)가 자공에게 "부자(夫子)는 성인(聖人)이신가?" 라고 물었을 때에 그는 "진실로 하늘이 세우신 성인이시며 또 다능하시다[固天

130) 『논어』「雍也」: "回也, 其心三月不違仁."

131) 『논어』「述而」: "若聖與仁, 則吾豈敢"

132) 『논어』「雍也」: "子貢曰如有博施於民而能濟衆何如, 可謂仁乎. 子曰, 何事於仁必也聖乎. 堯舜其猶病諸, 夫仁者己欲立而立人, 己欲達而達人, 能近取譬, 可謂仁之方也已."

133) 『二程遺書』 권19: "聖與仁, 何以異. 曰 …蓋仁可以通上下言之, 聖則其極也. 聖人人倫之至, 倫理也, 旣適人理之極, 更不可以有加. 若今人或一事是仁, 亦可謂之仁, 至於盡仁道, 亦可謂之仁, 此通上下之言也. 如曰聖與仁則吾豈敢, 此又却仁與聖俱大也. 大抵蓋仁道者, 卽是聖人, 非人則不能盡得仁道." ; 『二程外書』 2 伯淳, "聖乃仁之成德, 謂仁爲聖譬猶彫木爲龍, 木乃仁也, 龍乃聖也, 指木爲龍可乎. 故博施濟敎乃聖之爭, 擧仁而言之, 則能近取譬是也."

縱之將聖 又多能也."[134]라고 대답하였다. 또, "군자는 두려워하는 것이 세 가지가 있으니, 천명을 두려워하고, 대인을 두려워하고, 성인의 말씀을 두려워한다."[135]라고 한 공자의 말을 보더라도 성인(聖人), 대인(大人) 등은 인간이 일상적인 도덕의 영역을 넘어서 천(天)과 관계되며 천명(天命)과 교섭되는 경지라고 할 수 있다.

일반으로 공자에게서는 이상적 인간으로서 '군자'를 목표로 삼는다고 본다. 그리하여 호적은 이를 "그가 평소에 강조하였던 '군자'는 인생에 있어서 품행의 표준이었다."[136] 라하고 또는 "공자는 또한 '군자'라는 말을 제기하여, 사람다운 삶의 모범으로 삼았다."[137]라고 하였다. 공자가 군자를 인생의 숭고한 표준으로 본 것은 사실이다. 그러나 인생 최고의 목표를 말함에 있어서는 군자라기보다는 성인(聖人)이라고 함이 적절할 것이다.[138] 군자도 역시 성인을 이상으로 하여 노력하기 때문이다. 공자는 "성인(聖人)을 볼 수 없다면 군자라도 볼 수 있으면 좋겠다. 선(善)한 이를 만날 수 없다면 한결같은 마음을 지닌 자라도 볼 수 있으면 좋겠다."[139]라 하고, 또 "군자이면서 어질지 못한 사람은 있지만, 소인이면서 어진 사람은 없다."[140]라고 하였다. 여기서 볼 수 있는 바와 같이 성인과 군자는 그 경계가 동일한 것이 아

134) 『논어』「子罕」: "大宰問於子貢曰, 夫子聖者與, 何其多能也. 子貢曰, 固天縱之將聖, 又多能也. 子聞之曰, 大宰知我乎. 吾少也賤故多能鄙事, 君子多乎哉, 不多也. 牢曰, 子云吾不試, 故藝."

135) 『논어』「季氏」: "君子有三畏, 畏天命, 畏大人, 畏聖人之言."

136) 胡適, 『中國哲學史大綱』, 상권, 商務印書局, 45쪽: "他平日所競 '君子', 便是人生品行的標準."

137) 앞의 책, 114쪽: "孔子又提出 '君子' 一箇名詞, 作爲人生的模範."

138) 『二程遺書』 권25: "人皆可以至聖人, 而君子之學, 必至於聖人而後已, 不至於聖人而後已者, 皆自棄也. 孝其所當孝, 弟其所當弟, 自是而推之, 則聖人而已矣."

139) 『논어』「述而」: "聖人, 吾不得而見之矣, 得見君子者, 斯可矣. 善人吾不得而見之矣, 得見有恒者, 斯可矣."

140) 『논어』「憲問」, "君子而不仁者有矣夫. 未有小人而仁者也."

니며, 공자도 50세에 이르러서야 천명(天命)을 알았다는 것이다.[141] 군자는 성인의 말씀을 두려워할 줄 아는 자이다. 주자는 성인의 경지를 '신명을 헤아릴 수 없는 것을 말한다[神明不測之號].' 라고 주석하였다. 인(仁)의 완성자는 군자라기보다는 성인이라고 할 것이다. 이와 같이 공자의 인은 초인적 개념에 맞닿아 있다.

풍우란은 그의 『신원도(新原道)』에서, 인을 사회적인 도덕에 그치는 것으로 생각하여 공자의 지천명(知天命), 이순(耳順), 종심소욕불유구(從心所慾不踰矩)를 이른바, '지천(知天)', '(事天)', '(樂天)' 의 단계로 보고 '동천(同天)' 의 경지에는 이르지 못한 것이라고 하였다.[142] 그러나 앞서 살핀 것처럼 공자의 인과 성(聖)의 근본 뜻에 대하여는 숙고를 요하는 바라 하겠다.

b.

공자는 평소에 천(天)이나 천명(天命) 같은 초인간적인 것에 관하여는 자주 말하지 않는다. 그것에 대하여 설명적 태도가 아님은 물론이다. 그러나 평소에 일상적인 인간사로 말하는 공자이지만, "하늘이 내게 덕을 내셨으니, 환퇴같은 이가 내게 어찌할 수 있겠는가?" 라 함에서 볼 수 있듯이 일단 비상시나 급급한 경우를 당하면 의연히 천(天)에 대한 확신을 드러내어 권위 있게 말한다.

공자의 천(天)의 내용이 어떠한 것인가는 설명적인 것이 못되므로 무엇이라고 규정하기 어렵다. 그러나 공자에 있어서 천은 가장 높고, 위대하며, 더할 나위 없이 극존(極尊)한 궁극자로서 표현되고 있다.

141) 『논어』「爲政」: "子曰, 吾十有五而志于學, 三十而立, 四十而不惑, 五十而知天命, 六十而耳順, 七十而從心所欲不踰矩."

142) 馮友蘭, 『新原道』: 한국철학회, 24 ~ 25쪽: "知天然後能事天, 然後能樂天, 最後, 至於同天. 此所謂天卽宇宙大全. 我們於上文說, 知天命有以敎知天, 順天命有似於事天, 從心所慾不踰矩, 有似於樂天. 我們說, 有似於, 因爲 孔子所謂天, 以乎是 "主宰之天" 不是宇宙大全."

공자는 요(堯)를 찬함에 있어서도, "높고 높도다! 오직 하늘만이 위대하시거늘 요께서 본받으셨도다."[143]라고 하였으며, 또 왕손가(王孫賈)에게 대하여도 "하늘에 죄를 얻으면 빌 곳이 없는 것이다."[144]라 하였다. 이와 같이 천은 초인간적인 최고의 존엄이요, 궁극적이요, 절대적으로 표현되며, 모든 권위가 천에 귀착되고 있음을 볼 수 있다.

천(天)에 대한 공자의 신념을 표시하는 것은 그 밖에도 『논어』의 여러 곳에서 볼 수 있다. 즉 공자가 위(衛)에서 남자(南子)를 만났을 때 자로가 기뻐하지 않음을 보고, 공자는 "내게 잘못된 것이 있으면 하늘이 미워하시리라! 하늘이 미워하시리라!"[145]고 하였다. 또 공자가 질병으로 앓을 때에 자로가 문인으로 하여금 가신 노릇을 하게 하였던바, 병이 좀 회복되어 이 사실을 알게 된 공자는 "오래었다. 유(由)의 거짓을 행함이여, 신하가 없는데 신하를 두었으니, 내가 누구를 속이는 것인가, 하늘을 속이겠는가?"[146]라 하였다. 그리하여 천은 인간사에 관계없이 엄연히 존재하는 것이며, 인간이 좌우할 수 없는 것으로 인식되고 있다. 그러므로 공자가 "도가 장차 행해지는 것도 명에 달린 것이며, 도가 장차 폐해지는 것도 명에 달린 것이니, 공백료가 그 명을 어떻게 하겠는가?"[147]라고 하였듯이, 오히려 인간의 일도 인간의 의지로 되는 것이 아니라 천(天)에 의존되어 있는 것이다. 공자는 광인(匡人)에게 환란을 당했을 때에도, "문왕이 돌아가셨지만, 문(文)이 여기에

143) 『논어』「泰伯」 주자 집주에 의하면, "唯猶獨也, 則猶準也. 蕩蕩廣遠之稱也. 言物之高大莫有過於天者而獨堯之德, 能與之準, 故其德之廣遠, 亦如天之不可以言語形容也." 라 한다. 그러나 唯堯則之라 함에서 天을 자연적으로 보는 것은 문제이다.

144) 『논어』「八佾」 주자 집주에 의하면, "獲罪於天, 無所禱也. 天卽理也, 其尊無對, 非奧之可比也, 逆理則獲罪於天矣."

145) 『논어』「雍也」: "子見南子, 子路不說. 夫子矢之曰, 予所否者, 天厭之, 天厭之."

146) 『논어』「子罕」: "子疾病, 子路使門人爲臣. 病間曰, 久矣哉. 由之行詐也. 無臣而爲有臣, 吾誰欺, 欺天乎."

147) 『논어』「憲問」: "道之將行也與, 命也. 道之將廢也與, 命也. 公伯寮, 其如命何."

있지 않은가? 하늘이 장차 이 문(文)을 없애려 하신다면 내가 이 문(文)을 얻을 수 없겠지만, 하늘이 이 문(文)을 없애려 하지 않으신다면 광 지방의 사람들이 나를 어떻게 할 수 있겠는가?"[148]라 하였다. 명도(明道)는 천(天)을 천리(天理)로서 파악하여

> "천리라고 하는 것은 이 도리에 무슨 궁진함이 있겠는가? 요임금 때문에 있게 된 것도 아니고, 걸임금 때문에 없어지는 것도 아니다. 그것을 터득한 사람이 크게 행한다고 증가되거나, 곤궁하다고 손상되는 것이 아니다. 그것에 대해서 어떻게 존망과 가감을 말할 수 있겠는가? 그것은 본디 조그만큼의 결함도 없이 온갖 이치가 그 안에 구비되어 있다."[149]

라고 하여 그 자체로서 존재하며 영원불변하며 온갖 이치가 구비되어 있는 완전자라고 보았다.

그런데 여기서 공자의 천(天)은 단순히 이론적 추구의 귀결이라고 할 수도 없거니와 주재적 인격적인 천이라고 속단할 수도 없을 것이다. 공자는 평소에 천에 관하여는 논의하지 않는다. 그것은 순선 무악한 인간 본성에서 나오는 것이라고 할 수 있는 것이다. 인간 각 개인에게 내재하고 있는 본성(性)에서 나온 것으로서 유일절대한 근원이라고 할 수 있다. 그러드로 그것은 인간의 본성을 통하여 체득함으로써 즉 그 사람의 인(仁)의 정도에 따라서 알려질 수 있는 것이지 이론적인 것이라거나 설명적인 것이 못 되는 것이라 할 것이다. 공자의 천은 오직 공자의 인격을 통하여 보이는 것이요, 음미 될 수 있는 것이라 할 수 있다. 그리하여 당시에 있어서 일반으로 규찰

---

148) 『논어』 「子罕」: "文王旣沒, 文不在茲乎. 天之將喪斯文也, 後死者, 不得與於斯文也. 天之未喪斯文, 匡人其如予何."

149) 『二程遺書』 권2 상: "天理云者, 這一個道理, 更有甚窮巳. 不爲堯存, 不爲桀亡. 人得之者. 故大行不加, 窮居不損. 這上頭, 更怎生說得存亡加減. 是佗元無小欠, 百理具備."

(糾察)하기는 어려웠다고 할 수 있으나, 공자는 내면적으로 이와 같은 천의 세계가 체험되고 있었다. 공자는 오직 천만이 자기를 알 수 있다고 하여,

"나를 아는 이가 아무도 없구나. …… 하늘을 원망하지 않고 다른 사람을 탓하지 않으며, 아래에서 배워서 위로 도달하니, 나를 알아주는 이는 하늘이시리라!"[150]

라고 하였다. 이와 같은 상달(上達)의 경지에서의 공자의 면모를 안연은 다음과 같이 묘사하였다.

"안연이 위연히 탄식하며 말하였다. '우러러볼수록 더욱 높고 뚫을수록 더욱 굳네. 바라보니 앞에 계신 듯하더니 어느 사이엔가 뒤에 계시네. 선생님께서는 순순하게 선으로 사람을 이끄셔서 나를 문(文)으로 넓혀주시고 예로써 가다듬어 주시네. 그만두려하여도 그만둘 수가 없어서 나의 재주를 다하였네. 우뚝 서 있는 듯하여 따라가고자 하지만 따를 길이 없네."[151]

위에서 볼 수 있는 바와 같이 공자에게는 남이 추종하기 어려운 독자적인 세계가 있었음을 짐작할 수 있다.[152] 자공은 말하기를 "선생님을 따라갈 수 없는 것은 마치 하늘을 사다리를 타고 올라 갈 수 없는 것과 같습니다."[153] 라 하였다.

이와 같이 공자는 높은 진리를 지니고 있었지만 스스로 고원(高遠)함에 자처하지 않고 겸손하여, 본인 스스로 성(聖)이나 인(仁)을 감당치 못하노라고 하였다. 그리하여 항시 평상스러운 인간의 입장에서 천(天)을 가장 높

---

150) 『논어』「憲問」: "莫我知也夫 ……不怨天不尤人, 下學而上達, 知我者其天乎."

151) 『논어』「子罕」: "顔淵喟然嘆曰, 仰之彌高, 鑽之彌堅, 瞻之在前, 忽然在後. 夫子, 循循然善誘人, 博我以文, 約我以禮, 欲罷不能旣竭吾才. 如有所立, 卓爾雖欲從之, 末由而已."

이 받들었다. 앞서 살핀 것처럼 풍우란(馮友蘭)은 공자의 이른바 '마음 가는 대로 하여도 법도에서 벗어나지 않는[從心所慾不踰矩]' 경지를 '천명을 즐기는(樂天)' 의 단계라고 보고, 공자의 천(天)은 '주재적' 이라 하여 이른바 '하늘과 같은(同天)' 경지에는 도달하지 못한 것이라고 하였지만,[154] 공자의 천을 단적으로 주재적인 천이라고 규정하는 것도 문제이려니와, 인간이 아무리 높은 경지에 이른다 하더라도 '하늘과 똑같다[同天].' 라고 할 수 없다는 것이 공자의 입장이다. 단순히 논리적으로 하는 말이 아니요, 실제적으로 말하기 때문에 공자는 지천명(知天命)이라고는 하지만, 지천(知天)이라는 표현은 볼 수 없다.[155] 극고명(極高明)한 성인(聖人)의 경지에 이르러서도 역시 한 사람의 인간으로서 평생토록 천(天)을 높이 받드는 것이 공자의 기본적인 입장이라고 할 수 있다.[156]

152) '莫我知也夫' 이하에 대한 주자의 주, "反已自修循序漸進耳. 無以甚異於人而致其知也. 然深味其語義則見其中 自有人不及知而天獨知之妙."

153) 『논어』「子張」: "陳子禽, 謂子貢曰, 子爲恭也. 仲尼豈賢於子乎. 子貢曰, 君子一言以爲知, 一言以爲不知, 言不可不愼也. 夫子之不可及也, 猶天之不可階而升也. 夫子之得邦家者, 所謂立之斯立, 道之斯行, 綏之斯來, 動之斯和 其生也榮, 其死也哀, 如之何其可及也."

154) 馮友蘭, 앞의 책, 24쪽: "孔子從心所慾不踰矩, 亦是因有高抵了解而 '不思而得, 不勉而中.' 此有似於我們放新原人中所謂樂天" ; 같은 책, 29쪽: "孔子所說的天是主宰的天, 他似乎未能完全脫離宗教的色彩,他的言思, 似乎還有點是圖式底, 所以我們說底最高境界, 只是 '有似於' 事天樂天的境界."

155) 논리적으로 말하면, 맹자의 말과 같이 '盡其心者, 知其性也, 知其性則, 知天矣' 라고 할 수 있을 것이다. 그러나 맹자에 있어서도, 이어서 '存其心, 養其性, 所以事天也. 殀壽不貳 修身以俟之, 所以立命也' (『孟子』「盡心上」)라고 함을 볼 수 있다.

156) 신체를 가지고 있는 인간으로서 天과 동일하다고 할 수 없다. 주자는 「중용장구서」에서 "人莫不有是形, 故 雖上智, 不能無人心, 亦莫不有是性, 故雖下愚, 不能無道心" 이라 하였다. ; 『二程遺書』 권21 하: "言天敍天秩, 天有是理, 聖人循而行之, 所謂道也, 聖人本天, 釋氏本心."

4. 仁의 선천성에 대한 의미 근거

1)

위에서 우리는 인(仁)이란 단순히 직접적인 인간사에 그치는 것이 아니라, 보다 근본적으로 인의 본질적인 면이 문제 되고 있음을 논의한 바 있다. "아침에 도를 듣는다[朝聞道]" "하늘이 내게 덕을 내셨다[天生德於予]" "의에 밝다[喩於義]" "위를 말할 수 있다[可以語上]" "천명을 두려워한다[畏天命]." 등에서와 같이 도(道)·덕(德)·의(義)·상(上)·의(義)·명(命) 등은 모두가 천도(天道)에 관계되는 형이상학적인 성격을 띤 개념이라고 할 수 있다. 더욱이 공자에게 있어서 천(天)은 극존무대(極尊無對)한 궁극자로서 표현되고 있는 것이다.

이와 같이 인간적인 것과 구별되는 천도가 객관적으로 엄존하는 것으로 보아 이천(伊川)은, "천리란 도리일 뿐으로 어찌 다시 끝남이 있겠는가, 요임금 때문에 있는 것도 아니고 걸왕 때문에 없어지는 것도 아니다."[157]라고 하였다. 그리하여 천도에 근원한 것과 인간에 근원한 것은 확연히 다르다고 본다. 그리고 "성(性)은 천(天)에서 나오고 재(才)는 기(氣)에서 나온다. …… 재(才)는 선(善)한 것도 있고 선하지 못한 것도 있지만, 성(性)은 선(善)하지 않은 것이 없다."[158]라 하여 '성(性)'과 '재(才)'의 이원적 근원을 말한다. 그리고 주자는 『중용장구』 서(序)에서 인심(人心) 도심(道心)에 관하여 말하기를, 인심은 '형기지사(形氣之私)'에서 나온 것이요, 도심은 '성명지정(性命之正)'에 근원한 것이라 하고, 인심은 늘 도심의 명을 들어야 할 것이라고 하였다.[159]

157) 『遺書』 2, 上: "天理云者, 這一個道理, 更有甚窮已, 不爲堯存, 不爲桀亡."

158) 『遺書』 19: "性出於天 才出於氣 …才則有善有不善, 性則無不善."

159) 朱子『中庸章句』序: "蓋嘗論之, 心之虛靈知覺一而已矣, 而以爲有人心道心之異者, 則以其或生於形氣之私, 或原於性命之正."

이와 같은 이원적 사고는 퇴계에 이르러서는 리(理)를 원두처(源頭處)로 하는 '리기이원론(理氣二元論)' 에 도달하며, 이른바 리기호발설(理氣互發說)이 나오게 되는 것이다. 퇴계는 기고봉(奇高峯)에게 준 서한에서

"대개 일찍이 옛사람의 학문도술이 다른 까닭을 깊이 생각하여 보니, 그것은 다만 리(理)라는 글자를 알기 어렵기 때문일 뿐이다. …… 그것은 능히 음양오행 만사만물의 근본이 되고, 음양오행 만사만물의 가운데 있지 않은 것이니, 어찌 기(氣)와 뒤섞어서 일체가 되고 일물(一物)이 되는 것이라 하랴?"[160]

라 하여, 리란 만유의 근본이 되는 것이지만 만유를 초월하고 있는 것임을 말하였다. 또한, 퇴계는 "측은, 수오, 사양, 시비는 무엇에서 말하는가? 인의예지의 성(性)에서 발할 따름이다. 희 · 노 · 애 · 구 · 애 · 오 · 욕은 무엇에서 발하는가? 외물이 몸을 촉발하여 속을 움직이나니 대상과 관련하여 나오는 것이다."[161]라 하여 역시 사단과 칠정이 발하는 곳을 이원적으로 말하고 있다.

이처럼 이원성이 주장되는 한 인의 본질은 일상적 현실을 초월하여 객관적으로 독립한 형이상학적 실체로서 파악되는 것이며, 그것은 또 스스로 작용하는 것임을 의미하게 된다.

그런데 이와 같이 일상적 경험적 현실을 초월한 형이상학적 실체가 어떻게 작용한다고 할 수 있을까? 한편, 유위(有爲) 유형한 일상적 현실과 모순 개념인 형이상의 본질이 유위의 작용이 있다고 하는 것은 모순된다고 하지

160) 『退溪全書』 권16, 별지, 424쪽: "蓋嘗深思古人學問道術之所以差者, 只爲理字難知故耳…能爲陰陽五行萬事萬物之本, 而不囿於陰陽五行萬事萬物之中, 安有雜氣而認爲一體者作一物耶."

161) 『퇴계전서』, 권 16, 「答奇明彦」, 406쪽: "惻隱羞惡辭讓是非, 何從而發乎. 發於仁義禮智之性焉爾. 喜怒哀懼愛惡欲 何從而發乎. 外物觸其形, 動於中, 緣境而出焉."

않을 수 없다. 또 인간적인 것과 천도가 절연(截然)히 다른 것이라면 이러한 이원성은 어떻게 관계 지울 수 있는가. 상충하는 두 개의 질서가 어떻게 일치할 수 있을까? 결국 어느 한 편을 살리기 위해서는 다른 한 편을 버려야 하는 결과가 되지 않을까? 말하자면, 천도(天道)를 살리기 위해서는 인사(人事)는 버려야 한다는 결론에 도달케 되는 것이 아닐까?

이와 같이 인(仁)의 본질로서의 도가 객관적으로 독립하여 존재하며 자발적으로 작용하는 것이라면, 인사와 천도의 이원성을 극복하기는 어려울 것이다. 인의 본질이 형이상학적인 실체로서 과연 경험계를 떠나서 객관적으로 독립하여 존재한다고 할 수 있을까?

그런데 공자는 "도는 사람에게서 먼 것이 아니니 사람이 도를 행하되 사람에게 먼 것으로 여기면 도라 할 수 없다."[162]고 하였다. 도는 추상적으로 인간에게서 떠나 있는 것이 아니며, 인간과 분리하여 생각할 수 없다는 것이다. 공자에게는 인의 본질인 천도가 문제 되지만 경험적인 사실과 구체적 현실을 떠나서 따로 논의되는 일이란 거의 볼 수 없는 것이다. 그러므로 공자는 항시 일상적 사실을 들어서 구체적으로 말한다. 혹 추상적인 논의가 되는 경우라 하더라도 실제적인 내용을 파악하지 않고는 이야기하지 않는다.[163]

2)

인간은 일상적인 현실 속에서 생활하고 있으며 그 생활하는 방식 또한 매우 다양하다. 그런데 인간의 생활에서 특히 인간이 다 같이 느낄 수 있고 또 정당한 것으로 수긍하며, 인정할 수 있는 경험적 사실이 있다면 그것은 어떠한 것일까. 물론 개개인의 생활은 그 자체로서 중요한 일이라 할 수 있다.

---

162) 『中庸』 제13장: "子曰, 道不遠人, 人之爲道而遠人, 不可以爲道."

163) 가령 '吾道一以貫之' 라 함에 있어서도, 그것을 단순히 관념적으로 말함이 아니요, 증자와 자공이 실제적인 의미를 알아들을 수 있는 경지에 이르렀을 때에 한 말씀이라고 본다.

그러나 개인의 일이 중하다고 하여 이기주의를 칭송할 수는 없을 것이다. 왜냐하면, 그것은 결국 진정으로 자기를 위하는 것이 되지 못하기 때문이다. 이(利)를 추구함은 괜찮지만 그것이 자기의 이익만을 위한 것이라면 타인과의 충돌과 분쟁을 면하기 어렵다. 가령 순자(荀子)에 의하면 인간은 본디 이기적인 성질이 있다는 것이고, 이것을 그대로 좇기만 한다면 결국 쟁탈과 혼란과 무질서에 빠지고 만다는 것이다.[164] 맹자의 표현으로는 '빼앗지 않고서는 만족하지 않는[不奪不饜]' 결과에 이르게 된다고 하겠다. 물론 일시적으로 자기의 이기적인 욕망을 달성할 수도 있을 것이다. 그러나 쟁탈과 혼란과 무질서는 결국 자기파멸의 원인이 된다. 즉 이기성의 추구는 결국 자기의 파멸을 초래하는 것이라고 할 수 있다.[165] 이와 같은 사실을 깨달을 때에 인간은 자기 자신에 대한 심각한 반성이 있게 된다. 그리하여 진정으로 자기를 위하는 길은 과연 무엇인가를 의문치 않을 수 없다. 이같이 자기제한성에 의하여, 자기를 진정으로 위하는 길이란, 사기(私己)를 위함이 아니라 공동으로 이익을 추구함에 있음을 깨닫게 되는 것이니, 그것은 공동의 이익 속에서 자기와 타인이 모두 긍정될 수 있기 때문이다. 이러한 공동의 이익을 추구하고자 하는 노력은 누구나가 보편적으로 인정할 수밖에 없는 것으로 이를 일러 공의(公義)라 할 수 있겠다.[166] 이것이 누구나가 인정

---

164) 『荀子』「性惡」: "今人之性, 生而有好利焉. 順是故爭奪生而辭讓亡焉… 生而有耳目之欲, 有好聲色焉. 順是故淫亂生而禮義文理亡焉. 然則從人之性, 順人之情, 必出於爭奪, 合於犯分亂理而歸於暴." ; 『논어』「季氏」, "子曰, 君子, 義以爲上, 君子有勇而無義爲亂, 小人有勇而無義爲盜."

165) 『孟子』: "孟子曰, 仁則榮, 不仁則辱. 今惡辱而居不仁, 是猶惡濕而居下也. 孟子曰…今之人, 修其天爵, 以要人爵, 旣得人爵, 而棄其天爵, 則惑之甚者也. 終亦必亡而已矣." ; 『논어』「憲問」, "見利思義" ; 『논어』「子張」, "見得思義."

166) 『大學』 제 10장: "孟獻子曰, 畜馬乘, 不察於鷄豚, 伐冰之家, 不畜, 牛羊, 百乘之家不畜聚斂之臣, 與其有聚斂之臣, 寧有盜臣, 此謂國, 不以利爲, 以義爲利也." ; 小注,, "朱子曰……罕言利者, 蓋凡做事只循這道理, 做去利在其中矣. 如利涉大川, 利用行事. 聖人不言利但所以罕言者, 正恐人求之則害義矣."

할 수밖에 없는 보편적인 경험이라고 할 것이다.

이와 같이 공의에 입각하여 살아가는 인간의 도리는 곧 실천적 당위의 문제라 할 것이다. 그런데 앞서 살핀 바와 같이 인간의 도리를 다한다고 하는 것은 외적으로 주어지는 도덕규범을 단지 수행하는 것이 아니라, 그것이 인간의 본래 심정에서 우러나와 자발적으로 행하는 것이라야 한다. 공자는 진실로 사랑한다면 수고롭지 않을 수 없는 것이며, 충성 되면 가르치지 않을 수 없다고 하였다. 부모가 되어서는 자애롭고[慈], 자식이 되어서는 효도[孝]하며, 형이 되어서는 우애[友]하고, 동생이 되어서는 공경[敬]하게 되는 것이 누가 시키거나 요구하는 것이라기보다는 누구나가 그러한 경우에 당하면 그러한 마음이 생기게 됨을 실제로 경험한다. 그리하여 개인의 사욕에만 집착함은 자기 자신에게도 불리한 것이요, 공동의 승인을 얻을 수 없는 것이며, 공의의 입장에 설 때야말로 이것이 곧 인간의 본심을 다하는 것으로 누구나가 인정하게 되는 바라는 것이다.

공자는 '극기복례(克己復禮)'를 말한다. 공자에 있어서 예라 함은 인간의 당위규범을 말하며, 공자의 가르침은 거의가 인간이 마땅히 행하여야 할 도리를 말한다. 당위규범으로서의 예는 인간의 일반적 경험을 기초로 하여 성립된 것이므로 실제적인 인간생활에 있어서도 알맞으며 의리에 합당한 것이라고 할 수 있다.[167] 그런데 인간이 마땅히 행하여야 할 당위는 경험적 사실이며, 인(仁)의 작용으로서의 덕행이라고 하겠는바, 이러한 덕행이 덕행으로서 성립됨은 어떻게 가능한 것일까? 그것이 그것이게끔 될 수 있는 근거가 있지 않으면 안 되겠다고 하는 논리적 귀결에 도달한다. 즉 나의 덕행이 덕행으로서 성립할 수 있는 근거로서의 성(性)이 나에게 있음을 추단케

---

167) 『二程遺書』 권11: "禮者因人情也, 人情之所宜則義也."

168) 『栗谷全書』 「聖學輯要」 2, 論心性情: "理之散在事物, 其所當然者, 在父爲慈, 在子爲孝, 在君爲義, 在臣爲忠之類, 所謂費也, 用也. 其所以然者, 則至隱存焉, 是其體也, 理以在物而言, 道以流行而言, 其實一而已矣."

되는 것이다.[168]

과연 인간에게 선한 본성이 있다고 한다면 그것은 어떻게 그렇게 말할 수 있는가? 또, 무형상한 천리(天理)가 있다고 한다면 그것은 어떻게 알 수 있는가? 이러한 문제에 대하여 율곡은 다음과 같이 말한다. 즉 실제로 자기가 경험하는 사단(四端)이 있음을 보아서 본성의 선함을 알 수 있으며, 천명이 유행하는 곳[天命流行處]을 보아서 천리가 있음을 알 수 있다는 것이다.[169] 공자는 "사람이 도를 넓힐 수 있지, 도가 사람을 넓히는 것이 아니다."[170]라 하였다. 인간이 도를 넓히는 것이지 도가 인간을 넓히는 것이 아니라는 것이다. 그런데 인간이 어떻게 도를 넓힐 수 있는가? 인간에게는 도를 넓힐 수 있는 근거가 주어져 있어야만 가능할 것이다. 그리고 그러한 근거를 성(性)이라고 할 수 있을 것이다. 주자의 주석에 의하면 "사람의 마음에는 지각이 있고 도체(道體)는 무위(無爲)이므로, 사람이 그 도를 넓힐 수 있는 것이지 도가 그 사람을 넓힐 수 있는 것이 아니다."[171]라 한다. 인간은 실제로 행위하는 자요, 도체는 그 근거로서의 성(性)으로 파악한 바라 하겠다. 그리고 장횡거는 "마음[心]이 성(性)을 다할 수 있는 것은 사람이 도를 넓힘이요, 성이 마음을 검속하지 못함은 도가 사람을 넓히지 못함."[172]이라고 하였다.

공자는 "나의 도는 하나로써 꿰뚫었다[吾道 一以貫之]"[173]라고 하였다. 여기서 '일(一)'에 관하여는 인(仁)으로 보는 견해도 없지 않으나,[174] 그것은

---

169) 『栗谷全書』「어록」상: "或問天理無形象, 人性無形影, 如何見得. 振綱答曰. 欲見天理, 則先見天命流行處, 欲觀性善, 則先觀四端發見處. 曰命卽理也. 於命亦不可見也. 曰命者理之用也, 惟用之流行處, 可見其氣中之理也. 曰性亦如是乎. 曰情者, 性之所發也, 惟四端發見處, 知其性之本善."; 「어록」상, "或問理雖無形無爲, 而或有有形而可睹處乎. 振綱答曰, 理無氣外之理, 故因有形之物而可見其理之費處也."

170) 『논어』「衛靈公」: "人能弘道, 非道弘人."

171) 『논어』「衛靈公」: "人能弘道, 非道弘人"에 대한 주자 주: "人心有覺而道體無爲, 故人能大其道, 道不能大其人也."

172) 張載는 "心能盡性, 人能弘道也, 性不知檢其心, 非道弘人也."라 하였다.

173) 『논어』「里仁」.

공자의 중심사상이 인이라 하는 데서 그렇게 생각하기가 쉬울 것이다. 또 증자(曾子)가 공자의 일관(一貫)에 대하여 "선생님의 도는 충서일 따름이다[夫子之道 忠恕而已]."라고 함으로써, 인의 내용으로 생각할 수도 있을 것이다. 그러나 충서(忠恕)라 하더라도 인의 작용을 말하는 것이요, '일이관지(一以貫之)'가 인임은 사실이겠으나, 여기서 말하는 '일(一)'은 인의 작용면 즉 '관지(貫之)'에 대한 그 근거로서의 성(性)이라고 함이 마땅할 것이다. 이른바 '일이관지'의 '일'은 인간에게 주어진바 선천적이며 비경험적인 성(性)으로서 그것이 근거가 되어 작용이 이루어지는 것이라 하겠다.[175] 공자는 자공에게 공자 스스로 "많이 배워서 아는 것[多學而識之]."이 아니라, "나는 하나로써 꿰뚫었다[予一以貫之]."라고 말하였다. '많이 배워서 아는 것'은 바로 경험적 인식을 말하는 것이며, 그와 대조적으로 '일'은 선험적으로 인간에게 주어진 것이라고 할 수 있다.

3)

위에서 우리는 자기의 자발적인 행위이면서 누구나가 정당한 것으로 수긍하고 인정하는 보편적인 경험, 즉 예에 맞는 행위를 덕행이라고 할 때에 이것의 가능근거로서의 인간 본성이 있지 않으면 안 되겠다고 하는 결론에 도달함을 논의하였다. 그런데 이러한 성(性)은 인간의 실제적인 덕행에 대한 근거이므로, 덕행을 떠나서 별도로 생각할 수 없을 것이다. 성(性)을 인(仁)의 작용인 경험적인 덕행과 따로 떼어서 생각할 수 없기 때문에 덕행과 성은 둘이 아니라고 할 수 있다. 그러나 덕행이 바로 근거로서의 성은 아니

---

174) 戴望(淸) 『논어』주: "一者仁之謂也, 仁, 德之元, 義禮智樂, 皆從此出."

175) 주자집주: "蓋至誠無息者, 道之體也, 萬殊之所以一本也,. 萬物各得其所者, 道之用也, 一本之所以萬殊也. 以此觀之, 一以貫之之實, 可見矣."; 備旨, "蓋天下之事物, 雖有萬殊, 而其理則一. 吾惟本吾心之一理以貫通乎天下之事物, 而凡事物之萬有不濟, 自各得其理也"

며, 그와는 구별되는 것이기에 하나라고도 할 수 없다.[176] 공자가 "문을 거치지 않고 나갈 수 있는 사람이 누가 있겠는가? 그런데 어찌하여 이 도를 따르지 않는 것인가?"[177]라 함에 대하여, 명도는 "'어찌 이 도를 따르지 않는 것인가' 라 하였으니, 여기서 떠나면 도가 아니다[莫由斯道也, 可離非道也]."[178]라 하고 이천은 "도는 떠날 수 없는 것이니, 일은 반드시 그 도를 따라야 한다[道不可離也, 事必由其道]."[179]라고 풀이하였다.

그러므로 경험적 사실[경험계]을 떠나서, 객관적으로 형이상학적 실체가 독립하여 존재한다고 하는 것도 내용 없는 관념적 설정에 불과한 것이겠지만, 또한 근거로서의 성리(性理)를 망각 내지 무시하고 직접적인 현실만을 참된 것이라고 고집하는 것도 근본을 상실한 현실일변도로 편벽된 것이며, 결국 상대적인 독단과 분열과 혼란을 면하기 어려운 바라 할 것이다. 현실적으로 인간이 위대하면 위대할수록, 선하면 선할수록, 그것을 근거 지워주는 성리가 밑받침되고 있음을 인지하여야 할 것이다. 그런데 인(仁)의 본질로서의 형이상의 도(道)가 현실과 떠날 수 없다고 하여 그것이 경험 자체에 내존(內存)하는 법칙[180]이라고 할 수는 없을 것이다. 경험적인 법칙이 아니라, 경험을 경험이게끔 하는 이치로서 경험과는 엄연히 구별되는 것임에 유

---

176) 體用관계를 성리학적으로는 所當然과 所以然이라고 하는데, 소당연과 소이연은 분명히 구별되는 개념이라고 할 수 있다. 그러나 소이연으로서의 본체라 함은 형이상학적인 실체가 따로 있다는 것이 아니다. 도리의 경험적 측면인 소당연에 대한 무형무위의 근거를 말하는 것이라고 할 수 있다. "理氣是一物是二物?" 이라는 질문에 율곡은 다음과 같이 말한다. 『율곡전서』 권20, 「성학집요」 2, 457쪽: "理氣渾然無間, 元不相離, 不可指爲二物. 故程子曰, 器亦道, 道亦器. 雖不相離, 而渾然之中, 實不相雜, 不可指爲一物. 故, 朱子曰, 理自理, 氣自氣, 不相挾雜. 合二說而玩索, 則理氣之妙, 庶乎見之矣. 論其大概, 則理無形而氣有形, 故理通而氣局." ; 같은 책, 447쪽, "理氣元不相離, 豈有合哉. 只是混融無間故曰妙合亦可活看."

177) 『논어』 「雍也」: "誰能出不由戶, 何莫由斯道也."

178) 『二程外書』 권2.

179) 『伊川經說』.

의하여야 할 것이다.[181)]

또 인간이 현실적으로 경험하는 사실을 떠나서 천도를 논의할 수 없는 것이므로, 공자에 있어서의 천(天)은 극존무대한 궁극자로서 표현되지만, 그러나 모든 것이 그것으로부터 연역되어 내려오는, 객관적으로 존재하는 절대자와는 구별된다고 하겠다. 천(天)은 논증 된 것이라거나, 또는 상상적인 것이 아니다. 인간의 본성을 좇고 덕을 밝힘으로써 보이는 천이라고 할 수 있다. 그리하여 '나'의 본래적인 덕성이 천에서 온 것이라고 느끼게 되는 것이다. 인간의 덕성을 통하여 천이 인지된다고 함은, 천이 인간에 의하여 좌우된다는 것이 아니다. 천은 의연히 존엄한 것이다. 단지 인간의 실제적인 체험을 떠나서 객관적으로 천을 논의함은 무의미하다. 앞서 살핀 대로, 공자는 스스로 "아래에서 배워서 위로 도달하니, 나를 아는 이는 하늘인가보다!『下學而上達 知我者其天乎』"라고 하였거니와 공자에 있어서의 천은 이론적인 것이 아니요, 경험적으로 하학이상달(下學而上達)의 과정을 통한 것이라고 할 수 있다.

---

180) 『花潭集』, 「理氣說」: "原其所以能闔闢能動靜, 能生克者而名之曰太極. 氣外無理, 理者, 氣之宰也. 所謂宰, 非自外來而宰之, 指其氣之用事, 能不失所以然之正者而謂之宰… 又曰易者陰陽之變, 陰陽二氣也. 一陰一陽者太一也, 二故化, 一故妙, 非化之外別有所謂妙者, 二氣之所以能生生化化而不已者, 卽其太極之妙. 若外化而語妙, 非知易者也."

181) 율곡은 화담의 氣를 중심으로 한 이기설에 대하여 우계 성혼에게 준 서간에서 다음과 같이 말하였다. 『栗谷全書』 권10, 「答成浩原」: "不拘文字而多用意思, 聰明過人, 故見之不難, 厚重不足, 故得少爲足, 其於理氣不相離之妙處, 瞭然目見, 非他人讀書依樣之比, 故便爲至樂, 以爲湛一淸虛之氣, 無物不在, 自以爲得千聖不傳之妙, 而殊不知向上更有理通氣局一節."

○ "繼善成性之理, 則無物不在, 而湛一淸虛之氣, 則多有不在者也. 理無變而氣有變, 元氣生生不息, 往者過來者續,而已, 而花潭則以爲一氣長存, 往者不過, 來者不續, 此花潭所以有認氣爲理之病也."

182) 『二程外書』 권3: "極高明而道中庸, 非二事. 中庸天理也, 天理固高明, 不極高明, 不足以道中庸."

공자가 현실을 떠나서 말하지 않는다고 하여, 흔히 공자에게는 초월적인 경지 또는 종교적인 면이 없다고 하며, 인본주의요 현실주의라고 보고 마는 경우가 허다하다. 그리하여 유교는 세간적이요, 세속적이라는 것이다. 공자는 분명히 구체적 인간과 현실의 문제를 중시하였다. 그러나 그것은 한갓된 직접적 현실이 아니라 지극히 높은 도를 매개로 하여 하나로 지양된 참된 현실이다.[182] 높은 도가 문제 된다고 하여 현실을 떠나지 않으며, 현실을 말하지마는 그것은 도를 근본으로 한다.[183] 원래가 도와 현실은 떠나 있는 것이 아니기 때문이다. 인은 본디 그 작용면인 현실과 본질적인 도(道)의 지양인 것이다. 풍우란의 표현을 빈다면, '세속에 살면서도 세속을 벗어난다[卽世間而出世間].' 즉 '세속을 초월한다[超世間].' 라고 할 수 있다.[184] 이와 같은 양 측면에 있어 어느 것으로도 편중되지 않고, 원만하게 인을 이룰 수 있었음은 공자의 위대한 인격에 말미암은 것이라 할 수 있을 것이다. 그리하여 공자는 변화하는 현실에 있어서 항상 도리에 맞게끔 행위 하는 것이다. 공자의 이른바

"군자는 꼭 해야 한다거나, 절대로 하지 않는다는 것이 없이 의(義)에 따라 행할 뿐이다."[185]

"함께 배울 수는 있어도 같이 도에 나아갈 수는 없으며, 함께 도에 나아갈 수는 있어도 함께 설 수는 없으며, 함께 설 수는 있어도 함께 중용의 권능을 얻을

---

183) 『二程遺書』 권25: "至頭者, 莫如事, 至微者, 莫如理, 而事理一致, 微顯一源. 古之所謂善學者, 以其能通放, 放此而已" ; 『二程粹言』 권1, "道外無物, 物外無道, 在父子則親, 在君臣則敬, 有適有莫, 於道已有間, 又況夫毁髮而棄人倫者乎."

184) 풍우란, 『新原道』, 한국철학회 複引 3쪽.

185) 『논어』 「里仁」: "君子, 無適也, 無莫也, 義之與比."; 소주, "朱子曰, 義是吾心所處之宜者, 見事合恁地處則隨而應之, 更無所執也. 義當富貴便當富貴, 義當貧賤便當貧賤, 當生則生, 當死則死, 只看義理合如何."

수는 없다."[186]

"군자는 정도(正道)를 따르되, 구애받지 않는다."[187]

이라 함에서 '의에 따라 행한다[義之與比].' '함께 중용의 권능을 얻는다[可與權].' '정도를 따르되, 구애받지 않는다.' 등은 모두가 그 시위(時位)에 있어서 도와 현실이 일치한 진정한 현실이라고 할 수 있다. 그리하여 공자의 일상적 언동은 천도(天道)가 인사(人事)에 있어서 실현되는 것으로 볼 수 있는 것이니, 특히 『논어』 「향당(鄕黨)」편은 공자의 이러한 모습을 잘 나타내고 있다고 할 것이다.[188]

공자가 "나이 칠십이 되자 마음 가는 대로 하여도 법도에서 넘지 않았다."라 하였듯이 비록 높은 경지를 말하더라도 인간의 실제적인 행위로써 말하고 있다.[189] 이것은 그대로 천도 실현의 삶이라 할 수 있다.

천도가 인간을 떠나서 따로 있는 것이 아니요, 그러므로 천도의 실현을 위하여 인간의 노력을 다하고자 한다. 그러나 인간의 힘을 다한다 하여 단순한 인본주의가 아닌 것이며, 천은 의연히 존엄하게 받들어진다.

---

186) 『논어』 「子罕」: "可與共學, 未可與適道, 可與適道, 未可與立, 可與立, 未可與權." 주자집주, "立者篤志固執而不變也, 所以稱物而知輕重者也. 可與權, 謂能權輕重使合義也. 權是時中, 不中則無以爲權矣."

187) 『논어』 「衛靈公」: "君子, 貞而不諒" 에 대한 소주, "龜山楊氏曰, 惟貞固可以不諒, 所謂貞者惟義所在也."; "厚齊馮氏曰, 歷膏變而不失其正者貞也."

188) 『二程粹言』 「天地」: "程子曰, 孔子之道, 着見於行, 如鄕黨之所載者, 自誠而明也. 由鄕黨之所載而學之以於孔子者, 自明而誠也, 及其至焉一也."; 『논어』 「述而」, "子溫而厲威而不猛, 恭而安." 이라 함에 있어서도, 예컨대 恭而安의 '恭' 은 인간적인 노력이라고 한다면 '安' 은 자연적인 것이라고 할 수 있다. 그러나 恭而安은 별개의 일이 아니라 동일한 행위이자 사실이다.

189) 『논어』 「爲政」 주자집주: "隨其心之所欲而自不過方法度, 安而行之, 不免而中也."; 소주, "朱子曰, 聖人表裏精粗無不昭徹, 其體雖是人, 其實, 只是一團天理, 所謂從心所慾不踰矩, 左來右去, 盡是天理, 如何不快生."

5. 仁의 주체적 파악으로서의 자기실현

1)

이제까지의 논의에서 필자는 공자의 인이란 인간의 현실에서 실천적 당위와 그 본질로서의 형이상학적인 원리가 문제 되며, 양자는 분명히 구별되는 것이지만, 불리(不離)의 관계에 있어서 파악되는 것임을 고찰하였다. 그런데 이와 같은 논의는 인의 내용을 이론적으로 고찰한 것이요, 과연 인이 '나 자신' 과의 직접적인 관련에 있어서 문제 된 것은 아니다.

아무리 위대한 진리가 객관적으로 존재한다 하더라도 그것이 나와의 직접적인 관련이 없는 것이라면 무슨 의미가 있겠는가? 나 자신을 떠나서는 진리가 문제 될 수 없는 것이 아니겠는가? 하루하루를 안이한 생활 속에서 살아가는 내가 아니요 또 여유를 가지고 관상(觀想)할 수 있는 나가 아니라, 현실에 있어서 전혀 새로운 국면을 당하여 스스로가 문제를 결단하고 해결하여야 할 때 이것은 누가 대신할 수 없으며, 바로 나 자신의 독자적인 일이라 할 것이다. 그리하여 문제를 해결할 방도를 구하여 안타까이 고민하여 마지않는 것이라 하겠다. 그리하여 공자는 "어떻게 하면 좋을까, 어떻게 하면 좋을까 고민하지 않는 사람에게는 나도 어떻게 할 수가 없구나!"[190]라고 하였다. 증자는 말하기를 "새가 장차 죽으려 할 때에는 그 소리가 슬프고, 사람이 죽음에 이르러서는 그 말이 선(善)하다"[191]고 하였다. 나의 모든 일상적 생활의 차원을 차단하는 죽음 앞에서 사람은 자기 자신의 근본으로 돌아가 엄숙해지지 않을 수 없으며, 과연 자기의 진면목이 무엇인가를 의문치 않을 수 없는 것이다. 그러므로 일반적인 인간이 문제가 아니라, 구체적인

190) 『논어』 「衛靈公」: "不曰, 如之何如之何者, 吾末如之何也已矣."

191) 『논어』 「泰伯」: "曾子有疾, 孟敬子問之. 曾子, 言曰, 鳥之將死, 其鳴也哀, 人之將死 其言也善."

'나 자신' 이 문제라고 할 수 있다.

퇴계는 그의 「서명고증강의(西銘考證講義)」에서 다음과 같이 말하였다. 즉, 장횡거의 「서명(西銘)」에 나오는 여(予)자와 9개의 오(吾)자는 사람마다 자기를 일컫는 말을 빌려 쓴 것이다. 그러나 이 글을 읽는 사람은 이 10개의 글자가 서명 작자인 횡거의 자아라거나 다른 어떤 사람의 자아를 말하는 것이라고 알아서는 안 되며, 마땅히 자기의 일로 자임하여야 한다고 하였다. 그러므로 자기 자신에 있어서 절실하게 느껴지지 않고서는 아무리 위대한 진리를 말한다 하더라도 무의미하다고 보는 것이니, 반드시 자기를 근본으로 하고 주재로 삼아야 한다고 하였다.[192]

그러므로 제사에 있어서도 공자는 의식(儀式)의 수행이나 귀신의 존재 여부를 말하기보다는, 나 스스로가 어떠한 태도로 제사에 임하여야 할 것인가를 문제로 하였다. 그리하여

> "제사를 지낼 때는 조상이 곁에 계신 듯하셨고, 신에게 제사지낼 때는 신이 곁에 계신 듯하셨다."[193]

라 한 것이니, 스스로 사모하는 정이 간절하여 마치 옆에 와서 계시는 것 같이 느껴지는 것이며, 그러므로 내가 제사에 참례하지 않으면 제사를 지내지 않음과 같다고 한다.[194] 또한 체(禘)제사에 있어서도 공자는 강신(降神)의

---

192) 『退溪全書』 권7, 「西銘考證講義」: "予字及銘中九吾字, 固擬人. 人稱自己之辭. 然凡讀是書者, 於此十字, 勿徒認作橫渠之自我, 亦勿讓與別人之謂我, 皆當自任以爲己事者看方得. 夫西銘本以狀仁之體, 而必主自己爲言者何也. 昔夫子答子貢博施濟衆之問, 而曰仁者, 己欲立而立人, 己欲達而達人, 意與此同. 蓋子貢不知就吾身親切處求仁, 而求之太闊遠無關涉, 故夫子言此, 使其反之於身, 而認得仁體最切實處. 今橫渠亦以爲仁者, 雖與天地萬物爲一體, 然必先要從自己爲原本爲主宰, 仍須見得物我一理相關親切意味, 與夫滿腔子惻隱之心, 貫徹流行, 無有壅閼, 無不周?遍, 方是仁之實體. 若不知此理, 而泛以天地萬物一體爲仁, 則所謂仁體者, 莽莽蕩蕩, 與吾身心, 有何干預哉."

193) 『논어』 「八佾」: "祭如在, 祭神如神在."

상징인 관(灌)이 지난 다음에 성의없이 형식적으로 진행하는 것을 보고 싶지 않다고 하였다.[195] 내 속의 근원으로부터 우러나오는 절실한 느낌이 내 몸 전체에 사무치지 않고서는 진리를 별도로 말할 수 없다고 보는 것이다. 그리하여 순간순간 나 자신을 깊이 성찰하며,[196] 나에게 맡겨진 책임을 걸머지고 죽음이 이를 때까지 힘을 다하지 않을 수 없다고 한다.[197]

이와 같은 것은 자기 자신이 근원적으로 절실하게 요구하는 것이며, 누구를 위한다고 하는 여유를 가지고 하는 말은 아니니, 자기 스스로 자신의 본연의 길을 가고자 하는 결의에 차 있기에 부귀, 빈천, 위무(威武) 등도 자기를 좌우할 수 없다.[198]

그러므로 공자의 학(學)은 이른바 위인지학(爲人之學)이 아니요 위기지학(爲己之學)이라고 할 수 있는 것이니, 남에게 알려지기를 바라는 것이 아니라 나 스스로가 어떻게 참되게 살 것인가가 문제이다.[199] 공자는 스스로 배워서 늘 모자라는 듯이 하며 오히려 잃어버림이 있을까를 두려워한다고 하였다.[200] 공자는 남이 알아주지 않아도 유감스럽게 여기지 않는다면 또한 군자가 아니겠는가 하고 말하였다.[201] 그리하여 스스로 분발하여 구도정신

194) 『논어』「八佾」: "吾不與祭如不祭."

195) 『논어』「八佾」: "禘自旣灌而往者, 吾不欲觀之矣." 이와 같은 것으로 중용에서는 "使天下之人, 齊明盛服, 以承祭祀, 洋洋乎如在其上, 如在其左右" (제16장) 이라고 표현되고 있다.

196) 『논어』「泰伯」: "曾子有疾, 召門弟子曰, 啓予足, 啓予手. 詩云戰戰兢兢,, 如臨深淵, 如履薄氷, 而今而後, 吾知免夫, 小子."

197) 『논어』「泰伯」: "曾子曰, 士不可以不弘毅, 任重而道遠, 仁以爲己任, 不亦重乎. 死而後已, 不亦遠乎."

198) 『논어』「子罕」: "三軍可奪帥也, 匹夫不可奪志也." ; 『孟子』「滕文公」上, "居天下之廣居, 立天下之正位, 行天下之大道, 得志與民由之, 不得志, 獨行其道, 富貴不能淫, 貧賤不能移, 威武不能屈, 此之謂大丈夫."

199) 『논어』「憲問」: "子曰古之學者爲己, 今之學者爲人." ; "程子曰, 爲己, 欲得之於己也. 爲人, 欲見知於人也."

200) 『논어』「泰伯」: "子曰, 學如不及, 猶恐失之."

을 가지고 노력하는 것이니 공자가 안연의 호학(好學)을 그렇게도 칭찬한 까닭이 여기에 있다고 하겠다.[202)]

공자는 "군자는 자신에게서 구하며, 소인은 남에게서 구한다[君子求諸己, 小人求諸人]."라고 하였다. 인(仁)은 외부에서 구하는 것이 아니라,[203)] 나 자신의 내적 성찰에 의하여 얻어지는 것이다. 공자의 호학정신을 바로 여기에서 볼 수 있다.

2)

공자는 말하기를 "문왕과 무왕의 정치가 방책(方策: 나무판과 대쪽으로 만든 책)에 실려 있으니 그 사람이 있으면 그 정사가 일어나고 그 사람이 없으면 그 정사가 종식되는 것이다."[204)]고 하였다. 진리가 객관적으로 존재한다 하더라도 참사람이 없으면 아무런 소용이 없는 것이라고 할 수 있다. 또 공자는 "사람이 도를 넓히는 것이요 도가 사람을 넓히는 것이 아니다[人能弘道, 非道弘人]."라고 하였다. 이것을 "사람의 마음에는 지각능력이 있고 도체는 무위하다[人心有覺而道體無爲]."라고 하여 체용관계로 보았지만, 실제로 "사람이 도를 넓힌다."라 함에서 인간은 도를 넓힐 수 있는 능력을 갖추고 있다는 의미를 취할 수 있다. 즉 '나'는 진리를 드러낼 수 있는 존재이다. 또 공자가 "인은 멀리 있는 것이 아니라, 내가 인을 하고자 한다면 이에 인이 이르는 것이다."[205)]라 하였듯이, 인은 자기 자신의 일이요, 외부에서 도입되는 것이 아니라고 할 수 있다. 이와 같이 인은 자기 속에 있는 힘

---

201) 『논어』「學而」: "人不知而不慍, 不亦君子乎."

202) 『논어』「子罕」: "子曰, 語之而不惰者, 其回也與." ; 『논어』「子罕」, "子謂顔淵曰, 惜乎. 吾見其進也, 未見其止也."; 『논어』「子罕」: "子曰, 譬如爲山, 未成一 蕢止, 吾止也, 譬如平地, 雖覆一蕢進, 吾往也."

203) 『논어』「陽貨」: "道聽而塗說, 德之棄也."

204) 『中庸』 제20장: "子曰, 文武之政, 布在方策, 其人存則其政擧, 其人亡則其政息."

205) 『논어』「述而」: "子曰, 仁遠乎哉? 我欲仁, 斯仁至矣."

을 발견하고 이루는 것이다. 안연이 인에 대하여 묻자, 공자는

"자신을 이겨 예를 회복하면 인이 되는 것이니, 하루를 극기(克己)하여 예를 회복하면 천하가 인으로 돌아올 것이다. 인을 행하는 것이 나로부터 말미암는 것이니, 다른 사람으로부터 말미암는 것이겠는가?"[206]

라 하였다. 극기의 '기(己)'를 주자는 '몸의 사욕[身之私欲]'이라고 하여 이것을 극복하여야 한다고 하였다.[207] 그런데 이와 같이 말함에 있어서도 자기 자신에게 극기할 수 있는 힘이 전제되어야 한다.[208] 진리는 '나'의 밖에 있는 것이 아니라 '나'의 속에 있는 덕[天生德於予]을 밝힘이라고 할 수 있다. '인을 구하여 인을 얻음[求仁而得仁]'[209]은 바로 자신의 일이다. 인의 근거는 나의 속에 있는 것이니 맹자는 이를 두고 "만물이 다 내게 갖추어있으니, 제 몸에 돌이켜서 참되면 참으로 즐거움이 이보다 클 수 없을 것이다."[210]라고 하였다. 이와 같이 '인을 구하여 인을 얻음'은 외적인 대상의 인식도 아니려니와, 단순히 학적 체계를 논리적으로 전개한다든가, 그 구조를 해석함에 있는 것이 아니라 내적 성찰에 의한 나 자신의 자기성장을 의미하는 것이라고 할 수 있다. 공자에서 '인을 구함[求仁]', '인을 행함[爲仁]', '인에 뜻을 둠[志於仁]', '인에 힘씀[用力於仁]'이라 함은 자기 자신이 실제적으로, 그리고 동적으로 인을 이루는 행위를 말하는 바라 하겠다.

그러므로 공자는 "나는 태어나면서부터 아는 사람이 아니라, 옛것을 좋

---

206) 『논어』「顏淵」: "克己復禮爲仁, 一日克己復禮, 天下歸仁焉. 爲仁由己而由人乎哉."

207) 『논어』주자집주: "仁者, 本心之全德, 克勝也, 己謂身之私欲."

208) 劉寶楠, 『論語正義』: "一日克己復禮天下歸仁者, 言己誠爲仁, 人必知之, 故能歸仁也 … 吾將有所視聽言動而先反乎禮, 謂之復禮, 非謂己先有私己, 先無禮至此乃復也."

209) 『논어』「述而」: "求仁而得仁, 又何怨." ; 『논어』「堯曰」, "欲仁而得仁, 又焉貪."

210) 『孟子』「盡心上」: "萬物, 皆備於我, 反身而誠樂莫大焉."; 明道에 의하면 "學者不必遠求近取諸身, 只明人理敬而已矣. 便是約處"라 한다 (『二程遺書』 권2上「二先生語」)

아하여 부지런하게 공부하는 사람이다."[211]라하고 또 '옛것을 전하되 창작하지 않으며, 옛것을 믿고 좋아함'[212]을 말하기도 하였다. 자기의 의지와 노력과 신심을 다하는 것이니, '극기'라 함은 외적 대상 일부를 부정함이 아니라 나 자신을 극복함이며 이것은 무엇보다도 어려운 일이라 할 것이다.

공자는 이러한 자기 충실의 모습을 "충과 신을 주로 한다[主忠信]."[213]라고 표현하였다. 정자(程子)는 '충신'을 풀이하여

"사람의 도는 오직 충과 신에 있으니, 참되지 않으면 사물이 없다. 또한, 나가고 들어감이 정해진 때가 없어서 어디로 향하는지 알 수 없는 것이 사람의 마음이니, 만약 충·신이 없다면 다시 어떤 것이 있겠는가?"[214]

라고 하고, 주자는 집주(集註)에서 "사람에게 충(忠)과 신(信)이 없다면 일마다 실다움이 없을 것이다[人無忠信則事皆無實]."[215]라고 하였다. 충신(忠信)을 성(誠)으로 파악하여 『중용』에 이른바 "참되지 않으면 사물이 없다[不誠無物]."라 함을 볼 수 있듯이, 자기가 충신을 주(主)하지 않고서는 온갖 것이 무의미하다고 하겠다. 여기에서 '주(主)'자는 '정일집중(精一執中)'이라든가 '주일무적(主一無適)'의 경우와도 통한다고 할 수 있을 것이다.

공자는 "사람은 곧게 태어난다[人之生也直]."라고 하거니와 정자는 이것을 "태어남의 이치가 본래 곧다[生理本直]."라고 하여 선천적으로 주어진 본

---

211) 『논어』「述而」: "我非生而知之者, 好古敏以求之者."

212) 『논어』「述而」: "述而不作信而好古."

213) 『논어』「學而」: "子曰, 君子不重, 則不威, 學則不固. 主忠信, 無友不如己者, 過,則勿憚改.", ; 「子罕」, "子曰, 主忠信, 毋友不如己者, 過則勿憚改." ; 「顔淵」, "子張問崇德辨惑. 子曰, 主忠信, 徙義, 崇德也.…"

214) 『二程遺書』 권20: "人道惟在忠信, 不誠則無物, 且出入無時, 莫知其鄕者, 人心也. 若無忠信, 豈復有物乎."

215) 주자는 또 忠信則本立이라고 하였다. 주자 주에 의하면 "主忠信, 是誠實無爲朴實頭, 主字最注重, 凡事告他做主"라 한다.

성이 '곧은[直]' 것으로 보거니와 유보남(劉寶楠)은 '직(直)'을 주해하여 '부자의 성선(性善)'이라고 하였고, 또 "성(誠)"이나 "충신(忠信)"과 통하는 것으로 풀이하였다.[216] 이와 같이 자기 자신의 속에 있는 내직(內直)한 본성을 관철함이 긴요한 일이라 하겠다.

이와 같이 인은 나의 외부로부터 구하는 것이 아니라, 충신(忠信)·직(直)·경(敬)·수기이경(修己以敎)·사무사(思無邪)·내성불구(內省不疚)와 같은 내성적인 방법에 의하여 자기 자신에게 얻어지는 것이며, 이것이 후래의 성경(誠敬) 사상으로 발전하는 것이라 할 것이다.[217] 그리하여 이미 살핀 대로 공자는 "잡으면 보존되고 놓으면 없어져서, 들고 나는 것이 일정한 때가 없어 그 고향을 알지 못한다는 것은, 바로 마음을 말하는 것이다."[218]라 하여, 항시 자기의 본심을 잃어버리지 말아야 할 것을 말하였다.

이처럼 나 자신이 충직(忠直)하게 됨으로써 득인(得仁)에 이름은 나의 본생명(本生命)을 다하는 것이라 할 수 있는 만큼, 그 정도가 깊어짐에 따라 나에게 힘과 즐거움이 커지는 것이라 하겠거니와, 공자는 학문이 깊어져서 스스로 즐거움에까지 이르러야 할 것이라고 말한다.[219] 그러므로 공자 자신의 말대로 "그 사람됨이 발분하여 먹는 것도 잊으며, 즐거움으로 근심을 잊

---

216) 주자 집주, "程子曰生理本直"; 유보남은 '直'을 주해하여 부자의 性善이라고 하였거니와, 또 다음과 같이 말한다. "蓋直者, 誠也. 誠者, 內不自以欺, 外不以欺人, 中庸云天地之道, 可一言而盡也. 其爲物不貳則其生物不測, 不貳者, 誠也卽直也 … 人能存誠, 則行乎忠信而天且助順, 人且助信故能生也." (유보남, 『논어정의』)

217) 명도는 그의 「識仁篇」에서 다음과 같이 기술하였다. "學者須先識仁, 仁者渾然與物同體, 義禮智信, 皆仁也. 識得此理, 以誠敬存之而已, 不須窮索, 存久自明, 安待窮索, 此道與物無對, 大不足以名之. 天地之用皆我之用, 孟子言萬物皆備於我, 須反身而誠, 乃爲大樂. 若反身而不誠, 則莫是二物有對, 以己合彼, 終來有之, 又安得忠樂. 訂頑意思, 乃備言此體, 以此存之, 更有何事. 必有事焉而物正, 心勿忘, 勿助長, 未嘗致纖毫之功, 此存之之道. 若存得, 蓋良知良能元不喪失. 以昔日習心未除却, 須存此心, 久則可奪舊習. 此理至約, 惟患不能守. 旣能體之而樂, 亦不患不能守也."

218) 『孟子』「告子」上: "操則存, 舍則亡, 出入無時, 莫如其鄕, 惟其心之謂與."; 맹자는 사람마다 仁義之心 즉 良心이 있음을 말하면서 이와 같은 공자의 말을 인용하였다. 정자는 이것을 주하여 "操之之道, 敬以直內而已" (주자 집주)라고 하였다.

어 늙음이 다가오는 것조차 모른다"[220]라고 할 수 있으며, 또 안연에 대하여도, "어질구나, 회는![221] 한 그릇 밥과 한 바가지 물로 누추한 거처에서 지내니, 남들은 그 근심을 감당하지 못할 것인데, 회는 그 즐거움을 바꾸지 않으니, 어질구나 회는!'이라 하여 그 즐기는 바를 높이 칭찬하였다. 이런 표현은 그것이 단순히 윤리적 의미만을 지니는 것이 아니라, '먹는 것을 잊고[忘食]' '근심을 잊는[忘憂]' 경지에서와 내적으로 체험되는 세계가 있음을 의미한다고 하겠다. 여기에서 '나'는 단순한 '나'가 아니요, 자기의 본연의 생명을 다함과 동시에 물아(物我)의 경계를 초월하여 이른바 천지 만물과 일체가 됨을 뜻한다고 할 수 있을 것이다.[222]

3)

위에서 인을 구하는 방법은 '자기에서 말미암음[由]'·'자기를 위함[爲己]'·'자기를 닦음[修己]·'자기를 이김[克己]'·'자기에게서 구함[求諸己]'이라고 함과 같이 나의 밖에 있는 것이 아니요, '나' 자신의 주체적이고 내성적인 방법에 의하는 것임을 보아왔다. 그런데 이것이 자기 자신에 있어서 내성적 방법이라고 하는 만큼, 결국 자기 침잠에 빠져버리고 구체적인 현실생활과는 유리되는 것이 아닌가 하는 의문을 가질 수 있다. 그러나 인의 구체적 파악이란' 나의 신체를 유리(遊離)하여 별도의 세계를 상정하고 그것으로의 피안적 복귀를 의미하는 것이 아니다. 또 단순히 사고 과정을

219) 『논어』「雍也」: "子曰, 知之者, 不如好之者, 好之者, 不如樂之者."; "尹氏曰, 知之者, 知有此道也, 好之者 好而未得也. 樂之者, 有所得而樂之也."

220) 『논어』「述而」: "其爲人也, 發憤忘食, 樂以忘憂, 不知老之將至云爾."

221) 『논어』「雍也」: "賢哉回也, 一簞食, 一瓢飮, 在陋巷, 人不堪其憂, 回也, 不改其樂, 賢哉回也."

222) 『性理大全』 권35: 性理7, "程子曰, 天地之大德曰生. 天地絪緼, 萬物化醇, 此元者, 善之長也, 斯所謂仁也, 非仁則無以見無以見天地."; 『二程粹言』 권1, "仁者, 以天地萬物爲一體, 莫非我也. 知其皆我, 何所不盡, 不能有諸己, 則其與天地萬物, 豈特相去千萬而已哉."

통한 자기 초월이라고도 할 수 없다. 신체를 가지고 있는 자기 자신이 그 원인을 자기의 내부에 두고, 지혜와 정열과 의지 등 전인적 노력을 경주하여 충(忠)하고 직(直)한 상태에 도달할 때에 이룩되는 것이니만큼 나 자신의 본질에 투철함이지, 나 이상으로 비약하거나 초월하는 것도 아니다. 그러므로 인을 파악하는 과정이 이미 구체적인 자기 자신의 전인적 노력에 의한 것이며, 그리하여 도달된 자기의 내면적 세계 또한 현실과 무관한 것이 아니고, 오히려 자기로 하여금 현명과 능력을 가지고 행위 할 수 있는 근본이 되는 것이라고 할 수 있다. 공자는 "덕은 외롭지 않으니 반드시 이웃이 있다."[223]라 하였다. 덕을 밝혀가는 것, 그것은 나 자신의 일이다. 그러나 그 결과는 자기 침잠에 그치는 것이 아니라 오히려 자기의 구체적 현실에 대하여 작용할 수 있는 보편적인 원리가 되는 바라 할 것이다. 이러한 의미에서 '나'의 주체는 단순히 상대적인 주관이 아니며, 단독적인 '나' 자신에 깊어지면 깊어질수록, '나'의 주체 속에 남과 상통할 수 있는 보편자에 부딪게 되는 것이라 할 것인바, 이것을 주렴계의 표현을 빈다면, '인극(人極)'[224]이라 할 것이다. 공자에게 있어서 '위기(爲己)'라 함은, 진정한 자기를 위함이라고 할 수 있는데, 그 근본의가 오해되는 수가 있을 것이다. 일반으로 구도자는 자기를 위할 것이 아니라, 오히려 자기를 버리고 무아적 경지에서 남을 위하여 봉사한다는 것이며, 자기를 위한다고 함은 생리적, 심리적 영역은 될 수 있으나, 진정한 의미에 있어서 자기희생의 경지에는 이르지 못하는 것이라고 말한다. 그러나 공자에 있어서 '위기'라 함은 마땅히 버려야 할 자기를 위하는 것이 아니고, 또 단순히 자기로부터 말미암아야 한다고 말하는 것이 아니라, 극기 된 상태에 있어서의 보편적인 자기의 명덕(明德)을 밝히는 것을 의미한다. 이렇듯 '본연의 나'를 위함은 곧 남을 위하는 것과 같은 뜻이 된다. 이는 자기의 근원에 있어서 반성 되는 것이며, 그것을 말

223) 『논어』「里仁」: "德不孤 必有隣"

224) 주렴계의 「태극도설」에 "…聖人, 定之以中正仁義, 而主靜, 立人極焉"이라 하였다.

미암지 않은 것은 예(禮)도 아니요 의(義)도 아니라고 할 수 있다.[225] 이와 같이 '위기'는 곧 '자신의 밝은 덕을 밝힘[明明德]'을 의미한다고 할 수 있다. 주자는 명덕을 풀이하여 "명덕이란 사람이 하늘에서 얻은 바로서 허령하고 어둡지 않아서, 뭇 이치를 갖추고 있어 만사에 응하는 것이다."[226]라하고 정자는 "덕이 있는 사람은 반드시 할 말이 있다[有德者 必有言]."라 함에 대하여, "공자가 '덕이 있는 사람은 반드시 할 말이 있다'라 하신 것은 무슨 말인가? 화순함이 내면에 쌓이면 밖으로 꽃피게 된다. 그러므로 말을 하면 문(文)을 이루고, 행동하면 모범[章]을 이루게 된다."[227]라고 기술하였다.

이와 같이 자기의 속에 있는 덕은 보편적인 원리를 구유하여 자기가 그것을 밝힘에 따라 밖으로 드러나는 것이라고 할 수 있다. 덕을 체득한 '나'는 '나'의 언행을 아름답게 나타내게 되는 바라 할 수 있다.[228] 그러므로 자기 내적으로 심화하는 면이 있더라도 그것이 다시 현실에 있어서 구체화할 수 있는 원리 면에 박약한 것이라면, 일단 외적 대상으로의 자기 소외를 수렴하고 반성하는 점에서 의의 있는 일이라 하겠으나, 역시 그것은 현실에 대한 적극성을 상실할 우려가 있을 뿐 아니라, 자기에게 당면한 구체적 문제의 해결에 무력하기 쉬운 것이라 할 수 있다.[229]

그러므로 인을 체득하는 것은 '나' 자신의 일이요, '나'는 '나'의 힘을 다하여 '나' 자신에 깊어지는 것이지마는, 그리하여 도달된 '나'는 다시 보편

225) 정자의 해석대로 "古之學者爲己, 其終至於成物, 今之學者爲人, 其終至於喪己." (주자집주)"라고 할 수 있다.

226) "明德者, 人之所得乎天而虛靈不昧, 以具衆理而應萬事者也." ; 소주에 의하면 주자는 명덕에 대하여 "明德未嘗息, 時時發見於日用之間, 如見孺子入井而怵惕, 見非義而羞惡, 見賢人而恭敬, 見善事而歎慕, 皆明德之發見也."라 하였다.

227) 『二程遺書』 권25: "孔子曰, 有德者, 必有言何也. 和順積於中, 英華發外, 故言則成文, 動則成章."

228) 『大學』에는 "誠於中, 形於外, 故君子, 必愼其意" (『대학』 제6장)이라고 하여, 자기의 내면적인 사실이 心內之事로 그치는 것이 아니라, 그대로 구체적인 일로 드러나는 것임을 말하고 있다.

적인 원리로 현실에 임함으로써 인을 온전히 이루게 되는 것이라 하겠다.

이상에서 논의한 바와 같이 '나' 자신이 내적으로 깊어진다고 하는 것은 그것이 마음속의 일에 그치는 것이 아니라, 실제적인 '나'의 행위와 외부적 현실이 직접적인 연관을 갖는 것을 말하는 것이다. 즉 도달된 자기원리는 객관적 사실에 대하여 질서를 부여할 수 있어야 한다. 만약에 그것이 나의 구체적인 생활에 살아나는 것이 아니라면, 결국 그것은 공허한 것이라고 하지 않을 수 없을 것이다.

우리의 사회적 현실은 내 생활의 터전이 되는 것이며, 또한 내가 여기서 이탈할 도리도 없는 것이다. 당초부터 경험적 현실에서 생활하고 있지 않은 다른 어떤 자아라면 문제가 될 것도 없었을 것이다. 이와 같이 자기가 구체적으로 행동하고 경험하는 객관적 현실을 결코 무시할 수 없을 것이다. 그러나 자기 내면성을 매개함이 없이 경험적 사실만을 기초로 하여 그것으로부터 진리의 개념을 도출하며, 그것 이외에는 무의미한 것이라고 한다면, 아무리 그것이 과학적인 엄밀성을 가진 것이라 하더라도, 인간 주체의 심중성과 능동성을 몰각(沒却)한 것인 이상 역시 편면적(偏面的) 성격을 면하기 어려울 것이다. 그러므로 지나친 경험주의, 행동주의에 대하여는 그 비인격성을 지적하지 않을 수 없다.

인간의 객관적인 제반 활동이 적극적으로 긍정되어야 하지만, 그러나 그것이 인간 주체와 유리된 것이라면 한갓 작위나 사실에 불과하며 오히려 무의미하고 맹목적인 것이라고 할 수 있다. 그러므로 우리의 현실은 반드시

229) 『논어』「憲問」: "原壤夷俟, 子曰, 幼而不孫弟, 長而無述焉, 老而不死, 是爲賊. 以杖叩其脛." '敬以直內'에만 힘쓰고 '義以方外'에는 힘쓰지 않는 것이 어떠한가 하는 문제에 대하여, 정자는 "有諸中者, 必形於外, 惟不直內, 內直則外必方." (『二程遺書』 권18)라 하여 內直과 方外가 연관적임을 말하고, 또 "釋氏之學, 於敬以直內則有之矣. 義以方外則未之有也, 故滯固者, 入於枯槁, 疏通者, 歸於恣肆." (『이정전서』 권4)라 하였다.

주체적인 의미를 가지는 것, 말하자면 주체적 현실이어야 할 것이다.

공자가 '극기복례' 라 하였듯, 예란 참다운 의미의 현실을 의미한다고 하겠다. 물론 예라고 하면, 여러 가지로 해석될 수 있을 것이다. 일반으로 상고시대에 있어서는 종교의식을 의미한다거나, 사회적인 전통과 습관이 규범화 내지 의식화되었던 것이라고도 할 수 있고, 또는 일반적인 문화와 제도를 말한다고도 할 수 있다.[230] 그런데 공자에 있어서 예란 단순히 사회적인 의식이나 제도를 말하는 데 그치는 것이 아니다. 공자는 박학하여 당시뿐만 아니라 역대의 예악 문물에 정통하였다. 그러나 형식으로서의 예악(禮樂)을 말하기 이전에 그 사람의 진실성을 문제 삼는다. 그러므로 공자는 "사람이 인하지 못하면 예가 무슨 소용이 있으며, 사람이 인하지 못하면 악(樂)이 무슨 소용이 있겠느냐?"[231]라 하고, 또 "예라는 것이 옥이나 비단을 말하겠는가. 악(樂)이라는 것이 종이나 북을 말하는 것이겠는가."[232]라고 하여 예의 정신을 강조하였다. 사람의 인이 문제인 것이다. 이와 같이 인은 예의 근본이 되는 것이다. 공자는 임방(林放)이 예의 근본[禮之本]을 물었을 때에 "훌륭한 질문이구나![大哉, 問]"라 하여 그 물음이 중대한 것임을 말하고, 당시 예의 근본을 잃어버리고 형식에만 치우친 풍조에 대해 개탄하였다.[233] 예의 근본인 인이 결여된다면 예란 한갓 형식에 불과하게 된다.

그러나 예의 근거가 인간 자신에 있다고 하여 객관적인 예법을 무시하거나 개인의 의사로 어길 수는 없다. 예는 인간이 이행하여야 할 당위규범이라고도 할 수 있겠는데, 이것은 단순히 일개인에 의하여 제작된 것이 아니

---

230) 賀藤常賢, 『礼の起源と其發達』 第二章 「礼の原始的意味」, 中文館書店, 참조.

231) 『논어』 「八佾」: "子曰人而不仁, 如禮何, 人而不仁, 如樂何."

232) 『논어』 「陽貨」: "子曰, 禮云禮云, 玉帛云乎哉. 樂云樂云, 鍾鼓云乎哉."

233) 『논어』 「八佾」: "林放問禮之本. 子曰, 大哉問. 禮與其奢也寧儉, 喪與其易也寧戚."; 『논어』 「八佾」: "子夏問曰, 巧笑倩兮, 美目盼兮, 素以爲絢兮, 何謂也. 子曰, 繪事後素. 曰, 禮後乎. 子曰起予者商也, 始可與言詩已矣." 이라 함에서도, '素以爲絢兮' '繪事後素' '禮後乎' 라 함은 모두 예의 근본을 강조하여 말하는 것이라고 할 수 있다.

라, 이른바 선왕(先王)이 제정한 것이다.[234] 그러므로 이것을 알아서 행함이 소중하며, 제 맘대로 전용(專用)할 수 있는 것이 아니다.[235] 그리하여 공자는 "예를 배우지 않으면 설 수가 없다."[236]고 하고 또는 "예를 모르고서는 설 수가 없다."[237]고 하였다.

이와 같이 예는 개인이 함부로 어길 수 없는 것이지만, 그것이 제도인 한에 있어서는 시대적 제약을 벗어날 수 없는 것이며, 수시로 변할 수 있는 것이다. 다만, 만든 이의 입장과 덕이 문제라고 할 것이다.[238] 시간과 장소에 따라서 예의 내용과 형태는 바뀔 수 있다. 그리고 마땅히 바뀌어야 할 것이다. 그러나 예를 떠날 수는 없는 것이다. 예는 인의 실현이기 때문이다.[239] 인은 인간에게 영원히 변치 않으면서 인간의 행위를 통하여 드러나는 것이라 하겠다. 여기서 공자의 시중(時中)이 문제되는 것이다. 그러므로 인자(仁者)의 행위와 언어[行止語默]가 예 아님이 없으며, 개인적으로나 사회적으로나 그의 활동은 역사성을 지니지 않음이 없다고 하겠다. '극기복례' 란 공자의 이러한 정신을 단적으로 표시하는 말이라 할 것이다.

---

234) 유보남은 그의 『論語正義』에서 "儒行云, 禮節者, 仁之貌也, 歌樂者, 仁之和也. 禮樂所以飾仁, 故惟仁者能行禮樂. 仲尼燕居云, 子曰制度在禮, 文爲在禮, 行之其人乎."라고 하여 예절과 가악 그리고 제도 등이 모두 仁의 표현인바, 오직 仁者라야 예악을 행할 수 있다고 한 점에 주의하고 있다.

235) 유보남, 『論語正義』: "子曰, 愚而好自用, 賤而好自專, 生今之世, 反古之道, 如此者, 災及其身者也. 非天子, 不議禮, 不制度, 不考文, … 雖有其位, 苟無其德, 不敢作禮樂焉. 雖有其德, 苟無其位, 亦不敢作禮樂焉."

236) 『논어』 「季氏」: "鯉趨而過庭, 曰學禮乎. 對曰, 未也. 不學禮無以立, 鯉退而學禮."

237) 『논어』 「堯曰」: "不知禮, 無以立."; 정자에 의하면, "禮者, 人之規範, 守禮, 所以立身也," (『二程粹言』 1)

238) 『二程遺書』 권25: "必井田, 必封建, 必肉刑, 非聖人之道也. 善治者, 於井田而行之而民不病, 於封建而使之, 民不勞, 於肉刑而用之, 民不怨, 故善學者得聖人之意而不敢其迹也. 迹也者, 聖人, 因其一時之利, 而制之也." : 『二程粹言』 「論學」, "學禮義, 考制度, 必求聖人之意, 得其意, 則可以公革矣."

239) 『二程遺書』 권17: "顔淵問仁, 而孔子告之以禮, 仁與禮, 果異乎哉."

II. 소크라테스의 소피아[知]

1. 소크라테스와 그 시대[240]

1)

발칸 반도의 남반부에 위치하고 있는 희랍은 국토 대부분이 산악이고 평야는 5분의 1에 불과하였으며, 하천도 협소하여 배의 운행이 불편하였다. 이러한 지리적 조건은 고대희랍에 있어서 대통일 국가의 형성을 어렵게 하였으며, 다수의 소도시 국가[폴리스]의 발달을 보게 되었다. 또 많은 섬과 복잡한 해안은 일찍이 해안에 대한 관심을 갖게 하였고, 또 부족한 곡물을 수입하는 등 해상무역의 발달을 가져왔다.

폴리스는 '아크로폴리스(Acropolis)' 라고 하는 언덕을 중심으로 하여 성

240) 본장의 서술을 위한 참고문헌은 다음과 같다.
趙義禼, 『희랍사회연구』, 章旺社, 1956. 崔淑炯, 『상설서양사』, 계몽사, 1957. 井上智勇, 『西洋古典世界』, 創元社, 1958. 島田雄次郎 , 『西洋史概說』, H.D.F.Kitto, *The Greeks*; Windelband , *History of Ancient philosophy*, Trans. by H.Cushman; Cornford , *Greek Religious Thought*; Cornford, *Before and After Socrates*.

벽으로 둘러싸인 소도시이며 아크로폴리스에 신전을 짓고 종교적으로 공동의 수호신을 숭배하였다. 그리고 시민은 그 밑에 있는 아스티(asty), 에서 생활하였으며 성 밖에는 농지와 이것을 경작하는 천민의 거주지가 있었다. 폴리스의 중심지에는 '아고라(Agora)' 라는 광장이 있어서 시민들이 모여 의논하는 장소가 되었다.

공동체의 주민은 개인 및 공동체의 생활을 규제하였다. 법률은 공동체의 의지와 양심에 의하여 유지되며, 고대 동방에 있어서와 같이 신의 계시를 왕이 지상에서 행사(行使)하는 것이 아니었다. 수호신의 보호를 받지만 절대 불변하는 것이 아니라 시민의 의지에 따라 변할 수 있는 것이었다. 주민은 자유도시, 외래인 그리고 노예로 구성되며, 경제적 발달은 노예노동을 기반으로 하였다. 폴리스는 또 군사적으로 최후의 거점이기도 하였다.

폴리스는 기원전 10세기경부터 발달을 보기 시작하여 처음에는 백 개 정도 되던 것이, 점차 이탈리아, 흑해, 이집트, 소아시아까지 식민시가 늘어감에 따라 1,000개에 이르렀다고 하는데, 모시(母市)와 식민시 간에는 종속적인 관계가 아니라 각기 독립 발전하였다고 한다.

이와 같이 고대 희랍에 있어서 폴리스는 각기 독립한 정치적 · 경제적 · 종교적 통일체로서 분립 경쟁하였으나 각 도시국가는 언어 · 종교 · 풍속 등이 대개 공통되어 있고 동족의식이 강하였다. 희랍인의 성격은 개인주의와 자유사상이 지배적이었지만 그들은 다 같이 헬레네 신의 자손이라고 믿었으며, 그들의 공동의식과 단결심은 올림피아 제전이라든가 보린동맹(保隣同盟: Amphictyony) 등에서도 볼 수 있다.

폴리스의 정치 체제는 사회 정세가 변함에 따라 스파르타를 제외하고는 모두 왕정에서 귀족정치로 그리고 민주정치의 과정을 밟아서 발전하였다.

2)

위에서 고대 희랍에 있어서 독특한 폴리스의 성격을 대략 살펴보았는데,

대개 아테네의 융성은 페르시아 전쟁 이후로 본다. 3차에 걸친 페르시아와의 전쟁(B.C.492, 490, 480)에서 승리를 거둔 희랍에서 가장 주요한 역할을 한 아테네는 지중해의 해상권을 장악하고 델로스 동맹의 맹주가 되었으며, 국내외적으로 흥륭(興隆)의 일로를 걷게 되었다.

아테네의 무역은 전에 없이 활발하였고, 노예경제의 규모가 증대하여 가내(家內) 노예 외에도 공장과 광산(鑛山) 노예를 고용할만한 규모가 되었다고 한다.

정치적으로 아테네는 그 동맹체에 대하여도 민주정치를 강요할 정도였음에 비추어 볼 때 민주정치가 더욱 발달하였음을 알 수 있다. 페르시아 전쟁에 종군한 군인을 비롯하여 일반시민의 발언권을 무시할 수 없었으며, 일반시민의 총회인 민회(民會, Ekklesia)가 국정을 최후로 결정하였다. 이와 같이 아테네가 정치적으로나 경제적으로 전 희랍세계의 중심지가 되고 외래의 문물을 받아들이게 되자, 희랍 전역으로부터 학자들을 비롯하여 많은 사람들이 모여들었고, 아테네는 당대의 국제적 도시가 되었다. 아낙사고라스(500-428 B.C)와 프로타고라스(483/2-414/3 B.C)는 아테네에 와서 각기 30년간이나 체류하였다고 한다.

그리하여 문학, 미술, 건축 등에 있어서도 고도의 발달을 보아 이른바 페리클레스시대를 이루었으며 학문도 여기에 보조를 맞추어 실제적인 봉사를 하였다.

이와 같이 어제까지 잠잠하게 들어 있던 학문이 실제적인 요구에 의하여 밖으로 나타나게 되었고, 많은 사람들이 그것을 배우려고 노력하였다. 그리하여 학적인 결과, 즉 자기들의 지식을 사람들에게 교수하는 소피스트의 대두를 보게 되었으며, 그들은 학문의 대중화를 통하여 희랍인의 계몽에 선구가 되었다. 이것이 초기의 소피스트의 역할이었다.

소피스트는 사람들이 필요로 하는 특수한 목적에 따라서 각종의 지식을 교수하는 것이 중요 과제였는데, 여기에 특별히 수사학이 첨가된 것은 민주

정치의 발달과 더불어 학적 지식을 통한 높은 교양과 능변이 필요하였기 때문이었다. 여기서 소피스트의 전성기가 도래한 것이다.

이와 같은 사회적인 요구에 의하여 소피스트는 단순한 지식의 전수 이외에 독자적으로 연구하는 경향이 생기게 되었으며, 자연의 연구와 형이상학적 사색에서 방향을 바꾸게 되었다. 타인을 설득시키는 방법을 교수한다고 하는 특수한 과업은 그들로 하여금 인간에 관하여, 특히, 인간의 심리적인 면에 집중적인 관심을 갖게 하였다. 그리하여 소피스트에 의하여 외적인 자연학은 내적인 경험의 문제로 전환되었고 인간학적인 입장에서 철학을 주관주의적 방향으로 이끌어 갔다. 이러한 새로운 작업은 언어로부터 시작되었으며 나아가 변증과 반박의 기술로 비약하게 되었다. 그러나 한 가지 대상에서 두 가지 사실을 증명할 수 있다는 가능성이 제시됨에 있어서 수사학자들은 보편타당한 진리나 인식의 가능성에 대한 신념을 상실하였다. 그들은 심리학적인 필연성에 의하여 회의론으로 들어갔던 것이다. 프로타고라스의 "인간은 만물의 척도다."라는 명제도 상대적인 척도였다.

이러한 소피스트의 경험주의 · 주관주의 · 상대주의는 도덕과 법률의 정당성에 대한 회의와 함께 윤리적, 정치적인 문제에 있어서 오히려 직접적인 위협이 되었다. 소피스트에 의하여 희랍인의 전통적인 신앙에도 동요를 가져왔으며, 국가의 법에 있어서도 그 권위가 흔들렸고, 사람들의 사회적인 의식을 소멸시키는 방향으로 나가게 되었다.

여기서 우리는 소크라테스의 출현을 볼 수 있다. 소크라테스는 기원전 469년 그의 출생으로부터 399년 죽음에 이르기까지 70년의 생애를 통하여 아테네에 있어서 큰 변동의 시대를 경험하였다. 그의 전반생은 아테네의 융성기요, 후반생은 펠로폰네소스 전쟁 등으로 국가가 어려워지는 시기였다. 그는 조국을 위하여 세 차례나 전장에 출전하였으며 평생을 아테네의 운명을 염려하면서 생활하였다.

소크라테스는 어려서부터 아테네로 밀려오는 외래문물을 접할 수 있었고, 동서 이오니아와 남부 이탈리아 및 시실리의 철학을 알아볼 수 있었다. 그리하여 그는 자연철학에도 관심을 가졌으며, 아낙사고라스(Anaxagoras)의 책을 구하여 탐독하였다. 그는 또한 각종 소피스트와 만나 볼 수 있는 기회를 가졌다.

그러나 결국 소크라테스는 자연철학이 그의 관심거리가 되지 못한다고 한다. 자연철학은 인간의 우열과 선악의 문제에 대하여는 말하지 않는다. 가령 아낙사고라스에 있어서 정신(nous)이라는 것도 그것은 "개개에 대하여 최선이고 전체에 대하여 선한 것" 이 무엇인가를 해답하여 주는 것이 못되더라는 것이다. 자연철학에서는 목적과 가치를 발견할 수 없었다. 플라톤과 크세노폰 그리고 아리스토텔레스는 다 같이 소크라테스가 젊었을 때 자연철학 방법과 결과에 환멸을 느낀 이후로는 우주 기원의 문제에 전혀 논의치 않았다는데 의견이 일치하고 있다. 자연이 아니라 인간 자신을 문제로 하였던 것이다.

또 소피스트에 대하여도 소크라테스는 비판하지 않을 수 없었다. 소피스트는 희랍인을 계몽하고, 학문을 자연으로부터 인간의 문제로 이끌어 왔으며, 그러므로 철학적으로나 사회적으로 공헌한 바도 크다고 할 수 있다. 그러나 그들의 주관주의, 상대주의는 사회적 질서를 혼란케 하였으며 학적인 전망을 흐리게 하였다. 소피스트는 전통적인 희랍사회를 움직이게는 하였으나 새로운 길을 열어주지는 못하였던 것이다.

소크라테스는 이러한 문제에 예의 주목하지 않을 수 없었다. 그는 논리적인 추구를 통하여 보편타당한 진리에 도달할 수 있다고 하는 것이며, 상대적인 주관이 아니라 자기의 내부에 있어서 절대적인 확실성의 근거를 찾을 수 있다고 한다. 인간은 자기음미(Self-investigation)를 통하여서만 가치 있는 생활을 할 수 있다는 것이다. 이것이 소크라테스의 필로소피아[愛知]이다.

그러므로 자기반성을 매개로 하지 않는 것은 그것이 전통주의이거나 자연철학자이거나 소피스트이거나를 막론하고 무지에 속한다고 아니할 수 없는 것이다. 소크라테스에 있어서 희랍인의 전통적인 종교의식이나 국가나 국법에 대한 관념은 소피아를 통하여 반성 되고 진정한 의미에 있어서 되살려지는 것이라 하겠다. 이제 소피아의 내용을 고찰해 보기로 하자.

2. 소피아[知]의 근거로서 프시케

1)

희랍 고대의 자연철학은 외적, 객관적 우주 만물에 대한 형이상학적 해석이요, 인간의 문제와 직접적인 관련을 가지는 것이 아니었다. 소피스트는 인식의 기초를 개인의 심리적인 지각에 두었으므로 결국 주관적 심리주의 또는 회의론으로 빠지고, 보편타당한 진리를 포기하게 된 것이다. 이와 같이 객관적 대상을 연구하는 자연철학자들의 독단과 인간의 개인적 사회적 제문제를 취급하였지만 결국 주관적 상대주의에 빠진 소피스트의 경향을 소크라테스는 '무지(無知)' 로 파악하지 않을 수 없었다. 소크라테스가 말하는 '무지' 는 당시의 전통적인 아테네인에게도 해당된다. 그러므로 당시의 유명한 정치가, 시인 그리고 공예가에 이르기까지[241] 그의 독특한 문답법을 통하여 그들의 무지를 깨우치기에 노력을 다하였던 것이다. 결국, 소크라테스는 "신만이 지혜롭고 인간의 지혜는 가치가 거의 없거나 전무하다." 고 함으로써, 모든 사람의 지혜를 일단 백지화하였던 것이다. 그러면 무지(無知)란 무엇인가. 사람들은 아무런 지혜도 가지고 있지 않다는 말인가? 모든 문화적인 전통이 무용한 것인가? 왜 소크라테스는 당시의 아테네인들을 잠자는 비둔한 말에 비기고 자기는 그 말을 깨우칠 등에라고 하지 않을 수 없었는가?

---

241) *Apol.* 21C-21E 참조

소크라테스는 "탐구되지 않은 생은 살만한 가치가 없다."[242]고 말한다. "너 자신을 알라."는 델포이 신전(神殿)의 각자(刻字)는 소크라테스에 있어서 제일의적인 명제가 되는 것이라 하겠거니와,[243] 다른 어떤 외적인 대상에 대한 관심을 가지기 전에 자기 자신에 대하여 가장 잘 아는 것이 중요하다고 한다. 진정한 가치와 확실성의 근거는 어떤 외적인 대상에서 구할 것이 아니라, 인간 자신이 자기의 내부에서 찾을 수 있다고 보는 것이다.

소크라테스에 있어서 가장 의의 있는 일은 외계로부터 인간의 내부로(from the outer to the inner)문제를 전환 시킨 데 있다고 할 수 있다. 그러면 인간이 자기 자신을 안다는 것은 실제로 무엇을 말하는 것인가? 소크라테스는 당시의 사람들이 잘 알지도 못하면서 지혜롭다고 생각하나, 자기는 스스로 무지함을 깨닫고 있으며, 그러한 의미에서 자기가 그들보다 더 현명하다는 것이다.[244] 그런데 진정으로 스스로 무지함을 자각하고 있는 주체는 무지일 수 없으며, 적어도 진실을 말할 수 있는 근거에 입각하여야 할 것이다.[245]

소크라테스에 있어서 자기성찰의 궁극적 도달점은 '영혼' 이라고 할 수 있다. 플라톤의 초기대화록에서 '영혼(psyche)' 이란 말이 자주 쓰이지는 않으나, 『아폴로기아』『크리톤』『프로타고라스』 등에서도 볼 수 있는 바와 같이, 항시 '가장 중요한 것(the most precious thing)'[246]이라고 표현되고 있다. 소크라테스에 의하면, 그는 자기가 만나는 누구에게나, 그중에서도 특히 자기가 '친애하는' 아테네인들에게 "지혜와 진리, 그리고 자기영혼의 완수"(wisdom and truth and the perfection of your soul)[247]를 위하여 힘쓸

242) Ibid 38A
243) *Prot.* 343b 참조
244) Ibid 21D
245) Ibid 20 D-E
246) *Prot.* 313E
247) *Apol.* 27E

것을 권하여 왔다는 것이다.

소크라테스는 영혼을 말할 때에 늘 진리, 지혜, 정의, 그리고 덕(德:arete)과 같은 최고의 윤리적 가치와 관련시키고 있거니와 과연 영혼이란 인간의 본질적인 생명이요 인간 자체가 되고 있다. 진정한 의미에 있어서 인간이 인간이 되는 까닭은 '영혼이 있기 때문이니, 이것이 모든 가치와 확실성의 근거가 되는 것이며, 그러므로 영혼의 완수란 소크라테스에 있어서 가장 중요한 일이라 할 수 있다.

원래 소크라테스 이전에 있어서도 영혼이란 여러 의미를 가졌고 또 고귀한 것이라고 인정되었으나, 인간의 모든 가치와 확실성의 근원이며 인격적인 의미를 갖게 된 것은 소크라테스에 이르러서의 일이다.

호메로스에 있어서 영혼은 혼 또는 유령(ghost)과 같은 것이다. 그리하여 인간이 살아 있는 동안 현존하며, 사망과 동시에 떠나버리는 것으로 죽는 사람이 내버리는 것이다. 그리고 그 주인은 육신이지 정신이 아니다. 영혼은 인간의 정신적 생활과 관계가 없으며 육체적 기관인 심장 또는 횡격막에 의하여 존속된다고 생각한다. 육신을 떠난 영혼은 아무런 의식이 없으며 사람의 그림자나 연못 속에 보이는 영상 이외에 아무것도 아니다. 육신을 떠난 영혼의 현상으로는 살아있는 사람의 꿈에 때때로 보일 수 있다는 것이다. 그것은 살아있을 때 들이마시고 숨을 거둘 때 내어 쉬는 숨과 같을 뿐이다.[248)]

이오니아 자연철학에서 영혼이란 훨씬 비인격적인 것이었다. 영혼이란 사람이 들여 마시는 공기의 한 부분이다. 공기는 그 자체가 하나의 신이요, 따라서 의식이 있는 것이며, 인간은 신의 생생한 부분을 소유함으로써 의식을 가지게 되는 것이라고 생각하였다. 그리고 자기가 마지막 숨을 쉬게 되면 자기 속에 있는 신적인 공기는 다시 환원되어 우주에 쌓여 있는 공기 속

---

248) Taylor, *Socrates*, pp.134-5 참조.

에 들어가 합쳐버리게 된다. 여기에서 어떠한 개체성이나 인격성을 발견할 수는 없는 것이다.[249)]

오르페우스교에서 영혼은 영구성이 있는 개체로서 떨어져서 유형(流刑)을 받게 된 신성(神性)이다. 인간의 중요한 임무는 일면으로는 도덕적이요, 일면으로는 의식적인 생활규범을 실천하는 데 있으며 이러한 '태어남의 바퀴' 에서 영혼의 마지막 해탈에 이르도록 하는 것이다. 그리고 신들이 계신 곳으로 영혼을 복귀시키는 것이다. 그러나 영혼이 사람에게 있는 것이라 하더라도 그것이 인간의 현우(賢愚)와 선악의 원인이 되는 것은 아니다. 영혼의 활동은 '정상적' 인 살아있는 자기가 가만히 있을 때에, 즉 꿈속에서, 환상 속에서, 그리고 황홀 속에서 나타나는 것이다. 영혼은 사람들이 활동할 때에는 잠자고, 사람들이 잠들었을 때에 자주 꿈에 나타나서 화복(禍福)을 예고하는 것이다. 이러한 오르페우스교의 영혼은 진정한 '나의 정신' 또는 '나의 인격' 이 아니요, 내 속에 있는 정신에 속하고 있는 것도 아니다. 또 오르페우스교에서 중요하게 보는 영혼의 불멸성이란 것도 '나의 불멸성' 이 아니다.[250)]

피타고라스학파에서는 오르페우스교와 흡사한 것을 볼 수 있다. 피타고라스의 교설 가운데는 세 가지가 잘 알려졌다. 즉 영혼은 불멸이란 것, 영혼은 타 종류의 동물을 통과하며 생물은 일종의 순환에 따라 그들의 전에 있던 생을 시작한다는 것, 그리고 모든 생명이 있는 존재는 동일한 종류에 속한다는 것이다. 이런 모든 것은 종의 친족관계가 있을 때에만 납득이 가능한 것이다. 피타고라스학파에서는 한 가지 난점이 있다. 즉 육신의 조화가 영혼이라고도 생각하거니와 이와 같은 경우 영혼은 육신에 부속된다. 그런데 영혼이란 그의 죄과에 의해서 마치 무덤과 같은 육신 속에 매장된 것이

249) Ibid p.135 참조.
250) Ibid p.136 참조.

라면 영혼은 육신으로부터 독립되어 있는 실체임에 틀림없게 된다. 그리고 하계에서 벌이 없다 하더라도 육신으로 태어나는 것은 어느 경우를 막론하고 그것이 정화과정을 완전히 끝내지 못하였다는 것을 의미한다. 이것은 또한 최종적인 구속에의 한 단계이다.

그런데 여기서 주목하는 점은 호메로스의 영혼이나 이오니아 자연철학자들에게 있어서 물질 일부분으로서의 영혼이나, 또는 일부의 피타고라스학도가 말하듯 영혼이란 공기 중에 있는 것이라든가 또는 육신의 조화라는 것이 아니라, 영혼이란 독립적인 실체요 신성을 띤 것으로 원래가 천상계에 속한 것이었다고 하는 오르페우스교 및 이와 유사한 학파의 설에 관하여서이다. 테일러(Taylor)의 견해에 따른다면 소크라테스는 이러한 영속적, 불멸적 개체로서의 영혼에 대하여 진정한 의미의 인격성을 부여한 것이며, 영혼은 인간 밖의 것이 아니라 인간에 내존(內存)한 것으로 이른바 '하늘에서부터 땅으로' 이끌어 내린 것이라고 본다.[251] 실로 소크라테스에게서 무지(無知)를 자각하고 참된 지혜를 구하는 것은 자기에의 관심 즉 자기성찰에서 오는 것임은 위에서 말하였거니와 자기성찰이라 함은 바로 자기 속에 있는 영혼의 발굴이라고 할 수 있다.

2)

플라톤이 말하는바, 소크라테스의 인식방법은 회상(回想)설이다. 특히 『파이돈』에 있어서 그는 영혼불멸설과 관련하여 오르페우스교와 피타고라스학파의 이설(理說)을 흔히 인용하여 말하곤 한다. 소크라테스는 논의의 편의상 다른 학설의 방식을 채용하여 유도하는 경우가 있다. 소크라테스 자신에게도 영혼불멸에 대한 신념이 있었다고 할 수 있겠지만, 그렇다고 하여 종래의 설을 그대로 신봉하였다고 하기는 어려울 것이다. 소크라테스의 의

251) Taylor : Ibid pp.137-8 참조

도는 인간영혼의 고귀성과 근원성을 강조하며 진리는 인간의 내부에서 구할 수 있는 것임을 말하는 데 있다고 하겠다.

그리하여 소크라테스는 "자기 속에 있는 지(知)의 자발적인 회복이 회상(回想)이란 것"[252]이라고 말한다. 그는 "미(美)에 의하여 개선되고, 불의에 의하여 손상되는 우리 속에 있는 원리"를 말하고, "과연 영혼은 그 속에 '모든 것'을 감추고 있기 때문에 단단히 마음을 먹고 진리 탐구에 싫증을 내지 않는 한 나머지 것도 알게 될 것이다."라 한다. 우리들이 학습이라고 하는 과정은 진실로 우리들 고유의 지(知)를 회복하는 것이 아니겠는가? 모든 지혜는 영혼 속에 구유(具有)되어 있으나, 평상시에 인간은 그것을 망각하고 있다는 것이다.

그러므로 우리가 극복하여야 할 것은 억견과 환상이라 하겠으며, 이것은 영혼에 근원한 것이 아니요, 육신에 기원하는 것이니, 육신을 통하여서는 참된 인식이 있을 수 없다는 것이다.

영혼을 따름은 지혜이나, 육신을 좇음은 무지이다. 그러므로 무지를 버리고 지혜로 나아감은 육신으로 가지 않고 영혼으로 향함을 의미한다. 그러면 영혼은 어찌하여 지혜의 근거가 되며 육신은 왜 몽매한가? 소크라테스는 우리 인간이 두 부분으로 되어 있음을 말한다. 즉 "우리는 영혼과 육신의 두 부분으로 되어 있지 않은가?"[253]라고 하여 영혼과 육신을 구별한다. 그리고 육신은 가시적이요 영혼은 불가시적임을 말하고, "불가시적인 것은 항상 변화한다."[254]는 명제에 의하여 다시 "영혼은 신적이고 불멸적이며, 지혜가 있고, 단일 불변하며, 분해되지 않고, 항상 불변하는 것이요, 육체는 이와 반대로 죽는 것이요, 다양 다변하며, 지혜가 없고 분해되며 항상 변화하는 것"[255]이라는 결론을 내린다. 그리고 우리가 인식하고자 하는 대상은 절대

---

252) *Phead.* 85D

253) Ibid 79B

254) Ibid 79A.

적인 개념임을 말하여 "우리의 대화에 있어서 참된 존재라고 부르는 바, 절대적 본질은 항상 동일한 것인가 또는 변화할 수 있는 것인가? 이를테면, 절대동일성, 절대미, 어느 것이든 절대적인 존재, 참된 존재 - 이러한 것들에 변화가 용납되는가? 또, 이러한 개개의 절대적 본질은 그것이 시종 불변하며 자체로서 존재하므로 동일한 것으로 있어서, 아무런 변화도 없는 것인가?"[256]라 한다.

이같이 절대적이며 확실하고 불변하며 기준이 될 수 있는 요소는 그와 같은 성질을 띤 영혼에 의하여 보여 질 수 있는 것이기에, "항상 동일한 것(the equality)은 오직 이성(理性)에 의하여 파악되는 것"[257]이라 한다.

그러므로 영혼이 홀로 그 자신으로서 탐구할 때에는 순수와 불사(不死)와 무변화의 영역으로 들어간다. 그리하여 소크라테스는 "영혼의 이러한 상태를 지혜라고 한다. 그렇지 않은가?"[258]라고 한다. 말하자면 영혼이 독자적으로 절대계와 교섭하는 것이니, 여기서 참된 지혜를 얻을 수 있다는 것이다.

상술한 바와 같이 영혼은 독자적으로 작용하여 절대자를 인식하는 것이지만, 경험적인 면에 있어서는 감각과의 관계에서 상대적인 지식을 산출한다. 즉 "여러분은 이것을 보고 만지고, 그리고 또한 기타의 감각에 의하여 지각을 한다."[259] "그리고 이러한 감각을 통해서, 우리는 모든 감각적 대상이 절대적 동일성과 닮고자 하지만 그만 못하다는 것을 알 수 있다."[260]고 한다. 그러나 이러한 상대적인 지식도 외적 대상에서 오는 것이 아니라, 영혼을 통하여 그것의 절대적 동일자에 대한 회상으로써 가능한 것이니만큼

255) Ibid 80B.

256) Ibid 78D.

257) Ibid 79A.

258) Ibid 79D.

259) Ibid 79A.

260) Ibid 75B.

이 역시 인식을 선도하는 것은 영혼이라고 할 수 있다. 그러나 감각의 활동이 전혀 무시되는 것은 아니다. 경험적 지식을 얻는 데는 감각을 활용하여야 한다. 그리고 이러한 사실을 부정하는 것이 아니라 그것이 불완전한 지식이라는 것뿐이며, 순수한 이성 활동에 의한 지식과는 질과 가치에 있어서 차등이 있다는 말이다.

3)

영혼이 자기의 구실을 하지 않을 경우, 즉 영혼이 육신과 결합하여 영혼의 주체성을 상실하면 애지(愛知)의 활동은 중단된다. 여기서 소크라테스는 일단 육체를 악한 것으로 규정하는 것 같이 보인다.

"우리에게 육신이 있는 동안에는 영혼은 이러한 악에 감염되어 우리는 우리가 원하는 바, 곧 진리에 도무지 도달할 수가 없게 된다."[261] 육체가 악으로 규정되는 것은 우리가 악이라고 하는 것의 원인을 육체에서 찾아볼 수 있기 때문이다. 육신 자체만 놓고 보면 그것은 맹목이요 몽매한 것이라 할 수 있다.

"가장 좋지 못한 일의 하나는 우리가 조그마한 여가를 얻어서 지혜를 사랑하려고 하면, 육신은 으레 우리의 공부를 어그러뜨리고 소란스러움과 혼돈으로써 우리를 방해하여 우리가 진리를 보는 것을 가로막는 것이다."[262] 그리고 말하자면 "시각이나 청각이나 기타의 감각을 사용할 때에는 - 육신을 통하여 탐구하는 것이므로 - 우리가 오랫동안 논의한 바와 같이 이러한 경우에 영혼은 육신에게 항상 변화하는 것으로 끌려서 방황하고 혼돈을 일으키며, 이러한 것들과 사귀게 되어 마치 술 취한 사람과 같이 어지럽게 될 것이다."[263] 그리하여 육신은 올바른 인식을 저해하며 도덕생활을 방해한

261) Ibid 66B.

262) Ibid 66D.

다. 그러므로 어떤 절대적인 것을 알려고 하면, "육신으로부터 자유 하여 오직 영혼의 눈을 가지고 실제적인 본질을 보아야 한다." (We must be free from the body must hold the actual realities with the eye the soul alone.)[264) 영혼으로 인식한다 함은 "눈과 귀, 한마디로 육신을 모두 제거하고" 가능한 한 '이성만으로' '진리와 지혜' 를 탐구한다는 것이다.

육신은 이와 같이 악의 원인이 되므로, 육신을 사랑하는 자는 돈의 애인이요 명예의 애인이다. 처음에 『아폴로기아』에서 이미 소크라테스는 영혼의 완수를 말하면서 부의 획득과 명성과 명예를 얻는 것이 선무가 아니라는 것, 그리고, 『크리톤』에서 신체적 건강과 의리, 육신과 영혼 등을 구별하고, 영혼에 절대적인 우위를 둘 것을 말하였거니와, 『파이돈』에 있어서는 다분히 수도사적 금욕을 말하고 있는 듯하다. 우리는 영육의 구별을 부정할 수 없으며, 오히려 이를 철저히 함으로써 플라톤적 이원론이 성립되는 것으로 보인다.

소크라테스는 이것을 죽음이란 말로 표시한다. 『죽음』이란 비본질적인 가치체계에 대한 부정을 의미한다. "죽음이란…육신으로부터의 해방과 분리를 말하는 것이 아닌가?"[265) 이를테면, 가치의 기준을 육신에 두지 않는다는 것이요, 만약에 그 기준을 육체에다 옮긴다고 하면 이것은 곧 악을 의미하는 것이 된다. 그러므로 '애지자' 는 영혼의 자유를 위하여 죽음을 연습한다고 한다. "참된 애지자는 죽기를 연습하며 죽음이란 애지자에게 그리 두려운 것이 아니다."[266) "진정한 애지자만이 항상 영혼을 자유롭게 하는 데에 열심이다. - 말하자면 육체로부터의 영혼의 해방과 분리- 이것이 애지자의 공부가 아닐까?"[267)

---

263) Ibid 79C.

264) Ibid 66D.

265) Ibid 67D.

266) Ibid 67E.

'죽음' 의 의미는 육체적인 요소의 부정에 있었다. 이것을 위하여 다음과 같은 행위가 필요하다. 첫째로는, 영혼과 육신의 성질을 분명히 인식하여, 영혼이란 외부적인 압박이나, 몰수(Confiscations), 사망, 질병, 위협 등으로 전혀 손상을 입는 성질의 것이 아니요, 오직 의(義)와 직접적인 관련을 갖는 것임을 확인하고, 정의와 부정(不正), 선과 악, 명예와 치욕 가운데서 전자에 따라야 한다는 것이다. 둘째로는, 정결(淨潔)과 자제(purification and self-constraint)이니 즉 "가능한 한 영혼을 육체의 모든 부면으로부터 하나로 불러 모으는 습관"[268]을 가지며, "그리고 자제(自制)라는 것 ─일반으로 자제라고 부르는 것으로, 정욕(情慾)에 흥분되지 않고 그것보다 위에 있으면서, 마땅한 방법으로 행위를 하는 것─으로 오직 육신을 경멸하며 애지의 활동을 해가는 것"[269]이다.

그리하여 신성(神性)을 지닌 영혼은 주체로서 지배 · 인도하여야 하고, 인간적인 육신은 복종하고 섬겨야 한다.

이상에서 논의한 바와 같이 소크라테스의 철학[愛知]은 인간이 자기 자신을 아는 것이며, 이것은 곧 인간영혼의 발견이었다.

소크라테스에 있어서 영혼은 과연 어떠한 것이라고 할 수 있을까? 호메로스의 혼령 또는 유령(ghost)과 같은 것도 아니요, 또 자연철학자들의 물활론적인 신성(神性)의 일부도 아니다. 오르페우스교나 피타고라스학파에서 말하는 영혼은 하나의 떨어진 신성(神性)으로서 피안적인 복귀를 희구하는 것이라 함에서, 당시에 있어서 호메로스의 의인신(擬人神)에 만족하지 못하는 많은 사람들에게 종교적 의의를 가질 수 있었다고 하겠으나,[270] 그것이 개별성과 불멸성을 가지는 것이었다 하더라도 진정한 의미에서 인간의 영혼은 아닌 것이며, 인격성을 지니는 것은 못되었다. 소크라테스에 이르러

---

267) Ibid 67D.

268) Ibid 67C.

269) Ibid 68C ; J.Burnet, *Early Greek Philosophy*, pp.81-2 참조

영혼은 인간의 진정한 자아요, 근본적 생명으로서 인간의 모든 가치와 확실성의 근거가 되는 것이라 할 수 있다.

앞에서 우리는 『파이돈』을 중심으로 소크라테스의 영혼이 절대적 본질계와 관계하는 것임을 보았다. 일반으로 이러한 논의를 플라톤의 상기설(想起說)이라 하거니와, 과연 소크라테스에 있어서 윤리적인 문제 이외에 본질이 문제 되었는가는 논의의 여지가 있다고 하겠다. 그러나 아리스트텔레스도 소크라테스가 "윤리적인 문제에 있어서 보편자(uniuersals)를 찾고자 하였다."[271]라하고, "연역 추리를 추구하는 소크라테스가 본질(essence)을 추구한 것은 당연하며, '그것이 무엇인가?' 하는 것은 연역 추리의 출발점이었다고"[272] 말하고 있듯이, 소크라테스 자신에 있어서 비록 학적인 전개는 아니었다 하더라도 형이상학적인 본질문제로 발전할 수 있는 요소는 충분

---

270) 오르페우스교는 북부의 야성적인 디오니소스(Dionysos) 숭배와 접촉하여 고대의 종교가 재생한 것으로 '탈혼상태' (ekstasis)를 기초로 하고 있다. '영혼의 본성을 나타내는 것은 오직 육체의 밤' 에 있을 때만이라고 생각하였다. 그리하여 호머로스에 있어서와 같이 자기의 미약한 양면이 아니요, 하나의 '떨어진 신' 으로서의 결례(潔禮, Katharmoi)와 성례 (聖禮, orgia)를 통해서 그의 최고의 상태를 회복하는 것이다. 그리하여 오르페우스교의 가장 중요한 목적은 '태어남의 바퀴' 에서 해방되어 다시 하나의 신이 되는 것이며 그리하여 영원한 복락을 누리는 것이다. 이러한 새로운 종교는 시인들의 속된 의인신과 국가종교에서 만족을 못하는 각층의 사람들에게 직접적인 호소가 되었던 것이다.

그리고 피타고라스에 있어서도 영혼은 떨어진 신성으로서 '태어남의 바퀴' 에서 벗어나야 한다는 것은 마찬가지였다. 오르페우스교에서는 이러한 정화의 의식이 원시적이었음에 비하여, 피타고라스학파에서도 이와 같은 것을 모두 인정하지만, 정화의 의미에 있어서 보다 고차원적인 방법을 사용한다. 즉 피타고라스는 정화의 방법으로 음악을 사용하거니와 음악이란 조화의 세계를 말한다. 또한 피타고라스에 있어서 가장 고귀한 것은 테오리아(theorein) 즉 관상(觀想)이니 이것은 바로 학문을 의미하는 것이요, 그러한 의미에서 철학은 "태어남의 바퀴"(윤회)에서 자신을 해방시키는 최선의 방법이 된다. 그리고 피타고라스에서 동물과 인간과의 친족관계를 말하고 육식을 금하고 있지만, 그것은 인도주의 또는 금욕의 뜻이 아니라, 금기(tabu)에 기본하고 있는 것이라고 본다. (Ibid, p.95 참조)

271) Aristoteles ; *Metaphyica* 987b.

히 내포되어 있다고 할 수 있다. 그리하여 이것이 플라톤에 의하여 이원적으로 확대된 것이라 할 것이다. 그러므로 이데아설과 영혼불멸설이 과연 그대로 소크라테스의 것인가 하는 분석은 용이한 일이 아니라 하더라도,[273] 소크라테스에 있어서 초월적인 단서가 보이는 것이라면 그것이 어느 누구에 의하여 전개 확대되었다 하더라도 다시 그 출발점인 인간의 영혼으로 돌이킬 수 있을 것이다. 소크라테스의 영혼은 초월적인 면이 있으므로 그것이 이데아 설에까지 발전할 수 있었다고 할 수 있다. 그러나 플라톤과 같이 영혼을 인간으로부터 초출시키고, 본질계인 천상의 이데아를 이성을 통하여 인식하여야 한다고 한다면, 이는 완전한 이원론이 되는 것이라 할 수 있다.

앞서 논의한 것처럼 영혼은 자체 속에 '모든 것' 을 갖추고 있으며, 인간은 회상에 의하여 지(知)를 획득할 수 있다고 하였다. 그러므로 애지의 활동이란 육신으로부터 독립하여 영혼의 독자적인 활동을 추구하는 것이요, 이것을 죽음이란 말로 표시하였다.

소크라테스의 입장에서도 이러한 주장은 그대로 긍정될 수 있다. 그러나 영혼의 독자적 활동이라 함은 플라톤과 같이 초월적 본질의 인식이라기보다는, 오히려 영혼 자체에 보다 중대한 의의가 있는 것으로 보인다. 소크라테스의 영혼은 초월적인 면이 있지만, 그것은 외재적인 본질을 전제하고 그것을 인식한다고 하는 입장과는 다른 것 같다.

아리스토텔레스에 의하면, "소크라테스는 이데아설에 자극은 주었지마는… 보편자를 개별자에서 분리시키지 않았으며, 이러한 점에서 그는 올바로 생각한 것이다."[274]라고 한다. 그러므로 소크라테스에 있어서 영혼은 그 자체로서 완전한 것으로서 인간에게 내존하고 있는 본질적인 생명이라고

---

272) Ibid 1097b.

273) J.Burnet와 A.E.Taylor는 소크라테스가 이데아설을 말한 것으로 보고 있다. (Burnet의 *Platonism* 참조)

274) Aristoteles, 앞의 책 1086 a 37-bs.

할 수 있다. 그것은 인간에게서 분리되어 있는 것은 아니지만 육체와는 엄연히 구별되는 것이라고 할 수 있다. 소크라테스에 있어서 영혼의 독자적인 활동이란 감각적인 것이 아니라는 의미에서, 인간내적이요 관념적이라고 할 수 있거니와, 그렇다고 현상계에 대응하는 본질계의 인식이라고 할 수도 없을 것이다. 소크라테스가 신과의 결합을 말하지마는, 신이란 현상계에 있어서 어떤 신적인 사물에 대응하는 본질이라고 할 수도 없을 것이다. 그러므로 영혼의 자기 활동이란 형이상하를 막론하고 대상인식이 아니라 자기 본질의 주체적 실현이라고 할 수 있다.

테일러(Taylor)에 의하면 소크라테스의 영혼이란 심리학적이거나 정신물리학적인 것도 아니며, 그것에 의하여 우리의 현우(賢愚)와 선악이 좌우되는 것으로, 단지 '우리 속에 있는 것(that in us)' 이라고 밖에 말할 수 없는 것이라고 하며, 그것은 감각에 의해서는 보이지도 않고 알려질 수도 없는 것이라고 한다.[275] 그리고 소크라테스는 사변적이거나 경험적인 심리론에 관하여서가 아니라 인식론과 윤리학의 공통원리(a common principle of epistemology and ethics)에 관심을 보였다고 한다.[276] 영혼이란 윤리와 인식에 있어 합리성의 근거가 되는 것이지만, 그것은 단순히 이성적인 것이 아니라, 의지적인 면도 포함한다고 할 수 있다. 그런 의미에서 컨포드(Cornford)는 참된 자기인 영혼에 대하여 플라톤의 후기작품이나 아리스토텔레스에 있어서는 흔히 이성(reason)이라고 번역하는 누스(nous)로 표기되어 있지마는 오히려 심령(spirit)이라고 표시하는 편이 온당할 것이라고 본다. 왜냐하면 이성이라고만 하면 의지적인 요소가 결여되기 때문이다.[277]

그리하여 '죽음의 연습' 이라 함에서도 그것은 영혼의 긍정을 육신의 부정으로서 가장 절실하게 표현한 것이지, 근본적인 의도가 육신을 악으로 규

275) Taylor, *Sokrates* p.139 참조.

276) Ibid pp.130-40 참조.

277) Conford, *Before and After Socrates* p.32 참조.

정하는데 있었다고 보기는 어렵다. 애지자(愛知者)의 일이란 육신애(肉身愛)를 그만두는 것이라 함에 있어서도 이것은 영혼이 아니라 육신에 기저를 두는 태도를 부인하는 것이라고 하겠다. 그리하여 소크라테스는 영혼의 완수를 말함과 동시에 덕(arete)으로부터 개인적으로나 국가적으로 모든 유익한 일이 오는 것이라고 한다.

소크라테스에 있어서 영혼은 지혜의 근거이기에, 영혼을 매개로 함으로써만이 초월적 방향이거나 현실에 있어서나 인간의 모든 활동이 참된 것으로 긍정될 수 있는 것이라 하겠다.

3 소피아[智]와 데오스[神]에 관한 문제

1)

소크라테스는 "신(神)만이 지혜롭고 인간의 지혜는 가치가 거의 없거나 전무하다."[278]고 함으로써 신(神)의 권위를 절대적으로 인정하였다. 그리고 자기의 애지(愛知)의 활동은 바로 신(神)의 사업을 수행하는 것임을 말하면서,[279] 자기는 사람보다는 신에게 복종하여야 한다고 한다.[280] 그러나 소크라테스는 아테네 시민들에 의하여 신에 대한 불경(不敬)의 죄로 죽임을 당하였다. 그러면 신을 떠나서는 논의할 수 없고, 신의 권위를 가장 높은 것으로 생각한 소크라테스에게 불경죄를 이유로 하여 죽음을 가져오게 한 원인은 무엇인가? 그것은 소크라테스의 독특한 신관(神觀) 때문이라고 할 수 있다.

소크라테스는 신을 말하지만, 그것은 재래의 전통적인 신관과는 구별되는 것이라 할 수 있다. 소크라테스는 "국가가 신봉하는 신을 믿지 않고, 다

278) Apol, 23A.

279) Ibid 28E

280) Ibid 29D.

른 어떤 신령한 존재를 믿고 있다."[281] 고 비난받았다. 하지만, 소크라테스는 자기가 국가의 신을 부인하지 않음을 말한다. 그러나 새로운 영적인 존재를 믿는다는 데 대하여는 전연 부인하지 않을 뿐 아니라, 실상 호메로스의 의인신(擬人神)에 대하여도 표면상으로 단언하지는 않지만 그에 대한 의심을 표명하고 있다.[282]

새로운 영적인 존재라 함은 그의 독특한 다이모니온을 두고 하는 말이다. 소크라테스는 인간의 영혼을 강조하고 있거니와, 이와 같이 인간의 내부에서 일어나는 신비한 사실은 이지적인 논의를 추구하는 소크라테스에게서 다른 커다란 일면이 아닐 수 없으며 우리로 하여금 주목케 하는 것이다. 소크라테스에 있어서 이러한 신비적인 면은 인간 내면에서의 사실이요, 이전에 아테네인의 신앙을 지배해온 의인적 신관과는 판이한 것이라고 할 수 있다.

호메로스 이래의 신화작가, 즉 시인(詩人)들에 의하여 성립된 신들은 불사성(不死性)과 초인적 힘을 가졌다는 것이 인간과 구별되는 점이었을 뿐 그 외에는 세속적인 인간의 속성과 감정을 그대로 가지고 있었던 것이다. 이러한 신관에서 인간의 도덕과 존엄 그리고 불멸성이 제시될 수는 없었던 것이며, 또한 진정한 의미의 종교적 대상이 될 수도 없었다. 따라서 후기의 많은 시인들에 의하여 인간의 순수한 종교심에 어긋나는 것은 삭제되고 어느 정도의 수식이 가하여졌다. 그러나 호메로스는 신들의 형상을 너무나 명확하고 세밀하게 묘사하였기 때문에 그의 권위가 움직이기는 어려웠다.[283] 기원전 6세기경부터는 일신적(一神的)인 경향이 생기고 제우스의 의인적 성격은 줄어드는 반면에 의지적인 주재자로서 미래를 예견하며 혜택을 베푼다는 의미에서 신앙가능성이 보이기는 하였으나[284] 역시 인간의 화복에 관계하는 것이며, 인간의 내적인 인격의 문제에 있어서 적극적인 의미를 가

281) Ibid 24B.

282) *Euthyph.* 6A-C 참조.

283) Conford, *Greek Religious Thought*, Introduction XV-XVI 참조.

지는 것은 아니었다. 희랍인들의 이러한 외재적인 신관이나 전통적인 통념에 대하여는 근본적 반성을 요하는 점이 있다.

소크라테스.에 있어서 전통적인 신관과 신앙방식이 문제 되었다는 것은 소크라테스가 신을 배척하거나 부인하였다는 의미가 아니다. 신이 인간이상의 초월자라고 하는 근본의에는 변동이 없는 것이며 단지 인간 자신에 있어서 내면적 반성을 매개로 하지 않았다는 점에서, 즉 소크라테스의 방식에 따르면 자기 성찰에 의한 무지의 자각을 통하지 않았다는 점에서 문제 되는 것이라 하겠다. 자아반성을 강조하는 소크라테스의 입장은 아테네인들에게 소피스트의 무신론 및 회의론과 혼동되어 국가의 신에 대한 반역으로 보였고 독배를 마시게 하였던 것이다.[285] 그러나 사실 소크라테스의 사명은 전통적인 희랍인들의 무지를 깨우칠 뿐만 아니라, 자연철학자와 소피스트의 무신론 및 회의론 내지 불가지론으로부터 신의 존엄을 올바른 의미에서 확보하는 것이었다고 봄이 온당할 것이다.

2)

대화록 『에우티프론』은 경건(敬虔) 또는 신성성(神聖性, hosiotes)의 문제에 대한 소크라테스와 에우티프론의 논의로 되어 있다.

경건이라 함은 곧 신에 대하여 인간이 취하여야 할 태도를 말하는 것인바, 이러한 경건에 대한 논의는 곧 신에 대하여 논의하는 것이 될 것이다. 여기서 소크라테스의 신에 대한 근본입장을 이해하는 데 긴요한 시사를 얻을 수 있다.

다음날이면 신에 대한 불경의 혐의로 재판정에 서게 된 소크라테스가, 우연히 불경건(不敬虔)을 이유로 자기의 부친을 고소하려고 하는 에우티프론

284) Ibid, XVII참조.

285) 전통적 신앙에 혼란이 야기된 것은 소피스트의 활동에 기인하는 바 크다. 프로타고라스와 아낙사고라스의 定罪와 추방은 선례가 되고 있다.

를 만나게 된다. 그런데 경건이 무엇인 줄을 알아야만 불경에 대하여도 일정한 태도를 취할 수 있을 것이 아니겠는가? 소크라테스는 에우티프론의 '탁월한 지혜' 에 호소하여 경건히 무엇인가를 정의하여 보고자 논의를 계속한다. 경건이란 무엇인가, 인간이 무엇을 어떻게 하는 것인가?

에우티프론의 말과 같이 경건이란 기존의 계명 또는 율법을 범하지 않은 것을 의미하는가? 그러므로 범법하면 친소를 막론하고 동일하게 처벌하여야 하는가? 우연한 과오로 인하여 자기 집의 종을 죽게 한 부친을 불경죄로 고소하는 것은 옳은 일인가?[286)]

그러나 특수한 경우나 개개의 사례를 말할 것이 아니라 일반적인 개념 즉 그것에 의하여 모든 사례에 대해 경건성의 여부를 판단할 수 있는 표준 또는 원리의 제시를 요구하는 것이다.[287)]

그리하여 에우튀프론의 말과 같이 '신들이 친애하게 되는 것이 경건'[288)] 이라고 한다면, 문제가 다시 생긴다. 즉 복수의 의인신은 다양한 성미를 가졌으므로 친애하는 것도 각기 다를 것이다. 이러한 난점에 대하여 소크라테스는 우선 복수적인 제신에 대하여 '전부' 라는 형용사를 부가함으로써 신의 성격을 단일화, 절대화시키고 있음을 볼 수 있다. 실로 신의 판단이 상대적일 수 없으며, 그렇게 되기 위해서는 그에 걸맞은 작업이 필요하다. 그러므로 전칭이 부여됨으로써 "모든 신들이 사랑하는 것이 경건이다."[289)]라고 수정될 수 있다. 그러나 "모든 신이 사랑한다." 함은 신이 인간을 사랑함이다. 일반 사물에 있어서는 능동적인 것이 수동적인 것에 앞서고, 동작이 상태보다 먼저 있게 되는 것이라고 할 수 있다. 따라서 사랑을 받게 됨(수동)은 무엇이 사랑을 함으로써 결과지어지는 것임을 알 수 있다. 그런데 사랑

286) *Euthyph*. 5E, 6A 참조.

287) Ibid 6E 참조.

288) Ibid 7A.

289) Ibid 9D.

을 하게 됨은 무엇 때문인가? 경건하다는 것은 사랑함으로써 성립되는 것인가, 또는 경건하니까 사랑하게 되는 것인가? 일반적인 경우와는 달리 경건의 문제에 있어서는 '경건함으로 사랑을 받게 되는 것이며, 사랑을 받으므로 경건하게 되는 것' 이라고 할 수 없는 것이다.[290] '경건' 이란 어디에 있는 것인가? 신에 대한 '경건' 은 오직 인간 자신의 내면에 있어서만 논의가 가능하다.

위에서 볼 수 있는 것처럼 소크라테스에 있어서 경건의 문제는 단순히 형식이나 규범의 이행에 있는 것이 아니다. 인간의 외부로부터 타율적으로 의미가 부여되는 것이 아니라 인간의 내면에 있어서 자발적으로 느껴짐으로써 의의가 생기는 것이라 할 것인바, 여기서 인간의 내부로 향하는 소크라테스의 입장과 방향이 있음을 볼 수 있다.

이와 같은 인간 내면으로의 구심적 방향은 다음에서 보다 확실하게 드러난다. 즉, 소크라테스는 '경건' 과 '정의' 그리고 '존경' 과 '공포' 를 각기 비교한다. 신은 두려운 공포의 존재이므로 존경하지 않을 수 없다고 일반적으로 말한다는 것이다. 즉

> "제우스는 만물의 창조자이시니, 무어라 이름하지 못할지라. 두려움이 있는 곳에 존경이 있기 때문이니라."[291]

라고 기록한 시인에 대하여 소크라테스는 동의할 수 없다는 것이다. 소크라테스로서는 제우스에 대하여, "공포로 존경심이 생기는 것이 아니라 그와 반대로 존경심이 있음으로써 두려움이 있게 되는 것이라"[292]는 것이다. 여기서 공포의 대상으로서의 신은 근본적으로 반성 되며, 인간의 심정이 문제

---

290) Ibid 10E.
291) Ibid 12A Stasinus (Fragm, 20, ed, Kinkel).
292) Ibid 12C.

되고 있음을 볼 수 있다.

또 경건은 정의에 포섭되는 개념이라고 할 때에, 그것은 정의의 어떠한 부분의 성질에 해당하는가? 과연 에우티프론과 같이 정의를 신에 대한 봉사(tendence, attention)와 인간에 대한 봉사로 구분하여 생각할 수 있을까? 그리하여 신에 대하여 봉사하는 정의의 부면이 경건이며, 그 나머지가 인간에 대한 봉사란 말인가?[293] 봉사란 무엇인가? 어떻게 하는 것을 말하나? 일반으로 이것은 행위의 결과에 있어서 일종의 혜택과 개선을 의미한다. 그런데 경건이라 함이 신에 대한 봉사를 의미하는 것이라면 그 결과로 신에게 어떠한 변화가 온다는 말인가? 과연 신에게 있어서 어떠한 개선을 가져온다는 것인가?[294] 오히려 이것은 신을 인간 또는 물건과 동일시하여 질적인 차이를 인정치 않을 때에간 말할 수 있는 것이다. 소크라테스에 있어서 전통적인 의인신은 이미 떠나가고 있음을 볼 수 있다.

에우티프론은 다시 경건이란 하인이 주인에게 대하는 것과 같고, 또 언어와 행동으로 신을 만족케 하는 것, 즉 기도와 제사를 말하는 것이라고 한다. 그리고 이러한 경건의 행위로 말미암아 인간은 가족과 국가의 구원이 가능한 것이요, 그렇지 않은 경우에는 신을 불쾌하게 하여 파괴와 멸망을 초래하게 된다.[295] 말하자면 경건 여부는 화복의 조건이 된다고 보는 것이다. 그러나 소크라테스는 제물을 드리어 기도하고 요구하는 것은 인간과 신이 "교역(交易)"[296]하는 것으로 본다. 이와 같은 신관은 원시성을 면하기 어려운 것이다. 소크라테스는 인간이 신으로부터 모든 선한 것을 부여받는다는 점을 말하지마는[297], 그러나 인간이 신에게 무엇을 가져다 바친다는 것은

293) Ibid 12E.

294) Ibid 13C.

295) Ibid 14B.

296) Ibid 14E, 'Then holiness would be an art of barter between gods and man?'

297) Ibid 15A, "For everybody knows what they give, since we have nothing good which they do not give."

사실상 생각하기 어렵다는 것이며, 또 신이 인간으로부터 무엇을 얻어서 이익을 본다는 것도 우스운 일이라고 한다.

이와 같이 소크라테스의 신은 구복(求福)의 신, 타재하면서 인간의 제사를 향수(享受)하는 신이 아니요, 어디까지나 인간의 내면적 실제에 있어서의 자각과 절실한 느낌이 매개될 때에 비로소 문제 되는 바라 하겠다.

실로 에우티프론은 소크라테스의 호칭과 같이 가장 탁월한 사람이요, 풍부한 지식을 가지고 있는 사람이며, 자기 말대로 예언자(Soothsayer, divinisit)요, 새로운 것을 말하는 사람(Neologian)으로, 당시에 상층의 사회에 속하였다. 그러나 에우티프론의 신은 외재적, 의식적 대상으로서의 의인신을 넘지 못하는 것이며, 이것은 당시에 희랍인의 전통적 종교의식이라 할 수 있을 것이다. 여기서 다시 우리는 소크라테스의 영혼의 지혜를 상기치 않을 수 없다.

3)

인간을 떠나서는 신의 논의가 무의미하다는 것은 문제를 인간에 국한하는 것 같이 보일 수 있다. 또 신에 대한 봉사와 인간에 대한 봉사를 구별하지 않는 태도는 인본주의적인 인상을 줄 수도 있다. 그러면 소크라테스의 신에 대한 태도는 근본적으로 어떠한 것인가?

소크라테스의 출발점은 무지의 자각이었다. 인간영혼에 근거한 지혜가 아니고서는 무지로 파악될 수밖에 없었던 것이다. 앞에서 우리는 경건의 논의에서 인간의 내면적 반성을 결여 하고서는 신의 문제가 무의미하다는 논의를 보았다. 그런데 소크라테스는 신만이 지혜롭다고 하는 것이다. 인간을 매개로 하여야만 신을 논의할 수 있다고 보는 소크라테스가 신의 절대적 우위성을 말하는 것이다. 위에서 우리는 소크라테스가 "우리가 가지고 있는 모든 훌륭한 것은 신이 주시지 않은 것이 없다."라고 함을 보았거니와, 전통적인 신관념은 소크라테스에 있어서 근본적으로 반성이 되는 동시에 그것이

다시 내면화됨으로써 고차적인 의미에서 되살려지는 것이라고 할 수 있다.

실제로 우리는 소크라테스가 그의 신비적인 체험을 말하는 사례를 여러 곳에서 볼 수 있다. 그는 "장대 잡는 사람은 많으나 신비가(神秘家)는 적다."라고 하는 옛말을 인용하면서 이들 신비가야말로 진정한 애지자(愛知者)였다고 한다.[298] 그리고 자기도 신비가의 하나가 되어 신과 함께 거하게 되기를 바란다고 한다. 그러나 그것은 신의 뜻에 달려 있다는 것이다. 그는 또 꿈을 통하여 일종의 계시를 받는 것 같이 말한다. 옥중에 찾아온 크리톤에게 소크라테스는 말하기를 흰 옷을 입은 아름다운 여인이 꿈에 나타나서 자기가 세상을 떠나 피티아(Phthia)로 갈 날을 고하여 주었다고 한다.[299] 또 그는 옥에 있는 동안 시작(詩作)을 한 이유를 묻는 『파이돈』의 케베스에게 "꿈에 나타난 뜻을 알고 싶어서"라 하고 "나의 과거의 생에서 나는 같은 꿈을 여러 번 꾸었다. 이런 때는 이런 모양으로 그리고 저런 때는 저런 모양으로, 그러나 한 가지 항상 같은 것은, '소크라테스여, 노래를 지으라!'[300]하고 말하는 것이었다."라고 한다. 자기의 애지의 활동이 소크라테스보다 현인이 없다는 델포이 신탁의 의미를 알아보기 위하여서라고 하지만 또 그것은 여러 가지 신탁과 꿈을 통해서, 그리고 그가 누구이든 신령한 힘에 의하여 어떤 것을 수행하게끔 명을 받은 것과 같은 모든 방법을 통하여, 이것을 수행하게끔 신에게서 분부를 받아왔다고 말한다.[301] 소크라테스는 종종 이른바 탈혼 상태에 들어간 것 같이 보인다. 그의 군대 복무 중에 하루는 그가 아침부터 무엇을 생각하기 시작하여 선 채로 움직이지도 않고 하루 종일 있었으며 밤이 지나서 다음날 새벽까지 섰다가, 태양에 제사를 드리고는 자리를 떠났다는 것이다.[302] 이와 같은 경우는 다른 곳에서도 볼 수 있다.

---

298) *Phaed*, 69C, 69D.

299) Crit, 44A.

300) *Phaed*. 60E.

301) *Apoe*. 33C.

소크라테스는 옳지 못한 일이면 하지 말도록 경고하여 주는 소리가 있어서 이것에 의하여 인도를 받으며, 그것은 그의 소년 시절부터 들리는 것으로 길의 대소를 막론하고 간여한다는 것이다. 소크라테스는 이와 같은 내면적인 다이모니온(daimonion)을 통하여 실재하는 신을 의식하고 있었던 것 같이 보인다.

종래의 외재적 신관의 부정은 그것이 무지에 기인한 원시성을 면하기 어려운 것이기 때문이요, 신의 영역을 무시하는 것은 아니다. 인간과 신과의 관계는 일시적이요, 부차적인 것이냐 하면 그렇지 아니하여 오히려 본질적이며 절대적이다. 그리하여 신은 다시 신을 배경으로 하고 있는 인간 주체를 통하여 그 위대성을 현출(顯出)하는 것으로 볼 수 있다. 신을 떠나서 소크라테스를 온전히 말하기 어려운 까닭이 여기에 있다고 하겠다.

4)

앞에서 우리는 "신만이 지혜롭고 인간의 지혜는 가치가 거의 없거나 전무하다"라고 하는 소크라테스의 말을 여러 번 인용한 바 있거니와 그것은 인간의 무지를 단적으로 표시하는 것이라 하겠다. 그리고 인간의 무지를 깨우침은 자기의 사명인 동시에 바로 신의 사업이라고 한다.[303] 즉 소크라테스는 자신의 애지의 활동은 자기 자신의 사사로운 일이 아니라 신의 명령을 순종하는 것이라고 한다.[304] 그리하여 소크라테스는 "신의 명령을 받들어서 누구든지 찾아가(그의 지혜가 어떠한 것인가를) 조사하여 본다."라고 하며 "나는 신께서 그것을 봉행하게끔 명하시는 것을 알고 있으며, 그전에 아테네 도시에는 내가 신의 사업을 봉행하는 것보다 더 중대한 일이 없었던 것으로 안다"[305]고 말한다. 스스로의 무지를 고백하는 소크라테스가 결국

---

302) *Symp.* 220.

303) *Apol.* 21E.

304) Ibid 28E.

아테네의 구제자임을 공언하기에 이른 것이다. "나는 신이 보내신 일종의 선물이다."[306] 그러므로 "신께서 그대들에 대한 특별한 배려로, 다시 여러분을 각성시키고자 다른 사람을 보내기 전에는 좀처럼 나 같은 사람을 만나보기 어려우리라."[307]고 하면서 "신께서 주신 선물을 함부로 하지 마라"[308]고 한다. 이와 같이 소크라테스에 있어서 신의 절대성이 뚜렷하게 강조됨을 볼 수 있다.

그는 신이 주신 사명을 위하여 종신토록 힘을 다하였으며, 이로 인하여 자기의 개인적인 일은 전연 돌아보지 않았다고 한다. 그리고 이것이 소피스트와 다른 점이며 자기의 극심한 빈궁이 이것을 증명한다고 말한다.[309] 어떠한 희생을 무릅쓰고라도 "신을 순종치 않을 수는 없으므로, 잠자코 가만히 있을 수가 없노라."라는 것이다. 자기는 아테네 시민들을 "존경하고 사랑하지마는 신에게 복종하여야 한다."라는 것이다. "내가 살아있고 계속할 수 있는 동안, 나는 결코 애지의 활동을 포기하거나, 내가 만나는 모든 사람에게 진리를 권하고 제시(point at)하기를 그만둘 수는 없다."라고 한다.[310]

인간은 누구나가 신의 뜻을 받들어, 자기의 직분을 인식하고 거기에 머물러야 한다. "누가 어느 곳에 있든지 그곳을 가장 좋은 곳으로 생각하고, 자기의 주재자가 자기를 어느 곳에 있게 하든지 위험스러워도 거기에 머물러야 한다. 그리고 비굴하냐 하는 것 이외에 다른 아무것도 생각하면 안 된다."[311] "그가 어떤 일을 할 때 단지 생각하여야 할 것은 의를 행하고 있느냐, 악을 행하고 있느냐 하는 것과, 그것이 선한 사람이 하는 것이냐 악한

---

305) Ibid 23B, 30A.

306) Ibid 31A.

307) Ibid 31A.

308) Ibid 30D.

309) Ibid 31C.

310) Ibid 29D.

311) Ibid 28D.

사람이 하는 것이냐 하는 것뿐이다."[312] 여기서 물리적인 생사를 떠나서 의냐, 의가 아니냐 만이 문제이며. 모든 개인적인 사사로움을 넘어선다. 그것은 '신의 뜻' 에 따르는 것이다. 그러므로 소크라테스는 아테네인들에게 만약 그들이 자기를 죽인다 하더라도 그들은 그들 자신을 해롭게 하는 것이니 만큼 자기를 해칠 수는 없다는 것이다. 고발자인 아니투스(Anytus)나 메레투스(Meletus)까지도 나를 해칠 수는 없다. 그것은 될 수 없는 노릇이다. 왜냐하면, 선한 사람이 어느 악한 사람에게 해를 받는다는 것은 신의 뜻이 아니라고 믿기 때문이다."라고 한다.[313] 모든 것이 신에 달려있다는 생각을 하고 있다. 소크라테스는 사실은 자기가 고발자 중에 어느 누구보다도 신을 신봉하고 있다고 하는 것이다.[314]

소크라테스의 신에 대한 보다 큰 신뢰를 볼 수 있다. 그는 "…살아서나 죽은 다음이나, 선인(善人)에게는 어떤 나쁜 일도 올 수 없다는 것을"[315]기억하라고 한다. 그리하여 죽임을 당하게 된 자기의 입장에 대하여도, "내가 당하게 된 일도 물론 좋은 일이다. 그리고 우리 중에 누구라도 죽음이란 나쁜 것이라고 생각하는 사람은 잘못 생각하는 것에 틀림없다."[316]라고 하면서 자기의 죽음은 우연히 된 것이 아님을 말한다. 자기의 죽음을 반대하는 다이모니온의 소리가 없는 것이 이 때문이요, 그리하여 자기를 고발하고 죽음에 이르게 한 사람들에게 분노를 느끼지는 않는다고 말한다.[317] 결국, 인간의 운명과 가치를 '신의 뜻' 에 귀착시키는 소크라테스는 목적론적인 신의

312) Ibid 28B.
313) Ibid 30C-D.
314) Ibid 35D.
315) Ibid 41D.
316) Ibid 41B.
317) Ibid 40B, 41D.
318) Windelband, *History of Ancient Philosophy*, Trans by H.E.Cushman, p.131 참조. ; *Apologia*와 *kriton*의 종결부 참조.

섭리를 암시한다.[318]

위에서 우리는 소크라테스의 신에 대한 태도를 보아왔다. 소크라테스는 신을 체험하고 신의(神意)를 드러내어 생활하였고 이것을 떠나서는 전연 문제가 되지 아니하였다. 신은 절대적이요 인간은 신에 순종하여야 하며, 그는 신의 명에 의하여 애지의 활동을 함으로써 아테네인을 깨우쳐줄 신의 사자(使者)임을 선언하였다. 인간적인 고난과 곤궁, 오해와 핍박, 이러한 것은 정의를 수행하기 위하여 감당하여야만 한다.[319]

소크라테스는 선인(善人)은 해를 받지 않는다고 함으로써 공의의 영원성을 확립하였다. 신과 인간의 일은 직결되어 있다. 일은 인간의 마음대로만 되는 것이 아니요, 궁극적으로 신에 달려 있다. 그러나 인간은 항시 인간의 노력을 다하여야 하며,[320] 그러면서 신의 의도에 귀 기울여야 한다.

4. 소피아와 현실

1)

소피스트는 전통적인 법과 습관을 불신하여 이것들은 도시 개인의 자유와 의욕을 속박하는 것으로 보았으며 이러한 사조는 국가와 국법의 신성성을 동요시켰다. 절대적 확실성, 보편타당한 진리를 몰각하는 소피스트는 국가와 국법에 대한 절대적 권위를 인정할 수 없었으며, 이러한 회의 속에서 현실에 대한 온당한 참여가 어려웠던 것이다. 소피스트의 활동은 결국 개인적 편의주의에 그쳤던 것이다. 전통적인 인습으로부터 일단 물러서서, 이것

319) *Crit*. 54B 참조.

320) 소크라테스는 신에 대한 절대적인 복종을 말하지마는 동시에 인간의 노력과 결단이 요구된다. "나와 여러분을 위하여 가장 훌륭한 결정이 이루어지기를 여러분과 신께 맡긴다."

을 온당하게 비판하는 것은 오히려 새로운 현실을 이루는 데 있어서 필요한 바라 하겠다. 그러나 그것이 결국 상대주의의 입장에 그칠 때 독선과 대립과 혼란을 면하기 어려울 것이다. 여기서 공동으로 인정할 수 있는 보편적 원리가 요구되는 바라 하겠거니와 이러한 의미에서 소크라테스의 영혼의 지혜가 문제 되지 않을 수 없다 할 것이다.

소크라테스는 자기가 아테네인을 위하여 헌신하였음에 대하여, 스스로 프리타니움(Prytaneum)상을 받을 만하다고 말한다.[321] 소크라테스는 이론적으로 추구하고 초월적인 신을 말하지마는, 자기가 처하여 있는 현실에서 조금도 이탈하지 않았으며, 오히려 아테네인을 위하여 고군분투하다가 칠십의 노년으로 독배를 마시지 않을 수 없게 되었다. 소크라테스의 현실관은 국가와 국법에 대한 그의 태도에서 잘 나타나 있다.

그는 현실 생활에서 확고한 입장이 있었다. 소크라테스는 말하기를, 우리는 단순히 산다는 것(living)이 문제가 아니요 잘 사는 것(living well)이 가장 중요하다는 것이다. 그런데 잘 사는 것과 정의롭게 산다는 것은 같은 것이다.[322] 그러므로 문제는 정의가 무엇인지를 아는 것이니, 그 원리는 인간의 영혼에 근거하고 있다고 할 수 있다. 인간의 의무는 정의로운 법에 입각하여 사는 것이기에, 우리는 "정의와 부정이 무엇인지를 알고 있는 사람, 그 사람과 진리 자체가 말하는 것을 숙고하여야 할 것이다."[323]

소크라테스에게 신에 대한 봉사와 인간에 대한 봉사는 별개의 것이 아니요 동시적인 것이라 함과,[324] 인간의 부(富)와 모든 훌륭한 것이 영혼의 완수와 덕(德)에서 오는 것이라 함을 볼 수 있었다. 이와 같은 표준을 가지고 인

---

321) *Apol*, 36D. Prytaneum, 아테네에서 국가에 공무가 있는 자에게 국비로 생활을 보조하여 주는 것.

322) *Crit*. 48B, "It is not living, but living well which we ought to consider most important. And that living well and living rightly are the same thing …"

323) *Crit*. 48A, 괄호와 상점 필자 기입.

324) *Euthyph*. 12E.

간이 주체가 되어 우리의 현실인 국가와 법을 철저히 긍정하게 되는 것이다.

인간은 단독적인 존재가 아니요, 연고관계를 가지고 공동생활을 영위하고 있다. 이러한 공동생활의 터전과 바탕이 되는 것이 '국가와 법' 이라고 할 수 있다. 특히 도시국가 단위의 공동체인 당시의 희랍에 있어서 '국가와 국법' 은 중대한 의의를 가지는 것이었다. 소크라테스는 국가와 법을 인간생존의 가능근거로 보았다. 즉 인간생활의 연고관계를 제약하며 성립시키는 것이 국가와 법이다. 그러므로 국가와 법에 대한 부정은 인간의 연고관계의 성립을 부정하는 것이요, 따라서 그것은 자기 자신의 부정을 의미한다.

소크라테스는 법으로 말미암아 인간 개개인이 태어나는 것이라고 하여 "첫째로, 법은 자기를 이 세상에 태어나게 했다." 라는 것이니 "그대의 부모가 혼인하여 그대를 낳은 것은, 법을 말미암아서가 아닌가?"[325]라고 한다. 혼례를 성립시키는 제도가 바로 법이다. 그리하여 개인이 출생한 다음에는 양육과 교육을 하는 것이니 "출생한 후에 아동의 교육과 관련하여 무슨 잘못된 것이 있는가?" 법은 인간생존의 근거요 생활의 규범으로 인간에게 운명적으로 주어져 있는 것이다. "이러한 일들을 담당하고 있는 법은 그대의 부친에게 음악과 체육으로 그대를 교육하라는 훌륭한 명령을 내리지 않는가?"[326] 그러므로 "법에 의하여 태어났고, 양육되었고 또 교육을 받는바, 각 개인은 법의 소생이요 종이라고 할 수 있을 것이다. 각 개인이거나 인간의 선조이거나 간에"[327] 이렇게 국가라는 공동의 지반 위에서 공동사회를 이루어 오고, 혈연적 · 사회적 제관계를 긴밀히 유지하여온 것이다. 실지로 소크라테스는 아테네의 원로로서 아테네에서 오래 살아왔으며 아테네의 법규 안에서 자식을 낳고 살아왔으니만큼, 이와 같은 것은 모두 자기의 연고지인 아테네의 법과 일종의 '규약' 을 맺고 있음을 의미하는 것이라는 것이

325) *Crit.* 50D.

326) Ibid 50D.

327) Ibid 50E.

다. 그러므로 소크라테스는 이와 같은 연계성 속에 자기가 있는 한, 자기가 옥에 갇혀 있고 또 탈출할 기회가 마련되었다고 하더라도, 아테네인들의 명령이 없이는 결코 함부로 할 수 없다는 것이다. 그리하여 누구든지 국가와 국법 속에서 살아온 사람이면, "국법이 명하는 대로 수행하겠다는, 국법과의 합의에 도달한 것"[328]이라고 한다.

이와 같이 공동의 지반에 대한 확신과 그 종속관계를 인식함으로써, 국법의 존엄성이 드러난다. 각 개인은 국법과의 대등한 입장이 아니다. 개인은 국법에 대하여 절대적인 종속관계를 갖는다.

> "그대의 지혜로 볼 때에, 그대의 국가란 그대의 부모보다 더 귀중하고 존경을 받아야 하며, 그리고 신들과 깨달은 사람들(Men of understanding)의 깊은 안목에서는, 보다 신성하고 존귀한 것임을 알 수 있지 않은가? 그대의 양친에게 보다도 국가가 노하였을 경우에는 그 이상의 존경과 복종과 겸손을 보여야 하지 않겠는가?"[329]

여기에 국가의 절대적 권위가 주어진다. "그대의 부모에게 함부로 함은 불경한 것이려니와, 국가에 대하여 함부로 하는 것은 보다 불경스러운 것이다."[330] 그리하여 각 개인(자기 · 부모 · 조상)은 국가보다 하위이며, 국가가 최상이 되는 것이다.

소크라테스는 자기의 애지의 활동에 있어서는 그것은 "나의 훌륭한 이름과 여러분의 명예, 그리고 전 국가의 명예를 위한 것"[331]임을 말하고, 또 자

---

328) Ibid 51E, "But he who has experienced the state, and still remains has entered into and implied contract …"

329) Ibid 51B.

330) Ibid 51C.

331) *Apol.* 34E.

기 재판의 판결에 대하여도 "나는 나와 여러분을 위하여 최선의 판결이 되기를 바라며, 나의 경우를 여러분과 신께 맡긴다."[332]고 하였던 것이니, 여기서 자기와 자기의 시민과 그리고 국가를 항시 병칭하고 있음을 볼 수 있다. 그러므로 문제는 어느 누구를 위한다는 것보다도 '공의(公義)' 에 있는 것이라 할 것이다. 소크라테스는 "법과의 규약과 합의를 파기하고, 가장 위하여야 할 것 - 자기 자신과 친구들, 그리고 국가와 법-을 손상하는"[333] 행위를 절대로 할 수 없다는 것이다. 여기서 모든 사사로움을 버리고 오직 법에 순종함이 강조되고 있으며, 이로써 자아와 타인이 온전히 긍정되는 바라 할 수 있다. 소크라테스는 이와 같이 공동의 지반을 이루고 있는 요인을 모두 들어 강조하고 있으며 여기서 소크라테스의 사회적 연대성이 적극적으로 언표되고 있음을 볼 수 있다.

이상에서 논의한 바와 같이 소크라테스에 있어서 인간은 연고관계를 가지고 공동생활을 하는 것이요, 국가와 법은 시민의 터전과 바탕이 되며, 여기서 이탈할 수 없다는 것, 따라서 이것은 공동의 지반으로서 운명적이요, 시민은 국법에 좇아서 살아야 하는 것임을 보았다. 발생적으로 보면 개인은 국법과 필연적인 종속관계를 가지는 것이지만, 실상 이것은 각 개인에게 있어서 국가에 대한 참여가 종속관계로 나타남이요, 시민 개개인을 도외시하고서는 국법과 국가가 문제 될 수 없을 것이다. 국법 정신은 곧 인간의 정의에 연유하는 것임에 유의할 것이다.

2)

소크라테스는 공공의 시민과 사사(私私)의 시민을 구별하고 있다. 이것은 정의와 불의의 분별에 따른 것으로 인간에게는 정의에 의하여 옹호되는 원리가 있어서 이것으로 말미암아 모든 사사로운 조건을 극복하고 법을 실

---

332) Ibid 35D.

333) *Crit.* 54C.

천할 수 있게 된다. 법은 공공의 것으로 소크라테스는 이것의 신성성을 인정하였다. 법을 어기는 것은 신에 대한 부인이라 하여 전연 용납지 않았다. 그러므로 소크라테스는 평생 법을 위배한 일이 없음을 말한다. 그는 "나는 위험을 무릅쓰고라도 나의 입장에서 법과 정의를 끝까지 지킬 것을 생각하였다."[334]라하고, "나는 조금도 죽음을 개의치 않고, 나의 힘을 다하여 어느 것이든 불의와 불경을 행하지 않고자 하여, 말만이 아니라 행동으로 보여주었다."[335]고 말한다. 또 법관에 대하여도 서약에 따라야 할 것이라 하여 "자기의 성미에 따라서 은전을 베푸는 것이 아니라, 법에 좇아서 판결을 하여야 할 것이다. 그러므로 우리는 판관이 선서를 파괴하는 습관을 갖게 하면 안 될 것이며 또한 그러한 습관에 빠져버려도 안 된다."[336]고 한다. "왜냐하면, 그러한 행위는 신께 순종하는 것이 아니기 때문"[337]이라는 것이다. 그리하여 자기 스스로 법을 위반한다면 "사람들에게 덕과 정의와 합법적 사례와 법에 관하여 무엇을 말하겠는가."[338]라고 한다. 그리하여 법의 이행은 그대로 신의 뜻을 봉행하는 것이라는 데까지 이른다.[339] 그러므로 인간은 무조건으로 정의를 받아들이는 것이며, 자발적인 법의 이행을 예상하게 된다.

소크라테스에 있어서 기본적인 태도는 형식적인 법규의 이행 즉 적법성에 그치는 것이 아니요, 법을 행하는 사람의 내적인 심정과 동기를 중요시하였다.

소크라테스가 재판에 관계되었다는 말을 들은 에우티프론은 처음에 "누

334) *Apol.* 32B.

335) Ibid 32D, "왜냐하면, 설득과 탄원으로 법관의 선서를 파기케 한다면, 나는 법관들로 하여금 신의 존재를 믿지 않도록 교사하는 것이요, 나의 변호(defense)로 인하여 나 자신이 신을 믿지 아니함을 고발하는 것이 될 것이다." (*Apol.* 35D)

336) Apol. 35C.

337) Ibid 37E.

338) *Crit.* 53C.

339) Ibid 54E 참조.

가 당신을 고소하였나보오. 당신이 남을 고소하리라고는 생각지 않기 때문이요."[340]라고 한다. 『아폴로기아』에서도 소크라테스는 "나는 나이 칠십이 되었어도 재판정에는 처음으로 불려 왔소."[341]라고 하여 자기는 법정과는 상관이 없음을 말한다. 자기의 죄목에 대하여도, 설령 이것을 인정한다고 가상(假想)하더라도, 자기가 고의로 한 것일 수 없다는 것이다.[342] 그리고 소크라테스는 "만약 내가 그들을 자발적으로 퇴폐케 한 것이 아니라면, 그러한 고의적이 아닌 과오에 대하여 법은 사람들은 재판정에 끌어오지 않을 것" 이라고 하고 "그들을 데려다가 가르치고 은밀히(in private) 타일러야 할 것이다."[343]라고 말한다. 또 자기를 고소하여 죽게 한 사람들에 대하여도 "나를 고발하고 정죄하였다는 견지에서가 아니라, 그들이 나를 해치려고 생각했기 때문에 말하는 것이다. 그것에 대해서 그들은 마땅히 비난받아야 한다."[344] 또는 "그가 우리에게 무엇을 하였던지 간에, 부정에는 부정으로 보복한다거나, 아무에게도 악을 베풀면 안 된다."[345]고 한다. 이것은 모두 개인의 심정과 선의에 기초를 둔 것이요, 타율적이거나 형식으로 주어지는 것이 아니라 할 수 있다. 법은 엄숙한 것으로서 그것에 대하여 인간은 내심으로부터의 자발적인 복종이 요망된다. 이것을 결여하여서는 법의 의의를 상실한다. 공의에 대하여 위배되는 심정이 전혀 용납되지 않는다. 법 앞에 인간은 묵묵하여야 한다.[346]

---

340) *Euthyph.* 2B.

341) *Apol.* 17D.

342) Ibid 25D-E.

343) Ibid 26A.

344) Ibid 41D.

345) Ibid 49C.

346) Ibid 35B, *Crit.* 51B-C 참조.

3)

이와 같이 법은 절대적이요 신성한 것이며 정의의 실현이었다. 법이 명하는 것은, 바로 국가가, 자기의 연고관계가, 인간의 공의가, 그리고 신의 뜻이 명하는 것으로 이것을 지키는 것은 "영예로운 것이다." 그러므로 법 자체에 대하여는 절대적인 복종이 있을 뿐이다. 그러나 국법과 정부의 명령은 항상 일치하는 것은 아니다. 정부는 가변적이요, 국법 정신은 영구적이다. 따라서 정령(政令)이 국법 정신에 일치됨을 이상으로 한다. 소크라테스는 국법에 충실하여 정상적으로 수행된 재판에 의해서는 기꺼이 독배를 마시지만 법에 어긋나는 정령(政令)에 대하여는 단호히 거부하였던 것이다. 그것은 공동의 지반에서 나온 것이 아니요, 사사로운, 정의롭지 못한 것이기 때문이다. 그러므로 일시적인 권력자의 자의적인 명령으로 결단될 경우에는 이것을 인정할 수 없는 것이다. 소크라테스는 그가 민정(民政) 하에서 원로원 의원으로 뽑혀 있을 때에, 전쟁에서 과오를 범한 열 명의 장군을 집단적으로 재판하려는데 대하여, 그 불법성을 지적하여 위험을 무릅쓰고 그것을 반대한 유일한 사람이었으며,[347] 그 후에 30인 정치가 수립되고 또다시 레온 장군을 체포하라는 명을 받았으나, 자기는 그것이 부당하다고 생각하여 그대로 집으로 돌아가 버리고 말았다는 것이다.[348]

이미 제정된 법률에 대하여는 이를 준행(遵行)할 의무가 있다. 그리고 개개인은 구체적인 법규에 의하여 행위의 법칙을 삼고 있다. 그런데 이러한 법규를 만드는 것은 사람이다. 국가와 법은 시민의 공동적 지반이려니와, 이러한 지반 위에서 국사를 돌보는 것은 시민들이다. 사람들은 이러한 지반 위에서 합리적인 방법으로 국가의 제도를 만들어가는 것이다. 그러므로 법률은 제도상의 변경이 가능한 것이니 이러한 가능성을 소크라테스에게서

347) *Apol.* 32B.

348) Ibid 32C-D.

찾아볼 수 있다. 즉 소크라테스가 아테네의 현행법을 대체로 인정하는 것은 사실이다. 그러나 모순을 지적하지 않는 것도 아니다. 아테네인에게도 다른 나라와 같이 자기의 재판과 같은 중대한 경우에는 하루에 그치지 않고 여러 날 심의할 수 있는 법이 필요하다고 한다.[349] 그러나 이것은 모순의 지적이요, 이것을 자기 혼자서 시정할 수는 없는 것이다. 주관적인 판단이 객관적으로 시행되기까지는 사회적으로 보편적인 인정을 필요로 하며 일정한 수속을 거쳐야만 한다. 그리하여 개인의 의사를 가능한 범위 안에서 충분히 발휘코자 노력할 수 있는 것이다.

그러나 법률의 모순을 지적하는 것과 법을 파괴하는 것과는 구별되어야 할 것이다. 그러므로 소크라테스는 자기의 입장을 변호하며, 비굴하지 않고, 법에 복종할 뿐이요, 형벌을 자초하는 것은 아니다. 그리고 자기의 경우에 있어서 자기가 택할 수 있는 최선의 방법이 죽음이었을 뿐이다. 그 역시 가족을 생각하였고 방면(放免)과 외유도 생각하였으나,[350] 그것은 대의에 합당하지 못하였다. 그의 죽음의 재판에 있어서도 아직 미결로 여유가 있을 때에는 최선의 노력을 하여보지만, 일단 지난 다음에는 사의(私意)로 변경치 않는다. 옥중의 소크라테스를 찾아온 크리톤이 그의 망명을 권유하였을 때에도 "아테네인의 허락 없이 떠나가 버려도 된다는 말을 말아주게."[351]라 한다. 그러므로 법에 있어서 제도상의 모순점이 발견되어 시정을 요한다고 생각할 때에는 "그 잘못을 확신시키든가, 그렇지 않으면 명령을 이행하여야 한다." 확신시킨다 함은 법에 항거하는 것이 아니라, 납득 가능한 방법으로 공동의 의지를 설득하여 공동의 의지에 의하여 법규를 개정할 수 있다 함을 의미하는 것으로 보인다.

---

349) Ibid 37B.

350) Ibid 34D, 41E 참조.

351) *Crit.* 48E.

Ⅲ. 仁과 소피아

1. 仁과 소피아의 특이성

1)

이제까지 우리는 공자의 인과 소크라테스의 소피아를 여러 면에서 고찰하여 왔다. 공자와 소크라테스는 모두 호학(好學)과 애지(愛知)로써 인생을 탐구하고 참된 삶을 실현코자 평생토록 노력하였거니와 그 중심사상을 인(仁)과 소피아에서 볼 수 있다. 그러면 이제까지의 논의에 근거하여 공자의 인과 소크라테스 소피아의 기본적 성격과 특징은 각기 어떠한 점에 있으며 그것이 동서철학에 어떠한 영향을 주었는가에 대하여 살펴보고자 한다.

앞서 논의한 바와 같이, 공자는 문제를 이론적으로 설명하거나 논리적으로 개념을 규정하는 태도가 아니었다. '인' 이라 함에도 그것은 이론적인 것이라기보다는 실천적인 성격을 가지는 것이었다. 그러므로 어디까지나 자기 자신의 수양을 통하여 인격과 역량을 함양하며, 그리하여 얻어진 능력과 권능을 가지고 현실에 대하여 실천적으로 작용하는 것이다. 즉 자기 자신에 철저함으로 말미암아 직접적인 행동으로 대응하는 것이라 할 수 있다.

소크라테스에 있어서는 사정이 좀 다르다. 소피스트의 사회에 있어서 그는 논리적으로 대결할 수 있는 능력을 필요로 하였으려니와, 소크라테스의 소피아는 이론적이요 논리적인 성격을 지니고 있다. 소크라테스는 그의 대화법 즉 논리적인 추구를 통하여 상대방의 무지를 각성시키는 것을 사명으로 하였다. 소크라테스의 문제는 사람들의 관심을 외부 세계로부터 자기 자신으로 방향을 전환시키는 점에 주요한 의의가 있다. 이것은 곧 확실성의 근거를 상실하고 현실의 첨단에서 미혹된 상태를 이론적으로 논파하는 것이라고 할 수 있다. 그러므로 소크라테스에 있어서는 진지(眞知)와 무지(無知)를 판별할 수 있는 지혜가 필요한 것이라 하겠다.

공자의 인은 이론적인 면보다도 정의적(情意的)인 요소가 보다 뚜렷하다. 공자 자신의 인격을 보더라도 매우 정서적임을 알 수 있다. 공자는 항시 음악을 즐겼으며, 안연의 죽음에 대하여 공자는 눈물을 흘리고 통곡하였다. 우리는 공자의 어느 말씀을 보거나 인간적인 정서와 기상을 볼 수 있다.

소크라테스의 소피아는 아무래도 분석적인 면이 강하며 이지적이다. 물론 소크라테스의 소피아가 단순한 이론에 그치는 것이 아니요, 안다는 것은 행동을 수반하게 마련이다. 그러나 소피아는 아무래도 따지는 것이요 합리성을 추구한다. 소크타테스의 논의에서 우리는 유머를 발견할 수도 있을 것이다. 그러나 역시 그것은 아이러니와 관련되는 것이라 할 수도 있는 것이다. 소크라테스에게 웃음은 볼 수 있으나 울음은 발견하기 어렵다. 논리적 추구에 있어서 소크라테스는 누구보다도 열렬하였다고 할 수 있다.

논리적 추구라고 하면 일정한 대상에 대한 이론적인 분석과 판단을 의미한다고 하겠다. 그러나 정서를 두고 말한다면, 그것은 인간의 신체를 통하여 내부에 있어서 느껴지는 것이요, 동시에 행동과의 관련을 가지는 것이라 할 수 있다.

공자는 "배우기를 싫증 내지 않고, 남을 가르치기를 게을리하지 않는다."[352]고 말한다. 공자도 스스로 겸손히 하여 "내가 아는 것이 있겠는가? 아는 것이 없다. 비루한 사람이 내게 묻더라도 텅 빈 것 같이 하여 나는 두 끝을 두드려 보아 힘을 다할 뿐이다."[353]라고 한다. 그러나 "속수의 예를 행하여 배우고자 하는 사람을 내가 가르치지 않은 적이 없다."[354]라고 함과 같이 진실로 배우고자 하는 사람에게는 누구나 가르치고자 하였다. 그리하여 "그 사람에 따라서 가르치는 법을 달리한다[隨人異教]."라 함과 같이 가장 적합한 문제를 실천적으로 교도(教導)하는 것이다.

그러나 소크라테스는 자기가 누구를 가르친 일이 없다고 말한다. 자기 자신은 교사가 아니라는 것이다. 이것은 물론 자기의 입장을 당시의 소피스트와 구별하는 의미라고도 할 수 있겠고, 또 진리를 아는 것은 각자의 문제라는 것, 즉 '산파술'의 뜻으로도 볼 수 있다. 소크라테스는 일반적, 보편적 개념에 도달할 때까지 변증 하여가지마는 구체적인 행위를 지적하여 가르치지는 않는다. 항시 상대방과 대등한 입장에서 논리적인 추구를 계속하는 것이다. 공자도 제자들에 대하여 일정한 교설을 전수하는 것이 아니라 "사람의 도를 가지고 사람을 다스리다가 고치면 그친다."[355]라 함과 같이 그 사람이 자발적으로 독립할 수 있게끔 지도하는 것이며, 소크라테스도 상대방으로 하여금 결과적으로 무지를 자각하고 진지(眞知)를 탐구케 하는 점에서는 진정한 의미의 교사라 할 수 있다.

2)

공자는 평시에 인간의 구체적인 도리를 말하고 천(天)을 말하지 않는다. 소크라테스도 신(神)에 대한 불경의 혐의로 독배를 마시게 되었다. 그러나

---

352) 『논어』「述而」: "學而不厭, 誨人不倦."

353) 『논어』「子罕」: "吾有知乎哉, 無知也, 有鄙夫問於我, 空空如也, 我叩其兩端而竭焉."

354) 『논어』「述而」: "自行束脩以上. 吾未嘗無誨焉."

355) 『중용』 제13장: "以人治人, 改而止."에 대한 朱子註, "若以人治人, 則所以爲人之道, 各在當人之身 初無彼此之別, 故君子之治人也, 卽以其人之道, 還治其人之身, 其人能改. 卽止不治, 蓋責之以其所能知能行, 非欲其遠人以爲道也."

사실은 어떠한가?

공자에 있어서는 천이 극존무대(極尊無大)한 존엄으로서 높여졌고, 공자 자신이 천명을 모르면 군자가 될 수 없다[不知命, 無以爲君子]고 하였다. 소크라테스는 신의 명령으로 자기는 평생에 애지(愛知)의 활동을 하게 된 것이라고 하며 죽음의 재판의 마지막에서도 비록 자기는 죽음을 당하게 되었지만 무엇이 진정으로 좋은 것인지는 오직 신만이 아신다고 하였다.

그런데 공자와 소크라테스에게 인간 이상의 최고의 권위인 천(天)이나 신(神)이 가장 존엄한 것이었지만 그 표현에 있어서는 차이가 있다. 즉 공자는 천(天)에 대하여 자주 말하지 않지만, 소크라테스는 그의 논의 가운데 신이란 말을 자주 사용한다. 현실적으로 공자는 인간적인 면이 현저히 나타나지만 소크라테스에 있어서는 그의 논리의 배후에 신비적인 요소가 짙다고 할 수 있다.

일례로 다이모니온은 소크라테스의 행동의 결단에 한계가 되었던 것이다. 공자는 죽음이나 귀신 등에 대하여도 적극적으로 말하지 않는다. 사후의 세계나 영혼불멸에 대하여도 그 논의를 보기 어렵거니와 부정도 하지 않는다. 그러나 공자의 경우는 단순한 불가지론이라기보다는 인간의 마땅한 도리를 다하는 것과 구별하지 않았던 것으로 보인다. 그러므로 자로가 '귀신'과 '죽음'에 관하여 물었을 때에도 "사람을 섬기지 못하면서 어찌 귀신을 섬기겠는가[未能事人 焉能事鬼]." 라 하였고 또 "삶을 알지 못하면서 어찌 죽음을 알리요[未知生, 焉知死]?"[356]라고 하였다. 이것은 자로의 물음에 답한 것이므로 공자 자신이 사후의 세계와 영혼의 문제를 어떻게 생각하였는가 하는 것은 알기 어려운 일이라 하겠거니와 또 그것을 부정하였다고 단언할 수도 없을 것이다. 그러나 공자는 인간의 도리를 강조하는 것이며, 그것을 떠나서 별도로 논의하는 것은 무의미하다고 할 수 있다.

---

356) 『논어』「先進」.

소크라테스는 그의 논의에 있어서 신(神)을 자주 말하며 신(神)을 떠나서는 논의할 수 없을 정도이다. 소크라테스는 인간의 영혼을 말한다. 그러나 그것이 인간의 영혼이기는 하지만 그 자체는 신성한 것이요 불멸하는 것으로 보았다.[357] 소크라테스는 영혼이 불멸한다고 단언하지는 않지만 그의 확신은 그 이상이라고 할 수 있다. 소크라테스에 있어서 인간은 자기의 영혼을 돌보는 것이 가장 중요한 일이라 하겠으며, 소크라테스 자신은 영혼의 불멸과 신의 세계로의 복귀를 증명하고자 노력하고 있다.[358]

소크라테스가 신과 영혼의 불멸을 말한다고 하여 현실문제에 소홀하였다고 할 수는 없다. 소크라테스가 사후의 세계를 말하지만 자살이란 도저히 용인할 수 없는 것이었다.[359] 그러므로 현세에서의 여기 이 순간이 중요한 것이요, 오직 의(義)냐 의(義)가 아니냐만을 문제로 하였던 것이다. 소크라테스는 평생을 애지(愛知)의 활동 즉 자기 자신의 생의 의미를 탐구하며 타인의 무지(無知)를 일깨워 주는 일을 사명으로 하여 다른 일에는 여념이 없었다고 하였으며 결국은 그것으로 인하여 독배를 마시게 되었다.

소크라테스는 자기의 생애를 그러한 의무의식 속에서 살아왔다.[360] 그것은 그의 준법정신과도 관련된다고 할 수 있다. 그것은 인간의 일이 아니다. 신의 뜻에 대한 순종이다.[361] 즉 인간의 정서에서 우러나온 것이라 신성한 의무이다. 여기서도 소크라테스의 이지적인 성격이 나타나고 있거니와 의무라고 함은 구체적인 내용을 직접적으로 지시하는 것은 아니다. 그러나 소크라테스 자신은 자기가 무엇을 하여야 할 것인지를 알았으며, 그의 죽음은 자기의 의(義)를 실제적으로 수행한 결과라고 할 수 있다.

---

357) A.E Taylor, *Plato* p.186 참조.

358) *Phaed.* 80B, Ibid 82B, *Apol.* 41C 이하 참조.

359) *Phaed.* 62 이하 참조.

360) *Apol.* 28E 참조.

361) *Apol.* 31B 참조.

이와 같이 소크라테스 자신이 신이나 영혼을 말하고 의무를 말하였으나 현실로부터 이탈하지 않았다. 그러나 그러한 방향에 있어서 일련의 논의는 인간 이상의 초월성을 암시하기 때문에 후대에 인간 이상의 초월자를 대상화하게 되고 추상적인 논의를 가능하게 한 것으로 보인다. 또한, 아리스토텔레스의 말대로 소크라테스는 귀납적 방법과 개념정의를 최초로 사용한 사람이거니와[362] 소크라테스의 '논리'는 직접적인 사실과 실천으로부터 분리 독립한 이론과학으로 발전할 수 있는 계기가 될 수 있었다고 할 수 있다.

공자에게서는 인간의 행동과 실천이 중시되나 그렇다고 하여 논리성을 결여한 것이라기보다 이법을 내포한 것이라 할 수 있다. 즉 '중절(中節)' 한 것이며 이것이 공자의 예라고 할 것이다. 극기복례(克己復禮)는 주체성의 온전한 실현으로서 객관적 타당성을 견지하는 것이었다. 예는 인(仁)의 실현임과 동시에 객관적인 이법을 의미하였다. 그러므로 공자가 "문채와 바탕이 고르게 어우러진 다음에라야 군자이다[文質彬彬然後君子]."[363]라고 하듯이, 객관적 사실에 있어서 소홀하면 인이라 할 수 없다. 공자의 인은 인간의 구체적인 실천의 문제로서 합리성을 내포하고 있지만 직접적인 행위로서 나타나기 때문에 그 자체만 보아서는 논리성을 결여한 것 같이 보일 수 있다. 그러나 그것은 천도와 인사가 통일적으로 지양된 상태를 뜻한다. 그리하여 공자 이후에 공자의 인간적이요 정서적이며 실천적인 면에 영향을 입고 있는 동양에 있어서는 이론과학의 발달보다는 윤리적인 방면에 치중되고 문학과 예술 그리고 예의 문제와 함께 내성외왕(內聖外王)의 도로 발달하여 왔다고 할 수 있다.

---

362) Aristoteles, *Metaphysica* 1097b.

363) 『논어』「雍也」.

2. 仁과 소피아의 자기 근거

1)

공자와 소크라테스에 있어서는 그들이 시대적 지역적 차이와 개인적 성격 그리고 사상적 특징을 지니는 만큼 두 사람의 사상이 반드시 일치한다고 하기는 매우 어려울 것이다. 그러나 공자와 소크라테스는 위에서 논의한 바와 같이 각기 그 특이성을 볼 수 있지마는 철학적으로 가장 기본적인 것이라고 할 수 있는 문제에 있어서 공통적인 요소를 적지 않게 찾아볼 수 있다.

공자와 소크라테스에 있어서 다 같이 논의의 초점이 된 것은 '인간의 자아' 라고 할 수 있다. 우주의 시원이나 생성의 원리와 같은 자연학 문제가 공자와 소크라테스의 직접적인 관심의 대상이었다고 하기보다는 인생을 어떻게 참되게 살아갈 것인가를 주제로 하였다. 공자와 소크라테스는 인간의 일용적이요 세간적인 일을 긍정하며 결코 무시하지 않는다. 그러나 공자의 인이나 소크라테스의 소피아는 모두 인간의 사회적인 유용성을 전제로 한 전문적 지식을 논의하는 것이 아니라 직접적으로 문제를 담당하고 해결하면서 살아가고 있는 개인의 인간 자신에 관한 것이었다.

공자는 "군자는 자기 자신에게서 원인을 구한다[君子求諸已]." 라든가 "자신을 이겨 예를 회복한다[克已復禮]", "인을 행함은 나로부터 말미암는다[爲仁由已]", "경으로써 자신을 닦는다[修已以敬]." 라고 말하는 것과 같이 공자의 학은 위기지학(爲已之學)이라고 할 수 있다. 항상 자기가 문제이기 때문에 "나를 알아주지 않는 것을 걱정하지 말고, 알아줄만한 사람이 되기를 구하라."[364]고 하고 또 "군자는 자신이 능력 없음을 걱정하지 남이 자기를 알아주지 않는다고 걱정하지 않는다."[365]라고 하여 근본을 말하는 것이다.

---

364) 『논어』「里仁」: "不患莫已知, 求爲可知也."

365) 『논어』「衛靈公」: "君子病無能焉, 不病人之不已知也."

소크라테스에 있어서도 제일의 명제는 "너 자신을 알라"는 것이었으며 자기 자신에 대한 반성을 가장 중요시하였던 것이다. 그러므로 소크라테스에 있어서 이른바 무지의 자각은 자기 자신의 성찰에서 비롯하는 것이었다. 그리하여 소크라테스는 "호전적이요, 논쟁을 즐기는 교양 없는 자는 진리 자체가 문제가 아니라 어떻게 하여 듣는 사람으로 하여금 그들의 견해가 진리인 것 같이 보이게 하느냐 하는 데만 열심이다." 그러나 "나는 이런 면에서 그들과 다르다고 생각한다. 먼저 나 자신이 이 문제를 믿게 되려고 애쓰는 것이지, 남이 옳다고 하고 안 하는 것은 둘째 문제이다. 아, 나는 얼마나 이기적인 태도인가!"[366]하고 덧붙여 말한다.

그러므로 문제는 객관적인 대상을 아는 것이 아니라 자기 극복이요 자기 이해이기 때문에, 대상화 할 수 없는 것, 순간순간에 있어서의 직접적인 자기의 일이라고 할 수 있다. 그리하여 공자의 인은 각 개인이 '참된 사람' 이 되는 것을 의미하는 것이요, 소크라테스의 소피아는 사람이 '올바른 생각' 을 가지고 생활하는데 힘쓰는 것이라고 할 수 있다.

인간의 일상적 현실적 생활에 있어서는 사회정의로서의 윤리와 도덕이 요구된다고 할 수 있다. 그러나 공자나 소크라테스에 있어서 자기성찰이라 함은 단순한 윤리적인 문제로서 그치는 것이 아니라 오히려 그것을 넘어서 자기 자신의 본 모습을 알고자 하는 무제약적인 요구임과 동시에 어떠한 조건을 전제로 하지 않은 자기의 본원적인 사실에 대한 탐구라고 할 것이다. 그러므로 공자는 이것을 간절히 희구하여 "아침에 도를 들으면 저녁에 죽어도 좋다[朝問道 夕死可矣]"[367]고 하였으며, 소크라테스는 죽음을 당할지언정 그의 애지의 활동을 그만둘 수는 없다는 것이었다.[368] 그러므로 그것은 단지 윤리적인 것이 아니라 모든 인간의 가치가 그것으로부터 근거 지워

---

366) *Phaed.* 91A.

367) 『논어』「里仁」.

368) *Apol.* 29D ~ 30B 참조.

질 수 있는 것으로서 인간에게 고유하면서 인간이 임의로 좌우할 수 없는 본원적인 사실이라고 할 수 있다.

그리하여 공자에 있어서는 자기 자신의 내면적 성찰의 극한에 있어서 선천적 본질이라고 할 수 있는 덕[天生德於予]과 직[人之生也直]을 체득한 것이요, 소크라테스에 있어서는 자아의 실제적 본질이라고 볼 수 있는 영혼(phyche, the truth and wisdom and the perfection of the soul)에 도달한 것이라고 할 수 있다.[369] 그리하여 공자의 인이나 소크라테스의 애지(愛知)가 모두 핵심적 자아인 명덕(明德) 또는 직(直)을 관철시키고 영혼을 지키고자 하는 노력 이외의 것이 아니라고 할 수 있다.

그런데 선천적 본질이라고 말하는 명덕이나 영혼은 단지 추상적인 관념이 아니라 인간에게 고유한 내재적 사실로서의 실체로서, 그것이 인간의 육체와는 구별되는 것이로되 인간을 떠나있는 것이 아니었다. 그것은 단순히 이성적인 것일 뿐만 아니라 정의적인 요소의 근거가 되는 것이고 논리적·윤리적 확실성의 통일적 근거가 되는 것이었다. 공자와 소크라테스에 있어서 가장 뚜렷한 공통점은 다 같이 외부적 대상으로부터 인간의 자아로 문제의 방향을 전환시켰다는 것과 그리하여 자아의 내부에 있는 확실성의 근거를 확인한 것이라고 할 수 있다.

2)

우리는 앞에서 공자에게서는 천(天)이 극존 무대(極尊無對)한 최고의 궁극자로서 표현되었고 소크라테스에게서도 신(神)은 그의 생애를 지배하여 온 절대적인 권위이며 인간은 신에 좇아 복종하여야 한다 하는 주장을 보아 왔다.

---

369) Cornford, *Before and After Socrates*, p.50 참조: "I can now define … that the achievement of Socrates was the discovery of the soul … Socrates' discovery was that the true self is not body but the soul."

그런데 공자의 천이나 소크라테스의 신은 그 용어에 있어서는 그 이전에 사용하였던 것과 다를 것이 없다. 그러나 그 내용에 있어서는 판이하다고 할 수 있으니, 전통적인 의미의 외재적으로 존재하면서 인간의 제사를 직접 향수하며 인간의 화복을 좌우하는 것이 아니요, 공리적인 목적을 가지고 초월자를 경배하는 것도 아니다.

공자에 있어서는 자기의 인격이 내면적으로 깊어지고 성숙되어 감으로 인하여 느껴지는 세계인 것이요, 자기 내면의 덕성을 다함으로 궁극적으로 천명을 알게 되는 것이라고 할 수 있다. 그러므로 인(仁)을 매개로 함이 아니고서는 천(天)을 말할 수 없는 것이다.

소크라테스에 있어서도 신은 초월적 인격에 대한 의식(儀式)이나 제사와 같은 형식의 문제가 아닌 것으로, 『에우티프론(Euthyphro)』에서와 같이 전통적인 종교의식에 대하여 논리적으로 일일이 비판함을 볼 수 있다. 그러므로 신에 대한 "경건(piety, hosiotes)"을 인간의 내부에서 찾고자 한 것이라고 할 수 있다. "경건하기 때문에 신께 사랑을 받는다."[370]고 함에 있어서도 사랑을 받기 위하여 경건함을 말하는 것이 아니다. 그것은 조건이 될 수 없는 것이니 자기가 자기 자신에 깊어질수록 경건해질 수밖에 없기 때문이다. 이와 같이 소크라테스에 있어서도 신은 인간의 영혼을 매개로 할 때에만 말할 수 있는 것이라 할 것이다.

공자는 "체제사에서 이미 술을 부어 강신(降神)한 이후의 절차를 나는 보고 싶지 않다."[371]라하고 "제사를 지낼 때에는 옆에 있는 듯하셨고, 신에게 제사할 때는 신이 곁에 있듯이 하셨다[祭如在 祭神如神在]."라고 하였던 것으로 자기 자신에 있어서 인격적이고 내면적인 체험이 없는 천(天)이나 신(神)을 말한다 하여도 무의미한 것이라 할 수 있다. 소크라테스도 신에 대한

370) *Euthyph.* 10E.

371) 『논어』「八佾」: "自旣灌而往者, 吾不欲觀之矣."

봉사와 인간에 대한 봉사를 구별하는 태도가 아니었으며 고차적인 의미에서 도덕과 종교의 조화를 볼 수 있다.[372]

그러나 천이나 신의 존재가 인간의 인격에 의존하는가 하면 그렇다고 할 수 없다. 인간의 입장에서는 자기성숙과 내면적 충실이 문제이려니와 인간은 부족한 존재로서 파악되는 것이며 천이나 신은 엄연히 그 절대적인 궁극자로서의 존엄성에 변함이 없다고 할 것이다.

평소에 스스로 겸손한 공자와 자기의 무지를 말하는 소크라테스가 결국은 내면적으로 위대한 세계를 발견한 것이니, 천명 속에서 살아간 것이 공자라고 할 수 있으며 신의 뜻을 죽음에 이르기까지 봉행한 것이 소크라테스였다. 이러한 무한자와의 접촉에 의함으로써 자기의 본질적 생명을 다할 수 있었고, 자신과 권위를 가지고 인생을 힘 있게 살아간 것이라고 할 수 있다. 공자는 철환천하(轍環天下)를 할 때 사람들에게 해를 받아 위급한 경우가 되어도 "하늘이 내게 덕을 낳아 주셨으니, 환퇴가 나를 어떻게 할 수 있겠는가."[373]라 하고 또 "문왕(文王)이 돌아가신 뒤 그 문화가 여기에 있지 않는가? 하늘이 장차 이 문화를 없애려 하신다면 후세에 태어난 사람이 문화에 참여할 수 없을 것이다. 그러한 하늘이 이 문화를 없애려하지 않으신다면 광 땅의 사람들이 나를 어찌할 수 있겠는가?"[374]라고 말할 수 있었던 것이며 평생을 온화한 가운데 엄숙하게 살아간 것이라고 할 수 있다. 또한, 무지의 자각에서 출발한 소크라테스가 나중에 가서는 자기는 아테네 시민을 깨우치기 위하여 신이 보내신 선물이라 하고 아테네에는 그 이전에 자기의 이러

---

372) Jowett, *The Four Socratic Dialogues of Plato*, p.8, "Thus far Socrates has proceeded in pacing religion on a moral foundation. He is seeking to realize the harmony of religion and morality, which the great poet Aeschylus. Sophocles, and Pindar had unconsciously anticipated, and which is the universal want of all men."

373) 『논어』「述而」: "天生德於予, 桓魋其如予何."

374) 『논어』「子罕」: "文王旣沒, 文不在玆乎. 天之將喪斯文也, 後死者, 不得與於斯文也, 天之未喪斯文也, 匡人其如予何."

한 사업보다 더 중요한 일이 없었다고 말한다. 그리고 자기의 고발자인 아니토스나 멜레토스까지도 자기를 해할 수는 없다는 것이었다. 그는 악인이 선인을 해한다는 것은 신의 뜻이 아니라고 한다. 그리하여 죽음에 이르는 순간에도 확고부동하여 조금도 그의 신념에 손상됨이 없었다.

공자는 스스로 발분하여 먹는 것도 잊고[忘食] 근심도 잊어서[忘憂] 현실적인 제약을 넘어 "늙음이 곧 이를 것을 알지 못하는[不知老之將至]" 경지가 있었다. 또한 "아무도 나를 알지 못하는구나."라 하고 "나를 아는 것은 하늘이시리라!"라고 함에서 독자적으로 초월하는 세계가 있었음을 알 수 있다. 또 소크라테스도 그의 다이모니온을 말하든가 『심포지온』에서 볼 수 있는 바와 같이 때때로 신비한 경지에 몰입하곤 하였다. 이와 같이 공자와 소크라테스는 내면적으로 심대한 세계를 경험하였으며, 천(天)과 신(神)을 말하고 있다. 하지만, 현실에 있어서의 인간의 문제를 결코 소홀히 함이 없었다. 오히려 누구보다도 적극적으로 현실에 참여하였던 것이다. 공자의 인은 그대로 현실적인 인간의 생활을 가장 고차적인 차원으로 고양시키는 것이었으며, 소크라테스의 소피아란 모든 그릇된 현실을 논리적으로 비판하여 자기의 본원에 들이키고자 하는 노력이었다. 그러므로 공자의 인은 구체적인 실천을 떠나서 논의될 수 없는 것이었으며, 소크라테스의 소피아도 그 자체를 위한 것이라기보다는 실제적으로 사람과의 직접적인 대화를 통하여 문제의 성질을 규명하고자 하는 것이었다. 현실에서의 구체적인 사실을 떠나서는 논의할 수 없다.

공자의 학(學)은 위기지학(爲己之學)이라 할 수 있지만 항시 "안인(安人)" "안백성(安百姓)"을 문제로 하였던 것이며, 소크라테스도 "자기 자신을 선하게 만드는 것"[375]이 문제였지만 결국은 자기의 모든 사사로움을 버리고 늘 아테네 사람들을 위하여 마치 부형(父兄)과도 같이 개인적으로 한

---

375) *Apol.* 39D.

사람 한 사람과 만나서 덕에 힘쓸 것을 촉구하여 왔다는 것이다.[376)]

공자에 있어서 인의 실현이 예로 나타나고 있다면 소크라테스에 있어서는 정의(正義)를 지키고 법을 준행하여야 하는 것이었다.

3)

공자와 소크라테스는 다 같이 윤리와 도덕이 문제였다. 그러나 한갓 전통적인 습관이나 규범을 묵수하는 태도가 아니라 도덕의 근원을 인간의 인격과 자각에 두었다. 다음의 예는 공자와 소크라테스의 입장을 분명히 하는데 도움이 될 것이다.

섭공(葉公)이 공자에게 말하여, "우리 마을에 행실이 곧은 사람이 있는데 그의 아비가 남의 염소를 훔쳐온 것을 자식이 증명하였소."라고 함에 대하여 공자는 오히려, "우리 마을의 곧음은 이와 다릅니다. 아버지가 자식을 위하여 은밀히 하고 또 자식이 아버지를 위하여 은밀히 하는 것이니, 그 가운데에 곧음이 있는 것입니다."[377)]라고 대답하였다. 대화록 『에우티프론』에 있어서도 에우티프론은 자기의 부친이 과실로 인하여 자기 집 종을 죽게 하였다 하여 자기의 부친을 고소하겠다는 것이었다. 살인이란 범법이요 그것은 신에 대한 불경이라는 것이다. 불의를 행하였으면 그 사람이 비록 집안에 살며 같은 식탁에서 밥을 먹는다 하더라도 고소를 하여 처벌하여야 한다는 것이다. 그러므로 자기 부친이나 가족들이 자기 행위에 대하여 노하고 있는 것은 신성한 것이 무엇인 줄을 모르는 소치라는 것이다.[378)] 이와 같은 에우티프론의 태도에 대하여 소크라테스는 부친을 고발하는 것이 오히려 신께 대한 불경이 될지도 모른다고 하여[379)] 과연 경건이란 무엇인가를 논리

376) *Apol.* 31B.
377) 『논어』「子路」.
378) *Euthyph.* 4-5 참조.
379) *Euthyph.* 3E.

적으로 추궁하였던 것이며 결국은 신성과 불신성이 무엇인지도 확실히 모르면서 종 하나로 인하여 나이 많으신 부친을 고소할 수는 없는 것으로 확신한다고 말하고 있다.[380)]

이와 같이 도덕의 근원은 외재적인 형식이나 규범에 있는 것이 아니라, 인간 자신의 도덕적 자각에 있다. 그러므로 공자에 있어서 "덕으로써 정치를 한다[爲政以德]." "법으로 이끌고 형벌로 다스리면 백성이 법과 형벌에서 벗어나려할 뿐 부끄러움이 없게 된다. 덕으로써 이끌고 예로 다스리면 백성들이 부끄러워하고 바르게 된다."[381)]라 하고, 또한 "송사를 듣는 것은 나도 남과 같지만, 결국에는 송사가 없게끔 하려 한다."[382)]라고 하여, 인간의 인격과 내면적 동기를 중시하고 있다. 소크라테스도 그의 준법정신은 강렬하였지마는 법으로 해결하기 이전에 개인적으로 은밀히 지도하고 계몽하여야 한다는 것이다.[383)] 무지로부터 벗어나서 진지를 획득함으로써 선행은 필연적으로 따르게 마련이었다.

공자는 인격과 도덕을 중시하여 모든 사람을 용납하지마는 그러나 우리는 공자에 있어서 현실비판의 정신이 매우 준엄함을 볼 수 있었다. 그는 당시에 권력 있는 위정자가 정사에 대하여 물었을 때에도 "그대가 올바르게 다스리면 누가 감히 바르게 하지 않을 것인가?"[384)]하여 직언할 수 있었다. 공자가 철환천하(轍環天下) 하면서도 마침내 뜻을 얻지 못한 것은 공자의 정신이 당시의 위정자들과 어긋나기 때문이었다. 그리하여 공자는 "도가 같지 않으면 함께 도모할 수가 없다[道不同 不相爲謀]."[385)]라 하는 것이다. 공자에게는 예가 아니면 행할 수 없었다. 소크라테스에 있어서도 국가와 법

380) *Euthyph*. 15D 참조.

381) 『논어』「爲政」: "道之以政, 齊之以刑, 民免而無恥. 道之以德, 齊之以禮, 有恥且格."

382) 『논어』「顔淵」: "聽訟吾猶人也, 必也使無訟乎."

383) *Apol*. 26A 참조.

384) 『논어』「顔淵」.

385) 『논어』「衛靈公」.

은 시민에게 있어서 신성한 것이었다. 그러나 위정자의 정령(政令)이 국법 정신과 반드시 일치하는 것이 아니며 부정을 보았을 때에는 단호히 거부하는 것이다. 소크라테스에 있어서 준법이란 정의(正義)의 실천이었다. 정의(正義)와 부정(不正)을 변석하는 지혜는 어디에 근거하고 있는가? 소크라테스는 말하기를, "정의와 부정이 무엇인지를 아는 사람, 그 사람과 진리 자체가 말하는 것을 숙고하여야 한다."[386]고 하였다. 자공이 공자에게 "고을 사람들이 모두 좋아하는 것이면 어떠하겠습니까?" 라고 물었을 때 공자는 '그것으로는 부족하다[未可].' 라고 하여, "고을 사람 가운데 선한 이[善者]가 좋아하고 선하지 못한 이[不善者]가 미워하는 것만 못하다."[387]고 말하였다. 그러므로 "고을 사람 가운데 선한 이가 좋아한다[鄕人之善者好之]."가 문제이다. 어떻게 '곧은 마음으로 원한을 갚고, 은혜로써 은혜를 갚음[以直報怨, 以德報德].'[388]을 할 수 있는가? 그것은 오직 사람의 인(仁)함에 있는 것이다. 그러므로 "어진 이라야 남을 좋아할 수도 있고, 남을 미워할 수도 있다"[389]라 하고 "사람이 어질지 않다면 예를 행한들 무슨 소용이며, 음악을 한들 무슨 소용인가?"[390]라고 말할 수 있을 것이다.

---

386) *Crit.* 48A.

387) 『논어』「子路」: "子貢問曰, 鄕人皆好之,何如? 子曰, 未可也. 鄕人皆惡之, 何如? 子曰, 未可也, 不如鄕人之善者好之,其不善者惡之."

388) 『논어』「憲問」.

389) 『논어』「里仁」: "惟仁者, 能好人, 能惡人."

390) 『논어』「八佾」: "人而不仁, 如禮何, 人而不仁, 如樂可."

결 론

1)

철학사상은 시대와 풍토와 인물에 따라서 변천하게 마련이다. 공자와 소크라테스 이래 동양과 서양에 있어서 철학은 다양한 발전을 하여왔으며 오늘날에 와서 우리는 심히 분화된 철학적 전통을 이어받고 있다. 어쩌면 철학이란 각 개인이 하는 것인 만큼 그 내용을 달리하는 것은 철학 본연의 성격일지 모른다. 각 개인에게 개성이 있듯이 철학에 있어서도 각기 그 특징을 인정할 수 있을 것이다. 그러나 오늘날 우리의 철학은 상호 간에 긴밀한 관련성을 상실케 되었다. 예컨대 실존철학과 과학철학만 하더라도 학문적으로 전혀 매개점을 보여주지 못하고 있으며 오히려 배타적 성질을 띠게 되었다.

주지하는 바와 같이 서양에 있어서 근세 철학은 대체로 대륙의 관념철학과 영국의 경험철학의 두 계통으로 발전하여 왔다고 하겠다. 그러나 그것이 그 토대를 이성에 두었거나 감성에 두었거나를 막론하고 다만 현상을 인식하고 설명하는 이론의 체계에 그치고 인간 자신과의 직접적인 관련에 있어서 파악된 것이 아니기 때문에 현대에 와서는 특히 인간의 내면적 주체성을 강조하는 실존주의와 능동적 행동을 중시하는 프래그머티즘이 대두하게 된 것이라고 할 수 있다. 이 밖에도 분석철학, 유물사상 등을 내용적으로 세분할 수 있겠지만, 요컨대 현대에 있어서 철학이 분화되어 상호 매개 점을 발견하지 못하고 있음을 지적하지 않을 수 없다.

오늘날 우리는 실존철학에서 말하고 있듯이 헤겔류의 관념론이나 이성주의에 만족할 수는 없을 것이다. 실존주의는 물론 경험주의적 입장도 아니지만, 종래의 합리주의를 배격한다. 넓은 의미에서 실존철학은 보편주의·합리주의로부터 벗어나서 개인의 주체성을 강조하는 사상이라 할 것이다. 그러나 실존철학이 외부적인 경험적 사실을 말하지 않고 인간 내면을 강조하는 점에 있어서는 비록 그 성질을 달리한다 하더라도 종래의 관념론과 공통되는 점이 있다고 할 수 있다. 그리하여 경험적, 객관적인 사실의 문제를 논의에서 배제하는 것이다. 즉 실존철학에 있어서 우리는 개인의 내면적인 자기반성과 주체적 진리를 강조하는 점에서 공감을 가져올 수 있을 것이다. 그러나 그것이 비록 '연대성' [야스퍼스, Jaspers]이나 '행동' [사르트르, Sartre] 그리고 '공동적 참여' [마르셀, Marcel]를 말한다 하더라도 "현실적인 건설적 실천에 이르기에는 그 이론이 구체화되어 있지 않다."[391]는 점에 유의하지 않을 수 없다.

프래그머티즘은 경험론 계열에 있으면서도 그것이 단순히 주어진 사실에 대한 지식이라든가, 주관적인 심리현상이라든가, 또는 사변에 대하여 상대적인 것으로서의 경험이 아니라 인간의 물리적 사회적 환경과 교섭하며 대상에 변화를 가져올 수 있는 행동의 문제를 중요시하는 점에 특징이 있다

---

391) 박종홍, 『철학개설』, 1961, 330쪽 269쪽 이하 참조 ; 같은 책, 227쪽, "하이데거(Heidegger)만 하여도 길을 말하긴 하나 그 길이 말에의 길이요, 아직도 구체적인 행동이나 생활에 있어서의 길로까지는 거리가 있음이 사실이다. 시작(詩作)으로써 사색(思索)으로써 그대로 구체적인 현실문제가 궁극적으로 남김없이 해결될 수 있는가는 매우 의문이다"

할 것이다.[392] 그리하여 세계를 인간이 만들어가는 유연적인 것으로 파악하여 인간의 능력을 최대한으로 긍정하며 상대적인 진리관을 견지하고 있다. 그리하여 사람들로 하여금 자기침체의 고립으로부터 사회에 참여케 하여 활동적이며 개방적인 인간을 형성한다. 프래그머티즘은 인간의 실제생활에 있어서의 효과, 즉 유용성을 진리의 기준으로 한다. 그러므로 항상 실험과 조작에 의한 개선과 향상을 예상하는 것이다. 그리하여 인간의 복지를 위하여 부단히 노력하는 성향을 지닌다.

그러나 듀이(Dewey)에 있어서만 하더라도 가치의 근거를 어디서 찾을 수 있을 것인가 하는 점에 있어서 문제가 되는 것이라 할 수 있다. 이른바 창조적 지성(Creative Intelligence)이라 함도 행동을 매개로 한 객관적인 사실과의 교섭을 의미하는 것이요, 그 자체가 도구적인 것이거나 주체적, 인격적 의미를 갖는 것은 아니다. 듀이의 경험이 사유를 내포한 것이라고 하더라도 그 근본입장이 감수(感受)를 기초로 하는 경험론의 영역을 벗어나는 것이 아니므로 여기서 인간의 이상이라든가 가치의 이념이 도출된다고 하기는 어려운 것이다.

이 분석철학에 있어서는 감각을 기초로 한 사실성에 입각하여 명제와 언어의 논리적 분석을 그 중요과제로 한다. 그리하여 그것이 언어와 관념의 혼착(混錯)을 명석하게 하는 점에서는 공헌하는 것이라 하겠지만, 역시 행동과 실천이 나올 수 없으며 내용 없는 형식주의에서 벗어난다고 할 수 없다.[393] 따라서 이와 같은 객관적, 경험적 사실만을 취급하는 과학철학은 "이념이나 신념 없는 방법만이 기술적으로 외곬으로 발달하였을 뿐이요, 그 방법을 의의 있게 살리는 것에 인간의 이상이 있음을 잊어버리고 있다."[394]고 할 수 있다.

---

392) 박종홍, 위의 책, 120-121쪽 참조.

393) 송병욱, 『철학개론』, 381쪽 참조.

394) 박종홍, 위의 책, 268쪽.

이와 같이 실존주의는 인간의 내적인 면, 주체적 진리를 강조하고, 프래그머티즘과 과학철학은 외적 행동과 객관적 사실을 중요시하는 사상으로서 각기 주장하는 점이 대립하고 있는데, 과연 철학의 이러한 양면은 본질적으로 상극되는 것인지, 그 매개 점을 찾아볼 수 없을 것인가는 의문되는 바이다.[395]

이러한 문제와 관련하여 우리는 소크라테스의 소피아에서 시사를 얻을 수 있지 않을까?

소크라테스의 소피아는 분명히 이지적이고 논리적이었다. 그러나 그것은 단순한 형식논리는 아닌 것으로, 소크라테스에 있어서 지(知)와 행(行)은 합일이었던 것이다. 소피아는 사실을 가장 잘 판단할 수 있을 뿐만 아니라 지를 가지면 반드시 행하게 되는 것이요, 그것이 선(善)인 것이며 인간에게 유익한 것이었다. 악(惡)은 곧 무지였다.[396] 그러나 소크라테스는 소피아의 근거를 인간의 내부 즉 영혼에 두고 있거니와 지(知)는 곧 덕이었으니 정의, 경건, 자제, 용기 등은 모두 동일한 지의 측면이었던 것이다. 이와 같이 소피아는 인격적 의미를 가지면서 인간에게 절실한 아포리아를 해결함에 있어서 그 길을 향도하는 것이었다.[397] 그러므로 소크라테스의 소피아는 일반적으로 이론과 실제, 주관과 객관, 내 · 외와 본 · 말 등이 분리된 어느 일면에 대하여서만 관계하는 것이 아니었다.

소크라테스는 학자라기보다는 애지자요, 철인(哲人)이었다. 일반으로 소크라테스 자신이 체계적이요 적극적인 이설(理說, systematic positive

---

395) 박종홍, 위의 책, 277쪽: "관계를 중요시하는 현대철학은 길을 찾는 데까지 오긴 하였으나 과학철학의 길은 자동조화의 콘트롤이 과학으로써 불가능함을 자인케 되었고, 실존 사상의 길은 개별적인 관념의 세계를 트긴 하였으나 그것이 그대로 현실적인 힘을 가지기에는 부족함에 있음을 알게 되었다. 구체적인 사회참여가 요구되는 소이라고 하겠다."

396) *Prot.* 351B-358D 참조.

397) Ibid 329C-E 349 B-D 참조.

doctrine)을 가르치지는 않았다고 보지만, 학적 체계를 이룰 수 있는 동기는 준 것 (stimulating and critical influence)으로 말한다.[398] 그만큼 소크라테스의 소피아는 소크라테스 자신의 인간과 분리된 것이 아니었다. 그러나 후세에 학적으로 체계화함에 있어서는 어느 일면을 강조하는 반면 다른 면은 소홀하기가 쉬웠다. 시대적인 정세도 고려하여야 할 것이지만 그만큼 사실을 전체로서 통관하기란 쉽지 않기 때문이라 할 수 있다. 소크라테스 사후 플라톤[이데아설]과 그의 제자인 아리스토텔레스[형상 · 질료설]의 학풍이 달랐던 것이며, 소(小)소크라테스학파에 있어서도 쿠닉학파[금욕주의]와 키레네학파[쾌락주의]로 갈라졌던 것을 상정할 수 있다.

소크라테스 자신은 소피아를 말하더라도 어느 일면에 치우치지 않는 통일적 입장을 견지할 수 있었다. 그러나 후대에 있어서 철학은 실천과 사실로부터 독립한 학적 체계로 발전한 결과, 서양철학의 역사적 전통이 대체로 이론과 사유를 중심으로 하였다 할 수 있을 것이다.

오늘날 극도로 분화된 철학의 일면에 종사하고 있는 우리는 각기 자기의 입장에 대한 근본적인 반성이 요구되는 것이며 철학 본연의 입장에 대한 구심적인 모색을 하지 않을 수 없게 되었다. 이러한 뜻에서 소크라테스의 소피아는 우리의 논의에서 중요한 표적이 아닐 수 없다.

공자는 인간의 구체적 현실을 중시하며 실천의 문제를 떠나서 인(仁)을 말할 수 없는 것이었다. 그러나 앞서 우리가 논의한 바와 같이 그것은 단순한 직접적인 현실이 아니라 도를 매개로 하여 하나로 지양되어 있는 참된 현실을 말하는 것이었다. 인은 인간의 단적인 실천과 행동으로 나타나는 것이지만, 형이상하가 일관되어 있는 포괄적이요 통일적인 개념이었다. 그러므로 공자의 인은 오늘날에 이르기까지 그 시대와 학풍에 따라서 여러 가지

---

398) G.C.Field, The Philosophy of Plato, pp.11-12 참조.

로 해석되고 응용되어 왔지마는 오늘날에 있어서도 우리의 입장을 새로이 함에 시사점을 발견할 수 있을 것이다.

공자 이후 선진시대만 하더라도 맹자에게는 선천적으로 선한 본성의 발양을 강조하는 성선설을 말하였거니와, 순자에 있어서는 인간의 육체적인 욕망의 통제와 후천적인 경험을 강조하였음을 볼 수 있다. 한대(漢代)에 와서는 훈고학이 성행하게 되었고 인을 사회적인 인간관계에 있어서 친애(親愛)의 의미로 해석하는 경향이 있었다. 그 후 수 · 당 이래 노불시대를 거쳐 송대에 이르러서는 성리학이 일어나게 되었으며, 여기서 인은 철학적, 형이상학적으로 이론화하게 되었다. 또한, 송 · 명대에 있어서 육상산(陸象山)과 왕양명(王陽明)의 심학(心學)이 나왔음은 우리가 숙지하는 바이다. 그러나 성리학과 심학의 말류가 현실적인 의의를 가지지 못하고 공론과 공상에 흐르는 경향을 띠자 서구문물의 유입과 함께 명말 청초로부터는 고증학과 더불어 실제적인 이용후생(利用厚生)의 학으로 나가게 되었다. 그리고 조선시대만 하더라도 성리학 전성기인 퇴 · 율시대를 지나서 후기의 학자들이 독창성과 현실성을 잃게 되자 실학사상이 대두하게 된 것이다.

그러나 인이 역사를 통하여 이와 같이 다양하게 해석되어 온 것은 각기 문제해결의 일면성을 말하는 것이요, 앞으로도 역사적인 변천에 따라 그 시대의 특수성에 비추어 문제의식이 변화되는 것은 당연한 일이라 하겠다.

그러면 오늘날에 와서 우리는 인으로부터 무엇을 시사 받을 수 있을 것인가?

공자의 인은 실천적 성격이었기 때문에 후래에 있어서는 대체로 실행을 중시하는 반면 이론적인 면을 소홀히 한 경향을 보였으며, 이론과학에 있어서 뒤떨어지게 되는 면을 보였다 할 것이다. 그러나 공자에 있어서는 실천 가운데 합리성을 내포하고 있었던 것이다. 특히 오늘날 우리는 실천적인 문제에 유의함과 동시에 이론에 있어서 미약한 점을 분명히 할 필요를 느끼는 것이다.

오늘날 우리는 변혁의 시대에 살고 있다. 과거에 있어서 국가단위로 또는 지역적으로 국한되었던 것이 이제는 세계성을 띠게 되었고, 폐쇄적이던 인류의 생활이 개방적으로 되어간다. 특히 우리는 한 자리에서 세계의 모든 사상과 문화를 접하게 되었다. 그리하여 오랫동안의 단조성을 벗어나 세계의 문물에 접하게 되었다. 복잡과 다양, 이것을 현대의 특징이라고 할 수 있다.

한편, 전통적인 것과 새로운 것, 즉 신구의 대립은 세대의 간격을 조성하며, 사상적 정치적인 갈등은 실제로 우리 자신으로 하여금 심한 간난(艱難)을 겪게 하고 있다.

또한, 과학 발달은 인류에게 온갖 편의를 제공하며 세계사의 시대로 내닫게 하는 반면, 위협이 되고 있음도 사실이다.

현대는 이와 같이 우리로 하여금 상호이해와 분열 대립이라는 두 계기를 조성하고 있다. 이러한 다양성이 어떠한 길을 매개로 하여 조화를 이룰 수 있을 것인가 하는 점과 우리는 어떻게 스스로의 주체성을 가지면서 상호 이해할 수 있을 것인가 하는 점은 공자의 인으로부터 시사 받아야 할 것으로 생각된다.

2)

오늘날 사람들은 자기의 개성과 특수성을 잃어버리고 이른바 평균적 인간이 되었다고 말한다. 과연 우리는 전통과 타성 그리고 과학적 편의주의와 온갖 외부적인 세력으로부터 벗어나서 자기의 독자성을 확보할 것이 요망된다. 자기의 독자성은 어느 누구에게도 간섭을 받거나 침해될 수 없을 것이다. 그러나 우리는 동시에 타인과 관련을 가지고 있는 존재이다. 우리가 자기의 독자성을 확보한다 함은 모든 외부적인 세계와의 단절을 뜻함이 아니다. 실제로 '나'는 구체적인 현실에서 잠시나마 떠나서 존재할 수 있는가? 역사적 전통과 현실에서 떠난 '나'에게 있어서 남는 것이란 과연 무엇일까? 현실과 유리된 자기란 하나의 추상에 불과한 것이다. 주체의 확립이라고 함은 대상을 부정하는 것이 아니라 있어야 할 본래적인 자기를 확인하는 것이다.

그러나 역사와 현실이라 함은 인간 주체와 분리된 자연적인 대상을 말함이 아니라 인간 주체와 교섭되는 관계에 있어서 이루어지는 사실이어야 할 것이다. 그것이 아니면 단순한 자연적 물리적 사실임을 면할 수 없을 것이다. 당초에 역사와 현실이 인간을 떠나서는 성립되는 것이 아니었다. 역사적 현실은 주체적 현실인 것이다.

여기서 인간 자아의 주체적 의미에 대한 근본적 성찰이 요구되는 바라 할 것이다. 자기 심화를 매개로 하지 않은 채 객관적 사실과 물질의 문제를 취급한다면 그것은 인간으로부터 분열된 채 남아있을 것이다. 여기서 무슨 의미를 찾아볼 수 있을까? 종교적 문제만 하더라도 그것이 인간의 주체성을 떠나서 운위될 수 있을 것인가?

공자와 소크라테스는 다 같이 인간이란 단순한 존재가 아니요, 전체와 통할 수 있는 보편성을 자기 속에 지니고 있는 존재임을 말한다.

공자는 "자기를 이겨서 예를 회복하는 것이 인이니, 하루라도 자기를 이겨서 예를 회복한다면 천하가 인으로 돌아가리라."[399]라고 하였다. 어떻게 극기(克己)로부터 '온 세상 사람들이 인으로 돌아감[天下歸仁]'에 이를 수 있는가? 또한 우리는 공자가 "덕은 외롭지 않다. 반드시 이웃이 있다[德不孤必有隣]."라고 함을 보았다. 이는 독자적인 자기 자신에 있어서 깊어지면 깊어질수록 그것은 고독한 데에 그치는 것이 아니요, 보편성과 세계성에 이르는 것임을 뜻하는 바라 할 것이다. 소크라테스에 있어서도 제일의 명제는 "너 자신을 알라"는 것이었다. 자기의 영혼에 투철하라는 것이다. 그럴 때만이 개개인에 있어서나 국가적으로 모든 유익한 것을 얻게 되는 것이라 하였다.

이렇듯 진정한 자기를 발견하고 실현하는 것, 즉 공자에 있어서는 "자기

399) 『논어』「顔淵」: "子曰, 克己復禮爲仁, 一日克己復禮 天下歸仁焉."

속의 명덕(明德)을 밝힘"과 소크라테스에 있어서는 "자기의 영혼을 완수시킴"이 문제인 것이다. 이처럼 본래의 자기에 투철할 때에만 진정으로 현실을 긍정할 수 있는 길이 타개되는 것이라 할 수 있다. 이러한 의미의 인간은 단순히 생리적, 심리적, 사회적 인간일 뿐이 아니라 보다 높은 천성[神性]을 포함한 성리(性理)의 인간까지를 문제로 하는 것이요, 그러므로 종교적으로도 충실할 수 있을 것이다. 명덕과 영혼은 단순한 윤리적 관념이 아니라 철학적으로는 존재의 문제이며 종교적으로는 신의 영역이라고 할 수 있다. 종교와 과학에 있어서 그 매개의 초점을 여기서 구할 수 있을 것이다. 오늘날 신학에 있어서도 성숙한 인간이란 어떠한 것이냐 하는 점, 즉 인간성 탐구의 방향으로 그 관심을 돌리고 있는 것은 흥미 있는 일이라고 하겠다.

그런데 인간 자아를 매개로 함이 아니고서는 모든 것이 무의미하다 함은 인간의 자기 오만이 아닌가? 그러나 자기 자신에 의하여 실현되는 자기의 본질은 인간이 창조한 것은 아니다. 그것은 타고난 것이다. 자기 스스로를 과신함이 아니라 자기의 존엄성과 능력과 생명의 원천에 대하여 겸허한 마음으로 확신하는 것이다. 그러므로 종교적으로는 자기 부정이라고 할 수 있다. 이것이 공자에 있어서는 극기요, 소크라테스에 있어서는 "죽음의 연습"인 것이니 인(仁)과 애지(愛知)란 이 밖의 것이 아니라고 할 수 있다. 이러한 경우에 있어서만 인간은 힘을 얻을 것이요, 상호 간의 이해와 협동을 이룰

---

400) Creel, *Confucius,* p.133, "Finally, he did not set up his own words as an ultimate authority ; on the contrary, as we have seen, he made no claim to infallibility and permitted his disciple to differ with him rebuked. … There were four quantities from which the master was entirely free: he has no foregone conclusions, he has not over positive not obstinate and never saw things from his own point of view alone. He himself said that he hated obstinacy. His reputation for flexibility, acting always in accord with a careful consideration of all the circumstances, was so great that Mencius discussed it in detail a century later and called Confucius own best statement of this principle is the following : The true gentleman in the world is neither predisposed for anything nor against anything, he will side with whatever is right."

수 있을 것이요, 평화를 이룩할 수 있을 것이다.

공자와 소크라테스는 언제나 진리를 절대적으로 제시하는 태도가 아니다. 항시 자신의 수양과 학(學)을 통하여 언제나 다함이 없는 진리를 그때그때 음미하고 드러낼 뿐이다. 그러나 그것은 크릴(Creal)이 말하듯이 객관적인 정세에 대한 주의 깊은 관찰을 통하여 가장 알맞게 행동하는 것이다.[400)]

이것이 다름 아닌 역사적 현실에 있어서 창조적 참여라 할 것이다.

참고문헌

Ⅰ. 원전류

『十三經注疏』, 台北: 藝文印書館, 1955.

『經書』(大學, 論語, 孟子, 中庸 영인본), 성균관대학교 대동문화연구원, 1965.

『論語注疏解經』, [魏]何晏集解, [宋]邢昺 疏,

劉寶楠, 『論語正義』, 台北: 中華叢書委員會, 1958.

『二程全書』

『四書朱子或問語類』

『原本備旨 四書集注』

『性理大全』

李滉, 『退溪全書』, 성균관대학교 대동문화연구원, 1958.

李珥, 『栗谷全書』, 성균관대학교 대동문화연구원, 1958.

徐英, 『論語會箋』, 台北: 王中書局, 1957.

『荀子集解』, 松菁校勘, 台北: 新興書局, 1956.

朱喜, 『近思錄』

王守仁, 『傳習錄』

Ⅱ. 동양서 단행본

『李朝初葉名賢選集』

金永斗, 『東西政治思想史』, 서울: 一潮閣, 1959.

黃山德, 『막스 웨버』, 서울: 思想界社, 1960.

馮友蘭, 『新原道』, 서울: 한국철학회 複印本.

馮友蘭, 『中國哲學史』, 香港: 太平洋圖書公司, 1959.

謝无量, 『中國哲學史』, 上海: 中華書局, 1930.

宇野哲人, 唐玉貞 中譯, 『中國哲學史』, 台北: 中央文物供應社, 1955

胡適, 『中國哲學史大綱』 上卷, 商務印書館, 1947.

陳元德, 『中國古代哲學史』, 台北: 中華書局, 1941.

宇野哲人, 『支那哲學史』 - 近世儒學, 東京: 宝文館, 1954.

蔡元培, 『中國倫理學史』, 台北: 中華文物供應社, 1956.

王治心, 『中國宗教思想史大綱』, 台北: 中華書局, 1960.

梁啓超, 『先秦政治思想史』, 台北: 中華書局, 1959.

陶希聖, 『中國政治思想史』, 台北: 全民出版社, 1954.

陶希聖,『論道集』, 台北: 全民出版社, 1954.
楊幼炯, 村田孜郎 譯,『中國政治思想史』, 東京: 大東出版社, 1940.
陳啓天,『中國政治哲學史概論』, 台北: 華國出版社, 1951.
和田 清,『中國史概說』上卷, 東京: 岩波書店, 1950.
徐復觀,『中國思想史論集』, 台中: 中央書局, 1959.
高村象平,『一般經濟史』, 東京: 慶應出版社,
山口察常,『仁の硏究』, 東京: 岩波書店, 1936.
賀藤常賢,『禮の起源と其發達』, 東京: 中文館書店, 1943.
田中美知太郎,『ソクラテス』, 東京: 岩波書店, 1957.

III. 논문 및 학술지

宇野精一,『春秋時代の道德意識にひて』, 東京: 大東文化硏究所.
陳大齊 等,『孔學論集』, 中華出版事業委員會.
『東海學報』, 東海大學 V. II. No.1, 東海大學出版部
『人文科學』, 제6집, 서울: 연세대학교 문과대학
『歷史學報』, 제8집, 서울: 역사학회.
『孔孟學報』, 台北: 中華民國孔孟學會.

IV. 서양서 단행본

H.G.Creel ; *Confucius, The Man and the Myth*, The John Day Company, N.Y.1949.
H.G.Creel ; *Chinese Thought*, The mentor Book, 1960.
MaxWeber ; *Eassays in Sociology*, tran by Gerth & Mills, Oxford Univ. press, 1953.
Plato ; *Euthyphro, Apology, Crito, Phaedo, Phaedrus*, trans by H.N.Fowler, Havard.
Plato ; *Theaetetus, Sophis.* trans by H.N. Fowler, Havard, 1952.
Plato ; *Laches, Protagoras, Meno.* trans by W.Lamb, Havard.
The Four Socratic Dialogues of Plato : Euthyphro, Apology, Crito, Phaedo. trans by B.Jowett, the Clarendon Press, 1928.
Dialogues of Plato, Symposium, Meno, Republic, trans by B.Jowet
Platon's Theaetetus, trans by B.Jowett The Liberal Arts Press.
Plato's Protagoras, trans by B.Jowett, The Liberal Arts, Press.
Plato and Xenophon, Socratic Discourses, Introduction by Lindsay, Double Day Anchor Books, 1952.
A.E.Taylor : *Socrates*, Double Day Anchor Books, 1952.
F.M.Cornford : *Before and After Socrates*, Cambridge University Press, 1960.
G.C.Field : *The Philosophy of Plato*, Oxford University Press, 1951.
A.E.Taylor : *Aristotle on His Predecessors,* The Open Court Publishing Co. 1959.
M.E.Taylor : *Greek Philosophy*, The World Manuals, 1947.

補篇 II

杏邨論文 1

『파이돈』에 나타난 소크라테스의 영혼과 인식

序

I 서론

1. 파이돈과 플라톤적 소크라테스

2. 소크라테스에의 준비

3. 영혼과 시간

II 본론

1. 소크라테스까지의 영혼관

2. 영혼과 육체

3. 영혼과 회상

4. 영혼과 정결

III 결론

참고문헌

※ 학사논문 (1960)

序

서양문명의 기원이 희랍에 있다는 것은 모두가 잘 아는 사실이다. 고대에 학문이라고 하면 이것은 곧 철학을 의미한다. 희랍철학은 플라톤에서 총결산이 되며 또다시 힘차게 출발을 하여 서양정신사의 근간을 이루었다.

플라톤을 거치지 않는 학문은 거의 없다. 플라톤은 소크라테스에게서 그의 학구적 태도와 인격 그리고, 윤리를 배웠다. 그의 스승인 소크라테스의 죽음은 그에게 크나큰 충격을 주었다. 플라톤은 『파이돈(Phaidon)』에서 죽음에 임하는 스승의 최후를 기록하고 있다.

죽음에 이르렀을 때 인간은 가장 신실(信實)하게 되는 법이다. 이때에 진리가 인간에게 나타난다. 『파이돈』에는 윤리적 인간의 최후가 기록되었을 뿐 아니라, 높은 철학이 있다. 여기에 인간의 생명과 죽음의 문제가 나온다. 무엇이 인간에게 귀한가? 어떻게 인격은 고귀해질 수 있는가? 여기에 소크라테스의 철학과 종교가 있다. 인생이란 어떤 것이며, 참다운 인식은 어떻게 이루어지는 것인가에 관한 논의로 『파이돈』은 일관하고 있다. 여기서는 영혼설과 본체론 그리고 인식론이 나오며, 플라톤 철학의 서설이 되고 있다. 그리고 이것은 소크라테스에서 플라톤으로 넘어오는 자리이기도 하다.

서양철학의 조종(祖宗)이 된다고 볼 수 있는 플라톤을 거쳐야 한다는 것은 두말할 필요가 없으며, 학문의 순서로서도 우리는 근본적으로 희랍철학에서부터 시작해야 할 것이다. 플라톤의 『파이돈』을 다루고자 하는 뜻이 여기에 있다.

그런데 여기에 난관이 있다. 첫째로 희랍어를 읽지 못하므로 원전을 거의 건드리지도 못하는 형편에 있는 것이다. 또한 참고서의 불비 탓에 충분한 검토와 비교연구를 흡족히 할 수 없다. 그러나 그런대로 본문의 영역판(英譯版)을 3, 4종 입수하였으니, 원문 중심으로 연구를 하면 당장은 책이 없어 못한다는 말은 못할 것 같다. 다행히 구하기 어려운 파울러(Fowler)의 희・영(希英) 대역본을 이용할 수 있게 되어 이것을 중심으로, 나머지 조우엣(Jowett)와 라우즈(Rouse) 그리고 트레드닉(Tredennick)의 번역을 보조로 하여 우선 본문 읽기에 주력하였고, 여기서 하나의 체계를 구상하게 되었다. 그리고 여기서는 하나의 기초적 연구인만큼 『파이돈』의 본문과 참고서를 많이 인용하여 체계에 맞도록 상・하(上下)를 이어놓았다.

역사가에게는 사관이 필요하듯이, 철학하는 데에도 자기의 입장이 요구된다. 제 I 장은 서론으로서 필자의 철학적 입장을 밝혀 가면서 소크라테스의 입장을 세워주고, 이를 비교해 가면서 진리를 나타낼 수 있는 방법을 모색하고자 하였다. 그리고 제 II 장에서는 본격적으로 『파이돈』의 본문을 중심으로 인간의 구조와 영혼의 성격, 그리고 순수주관에 의한 본질계의 탐구란 무엇인가라는 문제 및 영혼불멸설이 가지는 의미를 살펴보고자 하였다. 이원론 문제에서 세밀한 것은 『파이돈』만으로 충분하지 못하므로 다음 기회를 기다리기로 하였다.

박식(薄識)인데다가 조건이 불비하고 시간적인 제약을 받아서 미진한 점이 한두 가지가 아니며, 처음에 의도했던 바를 시사하는 데 그치게 되었다. 앞으로 연구를 계속하여 보다 정밀하게 논리를 가다듬고자 하는 바이다.

1960년 2월

대전 선화동

이동준

Ⅰ. 서론

1. 『파이돈』과 플라톤적 소크라테스

시인 워즈워스(Wordsworth)는 데모스테네스(Demosthenes)와 함께 플라톤(427~347 B.C.)을 희랍인 가운데 최대의 지성(知性)으로 보았거니와, 매컬리(Macaulay)는 한층 더 높여서 인류 지성의 최고봉으로 삼았다. 그리고 에머슨(Emerson)은 철학과 플라톤을 동일시하였던 것이다.[1] 그런데 플라톤은 그의 청년 시절 소크라테스(469~399 B.C.)를 스승으로 하여 그의 밑에서 철학하였으며, 그의 사상은 소크라테스의 교도(教導)와 감화(感化)가 결정적 기초가 되었다. 쉘리(Shelley)는 "소크라테스는 희랍의 예수 그리스도라 할 수 있다. 이 두 사람은 히브리 정신과 희랍 정신의 대조가 된다고 하겠으나, 그들의 가르침에 대한 열성과 헌신적인 생활 그리고 그 죽음에서의 고귀한 비극을 볼 때 두 분의 생애는 다분히 유사하다고 하겠다."[2]고 하였다.

1) A.W.Benn , *History of Ancient Philosophy* p.57.

소크라테스의 별서는 플라톤의 28세 때의 일이었는데 선생이 평정(平靜)하게 일생의 최후를 맞는 모습은 그 제자의 사상에 큰 영향을 주었다.[3] 플라톤은 스승의 생애와 사상을 흠모하여 그의 탁월한 저술(대화편)을 통해 소크라테스의 사상을 전하였으며 『파이돈』 역시 그 중 한 편에 속하는 것이다.

『파이돈』편 마지막에 플라톤은 파이돈으로 하여금 소크라테스를 "그의 시대의 사람 가운데 그는 가장 지혜롭고, 가장 의롭고, 가장 훌륭한 사람이었다."[4]고 결론을 맺게 한다. 『파이돈』에는 저녁때가 되면 사약(賜藥)을 마셔야 할 최후의 날의 소크라테스의 모습과, 몇몇 친구와 제자 및 외국인 앞에서 그의 마지막 몇 시간 동안 진술한, 인생에서 가장 긴(緊)한 논의가 기록되고 있다. 그것은 죽음의 문제이다. 소크라테스에게서 죽음의 문제를 빼놓으면 우리는 그의 철학 논의에서 핵심을 잃는다. 소크라테스는 "참된 철학자는 죽기를 연습하며, 죽음이란 철학자에게는 그리 두려운 것이 아니다."[5]라고 한다. 그는 영(靈)과 육(肉)을 둘로 보고 물질계에 속한 '육'을 떠나 '영'이 자유롭게 되는 것은 죽음의 때를 지남으로써 가능하다고 본다. "진정한 철학자만이 항상 영혼을 자유롭게 하는 데에 가장 열심이다. 말하자면 육체로부터의 영혼의 해방과 분리, 바로 이것이 철학자의 공부가 아닐까?"[6]라고 그는 말한다.

이것은 물질계를 악(惡)으로 규정하는 것이고 현세를 부정하는 것이며 다분히 염세적인 사상인 듯하다. 소크라테스는 물론 죽는 것은 영광스러운 것이라고 믿어 의심치 않는다.[7] 철학 하는 것은 잘 죽기 위한 것이다.

그런데 여기서 현실의 부정이라든가 염세적이라 함은 도피와 태만을 의

---

2) ibid p.45.

3) W.Durant, *The Story of Philosophy*, 柳瀅基 역, 『哲學史話』, p.31.

4) *Phaedo* 118, 希英對譯本, H.N.Fowler 역.

5) ibid 65E

6) ibid 65D

미하는 것은 아니다. 소크라테스는 최대의 이상주의자일는지 모르지만 현실에 누구보다도 충실한 사람이다. 소크라테스의 눈에는 확실히 육신을 쓰고 있는 현세의 생활을 고역으로 판단하지 않을 수 없었다. 이것은 사실상의 문제이다. 그러나 미래를 위하여 죽는 연습을 한다는 소크라테스는 현재의 생활에 조급하지 않다. 자살하면 안 된다는 것은 예외 없는 법칙이다. 인간의 생명은 인간이 좌우하는 것이 아니요, 신(神)이 부르실 때까지 기다려야 한다고 하면서 침착한 태도로 수 시간 내에 독배를 마실 자기 자신을 가리키고 있다. 오히려 현실에 처하여 있는 자기를 떠나서는 철학이 문제 되지 않는다.

"누가 어느 곳에 있든지, 그곳을 가장 좋은 곳으로 생각하고, 자기를 주관하는 이가 자기를 어느 곳에 있게 하든지 위험스러워도 거기에 머물러야 한다. 그리고 비굴하냐 하는 것 이외에 다른 아무것도 생각하면 안 된다."8)

"그가 어떤 일을 할 때에 단지 생각할 것은 의(義)를 행하고 있느냐 악(惡)을 행하고 있느냐 하는 것과, 그것이 선한 사람이 하는 것이냐 악한 사람이 하는 것이냐 하는 것뿐이다."9)

여기서 소크라테스의 현실은 물리적인 생사를 초월하여 의로우냐 아니냐만을 말하고 있다. 이러한 의미에서 여기 이 순간이 중요한 것이요, 이것을 떠나서는 모두 무의미한 것이 되고 만다. 그러면서 소크라테스는 미래에 희망을 걸고 있다. 영혼은 불멸이다. 인간의 형상으로 태어나기 이전에도 존재하였거니와 사후(死後)에도 존재한다고 본다. 이것은 임종의 『파이돈』에서 뿐만 아니라 소크라테스가 평소에 늘 생각하던 것이다.

---

7) Windelband, *A History of Philosophy*, Translated by J.H.Tufts p.71, 1893, 1956. 참조.

8) *Apology* 28D

9) ibid 28B

그런데 소크라테스가 영혼불멸을 말하고 사후의 세계를 말한 것은, 죽음에 대한 공포를 제거하기 위한 수단으로써 하나의 논리적 가정을 세워 생(生)의 연장을 말하고, 그로 인해 위안을 삼고자 하는 생존의 욕망과 인간적인 약점에서인가? 소크라테스 자신도 육신을 쓰고 있는 자기가 영혼불멸과 사후의 세계에 대하여 확실한 진리를 말할 수는 없으며, 다만 영혼이 불멸하는 것으로 보이느니 만큼 이러한 논의는 옳다고 모험적으로 말하여도 될 것이라고 강조한다. 그리고 모험적인 시론을 해보는 것은 훌륭한 것이요, 이러한 생각을 함으로써 우리들 자신이 위안을 얻어야 한다고 말한다.[10] 인간적인 입장에서의 소크라테스의 솔직한 모습이다. 그러나 이것은 그의 철학 하는 태도요, 소크라테스가 영혼의 문제를 얼마나 깊이, 그리고 확실하게 인식하였는가를 알아보기 위해서는 소크라테스의 인간과 체험 그리고, 논리에 대한 철저한 연구가 필요하다.

소크라테스 이후 근대에 이르기까지 인간의 영혼에 관한 문제와 그 내용이 실지로 인간에게 얼마나 더 제기되었으며 인식되었는가? 영혼문제를 둘러싸고 그에 대한 언어와 논리의 세련은 수많은 서책(書册)을 이루었다. 그런데 내용에서는 어느 것이 깊고 정확한 것인지 알 수 없다. 이상론자가 현실세계를 망각할 수 있듯이 현실주의자는 현실이라는 국한된 테두리 안에 들어앉아 있어서 피차에 호흡이 불통하기 쉽다. 또한, 현재의 엄숙성과 현실만을 생각하여 객관적인 실재(實在) 및 생성(生成)의 사실을 무시하게 되는 수가 있다. 순간의 의미는 중요하다. 그러나 사실세계도 마찬가지로 중요하지 아니한가? 우리가 현재의 의식을 통하여 인식하는 것도 사실이다. 그러나 의식이 사실과 법칙을 만들어가면서 인식하는 것은 아니다. 실지로 현재 우리 의식의 지배를 받지 않는 객관적 법칙과 사실을 생각할 수 있다. 인식의 기초가 되고 이것을 가능하게 하는 실재 자체는 큰 문제이다.

---

10) E. Caired, Jowett의 *The Four Socratic Dialogue of Plato*의 Preface p.XI. 1903, 1928 참조.

영혼문제와 윤회설은 죽음을 떠나서 생각할 수 없으며 인간에게 부닥치는 하나의 미해결 문제로서 중요한 논의의 대상이 될 것이다. 『파이돈』에서 소크라테스는 이러한 문제를 제기함과 동시에 인간의 소종래(所從來)와 구조 및 작용에 관하여 언급하였으며, 생(生)의 본질과 진리의 인식에 관한 논의를 볼 수 있다.

플라톤의 대화편에 나타난 소크라테스가 생시의 소크라테스 그대로의 모습이라고 볼 수 없는 것은 사실이다. 우리는 플라톤을 렌즈로 하여 소크라테스의 면모와 사상을 보고 있다. "『파이돈』은 탁월한 드라마와 높은 철학을 결합시키고 있다."[11] 그리하여 이것은 플라톤의 극적인 표현으로 나타난다. "이미 지적한 바와 같이 이 대화편(『파이돈』)을 역사적인 사실로 볼 수는 없다. 여기에 있는 교설은 소크라테스의 학설이 아니며 오히려 이 글은 시종일관 그의 죽음을 주제로 산문적인 비극으로 나타나고 있다. 그러나 동시에 소크라테스의 개인적 성격의 여러 가지가 남아 있으니, 그의 재미있는 말솜씨와 심령(心靈)의 자유와 생과 사에 대한 고요하고 원숙한 탐구를 볼 수 있으며, 마지막 몇 시간 동안의 어느 면의 실제적 사실은 성실하게 재현되었다고 본다."[12] 다시 말하면 "우리는 플라톤이 말하는 소크라테스를 말하고 있다."[13]

그러나 플라톤이 소크라테스의 본의를 무시하여 논의를 전개했다고 볼 수는 없다. 그의 작품을 위한 하나의 주인공으로서 그의 이름만을 빌려 씀으로써 자기의 학설을 권위화하려고 하였다고 할 수 있을까? 또한, 소크라테스와는 관계없는 자기의 고유한 사상과 언어를 소크라테스가 일일이 대변하는 것과 같이 할 수 있었을까? 대화편 『에우튀프론(Euthyron)』과 『아폴

---

11) Jowett , *Dialogues of Plato*, edited by J.D.Kaplan, 1950, p.64, Kaplan의 Introductory Note

12) E. Caired , 주10)과 같음, p.XI.

13) B.Russell, 정석해 · 한철하 譯, *A History of Western Philosophy*, p.207.

로기아(Apologia)』와 『크리톤(Criton)』에서 플라톤은 소크라테스의 말을 바로 그대로 기록했는지 확실히는 모르지만 "분명히 소크라테스의 본모습대로 우리에게 알려주려고 노력한다고 보아도 된다."[14] 그런데 "이런 반면에 『파이돈』에서는 역사적 인물로서의 소크라테스를 관념철학자인 플라톤이 자기의 마음속에서 발전하고 있는 관념적이고 정신적인 철학의 전형적 대표자로서 변모시키고 있는 것으로 우리는 보고 있다."[15]

역시 『파이돈』 이후의 작품은 플라톤의 세련된 극적 표현으로 보는 것이 우세한 듯하다. 그러나 이것도 하나의 추측인 것이요 대체로 보아 플라톤과 소크라테스의 사상은 동일 계통에 속한다고 볼 수 있지 않을까? 물론 표현의 방법은 상이할 수 있다. 그러나 플라톤이 소크라테스는 아니다. 플라톤이 아무리 소크라테스에 관하여 객관적인 서술을 한다 하여도 플라톤의 주관을 통하여 나타난 것이니만큼 소크라테스 그대로의 모습일 수는 없다. 우리는 단지 플라톤적 소크라테스(Platonic Socrates)를 보고자 하는 것이 된다.

2. 소크라테스로 들어가는 예비적 논의

하나의 의미내용을 논리화하기는 쉬운 것이 아니다. 공통적이요 사회적인 언어의 형식 이전에 인간은 개별적으로 자기내적으로 사고를 한다. 그 사고가 혼돈의 상태로 있거나, 질서에 따른 미표현의 논리로 되어 있거나 또는 기계적으로 작용하거나 능동적으로 수행하거나 간에 우리가 상호 간의 언어를 긍정하는 한, 의미가 외적으로 표상화될 가능성과 피차간의 고유한 사고를 매개하여 연락할 수 있게 하는 하나의 표준이 요구된다. 그러므

14) E. Caired, 주12)와 같음, p. V.

15) ibid

로 우리의 표현이나 언어는 —맹목적인 것도 있겠으나 무의미한 것은 일단 별문제로 하고— 내적인 사고(여기서 사고라 함은 사회적인 언어로서 구성되기 이전에 소재만으로써 구성된 언어의 원시형태를 말함)와 의미내용이 발현되는 하나의 방법이요 형식이라 하겠다. 그리고 우리는 언어를 긍정할 때에 인간의 내적인 논리파악의 능력이 공통으로 존재함을 함께 말하게 된다. 피차의 언어가 성립한다는 것은 각자의 내적인 사고와 표현형식이 일치함을 말한다. 그런데 내적인 사고의 의미내용을 발현하는 방법은 고정된 것이 아니요 피차의 이해가 필요하므로 저류(底流)로서의 의미를 이해할 수 있을만한 형식을 제시하여야만 한다. 그러므로 플라톤은 그의 사상을 발표함에 여러 가지 방법을 쓰고 있으며 또한 우리는 언어 자체에 집착하지 않고 그의 사상 전반에 흐르는 대체를 파악하여야 한다. "플라톤을 이해하기 곤란한 이유는 이 철학과 시가(詩歌), 과학과 예술의 도취융합(陶醉融合)에 있는 것이니 우리는 저자가 그 대화에서 어떠한 성질, 어떠한 형식으로 말하는 것인지, 환언하면 저자가 문자 그대로를 의미하는지 혹은 비유적인지, 일소에 부칠 것인지 혹은 정색을 하고 들을 것인지 분별하기 어려운 것이다. 그는 농담, 풍자, 신화를 애용하여 독자를 곤란하게 하니, 플라톤은 비유가 아니면 가르치지 않았다고 할 수 있을 것이다."[16)]

그러면 이와 같이 내적인 의미가 고정되기 이전의 순수사고는 어떻게 가능한가? 우리는 언어를 매개로 하여 내적 사고와 의미를 충실히 한다. 확실히 타자로부터 언어를 습득한다. 또한, 이것을 기억하며, 경우에 따라 자기의 사고활동을 통하여 적절한 언어를 다시 능동적으로 언어화할 수 있다. 그러나 인간의 사고와 일반 동물의 지각과의 차이는 거의 무한에 가깝다. 외적인 사물의 영상(影像)에 의하여 우리가 인식하고 관념이 형성된다 하더라도 내적으로 이러한 영상을 수용하고 판단하고 처리하는 주체적인 능

16) W. Durant, 주3)과 같음, p.33.

력이 없이는 사유가 불가능하다.

우리는 일단 경험이란 말과 관념이란 말을 쓰지 말아보자. 현재의 우리의 논의는 가능한가? 우리의 사고가 성립되고 또한 타당한 것이라는 것이 어떠한 근거에서이든 간에 긍정된 것으로 하고 우리의 논의를 출발하자. 최초의 발언은 증명할 도리가 없는 것이며, 이것이 정당한 것인지 아닌지는 믿든가 아니 믿든가 하는 문제이다. 그러나 이것이 긍정되지 않고서는 우리의 논의는 불가능하다.

우리는 아직 이성이니 감성이니 하는 말을 아니 하였다 하자. 정신계니 물질계니 하는 말을 아직 아니하였다 하자. 코스모스니 카오스니 하는 말, 로고스니 파토스니 하는 말을 아니 하였다 하자. 그리고 사회적인 언어와 개념이 성립되기 이전의 단계, 적나라한 모습의 최초의 인간처럼 한번 되어보자. '실체'는 논리나 언어로써 조직된 것이 아니다. 수(數)도 인간이 본 논리 체계이다. 객관적인 언어와 논리나 수의 체계 등이 인간을 떠나서 존재한다는 자체가 역시 언어와 논리의 체계 안에서 인간이 말하는 것이요, 인간이 논리적 인식에 참여하여 이러한 개념이 성립되고 정의되기 전에는 고요함이 흐를 뿐이다.

이러한 의미에서 '실체'는 논리와 수의 지배를 받지 않는 것이요, 이러한 것은 실체가 함유하고 있는 바이로되 우리의 인식 이전에는 무한한 가능성으로 충만한 고요함의 한 속성(屬性)이라고 볼 수 있다. 여기서 고요함이라 함은 조화와 혼돈의 개념에 포섭되지 않고 이를 너머서 있는 이름없는 실체이며, 그렇다고 하여 존재하지 않는다거나 생명이 없다는 말은 아니다. 인간의 규정을 불허하는 생명과 조화 자체를 말함이다. 그러므로 이것은 일(一) 또는 이(二)라는 수로도 규정할 수 없고, 물질이니 정신이라고 할 수도 없다. 그렇다고 무기적(無機的)이요 무질서한 것이냐 하면 그렇지 않다. 자체로서 무명(無名)이란 말이다.

이 실체가 무한한 가능성을 함유하고 있다는 말은 인간이 인식의 선(線)

을 그음에 따라 사고할 수 있는 개념과 체계로서 실체 · 속성 · 작용 · 법칙 등의 용어로 표시할 수 있다는 의미이다. 어디까지나 실체계(實體界)에 대한 인간의 참여가 문제이다. 그리하여 실체는 일원론 또는 이원론의 논리형식으로 이해되며, 정신계와 물질계로 나뉘어 생각되기도 하며, 생성과 소멸 등의 체계로 설명되는 등 제반 형이상학적 견해가 나타날 수 있다. 철학화하는 것, 논리화하는 것, 그리고 이에 필요한 개념, 정의, 체계 등은 실체를 묘사하고 지시하는 수단이며 방법이다. 무명(無名)의 실체의 내용이 인간의 인식활동으로 논리화될 수 있는 것은 대지(大地)에 숨겨 있던 씨앗이 봄이 되면 싹터 나오는 것과 같이 가능한 일이다.

논리가 하나의 비유라는 것, 한 사람의 논리가 반드시 실체를 표시하는 것은 아니라는 점을 잊지 않는다면, 우리는 인간이 이루어놓은 어느 인식방법도 얼마만큼 안심하고 볼 수가 있다. 그리고 위대한 철인일수록 그의 진리파악의 방법은 신뢰를 줄 수 있을 것이다.

그런데 여기서 철인이란 무엇인가? 철인은 의인(義人)이면서 철학자인 사람을 말한다. 의인이거나 윤리적인 인간 또는 철학사적 지식의 이론만을 다루는 학자를 철인이라고 할 수 없다. 철학은 우주의 학(學)이요 지(知)의 학이지만 동시에 인생의 학이다. 지행(知行)을 합일하는 자가 요청되며, 이러한 사람을 철인이라 한다. 철인이라면 지와 행의 중간적 존재인 것 같이 생각될 수 있으나, 양자를 궁극에까지 겸하는 자이다. 이것이 어떻게 가능한가 하는 것은 그 인간 바탕의 문제이다.

실체가 논리화되어 인식될 수 있는 것은 실제로 인간 일반에게 해당하는 말은 아니다. 철학적 관능(官能)의 소유자인 이러한 인간이 자각하는 순간에 실체가 파악되며, 그것은 일반적인 기준으로 나타날 수 있다. 세대가 지남에 따라 논리는 분석되고 정밀화되고 체계화될 수 있다. 그러나 대전제에서 철학사를 통하여 얼마나 발전되었는지는 문제이다. 이러한 의미에서 일생을 진지함과 의로움과 학구열로서 일관한 소크라테스와 같은 철인의 사상이 문제가 되고 비중을 더하게 된다.

소크라테스는 인간의 영혼이 육체에서 자유하기까지는 진리를 완전히 파악할 수 없다고 한다. 그러나 이것은 영육(靈肉)을 갈라서 생각할 때이며, 일반적으로 우리는 논리를 추구함으로써 진리를 알게 된다고 한다.[17] 논리를 미워하는 것이나 사람을 미워하는 것이나 모두 같은 원인에서 비롯되는 것이다.[18] 가장 친하고 사랑하고 믿던 사람이 두고 보니까 전혀 반대의 사람일 때, 그리고 이러한 경우를 여러 번 경험하면 이 사람은 모든 사람을 모두 미워하게 된다. 이와 마찬가지로 어떠한 논의를 진리로 믿고 있다가 나중에 그것이 허위라는 것을 알게 되고, 이러한 일이 연거푸 일어나면 상주불변(常住不變)하는 확고한 진리란 없다고 믿게 된다. 그러나 이것은 세상에는 대소선악(大小善惡) 간에 극단적인 것은 별로 없으므로 '중간치기'[19] 만 눈에 보이기 때문이다. 소크라테스는 "그러나 만약 어떤 옳고 확실하고 학습할 수 있는 논리의 체계가 있다고 하면, 이 사람이 자기가 때로는 옳은 듯하고 때로는 그른 듯한 논리만을 보았다고 해서, 자기 자신과 지적(知的) 기술의 부족을 책망하지는 않고, 논의[논리적 추구]는 쓸데없는 것이라고 평생을 이것을 미워하고 비난하여, 진리와 실체의 지혜를 내버린다면 이것은 슬픈 일이다."[20]라고 한다. 그리하여 "논의의 건전성을 인정하고, 다만 우리는 현재 건전한 상태에 놓여있지 않다고 가정하고서, 건전해지고자 용감하게 열심히 노력하자."[21]고 한다.

소크라테스에게 제일가는 표어는 "너 자신을 알라"는 것이다. 자기 자신에 관한 문제가 제일차적이다. 호전적이고 논쟁을 즐기는 "교양 없는 자"[22]

---

17) Jowett, *The Four Great Socratic Dialogues of Plato*, p.135 참조.

18) *Phaedo* 89D, "Misology and misanthropy arise from similar causes."

19) ibid 90A

20) ibid 90

21) ibid 90E

22) ibid 91A

는 진리 자체가 문제가 아니라, 어떻게 해서든 청취자로 하여금 그들의 견해가 진리인 것처럼 여기게 하는 데에만 열심이다. 그러나 소크라테스는 "나는 이러한 면에서 이들과 다르다고 생각한다. 먼저 나 자신이 이 문제를 믿게 되고자 애쓰는 것이지, 남이 옳다고 하고 안 하는 것은 둘째 문제이다."[23]라 하고, "아, 나는 얼마나 이기적인 태도인가?"라고 덧붙여 말한다. 여기서 우리는 소크라테스에 있어서 정직한 태도와 자기논리의 타당성을 결여하고는 우리의 논의가 불가능하다는 것을 알 수 있다.

또 한 가지 간과하여서 안될 것은 소크라테스의 신비주의이다. 우리는 『아폴로기아』에서 오르페우스(Orpheus)교에 충실하여 델포이(Delphoi) 신전에 참여하고, 신탁(神託)에 의하여 행동하는 소크라테스를 본다. 그는 의문스러운 점이 있으면 으레 신탁에 물었으며, 그가 신탁에서 알게 된 것 중의 하나는 많은 사람들이 스스로 지혜롭다고 하나 사실은 신만이 지혜롭고, 인간의 지혜는 가치가 거의 없거나 전무하다는 결론을 얻었다는 것이다.[24] 그리고 자기는 무지(無知)하다는 것을 안다는 의미에서, 자기도 모르는 소리를 진리인양 하는 저들보다 현명하다고 하여 아는 것과 모르는 것의 한계를 분명히 할 것을 말한다.

그는 '신의 뜻'에 절대적으로 복종한다. 그는 군인으로 있을 때 전쟁터에서 "신에 의하여 애지자(愛智者)[Lover of wisdom]가 될 의무를 부여받았다."[25]고 한다. 그는 또한 '무식한 현자(賢者)'들을 대질시킴으로써 진부(眞否)를 가리게 하도록 신에게 명령받았다고 한다.

> "신탁과 꿈을 통해서 그리고 어느 사람이든지 일을 수행함에 신적인 힘(divine power or influence)에 의해서 명령을 받은 모든 방법을 통하여, 신에 의

23) ibid
24) *Apology* 23C
25) ibid 27D

하여 그것을 하도록 분부를 받아왔다."[26)]

라고 말한다. 또한, 자기가 옥에 갇힌 이래로 시를 쓴 까닭을 묻는 청년학도 케베스(Kebes)에게 "그것은 내 꿈에 나타나는 뜻을 알아보고 싶어서"라 하고, "나의 과거의 생애에 나는 같은 꿈을 자주 꾸었다. 이런 때는 이런 모양으로, 저런 때는 저런 모양으로. 그러나 한 가지 항상 같은 것은 '소크라테스여, 노래를 지으라! 하고 말하는 것이었다."[27)]라고 한다.

소크라테스는 신탁 이외에도 자기의 고유한 신의 음성을 듣는다고 한다. "그는 주장하기를 옳지 않은 일이면 하지 말도록 경고하여 주는 소리가 있어서 이것에 의하여 인도를 받는다고 하며, 플라톤은 소크라테스가 신비적인 체험을 즐겼다고 한다."[28)] 이 신적(神的)이고 영적(靈的)인 것(divine and spiritual)으로 해서 자기는 멜레토스(Meletos)에게 고소를 당하게 된 것이라고 하면서 "이것은 나의 소년 시절로부터 들리는 소리였다."[29)]고 말한다. 우리가 일반적으로 이해하기 어려운 점이지만, 소크라테스는 이러한 것을 기둥으로 삼아 생활하였던 것이다.

이와 같이 소크라테스의 생활은 신비적인 세계와 항상 호흡을 같이하였고, 일종의 종교적 체험을 배경으로 하고 있으며, 스스로 이에 대하여 절대적인 권위를 두고 있었다. 또한, 그는 학문뿐 아니라 일반적인 논리를 추구함에도 학구적인 태도를 취하였으며 언제나 상호 간의 이해점에 도달할 때까지 논리적인 추구를 계속하였고 독단적인 언설을 하지 않았다.

---

26) ibid 33C

27) *Phaedo* 60E ; A.E.Taylor, *Socrates*, 1952, p.123 참조. "Socrates himself amused himself by taking to verse making for the first time in his life. He composed a Paean to Apollo, and verified fables of Aesop."

28) D. Runes, *The Dictionary of Philosophy*, 1942, p.295. 또 *Apology* 40A

29) *Apology* 31D

그는 당시에 철학서를 읽고 상당한 관심을 뒀으나, 여기에 만족하거나 객관적인 가치를 인정하려 하지는 않았다. 이미 나타난바 자연주의적인 제 학설(諸學說)을 전적으로 긍정하기에는 소크라테스 자신의 세계와 철학은 너무도 크고 넓었다. "그는 학자도 아니요, 돌아다니면서 가르쳐주는 선생도 아니었으며, 어느 학파에 속하는 것도 아니고, 누구의 것도 고집하지 않았다. 그는 그저 단순히 한 사람이었으며, 조각사의 아들로서 처음에는 조각에 종사하였던 것이다."[30)]

그는 신의(神意)에 의해 움직이는 사람이요, 이것을 위하여 자기의 지성과 논리를 동원하였다. 그는 단지 진정한 신비가(神秘家)가 되기를 소원했다고 스스로 말한다. "내가 믿는 바 이러한 신비가들은 진정한 철학자였다."라고 소크라테스는 말한다. 이어서 그는 "나의 전생애에서 나는 나의 능력이 허락되는 한, 나 자신이 이들(Mystics)의 반열에 하나가 되기를 희망하여 무진(無盡) 노력하였다. 그런데 이것이 신의 뜻이라면, 내가 올바르게 행하였는가 하는 것과 또 나의 성공 여부는 잠시 후 내가 이 세상을 떠나게 되면 명백하게 알게 될 것"[31)]이라고 한다.

소크라테스는 예리한 이성활동과 철학적 정의(개념규정)를 요구한 사람으로 일컬어진다. 그런데 우리는 소크라테스를 논의할 때에, 그의 철학사상이 시적(詩的)인 영감과 내적인 생명을 이루는 음성적인 측면에 기초하여 성립되고 있음에 유의하여야 한다.

소크라테스에 있어 신비적인 것과 영적인 것에 대하여, 이것을 하나의 개념적 유희로 보아 비본질적이라고 규정하고, "이러한 비본질적인 것들은 다만 가능한 구체성을 생각하여 본 것에 불과하다고 생각"[32)]할 수는 있겠지만 그렇다고 단정할 수는 없다. 또는 "이전 사람들과는 달리 그는 사고에

30) Windelband, *A History of Philosophy*, English Translation by J.Tufts p.71.

31) *Phaedo* 69E

32) B.Russell, *A History of Western Philosophy*, 『서양철학사』, 정석해 · 한철하 譯, p.216.

서 비과학적이었고 우주를 자기의 윤리적 표준과 맞는 것이라고 증명하려 하였다."[33]라고 하여, 결국 그것이 모두 편견이자 망상인양 생각하는 것도 문제이다. 신비적인 것은 곧 망상이라고 간단히 말해버린다면, 그것에 대한 이해는 망상이라고 해버리는 것 이상으로는 나아갈 수 없다.

우리는 우리의 논의를 소크라테스 당시의 논리에까지 환원시켜볼 필요가 있다. 소크라테스 자신의 논리와 현대철학의 논리가 동일차원 내에서 교섭하고 있는지도 문제이려니와, 우리 자신은 현재 만인 공통적이며 동시에 진리에 합당한 논리를 가지고 있는가? 논리의 시대적 차별상과 철학 하는 대상과 내용이 상이할 수 있음을 알아야 할 것이다. 동시에 변화하는 가운데 불역(不易)의 것으로 우리가 공동으로 긍정할 수 있는 기준이 되는 내용과 개념 및 논리를 상호 간에 발견하여야만 고금과 동서가 피차에 이해될 수 있을 것이다.[34] 그러므로 현대의 논리 또는 개인의 논리로써 "그는 논의에서 부정직하며 궤변적이다."라고 단정한다면, 이는 철학의 대상을 일면에 국한시키는 자기의 주관적 견해가 아니라 단언할 수 없을 것이다.

3. 영혼과 시간

"소크라테스는 인간의 생활을 '죽음을 면치 못할 인간적인 것' 에서부터 '신적(神的)이요 불변적인 것' 으로 가는 하나의 여행으로 보았다."[35] 우리는 시간의 계열을 생각한다. 우리는 개인이 이승에 머문 시간을 지구의 회전수를 관측함으로써 그것으로부터의 객관적인 시간을 인정하고, 일생을

---

33) ibid p.207.

34) Windelband, 주30)과 같음, p,95 참조.

35) Jowett, *Dialogues of Plato*, p.65.

통해 이 시간 내의 일부분을 차지한 것이라고 본다. 실로 소크라테스는 70여 년의 생애에서 대부분을 아테네에서 지냈다.

소크라테스의 영혼선재설(靈魂先在說 : Previous existence of the soul)과 현재 우리가 이 세상에 처하였을 때의 영혼, 그리고 사후에서의 영혼불멸성(The immortality of the soul)에 대한 논의는 분명히 과거·현재·미래의 시간적 선후와 이러한 영혼이 각기 머무는 장소를 전제로 하고 하는 말이다. 소크라테스는 물론 윤리와 행위에서는 동기론자이다. 그는 "만약 내가 그것을 고의적으로 한 것이 아니라면 이와 같은 우연한 과오로 인해서 사람을 법정에다 세워야 한다는 법은 없다."[36] 고 한다. 그러나 무지(無知)하면 못쓰고 이것은 하나의 죄악이기 때문에 그는 무지로부터의 해방을 위하여 생애를 바쳤다.

그런데 이러한 문제는 모두 객관적 시간을 긍정하고 그 안에서 하는 말이다. 무의식적인 행위의 과오를 관대하게 생각하고 동정심을 가질 수는 있으나, 이것이 순수주관에 합치되는 전체적인 조화와 객관률에 어긋나는 일이라면, 다시 말해 그것이 "신의 뜻" 이 아니라면, 거기에 해당하는 좋지 못한 결과를 갖게 될 것이다. 사실 행위의 순간에서 우리는 자기가 가지고 있는 바 힘을 다 기울이는 수밖에 그 이상의 좋은 방법이 없기는 하다. 그러나 이것이 내적으로 순수한 것이며 객관률에 맞는 것인가 하는 것에 대한 반성의 여지가 남아 있어야 한다. 그리하여 소크라테스는 철저한 동기론자이지만 또한 시간적 인과관계와 선악응보(善惡應報)의 사상을 가지고 있었다.

우리가 현재의 어떠한 찰나를 일점(一點)으로 찍기 이전에는 역사가 전개되지 않는다. 그리고 이 일점을 찍는 것은 아직 무규정적인 인간이 하는 것이다. 천하장사라도 자기 몸을 들 수 없듯이, 인간이 인간 자신을 규정할 수는 없다. 그리고 우리는 그 내용이야 어떻든, 우선 객관적인 대상이 있다

36) *Apology* 26A

고 규정하여 보기 이전에는 우리의 일반적인 논의는 일보(一步)도 성립되지 않는다. 그러므로 최초의 대전제가 어떻게 성립하느냐 하는 것이 문제요, 시간과 공간이라는 개념이 성립되는 순간으로부터 계속해서 이러한 개념을 대상과 관계 지울 수 있을 것이다.

우리의 시간개념은 시간을 인식하는 것이요, 시간이 되는 것은 아니다. 우리가 가진 시간개념의 한계는 실체의 시간 자체를 얼마만큼 우리의 인식 안으로 포섭해 들일 수 있느냐는 것이다. 우리는 절대시간을 생각할 수 있다. 이것은 일상적인 시간측정을 통해 통계의 자료가 되는 시간을 의미하는 것은 아니다. 상대적인 시간, 우리가 일반적 의미에서 공간과 움직임을 같이하며 성립되는 것으로 보는 시간이 아니다. 절대시간은 공간적으로 별도로 존재하는 것은 아니로되, 그 내용과 질을 달리하는 시간이다. 이것은 이른바 공간과 시간을 상대적으로 말하는 차원에서의 시간개념으로 분화되지 않은, 선후관계가 없는 원상(原狀)으로서의 시간으로서, 소크라테스에서는 영(靈)이 육(肉)을 완전히 탈각(脫殼)하여 상대적 세계를 지양하고 절대지(絶對知)(=wisdom)와 일치가 되었을 때를 말하는 것이라 할 수 있다. 여기서는 일체의 일반적 시간이 융화되어 하등의 상대적 대립이 없다. 우리는 객관적 대상으로서 각각 비교할 수 있는 시간의 길이에 각양(各樣)의 기초적 단위를 주어 이것이 고정되었다는 의미에서 절대시간이라고 할 수도 있겠으나, 원상으로서의 시간은 이러한 상대적 관계를 지양하고 있다는 점에서 본래적인 의미의 절대시간이라고 할 수 있겠다. 여기서는 찰나와 영원을 일반적 시간계열의 장단으로 생각하는 시간개념으로서는 시사(示唆)와 지시(指示)는 가능할지 모르나 파악되고 있는 것[把持]은 아니다. 전체의 시간적 조화가 이것을 파악하는 하나의 수단이 될 수는 있을 것이다. 이러한 절대시간, 영(靈)의 완전해탈의 상태에서는 행위에서 목적론이나 동기론 그리고 결과주의가 문제 되지 않는다. 그러나 이러한 초기조건들이 부정되는 것은 아니다. 실제에서 동기론이라고 할 때에 철저한 동기론이요, 결과론이라면 철저한 결과론을 말하며, 순간에 파악되는 것이라면 영원한 찰나를 말한다. 여기서는 철저한 것이 문제이다.

소크라테스의 영혼설에 있어서 시간은 일반적으로 과거 · 현재 · 미래의 직선적인 의미의 것인가? 같은 내용으로 그가 윤회설을 주장하는 의미에서 선후관계를 유지하는 곡선적 시간으로 보인다. 영혼도 윤회하며 영원하며, 일자(一者)이요, 불변자이요, 불멸자이다. 이것이 시간을 타고 줄달음질 칠 뿐이다. 그리고 이 선(線)을 따라 빙글빙글 돌고 있다.

이와 같은 소크라테스의 영혼불멸과 선악응보와 사후심판에 대한 진술을 통해 볼 때, 그는 단순히 일반적인 시간의 입장에 서서, 선후의 시간을 초월한 원상으로서의 시간에의 참여를 망각하고 그의 이론을 전개한 것인가?

소크라테스는 이원론적 설명에서 두 차원의 관계와 교섭의 문제와 관련하여 관념적 본체의 객관성과 불변성을 말하는 동시에 다양 다변한 물질계의 혼돈을 일컬음으로써 지각(知覺)의 문제라든가 회상론(回想論) 등 일반적 인식의 논의를 벌였다. 그러나 이것은 시간계열 내에서 광의(廣意)의 대상에 관한 고찰이요, 또한 양차원의 접촉면을 해명하기 위한 노력이려니와, 그가 보다 더 중점을 둔 것은 주관에 철저한 점이다. 그의 이원론에서 양자의 통일을 위한 구구하고 번쇄한 이론이 나온다고 하겠으나, 그것은 그것대로 설명하는 반면에 주관에 철저함으로써 이원론 설정의 난관을 극복 해소하고자 하였다 할 것이다. 이것이 형식은 이원론으로 벌어졌지만 그 주관의 의미는 심화하고 확대된 것임에 주의하여야 할 것이다. 실제로 경험론적인 인식은 그의 지혜탐구의 일면에 포함되는 결과가 되었다. 실체는 인간과 지혜의 합일, 말하자면 인간의 절대시간에의 참여를 통해 파악되는 것이니 이것은 상대적인 인식이론으로서는 충분하지 못하며 우리가 말하는 국한된 경험과 감각적인 것으로 인식되는 내용과는 질을 달리하는 것이요, 그것으로 말미암아 일단 부정되었던 후자의 의미가 다시 살아날 수 있는 것으로 본다. 우리는 그가 이원론적인 논리를 제시하였다고 하여 여기에만 너무 오랫동안 편중함으로써 인생에서의 근본문제를 소홀히 한 감이 있다. 물론 이러한 문제에 관한 종래의 이론은 매우 중요하다. 그런데 개념의 논리화만으로써 인생의 참모습을 알기에는 부족하다. 인간 자체로서 내적인 변화가 요구되며, 개념화한 논리와 체계에서 일단 떠나서 적나라한 인간본연의 모습으로 자주 드나들 필요가 있다. 이것을 시간개념으로 말하면 객관화한 시간 내의 존재로부터 무두무미(無頭無尾)하나 영원과 찰나를 동시에 함유하고 있는 절대시간에의 참여를 말한다. 흔히 이것을 신비한 것으로 혹은 비논리적인 것으로 간주할 수가 있을 것이다. 그러나 신비의 영역은 우리의 지성으로 어쩔 수 없을 만큼 거의 무한대로 우리 앞에 다가서 있다. 그리고 우주의 창생(創生)과 생명의 신비에 관해서는 이 거대한 산에 우리는 몇 줌의 흙을 삽질하였는지 의문이 아닐 수 없다. 우리는 일상적 단위의 시간에서 경험적 인식방법으로 창조와 신비의 문제가 해결될 수 있는 것인지 모르고 있다. 그리고 미해결 문제인지 불가능 문제인지도 문제이다. 어쨌든 소크라테스는 순수한 영적 체험을 강조하였으며, 이로 인하여 진리가 인식되며 천국에 이르는 소기의 목적을 달성할 수 있다고 주장한다.

소크라테스는 감각을 무시한다고 하여 경험론자로부터 비판을 받고 있다. 그러나 소크라테스가 감각에 대하여 전적인 부정을 한 것은 아니며, 다만 이것을 긍정하더라도 역사 또는 지리에서 감각의 촉발에 의하여 내적으로 상기하여 부분적인 지식을 얻을 수는 있으나 그것은 인간적이고 상대적이며 일반적인 지식이라고 본 것이다. 가치의 기본을 신성(神性)과 영적(靈的)인 것 즉 천상에다가 두고서 이러한 탐구는 앞서 논의한 대로 순수한 심령을 통한 지혜의 체득으로써만 가능하다고 본다. 그리하여 후자를 절대적인 것으로 보고 전자를 상대적인 것으로 보되, 양자의 가치는 천양지판(天壤之判)으로 타협할 수 없다고 느꼈기 때문에 경험세계를 거의 무시하다시피 한 것이라고 볼 수 있다.

그러나 소크라테스가 외적인 경험세계를 무시했다기보다 감관에 의한 지각과는 질을 달리하는 내적인 경험을 적극 강조하였다는 것을 알아야 할 것이다. 그리고 소크라테스의 음성적인 부면(部面)을 인지함으로써 그에 대한 오해를 풀 수 있을 것이다.

자기의 영혼을 매개로 하여 절대시간에서 실체를 호흡하는 소크라테스는 이제 우리의 어제, 오늘, 내일의 현실 그리고 감각의 세계에 임한다. 이제 우리는 그의 인간과 영혼과 인식에 관한 문제를 보다 풍부한 용어와 세밀한 논리의 설명을 통해 볼 수 있을 것이다.

II 본론

1. 소크라테스까지의 영혼관

우리는 흔히 우주론과 인성론에서 내적인 것과 외적인 것, 경험적인 것과 합리적인 것을 갈라서 생각을 한다. "실재와 현상, 이데아와 감관적 대상, 이성과 지각, 영혼과 육신 등의 이원론이다." 그리고 "정신(mind)이나 물질(matter)의 구별은 철학이나 과학이나 일반 상식에서 일반적인 것으로 그것은 본래 종교적 근원을 가지고 있고 처음에는 영혼(soul)과 육신(body)의 구별로부터 시작되었던 것이다. …… 오르페우스교(教)에서는 자기는 땅의 아들인 동시에 별 하늘의 아들이라고 한다. 땅으로부터 육신이 하늘로부터 영혼이 왔다고 본다."[37] 무슨 까닭인지 두 가지의 이질적인 요소가 이 세상에 한데 결합하여 인간으로서 일생을 보내게 된다. 그리고 어느 기간이 지나면 이 둘은 각각 허어지게 된다. 이렇게 만나고 헤어지기를 계속하는 것이다. 당시 영혼의 선재설이라든가 윤회설은 오르페우스교나 피타고라스

---

37) B.Russell : *A History of Western Philosophy*, 『서양철학사』, 정석해 · 한철하 譯, p.195.

학파의 영향으로 희랍인들에게 널리 인식되었던 것 같이 보이나, 일반이 모두 절대적인 신념을 지녔다고 할 수는 없을 것이다. 영혼에 관하여는 신비적인 것으로 보되 자연철학자와 물질론자들이 가지는 생각을 떠날 수 없었으며 적지 않은 의심을 하였던 것이다.

이는 소크라테스가 영혼에 관하여 세밀하게 논하면서, 이를 사람들에게 인식시키려 노력하는 데에서도 짐작할 수 있다. 본디 "희랍인은 그들의 역사에서 어느 곳에서나 어느 시대나 몇몇 뚜렷한 예외를 제외하고는 누구나 알다시피 미신적인 사람들이었으니, 이는 실로 정복자 로마인들보다 훨씬 더하였다."[38] 희랍인은 대체로 신비스러운 것을 좋아하였다. "그러나 다행히도 어떤 조건이 생겨서 헬레니즘 성립과 질투심이 많은 희랍인의 논리적 독립과 개인의 자유에 대한 생각은, 이탈리아의 어떤 지방 이외에는 고대문명을 지배했던 다른 어느 곳에 있던 사람들과 마찬가지로 제신융합숭배(諸神融合崇拜 : a theocracy)의 진흥을 저지하였고, 이러한 그들의 사상적 경향은 오늘날까지 미치어 왔던 것이다. 승려는 희랍시민 가운데 인정받는 계급이었다. 그렇다고 굉장히 존경을 받은 것은 아니다."[39] 희랍인의 지성은 신화나 비논리적인 면에 대하여 따지지 않고 아무것이나 믿으려 하지는 않았다.

소크라테스 당시에서도 일반적으로 사람들은 영혼의 존재에 관하여 희미한 인식을 하고 있었지만 이것이 육체와 무엇이 본질적으로 다른가 하는 점은 잘 모르고 있었다. 그러므로 소크라테스는 『파이돈』에서 "자네들은 혹시 날씨가 고르지 못하고 바람이 몹시 부는 날에 사람이 죽는 경우는 말할 것도 없고, 영혼이 육신에서 떠나갈 때에 바람이 불어서 이것을 흩어 놓지 않을까 하고 걱정을 하는군."[40]이라고 말한다. 그러므로 소크라테스에

---

38) A.W.Benn : *History of Ancient Philosophy*, p.3.

39) ibid, p.137.

40) *Phaedo*, 77D · E

있어서도 그의 신비한 것을 설명하는 데 있어서 상당히 세련된 논리가 필요하였던 것이다. 테일러(A.C.Taylor)는 다음과 같이 적었다.

"물론 우리는 호메로스(Homeros) 이래로 그리스 문학에서 영혼(psych?)이라 불리는 어떤 것에 대하여 여간 자주 들은 것이 아니다. …… 호메로스에 있어서 영혼이란 순전히 문자 그대로 혼령(魂靈, ghost)을 의미한다. 그것은 인간이 살아있는 한 인간 안에 존재하고 있다가 죽으면 떠나는 것이다. 실로 이것은 죽는 사람이 '버리는바' 혼령이다. 그러나 이것이 자아는 아니니 호메로스에게 있어서 영혼과 따로 떨어졌을 때의 주인공 자신[hero~himself]은 그의 육신이다. 그는 결코, 영혼이 그 사람을 떠났을 때에 그가 살아있을 수는 없을지라도 이른바 '정신적 생명' 이란 것과 어떤 관계를 맺는다고는 생각하지 않으며, 생명은 육체적 기관인 심장(heart, kear) 혹은 횡격막(midriff, phrenes)에 의하여 존속된다고 본다. 그리고 이미 육신을 떠난 영혼은 아무런 의식이 없으며, 사람의 그림자나 연못 속에 보이는 영상(影像) 이상의 아무것도 아니다. 육신을 떠난 영혼은 현상적으로는 살아 있는 사람의 꿈에 때때로 보일 수 있다. 이와 같이 근본적으로 이것은 사람이 살아 있을 때에 들여 마시고 '숨을 거둘 때에 내쉬는' '숨' 과 같을 뿐이다."[41]

한편 "오르페우스교에서는, 이와 유사한 교리를 가진 피타고라스 학도와 마찬가지로, 영혼은 더욱 중요한 것이다. 그것은 영속적인 개체성이 있으므로 불멸적이요 사실은 일시적으로 '떨어져서' 유형(流刑)을 받게 된 신성(神性)이다. 신봉자(devotee)의 중요한 임무는 일면으로는 도덕적이요 일면으로는 의식적(儀式的)인 생활규범을 실천하는 데 있으며, 이것이 '태어남의 바퀴' (wheel of birth)로부터 영혼의 마지막 해탈에 이르도록 할 것이다.

41) A.E.Taylor, *Socrates*, 1952, pp.134-135.

그리고 신들이 계신 곳으로 영혼을 복귀시킬 것이다."[42] 그러나 오르페우스교에 있어서도 영혼은 하나의 대상이요 주체적인 것이 아니어서 "이와 같이 '나의' 지성(my intelligence)과 '나의' 성격(my character), 나 안에 있는 영혼에 속하지 않는다. 그리고 오르페우스교에서 중요하게 보는 영혼의 불멸성은 바로 '나의' 불멸성을 말하는 것이 아니다."[43] 이러한 의미에서의 영혼은 우리 인간의 존재와 직접적이고 불가피한 관계가 있는 것으로 강조되지 않는다. 오르페우스교도에게는 우리의 모든 활동이 휴지(休止) 되었을 때에 영혼이 꿈이나 환상이나 황홀 가운데 나타나는 것으로 인식될 뿐이요, 진정한 의미의 인간성이라든가 법칙 등을 인간 내적으로 구유(具有)하고 있는 것이 아니다.

피타고라스학파에서는 한 가지 난점이 있다. "육신의 조화가 영혼" 이라고 하면 영혼은 육신에 부속된다. 그런데 또 "영혼이란 그의 죄과 때문에 마치 무덤과 같이 육신 속에 매장된 것이라고 하면 영혼은 육신에서부터 독립된 실체임이 틀림없게 된다."[44] 피타고라스학도는 이렇게도 생각한다. "영혼은 공기 중에 떠다니는 먼지요, 햇빛으로 우리 눈에 보이는 것이요, 바람없는 날에도 이리저리 떠다니는 것" 이며 또한 이것은 "바로 운동의 원인이다."[45] 피타고라스학파에서 우리는 오르페우스교와 흡사한 것을 본다. "포피리(Porphyry)의 말에 피타고라스의 가르침 중에서 세 가지가 잘 알려졌다고 하니, 즉 영혼은 불멸이란 것과 영혼은 타 종류의 동물을 통과하며, 생물은 어떤 순환(cycles)에 따라 그들의 전에 있던 생을 다시 시작한다는 것, 그리고 모든 생명이 있는 존재는 동일한 종류에 속한다는 것이다. 이런 모든 것은 종의 친족관계가 있을 때에만 납득이 가능한 것이다."[46] 이러한 이론

42) ibid p.137.

43) ibid p.137.

44) Leon Robin, *Greek Thought*, Translated by M.R.Dobie, 1928, p.67.

45) ibid p.67.

에 의하면 우리의 영혼은 식물이나 동물의 몸을 통과한 것이다. 그리고 "황천(黃泉 : Hades)에서 벌(罰)이 없게 되더라도, 육신으로 태어나는 것은 어느 경우를 막론하고 아직도 그것의 정화과정을 완전히 끝내지 못했다는 것을 의미한다. 이것은 또한 최종적인 구속(救贖)에의 한 단계이다."[47] 그리하여 우리는 일부 과학적인 피타고라스 학도가 영혼은 육체의 조화라는 이론을 가지고 육체는 영혼의 실제적인 죽음으로 인해 죽는다고 설명하지만, 영혼의 불사(不死)와 윤회설이 더욱 강조되고 있음을 볼 수 있다.

소크라테스는 그의 영혼문제에서 오르페우스교와 피타고라스학파에서 말하는 영혼설을 많이 활용하고 있으며, 이는 『파이돈』에서 근사(近似)하게 재현되고 있다. 『파이돈』의 논의에서 영혼은 육신을 떠날 적에 연기나 바람과 같이 사라져버리는 것이라는 의심에 대하여 "소크라테스는 무엇보다도 먼저, 죽은 사람의 영혼은 지하의 세계에 있고 살아있는 사람은 그들에게서 온 것이라고 하는 옛 오르페우스교의 구전(口傳 : tradition)으로 응답한다."[48] 그리고 여기서 소크라테스와의 문답에서 중요한 주인공이자 피타고라스 학도인 케베스와 시미아스(Simmias)에게 그들의 스승인 필로라우스(Philolaus)의 가르침을 회상하게 하여,[49] 우선 피타고라스학파의 이론을 그대로 적용시켜 문제를 해결하려 한다. 일례로 자살의 금지는 자신의 소신이었음과 동시에 오르페우스교와 이를 본받은 피타고라스학파가 한가지로 주장하던 것이다.

그런데 소크라테스가 말하는 이러한 이론을 그 자신이 그대로 확신하였던 것인지는 알 수 없으나 상당한 관심을 뒀고, 이러한 것이 그의 영혼설에서 문제의 제기점이 되었다. 『파이돈』에서 소크라테스는 자기의 근본적인

---

46) ibid p.68.

47) ibid p.68.

48) Jowett, *The Four Great Socratic Dialogues of Plato*, p.121.

49) *Phaedo* 61D 참조.

신념만을 말하는 것은 아니다. 『파이돈』에서 그는 자기가 새로운 말을 하는 것이 아니라고 여러 번 강조하고 있다.[50] 이 대화록의 논의에서 인물의 발언 하나하나가 고유한 증거나 가치를 특별하게 가지는 것은 아니다. "자세히 연구하여 보면 소크라테스는 이 사람들의 문제해결을 위하여 '대드는 것'과 같은 일련의 형식을 취하고 있으며, 각자가 이를 통하여 더욱 온전한 결론을 얻도록 유도하고 있음을 알 수 있다."[51] 그렇다고 하여 이것이 허구적인 극적 표현은 아니다. 소크라테스의 입장은 전체적으로 변동이 없다.

종래의 영혼설은 단순하며 영혼의 구조가 명확하지 못할뿐더러 거의 기계적인 작용을 할 뿐이요 하나의 사실적 설명에 그치고 만다. 그러나 소크라테스에 와서 영혼은 인간관과 인식론 그리고 윤리문제의 근본이 되는 것으로 중요한 의미를 가지게 된다. 소크라테스에 있어서 본래적 의미의 인간은 영혼이라고 해야 마땅하다. 인간은 본체와 물질적 현상의 양극의 사이를 달리는 영혼이다.

유럽 문명인들에게 있어서 영혼이 있다는 사실은 2000년 이상이나 움직이지 않는 생각으로, 이러한 영혼은 그들을 일깨워온 지성이며 도덕적 성격의 지위를 차지하였다. 그리고 영혼이란 자기 자신이요 또는 어느 면으로나 그에게 가장 중요한 것이었으니, 생(生)에서 가장 으뜸이 되는 일은 영혼을 충분히 활용하는 것이요 또한 영혼을 위하여 최선을 다하는 것이다.[52]

2. 영혼과 육체

전술한 바와 같이 소크라테스는 주로 오르페우스교와 피타고라스학파의

50) ibid 80E 참조.

51) A.E.Taylor, *Plato, The Man and His Work*, 1957, p.177.

52) A.E.Taylor, *Socrates*, p.133.

설에 근거하여 영혼의 선재설(先在說)을 제시하고 있으나, 보다 구체적이고 논리적인 설명으로써 영혼 자체에 더 중요한 뜻을 두고 있다. 그리고 영혼의 사후불멸에 대하여도 자기의 독특한 경험을 통한 견해를 말하고 있다. 여기에서는 선재설이나 불멸설의 이론을 전개하기보다는, 이것을 기초로 하여 영혼과 육체의 관계 및 인식의 문제를 논의하는 조건을 삼고자 한다.

영혼의 선재설에서 소크라테스는 "우리가 기억하고 있는바, 사람들은 여기서 저기로 가고 다시 이리로 돌아오며 죽은 자로부터 다시 태어난다는 옛말이 있다. 이것이 참말이라면, 그리고 산 사람들은 죽은 자로부터 다시 태어나는 것이라면 우리의 영혼은 거기에 존재할 것이다. 그렇지 않을까? 왜냐하면, 영혼이 거기서 존재하지 않았다면 다시 태어날 수 없을 것이요, 산 사람들이 죽은 자로부터 태어나는 것이 실질적으로 명백해진다면, 이것이 영혼이 먼저 존재했다는 충분한 증거가 될 것이다."[53]라는 이야기를 꺼낸다. 그러나 이것이 마땅치 못하다고 한다면 다른 면을 보자고 한다. 즉, "만약에 자네들이 이것을 쉽게 알아보고 싶다면 이 문제를 사람에게만 비기지 말고 모든 동물과 식물 그리고 한마디로 말해 태어난다고 하는 만물에 관하여 생각해 보라. …… 상대적인 모든 것이 그 반대되는 것, 단지 그것으로부터 생성되는 것을 생각하여 보자."[54]라고 하여 일반적인 사상(事象)과 생물의 현상에서 그것은 반대되는 것으로부터 생성되는 것임을 말하고, "깨어 있음이 잠들어 있음의 반대가 되는 것과 마찬가지로, 살아 있음의 반대가 되는 무엇이 있지 않을까?"[55] 그리고 이것이 죽었을 때의 상태이다. "그러므로 이러한 방법으로 또한 우리는 다음과 같은 결론에 도달한다. 즉 살아 있는 자로부터 죽은 사람이 되는 것과 마찬가지로 죽은 사람들로부터 산 사

53) *Phaedo* 70D

54) ibid 70E

55) ibid 71C

람들이 생기게 된다. 그리고 이러한 이유로 나는 죽은 자의 영혼이 어느 곳에 존재하고 있다고 생각한다. 왜냐하면 이것이 현생(現生)으로 돌아오기 때문이다."[56] 그리고 또 한 가지는 "만약 생성이란 것이 하나의 순환으로 돌면서 반대되는 것으로부터 반대되는 것으로 되었다가 다시 돌아오는 것이 아니고, 돌아옴이 없이 혹은 구부러짐이 없이 직선으로 나아가기만 하다면, 만물은 똑같은 모습이 될 것이며 똑같은 상태에 도달할 것이고, 생성이란 전혀 정지하고 말 것이다."[57]라 한다. 그리고 이것이 그르다면 에우디미온(Eudymion)의 잠은 난센스가 될 것이요, 아낙사고라스의 만물은 카오스라고 하는 말을 증거로 제시하면 된다고 하면서 "만약에 살아있는 것이 죽은 자에게서 오는 것이 아니요 달리 된 것이라면, 그리고 산 것은 죽을 운명에 있다면 만물은 죽음에 삼켜져 버릴 것이라는 최종적인 결과에서 벗어날 수 있는가?"[58]라 한다. 이렇게 되면 생생불식(生生不息)하는 생명현상은 결국 부정되는 것이다. 그런데 "소크라테스에서 생명보존의 이설(理說)은 우리들이 잘 아는 에너지 보존의 법칙과 흡사하다."[59] 여기서 소크라테스가 말하는 회상설(回想說)의 근거로서 영혼의 현재 이전의 존재가 필연적으로 요청된다. 회상론에 관하여 상세한 논의는 다음 절에서 하기로 하고 여기서는 단지 "우리의 영혼이 우리가 인간의 형상으로 태어나기 전에 어느 곳에 존재하지 않았다면 이러한 것은 불가능하다. 그리고 이러한 논의로써 영혼이란 불멸하는 것으로 보인다."[60]는 케베스의 질문으로 그치고자 한다.

소크라테스는 다음과 같이 덧붙인다. "영혼이 출생 이전에 존재하였다면 그리고 이것이 생(生)으로 화하여 태어날 때, 죽음 즉 죽어있는 상태 이외에

56) ibid 72A
57) ibid 72B
58) ibid 72D
59) Rouse, *Greek Dialogues of Plato*, 1956, p.476.
60) *Phaedo* 72E

어떤 것에서도 태어날 수 없다면, 영혼이 죽은 다음에도 존재하여야만 하지 않는가? 왜냐하면 그것이 또 태어나야만 하기 때문이다."[61]

우리는 이상에서 영혼은 현세 밖에서도 존재한다는 소크라테스의 일반적인 설명을 들어보았다. 그러면 이제 영혼과 육체의 성질을 보자.

영혼과 육신은 어느 것이 불멸적인가? 어느 것이 변화하고 어느 것이 영원하며 어느 것이 근본적인가? "혼합되고 합성된 것은, 그것이 합성된 것과 같은 방법으로 자연적으로 분해되기 쉬운 것이 아닌가? 그렇다면, 항상 같고 변화하지 않는 것은 분해하지 않는 것이요, 변화하며 결코 한 가지일 수 없는 것은 분해되는 것이라고 할 수 있을까?"[62] 소크라테스는 이렇게 문제를 제기하여 변하는 것과 불변하는 것, 상대적인 것과 절대적인 것의 두 형식을 제시하고 인간의 영혼과 육신을 그것으로 설명한다.

"우리가 의문과 해답의 대화과정에서 참된 존재라고 부르는 절대적 본질은 항상 동일한 것인가? 또는 변할 수 있는 것인가? 절대동일성, 절대미(絶對美), 어느 것이든 절대적인 존재, 참된 존재—이러한 것들에 어떤 변화가 용납되는가? 혹은 이러한 하나하나의 절대적 본질은 이것이 시종불변이요, 자체로서 존재하므로 동일한 것으로 있어서 아무런 변화도 없는 것인가?"[63]

그러면 절대적인 것은 그러하려니와 물질적인 일반 사물에 있어서는 어떠한가?

"그러나 여러 가지 물건이 있어서 예를 들면 사람이나 말이나, 두루마기나, 또는 절대적 본질과 같은 이름을 가지고 있고, 아름답다거나 동일하다거나 같

61) ibid 77C
62) ibid 78C
63) ibid 78D

은 것들이라거나 한 그러한 종류의 다른 물건들에서는 어떠한가? 이것도 항상 동일한 것인가? 또한, 본질과는 정반대로 항상 그것들 자체가 변화해서 각각 다른 것이고, 말하자면 절대로 같은 것일 수 없는 것인가?"[64]

우리는 이제 실재의 이원성을 말하였다.

"그러면 우리는 하나는 보이는 것, 또 하나는 보이지 않는 것으로 두 가지 종류의 존재를 설정해도 좋을까? 보이지 않는 것은 항상 동일하고 보이는 것은 항상 변화하는 것이 아닐까?"[65] "자 그러면 우리는 육신과 영혼의 두 부분으로 구성되어 있지 않은가?"[66]

여기서 우리는 현세에서 인간은 영혼과 육신의 결합으로서의 존재라 함을 볼 수 있다. "그러나 우리가 무엇이 보인다, 보이지 않는다 하는 것은 인간의 시각(vision)을 가지고 하는 말이다. 그렇지 아니한가?"[67] 그리하여 "육신은 가시적이요 영혼은 불가시적이다." 영혼은 보이지 않는 불변의 절대계(絶對界)의 속성이요, 육신은 늘 변화하여 고정된 형상이 없는 가시계(可視界)에 속한 것이다. 그러나 우리는 여기서 주의해야 할 점이 있다. 즉 가시계와 불가시계의 분별은 우리 인간의 시력으로써 구분한 것임에 유념하여야 한다.

그러면 영혼과 육신의 성질을 단적으로 표시하여 보자. "우리가 이야기한 결론을 보라. 영혼은 신성(神性)이요 불멸적이요 지혜가 있고, 단일 불변하며 분해되지 않고 항상 불변하는 것이요, 육체는 이와 반대로 죽는 것이

---

64) ibid 78E

65) ibid 79A

66) ibid 79A

67) ibid 79B

요, 다양 다변하며 지혜가 없고, 분해되며 항상 변화하는 것이다."[69] "이러한 까닭에 육체는 쉽게 분해되고 반대로 영혼은 전연(全然) 분해되지 않거나 거의 분해되지 않는다는 것은 으레 그럴 것이 아닌가?"[70]

이상에서 영혼과 육체에 관하여 그 성질을 개관하였다. 케베스와 시미아스의 질문과 의견을 더 논술하고 영혼불멸의 논의를 계속해야겠지만, 이것은 이해의 순서상 뒤로 미루고, 이제는 정신계와 물질계 그리고 영혼 자체의 인식론적인 중요성을 다시 고찰하기로 한다.

3. 영혼과 회상: 인식의 두 방향

"플라톤의 회상설은 영혼 선재의 증거로서 나오게 된 것"[71]으로 우리는 『메논』에서 이미 소크라테스가 여기에 대하여 논의한 것을 볼 수 있다. "이와 같이 영혼은 이것이 불멸하고 여러 번 다시 태어났었고 모든 것을 이 세상과 또 다른 세계에서 보았기 때문에 존재하는 모든 것을 이미 배운 바 있다. 그래서 우리가 보는 바와 같이 기왕에 가졌던 덕(德)이나 다른 어떤 지식이 기억될 수 있다 하더라도 우리는 놀랄 게 없다. 모든 자연물이 마찬가지다. 영혼은 모든 것을 배웠으므로 누가 일편(一片)의 지식을 다시 기억한다면, 그가 단단히 마음을 먹고 (진리) 탐구에 싫증을 내지 않는 한 나머지 것도 모두 알게 될 것이다. 왜냐하면, 탐구하고 학문하는 것은 실상 회상하는 것밖에 아무것도 아니기 때문이다."[72] 그리고 "자기 속에 있는 지식의

68) ibid 79E

69) ibid 80B

70) ibid 80B

71) Jowett, *The Four Great Socratic Dialogue of Plato*, p.122.

72) *Meno* 81C-D

자발적인 회복이 회상이란 것이 아닌가?"[73]

상술한 대로 영혼은 헤아릴 수 없을 만큼 오랜 시일을 살면서 많은 경험을 쌓았으며 이것을 기억하고만 있다면, 우리는 굉장한 지식을 가지는 것이 된다. 그리하여 『파이돈』에서 케베스도 이러한 소크라테스의 교설을 상기하여 말하기를, "소크라테스여, 당신의 이야기대로 우리의 학문이란 상기(想起 : recollection) 이외에 아무것도 아니라는 것이 사실이라면, 이것은 우리가 지금 기억하는 것을 예전 어떤 때에 이미 배웠음에 틀림이 없다는 또 하나의 논의가 될 것"[74]이라고 하였다. 시미아스의 의문에 케베스의 말은 계속된다. "간단히 말하면, 훌륭한 증명이 하나 있다. 즉 사람들이 질문을 받았을 때 만약 당신(시미아스)이 질문을 온당하게 하였다면, 그들은 모든 것에 대하여 스스로 옳게 대답할 것이요. 그런데 만약에 저들이 자기들 속에 어떤 지식과 올바른 이성이 없었더라면 할 수 없을 것이요. 이러한 사실은 그들에게 수학적인 도형(Diagrams)이나 그러한 다른 어떤 종류의 것을 제시하여 보면 가장 명백하게 알 수 있을 것이요."[75]라고 한다. 이것은 『메논』에서 소크라테스가 말한 인식에서의 회상설을 반복하여 말한 것이다. 여기서 우리의 인식은 자기 자신 속에 가지고 있는 지식의 발현 즉 영(靈)이 함유한 바의 지식을 회상하는 것이다.

그러면 그것은 어떻게 해서 가능하며 우리의 회상을 통한 지식의 재인식은 그 대상이 동일한가? 소크라테스에서 지식은 두 가지이다. 하나는 절대자요 불변자인 본체계에 대한 것이요, 다른 하나는 감각적인 것, 변화상(變化相)에 관한 지식이다. 이는 하나는 정신계요 하나는 물질계에 관한 것, 바꿔 말하면 본질적인 영혼과 일시적인 육체에 관한 지식의 두 방면을 말한다. 그런데 이것은 모두 회상이라는 범위 안에 속하는 것이다. 우리는 이러

73) ibid 85D

74) *Phaedo* 72E

75) ibid 73A

한 인식의 방법을 논하기 전에 일반적인 의미의 본질과 현상에 관한 지식을 더 가져보아야겠다.

우리는 본질과 현상, 관념과 경험적 대상을 말한다. 우리는 흔히 이원론에서, 본질적이라고 하면 순수한 개념이나 관념만으로 생각하기 쉽다. 오히려 현상계 즉 물질계를 실재로 보며, 관념이나 개념은 공허한 것, 존재하지 않는 것, 다시 말하면 능동적인 힘이 없는, 비유컨대 바람과 같은 것이라고 보기 쉽다. 플라톤에서의 본질을 순수관념일 뿐이라고 아는 것은 그에 대한 일면적인 고찰에 그치는 것이다. 정신계는 현상계와 일치하는 관념과 이것보다 더 많은 관념을 가지고 있다는 논의에 그치는 것이 아니다. 이는 영혼의 세계로서 하나의 분위기를 이루고 있는 것으로 인간이 이에 관여하고 있는 것이며, 이것은 분명히 물질계와는 질적으로 판이하되 물질을 긍정도 하고 부정도 할 수 있는 어떤 것이다. 그러나 우선 우리는 현상계와 본질계를 대조적 개념으로 보는 일반적 견해에 따라 고찰하자.

"어떤 사람이 어떤 일치되는 것들로 인하여 무엇을 회상하였을 때, 그는 또한 반드시 이러한 회상이 회상되게 한 물건과 완전히 동일한 것을 제공해 주는지 그렇지 않은지를 고려하지 않겠는가?" "우리는 이러한 동일성이란 것이 있다고 말한다. 나는 서로 같은 나뭇조각이나 돌멩이 또는 이러한 종류의 어떤 것을 말하는 것이 아니라 이것을 초월한 어떤 것, 즉 추상적인 것으로서의 동일자를 말하는 것이다."[76] 이러한 본질로서의 개념은 일반 사물이 아니다. 그러면 "우리가 방금 말한 바의 동일한 나뭇조각과 같은 것들은 우리로 하여금 어떠한 인상을 주는가? 이것은 추상적 동일자가 동일한 것과 마찬가지로 우리에게 동일하게 보이는가? 또는 이것은 추상적 동일자와 같은 것이 되기에는 미치지 못하는 것인가?"[77] "우리가 감각으로 아는 바의 동일물을 추상적이요 절대적인 동일성과 비교하여 본다면, 보거나 듣

76) ibid 74A

거나 또는 감각을 사용하기 전에 우리는 어느 곳에서 이것을 습득하였음이 틀림없고, 모든 이러한 것들은 절대동일성과 일치하고자 하나 뒤떨어지고 있다는 것을 알 수 있다."[78] 불가시적 본질적 관념은 정확하고 완전한 절대이지만, 가시적 현상은 그러한 표준의 영상(影像)으로서 흡사하나 차등이 있으며 부정확하고 불완전하다.

그러나 이러한 이원적인 세계의 인식도 자기 내적(自己內的)으로 존재하는 지식을 상기(想起)함으로써 가능한 것이다. 단지 방법에서 상하(上下)가 다를 뿐이다. 이러한 지식은 영혼 속에 잠재하여 있는 것으로서 인간이 인식하기까지는 망각의 상태로 존재할 뿐이다. "우리가 이것을 갖게 된 다음에 어느 경우이든 잊어버리지 않았다면, 우리는 출생 시에 이러한 것들을 알 것이고, 우리의 일생을 통하여 이것을 알고 있음이 틀림없을 것이다. 왜냐하면, 안다는 것은 지식을 획득했다는 것이요 그리고 이것을 잃지 않고 보존하고 있는 것이다. 지식을 잃어버리는 것은 바로 우리가 망각(forgetfulness)이라고 말하는 것이 아닌가?"[79]라고 소크라테스는 말한다. 우리의 인식능력과 함께 잊힌 상태의 선천적인 지식을 내적으로 갖추고 있다는 것이니, 이것은 인간의 본유관념에 관한 합리론의 서설(序說)이 되고 있다. 영혼 내의 관념이 인식의 기초가 되고 있는 것은 마찬가지이지만 한 가지는 일반적인 의미의 경험적 인식방법이요 다른 하나는 순수주관의 활동이다. "그리고 여러분은 이것을 보고 또 이것을 만지고, 이것을 또한 그 밖의 감각에 의하여 지각한다. 그런데 항상 동일한 것(the equality)은 오직 이성에 의하여 파악될 뿐, 눈에 보이지 않고 또 보일 수도 없는 것이 아니겠는가?"[80] 감각적인 대상은 우리의 감관에 의하여 흡사한 동일물(同一物)을 보고 그것을 계기로 하여 순수관념의 동일성을 회상하여 인식한다. "그런데

77) ibid 74D

78) ibid 75B

79) ibid 75D

이렇게 한 번 생각하여 보자. 만약 우리가 출생 이전에 이것을 얻었다가 출생할 때에 잃어버렸으나 그 후에 우리들이 감각을 사용함으로 말미암아 우리가 예전에 가지고 있던 지식을 다시 갖게 된다면, 우리들이 학문이라고 부르는 과정은 진실로 우리들 소유의 지식을 회복하는 것이 아니겠는가? 그리고 이것을 회상이라고 부르는 것이 옳겠지?"[81] 그리하여 차등적인 감각계와 대응하는 절대관념을 알 수 있는 것이니, "시각이나 촉각, 그리고 어떤 감각에 의함이 없이는 우리는 그것의 지식을 얻지 못할 것이며, 그러한 지식을 획득할 수가 없다는 것을 우리는 인정하지 않는가? 나는 모든 감각이 이와 마찬가지라고 생각한다."[82] "그리고 이러한 감각을 통해서 우리는 모든 감각적인 대상이 절대동일성과 닮아지고자 노력을 하지만 그만 못한 것이라는 것을 알 수 있게 된다."[83]

여기서 일반적인 경험적 대상에서는 우리의 감각을 통하여 지식을 획득할 수 있다는 것을 인정한다. 그러나 여기서 강조되고 있는 것은, 우리는 선천적으로 완전한 지식을 가지고 있다는 것이며, 경험적 지식은 정확한 것이 아니고 차등(差等)이 심하므로 그것이 표준이 될 수 없다는 점이다. 이러한 설명을 다시 한 번 들어보자.

> "우리가 감각에 의해서 아는 바 동일한 물건을 추상적 · 절대적 동일성과 비교하여 보고 또 모든 이러한 물건이 추상적 동일성과 같아지기를 갈망하지만 그것보다 부족하다는 것을 알기만 하면, 우리가 보고 듣고 또 감각을 사용하기 전에 우리는 추상적이요 절대적 동일성인 지식을 이미 어느 곳에서 얻었음에 틀림이 없다."[84]

80) ibid 79A
81) ibid 76A
82) ibid 75A
83) ibid 75B

그렇다고 하여 우리의 감각 활동이 전혀 무시되는 것은 아니다. 우리의 일반적이고 인간적인 지식, 말하자면 경험적인 지식을 얻는 데는 우리의 감각을 활용하여야 한다. 그리고 이러한 사실을 부정하는 것이 아니라 다만 불완전한 지식이어서 이성활동에 의한 지식과 견주어 볼 때 질(質)과 가치의 차이가 있다는 말이다. 관념과 현상의 관계를 중심으로 하는 인식에서도 우리의 추리와 이성활동은 주도적 역할을 한다. 내적인 경험의 파악으로 인하여 경험계를 판단하고 규정할 수 있기 때문이다.

그러나 이러한 상대세계 및 감각과 관계를 가지지 아니하는 순수한 정신활동, 말하자면 영(靈)이 독자적으로 활동하는 인식의 영역이 있다. 이것은 내적인 인식이기는 하지만, 우리가 일반적으로 말하는 경험계와 정신계, 관념과 현상이라는 이원론적이요 상대적인 논리의 권(圈)에 일부분으로 속하는 것이 아니다. 비교하여 본다면 제3자적으로 이원론 자체와 대립하는 것이며 이 자체는 절대이기 때문에 어떠한 별개의 대상도 두지 않는다. 여기서 내외와 상하가 모두 일자(一者)로서 지양(止揚)된다. 그리고 단순히 이것은 감각적인 것이 아니라는 의미에서, "내적(內的)"이요 "주관적"이요 "관념적"이라고 부르고 있다. 본래적인 의미에서 절대개념의 대상은 이 경험세계에 따로 없다. 신(神)이라는 개념의 내용도 감각세계에는 없다. 이와 같이 이것은 대립하는 것 또는 대칭(對稱)의 관계로 있는 것은 아니지만, 주관적이요 인간 내적이다. 그리고 이러한 추상적인 실체의 파악이 없이는 우리의 상대적 논의도 성립되지 않는다. "만약 이러한 추상적인 것이 존재하지 않는다면 우리의 논의는 힘이 없을 것이 아닌가?"[85] 이러한 절대적인 힘이 되는 것은 인간을 떠나서 인간과는 관계없이 존재하는 것이 아니요, 인간의 영혼이 가지는 것이다. 우리의 영혼은 육신과의 교섭만을 가지는 것이

84) ibid 75B

85) ibid 76E

아니요, 본래적인 영혼에 내재한 지혜(wisdom)의 세계로 달리고 있으니, 영혼의 길은 두 가지요 영혼이 사귀는 친구도 둘이다. "우리들이 지금 논의하고 있는 것은 동일한 (성질을 띠고 있는) 물건(the equal)에 관하여 뿐만이 아니라 절대미(絶對美)와 절대선(絶對善)과 의(義)라는 것과 신성(神聖)한 것, 말하자면 우리들이 문답하고 있는 논의의 과정에서 '절대' 라는 도장을 찍어주는 모든 이러한 것들에 관하여 이야기하고 있는 것이다."[86] 그리하여 우리의 영혼은 절대계(絶對界)요 본체요 이른바 지혜의 영역에 닿고 있다. 이것이 불변하는 것이요, 영원한 것이다. 영혼은 여기서 밑에 있는 하나의 친구를 일단 버려야 한다. 그리고 외(로운) 길을 걸어야 한다. 방랑하는 인간의 영혼은 언제 정착될 것인가?

그러면 이러한 본체의 파악은 어떻게 가능한 것인지 구체적으로 살펴보자. 우리는 영혼이 탐구(inquiry)를 위하여 육신을 사용할 때에는 "말하자면 시각이나 청각이나 기타의 감각을 사용할 때에는 —육신을 통하여 안다는 것은 감각을 통하여 탐구하는 것이므로— 우리가 오랫동안 논의한 바와 같이 이러한 경우에서 영혼은 육신에게 항상 변화하는 것으로 끌려서 주위를 방황하고 혼돈을 일으키며(confused) 이러한 것들과 사귀게 되어 마치 술 취한 사람과 같이 어지러워 질 것이다."[87] "그러나 영혼이 홀로 그 자신으로써 탐구를 할 때에 순수함과 영원함과 죽지 않음과 무변화(無變化)의 영역으로 들어간다. 그리고 이러한 것과 가까워짐으로써, 영혼은 이것이 홀로 있고 방해를 받지 않을 때에는 늘 이러한 것들과 같이 지내는 것이며 그의 방랑에서 쉬게 되며 항상 그대로이요, 변화하지 않는 것과 함께 있어서 변하지 않는 것이니, 그 까닭은 이러한 영혼이 불변하는 것과 사귀고 있기 때문이다. 영혼의 이러한 상태를 지혜라고 한다(And this state of the soul is

---

86) ibid 75C

87) ibid 79C

called wisdom). 그렇지 아니한가?"[88] 우리는 이것을 탈혼상태(脫魂狀態)라고 할 것이다. "가장 좋지 못한 일의 하나는 우리가 조그마한 여가를 얻어서 철학(愛智 : philosophia)을 하려고 하면, 육신은 의례 우리의 공부를 어그러뜨리고, 소란스러움과 혼돈으로써 우리를 방해하여 우리가 진리를 보는 것(our beholding the truth)을 가로막는다는 것이다. 사실 우리가 어떤 것을 절대적으로 알려고 하면, 육신으로부터 자유로워 오직 영(靈 : psyche)의 눈을 가지고 실제적인 본질을 보아야 한다는 것을 알 수 있다."[89] 영안(靈眼)으로 인식한다 함은 "눈과 귀, 한 마디로 육신을 모두 제거하고" 가능한 한 "이성만으로" "진리와 지혜"를 탐구한다는 것이다.[90]

"내 생각으로는 살아있을 동안 우리는 그것이 절대적으로 필요한 것을 제외하고는 육신과의 교섭과 결합을 피하고 육체의 성분으로 채워지지 않고, 신(神) 자신이 우리를 자유롭게 하실 때까지 우리들 자신을 육신으로부터 깨끗하게 보존하면 지(知 : knowledge)에 가장 접근하게 되는 것이다. 그리고 이러한 방법으로 우리들 자신을 육신의 어리석음으로부터 해방하고 순결해져서, 우리는 순수한 것과 함께 있을 것이요, 우리들이 스스로 모든 순수한 것을 알게 될 것이니, 이는 곧 진리를 알게 되는 것으로 나는 생각한다. 왜 그러냐 하면 불결한 것으로서 순수한 것이 된다는 말은 있을 수 없기 때문이다. 이와 같은 말을, 진실로 지(知)를 사랑하는 사람들(lovers of knowledge)로서 서로 이야기하지 않을 수 없는 것이요, 이러한 것은 그들의 생각임이 틀림없는 것으로 나는 생각하고 있다."[91]

---

88) ibid 79D

89) ibid 66D, "we must be free from the body and must behold the actual realities with the eye of the soul alone."

90) ibid 66A 참조.

91) ibid 67A-B

그리하여 소크라테스에서 참된 철학은 육신으로부터 영혼의 분리와 자유, 눈에 보이지 않는 지혜를 사랑하는 것으로서의 회상, 그리하여 진리를 파악하는 것을 의미한다. 우리의 애지(愛智)의 활동에는 또한 정결(淨潔 : purification)이란 윤리적인 문제가 수반된다.

영혼 자체의 내용에 관하여 우리는 무식하다. 일반적으로 우리는 영혼의 모습을 모르고 있다. 그리하여 탈혼상태(脫魂狀態)라는 설명을 관념적으로 이해하기 쉽다.

영혼이란 의식이나 관념의 조합이 아니다. 의식이라고 하면 우리는 일정한 한도를 생각하게 된다. 관념에서도 우리는 일반적인 대상에 대응하는 관념의 수효를 헤아릴 수 있을 것 같다. 그리고 그 이외의 것은 하나의 순수관념이기는 하되 법칙으로 존재하거나 환상으로 존재하는 것으로 생각한다.[92] 그러나 여기서 영혼이란 의식현상 또는 법칙이나 환상의 궤적(軌跡)과 같은 존재가 아니다. 영혼은 실제로 살아있는 인간의 생명이요, 인간 자체가 되고 있다. 시미아스에게 있어서 영혼은 육체적 조건으로 이루어진 부수적인 조화로 생각되어 유물론적인 견해를 갖게 하였고, 케베스에게도 영혼은 그가 취하는 여러 개의 육신 중의 마지막 것에서는 결국 사망하는 것으로 그쳤다. 그러나 소크라테스에서 영혼은 불멸이라는 사상은 철저한 것이었다. 그리고 전기(前記)한 바 두 사람은 결국 소크라테스의 논의에 설복되고 만다.

이상에서 우리는 경험적인 대상을 감각으로써 인식하는 역사 · 지리와 같은 일반적 지식과, 이것도 내적인 지식의 회상의 일부라는 것, 그리고 이런 것들과는 질을 달리하는 본체론적인 지혜의 학을 말하고, 이들의 차이와 인식방법을 논의하였다.

이제 다시 문제를 하나 가져보자. 우리는 이 절의 첫머리에서 영혼은 현

---

92) Jowett , *The Four Great Socratic Dialogue of Plato*, p.137 참조.

세에 이르기까지 오랫동안의 윤회과정에서 많은 지식을 습득하였다는 것과, 이것이 이 세상에 출생과 동시에 망각되었다고 하는 것을 논의한 바 있다. 여기서는 물론 지혜에 관한 논의를 하자는 것은 아니요, 단지 경험적이고 일반적인 지식의 습득과정을 살펴보고자 하는 것이다.

현세(現世)에 우리가 감각에 의하여 지각함으로써 전생(前生)에 습득한 바의 지식을 다시 회복함과 동시에 동일물(同一物)과 대칭이 되는 절대동일성을 회상하여 지식을 갖게 된다면, 전세(前世)에서 우리의 감각은 우리의 지식을 구성하는 직접적인 원인이 되어야 할 것이다. 즉 현세에서 감각의 기능과 전세에 있어서의 감각의 의미는 상이한 것으로 생각될 수 있다. "그리고 그 때에도 이 관념은 경험으로부터 직접 이끌어내는 것이 아닐지라도 경험에 의하여 유도(誘導: elicit)되는 것이다. 또한 생전(生前)에 우리들의 존재가 지각(sense~perception)을 가진 존재가 아니라면, 생전에 우리의 존재가 그런 관념을 얻지 못할 것은 현실에서 우리의 존재가 지각없이 그런 관념을 만들 수 없는 것과 꼭 마찬가지다."[93]라는 견해를 가질 수 있다. 감각은 현세나 전세에나 마찬가지이나, 전생(前生)의 경험이란 논리에서, 우리는 현생(現生)의 현상과 사실 하나하나가 전생의 것과 일치한다고 하여 현재의 사실을 과거의 것과 비교하여 인식한다는 말은 아니다. 감각지(感却知)는 예나 이제나 마찬가지요, 영혼 자체 내에 편만(徧滿)한 무한한 가능성으로서의 개념과 인식능력을 말하는 것이다. 우리는 이러한 논리와 사실을 자기의 사고에 따라 추상적으로 일치시켜 생각함에 신중을 기할 필요가 있다. 이러한 논의를 왜곡한다면 그 근본입장과 본의를 손상할 우려가 있는 것이다.

---

93) B.Russell, *A History of Western Philosophy*, 『서양철학사』, 정석해・한철하 譯, pp.203-204.

4. 영혼과 정결

우리는 피타고라스학파에서 윤회는 우리의 영혼이 완전히 정화(淨化)되지 않는 한 또다시 반복될 것이라는 논의를 보았다. 실로 현재의 영혼이 본래적인 의미의 영혼이 가지는 본질로서 순화(純化)하는 데에는 우리의 윤리적 행위로서 정결(purification)이 요구된다. 지혜의 탐구, 영(靈)의 독자적 활동 즉 철학자의 임무는 바로 이 영혼의 해탈을 위한 정결의 활동이었으며 모든 철학적인 논리와 체계는 이것을 위한 것이었다. 이것을 단적으로 말하면, 영혼이 육신을 이기는 것이요, 다른 말로 금욕을 의미한다. "정결이란 것은 오르페우스교의 개념이고, 본래 종교의식의 의미가 있었다. 그러나 플라톤에서는 그것은 육신과 육신의 필요에 사로잡힌 상태에서 벗어나는 것을 의미한다."[94]

소크라테스의 말을 들어보자. "…… 그러면 나의 친구여, 만약 이것이 옳다고 하면 나는 커다란 희망이 있으니 즉 내가 이제 가게 될 그 장소에 내가 도달하면 그곳이 어느 곳이든 거기서 나는 나의 과거의 생애에 가장 중요한 목적이었던 것을 완전히 얻게 될 것이다. 그럼으로써 이제 나에게 주어지는 여행은 훌륭한 희망을 가지고 시작된다. 그리고 이 같은 희망은 자기 마음이 정화되었고 예비(豫備)가 되었다고 생각하는 모든 사람에게 존재하고 있다."[95] 그리하여 이 세상의 속박과 장애 가운데서 헤어나서 영혼의 자유를 얻게 되는 자신과 윤회의 종언을 진심으로 찬송하고 있다.

그의 정결에 관한 소견은 어떠한가? "정결이란 것은 우리의 이야기에서 오래전에 말한 것이 아닌가? 이것은 무엇 하는 데 있는가? 될 수 있는 대로 육체로부터 영혼을 분리하는 것이요, 영혼으로 하여금 육신의 모든 부면

---

94) ibid p.200.

95) *Phaedo* 67B

(部面)으로부터 영혼 자체를 하나로 불러 모으는(collecting and bringing together) 습관을 가르치는 것이요, 영혼이 할 수 있는 대로 지금이나 이후에나 기반(쇠사슬)에서 놓이는 것 같이 육체로부터 벗어나서 자체로서 홀로 사는 것이 아닌가?"[96] "자, 그러면 이것이 죽음이란 것이니, 즉 육신으로부터 해방과 분리를 말하지 않나?" 그런데 이것이 아무나 죽는다고 영혼이 해탈하는 것은 아니다. "그러나 우리들이 주장하는 바와 같이, 참된 철학자(愛智者)들, 이 사람들만이 가장 열심히 항상 영혼을 해방하고자 노력한다. 그리고 바로 이것—육신으로부터 영혼의 해방과 분리—이 그들의 공부이다. 그렇지 않은가?"[97] 오직 철학자만이 죽음을 두려워하지 않는다. "어떤 사람이 그가 죽게 되어서 근심 걱정을 하는 것을 보게 되면 이 사람은 지혜를 사랑하는 사람이 아니요, 육신을 사랑하는 사람이라는 것은 충분한 증거가 되지 않을까? 그리고 바로 이 사람이 돈의 애인(愛人)이며 명예의 애인이라는 것, 또는 이 둘을 모두 사랑하는 자이기도 하다는 것을." 철학자는 이러한 육욕(肉慾), 금욕(金慾), 명예욕(名譽慾)을 청산해야 한다. "그리고 자제(自制)라는 것은 —일반적으로 자제(self~restraint)라고 부르는 것으로, 정욕(情慾)에 여탈(與奪)되지 않고 이것보다 우위에 있으며 마땅한 방법으로 행동하는 데 있는 것은— 오직 육신을 경멸하며 철학[愛智]으로 생활을 해가는 사람들의 특징이 아닌가?"[98]

금욕주의에서 육체는 하나의 악으로 취급된다. "우리에게 육신이 있는 동안에는 영혼은 이러한 악에 감염이 되어 우리는 우리가 원하는 바 곧 진리에 도무지 도달할 수 없다."[99] 우선 영혼의 육체에 대한 소극적인 면을 보기로 하자.

---

96) ibid 67C

97) ibid 67D

98) ibid 68C

99) ibid 66B

영혼의 해탈이라는 문제가 크다는 것은, 영혼에 대한 육체의 구속력이 그만한 위력을 발휘함을 말한다. 이 세상에 있는 우리의 영(靈)은 육체 탓에 혼탁해진 것이다. 육신과 반려자가 되어 있고, 육욕에 젖어 있으므로 영이 깨끗하지 못하다.

"이것이 육체로부터 떠나갈 때에 그것이 육체와 항상 함께 있었고 그것을 돌보아 주었으며, 그것을 사랑하고, 육신과 이것에 대한 욕망과 쾌락에 홀려서, 사람들이 만지고 보고 마시고 먹고, 사랑의 쾌락에 탐닉하는 육체적인 것만이 참된 것이라고 하여 이 외에는 아무것도 없다고 생각한다면, 그리고 미워함과 무서워함에 익숙하고, 희미하고(shadowy) 눈에 보이지는 않지만 지성에 의해 이해될 수 있고 철학[愛智]에 의해 포착될 수 있는 것, 이러한 것을 피하는 습관이 되어 있으면, 이러한 상태에 있는 영혼이 순수하고 오염되지 않은 상태로 해방된 것이라고 생각을 하겠는가?"[100]

"그러나 내 생각에 육신이 그의 변함없는 친구이었고 또한 관심의 대상이 되었던 관계로 영혼은, 육체와 교섭하고 결합함으로써 그의 성격 일부가 되게 한 육체적인 것이 스며들게 되었다."[101]

말하자면 이러한 영혼은 육체에 속한 것이요, 여기서 헤어나지 못한 것이요, 소크라테스가 말하는 철학자의 영이 아니다. 육체로부터의 독기(毒氣)가 그대로 남아있기 때문이다.

"육체적인 것은 짐스러운 것이요, 무거운 것이요, 세속적인 것이요, 보이는 것이라고 우리는 믿지 않으면 안 된다. 그러한 종류의 영혼은 눈에 보이지 않는

100) ibid 81B

101) ibid 81C

것과 저세상을 두려워하는 까닭에 눈에 보이는 세계로 끌려들어 가며 그리고 사람들이 말하는 것처럼 비석과 무덤의 주위를 돌아다닌다. 거기서 어두침침한 모양의 영혼이 보였던 것이며, 정결로써 자유롭게 되지 못하고 눈에 보이는 것으로 남아있는 그러한 영혼들의 모습이다.", "그래서 이것들에게 달라붙을 육체를 찾아서 또다시 육신의 감옥에 수감되기까지 돌아다녀야 한다."[102]

이와 같이 소크라테스는 해탈을 못한 영혼이 육체에서 떠난 다음에는 유령이 되어서 눈에 보이기도 한다고 하며, 이는 생시(生時)의 과오로 인하여 벌을 받는 것이라고 한다. 그리고 다시 환생하되 윤회설에서 말하는 바와 마찬가지로 각각 그 성격에 따라 벌, 개미 또는 늑대, 솔개 따위의 동물과 인간으로 태어나고, 철학자만이 신(神)의 세계에 갈 수 있다고 한다. "철학자[愛智者]가 아니었고 그가 하직할 때 완전히 정화되지 못한 사람은 아무도 신(神)과의 결합이 되지 않고, 다만 지혜를 사랑하는 자만이 가능하다."[103]

우리는 육신의 억압에서 허덕이는 영혼을 보았다. 그러나 이것은 육신을 중심으로 했을 때의 이야기이므로 이렇게 어렵게 보인 것이다. 이제 영혼의 적극적인 면을 한 번 보도록 하자.

"그러면 이런 문제를 한 번 다른 방법으로 생각해보자. 영혼과 육신이 결합하면 후자는 섬기고 지배를 받기 마련이고, 전자는 지배하고 주인이 되어야 한다. 자 이러한 경우에 어떤 것이 신적이며 어느 것이 인간적일까? 그리고 신적인 것은 본래적으로 지배하고 인도하여야 하고, 인간적인 것은 순종하고 섬기게 된 것이 아닌가?"[104]

---

102) ibid 81D, 83D 참조.

103) ibid 82B

104) ibid 80A

여기서 우리는 영혼과 육신의 결합을 인정한다. 그리고 영혼의 육신에 대한 주관(主管)과 통제(統制)와 인도(引導)를 볼 수 있다. 우리는 여기서 낙관적일 수가 있다. 오히려 영혼은 육신을 전제(專制)할 수도 있는 것이다.[105] 그런데 영혼은 또한 이미 논의한 바와 같이 "이것이 육체와 결합해서 어떤 것을 생각하려고 하면 이것은 분명히 여기에 기만되고 만다."[106]

여기에 문제가 하나 있다. 우리는 인식론에서 영혼과 육신이 결합하여서 감각지(感覺知)를 얻을 수 있다고 하였다. 그리고 여기서 영혼은 육신을 인도한다고 하였다. 동시에 육신에 얽매이는 바 된다고 하였다. 그런데 만약 영혼과 육신이 전혀 이질적인 존재라면 어떻게 양자의 결합이나 교섭할 수 있는가? 그리고 순수하고 단일자(單一者)요 절대적인 관념(觀念)과 진리를 함유하고 있는 영이 어찌하여 육신의 기반에 사로잡힐 수가 있는가? 따라서 육신으로 인하여 혼탁해질 수 없는 것이 아닌가? 만약 이것을 긍정한다면 영혼도 하나의 변화체(變化體)인만큼 물질적이고 변화하며 부정확한 것에 가깝다고 할 수 있지 않을까? 영혼의 변화와 육신으로 인한 감염을 생각할 수 있으나 역시 영혼은 가시적인 것이 아니요 본질적인 것에 가깝다. 그리고 우리의 영혼은 우리가 의식하고 있는 바가 그의 전부는 아니요, 그 가능성을 남김없이 현상화한 것은 아니다.

소크라테스는 마지막에 가서 윤회설을 말하지 않고 저승의 모습과 사후(死後)의 심판과 선악응보(善惡應報)만을 말한다.[107] 우리는 다음과 같은 논의에 주목할 수 있다.

"마지막에 소크라테스 자신은 만유의(universal) 윤회적 순환을 버리고 있음에 유의하라. 그의 '희망'은 의로운 영혼의 최종적인 행운으로 신들과 함께 지

105) ibid 94D 참조.

106) ibid 65B

107) ibid 110B 이하 114C까지 참조.

내게 되는 것과 육신에서 떠나서 끝없이 살고자 하는데 있다(Pha.114c). …… 실상 그는 이전의 철학적 전언(傳言)의 두 개를 빌려오고 있으니, 하나는 끝없이 영혼이 육체의 속으로 들어간다는 것이요, 또 하나는 떨어진(fallen) 신성(神性 : divinity)으로서 상실한 신들의 자리를 다시 찾도록 운명지어진 영혼이라는 말이다. 이러한 전설은 사실 서로 일치되는 것은 아니다. 그리고 그의 개인적인 신앙을 표시한 것은 후자이다."

소크라테스가 여기에 중점을 두었다는 것은 의심할 것이 없으나, 윤회설을 부정한다고 할 수는 없다. 이것은 사실과 현상에 대한 설명이기 때문이다. 그러나 어느 시기에 가서는 윤회설 자체가 사실문제에서도 무용(無用)한 것이 될지는 알 수 없다. 보편적으로 윤회가 계속된다면 악은 제거되지 않는 것이 된다. 그러므로 이해를 위한 논리적인 방법이요, 실제에서는 영혼의 인식과 윤리문제가 중추가 되고 있다.

---

108) A.E.Taylor, *Plato, The Man and His Work*, p.186.

III. 결론

우리는 『파이돈』에서 독배를 마셔야 할 생애의 마지막 날에 임한 소크라테스의 엄숙한 모습과, 그 가운데에 평정(平靜)한 마음과 자유로운 논리로써 인간 영혼에 관한 자기의 소신을 말하는 마지막 순간을 보았다. 그는 논리적 추구를 누구보다 철저히 하였으며, 그의 철학적 배경이 된 것은 '신비성' 이었다. 그는 영혼의 불멸만을 원한 것이 아니요, 그 영혼이 절대선(絶對善)과 일치되어 신과 결합하기를 바랐으며 이러한 것을 인간 본성의 발현으로 보고 있다. 그는 인식에서 합리론의 조종(祖宗)이 되고 있는 듯하다. 그러나 우리가 주목할 것은 그는 관념과 현상, 경험계와 정신계의 대응관계를 논리적으로 해결하는 것보다도 확대된 의미의 순수주관에 철저한 점이다. 우리가 이른바 지혜의 학은 일반적인 지식의 추구가 아니었으며, 인식의 차원을 달리하는 것이었다. 영혼은 살아있는 인간의 생명으로서 자체 내에 구유한 바는 논리와 윤리의 기본이었다. 그의 영혼불멸설과 사후의 세계에 대한 논의는 교육적 가치가 있는 것이지만[109] 그렇다고 교훈을 위하여 사실 자체를 인위적으로 구성한 것은 아니었다. 이것은 그의 시론(試論 :

venture)임과 동시에 그의 신념(faith)이었다. 모른다고 하면서 강조하는 것은 자기로서 강력하게 느낀 바가 있어서이다. 이러한 사상은 인류의 지성사를 통하여 근대에 이르기까지 거의 미해결 문제로 남은 채 반복됐으며, 서구사상에 불가피한 영향을 주었다.

"『파이돈』은 한 순교자의 죽음을 기술하고 있을 뿐만 아니라, 후에 기독교의 교리가 되는 많은 교설을 진술하고 있다. 성 바울이나 교부(敎父)들의 신학은 대체로 간접적으로나 직접적으로나 여기서 유도되었고, 플라톤을 도외시하고서는 거의 이해할 수가 없다."[110] "소크라테스는 영적인 생활에 힘썼으며 지혜와 덕(wisdom and virtue)을 추구하였고 영혼의 불멸은 물론이요 신성성을 확립하려 시도하고 있다. 이러한 점에서 그는 기독교를 예견하고 있으며, 성 바울과 초기 기독교의 교회에 미친 영향은 헤아릴 수 없다."[111] 그는 현상계의 변화상(變化相)을 사실로서 인정한다. 그러나 그의 철학적 대상은 방향을 달리하는 것이었으니, 지혜(sophia) 즉 진리에의 주관적 몰입이 본래적인 의미로서 철학자의 과제였다. 그리고 윤회설과 정결은 그의 금욕주의의 근거가 되고 있다. 그는 생명의 영구보존으로 장생불사(長生不死)하자는 생각과는 달랐다. 영혼불멸설은 논리적 추구의 결과이기도 하다. 인간은 죽음을 앞에 두고 살아가야 한다. 그리고 죽음에 임한 상태에서 인간은 가장 윤리적으로 되며 나아가 종교인이 된다. "소크라테스의 마지막 순간에서의 침착성은 영혼불멸에 관한 그의 신앙과 관련되어 있다."[112] 그러나 이것이 신앙이라고 하여 사실문제와 관계가 없는 것이라고 할 수는 없다. "아무도 죽음이라는 것이 실로 사람이 가질 수 있는바 최대의

---

109) Jowett, *The Four Great Socratic Dialogues of Plato*, Keplan의 Introductory Note 참조, p.145.

110) B.Russell, *A History of Western Philosophy*, 『서양철학사』, 정석해 · 한철하 譯, p.192.

111) Jowett, *Dialogues of Plato*, p.65.

112) Russell, 위와 같은 책, p.192.

축복인지를 알지도 못하면서, 마치 그들은 잘 아는 것처럼 최대의 저주(咀呪)로서 두려워한다."[113]라고 그는 말한다. "괴테의 말대로, 내세에 대한 신앙이 없는 사람은 이 세상에서도 죽은 사람이다."[114]

논리란 무엇인가? 이것은 우리의 경험세계를 이해하기 위한 수단이다. 인간은 상호 간의 이해를 위하여, 또한 자기표현으로써 각자가 보는 바의 세계를 나타낸다. 그 사람의 논리로써 실체를 얼마나 파악할 수 있느냐가 문제이다. 소크라테스는 언어와 논리의 성(城)을 넘은 신비를 말하고 또한 이것을 논리로 설명하려 한다. 그의 신비적인 면은 미신적인 것으로 생각될 수도 있으나 이것은 오히려 철학에서 신앙과 논리의 매개점에 대한 논의에서 중요한 시사점이 되는 것이라 하겠다.

113) *Phaedo*등 초기 대화록 곳곳에 이와 유사한 표현이 보임.

114) Jowett , *The Four Great Socratic Dialogues of Plato*, p.122.

참고문헌

Plato, *EUTHYPHRO, APOLOGY, PHAEDO, PHAEDRUS* with an English Translation, translated by H.N.Fowler, The Loeb Classical Library, 1 edition, 1914.

Plato, *The Last Days of Socrates,* translated by Hugh Tredennick, Penguin Classics, 1957.

Plato, *Protagoras and Meno,* translated by Hugh Tredennick, Penguin Classics, 1956.

Jowett, *The Four Great Socratic Dialogues of Plato,* Oxford, 1928.

Jowett , *Dialogues of Plato,* edited and with Introductory notes by J.D.Kaplan, Pocket Library, 1956.

W.N.D.Rouse, *Great Dialogues of Plato,* A Mentor Classic, 1956.

B.Russell, *A History of Western Philosophy,* 정석해 · 한철하 옮김 『서양철학사』, 문교부, 4292.

Windelband, *A History of Philosophy,* English Translation by J.Tufts, 1956.

J. Burnet, *Early Greek Philosophy,* Adam & Chales Black, 1952.

A.W.Benn , *History of Ancient Philosophy,* Thinker' s Library No.44. 1936.

W.Durant, *The Story of Philosophy,* 柳瀅基 역 『哲學史話』, 崇文社, 1954.

金斗憲, 『西洋倫理學史』, 進文社, 1954.

D. Runes, *The Dictionary of Philosophy,* Philosophical Library, 1942.

A.E.Taylor, *Socrates: The Man and His Thought,* Meridian Books, 1952.

A.E.Taylor, *Plato: The Man and His Work,* The Dial Press, 1934.

L?on Robin, *Greek Thought,* Translated by M.R.Dobie, Alfred A. Knopf, 1928.

趙義卨, 『希臘社會硏究』, 章旺社, 1956.

跋文

세상에 인연이 많고 많지만 남으로 태어나서 부부(夫婦), 사제(師弟)의 인연만한 것도 없는 것 같다. 전생의 연이 없고서야 금생에서 어찌 그처럼 소중한 인연을 맺을 수 있을 것인가. 특히 사제간의 인연이란 '전도 수업(傳道授業)' 이란 중차대한 임무가 부여되어 있기에 더욱 소중하다고 할 것이다.

나는 1981년 성균관대학교 유학대학 입학과 동시에 교수님과 인연을 맺었으니 햇수로 삼십 년이 다 되어 간다. 교수님께서는 『주역』과 『정역』의 대가이신 학산(鶴山) 선생의 영윤(令胤)으로서, 가학(家學)을 배경으로 하여 동방 철학사상을 평생의 학문적 반려로 삼으셨다. '유학사상과 인도주의' 는 평생 화두로 삼은 것이며, '한국의 사상과 철학' 은 평생 온축한 학문의 최종 귀착점이다. 몸소 만드시고 키우셨던 성균관대학교 한국철학과는 자신의 분신과도 같은 것이다.

교수님은 가정적으로 부사(父師) 학산 선생의 인도와 가르침을 받아 학해(學海)에 노닐었으며, 자신이 자제(子弟)들을 인도하여 그 유풍여류(遺風餘流)에 접종(接踵)케 하였다. 이른바 '계지술사(繼志述事)' 가 따로 없다고 하겠다. 또한 밖으로는 학덕 높은 스승을 모시고 남들이 돌아보지 않는 학문의 중요성을 일깨우며 많은 제자들을 훈도(薰陶)하여 제구실을 다하게 하였다. 앞으로 그 학문종자가 계속 싹을 틔우고 꽃을 피우며 결실을 맺어 나갈 것이다.

교수님은 실로 이 시대에 보기 드문 효자이시다. 구십 해로하신 어버이에 대한 존경과 효성은 보통 사람이 결코 기급(企及)할 바 아니다. 더욱이 융사지례(隆師之禮)는 남다른 바 있어 문인, 후학들을 숙연케 한 경우가 한두 번이 아니었다. 또한 『주역』 겸괘(謙卦)를 유난히 좋아하시어 '노겸(勞謙)' 두 글자로 삶의 지표를 삼으셨던 것 같다.

올해는 은사 행촌(杏邨) 이동준(李東俊) 교수님께서 탄신 일흔 돌을 맞는 해이다. 칠질수(七秩壽)는 보통 사람도 그냥 넘기기 어렵거늘 하물며 많은 제자들을 길러내신 스승님이심에야. 우리 제자들은 고희를 기념하는 자리를 마련하고자 뜻을 모았다. 평소 학문적으로는 엄격하면서도 인간적으로 너무나 따뜻하였던 교수님의 학은(學恩)에 만일이나마 보답하고자 기념논총을 기획하였고, 젊은 시절 학문적 지취(志趣)가 고스란히 배어 있는 학위논문집을 단행본으로 펴내고자 하였다.

교수님께서는 일찍이 석·박사 과정을 통하여 동·서 철학에 유의하는 한편, 유학사상 및 한국철학의 중요한 문제점을 집중적으로 탐구하였다. 또 동방의 철학사상을 국내외로 널리 선양하는 데 이바지하였다. 주전공인 한국철학을 천착하기에 앞서 철학 일반의 보편적 정신을 탐색하기 위해, 학부 시절에는 「『파이돈』에 나타난 소크라테스의 영혼과 인식」이라는 제목의 졸업논문을 제출한 바 있으며, 이어 석사과정에서는 동서철학의 뿌리가 된다고 할 「공자의 인(仁)과 소크라테스의 소피아에 관한 연구」를 수행하였다. 1960년대 후반부터는 한국철학을 개척적으로 탐구하였는데, 그 가운데 철학성이 강한 16세기 한국 성리학을 다루면서 그 이념적·본질적 측면과 현실적?기능적 측면을 매개시키는 방법론을 구사하였다. 이러한 학문 역정과 방법은 무엇보다도 학위논문에 잘 드러나 있다. 이 학위논문집을 통해 교수님의 학문세계를 유추하더라도 크게 잘못됨은 없으리라고 생각한다.

평소 떠들썩하게 벌이는 것과 남에게 폐 끼치는 것을 싫어하시는 교수님께서는 처음부터 기념출판을 굳게 사양하시었다. 이미 화갑과 정년퇴임 때 기념을 했으니 두 번으로 흡족하고, 더욱이 인생을 반추할 즈음에 젊은 날의 학위논문을 모아 책으로 펴낸다는 것은 여러 가지로 마음이 편안치 못할 일이라고 하시었다. 교수님의 사양의 정도가 강해질수록 제자들의 간청도 드세었다. 결국 교수님께서 강잉(强仍)하여 이 일을 허락하시었지만 겸연(慊然)한 마음은 변함이 없었다.

일찍이 플라톤은 소크라테스에게 배울 수 있는 시대에 태어난 것을 자랑스럽게 생각하였다 한다. 우리 제자들 역시 교수님께 배울 수 있는 시대에 태어나 제자의 열(列)에 든 것을 큰 영광으로 생각한다. 부디 연년익수(延年益壽)하시어 만년의 청복(淸福)을 누리시고, 자손의 효도를 받으시며, 학문적 완성을 기하시기를 바라마지 않는다. 이에 무사(蕪辭)로써 학의논문집의 간행 경과를 간략히 적어둔다.

2007년(丁亥) 10월 마지막 날,
부여 백마강변 寓居에서
崔 英 成 삼가 적음

찾아보기

㉠